U0906695

北京市金融年鉴

2007

ALMANAC
OF BEIJING FINANCE
AND BANKING

《北京市金融年鉴》编辑部

(总第21卷)

中国金融出版社

责任编辑：赵天朗　李　融
责任校对：张京文
责任印制：毛春明

图书在版编目（CIP）数据

北京市金融年鉴（Beijingshi Jinrong Nianjian）. 2007/《北京市金融年鉴》编辑部. —北京：中国金融出版社，2007. 12
ISBN 978－7－5049－4533－4

Ⅰ. 北…　Ⅱ. 北…　Ⅲ. 金融事业—北京市—2007—年鉴　Ⅳ. F832. 71－54

中国版本图书馆 CIP 数据核字（2007）第 157338 号

出版发行　中国金融出版社
社址　北京市广安门外小红庙南里 3 号
市场开发部　（010）63272190，66070804（传真）
网 上 书 店　http：//www. chinafph. com　（010）63286832，63365686（传真）
读者服务部　（010）66070833，82672183
邮编　100055
经销　新华书店
印刷　北京松源印刷有限公司
尺寸　185 毫米×260 毫米
印张　39. 75
插页　10
字数　845 千
版次　2007 年 12 月第 1 版
印次　2007 年 12 月第 1 次印刷
印数　1—2540
定价　80. 00 元
ISBN 978－7－5049－4533－4/F. 4093
如出现印装错误本社负责调换　联系电话（010）63263947
（内部发行）

奥运冠军杨扬、王丽萍在“奥运走向北京——中国银行携手北京市民长走迎奥运”活动上高举带有奥运标志的大旗。

中国银行青年志愿者协会成员在“奥运走向北京——中国银行携手北京市民长走迎奥运”活动上与奥运冠军杨扬、王丽萍合影。

8月4日，人行营业管理部召开2006年上半年北京市金融形势通报会。（吴进宇　摄）

6月14日，北京银监局、北京证监局和北京保监局共同召开了北京金融监管联席会第四次会议。

1月22日，北京保监局召开“北京保险工作会议”，传达全国保险工作会议精神。

11月15日，农发行北京分行联合北京市政府9个相关部门以“支持首都新农村建设”为主题召开了建行以来规模最大的银政联席会。(仝斌 摄)

3月，由大公国际资信评估有限公司与国家开发银行合作开发的32个行业信用评级报告以及2个专项研究报告通过验收。(石向军　摄)

8月9日，工行北京分行与北京市首都公路发展（集团）有限公司举行“十一五”建设项目100亿元融资合同签约仪式。

3月22日，国家审计署副审计长董大胜一行来到招商银行北京分行视察指导工作。

7月10日，华夏银行总行与国务院台湾事务办公室在人民大会堂举行《支持台资企业发展合作协议》签约仪式。

10月31日，交通银行北京分行与合作机构举行"展业通"小企业知识产权质押贷款合作协议签字仪式暨产品发布会。（王宇 摄）

9月15日，农行北京分行与北京能源（投资）集团有限公司举行20亿元短期融资券成功发行新闻发布会。

在第二届北京国际金融博览会上，北京市副市长翟鸿祥、人民银行副行长苏宁、中国银监会副主席蔡鄂生和民生银行董事长董文标共同为民生银行总行营业部“赢·家·计划”揭牌。

4月20日，深圳发展银行北京分行与中央财经大学举行了合作建立MBA实习基地签字仪式。

1月23日，北京银行在北京饭店举行仪式，正式发布了全新的个人金融服务体系。图为阎冰竹董事长与VISA国际组织副总裁熊安平为贵宾白金卡揭幕。

北京农村商业银行与北京首创投资担保有限责任公司签订“小企业担保贷款绿色通道合作协议”。

北京国际信托投资有限公司与石景山区政府联合成立北京石开房地产开发有限公司，图为该公司成立揭牌仪式。

华融资产管理公司北京办事处与北京市国通资产管理有限责任公司签订资产包转让协议。

12月21日，中国东方资产管理公司北京办事处内蒙古地区可疑类资产包公开竞价会在北京长安俱乐部举行。

4月19日，北京邮政储汇局举办恢复开办20周年庆祝活动。

12月15日，中国信达资产管理公司北京办事处与北京汽车工业控股有限责任公司、北京对外经贸控股有限责任公司举行债务重组及战略合作签订仪式。（靳迎春摄）

9月6日，中国银联北京分公司联合北京市商业联合会、北京市总工会举办了“2006年‘银联杯’北京市商业服务业收银员银行卡知识、技能竞赛”。

中诚信国际信用评级有限责任公司举办2006年中国银行业展望及评级新闻发布会。

中国银河证券公司北京管理部举行“比、学、赶、帮、超”主题交流活动。

9月25日，人保财险北京分公司正式启动“黄金周特别关爱”活动。图为人保财产保险北京分公司新办公楼下的援救车和代步车。（刘佳 摄）

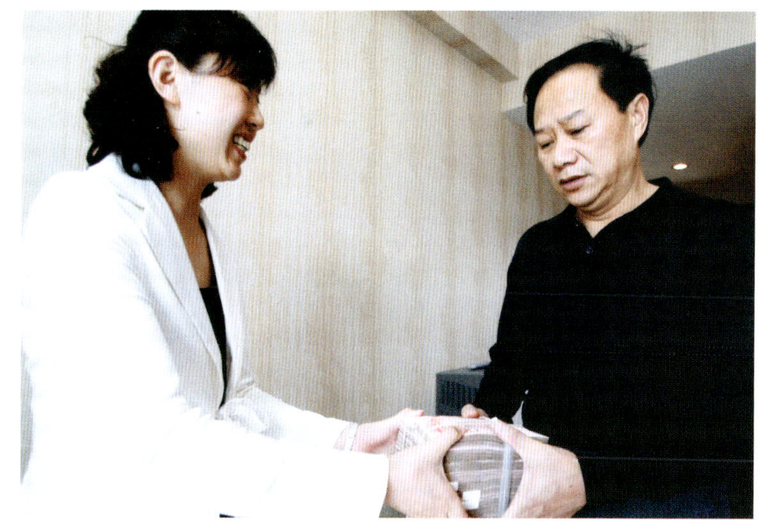

5月7日，太平人寿北京分公司理赔人员专程赴云南丽江，将人身意外伤害险赔款20万元送到因车祸遇难的北大学生家人手中。

9月8日，平安人寿北京分公司参加了在王府井举行的“红十字造血干细胞捐献活动”，共庆“中华骨髓库”50万例入库、500例成功捐献。

中国人寿北京分公司营销区业务员在望京南湖区进行咨询活动。

太平洋人寿保险北京分公司柜面服务人员热情为客户服务。（王悦 摄）

永安保险北京分公司深入宣传“交强险”。

新华保险北京分公司举行“迎接奥运，绿化首都”党员植树活动。

7月1日，天安保险北京分公司全体党员赴西柏坡参观学习。

8月31日，第二届中国热气球巡回赛在北京举行。华安保险北京分公司为此次比赛提供保险服务，并以参赛者身份与新浪、中国银行、ITAT集团等知名企业同台竞技。

11月7～11日，第二届北京国际金融博览会在北京展览馆举办。在4天的会期里，近120家中外资银行、证券公司、基金管理公司和保险公司等机构参会，展示最新的金融产品和服务。

首都金融系统庆“五一”暨劳模先进人物（集体）表彰会会场。（吴进宇　韩满国　摄）

北京市总工会党组副书记、工会副主席孙学才为劳模颁奖。（吴进宇　韩满国　摄）

太平洋产险北京分公司车险理赔部医疗核损服务中心在中国质量协会、中华全国总工会等5家单位联合举行的“2006年全国用户满意工程联合推进大会”上荣获“全国用户满意服务明星班组”称号。

11月10日，中华保险北京分公司党委组织党员及入党积极分子参观长征展。（林斌　摄）

7月10日，中国进出口银行总行营业部向内蒙古满洲里湖西小学及扎区学生捐赠书包及文具。

兴业银行北京分行举行兴业银行庆“八一”暨经济民警工作总结表彰大会。

4月8日，上海浦东发展银行北京分行在世纪剧院隆重举行行庆十周年暨第三届文艺汇演。

10月28日，北京农村商业银行在市总工会金融工作委员会和北京银行业协会联合举办的2006年首都金融系统“迎奥运”职工英语大赛中荣获团体总分第一名。

广东发展银行北京分行举办了以“超越梦想”为主题的广发文化节活动。图为文化节活动之一“迎奥运规范化服务知识大赛”。

中信建投证券公司举行第二届职工运动会。

12月，建行北京分行合唱团参加第八届中国（深圳）合唱节比赛演出，获银奖第一名。

首都金融系统2006年迎新春文艺演出。

《北京市金融年鉴》编辑委员会

《北京市金融年鉴》编辑部

编辑部主任：司马城

责 任 编 辑：司马城　盖丽茜　邓凯宏

金融管理部门组稿编辑：（以姓氏笔画为序）

王振芳　王　涵　朱东晖　刘志勤　何志专
李　红　阴亚静　陆强华　陈永波　陈越英
赵　强　杨兴安　项银涛　姚　刚　曹洪俊
景　洁　董晓兰

各金融机构组稿编辑：（以姓氏笔画为序）

马树新　马晓润　王　晶　王晓玲　王　倩
王　磊　王连顺　王应雄　王新生　王宏城
王　悦　文　忠　冯旭晨　田京海　刘玉香
刘　慧　刘　谦　孙艳霞　朱　勤　李新明
李鸿元　李素环　张金辉　张　原　李　玥
杜春友　陈和言　陈鸿知　陈　巍　陈家伟
陈国泳　罗亚辉　罗伟文　杨国防　赵东平
岳全化　段红海　袁德法　徐　娟　徐安娜
曹燕红　曹红丽　黄朝琴　葛　梅　强　丽
靳雅茜　靳迎春　楼晓岸　熊守文

文 件 资 料：秦璐璐

编辑说明

一、《北京市金融年鉴》（以下简称《年鉴》），是北京市金融业行业年鉴，以金融业务为中心内容，综合反映北京市金融行业上一年度重要信息情况，逐年编辑，连续出版。《年鉴》在《北京市金融年鉴》编辑委员会领导下，由《北京市金融年鉴》编辑部组织编辑。

二、本卷《年鉴》为总第21卷，主要记述的是2006年北京市金融业的重大事件、重大活动及各系统各机构的新情况、新发展、新经验和面临的新问题。

三、本卷《年鉴》社会经济统计资料由北京市统计局提供，金融统计资料由中国人民银行营业管理部调查统计处、中国银行业监督管理委员会北京监管局、中国证券监督管理委员会北京监管局、中国保险监督管理委员会北京监管局提供。在使用中请注意统计口径的差别和适用范围。

四、本卷《年鉴》中各金融机构的排列顺序依照一般惯例，名次无高低之分。

五、本卷《年鉴》在编纂过程中得到全市金融系统各单位的大力支持，参加编写的有金融机构50余个、学会与协会10余个、金融监管部门主要职能处室20余个，参与撰写的人员有200人以上。各位组稿编辑、编写人员为本书的出版付出了辛勤的劳动，各机构提供了大量的图片资料，中国人民银行营业管理部调统处汇总了大量统计资料。在此表示衷心的感谢。

六、由于编纂水平有限，书中难免有缺陷和疏漏之处，诚请广大读者批评指正。

《北京市金融年鉴》编辑部

2007年8月

目　录

一、形势综述

二、市场运行

三、金融发展与监管

四、金融服务与管理

五、机构业务综述

金融管理机构

金融机构

六、文件与规章

七、专题与调研

八、统计资料

(一) 北京市主要经济社会指标

(二) 金融业务综合统计

（三）金融机构业务统计

（四）机构、人员统计

九、大事记

十、附　　录

3. 非银行金融机构

4. 证券及基金管理公司

5. 保险公司

一、形势综述

关于北京市2006年国民经济和社会发展计划执行情况与2007年国民经济和社会发展计划草案的报告

——2007年1月26日在北京市第十二届
人民代表大会第五次会议上

北京市发展和改革委员会

各位代表：

受市人民政府委托，现将北京市2006年国民经济和社会发展计划执行情况与2007年国民经济和社会发展计划草案的报告提请市十二届人大五次会议审议，并请市政协各位委员提出意见。

一、2006年国民经济和社会发展计划执行情况

2006年是“十一五”规划开局之年。在市委领导下，全市上下按照市十二届人大四次会议的总体部署，认真贯彻落实科学发展观，坚决执行中央宏观调控政策，积极推进和谐社会建设，切实加强经济调节、市场监管、社会管理和公共服务，实现了国民经济的持续较快发展和社会事业的全面进步，年度发展计划主要目标顺利完成，实现了“十一五”规划的良好开局。

（一）经济发展迈上新台阶，增长方式转变取得新进展

经济总量保持平稳较快增长。初步统计，全市地区生产总值达到7 720.3亿元，比上年增长12%，连续8年保持两位数增长，人均地区生产总值达到6 210美元，市九次党代会提出的奋斗目标提前两年实现。全社会固定资产投资达到3 371.5亿元，增长19.3%；社会消费品零售额3 275.2亿元，增长12.8%；地区进出口总值达到1 581.8亿美元，增长26%；实际利用外商直接投资45.5亿美元，增长29.1%。

经济结构进一步优化。产业发展高端化趋势明显。在奥运经济、总部经济和六大高端产业功能区带动下，金融业、信息传输计算机服务和软件业、文化创意产业发展活跃，第三产业增加值占全市地区生产总值比重达到70%，经济增长的稳定性和内在动力明显增强。工业结构继续调整优化，高技术制造业、现代制造业增加值分别增长28.3%和22.1%，首钢冷轧、奔驰汽车等一批现代制造业项目加紧建设，首钢搬迁调整步伐加快，北京焦化厂正式停产。投资和消费的拉动作用更趋协调。固定资产投资符合宏观调控政策要求，基础设施投资对全社会固定资产投资增长的贡献率达到59.6%，所占比重由2005年的21.6%提高到27.7%；房地产开发投资所占比重由2005年的53.9%下降到51%。消费结构进一步优化。汽车、住房、数字产品等消费热度不减，体育休闲、文化娱乐、旅游观光等消费增长较快，消费需求对经济增长的拉动作用明显

增强。

经济增长质量和效益不断提高。以较低的能耗支撑了较高的经济增长。预计万元地区生产总值能耗下降4%以上，万元地区生产总值水耗下降11.2%。节能降耗扎实推进，政府节能8%、重点用能企业节能6%的目标基本实现。价格、就业实现“双稳定”。全市居民消费价格指数100.9%，城镇登记失业率1.98%，都低于年度计划调控目标。地方财政收入达到1 117.2亿元，增长21.5%；规模以上工业企业效益综合指数达到191.2%；城市居民人均可支配收入19 978元，农民人均纯收入8 620元，分别实际增长12.2%和8.7%。

自主创新更趋活跃。全市科技大会召开，增强自主创新能力建设创新型城市的意见发布，相关配套政策陆续出台，创新型城市建设加快。龙芯2E芯片、100纳米刻蚀机与离子注入机等重大自主创新项目通过国家验收，闪联、手机电视等一批标准取得突破，下一代互联网等产业联盟推动集群式创新步伐加快。全市每万人专利申请数达到16.8件；实现技术交易额572.6亿元，增长63.4%。

（二）奥运筹备顺利进行，城市建设发展步伐加快

奥运场馆及相关工程加快推进。12个新建比赛场馆和5项相关设施完成主体结构工程，临建场馆、改扩建场馆和训练场馆按计划推进。丰台垒球场成功举行测试赛。66项奥运场馆周边道路和桥梁中，已建成辛店村路、北辰西路等20项，和平里北街、左安东路等42项正按计划实施，其余4项加紧前期工作。全面推进奥运场馆及周边地区热力管线工程，确保奥运能源需求。奥运村消防站等一批重要保障设施加快建设。

以轨道交通为重点的交通网络建设全面展开。轨道交通工程加快推进，地铁5号线土建工程全部完成，铺轨完成90%，4号线完成工程总土建量的41%，10号线一期（含奥运支线）完成工程总土建量的85%，轨道交通机场线、京津城际轨道交通北京段进入全面施工阶段。努力改善城市交通瓶颈，京承高速二期、机场北线、通惠河北路、广渠路等建成通车，京平高速路全面开工建设，赵登禹路等南北向通道加快建设。

生态环境建设和整治工程顺利实施。实施80项“城中村”整治项目。完成了450万平方米拆违任务。前门、大栅栏、玉河、烟袋斜街文物保护区试点工程开始实施。推进京津风沙源治理、第二道绿化隔离地区、重要地表水源区生态及小流域综合治理等工程，全市林木绿化率达到51%。新建9座生活垃圾处理设施，城八区和郊区生活垃圾无害化处理率分别达到96.5%和57.5%。综合整治永定河上游、凉水河干流、北环水系北护城河段，支持郊区污水处理厂和再生水厂建设，京郊首座密云高品质再生水厂建成通水。城八区污水处理率达到90%，再生水利用率达到46%。积极实施控制大气污染第十二阶段措施，市区空气质量二级及好于二级天数的比重达到66%，全市化学需氧量排放总量和二氧化硫排放总量分别下降5.2%和7.9%。

城市运行管理能力不断增强。能源与经济运行调节长效机制逐步形成，电力运行实现安全迎峰度夏，煤炭、成品油、天然气供应得到保证。南水北调北京段等工程加快实施，积极争取周边省市支持，多渠道确保了首都供水安全。城市应急管理体系进一步完

善，城市管理、安全生产等领域信息系统正加紧建设。

（三）新农村建设扎实起步，城乡统筹协调发展呈现新局面

新农村建设工作机制初步形成。制定实施了新农村建设实施意见、配套政策和108项折子工程，推进了80个市级新农村试点，形成了“部门联动、政策集成、资金聚焦、资源整合”的机制。市政府对农村各项投入达到111.8亿元。政府固定资产投资继续向郊区转移，郊区与城区投资比为52:48。资金、技术、人才等要素加快向农村地区流动，农村发展活力明显增强。出台动员和引导社会力量参与新农村建设意见。初步建立了农村道路、水务等基础设施管护机制。

郊区基础设施条件明显改善。新建和改造新城道路319公里，乡镇中心区道路103公里，自然村通油路471公里。实施密云、怀柔、顺义等新城集中供热工程。完成通州等5个区县110千伏输变电站建设。加快太阳能、沼气、秸秆气化、生物质能等可再生能源的开发利用和推广。解决32万农民安全饮水问题，完成农户改厕11万户。郊区农村开始“亮起来、暖起来、循环起来”。

农村公共服务能力明显增强。继续完善农村社区卫生体系，推进141个社区卫生服务中心、400个社区卫生服务站标准化建设。在落实2005年签约的12所名校分校和5所名院分院基础上，又启动建设了6所名校分校和2所名院分院。全面建成531个行政村的村级组织活动场所。新建村级就业服务组织868个，确定95个农村劳动力培训基地，培训农村劳动力10.8万人次。

农村产业发展呈现积极变化。都市型现代农业发展加快。新增设施农业面积4.5万亩，初步形成平原地区设施农业区域化连片发展态势。籽种农业、观光农业优势突出，农村非农产业发展势头良好，农民收入实现较快增长。

（四）重点领域改革继续深入，发展环境进一步优化

投资体制改革不断深化。企业投资项目核准目录发布实施，投资项目核准制和备案制全面落实。制定城市基础设施特许经营有关配套政策，推进京承高速三期、区县污水处理厂建设实行特许经营。继续实行政府还本付息项目贷款银行招标制度。政府投资管理不断健全，在现有7项制度的基础上，出台了政府投资项目储备、公示和后评价3项制度，基本实现了政府投资“全过程管理”。

国有企业“调改剥破”有序推进。地方国有控股上市公司股权分置改革和二、三级企业股份制改造基本完成。扎实推进长期亏损、扭亏无望企业实施破产，国有资本继续向优势行业和企业集中。国有企业清产核资工作顺利完成，国有资本预算管理制度框架初步建立，国有资产监管体系不断完善。

非公有制经济发展环境明显改善。发布了鼓励支持和引导个体私营等非公有制经济发展的意见。搭建中小企业融资服务平台，完善信用担保体系建设，加强对中小企业的资金支持，改善中小企业融资环境。形成了面向中小企业的社会公益服务机制，初步构建了社会化服务体系。

价格改革稳步进行。试点实施了居民峰谷电价，建立和完善电力运行调节的长效机制。调整了非民用天然气销售价格。根据国家要求，完成了两次成品油价格的调整。提

出了农业用水水资源费、热计量试点价格方案。进行了公交票制票价改革。适当上调了出租车租价，并建立了油价租价联动机制。

此外，制定了促进行业协会发展和改革的意见；在全国率先进行了中关村科技园区非上市股份有限公司进行股份报价转让试点。

（五）公共服务水平不断提升，构建和谐社会取得积极进展

就业和社会保障工作取得新成效。城乡统筹的就业服务体系逐步形成，实现城镇新增就业34.4万人、农村劳动力向非农产业转移8.7万人。城镇社会保险覆盖面扩大，养老、失业、工伤、医疗、生育保险参保人数明显增加。农村新型合作医疗加快推进，农民参合率达到86.9%。安排财政资金33.9亿元，为近11万农民发放安置补助、补缴社会保险，维护失地农民切身利益。城乡最低生活保障和社会救助制度进一步完善，城市居民最低生活保障、最低工资等相关标准得到提高。

社会公共服务水平进一步提高。大力推进义务教育均衡发展，加快中小学校布局调整。重点支持城区和农村地区薄弱校建设，重点改善了100所困难学校的办学条件，进行了200所农村中小学校达标建设。大力发展农村职业教育。继续实施千名城镇中小学教师到农村支教工作。公共卫生加快发展，地坛医院迁建、佑安医院改扩建等一批市属医院重大项目加紧建设。制定了发展社区卫生服务的意见，社区卫生服务网络覆盖率已达到81%。实行社区医院常用药品集中采购、统一配送、零差率销售的管理模式，缓解城乡居民看病难、看病贵的问题。加快建设国家大剧院等功能性文化设施，完成了中国木偶艺术剧团、中国杂技团等文化事业单位的改制工作。广播电视在山区、半山区基本实现“村村通、户户通”。继续改善社区和农村全民健身设施，体育事业发展加快。

市场监管和社会管理力度加大。加强食品、药品安全管理，建立食品安全信用公示和追溯体系，严格药品认证和准入制度，食品安全监测抽查合格率、药品抽验合格率分别达到95.3%和98.6%。安全生产形势总体稳定，全市交通肇事、生产安全、火灾事故死亡人数下降7%。社会治安状况基本平稳。和谐社区、和谐村镇建设稳步推进，基层社会管理得到加强。

总体上讲，2006年全市国民经济和社会发展计划执行情况是好的，在全面落实科学发展观，加快和谐社会建设方面迈出了重要一步。但在发展中仍然存在一些问题需要高度重视。

第一，人口资源环境矛盾依然严峻。人口膨胀、交通拥堵、环境污染等问题尚未缓解。全市常住人口达到1 581万，给城市公共服务、住房保障以及资源环境带来较大压力。第二，经济结构调整和增长方式转变任务依然艰巨。经济结构、产业结构、投资结构的调整仍需付出很大努力。自主创新能力和资源综合利用水平仍有待进一步提高，节能降耗、污染减排仍有很大潜力。土地集约利用程度仍需提高，土地违法违规行为尚未得到根本遏制。第三，城乡之间、区域之间差距依然较大。城乡统筹协调发展的长效机制还不完善，农村产业发展仍然滞后，城乡居民收入差距有所扩大。山区和南城发展落后局面还没有得到根本改变。在城市快速发展、新农村建设迅速推进的过程中，城乡结

合部等边缘地带的问题变得更为突出。第四，影响社会和谐稳定的因素依然较多。食品安全保障体系尚待完善。商品住宅价格上涨较快，经济适用房、廉租房供应与低收入群体的需求相比还有差距。就学、就医、就业和社会保障等方面的问题仍然较多。部分领域安全生产形势仍不容乐观。

这些都需要我们按照科学发展观和构建和谐社会首善之区的要求，通过发展和改革的办法着力加以解决。

二、2007 年国民经济和社会发展计划安排

2007 年是深入贯彻落实科学发展观，积极推进社会主义和谐社会建设的重要之年，是快节奏、高质量做好奥运筹备工作的决战之年，是提高城市管理与服务水平，确保安全与稳定，迎接党的十七大召开之年。安排好 2007 年国民经济和社会发展计划，保持全市经济社会良好发展势头至关重要。

（一）发展环境总体有利

2007 年，世界经济增长速度虽有所放缓，但仍处于较快区间。国内经济环境总体向好。从北京市自身情况看，保持平稳较快发展的基础比较稳固。科学发展、和谐发展理念逐步深入人心，一系列重大政策措施效果将进一步显现，政府可支配财力增加，全国煤电油供给条件改善，瓶颈制约得到缓解，区域发展空间扩大，为全市经济的持续健康协调发展提供了有利动因。

（二）计划安排的总体思路

在计划安排上，重点把握五个更加注重：

一是更加注重产业结构调整和增长方式转变，促进经济又好又快发展。以科学发展观统领经济社会发展全局，注重增长速度与结构、质量、效益的统一，推进节能降耗、污染减排，加快发展循环经济，促进人口资源环境协调发展，推动经济社会发展步入科学发展的轨道。

二是更加注重社会发展和解决民生问题，促进经济与社会的协调。着力加强和谐社会建设，切实解决广大人民群众最关心、最直接、最现实的利益问题，让发展和改革的成果更多地惠及人民，营造稳定和谐的社会局面。

三是更加注重奥运筹备和环境整治，促进城市建设、管理和服务水平提升。围绕举办一届有特色、高水平的奥运会，集中力量，加紧工作，努力创造高效的管理与服务。

四是更加注重推进新农村建设，促进城乡统筹协调发展。着眼于建立城乡统筹协调发展的长效机制，全面发展农村经济，积极发展现代农业，努力增加农民收入，在解决“三农”问题上迈出坚实步伐。

五是更加注重自主创新和体制机制创新，为经济社会持续健康发展注入新的活力和动力。以改革促发展，以改革促和谐，大力推进自主创新和体制机制创新，充分调动社会各方面的积极性，努力改善社会管理和公共服务，继续优化发展环境，增强发展活力。

（三）2007 年经济社会发展主要目标

主要预期指标：

——经济增长9%。

——每万人专利申请数16件以上。

——城镇居民人均可支配收入实际增长7%；农民人均纯收入实际增长7%。

主要调控目标：

——城镇登记失业率控制在2.5%以内。

——居民消费价格指数调控在102%左右。

——地方财政收入增长13%；财政支出增长9.8%。

——万元地区生产总值能耗降低5%；万元地区生产总值水耗降低5%。

——食品安全监测抽查合格率95%以上；药品抽验合格率97%以上。

——城镇基本养老、基本医疗、失业保险覆盖率分别达到93%、92.6%、92.6%；农村养老保险覆盖率达到35%。

——义务教育阶段学龄入学率继续保持在99%以上。

——户籍人口增长率控制在1.2%左右。

——每亿元地区生产总值生产安全事故死亡人数控制在0.25人以内；工矿商贸从业人员生产安全死亡率、道路交通万车死亡率分别控制在2.5人/10万人、4.4人/万车以内。

——市区空气质量二级和好于二级天数达标率达到67%；化学需氧量排放总量下降3%；二氧化硫排放总量下降10%。

三、实现2007年经济社会发展计划的主要措施

按照市委的总体要求和市十二届人大五次会议的部署，全面落实科学发展观和构建和谐社会重大战略思想，贯彻落实中央宏观调控政策，全力做好奥运筹备等各项工作，保持首都经济社会持续健康协调发展。

（一）继续加快产业结构调整和增长方式转变，促进首都经济又好又快发展

以发展高端产业、推动自主创新、节能降耗和污染减排为主要抓手，促进经济结构调整，促进增长方式转变，促进质量和效益提高。

调整产业结构，发展高端产业。（1）加快发展现代服务业。落实服务业重点领域规划，出台促进服务业加快发展的意见，支持服务业关键领域和新兴行业的发展。以银行业全面开放为契机，落实鼓励金融业发展政策，优化发展环境，加快金融后台服务园区建设，吸引国内外金融机构以及结算中心、灾备中心等落户首都，推动金融业加快发展。编制发布“十一五”时期文化创意产业发展规划，积极落实促进文化创意产业发展的若干政策，认定一批文化创意产业集聚区，安排专项资金支持集聚区环境整治、基础设施和公共服务平台等建设。大力发展体育产业、旅游产业、现代流通业和高技术服务业，增强服务业的核心竞争力。（2）促进高技术产业、现代制造业的规模化和品牌化。落实好产业规划，抓好重点项目建设，推进中芯国际增资扩产、康宁玻璃基板、现代二工厂、首钢冷轧等项目建设。继续推进结构调整，落实首钢压产和东方石化等搬迁调整工作，推进资源开采地区产业转型。（3）大力发展现代农业。结合新农村建设，鼓励发展籽种农业、观光农业等都市型现代农业，优化农业结构，不断提升农业的科技

含量和附加值，为农民增收创造条件。（4）积极推动中关村科技园区、金融街、商务中心区等六大高端产业功能区发展。积极引导各类要素向功能区集聚，加强与国内外同类功能区的战略联系及交流合作，提高国际化水平。（5）深入研究后奥运产业发展问题。重点发展具有奥运特色的体育、文化、会展、旅游业，保持金融、房地产业的持续稳定发展，做好新城产业发展规划。

推进创新型城市建设，加快科技进步。依托首都科技优势，大力开发关键技术和产品，强化重大技术标准研究与产业化，组织重大产业技术研发，加强重大技术装备研制，加快自主创新步伐，逐步完善区域创新体系。加大政府对产业共性技术的研发投入，支持一批以应用为导向的产学研项目和以扩大产业规模为目标的科技成果产业化项目。强化企业技术创新主体地位，鼓励发展技术联盟、产业联盟，加快产学研互动，加强知识产权保护，激发科技中介机构的活力。以软件、移动通信、计算机及网络、集成电路、光电显示、生物医药等领域为核心，增强产业自主创新能力，力争在第三代移动通信、下一代互联网、数字电视等关键技术领域实现新突破。吸引外资研发机构、国内研发总部等国内外科研资源集聚，争取电子信息、生物医药、新材料等领域国家重大专项落户本市。

狠抓节能降耗，发展循环经济。（1）加强节能减排制度建设。完善节能法规政策，实施新上项目节能评估制度，推行用水定额管理，积极试行排污许可证制度，完善能耗、水耗公报制度，严把能耗增长和污染排放源头关，完善能耗标准，扩大能效标识实施范围。（2）健全落实节能减排等约束性指标的工作机制。分解年度节能减排目标，落实到区县和重点耗能企业，同时完善考核体系，加大考核力度。（3）落实重点领域节能减排任务。政府机构带头节能、节水、使用再生纸，在政府采购中优先采购绿色节能产品。继续着力抓好高耗能行业改造和建筑节能管理。制定符合首都可持续发展要求的能耗和污染物排放标准，严格产业准入。进一步调整农业产业结构，发展节水农业，减少水资源消耗。（4）加快发展循环经济。贯彻市人大常委会关于发展循环经济建设节约型城市的决议，按照减量化、资源化、再利用的要求，出台鼓励循环经济试点发展的相关政策。支持石化、建材等重点行业落实清洁生产方案。建立健全废弃物回收利用体系，积极推进固体废弃物的综合利用。加快推进高安屯、南宫、六里屯、阿苏卫等垃圾焚烧发电厂建设，提高垃圾资源化率。（5）加大宣传力度，继续提高全社会的节约和环保意识。办好节能宣传周和“北京国际节能环保展”，进一步增强全社会节能的自觉性。

（二）努力改善公共服务，促进社会和谐

全面落实市委构建社会主义和谐社会首善之区的意见，坚持完善体系和创新体制相结合、提升功能和均衡发展相结合、硬件建设和软件建设相结合、扩大供给和公平分配相结合，改善医疗、教育等公共服务，健全城乡就业和社会保障体系，加快推进和谐社区、和谐村镇建设，促进社会和谐。

提升基本医疗和公共卫生服务水平。加强疾病预防控制体系、卫生监督体系建设，推进紧急医疗救援中心改造等重点项目，强化医疗服务监督，提高突发公共卫生事件医疗救治能力，保障公共卫生安全。大力支持区域医疗中心建设，继续推进名院办分院，提升郊区医疗卫生服务能力和水平，促进优质医疗资源的高效利用。优化卫生资源配置，构建各级医疗机构分工协作、双向转诊的新型医疗服务体系。大力发展社区卫生服务，继续实行收支两条线、药品零差率等管理，研究制定鼓励提高社区卫生服务质量的政策，促进实现“小病在社区、大病进医院、康复回社区”，逐步解决看病难、看病贵问题。切实加强医院管理，逐步实现二级以上医院之间部分检查结果互认，打造医疗服务品牌，继续支持综合医院改善就医环境，进一步提升医疗机构服务能力。

加快发展教育、文化等社会事业。继续实施名校办分校，加快农村地区基础教育薄弱校建设，促进师资力量的校际流动，促进基础教育均衡发展。大力发展职业教育，建设一批高水平实习实训基地和示范院校，满足技能型人才需求，适应新农村产业发展需要，加大对农民的职业技能培训力度。按照“稳定规模、调整结构、内涵发展、提升质量”的原则，合理确定高校功能定位和办学规模，促进高等教育与人口资源环境的协调发展。加快推进首都图书馆二期、新少年宫等工程实施，建成国家大剧院，增加功能性文化设施供给。完善社区和农村文化服务体系，促进文化“入区下乡”。扩大有线电视数字化试点，开展丰富多彩的文化体育活动，满足人民群众的精神文化需要。

努力扩大就业，进一步完善城乡社会保障体系。切实落实积极的就业政策，重点解决困难群体、零就业家庭和农村富余劳动力的就业。关注新生劳动力就业问题，做好大学生就业指导服务工作。将就业服务向农村延伸，完善城乡“手拉手”就业协作机制，实现 6 万名农村劳动力转移就业。加强外来就业人口的服务与管理，在家政、建筑等行业推行持证上岗制度，建立相关行业从业规范和标准，促进外来就业人员的规范化管理。平稳推进基本养老保险计发办法改革。完善城镇职工基本医疗保险制度，研究出台城镇无医疗保障老年人和在校学生及学龄前婴幼儿参加医疗保险的办法，实现城镇基本医疗保险制度的全覆盖。积极落实农村养老保险实施办法，扩大农村养老保险覆盖面，力争全年新增参保人数 3 万人。落实新型农村合作医疗筹资增长机制，切实减轻农民医疗负担。以医疗保险和工伤保险为重点，推进农民工参加社会保险。继续完善以最低生活保障为基础的社会救助体系。多渠道增加老年人、残疾人服务保障设施，推进儿童福利院扩建、市救助管理总站等福利性项目建设，切实加强对弱势群体的服务。

着力解决关系群众切身利益的问题，确保社会稳定。加快和谐社区建设，改善社区软硬件条件，完善社区综合服务体系，创新社区运行管理机制，努力为广大市民提供便利的服务，促进城市管理重心下移。加快基层消防站、派出所等公共安全设施建设，构建平安社区。加强市场监管，以生产和销售环节为重点，完善食品安全监控和追溯体系，健全药品安全监测网络，确保首都食品和药品安全。加强与群众生活密切相关的粮油肉蛋等生活必需品的价格监测，提高应急调运和储备能力，避免市场出现大的波动。完善住房保障体系，努力缓解低收入家庭住房困难。规范物业管理，完善相关政策，妥善处理好物业纠纷。落实国家收入分配制度改革政策，规范收入分配秩序，努力增加中低收入者收入。大力推进信息资源共享，加快构建社会信用体系。加强社会运行监测预警分析，创新社会矛盾纠纷协调处理机制，努力把矛盾化解在基层。

（三）全力做好奥运筹备工作，提高城市运行保障能力

按照“科技奥运、绿色奥运、人文奥运”的要求，基本完成奥运场馆及相关工程建设，切实加强城市建设和环境治理，坚持建管并重，提高城市管理和服务水平。

确保奥运筹备各项任务按计划完成。按照“安全、质量、工期、功能和成本”五统一的要求，优质、高效、按时完成奥运场馆及相关设施建设任务。推进国家体育场建设，确保完成30个比赛场馆建设，保证各项测试赛顺利完成。基本建成5个相关设施和66项场馆周边道路、桥梁。基本完成奥运公园及周边地区热力管线、奥运村再生水热泵系统等能源供应保障设施。推进公安、消防等奥运安保设施建设。

加大环境治理和建设力度。做好奥运场馆周边地区环境整治和绿化工程建设。重点开展长安街等重点大街、绿化隔离地区、城乡结合部、22个“城中村”、60个城市“边角地”等环境整治。继续实施好京津风沙源治理、重要地表水源区生态建设、废弃矿山生态治理以及森林防火基础设施等工程，构建城市生态屏障。继续加大燃煤污染治理力度，严格排放标准，完成中心城1 105台20蒸吨以下燃煤锅炉改造；控制机动车污染排放，控制施工工地、道路扬尘，努力改善大气环境质量。加强水污染防治，推进河湖水系整治，完成清河二期、北环水系等河道治理工程以及卢沟桥、小红门等再生水厂建设，推进郊区水环境整治和再生水厂建设，努力将城八区污水处理率提高到92%，再生水利用率提高到50%，“十一五”期间实现为每个郊区新城建成一座高品质再生水厂的目标。推进安定生活垃圾填埋场二期扩建、大屯垃圾转运站等大型环卫基础设施建设，使城八区和郊区生活垃圾无害化处理率分别达到97%和60%。

推进以轨道交通为重点的公共交通网络建设。加快推进轨道交通建设，确保地铁5号线建成通车，10号线一期（含奥运支线）、轨道交通机场线主体工程基本完工，4号线实现洞通，开工建设地铁9号线、10号线二期、8号线二期和轻轨亦庄线，积极推进地铁6号线、7号线、14号线和15号线前期工作，实现2008年轨道交通通车里程达到200公里的目标，缓解地面交通压力。争取建成机场南线、京平高速路，完成国道110改造，加快推进京承高速三期、京津二通道、京包高速和西六环（良乡—寨口）、机场二通道、北京南站、京津城际轨道交通建设。进一步改善城市路网，提高公共交通运行效率，实现公交线路调整、场站布局优化与奥运临时场站规划有机结合。

提升城市资源保障水平。着力加强城市电力、燃气、水资源等供应保障。落实电力发展规划，实施电力“强网工程”。继续推进六环路天然气管线工程和市区天然气联络线工程，提高天然气供应、接收和调节能力。加快郑常庄、太阳宫等热源点建设，新建左安东路热力管线等热力连通线，实施城市热网改造工程，整合供热资源，继续推进城区及新城供热设施建设，提高能源利用效率。加快建设南水北调北京段工程，完成团城湖至第九水厂输水管线主体工程建设，确保2008年4月具备输水条件。

提高城市日常运行管理和保障能力。做好重点街区以及电网、地下管网、道路桥梁等安全隐患的排查和监控，落实监管责任，提高城市应急反应和处置能力。加快城乡防灾减灾设施建设，加大相关知识的宣传普及力度。完善市区两级事故应急救援体系。努力改善交通管理，深化公交改革，落实公交优先措施，治理交通拥堵。通过调整产业结

构和城市功能布局，调控人口规模，优化人口的空间分布。加强出租房屋管理，依法规范企业用工行为，做好流动人口的管理和服务。抓好安全生产，开展高危行业专项治理，加大对事故隐患和违法违规行为的查处力度，坚决遏制重特大事故。统筹考虑新城功能、规模和结构，把握好新城开发节奏，抓好重点新城建设。充分发挥科技在城市管理中的作用，提高城市管理的信息化水平。

（四）以发展农村经济为重点，继续推进新农村建设

在总结新农村建设试点经验的基础上，继续做好规划，加大投入、落实政策、完善机制，循序渐进推进新农村建设，逐步消除城乡二元结构，促进城乡协调发展。

完善机制，强化保障。继续坚持城市支持农村、工业反哺农业，完善财政转移支付制度，加快探索建立健全有利于生态涵养区生态环境养护和山区、半山区农民增收的长效机制。继续加强政策和资金的集成，完善投入机制和部门联动机制。探索建立建管并重的长效机制，在经费保障、管护机制、技术服务等方面形成符合农村实际、可操作性强的政策措施。深入落实动员和引导社会力量参与新农村建设的意见。

培育农村产业，促进农民增收。以促进农民增收为核心，落实促进农村产业发展的各项政策。结合区县功能定位，继续推动设施农业、观光农业等都市型现代农业发展，加快农业结构调整步伐，提升农业发展质量。积极推进农业产业化经营，采取政策引导、资金扶持、典型带动等方式，发挥农产品龙头企业带动作用，发展农产品加工及物流配送等服务业，增加农民就业岗位。加快农业科技创新和应用，落实科技入户工程，加强绿色、特色、安全的农产品开发，提高农业科技含量。加强农村劳动力职业技能培训，改善农民进城就业环境，引导农民向二、三产业转移，增加农民工资性收入。不断完善和强化各项支农惠农政策，落实对农民的各项直接补贴，加强对农业生产资料价格的管理，优化农业发展环境。

加大投入，改善农村生产生活条件。政府资金继续向郊区倾斜，进一步完善农村公共设施建设规划和标准，加大农村基础设施和公共服务设施建设力度。研究理顺公交体制、票制，大力发展农村客运，加快行政村通公交步伐。继续推进乡镇路网和污水处理设施建设。基本完成郊区规划设置的社区卫生服务中心（站）建设任务。完成30万农民安全饮水和10万农户改厕工程。推进农村能源基础设施和可再生能源项目建设，加快农村电网建设，在有条件的地区实施大中型沼气集中供气工程和生物质气化集中供气工程，为农民提供优质生活能源。

推进农村改革，增强农村发展活力。积极推进农户土地承包经营权流转。扩大农村集体建设用地流转试点范围。研究制定乡镇管理体制综合改革的指导意见，选择乡镇进行试点。制定农业技术推广体系改革方案，健全农技推广的社会化服务机制。健全农村金融体系，探索研究小额贷款惠农政策，认真落实农业政策性保险制度。

（五）深化改革开放，提高区域合作水平

积极稳妥地推进重点领域和关键环节的改革，扩大对外开放，加强区域合作，为经济社会发展创造良好环境。

进一步深化重点领域改革。（1）研究事业单位总体改革思路及分类改革意见，制

定落实《关于促进本市行业协会发展和改革的意见》的配套政策，推进行业协会规范治理和脱钩工作。(2) 稳步推进经营性文化事业单位改制，深化民政事业单位管理体制、街道管理体制改革试点。(3) 继续深化投资体制改革，完善项目核准制和备案制，推进项目代建制，推行项目后评价制。(4) 稳步推进资源性产品价格改革。适时出台天然气价格调整方案；坚持用热商品化、供热社会化的方向，继续推行按用量收费的试点，逐步进行供热体制改革；建立以节水和合理配置水资源、促进水资源可持续利用为核心的水价形成机制和管理体制。另外，研究生活垃圾收费改革，促进环境保护和资源综合利用。(5) 加大国有企业改革力度，完善骨干企业法人治理结构，健全国有资产监管体系，建立健全国有资本预算管理制度，稳步推进国有资本收益收缴工作。(6) 落实促进非公经济发展政策，推进创业投资试点，完善中小企业贷款融资服务平台，进一步推动非公有制经济、中小企业加快发展。

提高开放型经济发展水平。着力转变外贸增长方式，提高利用外资质量。继续调整出口结构，鼓励高新技术和机电设备产品出口，促进加工贸易的转型升级，延伸加工链，提高国产料件配套能力。抓住国际服务外包转移的机遇，加强服务外包基地建设。在利用外资方面，更加注重管理、技术和智力的引进。研究制定支持企业“走出去”的政策，为企业到境外投资、上市、收购、兼并提供服务。进一步推动城市文化、体育等领域对外开放。

加强区域合作。认真落实京津冀都市圈区域规划，抓好京冀两省市加强经济与社会发展合作备忘录实施。加快区域产业融合与转移步伐，促进区域经济协调发展。继续加强同河北、山西、内蒙古等省区能源开发合作，推进区域能源供应体系建设。实施以密云、官厅水库上游“稻改旱”工程为重点的水资源环境治理项目，建立与张家口、承德两地的水资源保护与生态环境建设合作机制。

(六) 调投资、扩消费、保运行，促进首都经济社会平稳协调发展

坚决落实中央宏观调控政策，坚持优化投资结构，努力扩大消费规模，统筹管好用好政府投资，搞好经济运行调节，促进全市经济社会平稳协调健康发展。

继续调整投资结构。依法严把新上项目审批，严格执行土地、环保、节能、技术、安全等准入标准，注重专项规划、产业政策与土地、环保等环节的衔接，促进投资平稳适度增长。科学安排年度土地供应，优先保障重点工程、经济适用房、廉租房等用地需求，做好工业用地招拍挂工作，严格查处各类土地违法违规行为。加强房地产市场调控，重点调整住房供应结构，新开工建设300万平方米中低价位普通商品住宅和200万平方米经济适用房，建设、收购30万平方米廉租住房，完善相关管理制度，构建多层次住房保障体系。继续深入整顿和规范房地产市场秩序，抑制商品住房价格过快上涨。

管好用好政府投资，确保重点领域建设。2007年是奥运场馆、相关基础设施建设的高峰期。全市政府固定资产投资计划安排230亿元，比2006年增长15%。继续坚持“两个转移、五个倾斜”政策，按照“保重点、保续建、保竣工”的原则，主要投向奥运工程、基础设施、新农村、资源节约、社会事业、生态环境等重点领域的建设。适度增加政府资金对南城基础设施的投入，改善南部地区投资环境和生产生活条件。继续加

强政府投资的管理，坚持推行和完善政府投资项目代建制、全过程监理制、公示制和后评价制等政府投资项目管理新机制，坚持对政府投资项目严格履行政府投资管理程序，对实施过程从严监管，建立对投资中介咨询机构和专家的责任约束机制，提高政府投资决策的民主性、科学性和透明度，提高工作效率和投资效果。

积极扩大消费需求。努力增加城乡居民收入，合理调整并严格执行最低工资制度，提高低收入者收入水平和消费能力。继续加快农村商品流通网络建设，改善农村消费条件。积极扩大旅游、文化、健身、体育、休闲等消费。积极利用新技术、新产品，培育新的消费热点，促进消费结构升级。加强物业管理、停车收费、教育收费、医药市场等社会反映强烈的价格监管，优化消费环境。

加强经济运行调节，确保首都能源安全。按照“创新机制、开源增供、节能降耗、应急供应、保障重点”的思路，强化能源资源基础设施能力建设，综合提高经济运行调节的水平，确保首都能源安全。完善全市经济运行监测调度系统，进一步提高能源与经济运行的预警能力。健全各项调控预案，增强应急处置能力。建立联合调度协调机制，协调落实天然气、煤炭、成品油等资源，强化运输环节及能源供需上下游之间、区域之间的协调配合，确保能源的正常供应。做好电力“迎峰度夏”和冬季供热工作。

北京地区货币信贷政策执行情况

2006 年是北京市"十一五"规划的第一年，北京市货币信贷运行总体健康平稳，支持首都经济较快健康发展。2006 年末，北京辖内金融机构（含外资）本外币各项存款余额 33 793.3 亿元（占全国的 9.7%），比年初增加 4 804.7 亿元，同比增长 16.7%；本外币各项贷款余额 18 131.6 亿元（占全国新增的 7.6%），比年初增加 2 818.0 亿元，按可比口径计算，同比增长 18.6%。

2006 年，北京市辖内金融机构（含外资）人民币各项存款同比少增较为明显，企业存款波动加剧，储蓄存款受股市分流作用增长趋缓，而外汇存款与上年相比有较大幅度增长。截至年末，北京辖内金融机构（含外资）人民币各项存款余额 31 313.8 亿元，比年初增加 4 511.0 亿元，同比增长 16.9%。其中人民币储蓄存款 8 705.1 亿元，比年初新增 1 231.4 亿元，同比少增 124.0 亿元，同比增长 16.4%，增速比上年末下降 5.7 个百分点，股市对储蓄存款的分流作用凸显；人民币企业存款余额 17 843.3 亿元，比年初增加 2 689.6 亿元，同比增长 17.3%，受总部企业加大了内部资金运作力度影响，造成企业存款余额波动较为频繁，仅从月末余额来看难以反映企业存款变化趋势；外汇存款余额 317.5 亿美元，比年初增加 46.7 亿美元，同比多增 36.6 亿美元，增长 17.3%，比上年末提高 13.4 个百分点。

2006 年，北京贷款适度增长，新增贷款以中长期贷款为主，短期贷款小幅增加，票据融资规模明显缩减，"走出去"战略带动外汇贷款大幅增长。截至年末，北京辖内金融机构（含外资）人民币各项贷款余额 15 632.7 亿元，按可比口径计算，比年初增加 1 880.0 亿元，同比增长 13.4%。其中人民币中长期贷款余额 9 448.8 亿元，比年初增加1 593.9 亿元，占全部人民币贷款新增额的 87.6%，北京市中长期贷款增长与奥运经济和总部经济密切相关；人民币短期贷款余额 5 095.5 亿元，比年初增加 254.9 亿元，同比多增 96.9 亿元；票据融资余额 1 032.9 亿元，比年初减少 74.2 亿元，同比少增 434.8 亿元；外汇贷款余额 320.0 亿美元，比年初新增 134.0 亿美元，同比多增 65.2 亿美元，2006 年，企业"走出去"战略步伐有所加快，增加了用于海外投资的中长期融资需求。

2006 年，在中国人民银行各项货币政策、信贷政策的指导下，中国人民银行营业管理部（以下简称人行营业管理部）结合北京市经济金融运行的内在规律，采取多项措施，加大货币政策在辖区的贯彻执行力度，加强对辖区货币信贷运行的监测，取得良好的成效。

一、积极贯彻落实人民银行各项政策措施，认真做好政策反馈

在人民银行各项政策出台后，人行营业管理部及时向辖区金融机构转发相关文件，传达文件精神，包括基准利率调整、准备金政策调整等，认真收集辖区金融机构、企业和居民行为的相关信息，及时向人民银行总行反馈各项政策在北京辖区的执行情况，为人民银行总行评估政策实施效果和下一步决策提供了有力的支持。

二、加大“窗口指导”力度，确保货币信贷政策的顺利传导

2006年，人行营业管理部加强对辖区经济金融运行与信贷运行态势的监测与分析，在深入领会和准确把握各项宏观调控政策意图和方向的基础上，积极发挥辖内银行季度分析例会的“窗口指导”作用，引导金融机构合理控制信贷投放节奏，不断优化信贷结构，防范金融风险，引导金融机构加大对经济社会发展薄弱环节的支持力度。

（一）积极贯彻落实各项房地产调控政策，不断加强对房地产金融市场的分析监测

2006年，人行营业管理部严格贯彻落实国家对房地产市场的各项调控政策，认真了解政策效应，如对辖内银行落实《国务院办公厅转发建设部等关于调整住房供应结构稳定住房价格的通知》（国办发［2006］37号）情况进行了全面摸底，配合北京市政府相关部门做好房地产调控相关工作。与此同时，人行营业管理部积极开展调研，如对住房开发贷款、土地储备政策后房地产开发资金、利润的循环和分配调研和土地储备贷款情况专项调研、房贷产品创新对货币政策传导机制影响的调研，深入分析北京房地产运行的区域特征，形成一系列调研报告，得到人民银行总行和北京市政府有关部门的肯定。

（二）合理引导信贷行业投向，积极加大对经济社会薄弱环节的金融支持力度

2006年，人行营业管理部按照各级领导部门宏观调控的总体要求，继续加强行业风险提示和行业深度分析，向辖内银行先后转发了国家发改委、人民银行等部门关于加快水泥、纺织、铅锌等行业结构调整的通知文件，提示金融机构及早进行信贷结构调整，积极应对产能过剩行业的潜在风险。与此同时，在对北京市电子信息、汽车制造等行业发展状况和信贷支持情况进行深入调研的基础上，人行营业管理部积极引导辖内银行信贷行业投向匹配地方产业发展方向，继续加大对经济社会发展薄弱环节的金融支持力度。年末，北京市中资银行中小企业贷款余额3 077.9亿元，比年初新增206.1亿元，同比多增70.9亿元；农户贷款余额24亿元，比年初新增7.2亿元，同比多增3.1亿元；小额担保贷款余额865万元，比年初新增696.6万元，同比多增694.1万元。

（三）出台金融支农指导意见，加大金融服务首都新农村建设力度

在深入调查研究的基础上，人行营业管理部与北京市农村工作委员会以联合发文的形式向辖内中外资银行、邮政储蓄以及各郊区（县）人民政府下发了《关于金融支持首都社会主义新农村建设的意见》（银管发［2006］181号），统一了辖内金融机构支农工作指导思想，明确了金融支持首都社会主义新农村建设的工作目标和原则，提出了各金融机构在支农工作中的职责分工，鼓励金融机构加快创新服务“三农”的金融产品，并对于密切“银政”、“银企”、“银银”合作、健全涉农风险补偿机制、完善农村金融生态环境等各项工作提出具体意见。

（四）加强利率监测管理工作，促进金融机构完善定价机制

2006年，人行营业管理部整合利率

监测工作，拓宽利率监测视角，进一步完善了利率监测制度，印发《关于重新修订北京地区金融机构利率监测内容的通知》，定期编写印发《利率监测简报》，探索建立北京地区民间借贷监测制度，初步建立北京地区民间借贷利率监测制度，加强对辖内金融机构利率定价能力的调研和指导。

三、加强再贷款、存款准备金等货币政策工具的管理

人行营业管理部加强再贷款业务管理，建立健全再贷款管理制度，保证各类再贷款的合规、按时发放。目前人行营业管理部承担了人民银行系统金融稳定再贷款业务的绝大部分，作为试点单位，还参加了人民银行总行新中央银行资金管理系统的试运行工作，积极配合总行推进信息化建设。加强存款准备金业务管理，进一步强化准备金管理的严肃性，及时将总行上调存款准备金率文件转发各金融机构，纠正金融机构在存款准备金工作中的违规行为。

四、继续做好金融市场管理工作，初步建立对辖内黄金市场的监测制度

2006年以来，人行营业管理部主要从以下几个方面加大金融市场管理工作力度：一是完善对公开市场操作、银行间债券市场、银行间同业拆借市场的监测体系；二是实施重点联系行报告制度；三是进一步强化金融市场交易备案管理和市场准入审核，完善了《北京辖区银行间债券市场准入备案业务操作规程》和《北京辖内银行业金融机构进入全国银行间同业拆借市场审核的内部操作规程》；四是加强业务培训和检查；五是初步建立黄金市场监督管理制度，加强对辖内黄金市场、黄金地下黑市交易情况的监测分析。

五、积极推动北京金融生态环境建设

在市政府《北京市“十一五”时期金融业发展规划》指导下，人行营业管理部加大社会信用体系建设，制订《北京市个人信用体系建设方案》，初步建立了中小企业融资服务平台申贷企业信用数据库。与此同时，加强金融知识宣传，开展了银行卡、反洗钱、信用知识、反假货币等系列宣传活动，促进了社会金融意识的提高。

六、加强对北京农村商业银行的监督考核，督促其加快经营机制转换

2006年以来，人行营业管理部认真履行农村信用社改革中央银行资金支持工作职责，重点从以下几个方面对北京农村商业银行加强了监督考核，督促其加快经营机制转换：一是加强对专项中央银行票据管理。转发了人民银行总行《关于印发农村信用社改革试点专项中央银行票据兑付考核指引的通知》的文件，指导农村商业银行准确把握专项票据兑付考核的重点和要求，为其下一步顺利实现票据兑付打好基础；二是加强日常监测；三是增进信息沟通。北京农村商业银行成立一年以来历史包袱明显化解，经营机制加快转换，支农功能大大增强。9月末，该行不良贷款率同比下降7个百分点，资本充足率提高至9.4%，涉农贷款余额比年初新增20亿元。

（项银涛）

北京市金融运行报告

中国人民银行营业管理部 货币政策分析小组

一、金融运行情况

2006年，北京市金融运行总体平稳，各类金融企业健康发展，金融市场交易趋于活跃，金融生态环境建设成效显著。

（一）银行业认真贯彻落实宏观调控措施，稳步推进各项金融改革

2006年，北京银行业继续深化改革，货币信贷保持稳步增长态势，信贷结构变化明显，有力地支持了地方经济发展。

1. 金融服务体系不断完善，资产规模继续稳步上升。北京拥有得天独厚的总部经济和庞大的金融资源，吸引各类金融企业，形成比较完善的金融服务体系。2006年，全市各类金融机构实力显著增强，外资银行资产规模增长迅速，在资产多元化趋势下金融机构非信贷资产稳步增长（见表1）。

表1 2006年银行类金融机构情况

机构类别	机构个数（个）	从业人数（人）	资产总额（亿元）
一、国有商业银行	1 473	37 223	21 581
二、政策性银行	16	642	4 529
三、股份制商业银行	362	12 414	11 083
四、城市商业银行	125	4 640	2 640
五、城市信用社	0	0	0
六、农村商业银行	691	7 620	1 519
七、财务公司	20	785	1 465
八、邮政储蓄	497	3 803	450
九、外资银行	118	2 105	1 062
合　　计	3 302	69 232	44 328

注：银行类金融机构包括总部及其所有下属分支机构。

数据来源：北京银监局。

2. 在人民银行流动性管理措施作用下，存款增长逐步放缓。本外币存款增速自2月份以来连续10个月保持回落走势。人民币存款同比少增明显。随着企业总部内部资金运作力度加大，企业存款波动愈加频繁；存款的期限结构具有典型的“长假转换”特征，“五一”、“十一”假期前以通知存款为主要形式的定期存款显著增加。储蓄存款被资本市场分流较多，10月份出现1998年以来的首次净下降，储蓄存款稳定性有所减弱。同业存款多增明显，进一步反映出股票市场对居民储蓄的分流情况。中国人民银行营业管理部（以下简称人行营业管理部）开展的储蓄问卷调查显示，第四季度北京地区居民投资意愿进一步增强，家庭资产分布中“拥有基金”占比明显高于第三季度。外汇存款增加较多，反映出微观主体对本币升值的适应能力在增强。外资银行人民币存款高速增长，增速是上年的2.5倍（见图1）。

3. 在货币信贷调控措施的综合作用下，贷款增长上升势头得到抑制，信贷结构进一步调整。人民币贷款增速在第四季度明显回落。人行营业管理部的银行家问卷调查显示：北京地区银行家对货币信贷政策效果评价很高，第四季度货币政策有效性扩散指数高于第二、第三季度。人行营业管理部专项计量分析显示：北京地区信贷资金配置效率总体较好，分别向第三产业、竞争力较强行业集中，并逐步退出劣势行业。

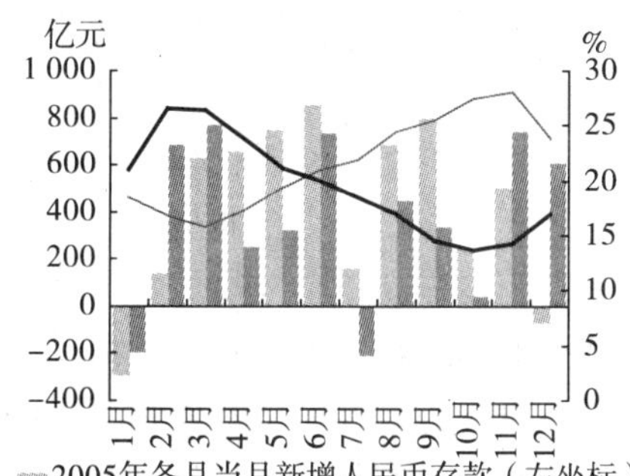

数据来源：人行营业管理部调查统计处。

图1 金融机构人民币存款增长变化

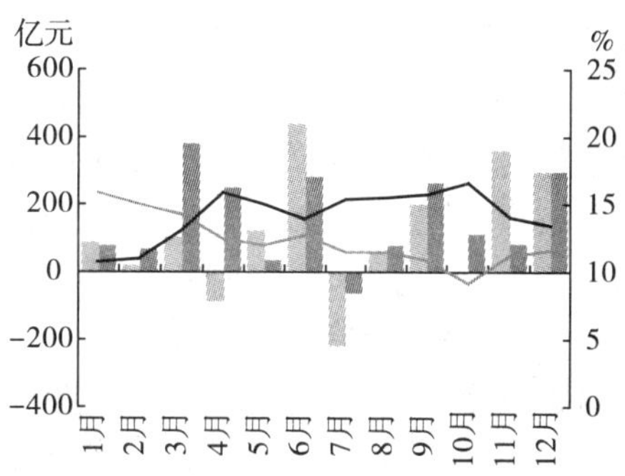

数据来源：人行营业管理部调查统计处。

图2 金融机构人民币贷款增长变化

信贷投向受商业银行实施经济资本管理①影响较大，新增贷款以中长期贷款为主。中长期贷款增长与奥运经济和总部经济密切相关，重点投向奥运场馆和基础设施建设，企业总部统借统还的融资方式使部分域外贷款需求转移至北京。短期贷款受短期融资券等直接融资方式影响小幅增加，票据融资规模显著下降。人民币贷款周转速度加快。中小企业和“三农”融资服务进一步改善。受国际市场利率上扬影响，短期外汇贷款需求下降；中长期外汇贷款在“走出去”战略带动下明显增加。外资银行人民币贷款增速呈跨越式发展，是上年的3.5倍（见图2、图3）。

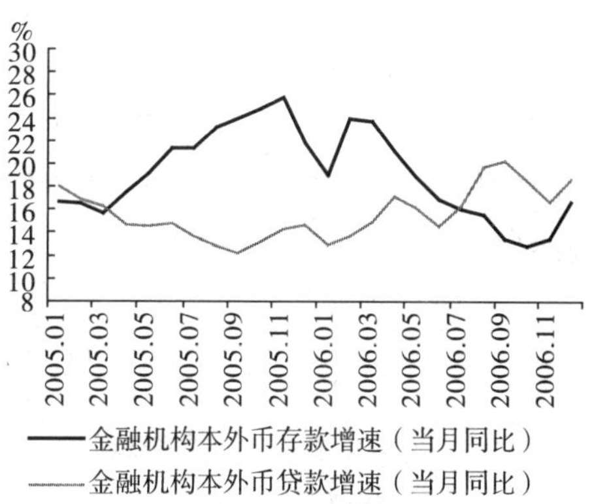

数据来源：人行营业管理部调查统计处。

图3 金融机构本外币存、贷款增速变化

4. 银行卡业务发展迅速，现金交易需求下降。“刷卡消费”成为一种时尚，对现金交易的替代作用明显，1999年以来现金投放呈逐年减少态势（见表2）。

表2 2006年金融机构现金收支情况表

	金额（亿元）	同比增速（%）
现金收入	23 484.4	14
现金支出	23 301	14
现金净支出	−183.4	3

数据来源：人行营业管理部调查统计处。

5. 票据融资规模显著下降，市场利率受货币政策影响波动较大。随着人民银行货币政策调控力度不断加大，盈利空间相对较小且流动性、可控性较强的票据融资业务成为各行压缩信贷投放规模的主要

① 经济资本管理是商业银行将已确定的经济资本在不同业务领域、不同层面甚至不同客户之间进行配置，建立以经济资本回报率和经济增加值为核心的绩效考评制度。

对象。全年票据融资同比少增明显。融资结构发生变化，贴现占比上升幅度较大，多数银行对转贴现控制较严。银行承兑汇票增长较快，在手续费率较低的情况下，银行风险加大。票据市场利率结构存在不稳定因素。转贴现利率对货币市场反应最为敏锐，利率上涨较快；贴现利率走势相对平稳，贴现利率改革的呼声依然较高（见表3、表4）。

表3　2006年金融机构票据业务量统计表

单位：亿元

季度	银行承兑汇票承兑		贴现			
			银行承兑汇票		商业承兑汇票	
	余额	累计发生额	余额	累计发生额	余额	累计发生额
1	702.6	491.3	1 230.0	1 245.1	123.1	153.0
2	815.3	638.6	1 120.4	1 059.1	116.3	174.3
3	883.4	634.3	927.3	1 304.7	111.2	182.2
4	825.3	660.0	918.0	1 184.8	125.8	245.2

数据来源：人行营业管理部票据市场监测数据。

表4　2006年金融机构票据贴现、转贴现利率表

单位：%

季度	贴现		转贴现	
	银行承兑汇票	商业承兑汇票	票据买断	票据回购
1	3.2614	3.6918	1.6105	1.6176
2	3.1902	3.3111	1.8371	2.2694
3	3.1123	3.6939	2.9726	3.1376
4	3.2208	3.2444	3.0288	3.1164

数据来源：人行营业管理部利率监测数据。

6. 金融机构定价能力有不同程度的改善。人民币贷款利率浮动总体变化不很明显，下浮利率贷款占比依然较高，一定程度上削弱了利率政策调控效应，主要是银行信贷投向集中于基础性行业、大客户议价能力较强、产品同质化等原因所致。中小企业贷款定价水平偏低，与贷款高风险、高成本不匹配，中小企业贷款风险溢价能力需进一步提高。个人住房贷款利率受基准利率上调影响呈上涨趋势，浮动利率贷款占绝对比重。人民币存款利率下浮情况很少，同业存款利率逐步分化。辖区中资商业银行上存利率与货币市场利率走势基本吻合，提高了商业银行基层行对货币市场利率的敏感性。外币贷款利率逐步走高，导致外汇贷款大幅减少；大额外币存款利率波幅较大。金融机构定价机制建设成效显著，多数银行重新梳理利率组织体系，利率管理部门职能发生变化，尝试采用量化定价技术，主动负债管理意识增强（见图4、表5）。

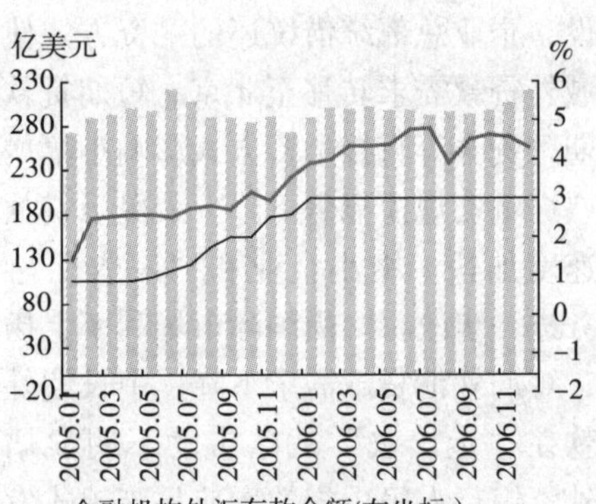

数据来源：人行营业管理部利率监测数据。

图4　金融机构外币存款余额及外币存款利率

7. 银行业金融机构改革稳步推进。2006年，辖内中资商业银行大力推进经济资本管理，强化资本占用和风险约束机制，深化机构管理扁平化改革。全年中资

表 5　2006 年各利率浮动区间贷款占比表

单位：%

		合计	国有商业银行	股份制商业银行	区域性商业银行	城乡信用社
合计		100	100	100	100	100
[0.9～1.0)		58.8	64.2	64.8	22.5	5.7
1.0		22.4	21.4	22.3	20.1	13.3
上浮水平	小计	18.8	14.4	12.9	57.4	81.0
	(1.0～1.3]	16.8	13.8	12.4	48.6	60.3
	(1.3～1.5]	1.8	0.5	0.4	8.2	19.6
	(1.5～2.0]	0.2	0.1	0.1	0.6	1.1
	2.0 以上	0.0	0.0	0.0	0.0	0.0

数据来源：人行营业管理部利率监测数据。

银行机构实现利润 400.2 亿元，利润微降主要是因为部分商业银行进一步做实利润。中资银行机构不良贷款余额和比例实现了“双降”，本外币不良贷款余额比年初减少 46.2 亿元；不良贷款比例为 2.9%，比年初下降 0.8 个百分点，实现了资产结构和质量的同步改善。北京农村商业银行在改制的第一年初步实现了向现代股份制商业银行的转变。整体业务呈现良好的发展态势，经营规模稳步扩张，贷款质量有所改善，经营效益大幅提高。为支持首都新农村建设，积极探索服务“三农”的新机制和新模式。

（二）股市融资功能恢复，证券市场行情上涨

1. 上市公司积极利用股市筹资。随着 2006 年股市融资功能的恢复，北京地区上市公司通过境内股票市场筹集资金累计 850.1 亿元，其中，首次公开发行筹资 790.2 亿元，再融资 59.9 亿元（见表 6）。

2. 股票市场行情上涨，证券交易活跃。由于股权分置改革的顺利推进，投资者信心恢复，股票市场交易活跃。2006 年，北京地区各类证券成交金额 19 557.1 亿元，比上年增长 1.1 倍，带动证券公司收入增加，各项财务指标改善。

表 6　2006 年证券业基本情况表

项　目	数量
总部设在辖内的证券公司数（家）	14
总部设在辖内的基金公司数（家）	11
总部设在辖内的期货公司数（家）	20
年末国内上市公司数（家）	92
当年国内股票（A 股）筹资（亿元）	850
当年发行 H 股筹资（亿元）	0
当年国内债券筹资（亿元）	2 106
其中：短期融资券筹资额（亿元）	1 449

数据来源：北京证监局。

（三）保险市场运行平稳，保险业发展势头良好

1. 多元化市场竞争格局初步形成。北京金融资源丰富，居民收入相对较高，吸引各类保险机构在北京设立机构经营保险业务，参与市场竞争。截至年末，北京保险市场主体共 7 322 家，比上年增加 1 182 家，保险机构相互竞争的格局初步形成（见表 7）。

表7　2006年保险业基本情况表

项　　目	数量
总部设在辖内的保险公司数（家）	9
其中：财产险经营主体（家）	3
寿险经营主体（家）	6
保险公司分支机构（家）	47
其中：财产险公司分支机构（家）	20
寿险公司分支机构（家）	25
保费收入（中外资，亿元）	412
财产险保费收入（中外资，亿元）	84
人寿险保费收入（中外资，亿元）	327
各类赔款给付（中外资，亿元）	84
保险密度（元/人）	2 639
保险深度（%）	5

数据来源：北京保监局。

2. 保险的经济“助推器”和社会“稳定器”作用得到进一步发挥。2006年，北京保险业累计承担风险总额8.6万亿元，为人民群众未来的养老和医疗积累责任准备金1 337亿元；全年共支付各类赔款和给付84亿元，同比增长11.4%。政策性农业保险取得重大突破。北京市政府批准了政策性农业保险方案，农业保险业务同比增长124.2%，农村地区人身险业务同比增长37.8%。

（四）金融市场稳步发展，融资结构不断改善

北京地区金融市场稳步发展，融资总量继续扩大，货币市场交易活跃，外汇市场运行平稳，黄金市场发展迅速，民间融资交易频繁。

1. 融资结构进一步改善，直接融资发展较快。股票融资重新启动，企业债券规模增加较多，短期融资券数量显著增加，发行主体逐渐向市属企业延伸（见表8）。

表8　非金融机构融资结构表

年份	融资量（亿元人民币）	比重（%）		
		贷款	债券（含可转债）	股票
2000	1 565.3	87.9	0.0	12.1
2001	1 476.0	82.1	4.4	13.5
2002	2 117.4	84.8	7.8	7.4
2003	2 843.7	83.5	7.8	8.7
2004	2 184.4	88.4	8.5	3.1
2005	3 174.6	60.3	39.6	0.1
2006	4 089.1	69.9	25.8	4.3

数据来源：中国债券网、北京证监局。

2. 货币市场交易增长迅猛，市场利率向合理水平提升。北京地区资金充裕，市场流动性较多。同业拆借交易量是上年的1.5倍，占全国同业拆借市场交易量的48.1%，利率略低于全国；质押式债券回购交易量接近上年的2倍，占全国债券回购市场交易量的52.2%，利率略高于全国。市场利率整体呈上扬态势，长时间低利率走势得到缓解，利率受货币政策和新股发行影响较大。

3. 外汇市场运行平稳，黄金交易发展迅速。即期外汇市场累计成交折合5 686.3亿美元。随着人民币汇率形成机制的逐步完善，市场主体风险意识逐步增强，外汇衍生产品交易逐渐活跃。远期外汇交易累计成交135.0亿美元，外汇掉期交易累计成交398.1亿美元。黄金市场价格涨跌交错，市场交易活跃。全年30家上海黄金交易所会员累计黄金交易量占全国33.8%。辖内商业银行全年交易“美元报价”账户黄金333 446.7盎司，累计成交金额2.3亿美元；交易“人民币报价”账户黄金72.3吨，累计成交金额107.4亿元。

4. 民间融资交易频繁。由于操作灵活、手续简便、利率协商性强等原因，北京地区民间融资市场日渐活跃。民间借贷利率高于贷款基准利率，且利率差异较大；资金多来源于自有资金，主要用于生产经营和流动周转；还款主要采取一次性还本付息方式。

（五）金融生态环境建设取得新进展

北京市政府发布《北京市"十一五"时期金融业发展规划》，为北京市金融业发展提出思路。继续加快金融功能区建设，规划金融产业后台服务园区，为金融业发展创造良好的服务环境。社会信用体系建设取得进展，制定《北京市个人信用体系建设方案》，初步建立了中小企业融资服务平台申贷企业信用数据库。加强金融知识宣传，开展了银行卡、反洗钱、信用知识、反假货币等系列宣传活动，促进了社会金融意识的提高。农村改革取得积极进展，发展环境不断优化。出台《关于统筹城乡经济社会发展推进社会主义新农村建设的指导意见》，经济组织产权制度改革顺利进行，农民组织化程度提高，农村社会养老保险制度建设积极推进。

二、经济运行情况

2006年，首都经济社会保持又好又快的发展势头。经济发展处于高收入国家水平，人均GDP达到6 210美元。产业结构调整深入，体现首都特点的现代服务业、现代制造业、高新技术产业增势强劲，第三产业比重显著提升。积极推进经济增长方式转变，能耗、水耗进一步降低。投资增长回落，消费需求稳步上升，外贸逆差继续扩大，物价走势平稳，财政收入增长较快，居民收入稳步增长，就业形势较好，社会保障体系逐步完善（见图5）。

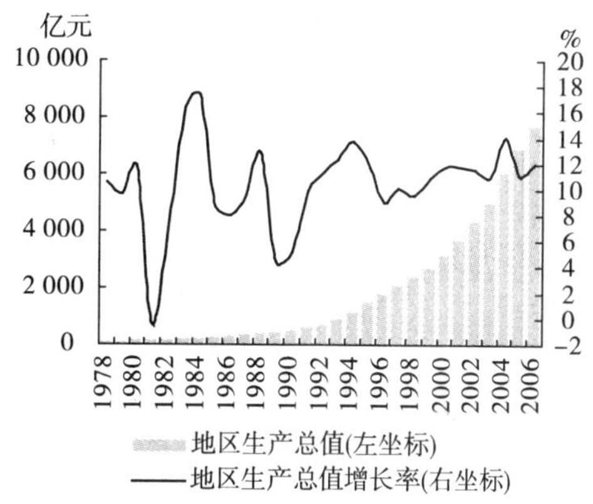

数据来源：北京市统计局。

图5 地区生产总值及其增长率

（一）需求结构进一步优化，消费对经济的拉动作用逐渐增强

社会总需求旺盛，固定资产投资趋向平稳，消费需求稳步增长，进口需求增长迅速。

1. 宏观调控成效显著，固定资产投资保持回落走势，第三产业投资成为亮点。虽然2006年北京地区全社会固定资产投资月增速均高于上年，但比全国的增长势头更趋平稳。人行营业管理部工业经济景气问卷调查显示：第四季度北京地区企业投资意愿有所下降，固定资产投资扩散指数低于前三季度。投资增长主要受基础设施、奥运建设和第三产业投资拉动。第三产业投资占比高达88.8%。受宏观调控特别是土地调控政策影响，下半年开始房地产开发投资增速逐步放缓，投资占比有所下降（见图6）。

2. 收入增加和股市财富效应拉动消费增长。城乡居民收入继续提高，带动社会消费品零售总额稳步增长，全年社会消费品零售总额增速比上年提高2.3个百分点。股市走出低谷，财富效应刺激居民消费。恩格尔系数进一步下降，主要是新农

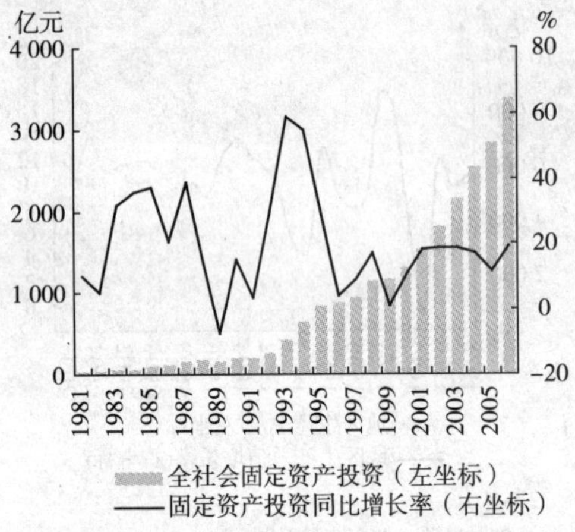

数据来源：北京市统计局。

图6　固定资产投资及其增长率

村建设取得进展，郊区特色农业发生实质变化，农村居民家庭收入进一步提高，农村居民非食物消费加大（见图7）。

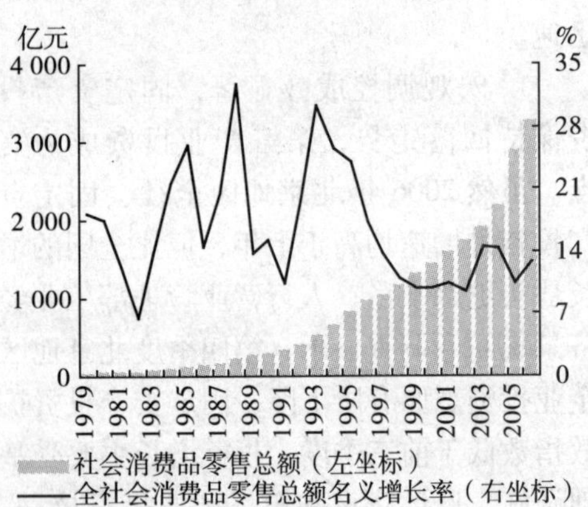

数据来源：北京市统计局。

图7　社会消费品零售总额及其增长率

3. 外贸逆差继续扩大，外资利用保持快速增长。进出口总值大幅增长。进口增速高于出口增速，外贸持续逆差扩大趋势。出口继续保持快速增长，出口结构进一步优化，机电产品、高新技术产品出口占比分别为74.5%和55.6%，比上年分别提高4个和3个百分点。全年新批外资项目2 106个，比上年下降1.4%；实际利用外资45.5亿美元，增长29.1%，主要得益于奥运经济、基础设施建设以及投资环境的改善（见图8、图9）。

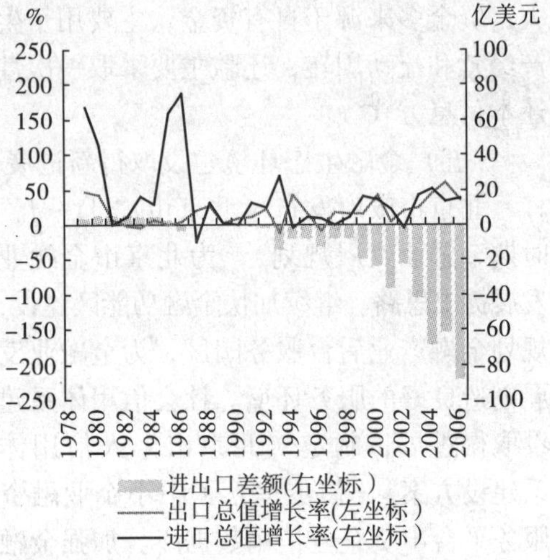

数据来源：北京市统计局。

图8　外贸进出口变动情况

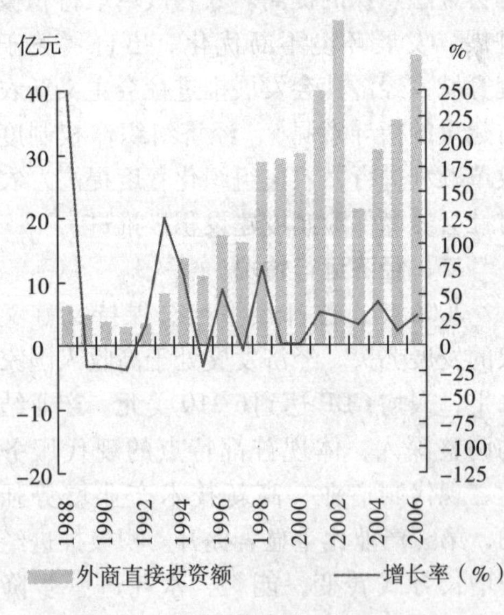

数据来源：北京市统计局。

图9　外商直接投资及其增长率

4. 财政收入较快增长，社会保障补助支出大幅增加。在奥运经济和总部经济的聚集效应带动下，北京市税源质量稳步提高，财政收入大幅增长，主要税种如营业税、企业所得税和个人所得税均保持快速平稳的增长态势。地方财政支出快速增长，其中社会保障补助支出增长 48.0%，政府公共支出职能进一步增强，为构建和谐社会提供了财力支持（见图 10）。

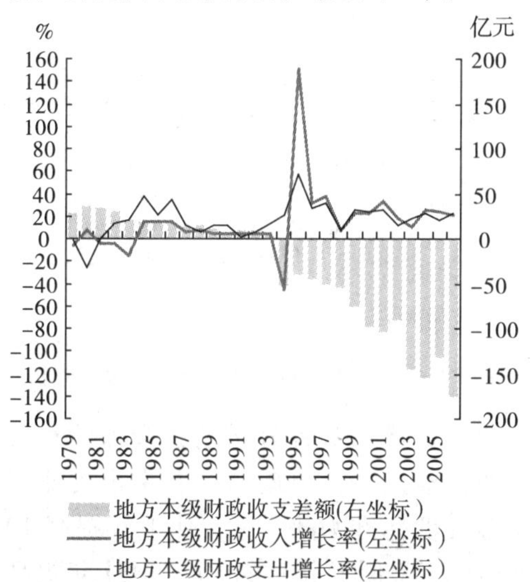

数据来源：北京市统计局。

图 10　财政收支状况

（二）产业结构调整步伐加快，高端产业发展迅速

2006 年，北京市三次产业结构由上年的 1.4∶29.5∶69.1 变化为 1.3∶28.7∶70。都市型农业发展水平继续提升；第二产业保持较快增长，高技术制造业和现代制造业增势强劲；现代服务业发展迅速，在地区 GDP 中的占比接近 1/2。

1. 农业起点较高，都市型现代农业综合生产能力进一步提高。全年粮食播种面积和产量稳步增长。引进和推广优良品种，实现良种更新，保持生猪、奶牛、肉羊、水产、专用玉米、特种瓜菜等良种在全国居于领先地位。同时确立第三产业在农村经济中的战略地位，大力发展乡村旅游业。北京市政府通过贴息补助、投资参股和税收优惠等政策，支持龙头企业进行技术引进和技术改造，扶持农产品加工企业的发展。

2. 工业稳步发展，结构调整步伐加快。规模以上工业企业增加值增长 14.1%。高技术制造业增势明显，中关村科技园区、北京经济技术开发区等高科技园区发展加快，已经成为北京经济的重要增长极。现代制造业发展规模和水平进一步提高。产销衔接良好，产品销售率为 98.7%。工业结构调整稳步推进。焦化、石化企业停产、搬迁工作相继展开；首钢搬迁与结构调整工作有序进行，冷轧薄板项目已经开始土建施工；北京奔驰轿车项目已经全面竣工投产，北京现代第二工厂建设开始启动（见图 11）。

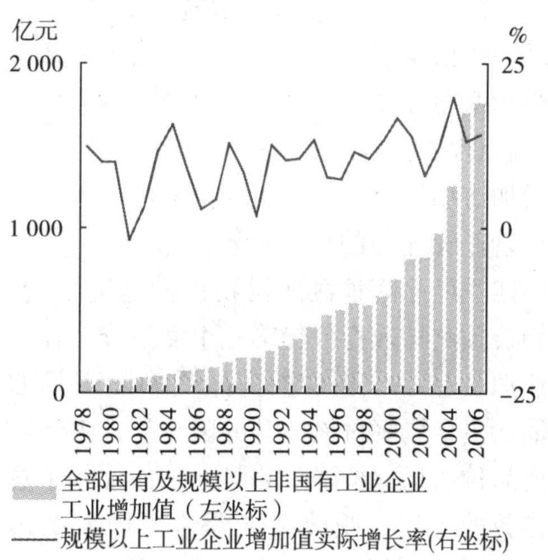

数据来源：北京市统计局。

图 11　工业增加值及其增长率

3. 服务业发展加快，高端化发展趋势更加明显。电子信息产业快速增长，信息传输、计算机服务和软件业成为服务业

中增长最快的行业。在国有商业银行改革顺利推进、股市复苏以及鼓励金融业发展的政策措施作用下，金融业发展活力明显增强，文化创意产业发展不断加快。

（三）绿色奥运深入人心，节能和环保有实质进展

北京市加强能源管理，加大能源基础设施建设，狠抓能源节约，减轻大气污染排放，引入清洁能源，节能和环保建设取得明显进展。万元GDP水耗比上年下降11.2%；空气质量达标241天，比上年多7天；污染物排放总量明显削减，全年二氧化硫排放总量削减7.9%，化学需氧量排放总量削减5.2%；林木绿化率比上年提高0.5%，城市绿化覆盖率比上年提高0.5%。

（四）居民消费价格走势平稳，生产类价格“剪刀差”明显缩小

1. 居民消费价格总体运行平稳，食品类价格年末出现上扬。全年居民消费价格指数低于上年0.6个百分点。11月中旬起食品类商品出现涨价，政府及时有效增加市场供给，减轻了物价上涨压力。人行营业管理部的居民储蓄问卷调查显示：第四季度北京地区居民物价满意度上升，物价预测扩散指数较第三季度下降。在工业消费品中，除少数商品受国际市场原油、贵金属等价格波动的影响外，大多数商品价格仍保持降价趋势，从而抑制了总指数的上升；受政策性调价等因素的影响，部分服务项目价格明显上涨。

2. 生产类价格涨幅进一步回落。原材料、燃料、动力购进价格指数低于上年5.9个百分点。主要因为固定资产投资增长放缓，部分原材料供求矛盾得到缓解。工业品出厂价格指数比上年下跌2.2个百分点。两类价格指数间的“剪刀差”保持在5个百分点左右，比上年缩减约3.7个百分点（见图12）。

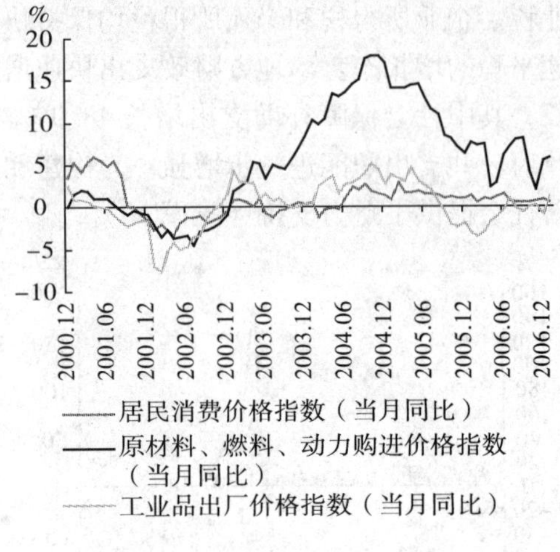

数据来源：北京市统计局。

图12　居民消费价格和生产者价格变动趋势

3. 经济形势良好带动社会保障相关待遇标准提高。2006年，北京市失业保险金最低标准为392元，比上年提高10元；职工最低工资为640元，比上年提高60元；城市居民最低生活保障金为310元，比上年提高10元。

（五）主要行业发展势头良好，但结构调整压力较大

1. 房价上涨较快，房地产信贷政策效果显现。北京市认真研究住房结构调整政策，加大整顿市场秩序力度，完善市场监测体系。房地产市场供求结构得到一定程度的改善，但供给量下降幅度较大，价格涨幅依然较高（见图13、图14）。

（1）房地产市场供求关系得到进一步调整，供给出现阶段性下降。近几年构成北京住房需求的主要因素为外来居民购房需求、改善型住房需求、拆迁转移住房需求和人口增长引发的需求等。2006年北京市房地产供给下降与政策调控密切相关。全年土地开发投资增长很快，但在土

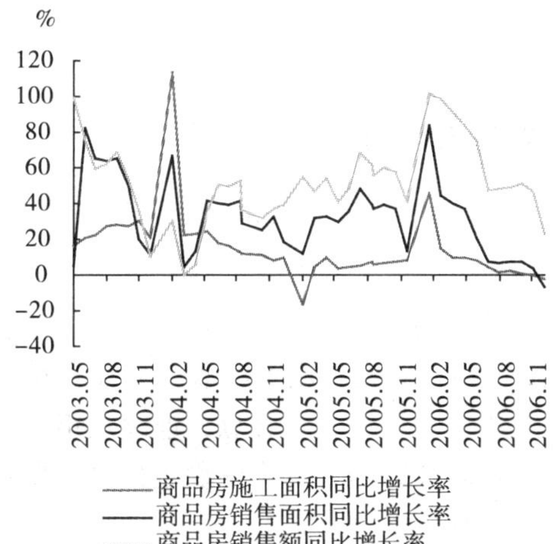

数据来源：北京市统计局。

图 13　商品房施工和销售变动趋势

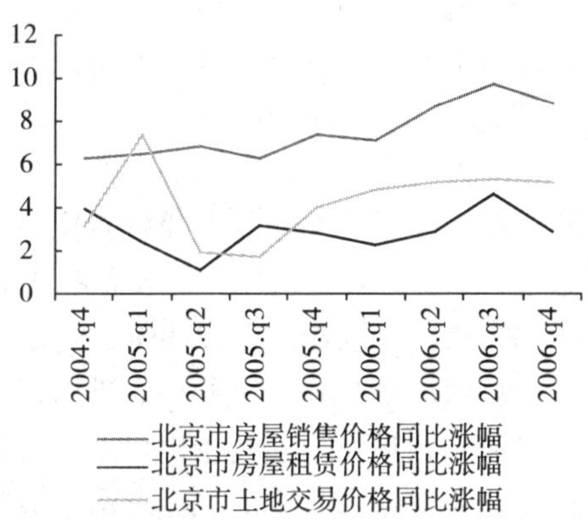

注：q 表示季度。

数据来源：北京市统计局。

图 14　主要城市房屋销售价格指数变动趋势

地出让政策调控作用下土地购置面积却大幅下降。同时，住房供给结构新政策使未开工的住房建设规划需要重新调整，推迟了部分住房开工日期，这在商品住宅开工面积、批准预售住宅面积和住宅竣工面积下降态势上均得到了反映。从住房交易看，预售期房供给量下降使部分潜在购房人转入存量房市场，在政策引导下购房人趋于理性，购买新建住宅现房倾向增强，空置一年以上的商品住宅面积大幅下降。

（2）房地产价格上涨幅度较大。北京房价改变了前几年小幅波动温和上涨的态势，新建商品住房、二手房价格持续上涨，价格指数居全国第四位。北京房价上涨的原因：一是住房供给减少开发商必然提高价格；二是外地富裕阶层基于财富持有方式和首都概念等原因对北京住房市场形成了很强的购买力；三是潜在购房人对价格的承受能力逐步增强。

（3）房地产贷款保持与宏观调控、市场走势相适应的发展态势。房地产开发资金来源中银行贷款增长较快，企业自筹和定金预售款下降。利率政策和首付款比率提高，促使个人住房贷款需求趋向理性，贷款需求明显受到抑制。房地产开发贷款增速回升，商用房开发贷款增长较快。

2. 电子信息行业是北京经济发展的主要支柱。2006 年，该行业对规模以上工业增加值的贡献率为 18.7%，主营业务收入和利润均保持快速增长。银行业的资金支持力度进一步增强。北京在手机、电脑、扫描仪、显示器、彩色显像管、软件、程控交换机、数码相机等产品方面位居全国前列。北京拥有较强的研发力量，是全国最大的电了信息产业科研、贸易、生产基地，有 200 多家跨国公司在首都设立了研发中心，其中 60% 属信息产业领域。北京电子信息行业在快速发展的同时也存在一些问题，中小电子信息企业融资难，资本市场不完备，风险投资退出机制尚未完全建立；知识产权创造、使用和保护的有效机制尚不完善，信用体系建设处于起步阶段等成为迫切需要关注和解决的问题。

（执笔：鲁凤玲、魏海滨、项银涛）

北京市金融稳定报告

中国人民银行营业管理部 金融稳定分析小组

一、北京市金融稳定总体情况概述

2006年是“十一五”计划开局之年，北京市经济继续保持高速增长，产业结构高端化趋势更加明显。经济效益稳步提高，居民收入持续增加，消费增长较快，价格走势平稳。总体而言，良好的宏观经济运行环境为首都金融的安全稳健运行提供了有力保障。

首都金融继续平稳运行，金融体系稳定性日益增强。从量化评估的结果看，近年来首都金融稳定状况逐年改善，抵御风险的能力不断提高。具体来讲，银行业运行平稳，保持了良好的发展态势。证券业综合治理成效显著，行业风险得到有效化解。保险业增长方式转变迈出新步伐，行业综合实力进一步增强。金融市场运行平稳，资金供给充裕，市场功能得到有效发挥。金融基础设施建设扎实推进，金融业发展环境不断优化。

但首都金融运行中仍存在一些局部性和阶段性问题，潜在风险不容忽视。为有效防范金融风险，维护首都金融体系的安全与稳定，应综合运用货币政策工具，着力加强流动性管理；密切关注房地产价格，避免因资产价格过度波动对金融体系产生的冲击；持续监测社会资金流动，防范风险在市场间的传递；继续推动银证保业务合作与综合经营，增强金融机构核心竞争力。

二、区域经济运行与金融稳定

2006年，北京市经济保持又好又快的发展势头。初步核算，地区生产总值达到7 720.3亿元，比上年增长12%，增速比上年提高0.9个百分点，连续八年实现两位数增长，为首都金融稳定提供了良好的经济环境。

（一）投资消费稳步增长，进出口大幅增加

全年累计完成全社会固定资产投资3 371.5亿元，同比增长19.3%，增速比上年提高7.5个百分点。其中，房地产开发投资总额达1 719.9亿元，同比增长12.8%。人民银行营业管理部工业经济景气问卷调查显示，全年企业投资意愿呈下降走势。全市实现社会消费品零售额3 275.2亿元，同比增长12.8%，高出地区生产总值增幅0.8个百分点。进出口总值大幅增长，进口增速高于出口增速。地方企业出口总值为232.1亿美元，增长35.7%，进口总值为320.7亿美元，增长38.1%；进口大于出口88.6亿美元，同比增长44.77%。

（二）产业结构继续向高端化发展，经济效益稳步提高

三次产业占比由上年的1.4:29.5:69.1调整为1.3:28.7:70，第三产业比重继续增加。其中，现代服务业实现增加值3 637.4亿元，比上年增长12.8%，占地区生产总值的47.1%。高技术产业完成增加值603.6亿元，比上年增长26.3%，高技术制造业对工业增长的贡献率达到49.2%。

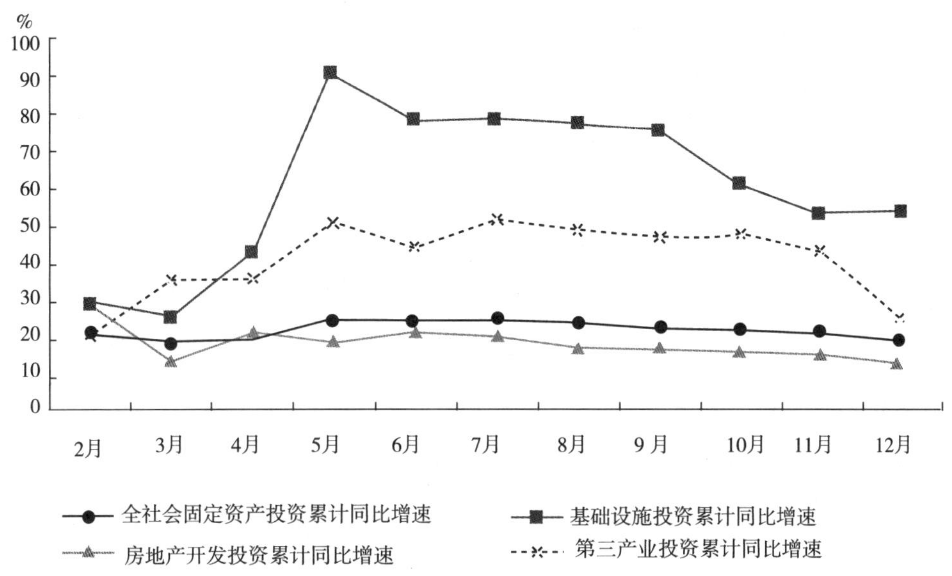

图1 2006年北京市主要投资指标累计同比增速图

全市规模以上工业企业实现增加值1 767.4亿元，同比增长14.1%；实现利润407.9亿元，同比增长15.2%；工业经济效益综合指数191.16%，比上年末提高了8.66个百分点。产销衔接良好，产品销售率为99%，比上年提高0.89个百分点。企业景气指数逐季攀升，由第一季度末的129.3%上升到第四季度末的142.98%（见图2）。企业家信心指数137.51%，比上年同期上升12.43个百分点。

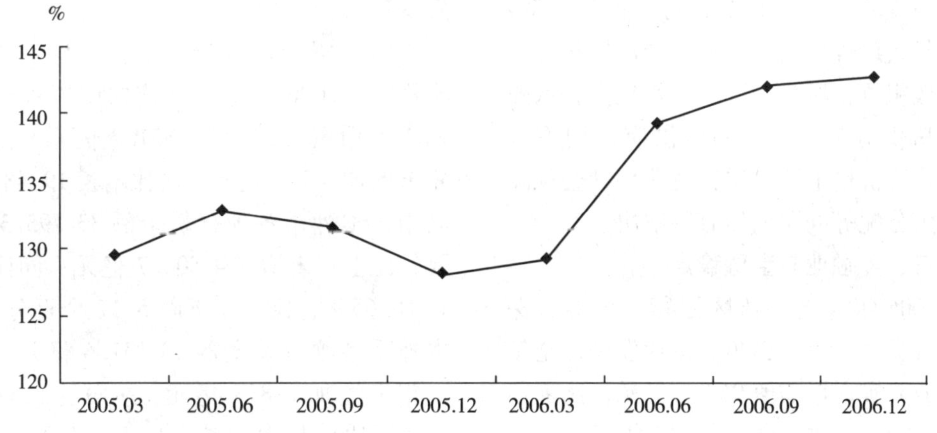

图2 北京市近两年来企业景气指数趋势图

（三）价格走势总体平稳，生产类价格“剪刀差”缩小

全市居民消费价格指数100.9%，比上年下降0.6个百分点。年末房屋销售价格指数108.8%，比上年末上升1.9个百分点，其中，商品住宅销售价格指数109.6%，比上年上升2.5个百分点。

生产类价格涨幅进一步回落，原材

料、燃料、动力购进价格指数105.5%，比上年下降5.9个百分点，工业品出厂价格指数99.1%，比上年下降2.2个百分点，二者“剪刀差”为6.4个百分点，比上年下降3.7个百分点，但仍然偏高（见图3）。

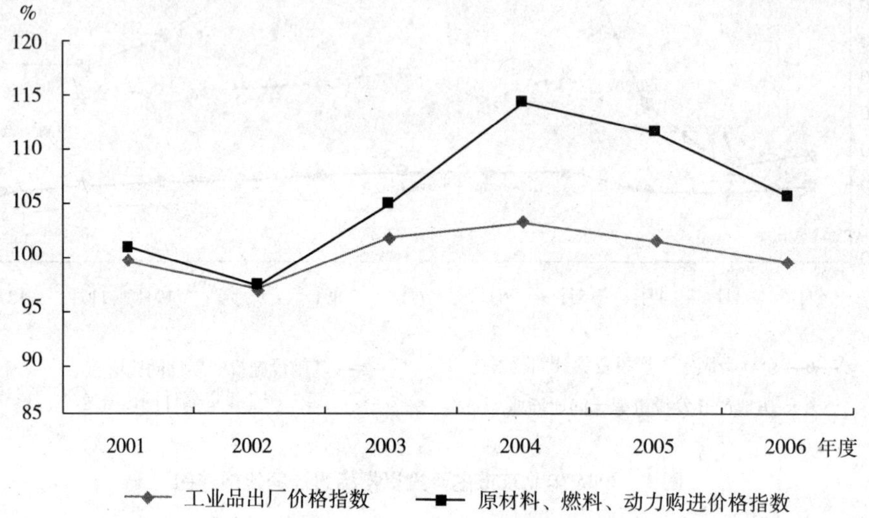

图3 近年来北京市工业品出厂价格指数与原材料、燃料、动力购进价格指数走势图

北京市经济在保持又好又快发展的同时，还存在着一些深层次的矛盾和问题：人口与资源、环境的矛盾尚未得到缓解，尤其是人口规模增长过快；经济增长方式还比较粗放，城乡、区域差距较大；保障性住房供应不足，商品房供应结构不合理，住房价格上涨过快；就业、社会保障和收入分配等问题仍然有待解决。

三、金融业与金融稳定

2006年，北京辖区银行、证券、保险等各类金融机构稳步、持续发展，全年金融业共实现增加值963.1亿元，比上年增长13.5%，增速比上年提高了3.6个百分点。

（一）银行业：总体运行平稳，业务转型步伐加快

2006年，北京辖区银行业总体上保持平稳健康发展态势，但某些阶段性和局部性问题值得关注。

1. 银行业总体平稳健康，保持良好发展势头。

（1）资产保持较快增长，盈利性基本稳定。2006年年末，辖内中资银行机构本外币资产总额41 351.7亿元，比上年末增加6 720亿元，同比增长19.48%。其中，本外币各项存款余额33 793.3亿元，比上年末增加4 804.7亿元；同比增长16.65%，比上年下降5.17个百分点。本外币各项贷款余额18 131.6亿元，比上年末增加2 818亿元；按可比口径计算，同比增长18.6%，比上年提高5.29个百分点。

辖内中资银行机构全年实现利润400.2亿元，同比小幅下降，主要是由于部分商业银行按照审慎原则计提贷款损失准备和使用利润核销不良贷款。辖内法人

机构中，北京银行实现利润比上年增长72.86%，北京农村商业银行实现利润增长11.56%。

（2）法人机构资本进一步充实，抵御风险的能力进一步增强。2006年年末，北京银行资产比上年末增长14.25%，资本充足率同比提高1个百分点，流动性比率同比有所下降，但仍然保持较高水平，不良贷款拨备覆盖率同比提高38.79个百分点。北京农村商业银行资产比上年末增长15.02%，资本充足率同比提高2.24个百分点，流动性比率同比提高13.52个百分点，不良贷款拨备覆盖率同比上升16.27个百分点。两家银行资本进一步充实，资本构成稳定性强，流动性充足，抵御风险的能力进一步增强。

（3）不良贷款余额和比例保持“双降”，非信贷资产质量有所提升。按五级分类口径统计，辖内中资银行机构2006年末本外币不良贷款余额比上年末有所减少，不良贷款比例比上年末下降0.84个百分点。辖内法人机构中，北京银行不良贷款比例比上年末下降0.72个百分点。北京农村商业银行不良贷款比例比上年末下降6.36个百分点。从不良贷款结构看，次级类贷款余额比上年末有所减少，可疑类和损失类贷款余额有所增加。中资商业银行（不含农村商业银行）非信贷不良资产比例比上年末下降0.08个百分点，非信贷资产质量有所提升。

2. 银行业发展过程中的某些阶段性和局部性问题值得关注。

（1）存贷比继续下降，商业银行资金运用压力加大。2006年年末，辖内中资商业银行人民币存贷款差达到17 375.5亿元，比上年末增加2 896.9亿元，存贷比为40.32%，比上年末下降1.78个百分点。存贷比表现出继续下降的态势，商业银行资金运用压力进一步加大，资金运用渠道有待拓宽。年末，辖内商业银行分行级机构上存总行资金余额达到12 732.65亿元。如何开拓新的贷款增长点，有效运用资金，提高资金的配置效率，仍将是辖内商业银行面临的一个重要课题。图4说明了2000～2006年北京市中资商业银行存贷差的趋势。

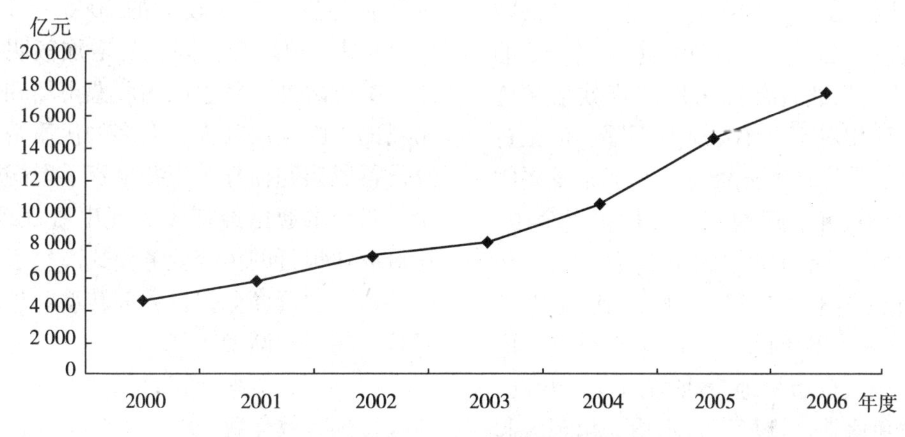

图4　近年来北京市中资商业银行存贷差趋势

（2）贷款集中度仍然偏高，信贷结构有待优化。2006年，辖内金融机构贷款投放主要集中在制造业、采矿业、房地产业、交通运输仓储业、批发零售业、电力燃气水的生产供应业等六大行业，以上六大行业的贷款余额合计占贷款总额的60.6%。授信额度在1亿元以上的大客户贷款余额占到中资银行机构全部贷款余额的61%。相对于上年，贷款集中度有所下降，但仍然偏高，一旦部分行业和大客户的发展受到经济发展周期、国家产业政策调整或自身经营策略的影响，将可能直接影响到商业银行信贷资金安全。

（3）贷款中长期化趋势值得关注。年末，北京市中资商业银行人民币中长期贷款余额同比增长21.17%，比上年提高13.18个百分点。中长期贷款余额占贷款总额的比重为54.25%，比上年提高4.32个百分点。中长期贷款增加额占全部贷款增加额的91.73%，贷款中长期化趋势显著。贷款中长期化使得信贷风险暴露滞后，容易受到经济周期波动、企业经营状况、利率甚至汇率调整等因素的影响，风险防控难度增加。

（4）房地产贷款风险仍不容忽视。年末，辖内中资商业银行人民币自营性房地产贷款余额（可比口径）为4 853.4亿元，同比增长10.0%，占辖内中资商业银行人民币贷款余额的41.34%。虽然自营性房地产贷款余额增速及占比相对于上年均略有下降，但银行贷款仍然是房地产业资金一个非常重要的来源。2006年，房地产开发投资资金中，直接来源于国内贷款的资金为841.4亿元，同比增长24.3%，所占比重达到48.92%，比上年提高4.52个百分点。应继续关注北京市房地产市场的发展状况，尽量避免房地产市场运行不稳，出现大起大落，影响银行信贷安全。

（5）随着银行业全面开放，中资银行的竞争压力加大。年末，北京辖内外资银行人民币贷款余额145.79亿元，是上年末的3.45倍。外资银行外汇贷款余额45.35亿元，占北京市金融机构（含外资）外汇贷款总额的比例为14.17%。虽然外资银行暂时不能对中资银行造成较大的冲击，但随着外资银行全面参与人民币业务，中资银行的竞争压力将不断加大。特别是，随着部分外资商业银行改造成法人银行获得“全牌照”后，外资银行的竞争优势将进一步显现。目前，北京地区外资银行正积极开展中小企业融资服务，并将其作为业务拓展的重要领域，这会对客户目标群为中小企业的国内中小商业银行产生直接冲击。

（6）社会资金融通表现出脱媒趋势，商业银行业务转型压力渐增。2006年，北京地区共有48家企业（注册地为北京①）发行短期融资券62期，累计发行额1 448.9亿元，占全部新增贷款额的比重为79.6%。短期融资券全年加权平均利率为3.4861%，筹资成本相对较低，对商业银行短期贷款增量产生明显替代作用，引起北京地区短期贷款增速下滑。短期融资券发行规模较大的2006年1、4、5、11月，短期贷款同比月增加额明显偏小。除此之外，随着国内股票市场和债券市场的不断发展壮大，众多的优质企业通过发行股票和债券等直接融资手段融通资金，资金融通已经初步表现出脱媒现象，这对商业银行的传统业务模式产生了一定的冲击，中资商业银行业务转型和盈利模式转变的压力渐增。

（二）证券业：综合治理成效显著，风险得到有效化解

2006年，国内证券市场行情高涨，

---

① 包括北京市地方企业和中央企业。

北京市证券行业发展向好，证券公司整体经营良好，盈利性稳步增强，综合治理工作成效显著，证券行业风险得到有效化解。

1. 证券行业发展向好，行业风险得到有效化解。

（1）证券交易额成倍上升，融资规模大幅增长。随着市场行情的高涨，北京地区证券交易额成倍上升，各类证券成交额达 19 557.1 亿元，比上年增长 1.1 倍。市场融资功能恢复，全年通过境内股票市场筹集资金 850.15 亿元，是上年筹资额的 290 多倍，其中，首次公开发行筹资 790.21 亿元，上市公司再融资 59.94 亿元。

（2）证券公司整体经营良好，盈利性增强。2006 年年末，辖内正常经营的证券公司 12 家，资产总额达到 924.19 亿元，净资产 40.67 亿元，客户交易结算资金余额达到 655.94 亿元，呈现出上升趋势。全年实现收入大幅上升，达到 80.74 亿元，是上年的 2 倍多。累计实现净利润 35.88 亿元，除一家公司因结转历史遗留损失而亏损外，其余公司均实现盈利。除传统的经纪业务收入和证券承销业务收入较快增长外，证券公司其他业务收入大幅增加，增长 1.67 倍。

（3）证券公司重组稳步推进，风险得到有效化解。中国银河金融控股有限公司成立，新注册成立了银河证券股份有限公司。北京证券客户交易结算资金缺口弥补到位，大部分债务和解协议已经履行，完成了与招商证券的证券类资产转让，瑞银证券开业获得批复。民族证券增资工作已完成，解决了客户交易结算资金占用问题。华夏证券清算有序推进，中国科技证券和中关村证券行政清理工作进展顺利。证券公司综合治理工作成效显著，风险得到有效处置。

（4）上市公司股改有序推进，清欠工作圆满完成。截至年末，辖内应股改上市公司 84 家，其中，74 家已全部完成股改，10 家进入股改程序。上市公司清欠任务全部完成，11 家上市公司存在的资金违规占用问题得到清理，上市公司整体质量得到改善。

2. 证券行业存在的某些问题需要在发展中解决。

（1）业务种类单一，多元化的盈利模式仍有待建立。2006 年，辖内证券公司全部营业收入中，经纪业务收入占 58.8%，证券承销业务收入占 24.94%，两项合计占到总收入的 83.74%。权证、资产证券化以及财务顾问等创新业务虽然有所发展，但对利润的贡献仍然很小。一旦行情由高涨转入持续低迷，证券公司仍然难以摆脱大规模亏损的局面。

（2）证券公司集中交易可能带来新的风险隐患。目前大部分证券公司已经实现了集中交易。相对于分散交易，集中交易的优势明显，但集中交易带来的风险却不容忽视。在集中交易模式中，证券公司的所有交易都集中在一套系统上完成，所有的交易指令等核心业务均通过营业网点到总部的通信线路实现，证券公司通信网络的承载量和通信质量是交易能顺利、及时完成的根本保障。一旦通信线路出现故障或拥堵，交易就可能无法及时、高效地完成，从而发生交易系统风险。

（3）客户交易结算资金第三方独立存管对银行和证券公司系统平稳运行的压力加大。实施客户交易结算资金第三方独立存管后，商业银行将在证券清算分工中扮演日益重要的角色。就目前的情况看，客户交易结算资金的存管银行主要集中在建行、工行和中行等少数几家银行，几家主要的存管行承担了国内证券市场大部分资金的存管与交收业务，这几家主要存管银行系统的运行状况将直接影响证券交易能否顺畅、平稳运行。由于银行和证券公司双方的法律责任界定尚不明确，在客户交易出现故障或纠纷时，就可能存在取证环节较多、时间较长、处理不及时的问题。同时，客户交易结算资金存取与结息、客户资金交收等工作，需要证券公司与存管银行在技术系统、业务运作等方面进行协作，在证券市场产品创新与清算交收制度变革导致客户交收与资金存取规则发生变化的情况下，二者之间顺畅协作的不确定性就会增加。

（三）保险业：行业综合实力进一步增强，发展中的问题有待进一步解决

1. 增长方式进一步转变，行业综合实力进一步增强。2006年，《国务院关于保险业改革发展的若干意见》、《北京市政府关于贯彻落实国务院保险业改革发展有关文件的实施意见》，以及北京市保险业“十一五”规划等文件相继出台，北京保险业继续保持较快发展，行业综合实力和抵御风险的能力进一步增强。全年新增保险公司13家，经营性保险公司达到57家。年末保险业总资产达到1 259.4亿元，比上年末增长18.4%。

全年实现保费收入411.5亿元，同比增长-17.4%，扣除不可比因素，同比增长27.8%。保险深度和密度分别为5.3%和2 638.9元/人。支付各类赔款和给付84亿元，同比增长11.4%。保险的经济“助推器”和社会“稳定器”作用得到进一步发挥。

2006年，在京中外资保险公司市场份额分别为83.2%和16.8%。扣除不可比因素，产、寿险市场前3家公司的市场份额分别为71.6%和53%，同比分别下降2.6个和8.5个百分点。市场集中度有所下降，多元化竞争格局初步形成。随着保险业改革开放的力度加大，保险市场主体逐渐成熟，经营管理日趋理性，增长方式进一步转变，业务结构进一步优化。保险公司创新意识进一步增强。

2. 保险行业发展中的问题有待进一步解决。

（1）费用支出增长较快，盈利能力有待增强。2006年，北京保险业共发生费用62.8亿元，同比增长29.4%。其中，产险公司发生费用20.8亿元，同比增长38.8%；寿险公司发生费用39.8亿元，同比增长26.3%。由于产险公司未到期责任准备金大幅增长和寿险公司营业费用与年金给付大幅增加导致预计利润同比下降明显。

（2）增长方式需进一步转变，自主创新能力仍有待增强。行业发展的内涵不够，“高投入、高消耗、低效率”的粗放式发展模式未得到根本转变。产品精算、核保核赔、风险管理等核心技术的应用有限。保险公司创新能力不足，竞争主要集中在传统领域，市场有效供给不足，潜在市场难以转化为现实购买力。

（3）保险公司经营管理有待进一步规范，服务水平需进一步改善。市场恶性竞争和不正当竞争时有发生，违法违规经营现象仍然存在。部分保险公司内部控制不严，留下了销售误导的隐患，行业形象受到影响。“投保容易，理赔难”的问题没有得到根本扭转。市场上存在的恶性竞争、不规范经营，直接导致行业形象受损，保险公司服务水平需进一步改善。

四、金融市场运行与金融稳定

2006年，北京地区金融市场总体运行平稳，市场功能进一步深化，资金配置功能进一步增强。市场资金供给充裕，交易活跃，保持了较好的流动性，为辖内金融机构的稳健运行提供了良好的市场环境。

（一）市场间资金流动频繁，社会融资结构趋向合理

1. 地区资金为净融出，四家国有商业银行仍是主要融出机构。与上年净融入不同，2006年，北京地区金融机构通过同业拆借和债券回购净融出资金98 101.6亿元。四家国有商业银行仍是主要的资金融出机构，全年共融出资金14.69万亿元，占全部金融机构融出资金的78.62%，净融出资金12.62万亿元。股份制商业银行、保险公司、北京农村商业银行等金融机构是主要的资金融入机构，分别融入资金1.82万亿元、1.51万亿元、1.47万亿元。

2. 新股发行对货币市场利率影响明显。2006年，回购利率走势与新股发行表现出较为明显的关联性。新股发行则回购利率上升，新股发行结束则回购利率回落。11月初到11月下旬新股发行持续期，7天回购利率猛涨至3.99%以上，创下了1999年6月9日以来的高点，新股发行结束后利率开始回落，12月底降到了1.51%的低点水平。

3. 直接融资大幅增长，融资结构更趋合理。2006年，由于债券市场发展以及股票市场融资功能恢复，北京地区非金融企业直接融资规模大幅提高，全年直接融资2 282.1亿元，比上年增加994.1亿元，增长77.18%。直接融资额与辖区全部金融机构新增贷款的比为0.44:0.56，社会融资结构明显改善。

（二）金融市场运行中的交叉风险值得关注

1. 大量社会资金脱离实体经济运行，可能导致金融市场泡沫的产生。2006年，北京地区金融机构通过同业拆借和债券回购共融出的资金总额达到了98 101.6亿元，反映出北京地区货币市场资金供给充裕。随着证券市场行情高涨，大量社会资金通过购买股票、基金等方式进入证券市场，可能导致金融资产价格持续走高，并可能导致股市、债市等金融市场泡沫的产生。年末，辖内法人证券机构客户交易结算资金余额为655.94亿元，比上年末增长132.21%。辖内中资商业银行人民币同业存放2 835.42亿元，比上年末增长1.04倍。

2. 资金在不同市场之间的流动更趋频繁，加大了各市场的交叉性风险。2006年，股票和基金大规模发行，吸引了一部分居民将储蓄存款投入到股票市场。同时，一些证券公司、财务公司等非银行金融机构，纷纷从货币市场拆借短期资金购买新股以获取高额回报。在新股发行节奏加快的情况下，货币市场资金供给可能趋于紧张，加剧货币市场利率的波动。拆借资金的短借长用可能隐含着一定的风险，一旦股票市场走势出现逆转，拆借资金将可能面临难以偿还的风险。因此，社会资金在市场间的流动，加大了市场之间关联性，从而增加各个市场的交叉性风险。

五、金融基础设施与金融稳定

2006年，北京市金融基础设施建设稳步推进，支付环境有效改善，反洗钱制度建设加强，社会信用体系建设取得新成效，金融业发展环境得到优化。

1. 支付清算系统进一步完善，支付结算环境得到改善。小额支付系统试点顺利上线并得到推广，全年共处理业务355万笔，金额达3 565亿元；全国支票影像交换系统试点工作圆满完成，实现了支票在全国六省（市）的相互通用。制定了《北京市空头支票行政处罚实施细则》，严格执行空头支票行政处罚，存款人票据信用意识得到提升。奥运银行卡环境建设扎实有序推进，银行卡受理环境进一步改善，截至年末，累计发展银行卡特约商户4.8万户，同比增长16.63%。

2. 反洗钱制度建设不断完善，反洗钱工作取得成效。建立了北京市反洗钱联席机制，全面构建了金融监管部门间、人行营业管理部与公安部门间、司法部门和北京市政府相关主管部门间的不同层次的反洗钱监管执法网络。加强了反洗钱制度建设，拟定了《北京市金融机构反洗钱工作指引》和《北京市金融机构现金管理指引》。开展了金融机构反洗钱专项检查，反洗钱监管能力不断提高，洗钱案件查处取得突破性进展。辖内银行业金融机构加强了反洗钱内部控制，认真履行客户尽职调查和可疑交易报告等反洗钱义务，预防洗钱活动的能力进一步增强。

3. 社会信用体系建设稳步推进，征信市场管理进一步加强。企业征信系统建设稳步推进，实现了银行信贷登记咨询系统向全国统一的企业征信系统的顺利升级。全面开展了中小企业信用档案系统建设试点，市、区两级企业信用信息系统平台建设步伐加快，年末，市级企业信用信息系统成员单位达到51家。个人信用信息基础数据库于2006年1月正式运行，截至年底，个人信贷账户信息达到578万条，个人信用报告累计查询量约450万次，查得率达到94%，位居全国前列。

4. 金融生态环境建设取得新进展，金融业发展环境继续优化。2006年，北京市政府发布《北京市“十一五”时期金融业发展规划》，为北京市金融业发展提出了思路，为首都金融业发展创造了良好的环境。加强了金融知识宣传，开展了银行卡、反洗钱、信用知识、反假货币等系列宣传活动，促进了社会金融意识的提高。先后出台了《关于统筹城乡经济社会发展推进社会主义新农村建设的指导意见》和《关于金融支持首都社会主义新农村建设的意见》，农村金融发展环境得到优化。

六、总体评估与政策建议

（一）总体评估

2006年，北京市宏观经济运行良好，经济效益稳步提升，经济增长质量持续提高。金融业总体健康发展，金融机构抵御风险的能力继续增强。金融市场运行平稳，资金供给充裕，社会融资结构日趋合理。金融基础设施建设稳步推进，金融生态环境得到优化。总体而言，北京市金融体系继续保持稳健的发展态势。

人民银行营业管理部利用层次分析法、模糊综合评判模型对北京地区近年来的金融稳定状况进行了综合评价。从量化评估的结果看，北京地区2004年、2005年和2006年金融稳定得分逐年提高，表明北京市金融稳定状况逐年改善，金融体系的稳定性不断增强，抵御风险的能力持续提升。

在首都金融业总体稳健运行的同时，还存在着某些局部性和阶段性的问题，有必要采取有效措施切实加以解决，防止给首都金融体系的稳健运行带来潜在风险。

（二）政策建议

1. 综合运用货币政策工具，切实加强流动性管理。进一步加大公开市场操作力度，及时调整社会货币流通量；适时定向发行央行票据或上调存款准备金率，冻结多余的流动性；适当增强汇率弹性，放宽人民币汇率波动幅度，减轻外汇占款对流动性过快增长的压力，防止过多的流动性给金融稳健运行带来的不良影响。

2. 密切关注房地产价格，防止金融资产价格过度波动。适当增加住房供给，优化住房供给结构，引导市场理性投资和合理消费；建立和健全廉租房等住房保障制度；激活住房二级市场，进一步提高存量住房交易的比重；密切关注房地产价格，防止股票、债券等金融资产价格的过度波动，避免大起大落，防范金融市场过度波动给金融机构和金融体系稳健运行带来的风险。

3. 持续监测社会资金流动，防范风险在市场之间的传递。随着跨行业、跨市场金融产品的不断涌现，金融市场不断融合，金融市场之间的资金流动日益频繁，市场关联性也在日渐加大。应当对社会资金在各个市场之间的流动进行有效监测，引导资金的合理流动，防止资金在市场间无序流动，从而降低各个市场的波动性，减小跨市场、跨行业的交叉性风险。

4. 推进银证保业务合作与综合经营，增强金融机构的核心竞争力。促进银行、证券、保险经营机构的业务合作，改善银证保金融机构的业务结构，积极开展金融产品创新，开拓多元化的盈利模式。深化综合经营试点，适时通过设立金融控股公司的方法加强金融机构之间的股权联合，增强金融机构的竞争力。

（执笔人：熊正良、何志专、吴　桐）

二、市场运行

货币市场运行

2006年，北京地区货币市场总体运行平稳。银行间同业拆借和债券回购交易活跃，市场利率逐步走高；票据市场融资余额下降；资金由商业银行流向非银行金融机构；资金运用短期化趋势明显。

一、市场运行的基本情况

（一）同业拆借交易量增长，拆借利率上升

北京地区（指各国有商业银行总行及北京市分行、各股份制商业银行总行及在京营业机构、北京银行、北京农村商业银行、各外资银行北京分行，邮政储蓄机构，在京各证券公司、财务公司、信托投资公司、基金管理公司、保险公司）：受宏观调控、新股发行以及法定存款准备金率三次上调的影响，同业拆借市场交易活跃。2006年，北京地区金融机构网上拆借累计成交17 317.42亿元，同比增长54%；成交量占全国交易量的46.14%，同比上升1.42个百分点。其中，拆入、拆出成交量为8 208.35亿元和9 109.07亿元，与全国交易量之比分别为42.02%和50.61%。通过拆借净融出资金900.72亿元。随着拆借量的增长，拆借市场利率逐步走高，拆入加权平均利率由年初的1.90%上升到年底的2.92%，上升了1.02个百分点；拆出加权平均利率由年初的1.90%上升到了年底的3.04%，上升了1.14个百分点。由于北京地区资金充裕，拆借加权平均利率整体上略低于全国水平。

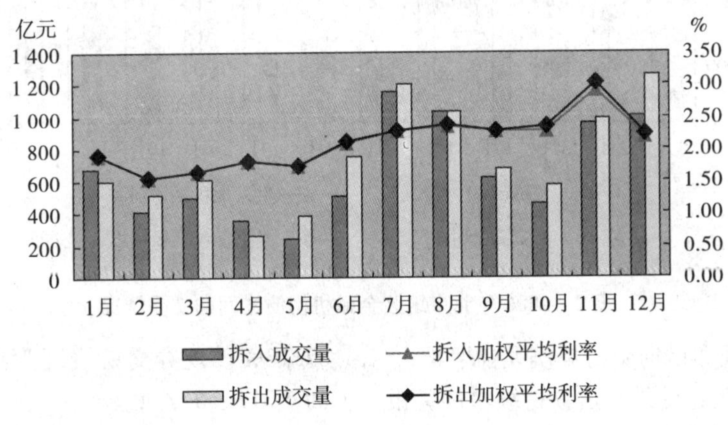

图1　2006年北京地区金融机构网上拆借交易情况

网下拆借累计发生341笔交易，累计拆入793.1亿元，拆出836.1亿元。网下拆入机构多为信托公司，信托公司拆入额占比近90%。

北京辖区（指各国有商业银行北京市分行、各股份制商业银行在京营业机构、北京银行、北京农村商业银行、各外资银行北京分行，在京各证券公司、财务公司、信托投资公司）：同业拆借累计发生额达7 541.01亿元，同比增长了57.53%。其中，拆入、拆出分别为4 308.91亿元和3 232.1亿元，净拆入1 076.81亿元。在同业拆借交易中，商业银行为净拆出机构，非银行金融机构为净拆入机构，资金由商业银行流向非银行金融机构。

（二）债券回购交易活跃，回购利率走高

北京地区：银行间债券回购市场交易更为活跃，债券正逆回购累计成交258 573.28亿元，同比增长1.02倍；占全国交易量的51.80%，同比上升了10.94个百分点。其中，正回购、逆回购分别成交80 686.2亿元和177 887.08亿元，同期分别增长241.32%和70.7%。通过回购净融出资金97 200.88亿元。在回购交易中，质押式正逆回购累计成交257 477.20亿元，买断式正逆回购累计成交1 096.08亿元，仅为质押式回购成交额的0.42%。回购利率稳步上升，债券质押式正回购加权平均利率由年初的1.9085%上升到了年底的3.0537%，上升了1.1452个百分点；债券质押式逆回购加权平均利率由年初的1.7763%上升到了年底的3.0515%，上升了1.2752个百分点。

北京辖区：债券回购累计发生额为25 509.94亿元，同比增长1倍多。其中正逆回购累计发生额分别为18 888.29亿元和6 621.65亿元，净融入资金12 266.64亿元。就机构来看，商业银行和非银行金融机构都表现为净融入。

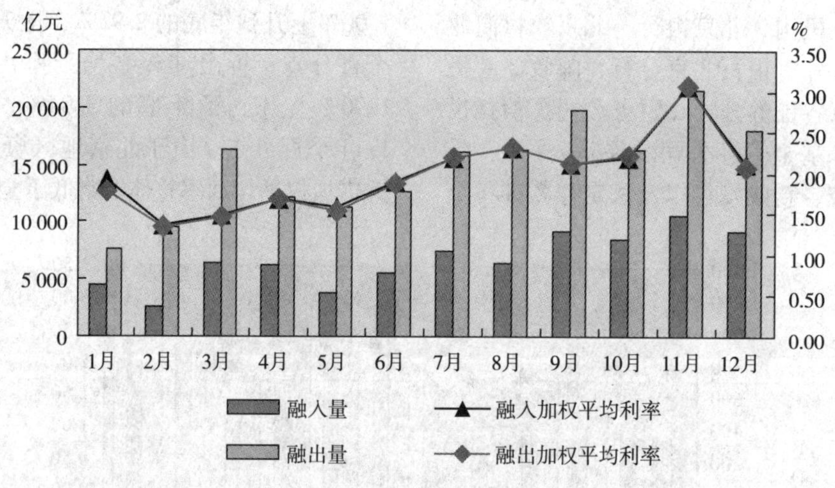

图2　2006年北京地区金融机构债券回购交易情况

（三）现券市场交易规模大幅增长

北京地区：受外汇占款持续增加，银行间市场流动性充裕的影响，大量富余资金流向银行间债券市场，现券交易活跃。2006年，现券买卖累计成交72 180.38亿元，同比增长89%，占全国交易量的40.74%，同比上升6.17个百分点。现券买入、卖出累计成交39 246.02亿元和32 934.36亿元，同比分别增长91.7%和87.16%。现券交易表现为净买入，金额为6 311.66亿元。

从交易方向上看，国有商业银行、邮政储蓄、北京农村商业银行是主要的净买入机构，分别净买入债券5 104.88亿元、1 562.81亿元和184.21亿元。证券公司、保险公司和股份制商业银行是主要的净卖出机构，分别净卖出债券721.05亿元、285.19亿元和263.24亿元。

北京辖区：现券交易累计发生额为6 024.42亿元，同比增长1.35倍。其中现券买入、卖出发生额分别为3 267.96亿元和2 756.46亿元，净买入现券511.5亿元。商业银行和非银行金融机构都表现为净买入现券。

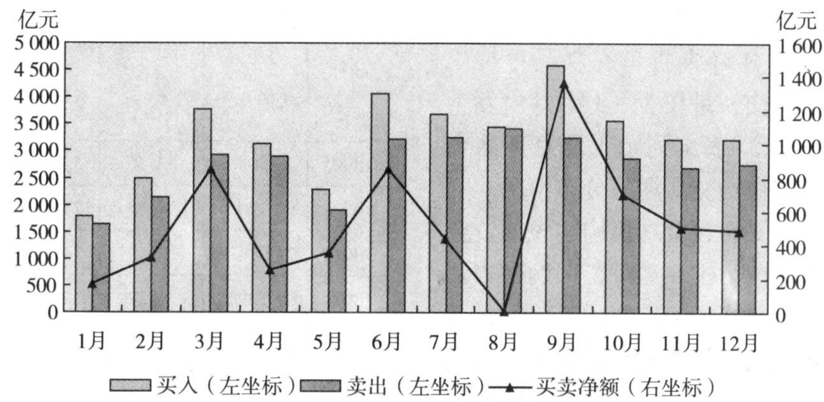

图3　2006年北京地区金融机构现券交易情况

（四）债券远期交易仍不活跃

2006年，北京地区银行间债券远期交易累计发生470.44亿元，其中买入169.81亿元，卖出300.63亿元，净卖出130.82亿元。参与交易的机构包括邮政储蓄机构、商业银行、政策性银行和证券公司。

二、市场运行特征分析

（一）资金由四大国有商业银行流向其他金融机构

2006年，北京地区货币市场交易中比较活跃的金融机构包括四大国有商业银行、股份制商业银行、北京银行、北京农村商业银行以及非银行金融机构。这些金融机构通过同业拆借和债券回购融入资金80 655.72亿元，融出资金177 817.3亿元，净融出资金97 161.58亿元，同比增长14 679亿元。资金流动表现出以下特征：

一是四大国有商业银行仍是主要的资金融出机构。四大商业银行作为全国性金融机构，资产规模大，营业网点多，吸收存款能力较强，资金较为充裕，头寸比较稳定，从而成为主要大额资金融出机构。2006年共融出资金14.69万亿元，占全部金融机构融出资金的78.62%，净融出资金12.62万亿元。

二是股份制商业银行、保险公司、北京农村商业银行等金融机构是主要的资金融入机构，这些机构分别融入资金1.82万亿元、1.51万亿元、1.47万亿元。股份制商业银行、北京农村商业银行等区域性金融机构的超额备付率一般较低，头寸波动较大，经常通过货币市场的拆借和回购调剂其短期头寸。保险公司等非银行金融机构的稳定资金来源不多，但在证券市场中交易活跃，因此也经常从货币市场筹集资金用于业务经营。

（二）资金运用呈短期化趋势，债券回购交易成为调剂短期资金余缺的主要方式

2006年，北京地区金融机构同业拆借和债券回购交易主要集中在7天和1天交易品种上，资金运用短期化趋势明显。

其中，在拆借交易中，7 天和 1 天交易量分别占比 58.45% 和 28.43%，合计占比 86.88%。在回购交易中，7 天和 1 天交易量分别占比 34.35% 和 53.56%，合计占比 87.91%。1 年期拆借交易品种推出以来，发生的交易量较少，3 个月内发生额仅有 20 亿元。表 1 列示了北京地区金融机构银行间市场交易期限分布情况。

从融资方式看，金融机构间短期资金融通以债券回购为主，通过正回购融入资金量占到全部融入资金量的 90.73%，通过逆回购融出资金量占到全部融出资金量的 95.11%。这是因为债券回购市场准入实行备案制，几乎所有的机构都能参与交易，并且有债券作质押，融资的风险相对较小。而拆借市场准入实行审批制，一部分金融机构如信托公司、基金公司、金融租赁公司、保险公司等被禁止进入全国银行间同业拆借市场，只有商业银行、财务公司、证券公司等有资格参与同业拆借市场交易。同时，同业拆借是一种纯信用拆借，风险相对较大。因此进入同业拆借市场交易的金融机构相对较少，大部分金融机构通过债券回购市场进行短期资金融通。图 4 显示了 2006 年 1 ~ 12 月北京地区金融机构银行间市场拆借和回购交易情况。

表 1　北京地区金融机构银行间市场交易期限分布情况

交易品种	回购		拆借	
	发生额（亿元）	各品种占比（%）	发生额（亿元）	各品种占比（%）
OR001	140 504.35	53.56	5 883.56	28.43
OR007	90 120.56	34.35	12 095.70	58.45
OR014	24 006.47	9.15	1 894.53	9.16
OR021	3 339.88	1.27	558.69	2.70
OR01M	3 022.60	1.15	114.56	0.55
OR02M	431.61	0.16	87.76	0.42
OR03M	537.35	0.20	29.97	0.14
OR04M	5.00	0.00	3.50	0.02
OR06M	33.17	0.01	1.65	0.01
OR09M	115.38	0.04	2.55	0.01
OR01Y	237.48	0.09	20.06	0.10

（三）三次上调法定存款准备金率对北京地区金融市场和各商业银行的影响不同

为回收商业银行过剩的流动性，巩固宏观调控的效果，抑制贷款的过快增长，2006 年人民银行三次上调了存款类金融机构法定存款准备金率。作为一种紧缩措

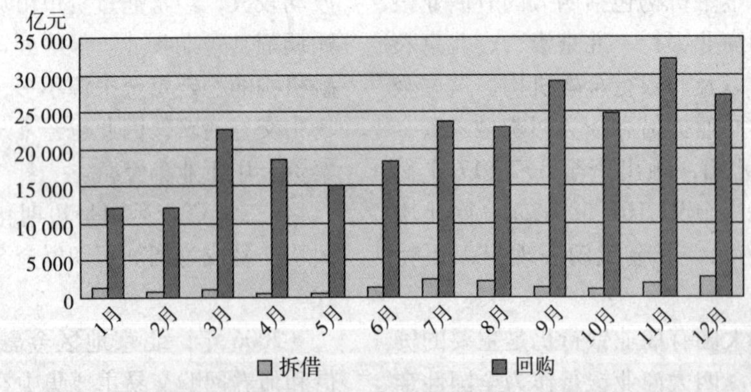

图 4　2006 年北京地区金融机构银行间市场拆借和回购交易情况

施，上调法定存款准备金率对货币市场利率上升产生推动作用。就实际效果来看，三次上调法定存款准备金率对货币市场利率的影响不同。

6 月 16 日，人民银行第一次宣布提高存款准备金率 0.5 个百分点后，货币市场 7 天回购加权平均利率上升了 21 个基点。而 7 月 21 日第二次宣布提高法定存款准备金率后，7 天回购加权平均利率仅上升了 1 个基点。11 月 3 日第三次宣布上调后，7 天回购加权平均利率上升了 14 个基点（见图 5）。

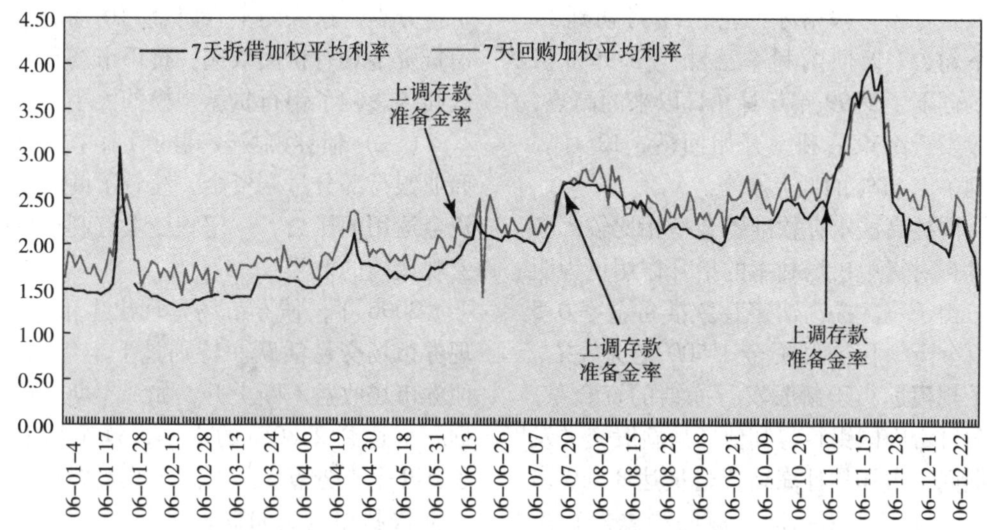

图 5　三次上调存款准备金率对货币市场利率的影响

从网上同业拆借来看，存款准备金率的上调对北京地区同业拆借利率的影响小于对全国市场的影响。如在上调存款准备金率的 7 月、8 月和 11 月三个月份里，北京地区网上同业拆借加权平均利率均低于全国的平均水平。这是因为北京地区资金允裕，紧缩调控措施对市场的影响较小，利率上升的幅度就小于全国平均水平。从网下拆借来看，该政策对北京地区同业拆借利率的影响要大于对全国市场的影响。如在政策出台的这三个月里，北京地区网下拆借加权平均利率分别达到 3.14%、3.11% 和 3.63%，远高于同期全国同业拆借利率 0.84 个、0.71 个和 0.55 个百分点。原因在于网下拆借的资金需求方多为信托公司等非银行金融机构，这些机构用拆入的资金申购新股获利。而资金供给方多为商业银行，由于该类机构被禁止进入股票市场，为了分享新股发行的较高收益，商业银行抬高了资金价格，从而推动网下拆借利率大幅度上升。

从分机构来看，调整存款准备金率对四大国有商业银行的影响要小于股份制商业银行。如 11 月 15 日，某国有商业银行北京分行的网下拆出资金利率为 3.5%，而同日某股份制银行总行营业部网下拆出资金的利率为 3.9%，高于前者 40 个基点，反映了资金由四大商业银行垄断的局面。

（四）新股发行对货币市场利率的抬升作用更为明显

实证结果表明，新股发行冻结资金量与银行间 7 天回购利率大致呈正相关关系，新股发行则回购利率上升，新股发行结束则回购利率回落。持续的新股发行对货币市场利率的影响较大。2006 年主要有两个新股发行的持续期：7 月中旬至 8 月中旬，在这段时间，7 天回购利率从 2.01% 上升到了 2.60% 以上，并持续到新股发行告一段落才回落；11 月初到 11 月下旬，7 天回购利率猛涨至 3.99% 以上，创下了 1999 年 6 月 9 日以来的高点，新股发行结束后利率开始回落，12 月底降到了 1.51% 的低点水平。

同提高法定存款准备金率相比较，新股发行对货币市场利率的抬升作用更为明显。由于每次提高法定存款准备金率 0.5 个百分点，仅冻结资金 1 500 亿元左右，这个规模远小于新股发行冻结的资金量。如 7 月份中国银行与其他三只新股交叉发行期间，市场累计冻结资金量达 8 000 多亿元。11 月以来每周四股的频繁发行阶段，市场累计冻结资金量为 6 500 亿元左右。这些资金规模远大于一次提高准备金率所冻结的资金量，因此更能推动货币市场利率的快速抬升。

三、货币市场运行对经济金融的影响

货币市场是金融机构信贷扩张的资金储备池，其运行反映着信贷市场资金供求状况。2006 年，货币市场对辖区信贷的影响主要表现在以下五个方面：

（一）货币市场利率的整体上升推动商业银行上存资金利率走高，上存资金余额呈上升趋势，导致商业银行存贷比下降

2006 年，货币市场利率全面上升，在此推动下，上存资金的利率也随之上扬。以余额占比较高的 1 年期上存资金为例，9 月份，北京辖区商业银行 1 年期上存资金利率上升到了 2.4450%，与 6 月份相比上升了 0.7 个基点，比同期债券回购加权平均利率高 32.27 个基点。上存资金利率的上升提高了基层商业银行上存资金的积极性，同时抑制了其发放贷款的积极性。9 月份，1 年期上存资金余额比 6 月份增加了 376 亿元，而同期人民币贷款余额仅增加了 274 亿元，存贷比下降了 2 个百分点。这表明上存资金的增加对银行信贷资金具有挤出效应，货币市场利率高低间接影响了银行贷款规模的大小。

（二）债券市场较高的收益率吸收了商业银行部分过剩资金，缓解了商业银行资金运用的压力，一定程度上有利于巩固宏观调控的效果

2006 年，债券市场呈现出牛市格局，现券市场交易活跃。特别是下半年以来，债券市场收益不断上升，如 1 年期央行票据利率达到 2.80% 的水平，较年初上升了 0.9 个百分点。尽管这个收益率水平低于贷款利差（3.11%）的水平，但是在商业银行流动性过剩以及宏观调控紧缩政策的情况下，仍然吸引了银行部分信贷资金流向债券市场，缓解了商业银行资金运用的压力。如某商业银行北京分行的存贷比不到 20%，该行加大了债券市场投资力度，2006 年债券投资增加了 105 亿元，债券市场收益的增加在一定程度上弥补了贷款规模下降而减少的利息收入。否则，商业银行在大量过剩资金没有出路的情况下，会增加信贷投放的冲动，不利于巩固宏观调控的效果。

（三）同业拆借资金已经成为外资银行信贷资金的重要来源，同业拆借资金规模制约着外资银行信贷规模的大小

2006 年 12 月 11 日后，外资银行可以吸收不少于 100 万元人民币境内公民的定期存款，转制为法人机构后才可全面开办人民币业务。由于受到这种限制，外资

银行人民币存款来源有限，造成其人民币信贷资金紧张。为了弥补这部分资金缺口，外资银行纷纷申请加入全国银行间同业拆借市场，同业拆借资金成为这些银行发放贷款的重要资金来源，同业拆借资金规模的大小制约了外资银行信贷规模的扩张和收缩。

（四）票据市场成为金融机构调节信贷规模的主要途径

2006 年 1 月，辖内金融机构票据融资余额为 1 085.99 亿元，占贷款总量的 8%。到 3 月，票据融资余额上升到 1 227.18 亿元，达到全年最高点。之后受宏观调控政策的影响，票据融资开始出现下降。12 月末，票据融资余额减少到 1 032.9 亿元，同比下降了 7.53%；占全部贷款余额的 6.6%，较年初下降了 1.4 个百分点。一个重要原因就是商业银行在宏观信贷缩紧时依然将票据融资作为一项重要的对冲工具，优先压缩票据达到降低信贷规模的目的，而保证贷款的正常发放。票据市场成为金融机构调节信贷规模的主要途径。

（五）短期融资券对贷款具有明显的挤出效应，非金融企业直接融资规模不断扩大

2006 年，北京地区共有 48 家企业发行短期融资券 62 期，累计发行额达 1 448.9 亿元，同比增加 600.9 亿元。由于短期融资券的筹资成本相对较低，目前，加权平均利率约为 3.67%，低于同期限贷款利率（5.63%）1.96 个百分点，发行短期融资券可以为企业节省一部分财务费用。据商业银行反映，企业为了降低筹资成本，用发行短期融资券筹集的资金提前归还银行贷款，同时也减少了对贷款的新增需求。

除此以外，2006 年北京地区发行企业债券 657 亿元，同比增加 217 亿元；发行股票 176.2 亿元，同比增加 173.12 亿元。全年通过金融市场直接融资 2 282.1 亿元，同比增加 994.1 亿元，增长 77.18%。非金融企业直接融资规模不断扩大。

四、值得关注的问题

（一）货币市场的发展可能会加剧商业银行的资金错配

2006 年，股票和基金大规模发行，收益率相对较高的新股和基金吸引了一部分居民将定期存款转为活期存款，导致商业银行资金来源更为短期化；同时，商业银行的资金运用呈现出长期化趋势，资金来源和资金运用期限错配现象更为突出。如 11 月末，北京地区活期储蓄存款余额 2 839.6 亿元，同比增长 18.5%，当月增加 86.5 亿元；定期储蓄存款余额 5 695.8 亿元，同比增长 17.3%，当月减少 8.9 亿元，为 2004 年 5 月以来最大当月减少额。在资金运用方面，截至 12 月末，北京地区中长期人民币贷款余额是短期人民币贷款余额的 1.85 倍。商业银行资金期限错配严重，隐含着很大的流动性风险。

（二）关注新股发行对货币市场利率的影响

目前，新股发行已经成为影响货币市场流动性的重要因素之一。由于新股发行的节奏难以把握，超出预期的新股大量发行会对市场资金状况产生很大的影响。人民银行货币政策操作应该密切关注新股发行情况，注意市场流动性的变化，避免货币市场利率出现剧烈波动，保持货币市场利率的稳定。

（三）关注新股发行对金融稳定的影响

在新股发行密集时期，为了获取新股

发行的高收益，一些可以跨市场投资的证券公司、财务公司、信托公司等非银行金融机构，纷纷从货币市场连续拆借短期资金，然后用这些资金购买新股获利。拆借资金的这种短借长用隐含着很大的风险，一旦股票市场走势出现逆转，拆借资金将面临难以偿付的风险，不利于维护金融稳定。

（四）吸收市场过剩的流动性仍是货币政策调控的重要目标之一

在国际收支双顺差的影响下，商业银行过剩的流动性局面仍未改变，货币市场利率的变化就是很好的证明。2006年12月底，货币市场利率开始回落，月底达到1.51%，降到了2005年的水平。2007年年初，货币市场利率仍然一路下滑，这表明市场资金依然充裕，回收市场流动性的任务仍然是货币政策调控的重要目标之一。

（朱　睿）

票据市场运行

2006年以来，北京地区票据市场在自我完善中继续发展，业务规模不断扩大，利率水平趋于合理，业务结构进一步得到了优化。

一、票据市场的基本情况及特点

表1　2006年北京市金融机构票据业务量统计表

单位：亿元

季度	银行承兑汇票承兑		贴现			
			银行承兑汇票		商业承兑汇票	
	余额	发生额	余额	发生额	余额	发生额
1	702.56	491.32	1 230.00	1 245.13	123.08	153.00
2	815.32	638.58	1 120.35	1 059.13	116.29	174.26
3	883.40	634.30	927.26	1 304.70	111.22	182.23
4	852.25	660.04	917.95	1 184.78	125.80	245.16

数据来源：中国人民银行营业管理部：《票据承兑和贴现业务统计月报》（含中资全国性商业银行北京分行、北京地区性商业银行）。

（一）票据承兑、贴现的业务规模稳步增长

1. 票据承兑业务增幅稳定。北京地区2006年票据承兑业务量全年呈上升态势，截至12月底，各商业银行累计签发银行承兑汇票2 424.24亿元，比2005年增加607.27亿元，增长33.42%。票据承兑业务第一、第二季度增长较快，第三、第四季度保持平稳发展态势。

2. 银行承兑汇票贴现业务平稳发展，商业承兑汇票贴现业务加速扩张。2006年，银行承兑汇票贴现发生额为4 793.74亿元，比2005年增加1 322.68亿元，增长38.1%。银行承兑汇票余额为917.95亿元，比2005年同期减少152.94亿元，下降14.28%。

商业承兑汇票的贴现业务在2006年里出现较快增长，全年贴现发生额754.65亿元，比2005年增加272.55亿元，增长56.53%。商业承兑汇票年末余额为125.8亿元，比2005年同期增加26.78亿元，增长27.05%。

3. 银行承兑汇票业务中转贴现余额减少，直贴业务余额有较大增幅。2006年年末银行承兑汇票转贴现余额为462.16

亿元，比2005年同期减少372.43亿元，下降44.62%。与转贴现业务相比，2006年全年直贴业务呈上升态势。北京地区各商业银行2006年年末承兑汇票直贴余额为455.86亿元，比2005年同期增加219.6亿元，增长92.95%。这主要是由于目前传统信贷业务竞争日益激烈，法定存款准备金率数次调高后，在流动性方面对各行的资金运用也产生一定影响，因此票据直贴业务逐渐成为各行调整资产负债结构，增加经营收益的重要手段。

（二）北京票据市场的结构分析

1. 票据市场利率结构趋于合理。2006年度票据直贴利率变化幅度不大，直贴银票的3个月加权平均利率在3.1%~3.3%区间波动。直贴商票的3个月加权平均利率在3.6%~3.85%区间波动，最高利率则维持在5.5%~6.5%之间。2006年期间，受到市场资金面收紧、证券市场转热等因素影响，转贴现利率从2005年以来的低位开始大幅上扬，3个月加权平均利率从第一季度的1.6%上升至第四季度的3%左右。

表2　2006年北京市金融机构票据直贴、转贴现利率表

单位：%

季度	直贴		转贴现	
	银行承兑汇票	商业承兑汇票	票据买断	票据回购
1	3.2781	3.8176	1.6471	1.6196
2	3.2037	3.8603	1.9742	2.0245
3	3.1055	3.6373	2.9942	3.11197
4	3.1407	3.7850	3.0317	3.1517

数据来源：人民银行营业管理部银统355、361表（含中资全国性商业银行北京分行、外资银行北京分行，北京地区性商业银行）。

2. 在转贴现业务中，买断式贴现业务约占85%，回购式票据数量约占15%；直贴业务中，各银行出于规避风险的考虑，主要以本地票据为主，异地票据业务开展较小，其中异地银行承兑票据贴现占比为27%，异地商业承兑汇票贴现占比仅为8.5%。

二、票据市场存在的问题和相关政策建议

（一）存在的问题

随着我国金融领域市场化进程的不断加快，票据市场建设取得了长足进步，但仍存在诸多不完善因素，表现为：

1. 票据市场工具单一，基础建设相对滞后，融资规模占社会融资总规模的比例仍然较低。

2. 坚持商业票据真实贸易背景的可操作性差，票据风险不容忽视；票据伪造、变造等违法犯罪活动屡禁不止，这些均在一定程度上制约了票据市场的健康发展。

3. 再贴现未能充分有效发挥货币政策工具的指导调节作用。

（二）政策建议

发展票据市场应当与拓展企业融资渠道、改善金融服务、完善货币政策传导机制的需要相适应，具体应做好以下几方面工作：

1. 在促进票据业务增长的同时，加强对票据信用风险的防范和控制。

2. 合理构建票据市场利率定价体系，保证市场利率在合理范围内波动，以市场化的运作手段创造平等竞争的环境。

3. 积极培育区域票据市场发展，大力推广商业承兑票据。

（吴逾峰）

保险市场运行

一、机构情况

截至2006年年底，在京营业的保险分公司达47家，其中产险分公司19家，寿险分公司25家，再保险分公司2家，政策性保险公司营业部1家。直接在京经营业务的保险公司总公司[①] 10家，包括产险总公司3家，寿险总公司7家。各类专业中介法人机构255家，其中代理公司113家，经纪公司112家，公估公司30家。全市保险兼业代理机构7 021家，保险营销员5.1万人。

二、业务概况

2006年，北京保险市场实现保费收入411.5亿元，同比下降17.4%。其中财产险保费收入84.4亿元，同比增长24.8%；人寿保险保费收入275.6亿元，同比下降29.2%；健康险保费收入43.6亿元，同比增长25.3%；意外险保费收入7.9亿元，同比增长22.3%。

2006年，北京保险业支付各项赔款和给付84亿元，同比增长11.4%。其中财产险赔款支出38.9亿元，同比增长10.4%；人寿保险给付支出32.1亿元，同比增长10.8%；健康险赔款和给付支出11.6亿元，同比增长17.3%；意外险赔款支出1.4亿元，同比增长8.5%。

截至年底，北京保险公司总资产达1 259.4亿元，比年初增长18.4%。保险从业人员达63 381人，比年初增加6 161人。

三、业务发展特点

（一）业务持续较快发展，市场主体快速增加

2006年，北京市保险深度为5.3%，保险密度为2 639元，均居全国前列。扣除不可比因素[②]，保费收入389.8亿元，同比增长27.8%，占全国保费收入的7%，与江苏、广东、上海三地的规模差距缩小。

2006年，北京保险机构数量和种类均有增加。从数量上看，2006年新增保险机构13家；新增专业中介机构30家，是目前全国专业中介机构最多的地区；兼业代理机构数量达到7 021家。从种类上看，2006年新进入农业保险、汽车保险、健康保险等专业化保险公司，促进了市场的细分和专业化经营，使市场逐渐走向多元化。

（二）产险市场受交强险影响显著，规模增长较快

2006年，产险公司实现保费收入86.7亿元，同比增长25.6%。其中车险、非车险分别以28.9%、19.7%的增速快速协调发展。交强险的实施对业务增长的拉动作用显著，6月和9月先后两次拉动业务达到较高峰值，对全年产险业务的贡献度达66%。从渠道看，直销、经纪渠

---

① 本分析中包括在京分公司及这10家总公司数据，产险公司运行状况分析中包括出口信用险营业部。不包括再保险公司经营数据。

② 以下分析扣除中意大单因素，包括2005年193.3亿元、2006年21.7亿元。

道对非车险业务作用逐渐增强。

（三）寿险公司发展质量逐渐改善，业务快速增长

2006年，寿险公司实现保费收入303.1亿元，同比增长28.5%。分红险的业务量占比61.4%，与上年同期持平，占比最高。万能险自2004年起步，到2005年迅猛发展，目前保持稳定增长，增速为66.1%，增幅逐渐趋缓，但仍领先其他险种。

2006年实现标准保费58.2亿元，同比增长23.6%。个险新单期缴占比显著提升，达83.2%，同比提高12.1个百分点。全年续期保费收入89.3亿元，同比增长25.2%。期缴产品中10年期及以上的新单期缴保费收入21.1亿元，同比增长26.1%，结构调整效果显现。

（四）中外资公司优势互补，保持均衡发展

到2006年年底，在京营业保险公司共计36家中资机构，21家外资机构，中外资业务比例为83∶17，中外资资产比例为75∶25，中外资稳定均衡发展。目前，寿险公司中外资机构已达半数，产险公司一年内新增3家外资机构，实现从无到有的转变。外资公司进入北京市场以来，从争取高端客户入手，并发挥总部优势，业务快速增长，2004～2006年市场份额分别为4%、9.6%、16.8%，逐年递增。截至年底，外资保险公司总资产为311.7亿元，是2004年年底的2.5倍，占比25.2%。外资机构在北京保险市场中已逐渐发展并不断壮大。

四、存在的主要风险

（一）成本攀升较快，经营效益与规模增长不相适应

2006年，北京保险业共发生费用62.8亿元，同比增长29.4%，手续费率、佣金率和营业费用比率均有所提高。产险公司预计盈利4.3亿元，同比下降27.1%，主要由于部分公司准备金提取方式发生变化及业务的快速增长。寿险公司预计亏损52.2亿元，同比多亏22.4亿元。寿险公司承保利润的下降一是由于部分新开业公司初始费用较高和行业人力资本虚增。二是部分公司的5年期分红险产品集中到期及中意大单带来的年金给付的增加。

（二）产险业务费率下滑，单位承保风险增加

2006年，产险公司各险种费率继续下滑，其中车险（扣除交强险）费率为8.9‰，同比下降5.3%，非车险费率为0.54‰，同比下降17%，其中降幅较大的险种是特殊险、保证险和农业险，分别下降44.7%、36%、28.8%；企财险、货运险和责任险同比分别下降8.7%、9.5%、13.7%。此外部分公司应收保费风险较高，半数公司应收保费率超过8%，风险管控能力有待提高。

（三）业务增长稳定性有待提高，给付高峰考验公司应对能力

从产险市场看，车险的快速增长有赖于交强险的拉动，银行对房贷险的松绑使房贷险不断萎缩；从寿险市场看，企业年金政策对团险市场产生不利影响，银保业务对股市的波动较为敏感。这些反映出保费规模对外部环境的依赖性，行业的发展不够稳定。今后要持续稳定发展，还须继续培育自身的增长点和竞争力，促进可持续发展。

此外，给付高峰带来现金流和退保压力。随着部分公司五年期分红险陆续到期，2007年将迎来满期给付高峰，给

付高峰不但对保险公司现金流带来压力，由于近几年实际收益较低，分红可能低于承诺预期，易引发信用危机，从而触发同类产品的退保，甚至影响到新业务的承保。

（四）市场集中度较高，新老公司发展不均衡

2006年，排名前三位的产险公司占产险市场份额的71.6%，成立不足两年的9家公司仅占总业务的4%，其中8家公司份额均低于1%。排名前五位的寿险公司占寿险市场份额的67.5%，成立不足两年的22家公司仅占总业务的12.1%，其中16家份额低于1%。整体市场集中度仍较高，新公司发展缓慢，面临较大的业务增长压力。这主要是由于新公司在成长中面临着老牌公司的品牌压力和经验不足等困难，容易遭遇人才“瓶颈”和管理“瓶颈”。在与老牌公司的竞争中，新公司仍需根据自身情况在市场上找准方向，如通过细分市场、创新渠道、拓宽服务等手段赢得客户，促进有效竞争，逐渐发挥潜力。

（王学梅）

三、金融发展与监管

银行业发展与监管

▲政策性银行

一、基本情况和重大变更事项

（一）基本情况

截至2006年年末，中国农业发展银行北京市分行（以下简称农发行北京分行）、国家开发银行企业局（以下简称国开行企业局）、国家开发银行营业部（以下简称国开行营业部）、中国农业发展银行总行营业部（以下简称农发行总行营业部）、中国进出口银行总行营业部（以下简称进出口行总行营业部）（以下简称五家机构）资产本外币合计5 107.81亿元，比上年增加1 334.18亿元，增长35.36%；其中贷款为4 796亿元，比上年增加1 353.25亿元，增长39.31%。负债本外币合计5 046.43亿元，比上年增加1 340.68亿元，增长36.18%；其中存款为527.37亿元，比上年增加177.26亿元，增长50.63%。全年五家机构共实现利润54.13亿元，比上年增加0.69亿元，增长1.29%。

（二）重大变更事项

1. 机构变动情况。2006年6月，国开行营业部根据其总行要求增设纪检监察办公室，内设机构增加到12个；同月，国开行企业局增设业务发展处，内设机构增加到11个；8月，农发行总行营业部撤销外汇业务部；同月，农发行北京分行将客户处分拆成客户一处和客户二处，分别负责政策性业务和商业性业务，内设机构增加到12个；12月5日进出口银行总行下文对该营业部的总经理室成员、机构设置、人员编制、服务区域及业务范围等进行了重新定位，该营业部从总行的直属部门转变为总行的营业性分支机构，2007年年初将进行账务划转。

2. 主要负责人变动情况。

国开行营业部：1月，蒋道振被提任为该营业部总经理。

国开行企业局：7月，冀忠实任该局副局长。

进出口行总行营业部：12月，李济巨任该营业部负责人（主持工作），原总经理戴春宁、副总经理蒋鞠华调至总行工作。

农发行总行营业部：2月，高学牟接替周建强任该营业部副总经理。

农发行北京分行：1月，农发行北京分行原行长孔宪勇退休，由左志继任行长，焦基亮任副行长；10月，龚超调至总行工作，不再任该行副行长，11月，蔡志斌任该行副行长，同月调至总行工作，12月，刘定华从农发行贵州分行交流到该行任副行长。

3. 机构迁址情况。进出口行总行营业部于8月迁址到北京市西城区金融大街7号英蓝国际金融中心10层；农发行总行营业部于9月迁址到北京市西城区月坛北街甲2号月坛大厦南座一层。

4. 新系统运行情况。4月，国开行营业部正式上线人民银行小额支付系统，11

月，该营业部正式上线用于外汇汇款的SWIFT系统。

（三）新业务开展情况

2006年，农发行北京分行在发挥其政策性银行作用的同时，逐步推进商业性贷款业务，全年共发放14.25亿元商业性贷款，年底贷款余额为11.4亿元，主要包括国家化肥储备贷款、加工企业粮油贷款、粮油种子贷款、地方储备糖贷款和产业化龙头企业贷款等。

二、监管工作情况

（一）以防范和化解金融风险为重点，加大现场检查工作力度

按照中国银监会的统一部署，北京银监局对国开行企业局信贷管理和五级分类执行情况、进出口行总行营业部船舶和高新技术出口卖方信贷进行现场检查；同时为保证现场检查的连续性和有效性，巩固监管成果，对进出口行总行营业部2005年全面检查中所发现问题的整改落实情况进行了后续现场检查。全年累计派出检查组3次，累计投入工作量442人次，提出整改意见25条。

（二）提高非现场监测水平，充分发挥非现场监管的风险预警作用

按照《辖内政策性银行机构非现场监管工作指引（暂行）》要求，北京银监局进一步建立健全非现场监管体系，试行主监管员制度，初步实现了非现场监管的专职化和专业化。以抓“双降”为重心，对五家机构经营和不良贷款变化情况按月进行监测分析，坚持“一行一策、区别对待、对症下药”，取得良好效果。对发现的问题和风险，采取与高管人员约见会谈、下发监管建议书和监管通报等方式，及时向五家机构通告，发挥道义规劝和“窗口指导”作用。

（三）督促做好案件治理工作，有效防范操作风险

按照中国银监会及北京银监局要求，建立重大事件及案件报告制度，要求五家机构每月报送案件信息统计表，督促五家机构全面落实案件治理工作，并对案件专项治理开展情况和治理商业贿赂情况进行专项督察，向五家机构提示风险，督促建立案件和风险防范的长效机制。同时，北京银监局主管局长多次参加农发行北京分行支行长会议，提出具体监管要求。

（四）跟踪热点难点问题，加大信息调研力度

2006年，北京银监局以“关注热点、注重时效、把握难点、深入分析”为指导原则，针对国开行营业部奥运贷款相对集中的情况，进行全年连续监测分析；针对辖内农发行对“三农”支持不够的现状，撰写《北京农业发展银行应在支持新农村建设中发挥更大作用》、《农发行新业务发展制约因素分析的政策建议》；针对国开行软贷款和技援贷款迅猛增长的情况，上报《需关注国家开发银行软贷款风险》、《国家开发银行技术援助贷款急需规范》，为领导决策提供依据。

（五）坚持依法执政，严把市场准入关

按照“依法、审慎、公正和高效”的要求，北京银监局努力把好政策性银行市场准入关。2006年6月，农发行北京分行上报《关于对袁飞等4名同志高管人员任职资格进行核准的申请》，经审核，拟任高管之一不符合《金融机构高级管理人员任职资格管理办法》金融从业年限的规定，经认真审核后北京银监局下发批复，不予核准其支行副行长（主持工作）的高管任职资格。

（李丰香）

▲大型商业银行——工、农、中、建、交五家银行

鉴于部分原国有商业银行已经完成了股份制改造，根据中国银监会的统一要求，将工、农、中、建、交五家银行北京分行划分为大型商业银行在京营业机构。

一、基本情况和重大变更事项

（一）基本情况

截至2006年年末，工、农、中、建、交五家大型银行北京分行（以下简称五家银行）的账面资产总额为2.4万亿元，比上年增长18.06%；其中各项贷款余额0.69万亿元，比上年增长7.19%。负债总额为2.38万亿元，比上年增长18.44%；其中各项存款余额2.13万亿元，比上年增长14.61%。全年累计实现账面利润226.46亿元，同比下降14.13%。

截至年末，五家银行共有下属机构网点1 561家。其中支行687家，比上年增加61家；分理处329家，比上年增加9家；储蓄所545家，比上年减少146家。五家银行共有从业人员41 995人，其中纳入监管范围的高级管理人员226人。

（二）重大变更事项

高管人员变动情况：孙德顺接替王滨担任交通银行北京分行行长。

二、金融产品创新和金融服务情况

（一）加快金融产品创新

2006年五家银行继续加大金融产品创新力度，相继推出了新的业务产品。例如工行北京分行推出了与国际市场汇率挂钩、保本浮动收益的“珠联璧合—A款”本外币理财，与汇率、股票、信用挂钩的多款新型“汇财通”外汇理财，专门为高端客户开发设计的“汇聚得”VIP外汇理财，QDII代客境外理财等一系列理财产品，以及“金行家”美元账户黄金交易和人民币账户黄金交易。中行北京分行对原有装修贷款、大额耐用消费品贷款、小额信用贷款等品种进行了整合，推出个人信用循环额度贷款和抵（质）押循环贷款。交行北京分行推出了“支付通”、黄金代理、代客境外理财、太平洋双币信用卡、住房公积金联名卡等业务，并针对中小企业推出了知识产权质押贷款——“展业通”，形成了一定的市场影响。

（二）提高金融服务水平

2006年，五家银行北京分行对金融服务工作继续进行深入管理和规范，按照客户满意、效率优先、首问负责等原则，从管理协调、制度建设、网点环境、硬件设备、行为规范以及检查监督等方面，建立了改进和完善服务管理的长效工作机制。例如工行北京分行全面实施优质客户战略，在维护大型优质客户的同时，积极借助政府中小企业融资平台拓展中小企业优质客户，推行信贷的精细化管理，创新服务模式，为小企业的发展提供资金支持。另外，针对基层网点客流量大的问题，该行加强内部管理，推行“弹性工作日、弹性工作时、弹性工作窗口”管理模式的同时，大力发展离柜业务，加大对电子银行业务的宣传推广力度，努力分流客户，缓解柜台压力，全面提升综合服务水平。中行北京分行作为奥运会银行合作伙伴，在2006年全面开展奥运服务的准备工作，制定了《2008年奥运会金融服务方案》，对服务内容、标准和应急方案进行了规范，并在分行内进行了奥运知识培训，并组织了多项奥运金融服务活

动，树立中行奥运服务品牌，增强了服务能力。

三、存在的问题和风险

（一）贷款质量有待提高

截至年末，五家银行不良贷款累计余额和比例分别比年初下降 11.89 亿元和 0.52 个百分点，贷款质量与辖内同业较好水平尚有一定差距。

（二）个人住房消费贷款风险值得关注

一些银行以往年度发放的部分住房按揭项目涉嫌存在“假按揭”，潜在风险不容忽视。

（三）收入渠道相对单一

2006 年，上存总行资金的利息收入仍为五家行的主要收入来源，资金使用渠道较为单一。

四、监管工作情况

2006 年，北京银监局综合运用现场检查、非现场监测考核、约见会谈、风险提示、调查研究等多种手段，对五家银行进行持续监管。

（一）以监管流程改革为契机，扎实做好非现场监管工作

一是率先尝试现场检查和非现场监管适当分离，对监管业务流程进行了重新梳理和再造，并积极探索和实践“流程监管”模式。二是年初向五家银行通报了 2005 年度风险情况以及 2006 年度监管工作安排，提示各行在 2005 年经营管理中存在的风险和问题，明确了 2006 年的监管要求。三是及时采取约见会谈、下发风险提示等方式，向各行提出监管要求，要求各行密切关注、及时化解各类风险。四是按时做好各类非现场报表的监测分析以及相关报告的撰写工作，全年共完成各类报告 124 件。

（二）按照银监会统一部署和非现场监测情况，认真开展现场检查工作

2006 年，按照银监会的统一部署，北京银监局对五家银行实施了 8 项现场检查；根据非现场监测和信访举报情况，自主安排了 2 项现场检查以及 29 次举报核查。全年累计派出检查组 49 个，投入检查工作量 2 546 人次，涉及分支机构 212 家，提出监管意见 307 条。

（三）深入开展案件专项治理和治理商业贿赂工作，积极构建案件防范的长效机制

2006 年，根据银监会的统一要求，北京银监局召开了“辖内中资银行业金融机构案件专项治理工作会议”，编发专项简报 13 期，并开展了案件专项治理情况检查。同时，及时转发银监会关于案件专项治理工作的有关文件，结合北京辖内实际提出具体监管要求，强化各机构“一把手”对案件专项治理工作的职责，指导辖内机构有效落实银监会操作风险十三条，建立案件防控长效机制。此外，按照银行业治理商业贿赂领导小组的有关要求，积极督导五家银行开展治理商业贿赂工作，全年编发治理商业贿赂简报 25 期，完成北京市银行业金融机构不正当交易行为调研报告的汇总等工作。

（四）开展临柜服务质量评价，推动商业银行提高服务水平

为进一步推动商业银行提高服务质量，北京银监局对辖内银行进行了两次临柜业务服务质量评价，重点对商业银行的服务环境、服务质量、服务效率、服务管理四个方面进行了现场评价，并通报了评价结果，督促各行进一步加强管理，提高服务质量，增强综合竞争力。

（五）注重监管实际与调查研究相结合，大力开展调研工作

全年就北京辖内土地储备贷款情况、北京地区金融服务水平、北京辖内股改国有商业银行绩效管理状况、北京辖内股改国有商业银行分支机构内审体系变化情况、集团客户风险、商业银行衍生产品风险控制情况、集团客户风险管理、新会计准则对商业银行经营管理的影响、基层银行操作风险表现特点和形成原因等开展了多项调研，共完成综合调研报告 19 篇，动态类信息 32 篇，及时反映商业银行风险状况和热点难点问题，为领导决策提供参考。

（王　锐、郑辛硕）

▲中小型商业银行

2006 年，根据中国银监会的统一要求，将招行北京分行、浦发北京分行、广发北京分行、深发北京分行、兴业北京分行、民生总行营业部、光大总行营业部、中信总行营业部、华夏总行营业部 9 家商业银行划分为中小型商业银行在京营业机构。

一、基本情况和重大变更事项

（一）基本情况

截至年末，9 家中小型商业银行在京营业机构（以下简称 9 家银行）本外币资产总额为 8 680.05 亿元，比上年增加 1 172.87 亿元，增长 15.62%；其中贷款为 4 165.12 亿元，比上年增加 558.98 亿元，增长 15.5%。负债总额为 8 612.83 亿元，比上年增加 1 165.24 亿元，增长 15.65%；其中存款为 7 542.05 亿元，比上年增加 1 128.11 亿元，增长 17.59%。全年共实现税前利润 98.38 亿元，比上年增加 20.04 亿元，增长 25.58%。

2006 年年末，9 家银行在京营业机构数共计 266 家，比上年增加 15 家；其中分行级机构 9 家，与上年持平；支行 257 家，比上年增加 15 家。在职人员共计 9 524 人，其中高管人员 292 名，在职人员比上年增加 1 644 人。

（二）重大变更事项

中信银行总行营业部更名为中信银行股份有限公司总行营业部。

赵小凡任中信总行营业部总经理；邱火发任光大总行营业部总经理；李铁生任招行北京分行副行长。

二、金融服务情况

（一）金融服务向现代化、专业化方向发展

2006 年，辖内中小型商业银行继续以客户满意为标准，不断丰富和提高金融服务手段，金融服务从过去的亲情化服务逐步向现代化服务、个性化服务、专业化服务方向迈进，以更好地应对外资银行的挑战。一些银行在坚持微笑服务、面对面服务、上门服务等亲情化服务手段的同时，进一步通过优先发展网上和自助服务；设置贵宾室、理财中心，为贵宾客户实行“一对一”的个性化服务等方式，提供更现代化、专业化、系统化的服务，不仅为客户节省了时间成本，也节省了运营成本，有效弥补了股份制银行网点相对不足的劣势，使金融服务得以进一步延伸。

（二）推进服务战略转型，公司、零售业务协调发展

2006 年，辖内中小型商业银行进一步加强了对私业务的销售能力，通过深化客户分层服务、提高交叉销售水平，扩大对私客户金融资产规模。如加大代发工资、理财计划、代理理财账户等业务品种营销力度，积极推进个人理财产品的营销

推广工作，大多数银行对私业务实现比较快速的发展。

对公业务方面，各行也积极采取措施加快业务转型，启动品牌战略。有些银行在贸易融资业务上取得长足进展，逐步打造贸易融资专业品牌；有些银行开展定制服务，通过为重点客户提供定制服务，有力地推动了公司业务发展；有些银行积极打造行业特色营销机构，成立了行业营销中心，涵优势行业和投资银行、中小企业等新兴业务，进一步细分市场，做专做强。

（三）中间业务快速发展

针对2006年贷款业务增长缓慢的状况，辖内中小型商业银行进一步重视并加大中间业务的发展。采取以重点产品做支撑，多点开花，既抓住了结售汇、代理等传统项目，又通过资产管理、短期融资券等新业务实现突破。各行中间业务规模和收入都实现了较为快速的增长。

三、存在的问题和风险

（一）个贷风险日益突出

2006年，辖内中小型商业银行个人消费不良贷款上升速度明显加快，特别是个人住房贷款风险开始暴露，除两家银行外，其余7家银行均呈上升趋势，个别银行由于前些年个贷管理存在较大疏漏，不良贷款呈大幅上升态势。同时现场检查也发现，多个银行存在住房贷款涉嫌虚假按揭的情况，暴露出银行业务经营部门操作合规意识不强，对个人住房借款人资信调查不深、不细，对假按揭的风险特征把握不到位的问题。

（二）部分银行不良贷款余额大，形成时间长，处置力度有待加大

辖内部分银行不良贷款中相当部分属历史遗留问题，且形成时间长，成因及背景也较复杂，处置力度有待加大，处置手段有待创新。

（三）部分银行信贷管理存在漏洞，导致银行资金面临风险

辖内部分银行“三查”制度执行不力，存在贷前调查不尽职、授信审查不审慎，贷后管理流于形式等问题。特别是个别银行由于贷前调查不尽职，形成重大风险隐患。一些银行贷后管理不到位，对资金流向缺乏有效监控，致使贷款企业出现“短贷长用”、挪用资金等情况，导致银行信贷资金面临风险。

部分银行对集团客户授信风险管理比较薄弱，存在集团客户授信管理制度不健全、对部分集团客户未实施统一授信，存在多头授信、对集团客户授信额度控制不审慎等问题。

（四）制度执行力不足，合规经营意识有待增强

一些银行经营部门的合规意识不强，管理部门监控力度不足，导致违规行为发生。存在违反有关规定向土地储备机构发放信用贷款；未有效核实贸易背景真实性即开立银行承兑汇票；部分住房消费贷款利率和首付比例不符合规定；房地产开发贷款违反投资比例、自有资金比例、债务支出与收入比例等有关规定；部分贷款项目未获得有权审批部门的立项批准等情况。

（五）信贷管理信息系统功能有待加强

个别银行信息管理系统建设滞后，尚未建立信贷管理信息系统，授信业务流程及管理没有实现电子化控制；部分银行对公信贷管理系统不具备集团客户信息支持功能；部分银行个人信贷系统尚未正式启用或个人消费信贷系统建设比较落后，不能满足个贷业务风险防控的需要。

四、监管工作情况

(一) 要求商业银行严格贯彻落实国家宏观调控政策

2006年，北京银监局严厉制止和处理违反国家宏观调控政策的行为，加强风险提示和“窗口指导”。采取调研、约见会谈等方式对辖内银行进行政策指导，对风险苗头及时进行监管提示。一是针对打捆贷款、土地储备贷款、房地产贷款存在的风险对被监管机构进行风险提示，明确要求不得发放打捆贷款、违规土地储备贷款和房地产贷款。二是引导辖内股份制银行从严控制产能过剩行业贷款。如持续监测内蒙古华电卓资电厂项目贷款的风险状况。要求相关银行限期收回或置换，取得了一定进展。三是督促银行合理把握贷款投放节奏，支持中小企业贷款。高度关注3家银行贷款增速过快的问题，并明确要求其控制贷款速度。

(二) 坚持风险为本，在“抓降”方面狠下工夫，确保股份制银行“双降”目标实现

继续狠抓资产质量，督导被监管机构努力实现风险化解工作目标，对信用风险的监管工作日益深入。对资产质量实行“零距离”贴身监管，上百次地以各种方式与各行沟通资产质量问题，对风险大的银行实施重点监管，在不良贷款压缩难度逐年增大的情况下，确保了辖内银行持续“双降”的目标。9家银行全部实现不良贷款余额和比例双下降，截至2006年年末辖内9家银行不良贷款余额比年初减少10.5亿元，不良率比年初下降0.45个百分点。

(三) 处罚力度明显加大，中小型商业银行依法合规经营意识显著增强

2006年，北京银监局在执行处罚上采取更为坚决的态度，对检查发现的问题一律要求各行对责任人进行责任追究和处理，并适度采取行政处罚或准入限制等监管措施。针对非现场监测、举报核查、现场检查发现的各类违规问题多次约见各行谈话，进行警示教育，并采取了比以往更为严厉的监管措施，通过下发监管意见书等形式责令相关银行对相关责任人进行处罚。在北京银监局的督促下，各行实际处罚人数50余人，还有部分处罚正在进行中。

(四) 圆满完成各项现场检查工作任务，更加注重现场检查质量和效果

全年重点开展了全面内控检查、房地产贷款检查、对以往检查发现问题整改情况的后续检查、贷款分类偏离度检查等，并以“有险必查，有查必实，有错必纠，有过必罚”为原则，强力推进了检查深度和力度。检查出的主要问题全部逐条列明整改要求，并及时跟进监管措施，现场检查体现为沟通得更细，跟踪得更紧，整改要求更严。在完成现场检查任务的同时，认真对检查项目进行ROCA评级，积极推动非法人监管评级工作进程。全年共完成现场检查任务21项，投入现场检查工作量1 241天，累计发现问题426个，提出整改意见158条。此外全年共处理举报11件。

(五) 非现场监管工作打开新局面，迈上新台阶

积极探索和创新非现场监管方式，着力提高监管有效性，高效高质完成年度监管报告、通报；月度、季度分析报告以及各类专题报告。建立了非现场监管月度风险分析制度，非现场分析频率增加；采取约见会谈的形式及时对被监管机构进行风险提示、传达监管意图等，对银行“窗口指导”的力度也有所加大。

（六）重视并积极部署联动监管要求

2006 年，中国银监会大力推动联动监管工作，北京银监局高度重视，积极部署落实对深发、广发、浦发 3 家银行的联动监管，按时向总会及属地局上报各类报告，取得良好成效。

（七）密切关注辖内银行案件专项治理及商业贿赂情况，开展服务品质评价，促进股份制银行全面发展

做好日常案件专项治理信息情况的统计和上报工作，及时反馈辖内各行开展此项工作的重大信息；加大对违规问题的责任追究；加强相关情况调研，分析执行中存在的问题及原因，对薄弱环节重点关注；开展对 9 家中小型银行案件专项治理工作和商业贿赂治理的现场督察工作。

积极督促各行提高服务水平，按时高效地完成对 9 家中小型银行的 88 家分支机构临柜业务服务质量评价工作。

（八）围绕被监管银行突出风险及宏观调控热点问题，深入开展调查研究及信息撰写工作

2006 年完成关于对辖内中小型银行各类调研和信息 41 篇，内容涉及流动性过剩、不良贷款处置、中间业务、汽车消费贷款、操作风险等多个方面。

（孟　然）

▲城市商业银行——北京银行

一、基本情况和重大变更事项

（一）基本情况

截至年末，北京银行资产总额 2 651.43 亿元，比年初增加 347.35 亿元，增长 15.08%；负债总额 2 548.15 亿元，比年初增加 242.45 亿元，增长 15.4%。存款 2 345.37 亿元，比年初增加 357 亿元，增长 17.96%；贷款 1 315.33 亿元，比年初增加 115.27 亿元，增长 9.61%。所有者权益 103.28 亿元，比年初增加 7.22 亿元，增长 7.52%。其中实收资本 50.28 亿元；资本充足率 12.87%，比年初上升 2.04 个百分点；核心资本充足率为 8.66%，比年初上升 2.22 个百分点。机构 125 家（含总行营业部），其中包含在 2006 年新设的分行 1 家、支行 5 家。

（二）业务发展概况

1. 北京银行在 2006 年以人民币存贷款、债券等传统业务为主，资产负债规模保持稳步增长，资产中增幅较大的为债券投资、存放央行、中长期贷款、直贴、回购等。

2. 中间业务收入逐步增长，比重仍处于较低水平。2006 年，该行全年共实现中间业务收入 3.37 亿元，同比增长 1.15 亿元，增幅 52.11%，占总收入的比重为 3.49%，比上年同期增长 0.7 个百分点。

3. 表外业务保持较快发展。截至年末，该行表外业务余额 592.29 亿元，比上年末增加 137.49 亿元，增长 30.23%，其中担保类、承诺类表外业务增长较快，金融衍生类表外业务则出现下降趋势。

4. 不良贷款持续“双降”势头，资产质量继续向好。截至年末，该行不良贷款余额 45.96 亿元，比年初下降 4.66 亿元；不良贷款率 3.49%，比年初下降 0.72 个百分点。

（三）年度重大事项

1. 按照“流程银行”模式重构业务组织架构。2006 年，北京银行为适应跨区域设立天津分行后组织架构运行有效的要求，建立了以客户为导向的“总行——分行——支行”三层式组织架构。同时，以此为契机，全新的组织架构体系

初步实现了由“部门银行”向“流程银行”的转变。

2. 设立天津分行实现跨区域发展。2006年11月8日，北京银行天津分行的正式开业，对于提高该行的可持续发展能力和跨区域发展战略的推进意义重大。

二、存在的问题和风险

（一）信用风险现状

北京银行信用风险管理质量得到持续改善，整体风险状况处于中低水平，贷款集中度风险依然处于中高水平，贷款和投资作为信用风险资产的构成主体，成为影响风险变化趋势的主要因素。

（二）市场风险现状

北京银行市场风险管理取得初步进展，整体风险状况处于中低水平，市场风险管理水平和手段仍然处于初级阶段。

（三）流动性风险现状

北京银行流动性风险管理水平尚待提高，整体风险状况处于低水平，流动性良好。但是，随着国内居民金融资产的逐步多样化，对于活期存款占比较大的该行将会形成较大的流动性管理压力。

（四）操作风险现状

北京银行初步建立了操作风险管理组织体系，制定了操作风险管理制度，整体风险状况处于较低水平，操作风险的管理将呈现良好的发展趋势。

三、监管工作情况

（一）深入贯彻“管法人、管内控、管风险、提高透明度”的监管理念，切实提高监管的专业化水平

1. 突出法人监管，推动北京银行完善公司治理机制。一是指导北京银行完善公司治理结构；二是指导北京银行设立合规风险管理部门；三是督促北京银行建立与境外战略投资者的合作机制；四是督促独立董事、外部监事勤勉尽职。

2. 加强内控监管，促进北京银行健全风险管控机制。一是认真完成年度监管报告和监管通报，指出内控管理中存在的问题；二是切实做好监管评级工作，提出完善内控机制的监管建议；三是及时进行重要风险提示，揭示内控管理的薄弱环节；四是深入开展案件专项治理工作和治理商业贿赂工作，查找内控管理的风险隐患。

3. 强化风险监管，助推北京银行提升风险管理水平。一是扎实做好不良贷款监测工作，确保实现“双降”；二是密切关注汽车消费贷款业务，及时下发风险提示；三是密切关注贷款集中度风险，适时下发风险提示；四是密切关注关联企业贷款风险，做好多起调查工作；五是密切关注五项贷款业务风险，及时进行风险提示；六是全面评价北京银行临柜业务服务质量，督促银行关注声誉风险。

4. 加大透明度监管，督促北京银行提高信息披露质量。一是及时下发信息披露指导意见；二是首次建立年报审核三方会谈机制；三是按时完成信息披露年度审查工作。

（二）紧紧围绕“准确分类、充足拨备、做实利润、资本充足”的监管主线，努力提升监管的有效性

1. 以现场检查促提高，督促北京银行提高贷款分类准确性。上半年，对北京银行2005年度贷款偏离度进行了全面深入的专项现场检查，11月，进行了对北京银行表外业务的专项现场检查。

2. 以跨区域发展为契机，指导北京银行充足拨备和做实利润。一是及时指出该行尚未达标的各项指标；二是督促该行拨备覆盖率和利润率等指标及时达标。

3. 以资本充足监管为导向，督促北京银行增强资本约束意识。一是加大资本充足监管的频度、深度；二是跟踪次级债发行后的管理情况。

（三）积极支持北京银行跨区域发展，充分体现以监管促发展的原则

一是积极支持北京银行设立天津分行；二是与天津银监局建立联动监管机制。

（四）大力推进北京银行小企业贷款业务，切实达到以监管服务促发展的目标

1. 积极支持该行学习借鉴成功经验并开展多层次专题调研工作。一是及时转发各地银行机构先进经验材料；二是创造条件实地学习外地银行业特色做法；三是积极支持银行机构学习国外银行先进管理经验。

2. 积极鼓励辖内银行机构小企业贷款的机制与业务创新。一是积极引导贷款“六项机制”创新；二是积极鼓励贷款业务创新；三是大力支持北京银行进行社区银行模式的尝试。

3. 积极建立与地方政府的沟通与合作机制。一是加大小企业政策法规宣传力度，开辟网上宣传专栏；二是建立小企业信息共享机制，共筑和谐信用环境；三是加强小企业贷款担保风险控制，改善担保信用环境。

（姚春梅）

▲农村商业银行——北京农村商业银行

一、基本情况及重大变更事项

（一）基本情况

截至年末，北京农村商业银行（以下简称农商行）资产总额1 519.04亿元，比年初增加198.34亿元，增长15.02%；其中各项贷款（不含回购式贴现8.23亿元）724.64亿元，占资产总额的47.70%，比年初增加177.44亿元，增长32.43%。负债总额1 451.38亿元，比年初增加194.78亿元，增长15.50%；其中各项存款（不含财政性存款2.67亿元）1 328.95亿元，占负债总额的91.56%，比年初增加241.35亿元，增长22.19%。所有者权益67.66亿元，比年初增加3.53亿元，增长5.50%。

截至年末，农商行有机构694家，其中总行1家，支行164家，分理处529家。

（二）主要人事变更

2006年，农商行聘任了辛全龙、朱晓峰两人为副行长，聘任姜应祥为行长助理。目前高级经营管理层由行长1人、副行长4人及行长助理2人组成，行长金维虹，副行长付东升、姜朝、辛全龙、朱晓峰，行长助理崔均、姜应祥。

（三）经营发展及其特点

1. 不良贷款实现“双降”。2006年年末，按五级分类口径，农商行不良贷款余额为80.24亿元，比年初减少15.16亿元；不良贷款率11.07%，比年初下降6.36个百分点。

2. 盈利能力进一步增强。2006年，农商行实现账面利润总额8.36亿元，比年初增加0.86亿元，增长11.47%；经营利润达16.06亿元，比年初增加3.38亿元，增长26.66%。

3. 抗风险能力有所加强。截至年末，农商行拨备覆盖率32.73%，贷款损失准备充足率71.31%，分别比年初上升16.27个和31.16个百分点，风险抵补能力得到有效增强。

4. 支农业务保持稳定增长。2006年

年末，农商行涉农贷款余额为373.66亿元，比年初增加16.12亿元，增长4.51%。其中农户贷款保持较快增速，支农服务进一步改善。截至年末，农商行农户贷款余额23.99亿元，比年初增加7.19亿元，增长42.80%，高于上年增幅10.5个百分点。同时，2006年该行通过加强业务系统网络建设，提高业务处理电子化水平，进一步提高了结算效率，大力发展中间业务，在满足“三农”多样化的金融需求方面迈出了较大步伐。

5. 金融服务功能进一步增强，个人金融和中间业务稳步增长，产品日益多元化。2006年，农商行发行银行卡208万张，同比增长36.80%。中间业务收入8 483.78万元，同比增长45.94%。此外，还主办了多项营销活动，提出多项新业务申请，对完善服务功能、增强市场竞争力起到积极的促进作用。

二、存在的问题和风险

（一）公司治理的科学性和有效性仍然不高

经过一年多的发展和规范，农商行已经按照现代股份制商业银行的标准，初步建立了公司治理框架。但董事会、监事会的专业水平还需进一步提高，董事会的决策能力和风险控制能力仍需加强，监事会的监督约束机制有待完善，公司治理的内在有效性需要不断强化。

（二）资本持续补充能力较弱

一是内部资本补充机制有限。目前农商行整体盈利能力不强，收入结构单一，且费用支出增加较多，资本积累能力较弱。二是筹资渠道较窄，缺乏外部资本补充渠道。目前农商行尚不具备进入资本市场或发行长期次级债等外部融资条件，短期内募集新股也存在较大困难。

（三）科技信息化水平较低

较低的科技信息化水平不能满足现代化商业银行风险管理的要求，内控机制建设和执行仍很薄弱，潜在操作风险较大。

（四）非信贷资产损失程度较高

债券投资规模大幅增加，市场风险、政策风险显著。土地等抵债资产风险隐患尚未化解，“协议式国债投资”等历史遗留问题仍未有效解决。

（五）从业人员整体素质偏低，内控意识仍显欠缺

一是高级管理人员管理水平和力量配备需尽快加强，责任追究制亟待完善落实。二是内控制度执行力较差，内控机制的约束力和有效力亟待进一步加强。

三、监管工作情况

（一）坚持法人监管理念，不断推动法人治理建设

1. 明确工作思路，落实监管要求。2006年年初向农商行下发了《关于进一步加强董事会建设　完善北京农商行公司治理的监管意见》，提出加强法人治理的工作要求；多次约见农商行相关人员进行监管谈话，传达贯彻法人监管理念，并对董事会和股东大会的筹备及监事会巡视调研工作给予了指导。

2. 督促完善治理结构，夯实治理基础。指导并督促农商行建立了银行治理的基本结构，经过一年多的努力，各治理主体组织较为完备，相关规章制度已较健全，为其法人治理机制的不断深化打下了良好基础。

（二）认真开展现场检查，增强检查监督频度力度

1. 2006年3～4月，按照银监会有关要求，对农商行某集团客户授信管理情况进行现场检查。

2. 2006年3~5月，对农商行总行及其军博支行2005年利润真实性情况进行了现场检查。

3. 2006年5月，按照银监会工作部署，对农商行五级分类实施情况及其偏离度进行了现场检查。

4. 2006年7~8月，按照银监会工作部署，对农商行大额贷款、关联企业贷款和票据业务等主要风险点开展现场检查。

5. 2006年9~12月，按照银监会工作部署，对农商行丰台区、海淀区、通州区和大兴区的8家支行个人住房按揭贷款、土地储备贷款以及委托贷款情况进行了重点抽查。

6. 2006年11月，按照银监会工作部署，对农商行案件专项治理工作情况进行了现场检查。

7. 就人民来信所反映的问题对农商行朝阳区、平谷区、丰台区、怀柔区、海淀区、房山区等相关支行进行现场核查。

（三）创新非现场监管手段，提高监管工作的有效性

1. 加强数据统计监测。为保证数据信息质量，提高非现场监管信息系统数据的准确性、及时性，数次赴农商行就有关准备、培训情况和报表口径进行授课讲解和现场督导。按期完成非现场监管信息系统数据的相关工作。下发《关于废止和调整部分非现场监管报表定期报送制度的通知》，规范报送制度。

2. 强化分析报告制度。一是认真做好监管报告、债券投资、客户大额贷款情况及其风险分析报告等。自6月份起建立了农商行经营及风险情况月度分析报告制度。

3. 积极提示风险问题。先后对农商行债券投资业务、银行卡业务、票据业务、信贷业务等方面下发了风险提示，转发了银监会相关通知，并提出相关监管要求。

4. 首次采用三方会谈方式。与农商行及其外聘会计师事务所一起，就该行2005年度外部审计工作及监管工作中有关事项进行充分沟通。

（四）狠抓案件专项治理，加大案件风险防范力度

1. 贯彻案件专项治理要求，落实各项工作措施。及时向农商行下发了《关于进一步开展案件专项治理工作的监管意见》和《关于进一步做好案件专项治理工作的通知》，转发了《中国银监会关于农村合作金融机构典型案例的通知》等，提出工作要求，督促落实工作责任。

2. 认真履行监管职责，妥善处理已发案件。按照银监会重大突发事件报告制度的要求，在第一时间上报了《关于北京农商行通州支行王浩宇涉嫌挪用库款情况的报告》，同时向农商行提出了相关工作要求，并始终密切关注、跟踪监测此事件的查处进度和处置结果。

（五）狠抓资产质量提高，切实加强信贷风险监控

1. 狠抓不良贷款“双降”。对不良贷款变化情况及原因进行逐月监测和分析，及时掌握资产质量相关数据变化；就农商行不良贷款“双升”问题数次约见农商行主管行长及有关部门负责人进行监管会谈，下发书面风险提示。

2. 对信贷风险进行了全方位监测。下发了《关于客户大额贷款集中度风险提示的通知》、《关于加强大额贷款风险管理有关问题的通知》等一系列文件，先后与农商行进行了二十余次监管会谈，就“盈投系”企业、“泰跃系”企业贷款

风险问题，以及土地储备贷款、房地产贷款、个人按揭贷款和公路项目贷款等及时发出风险提示，并提出资产保全、防范风险的若干监管要求。

（六）深入开展调查研究，及时反映情况并提出建议

1. 对农商行贷款集中度风险情况进行深入调研，完成《北京农村商业银行客户大额贷款情况的调查报告》。

2. 就农商行如何进一步增强支农服务职能、更好地支持首都新农村建设问题进行深入的专题调研，完成了《北京农村商业银行增强支农服务职能的调研报告》，上报银监会合作部，受到好评。

3. 配合市政府研究室对农商行农户贷款及其担保机制情况进行紧急调研，并完成《京郊农户贷款特点、难点和建议》的调研报告。

4. 对农商行小企业贷款情况进行调研，完成《北京农村商业银行开展小企业贷款业务成效显著》等调研报告。

5. 针对自农村信用社时期就一直且普遍开办的“银农合作”贷款已显现出的问题，对大兴区和密云县三年来的开展情况和存在的风险问题进行实地调查，撰写完成《“银农合作”贷款的风险分析与建议》的调研报告。

（蒋蓉辉）

▲外资银行

一、基本情况和重大变更事项

（一）基本经营情况

2006 年，在京外资银行继续扩大业务范围，稳步推进机构网点建设，总体经营状况良好。截至年末，辖内外资银行总资产为 136.00 亿美元，比年初增加 47.89 亿美元，增长 54.36%，增幅同比上升 17.43 个百分点，占全国外资银行的 11.55%，比年初提高 1.49 个百分点；各项贷款余额 64.01 亿美元，比年初增加 22.02 亿美元，增长 52.45%，增幅同比上升 21.49 个百分点，占全国外资银行的 10.39%，比年初提高 1.01 个百分点；存款余额 39.60 亿美元，比年初增加 18.64 亿美元，增长 88.92%，增幅同比上升 18.94 个百分点，占全国外资银行的 11.32%，比年初提高 3.47 个百分点；资产总额、贷款和存款的增速分别高于全国外资银行平均水平 20.11 个、14.85 个和 47.24 个百分点。不良贷款率为 0.27%，低于全国外资银行水平 0.51 个百分点。2006 年度，辖内外资银行实现税前利润 7 703.37 万美元，同比增长 155.82%，增幅同比上升 148.71 个百分点，占全国外资银行的 10.64%，同比上升 2.32 个百分点。

截至年末，北京已开业外资银行分行 27 家、支行 10 家，营业性机构总数达 37 家，比年初净增 9 家；外资银行驻京代表处 81 家，比年初净增 2 家。新增外资银行分行分别是加拿大皇家银行有限公司北京分行、法国兴业银行有限公司北京分行和中信嘉华银行有限公司北京分行，新增同城支行分别是汇丰银行有限公司北京中关村支行和燕莎中心支行、渣打银行有限责任公司北京中关村支行和燕莎中心支行、花旗银行有限公司北京嘉里中心支行和阳光上东支行、德意志银行股份有限公司北京中关村支行。因原日本东京三菱银行股份有限公司北京分行和原日本日联银行股份有限公司北京分行于 2006 年 3 月合并，原日本东京三菱银行股份有限公司北京分行更名为日本三菱东京日联股份有限公司北京分行，原日本日联银行股份有

限公司北京分行在清算后于 2006 年 8 月关闭。

截至年末，北京市共有 24 家外资银行分行可从事全面外汇业务，比年初增加 4 家；20 家获衍生产品交易资格，比年初增加 1 家；15 家获准开办人民币业务，比年初增加 5 家；12 家获准从事网上银行业务，比年初增加 1 家；有 5 家分行获准从事代客境外理财业务。

（二）业务发展变化分析

1. 加大营业网点建设力度、市场渗透力不断提高。2006 年，辖内外资银行积极增设营业网点、扩张服务网络、扩充人力资源，市场渗透度和服务能力不断提高。为配合个人服务需要的增长，辖内银行还积极拓展柜台以外的服务渠道，包括自助银行、ATM 机和网上银行等。截至年末，辖内共设有自助银行 1 个、离行式 ATM 机 29 台，其中 2006 年新增 23 台，另有 12 家外资银行分行获准开办网上银行业务。从网点布局看，新设机构多以发展个人零售业务为主，在地域上突破原来集中于城区东部的模式，逐步向城区西、北部拓展，逐步形成多个服务中心，金融服务辐射能力增强。此外，为满足业务规模扩大的需要，2006 年度还有 16 家机构对营业场所进行了改造扩建，不断完善营业设施、提升服务能力。截至年末，辖内外资银行共有正式员工 2 105 人，同比增加 834 人，增幅达 65.62%，同比上升 13.22 个百分点。

2. 信贷结构进一步优化，行业范围和客户基础有所拓宽。2006 年，辖内外资银行在贷款快速增长的同时，信贷结构也在不断优化。一是贷款行业分布优化、贷款行业范围进一步拓宽。截至年末，辖内外资银行贷款重点行业有制造业、商务服务业、轻工业和房地产，占各项贷款的比例分别是 45.38%、11.68%、11.51% 和 11.14%。其中房地产贷款占比较年初下降 6.21 个百分点，商务服务业和轻工业占比较年初分别上升 8.05 个和 2.55 个百分点。二是中资客户占比不断提高。截至 12 月末，辖内外资银行对中资机构贷款的比例达 26.97%，比年初上升 3.43 个百分点。

3. 存款余额大幅增加，资金来源模式出现新变化。受人民币业务稳步增长以及个人理财业务快速发展的影响，2006 年辖内外资银行存款增长速度提高。截至年末，辖内外资银行存款余额占负债总额的 31.54%，比年初提高 5.58 个百分点；联行往来（负债方）占负债总额的 49.97%，比年初下降 9.68%。比例的变化显示出辖内外资银行吸收客户存款的能力不断提高，对联行资金的依赖性有所下降，正逐渐由依靠拆借联行资金支持贷款业务向利用客户存款支持的模式转变。

4. 人民币业务发展迅速，对业务增长推动明显。截至年末，辖内外资银行人民币资产总额达 287.26 亿元，其中人民币各项贷款余额为 145.79 亿元；人民币负债总额为 266.81 亿元，其中人民币存款余额为 134.54 亿元。人民币资产、各项贷款、负债和存款的增长对本外币合计资产、各项贷款、负债和存款增长的贡献率分别达到 52.20%、46.54%、52.80% 和 58.82%。

从利润贡献角度看，人民币业务的盈利能力显著提高，已经开始为辖内经营人民币业务的外资银行带来良好的经济效益。2006 年，在已正式开办人民币业务的 13 家外资银行中，有 10 家已实现盈利。截至年末，辖内人民币业务税前利润为8 283万元，对辖内外资银行本外币盈利增长的贡献率达23.32%。

二、存在的风险和问题

（一）个别银行内控制度不健全，执行不到位

整体上，辖内外资银行风险管理水平较高，但在监管中也发现个别外资银行业务操作规程不完整、更新不及时，未能覆盖某些业务领域；有的银行个别关键业务岗位没有落实相互制衡原则；个别银行个人理财业务操作规程不全面、更新不及时、理财档案资料管理不规范等。

（二）个别外资银行合规性管理有效性不足

辖内个别外资银行缺乏有效的合规管理机制，未能建立健全的合规管理制度，合规管理资源配备不足，职责划分与报告路线不合理，合规人员变动频繁，与监管部门沟通不畅，导致合规管理水平波动较大，出现合规管理疏漏。

（三）人员流动性加大不利于银行的稳定发展

随着北京外资银行业务规模的迅速增长，从业人员队伍也不断壮大。在人员迅速增长的同时，符合外资银行要求的人才紧缺现象与银行员工队伍稳定性下降问题也日益突出。外资银行为解决用人需要而争邀人才，外资银行人员流动性大大提高。人员流动性过高增加了外资银行的风险，不利于银行的持续稳定发展，对金融从业秩序也造成了一定的负面影响。

三、监管工作情况

2006年是中国加入世界贸易组织过渡期的最后一年，北京银监局本着“积极支持、审慎标准、稳步推进、促进发展”的原则，不断更新监管理念、规范监管行为，突破形式、勇于创新，充分运用各种监管手段，努力做到了对外开放获新进展、监管手段创新机制、风险监管出新举措、基础工作上新水平、调查研究结新成果。

（一）精心准备，规范流程，推动对外开放获得新进展。一是精心准备，通过深入调研、关注法规的社会反映、开展政策咨询和业务辅导以及加强与有关部门的沟通协调等措施确保全面对外开放各项政策的贯彻落实。二是落实《内地与香港关于建立更紧密经贸关系的安排》（CEPA）中确立的相关政策，积极支持京港银行互惠合作。第一家利用CEPA优惠政策设立的港资银行分行——中信嘉华银行北京分行于10月份正式开业。

（二）整合资源，完善架构，监管手段创新机制。2006年，北京银监局结合辖内外资金融机构的风险特点，重新梳理、细化和明确了监管工作流程和监管岗位职责，建立了主监管员制度，完善了以风险为核心，非现场监管、现场检查与准入管理相互衔接、互为支持、信息共享的新监管架构，提高了监管效能。一是积极开展非现场监管流程试点工作。按照非现场监管流程，对东亚银行北京分行进行了全面非现场监管工作试点。二是稳步推进分类监管体系。将ROCA评级体系广泛运用于所有外资银行的监管，并对法国巴黎银行开展了SOSA评估工作。三是充分发挥内外部监管合作效力。注重保持与外资银行内外审部门的沟通，注重对审计报告的分析和利用。四是坚持“三结合、三提高”，对代表机构进行分类监管。

（三）主动出击，注重实效，风险监管出新举措。2006年，针对辖内外资银

行存在的风险和问题，北京银监局加大调查研究力度，丰富风险揭示的层次和渠道，注重全流程风险监管，不断提高风险监管有效性。一是科学立项，立足风险开展现场检查。2006年对辖内所有开展个人理财业务的6家外资银行开展了专项现场检查，发现了外资银行个人理财业务在产品设计、营销等环节存在的问题，并有针对性地提出整改意见，年内还对3家银行进行了全面现场检查。二是主动出击，注重防范。北京银监局密切关注辖内外资银行业务发展较快的领域，积极进行前瞻性分析研究。就业务外包、人才竞争等方面存在的问题形成调研报告并进行风险提示。三是完善风险监管架构，通过加强市场准入管理与现场检查、非现场监管的互动，促进准入工作审慎高效，促进整改措施的贯彻落实。

（四）认真组织，精心安排，基础工作上新水平。一是积极推动非现场监管信息系统的试运行。北京银监局积极配合银监会做好非现场监管信息系统试运行前期准备、报表审核和后期测算工作。全年共审核各类非现场报表近5 000张，对近千个表际校验问题进行了逐一核对。二是认真做好常规监管基础工作。全年共完成各类监管报告41篇，完成各项准入管理工作308项。

（五）集思广益，重点攻关，调查研究结新成果。一是创新调研机制，成立调研小组，集思广益，重点攻关。在年初根据监管工作重点及难点确立调研课题，及时捕捉辖内外资银行业务发展中出现的新情况、新问题，全年调研涵盖业务外包、个人理财、集团客户风险管理等多个监管热点及难点，调研水平取得了明显提高。二是注重调研工作与监管实际相结合，采取专题性与系列化调研方式，及时反馈相关问题。如辖内外资银行个人理财业务出现的新问题、新特点和新风险进行了深入全面调查和分析，涵盖该业务的产品设计、营销、风险管控、会计核算及投诉处理等各个方面。

（梅向东、李双利）

金融资产管理公司发展与监管

一、基本情况

（一）主要业务指标

截至2006年年末，中国华融资产管理公司北京办事处（以下简称华融北京办事处）、中国长城资产管理公司北京办事处（以下简称长城北京办事处）、中国东方资产管理公司北京办事处（以下简称东方北京办事处）、中国信达资产管理公司北京办事处（以下简称信达北京办事处）辖内四家资产管理公司办事处（以下简称四家办事处）基本完成政策性资产现金回收承包考核任务，累计处置政策性债权359.03亿元，政策性债转股158.08亿元，两项合计517.11亿元，占接收政策性不良资产总额的92.6%。其中，政策性债权回收现金106.47亿元，现金回收率为29.65%；政策性债转股回现11.65亿元。四家办事处积极开拓商业化业务，信达北京办事处、东方北京办事处累计处置商业化收购债权177.13亿元，占收购不良资产本金的36.47%，回收现金45.42亿元。信达北京办事处积极开展商业化收购业务，以0.78亿元资本金收购19.3亿元不良债权。华融、东方、信达三家北京办事处接受委托代理资产263.83亿元。

（二）机构及人员变动情况

1. 高级管理人员变更情况。

（1）华融北京办事处。中国华融资产管理公司资产管理三部原总经理王克悦，于2006年3月6日起任华融北京办事处党委书记、总经理；中国华融资产管理公司宣传群工部原总经理助理刘士宏，于2006年8月16日起任华融北京办事处党委委员、纪委监察委员会书记（副总经理级）；华融北京办事处原高级经理肖艳玲，于2006年5月10日任办事处党委委员、总经理助理。

（2）长城北京办事处。中国长城资产管理公司审计部原总经理谭运财，于2006年1月12日起任长城北京办事处党委副书记，主持长城北京办事处工作。

（3）东方北京办事处。中国东方资产管理公司哈尔滨办事处原总经理石兴华，于2006年3月10日担任东方北京办事处党委书记、总经理；中国东方资产管理公司大连办事处原总经理助理傅琼子，于2006年3月20日任东方北京办事处党委委员、总经理助理。

（4）信达北京办事处。中国信达资产管理公司长沙办事处原副主任林冬元、信达北京办事处原高级经理刘圣和，于2006年9月29日任命为信达北京办事处党委委员，同年12月28日，两人被任命为信达北京办事处副主任。

2. 内设机构变更情况。

（1）华融北京办事处为深入挖掘资产潜力以及适应新业务开发的需要，通过职能合并增加一线处置力量，于2006年3月撤销原市场销售一部、二部、经营发展部、评估定价部和市场拓展部，重新组合设立项目管理一、二、三、四、五部。

（2）长城北京办事处于2006年1月增设市场拓展部，专职新业务开发。

（3）东方北京办事处于2006年1月，将原资产经营部分立为两个部门，资产经营一部负责北京地区政策性债权与该办事处股权的管理与处置；资产经营二部负责内蒙古地区债权工作。将原市场开发部分立为两个部门，市场开发一部负责一部分收购的建行可疑类资产的管理、处置以及新业务开发工作；市场开发二部负责另一部分建行可疑类资产及个人债权的管理与处置。将原评估审查部分设立为评估部和监察审计部。

（4）信达北京办事处于2006年6月，重新对一线业务岗位进行了调整，业务一部、二部、三部各负责一部分股权及债权管理处置工作的同时，业务一部负责实物资产管理；业务二部负责业务拓展；业务三部负责批发业务及业务拓展工作。

（三）业务发展概况

1. 以打包处置为主加快处置进度。华融北京办事处将剩余大部分资产组包广泛招商，与北京市国资委系统内的北京市国通资产管理有限责任公司达成协议，同时签订对该资产包实施代理处置的协议。长城北京办事处将剩余债权、物权和股权资产按市场要求整合成资产包，向国内外各企业及公司推荐。由于2006年9月财政部、银监会联合下发通知，要求“基本没有回收价值的资产，不得低价打包处置”，该办事处重新组包向财政部门审批，目前仍在等待批复。东方北京办事处将北京地区资产组成10个外贸资产包，并成功实现协议转让。该办事处将内蒙古地区债权组成内蒙古资产包，与当地政府进行转让谈判，目前已接近尾声。信达北京办事处与北京市政府所属北京市国通资产管理有限责任公司签署88户债权资产包转让协议，圆满完成政策性债权疑难项目的打包处置工作。

2. 加大诉讼案件的工作力度。华融北京办事处利用北京市高院关于加快执行积案清理的有利时机，及时向法院上报在执行积案344起，标的金额30.8亿元，促进了打包处置工作的开展。长城北京办事处成立专项执行小组，与法院执行人员沟通，成功清收了北京国际信托投资公司担保案和北京供电公司担保案等几个大户项目。

3. 终极处置率不足八成。受部分项目处置协议履约期未到、项目处置时机不成熟以及相关处置政策尚需进一步明确等因素影响，部分处置项目2006年年底前未能实现终结处置。

4. 债转股回收现金情况良好。华融、东方、信达三家北京办事处全年债转股回收现金3.6亿元。部分债转股项目不仅实现了资产保值增值，还通过完善企业法人治理结构，推动企业高管人员持股，建立健全激励机制，促进了企业经营机制转换，极大地激发了债转股企业管理层和职工的积极性，使企业保持了良好的增长势头。

二、监管工作情况

（一）以防范和化解风险为基础，加大现场检查力度

按照中国银监会的统一部署，对工行重庆分行、长城重庆办事处、华融重庆办事处剥离接收工行股改期间不良资产情况进行了异地专项现场检查，对华融北京办事处2004~2005年上半年终极处置项目接收、管理、处置、财务管理及档案管理等方面的整改情况进行了后续检查。累计投入634人次，共检查1 578笔，涉及债权本金31.2亿元，提出了9条整改意见。

（二）提高非现场监管水平，发挥非现场监管的风险预警作用

2006年，完成2005年度四家办事处的监管报告；分别向四家办事处下发了《监管通报》；根据中国银监会的要求，对四家办事处的经营情况进行季度分析，同时对选定的大额处置项目于每季度末进行跟踪检查。另外，对四家办事处现场检查发现问题的整改和相关监管意见落实情况进行了督促和指导，有效地发挥了“窗口指导”作用和监管服务职能。

（三）积极落实查处事项

根据银监会精神，就有关查处事项督促辖内有关国有商业银行分支机构和资产管理公司办事处进行整改，认真总结并上报所做的各项查处工作。专题汇报建议解决“新恒基”项目问题，多次前往银监会汇报“新恒基”项目的进展情况，并提出解决建议。

（四）进一步加强信息调研工作

积极反映资产处置中遇到的新情况、新问题，针对信达北京办事处以一级批发商身份承接中行可疑类贷款，按照有关规定只能批发处置不能单户处置、收购中行资产与其他类待处置资产债务人相同需要共同处置等问题，开展深入细致的调查，在全面掌握情况的基础上，向银监会及时反映问题，并提出政策建议。召集辖内资产管理公司专题研讨会，进一步规范辖内资产管理公司处置行为，加强相互间业务沟通与合作，共同讨论完善资产管理公司运行环境、当前存在

的问题及困难、加强专业化处置队伍建设、总结完善商业化处置工作经验等议题，取得了良好的效果。

（五）狠抓案件专项治理和治理商业贿赂工作

加大案件专项治理工作力度，及时收集该部报表和相关文字材料，进行认真分析总结。组织开展两项治理工作检查，安排专人对四家办事处案件专项治理和治理商业贿赂工作开展现场检查，通过听取各家办事处两项治理工作汇报、查看治理商业贿赂工作的文件、简报、统计报表、会议记录等材料，召开座谈会，走访其上级单位等形式，了解了两项治理的工作成效、自查自纠、案件排查及长效机制建立情况，掌握了两项治理存在的问题与不足，督促其加大两项治理工作的力度，加强内控制度建设，增强全员的遵纪守法意识。

（王　跃）

非银行金融机构发展与监管

▲财务公司

一、经营情况

（一）资产规模不断扩大，业绩显著提升，资产质量进一步提高

截至年末，辖内 19 家财务公司资产合计 1 465.34 亿元，比年初增加 188.15 亿元，增长 14.73%。负债合计 1 314.04 亿元，比年初增加 147.67 亿元，增长 12.66%。不良资产余额 5 亿元，较年初减少 3.5 亿元。累计净利润 16.82 亿元，比年初增加 6.17 元，增长 57.93%。不良资产率为 0.34%，较年初下降 0.33 个百分点，有 10 家财务公司的不良资产为零。

（二）主要业务开展情况良好，经营规模不断扩大

截至年末，辖内 19 家财务公司各项存款余额 1 114.29 亿元，较年初增加 284 亿元，增长 34.2%。各项贷款余额 626.3 亿元，较年初增加 227.05 亿元，增长 56.87%。投资业务余额 275.07 亿元，较年初增加 181.1 亿元，增长 100.82%。

（三）各项监管指标考核情况良好，逐渐步入良性循环轨道

截至年末，在《企业集团财务公司风险监管指标考核暂行办法》所列明的 11 项监管指标中，辖内 19 家财务公司有 5 项指标全部达标，即资本充足率均大于 10%，自有固定资产比例均小于 20%，不良资产率均小于 4%，贷款损失准备充足率及资产损失准备充足率均大于 100%。有 8 家财务公司的 11 项监管指标全部达标。

二、存在的主要问题

（一）部分公司定位不准，投资比例出现超标

部分财务公司定位不准、资金归集率很低、大量投资于高风险业务，甚至将其作为主要的利润来源等。截至年末，有 7 家公司的短期、长期投资超标。

（二）公司治理还需进一步完善

一是董事会在风险管理中的核心作用不突出。二是董事的风险管理意识还需进

一步加强。三是高管个案审核较多。

（三）内控较为薄弱

一是内部审计力量薄弱，存在审计人员少、审计频率低、审计质量不高等问题。二是风险管理部门的作用没有充分发挥。部分公司仍然存在风险管理人员少、风险管理技术手段落后、对风险管理的重视不够等问题。

（四）历史遗留问题清理难度较大

有些财务公司由信托公司改制而来，有些是通过重组揭牌，都有一些历史遗留问题。特别是实业投资、对非金融机构的股权投资，形成的时间长、处理难度大、进展缓慢。

（五）信息管理基础仍需加强

一是管理信息系统和结算系统的科技水平还有待进一步提高；二是人员的素质和结构还须改善，要注重吸引有商业银行从业经历、懂金融、熟悉金融法律法规的人才；三是创新和服务的意识还要加强。

三、监管工作

一是实施企业集团财务公司分类监管现场评级。二是做好财务公司不良贷款“双降”工作。三是对财务公司内控制度、委托贷款和短期证券投资等进行现场检查。四是对财务公司加强风险管控能力进行风险提示。五是研究制定财务公司《监管计划书》。

（张　卫）

▲信托及汽车金融公司

截至年末，北京银监局共监管3家信托投资公司、5家汽车金融公司及15家外资非银行金融机构驻京代表处。

一、基本情况

截至年末，辖内信托及汽车金融公司资产（本外币合计，含信托投资公司信托资产，下同）总计298.82亿元，较年初[①]增加124.16亿元，增长71.09%；负债总计22.41亿元，较年初增加4.89亿元，增长27.92 %；所有者权益（不含信托权益）合计59.17亿元，较年初增加25.12亿元，增长73.77%，信托权益合计217.25亿元。

（一）信托投资公司

截至年末，辖内3家信托投资公司资产合计261亿元，其中自营资产合计43.2亿元，较年初增加9.29亿元，增长27.39 %；自营负债合计9.38亿元，较年初减少3.8亿元，下降28.83%；所有者权益合计33.82亿元，较年初增加13.09亿元，增长63.15%。信托资产合计217.8亿元，较年初增加91.72亿元，增长72.75%。

截至年末，辖内3家信托投资公司存续管理的信托项目共137个，其中集合资金信托项目38个，单独管理资金信托项目92个，财产权管理信托项目7个。全年3家信托投资公司清算结束的信托项目共计66个，合同金额为90.55亿元。

2006年，辖内信托投资公司资产负债变化主要呈现出以下特点：一是信托资产规模继续扩张，增速较2005年有所提高。2006年辖内3家信托投资公司信托资产增幅达72.75%，较上年59.5%的增幅继续上升，其中单独管理资金信托项目增幅最大，占全部实收信托的比重进一步加大。二是自营负债规模继续下降。2006年辖内信托投资公司进一步压缩自营负债

① 年初数值含2家信托投资公司（北京国投及国民信托）及3家汽车金融公司（大众汽车、丰田汽车及戴克汽车），不含2006年迁址入京的国投信托及2006年新成立的东风标致、沃尔沃汽车金融公司，下同。

规模，年末较年初下降28.83%。

（二）汽车金融公司

截至年末，辖内5家汽车金融公司资产合计37.82亿元，比年初增加23.35亿元，增长161.37%；负债合计12.47亿元，比年初增加11.32亿元，增长984.35%；所有者权益合计25.35亿元，比年初增加16.89亿元，增长90.32%。2006年，辖内汽车金融公司的经营发展呈现以下特点：一是业务发展速度较快；二是异地贷款及经销商贷款业务成为推动业务发展的主要动力。

二、存在的主要问题

关于信托投资公司，一是个别公司固有业务资产质量较差，拨备提取严重不足；二是信托业务规模扩张与中后期管理不足之间的矛盾日益突出，存在一定的信托责任风险隐患；三是信托资金投向基础设施及房地产行业集中度较高。

关于汽车金融公司，一是合规性管理仍需加强；二是内审工作有待加强；三是异地业务及经销商贷款业务发展迅速，业务制度执行情况及风险控制能力值得关注。

三、监管工作情况

（一）非现场监管

1. 强化信托业务风险监管，促进辖内信托公司信托业务风险管控水平的提高。一是建立信托业务风险监测台账，对2006年内到期的信托项目进行持续监测，做到及时提示风险和预警；二是注重提高集合资金信托事前报告分析水平，及时修订事前报告制度，规范事前报告分析流程；三是进一步加强对信托业务风险的现场检查，持续跟踪机构对整改要求及风险提示意见的落实情况；四是针对年初风险清查中发现的问题，要求各机构修改完善信托项目中后期管理风险管控制度。截至12月末，辖内3家信托投资公司到期集合资金信托项目全部顺利兑付，受托人未承担信托责任风险，同时3家公司已全部建立了信托项目中后期管理制度，并加强了中后期管理风险管控力度。

2. 采取切实措施，督促辖内汽车金融公司完善各项风险管控制度。一是通过统一规范辖内汽车金融公司的资产分类标准，加大对各机构关注类贷款的监测力度，将风险防范关口前移。二是针对部分汽车金融公司风险管理人员、内审人员缺位的情况，及时下发监管意见，督促机构整改落实，并完善相关内控机制。三是结合各机构业务开展情况，通过指定机构内审人员开展特定审计项目，加大对各机构异地业务、批发业务制度建设、执行情况的监测评价，督促机构不断完善相关业务流程及风险控制措施。

（二）现场检查

2006年，北京银监局充分利用现场检查专职化优势，有效提高现场检查的针对性和有效性。一是根据非银部的统一部署，4月中旬至5月中旬派出2个现场检查组、1个异地现场检查组对辖内3家信托投资公司进行了风险清查，清查覆盖面达到100%。

二是根据银监会要求，对辖内3家信托投资公司房地产、土地储备及委托贷款进行专项现场检查。

三是完成对丰田汽车金融公司的一次全面现场检查和一次监管比例超标整改情况专项现场检查，完成对大众汽车金融公司全面现场检查整改要求落实情况的后续专项现场检查。

四是对辖内3家信托投资公司进行信托项目中后期管理专项现场检查。

（三）市场准入

一是在总结经验的基础上，通过定期召开筹建工作通报会等加强对汽车金融公司筹建期的监管沟通与指导，顺利完成对东风标致雪铁龙、沃尔沃两家汽车金融公司的筹建、开业审核、验收工作。截至年末，两家公司已正式对外营业。

二是从严审核迁址入京的信托投资公司。为有效防范风险，对国投信托投资公司迁址入京的申请进行了严格审查，并针对审查中发现的问题多次与非银部和辽宁银监局进行沟通，在保证有效排除风险隐患的前提下，完成了对该公司迁址的审核工作。

三是通过对国投信托增资申请的审核，引导公司以发展信托业务为重点，支持公司开展信托业务创新。

（四）高风险机构风险处置

一是多次与北京市政府、市国资委进行沟通，及时收回了京华信托、恒通信托两家公司的金融许可证。

二是积极与北京市国资委、华融资产管理公司北京办事处协调沟通，配合金新信托清算组妥善完成在京后续处理事宜。

（李　昌）

邮政储蓄机构发展与监管

一、基本情况

（一）机构人员情况

截至年末，北京市共有邮政储蓄机构 497 个，其中：城区 468 个，县城 19 个，县城以下 10 个。邮政储蓄从业人员 3 803 人，其中管理人员 462 人。

（二）网点审批情况

2006 年，北京邮政储汇局完成开业审批网点 26 个，正式对外营业网点 27 个；4 个网点申请迁址，其中 1 个储蓄网点完成迁址筹建、开业申请审批，并已正式对外营业；3 个储蓄网点办理完毕迁址筹建审批手续。

（三）重大事项

1. 开办了一系列新中间业务。2006 年，北京邮政储汇局开办了一系列新中间业务，具体包括：推出“绿卡畅行通”；开办代收个人车船使用税业务；开办代收烟草款业务；开办代发粮食直补款、代发农村护林款、代收农电费业务；开办外卡收单业务；开办代理基金业务。

2. 资产业务实现零的突破。有 48 个网点正式开办邮政储蓄小额质押贷款业务，改变了邮政储蓄“只存不贷”的业务模式，资产业务实现零的突破。2006 年与光大银行、民生银行推广协议存款 28 亿元。

（四）各项业务分析

截至年末，邮政储蓄储户数为 1 039.5 万户，储蓄存款余额 451.04 亿元，比上年末增长 18.6%。从储蓄存款结构看，活期存款占同期储蓄存款余额的 44.58%，定期存款占 55.42%。中间业务交易总量为 3 726 万笔，交易金额为 236.78 亿元。汇兑业务共开发汇款 757.56 万笔，汇款金额 86.69 亿元；兑付汇款 746.08 万笔，兑付金额 74.97 亿元。邮政“绿卡”累计发卡量达 303.76

万张，“绿卡”存款余额达84.88亿元，比上年同期增长16.85%。

2006年，北京邮政储汇局实现业务收入16.37亿元，比上年末增长13.30%。其中，邮政储蓄利息收入14.84亿元，增长13.38%；汇兑业务收入0.71亿元，下降3.47%；中间业务收入0.11亿元，增长70.93%；其他各项收入0.72亿元，增长26.32%。

二、监管工作

（一）开展专项现场检查，加大现场检查力度

1. 开展现金业务管理及内部控制状况专项现场检查。2006年5月，按照银监会统一部署，对储汇局及所属15个区县局的40个网点的现金业务管理及内部控制状况进行了专项现场检查。全面了解和掌握了现金业务管理及内部控制状况和存在问题，摸清内控机制存在的问题和风险点，提出整改意见和措施，督促储汇局进一步规范业务操作流程并完善相关内控，使其朝着现代商业银行的方向规范发展。

2. 两次网点临柜业务服务质量评价。根据北京银监局的统一部署，2006年5月、11月两次对储汇局35个网点临柜业务服务质量进行了现场评价。对邮政储蓄机构服务环境、服务质量、服务效率、服务管理四个方面进行评价，有针对性地提出监管意见、政策建议。

3. 对2005年中间业务进行后续现场检查。2006年11月，对北京邮政储汇局及西区邮电局邮政储汇分局、昌平区邮政局邮政储汇科和北京邮政保险代理局2005年中间业务现场检查中发现的会计核算体系、内部控制和风险管理、垫付资金等问题的整改情况进行了后续检查。对未进行整改及整改不彻底的问题分析原因，进一步提出监管意见。

（二）全面开展核查工作，摸清家底夯实基础

2006年9～12月对储汇局所属8个区（县）局共246个（50%）网点进行了现场核查。检查围绕网点建设、业务状况、内部管理及人员素质四方面展开，使储汇局进一步夯实了基础，掌握了问题，健全了档案，规范了安防，为未来邮政储蓄银行成立奠定了坚实的基础。

（三）采取多种措施，积极推动开办小额质押贷款业务

及时下发监管意见，指导规范试点工作并提示风险；多次深入基层网点，有针对性地指导试点工作。同时，积极沟通协调，主动邀请相关人员为北京邮储进行专题讲座，协助其打牢人员基础。同时按日监测小额质押贷款发放情况，针对存在问题提出建议，督促其做好试点中的各项工作。

（四）撰写监管报告，下发监管通报

2006年年初，北京银监局在全面分析北京邮政储汇局2005年经营情况、存在问题的基础上，总结了以往对邮政储蓄的监管经验，结合监管过程中发现的问题，对北京邮政储汇局下发了监管指引。明确提出在邮政储蓄业务发展较快的情况下，存在内部管理和风险控制手段比较滞后、科技投入少、技术装备水平低以及缺乏专业化人员等问题，同时指出其面临的支付、账户管理以及内控管理等风险，并针对问题和风险逐一提出了监管意见，有效地督促其依法合规经营。

（五）采取多种方式，狠抓案件专项治理和治理商业贿赂

下发《关于进一步加强邮政储蓄案

件专项治理工作的通知》，并在监管通报中和多次深入基层调研过程中，督促其加大案件专项治理力度，防范风险隐患，加强内控。在北京银监局的督促下，北京邮政储汇局继续深入开展“专项整治”活动，在储汇专业开展内控管理年活动，加强对储汇资金安全管理的内部稽核，加大防范操作风险的力度，进一步加强邮政储蓄网点管理，加强对内部人员的管理和教育；组织开展对储汇局案件专项治理工作和治理商业贿赂情况专项检查。

（六）针对邮储改革，深入实地调研

2006 年，北京银监局多次深入到储汇局及所属区局进行调研，针对分账核算工作进展情况、小额存单质押贷款情况、外币储蓄开展情况、红字挂账情况等听取汇报、查找问题、深入部署，并积极探索适合北京特色的邮政储蓄机构改革方案，为领导决策提供依据。

（汪　轶）

证券业发展与监管

▲证券机构

一、基本情况和重大变更事项

（一）基本情况

截至年末，北京辖区共有证券公司 16 家（其中 4 家已被行政清理，即华夏证券有限责任公司、天勤证券经纪有限责任公司、中关村证券有限责任公司、中国科技证券有限责任公司），约占全国的 11%。目前正常经营的证券公司为 12 家（瑞银证券未报送 12 月报表，以下数据均未包括瑞银证券），资产总值约 924.19 亿元，同比降低 4.51%；股票交易总额为 6 169.49 亿元，同比增长 38.60%。辖区共有证券营业部 172 家，证券服务部 14 家，约占全国的 6%。股票交易量为 13 181.57 亿元，比上年同期增长 218.17%；开户数近 180 万户。目前，北京证券从业人员约 7 000 人（包括证券公司、营业部、基金管理公司从业人员）。

（二）重大变更事项

1. 机构重大变动情况。2006 年 1 月，河北证券有限责任公司被广发证券股份有限公司行政托管，北京辖区涉及一家营业部，即河北证券北京首体南路证券营业部。

2006 年 2 月，新疆证券有限责任公司被宏源证券股份有限公司行政托管，北京辖区涉及一家营业部，即新疆证券裕民东路证券营业部。

2006 年 2 月，北京辖区的中国科技证券有限责任公司、中关村证券有限责任公司被中国证券投资者保护基金行政托管。

2006 年 3 月，健桥证券有限责任公司被西部证券有限责任公司行政托管，北京辖区涉及一家营业部，即健桥证券学院南路证券营业部。

2006 年 3 月，天同证券有限责任公司被齐鲁证券有限责任公司行政托管，北京辖区涉及一家营业部，即天同证券有限责任公司朝外大街证券营业部。

2006 年 6 月，第一证券有限责任公司业务许可证被撤销，其相关经纪业务通过市场化手段转让给广发证券股份有限公司，北京辖区涉及一家营业部，即第一证券中关村东路证券营业部。

2006 年 7 月，中富证券有限责任公司被上海证券有限责任公司行政托管，北京辖区涉及一家营业部，即中富证券有限责任公司东四十条证券营业部。

2006 年 7 月，天一证券有限责任公司被光大证券股份有限公司行政托管，北京辖区涉及一家营业部，即天一证券有限责任公司东四北大街证券营业部。

2006 年 8 月，招商证券有限责任公司以关闭新设方式承接北京证券有限责任公司的 21 家证券营业部和 1 家服务部。2006 年 9 月 1 日，北京辖区 8 家北京证券有限责任公司的证券营业部翻牌为招商证券有限责任公司所属营业部。

2006 年 10 月，巨田证券有限责任公司被招商证券有限责任公司行政托管，北京辖区涉及两家营业部，即巨田证券北京北太平庄证券营业部和巨田证券北京东三环北路证券营业部。

2006 年 11 月，中国民族证券完成增资扩股，增资扩股后，民族证券资本金达到 13.94 亿元人民币。

2006 年 11 月，中期证券经纪有限责任公司业务许可证被撤销，其相关经纪业务通过市场化手段转让给信泰证券有限责任公司，并翻牌为信泰证券有限责任公司，北京辖区涉及一家营业部，即翻牌为信泰证券有限责任公司苏州街证券营业部。

2006 年 12 月，瑞银证券有限责任公司正式注册登记成立。

2006 年 12 月，中国银河证券股份公司被批准开业，承接原银河证券有限责任公司证券类资产和相关业务人员。

2. 主要人事变更情况。马金声出任新时代证券有限责任公司董事长。

李一出任瑞银证券有限责任公司董事长，刘宏出任瑞银证券有限责任公司总经理。

李鸣出任银河证券股份公司法定代表人，肖时庆出任银河证券股份公司总裁。

二、存在的问题和风险

（一）天量交易对交易系统形成挑战

进入 2006 年以来，证券市场转暖，行情日益火暴，证券交易量屡创新高，这对各个证券公司的交易系统是一个比较大的挑战；特别是随着各证券公司交易大集中的建立，各公司集中交易系统所面临的压力日益增大，如何应对天量交易对交易系统的挑战，确保证券交易的平稳运行，是各证券公司面临的新课题。

（二）投资者风险防范意识薄弱，投资者教育工作力度不足

随着证券市场转暖，证券投资获利效益凸显，致使许多投资者忽略了证券市场的风险，盲目入市，追涨杀跌，不能正确对待市场波动带来的损失，这将是证券市场发展的潜在风险。同时，由于证券机构经营压力和开发市场的动力较大，容易忽视对投资者的风险教育，监管部门或协会尚无专门的机构负责投资者教育工作，因而，长期有效的投资者教育工作仍显不足。

（三）风险收口工作面临的维稳压力较大

随着综合治理工作接近尾声，被处置证券公司的行政清理工作即将结束，被关闭的证券公司将移交司法破产，因此，债权人尤其是敏感机构债权人的维稳压力较大。

（四）经纪人代理风险影响证券经纪行业的健康发展

随着证券市场越来越火暴，证券经纪人队伍也日益壮大，而对证券经纪人的管理目前尚无明确办法，这在一定程度上导致了证券经纪人管理的盲点，也是证券行业产生投诉纠纷的焦点。

三、监管工作情况

（一）积极推进证券公司综合治理工作，按期完成综合治理阶段性任务

2006年，中国证券监督管理委员会北京监管局（以下简称北京证监局）按照中国证监会关于证券公司综合治理的各项要求和工作安排，在完成对辖区证券公司摸底核查的基础上，稳步推进证券公司综合治理的各项工作，加大了对辖区高风险的证券公司督促整改和风险处置的工作力度。经过此次综合治理，北京辖区高风险证券公司的问题和风险得以解决，按期完成了综合治理阶段性任务，为证券公司进入常规监管，打下了良好的基础。同时，北京证监局大力支持和推进已达标公司规范发展，目前，辖区已有一家创新类券商、两家规范类券商。

（二）加强证券公司年报审计监管，切实掌握证券公司经营信息

北京证监局以证券公司年报审计工作为契机，将监管与审计有机结合，制定了加强审计监管的一系列措施，对年报审计工作实行事前指导、事中督导和事后审核评价几个环节；各监管人员有重点地实施现场跟进，共现场跟进了11家经营机构，涉及31个网点，共有10余人花费61天投入该项工作，此办法既促进了中介机构严格开展审计工作，又对证券公司的配合情况、经营财务情况有了较全面的了解。在此措施下，中介机构按要求加强了对底层数据的核对、增加了对分支机构抽查的覆盖面，对所出具的报告和意见类型更加慎重，较为全面和真实地披露了证券公司的经营财务信息。

（三）加强对辖区证券营业部的日常监管，主动实施现场检查

为了加强对辖区内证券营业部的监管，北京证监局在年初召开了辖区营业部监管工作会议，明确了对营业部规范经营的各项要求，部署辖区各营业部针对业务环节进行自查。在其自查基础上，制定了检查流程和工作底稿，统一了检查标准，并于2006年下半年开始有计划、有选择地对部分营业部进行现场检查。截至年末，已完成对32家营业部的现场检查工作，下发整改通知书12份，监管意见函9份，反馈意见函9份，并约见21家营业部负责人进行谈话提醒，督促其限期整改。

（四）推动辖区证券公司规范发展，支持开展创新业务

为认真落实《证券法》，北京证监局于9月份召开了辖区证券公司综合治理座谈会，部署了完成综合治理各项工作的任务，同时明确提出落实第三方存管工作具体要求，并两次组织辖区证券公司进行了开展第三方存管工作的培训，为公司开展第三方存管工作提供指导、答疑释惑。北京证监局还积极引导符合条件的证券公司向规范类、创新类券商迈进，并支持创新类公司积极开展创新业务，对业务创新活动实施有效监管。

（五）认真完成行政许可事项，妥善处理信访、投诉，加大力度清理非法网点

2006年，北京证监局共办理证券公司、营业部迁址，高管任职等行政许可事项80余件；处理以电话、信件、来访、

转办等方式正式接到的投诉近100起，绝大多数投诉人均表示满意；在难度和阻力较大的情况下，清理了10个非法营业网点，将这些非法网点彻底清理关闭。

（六）加强基础制度建设，创新监管手段，提高监管工作效率

为了提高监管效率，北京证监局对众多监管对象的信息进行汇总分析，并委托技术公司将原来多个分散的系统进行整合，加入分析、自动预警等功能，创新了监管手段，使监管人员从大量信息中快速得到非现场监管所需的数据，并尽快发现问题，解决问题。

（高　慧）

▲证券投资咨询机构

一、基本情况和重大变更情况

（一）基本情况

截至年末，北京地区共有证券投资咨询机构20家，约占全国的1/5，异地分支机构4家，异地公司在京分公司1家。咨询机构中，有6家咨询机构从事会员制业务或与会员制业务相关，其余14家咨询机构从事财务顾问业务或以财务顾问业务为主。

（二）重大变更情况

2006年，北京亚泰奇达证券投资咨询有限公司的证券投资咨询业务资格被取消。

二、存在的问题和风险

（一）盈利模式亟待转型

北京证券投资咨询机构业务种类主要为财务顾问、管理顾问、财经公关、投资者关系管理顾问、研究报告、基金销售、证券投资分析系统等，但没有统一适用的盈利模式。《会员制证券投资咨询业务管理暂行规定》出台后，以会员制业务为主要收入来源的部分咨询机构已停止开展会员制业务，但其后续生存值得探讨。

（二）会员制证券投资咨询业务风险

部分证券投资咨询机构利用广播电视类媒体从事证券节目，由素质不高的业务员招揽会员，以提供证券投资咨询服务为名收取会员费，从事会员制证券投资咨询业务，引发诸多信访投诉，造成较多负面影响，存在一定社会风险。

（三）非法证券投资咨询业务值得关注

2006年，随着证券市场行情转暖，非法证券投资咨询活动有所抬头，破坏了部分证券投资咨询机构的正常经营秩序，影响了证券投资咨询行业正常健康发展，值得警惕。

三、监管工作情况

2006年，北京证监局综合运用现场检查、非现场检查、年度检查、谈话提醒、出具监管意见函、调查研究等多种方式，对证券投资咨询机构进行持续监管。

（一）认真落实《会员制证券投资咨询业务管理暂行办法》

经督促，北京地区会员制证券投资咨询机构建立了收费专用银行账户、录音制度，规范了咨询合同，并已开立风险准备金账户，建立了投诉处理机制。在持续监管中，也发现个别咨询机构未通过收费专用银行账户收费、风险准备金提取比例不足和采取选择录音等措施规避管理规定，已及时通过谈话提醒或下发监管意见函等多种方式要求其整改。经规范，北京辖区已有5家咨询机构主动停止开展会员制业务，1家证券投资机构和1家分公司已被责令暂停开展会员制业务。目前，北京地区证券投资咨询机构已基本停止开展会员制业务。

（二）积极协调广电类媒体，落实《关于规范证券投资咨询机构和广播电视证券节目的通知》

北京证监局积极与北京地区3家主要媒体单位联系，与节目总监、监制和主持人等人员就开展证券节目进行充分的沟通与交流。经努力，有关媒体已同意停止播放无证券投资咨询资格机构和无执业证券投资咨询资格人员的证券节目，并按照规定进一步规范了执业机构的证券节目。

（三）严厉打击非法证券投资咨询活动

为进一步维护证券投资咨询行业发展秩序，认真保护广大投资者权益，北京证监局及时下发《关于加强管理预防非法证券投资咨询活动的紧急通知》，提醒辖区咨询机构加强管理预防非法证券投资咨询活动。经协调，北京地区1家无证券投资咨询资格机构最终停止播放异地电视台的证券软件节目；另有2家无证券投资咨询业务资格的机构清理规范了非法证券投资咨询业务。

（四）切实做好咨询机构2005年度的年检工作

从2006年8月中旬至9月上旬，北京证监局完成了辖区21家咨询机构和1家分支机构的2005年度年检工作。2005年度检查结合日常监管，逐家审阅年检资料，认真实施现场检查，对检查疑点和难点通过商请有关单位协查、调查证券营业部等相关单位、与会计师事务所谈话了解情况、工商查询等多种方式深入调查。通过年检，北京证监局摸清了辖区内咨询机构经营状况。根据年检情况，做出了3家咨询机构年检不予通过的初审建议和4家咨询机构、1家分支机构年检予以整改的初审建议。对于年检建议不予通过的咨询机构，北京证监局采取了要求相关银行协助监控风险准备金银行账户、建议电视台停止播放证券节目等措施做好风险处置预案。

（五）推动咨询机构开展治理商业贿赂专项工作

根据部署和安排，北京证监局及时督促辖区咨询机构积极开展治理商业贿赂工作。根据北京证监局治理商业贿赂领导小组的部署，由副局长挂帅，对1家证券投资咨询机构治理商业贿赂工作进行现场督察，要求证券投资咨询机构深化开展治理商业贿赂工作，建立治理商业贿赂工作长效机制，严厉打击商业贿赂行为和不正当交易行为等扰乱市场秩序行为，净化市场环境，实现公平竞争，维护投资者合法权益。

（六）跟踪落实2005年度检查事宜

根据中国证监会安排，北京证监局出具了3家咨询机构2005年度年检工作的专项报告。根据中国证监会咨询机构2005年度年检意见，北京证监局对辖区4家咨询机构下发了限期整改意见书，对6家咨询机构通过出具监管意见函和谈话提醒等方式警示其合法合规经营。

（七）稳妥化解咨询机构会员制业务风险

根据中国证监会2005年度年检意见和有关精神，北京证监局对2005年度年检不予通过的重点咨询机构制定了风险处置预案，对相关负责人申请限制出境措施，提请相关银行配合控制咨询机构风险准备金专用银行账户，并及时将相关情况报告有关部门。目前，该机构的会员制业务已基本化解。

（蔡云红、马　琳、王兴梅）

▲基金业

一、基本情况

截至年末，北京辖区共有11家基金管理公司（其中银行系统公司2家，邮政系统公司1家，合资公司4家，早期十家公司中的3家，其他1家），员工人数约为1 000人。

辖区基金公司管理资产规模为2 239.35亿份，管理公募基金63只，其中2006年新发基金20只，首发规模达1 487.96亿份。从基金产品上看，产品线齐全，产品结构不断优化，具备了股票型、债券型、指数型、混合型、货币市场型等主要的基金品种，并相继推出了保本基金、伞形基金、ETF以及LOF①等在投资目标、投资策略、投资对象以及交易方式等方面具有一定特色的基金产品。

二、主要监管工作

（一）召开基金监管工作会议，促进公司规范发展

2006年1月召开辖区基金监管工作会议，对2005年度的监管工作进行了简要回顾，肯定了日常监管工作中一些监管的新思路、新方法，对基金公司现场检查中发现的一些问题和风险隐患进行了提示，要求公司对照问题，加强自查。2006年8月初再次召开辖区基金监管工作会议，张新文局长作了题为《认真落实新法规，推动北京辖区基金业健康持续发展》的主题讲话，传达北京证监局基金监管思路并部署下半年基金监管工作安排，要求公司深刻领会《证券投资基金管理公司治理准则》及《证券投资基金管理公司督察长管理规定》的主要内容和基本精神，认真贯彻落实新法规。

（二）建立督察长联席会议制度，推动行业自律发展

2006年3月北京地区基金管理公司督察长联席会议成立。通过研讨北京地区基金管理公司在监察稽核、合规控制等业务领域一些普遍的问题，加强了北京地区基金管理公司督察长的行业自律，促进了监察稽核工作水平的提高，实现与监管部门的良性互动，为推动北京地区基金业的健康稳定发展发挥了积极的作用。

（三）督促公司开展治理商业贿赂专项工作，规范基金公司经营行为

根据中国证监会基金部的统一部署，在局领导的亲自带领下北京证监局对辖区11家基金管理公司治理商业贿赂情况进行了现场检查，加大了辖区基金公司开展治理商业贿赂工作的督促力度，进一步提高了基金公司的思想认识水平，在对基金管理公司容易出现商业贿赂的薄弱环节有一定把握的基础上，及时指出基金公司存在的不规范之处，确保基金公司治理商业贿赂工作扎实推进，规范基金公司的经营行为。

（四）分析公司年度财务报告，掌握财务状况和经营情况

为检阅基金管理公司的财务状况和经营成果，更好地了解辖区基金管理公司管理基金情况，北京证监局对辖区基金管理公司2005年度财务报告和内控评价报告及其所管理的基金情况进行了汇总分析，通过全面细致的分析，使监管人员更全面地掌握辖区基金管理公司经营情况和内部

① ETF：Exchange Traded Fund　交易所交易基金。

LOF：Listed Open-Ended Fund　上市开放式基金。

控制情况，为日常监管提供较为充分翔实的监管信息。

（五）建立日常监管体系，探索一线监管新思路

北京证监局为每家公司建立了电子档案；严格依照法律法规对基金季报、半年报、年报及管理公司监察稽核季报进行审查；对公司备案的临时公告，不仅进行书面审阅，而且采用电话询问等其他监管方法及时跟踪，实现主动监管；将到工商行政管理局调阅发起人工商备案材料纳入核实基金公司发起人情况检查必备内容，并制定了现场检查工作底稿，使检查程序化、制度化；加强与托管行的沟通，严把招募说明书更新的审核，初步确定了招募说明书的审核工作程序；充分发挥基金公司内部监察稽核部门职能，通过审阅监察稽核部门工作底稿，控制公司风险；建立分支机构负责人任前谈话考察制度；建立副总经理免职谈话制度。通过以上工作，初步形成基金日常监管工作规程。

（六）基金公司日常监管事项

经统计，招募说明书更新审核55次；基金经理审核42次；高管离任7次；董事审核7次；分支机构设立行政许可10次；章程修改行政许可1次；临时公告85次；44只基金信息披露季报审核；审核监察稽核季报44次。

（七）现场检查与反馈回访

对基金公司治理和内部控制的现场检查3家，2005年检查反馈回访3家。通过现场检查，督促公司按照法规要求健全各项制度，完善业务流程；同时更重要的是督促公司要严格执行制度，树立风控意识，提高内控水平，树立守法、合规运作的企业文化。

三、存在问题

（一）基金资产管理人才匮乏，亟待解决对人员的储备和培养

长期以来，国内基金业面临的人才问题没有得到很好的解决，也没有一个健全的人才培养体系。随着基金公司数量增多、业务扩大，基金资产管理人才匮乏的状况日渐严重。在经历了最初的“挖人”策略后，基金公司正努力探索如何储备和培养自己的人员。新事物的产生必然会带来新问题，如何确保新事物健康发展成为重要课题，有的公司尝试突破“研究员—基金经理助理—基金经理”这样似乎是正途的固有模式，认为投资靠研究取胜，给研究员提供发展空间，从而保证研究队伍的稳定的做法应该是值得肯定的，但这种方式下公司如何加强授权管理、如何对基金进行业绩评价、如何进行必要的信息披露等问题值得我们思索。

（二）大规模基金层出不穷，投资管理模式创新带来诸多问题

2006年是中国基金业飞速发展的一年，新基金发行异常火暴，大规模基金层出不穷，统计显示，自3月份以来，基金首发规模不断攀高。3月份股票基金首发规模最大为89.77亿份，5月份为184.18亿份，12月份为419.17亿份；首发规模超百亿的基金有6只。对于超百亿基金的管理，对于基金经理的考验更多来自“精力”而不是能力，管理一只规模在几个亿或者十几亿的基金，基金经理往往可以独立判断，但对于超大规模的基金，大多数基金公司都需要成立专门的投资团队，以整个公司的资源协助基金经理的投资。

对大规模基金管理目前主要采用两种方式：一是实行基金经理领导下的基金经

理小组负责制，基金经理研讨后集中决策，主要适用于团队内成员投资理念相同，在观点不同时能通过商讨达到共识；二是实行多基金经理制，将基金资产按一定比例划分成不同资产组合，团队成员每人独立管理一部分资产，主要是为了引入基金经理竞争机制。如何在基金经理领导下的基金经理小组负责制中既实现充分的交流沟通，优势互补，又防止互相推诿而导致效率低下；如何在多基金经理制下实现“1 +1 >2”的效果成为亟待解决的问题。同时，伴随投资团队制产生需要在基金经理的考核评价与激励机制、交易执行与后台运作、风险管理等方面都有所创新。

（三）监事会与督察长和独立董事职能划分不清，监事和独立董事作用发挥有限

证券监管人员发现有的公司监事会与督察长和独立董事职能划分不清，弱化了监事会和独立董事的职能。检查公司财务、监督董事和高管人员执行公司职务的行为是监事会的法定职能（《公司法》第五十四条）；监督检查基金和公司运作的合法合规情况及公司内部风险控制情况是对督察长的监管要求（《证券投资基金管理公司督察长管理规定》第二条）；独立董事是站在董事会角度，从保障中小股东利益角度出发，对公司行为是否符合中小股东利益进行监督。

由于监事会职责根据抽象性原则进行安排、监事会人员素质较弱、一般无执行机构和执行人员，因此现实中监事会很难发挥作用，往往形同虚设。

尽管各公司独立董事大部分是法律、会计、经济等方面的专家，但是对于基金行业熟悉的并不多，难以期望其发挥很大作用，实际情况也是如此，很有必要对独立董事进行专门培训，以保障其具备发挥作用所必需的素质。

（四）研究报告质量评价缺乏统一标准，制定评价体系难度较大

越来越多的公司认识到高质量的研究是对投资行为最有力的支持，大到宏观经济分析、小到个股选择都需要研究提供决策支持，研究工作往往在设定假设的前提下，基于以往事实发生，推断事物发展状态，对研究报告的客观评价，一方面可以检验研究假设与实际是否相符，另一方面也可以验证所选取的研究方法是否恰当。目前对研究报告的质量评价尚无统一的参考标准和要求，公司普遍无健全的研究报告质量评价体系，在对外部研究报告进行评价时主要依靠主观经验判断；对内部研究报告评价时有的是在评定研究员考核依据时要求研究报告达到一定标准，有的是对研究员提供的建议进行模拟组合，以考核研究员推荐股票业绩预测的准确性。由于对研究报告的评价没有统一的标准，公司对研究报告评价认识不同，很难建立健全的研究报告质量评价体系。

（五）交易室的独立性程度影响交易对投资的审核功能发挥

基金交易独立于基金投资业务可以保证交易对投资审核功能最大化发挥作用，目前交易室的设置有以下几种方式：一是在投资管理部下设交易室，交易室负责人向投资管理部总监报告，该种设置方式下交易室的独立性最差；二是设置专门的交易部门，配备交易部总监，与投资管理部地位相同，由同一个副总经理负责；三是设置专门的交易部门，配备交易部总监，与投资管理部地位相同，由两个副总经理负责，该种设置方式下交易室的独立性最强。各公司由于规模不同、成本限制等因

素，交易部门设置方式不同，如何在交易部门不同设置方式下尽量减少由于交易室独立性不同带来的其对投资审核功能的负面影响值得探讨。

（六）加强保密管理，防范信息泄露

根据《关于加强证券投资基金监管有关问题的通知》（证监基字［1998］29号）规定，“与基金投资业务有关人员的移动电话在工作时间应集中管理”，规定出台的目的在于限制相关人员将与基金有关的内幕信息泄露出去，但是并未规定与基金投资业务有关的人员包括哪些人员、基金会计、风险管理和监察稽核人员等能了解基金投资情况的人员是否包括在内、工作时间是否特指交易时间等具体事项。实践中各公司做法不同，大部分公司在交易时间将投资部门和交易部门人员的手机上收，有的公司通过采取屏蔽交易室手机信号的方法防止手机通信。检查中还注意到，目前涉及投资的员工均有两台以上的办公电脑，一台用做内网的投资交易，一台用做上互联网，许多员工经常通过 MSN 等网络聊天工具对外进行交流，此种方式实质上也违背了对手机进行集中管理的初衷。对于这些新情况、新问题，是否应该限制、应如何控制、采用什么标准，是我们需要考虑的问题。

（七）信息技术系统管理无据可依，公司间执行情况差异很大

除《证券投资基金管理公司内部控制指导意见》第三十一条至第三十七条对信息技术系统控制的内部控制需要达到的标准外，基金行业信息技术管理方面尚无可参照的标准，各公司主要依据《中国证券经营机构营业部信息系统技术管理规范（试行）》制定公司的信息技术管理制度，由于没有具体规范要求，在权限管理、数据管理、网络安全等方面各公司执行情况差异很大，北京证监局在检查中也因缺乏依据无法对公司信息技术管理方面存在的问题进行强制性规范，急需出台基金行业信息技术管理方面规范。

（八）规范基金公司销售行为，加大对代销机构的检查力度

检查中发现基金销售环节存在诸多问题，一是变相减免基金销售手续费或销售服务费，主要是对直销客户中的机构客户，采用的方式很多：有的公司对直销客户中的机构客户基金交易手续费直接打折，有的是先收后返，有的将从货币市场基金中提取的销售服务费折成基金份额的形式返还给直销客户；二是支付流程不规范，不符合“收支两条线”直接“坐收坐支”，基金公司支付给代销机构的手续费分成往往直接从 TA 账户划付，仅将手续费净额划给公司财务；三是延时交易控制不力，通过直销进行的基金交易大多能严格控制不发生延时交易，但也有个别公司问题较严重，通过代销进行的基金交易涉及代销机构，基金公司很难控制；四是对代销机构的检查名存实亡，《证券投资基金销售管理办法》第四十条规定“基金管理人对代销机构从事基金销售活动负有监督检查义务”，但是由于代销机构强势地位，基金公司对代销机构销售基金行为进行检查困难重重，大部分基金公司尚未对代销机构的销售行为进行过检查。

基金销售业务是广大投资者接触基金公司的媒介，销售业务规范与否直接影响基金公司的形象和声誉，对基金销售行为的监督涉及的范围较广，一方面要加大对基金公司自身销售行为的监督，另一方面

可以探索通过行业自律的方式促使代销机构规范销售。

（九）内部员工购买公司基金宜疏不宜堵

至今尚无明确规定允许基金公司内部员工买公司基金，检查发现很多公司都存在购买本公司基金的现象，有的在监察稽核报告项目表中进行了披露，大部分公司没有进行披露。内部员工购买公司基金方式很多，值得关注的主要是通过公司直销购买，因为这种方式下可能存在对不同投资者不同待遇的问题，另外，内部员工可能由于所处优势，掌握尚未公开披露的信息而获取不正当收益。现实中很难杜绝内部员工购买公司基金，即使明令禁止员工和其直系亲属购买基金，员工也可以以他人名义购买来规避，采用堵的方式不仅不会解决问题，反而会使监管部门因为难以掌握实际情况而处于劣势，相比之下，允许内部员工购买公司基金，让其自行披露，对其持有基金的期限进行限制，采取抽查的方式检查其行为是否规范，对不规范的行为进行处罚，这种方式更便于监管。

（十）监察稽核部门职能发挥有限

公司监察稽核部门人员配备普遍严重不足，大部分公司配备两名专职人员，有的公司甚至只有1名专职人员，而且在负责监察稽核工作的同时承担许多其他工作，诸如风险控制、信息披露，有的还要负责董事会的日常工作。季度监察稽核报告项目表一般由各部门负责填列，监察稽核部门负责汇总，由于人员和精力有限，难以对部门填列的内容进行复核，季度监察稽核项目表填列内容与实际往往有出入。从公司开展的内部控制执行情况的检查来看，很多公司尚未对内部控制制度的执行情况进行检查，有的公司即使进行了检查，但是由于缺少其他部门配合，整改力度有限，并不能保证发现的问题能一一落实。

总的来看，监察稽核工作作用的发挥在很大程度上取决于公司对监察稽核工作的重视程度，高度重视的公司配备的人员多、专业素质较高，部门工作主要是监察稽核，开展工作能得到其他部门的认同和配合；而不重视的公司配备的人员少，同时兼任很多其他工作，开展的监察稽核工作即使反映了问题也很难得到落实。因此在考核监察稽核工作时要充分考虑到公司对监察稽核工作的重视程度，花大力气促使公司认识到监察稽核工作的重要性，改善监察稽核部门工作环境。

（十一）正确引导舆论，做好投资者教育工作，规范行业发展

媒体无孔不入，舆论对投资者的导向作用不可忽视，媒体客观的评价可以使投资者享有充分的知情权，保障投资者选择权的实现；相反的评价会渲染事实，使投资者不能客观地评判事实，造成错误的选择。要达到正确引导舆论的目的需要把握两点：一是规范基金公司员工的言论；二是要引导媒体对事实的客观描述。只有从根本上遏制基金公司员工有目的的评论才能断绝媒体炒作的素材；只有媒体对事实客观描述，并出现各种不同意见的评论才能帮助投资者做出正确的选择。

（蔡云红、马　琳、王兴梅）

▲期货业

一、基本情况

（一）资产负债情况

2006年度北京地区期货公司总资产

49.31亿元，总负债37.77亿元，分别比上年增长33.89%和36.65%（2005年度总资产为36.83亿元，总负债为27.64亿元）。

（二）机构发展情况

截至年底，北京地区共有20家期货公司，33家期货营业部，比上年增加4家期货营业部。

（三）业务发展情况和业务发展变化分析

2006年，北京期货市场稳步扩大，期货公司经营状况明显改善。辖区期货公司代理交易额2.3万亿元，代理交易量5 293万手，分别比上年同期增长21%和16%，占全国的11%和12%；年末，辖区期货投资者数量为14 754人，较上年增加28%，占全国投资者总数的7.6%；期货公司客户保证金规模36亿元，比上年增长38%，占全国的18%，其中保证金规模上亿元的公司共10家；期货公司全年实现手续费收入1.8亿元，全年实现盈利3 898万元，营运中的公司盈利面达81%。

营业部整体经营情况也呈良好情况。年末，客户保证金8亿元，全年代理交易额4 562亿元，手续费收入5 000多万元；保证金规模、代理交易额、手续费收入比上年分别增长82%、60%、35%。

二、存在的问题和风险

目前存在的主要问题是期货公司业务单一，处于靠手续费竞争的同质化竞争状况，行业发展受限。随着《期货交易管理条例》的出台，股指期货的推出及公司业务的分层，将使期货行业步入形成良性发展的轨道。

期货行业的风险主要来自期货交易的高风险性。面临的最大风险是由于行情剧烈变动，个别客户发生穿仓，造成占用其他客户的保证金的风险。由于期货投资者保障基金刚刚建立，还未形成风险处置的相关机制。一旦发生上述情况将会给风险处置造成很大的困难。特别是随着股指期货的推出，大量股民客户不熟悉期货交易规则和资金管理，会造成客户风险管理的难度增加，流动性风险会加大。各方应加强对投资者的教育，树立正确的舆论导向，引导投资者理性投资。

三、监管工作情况

2006年是期货市场变化较大的一年，交易品种增加，上海金融交易所设立、股指期货进行模拟交易，市场改革发展速度加快，市场波动性增强。2006年度期货监管工作以风险防范和规范发展为中心。一是配合中国证监会，在北京辖区落实保证金安全存管和以净资本为核心的财务安全指标试行工作，做好风险防范和各项基础性的监管工作。二是密切跟踪市场改革发展方向，积极应对，做了大量的基础准备工作，开展了对从业人员的系统性业务培训和金融期货知识培训，对投资者开展了金融期货知识培训和风险教育，组织召开了全国性的期货信息技术大会，开展了重组整合工作等。2006年度北京辖区期货公司未发生大的风险事件，总体运行平稳有序。

（段晋霞）

保险业发展与监管

▲财产保险[①]

一、基本情况

截至2006年年底，北京市共有财产保险公司分支机构186家，其中：分公司19家，支公司78家，营业部34家，营销服务部35家。2006年，全市新增分支机构32家，其中：分公司5家，支公司20家，营业部1家，营销服务部6家。

2006年，北京产险市场累计实现保费收入86.75亿元，同比增长25.56%，占北京总保费收入的21.08%，同比下降1.95个百分点，利润总额4.32亿元，预计利润率4.98%，资产总计66.36亿元，比上年同期增加18.71亿元。

二、北京财产保险市场发展的特点和存在问题

（一）保险覆盖面进一步扩大

2006年，累计承保机动车270.88万辆，同比增加104万辆，车险保费收入61.84亿元，同比增长28.85%；企财险签单数量2.18万件，同比增加0.24万件；货运险保费收入5.63亿元，同比增长29.36%。保险覆盖面的扩大，有利于充分发挥保险业社会管理功能。

（二）非车险经营效益有所改善

2006年，北京财产保险业实现利润总额4.32亿元，预计利润率4.98%。其中：企财险承保利润1.43亿元，同比增长8.77%，承保利润率45.45%；货运险承保利润1.46亿元，同比增长69.01%，承保利润率55.5%；责任险承保利润1 649.79万元，承保利润率11.72%，同比提高2.09个百分点。财产保险经营效益较上年有所改善。

（三）合作“共赢”意识逐渐加强

随着经营理念和管理水平的提高，各公司合作“共赢”意识逐渐加强。一是利用中介市场的能力增强。2006年，中介业务占整体保费收入的82.9%，同比提高1.9个百分点。二是行业间合作增加，如通过与银行机构合作，开办网上业务，委托银行网点代为出单等做法，取得了良好效果。三是各经营主体之间的合作意识提高，如建立交强险理赔定损标准流程，有效防范风险，提高服务水平；加强共保合作，促进行业共同发展。

（四）开拓创新意识不断提高

市场竞争日益激烈，各公司创新意识逐渐提高，一是进行产品创新，大力发展责任保险。部分公司通过开展物业责任险、出口产品责任险、董监事责任险等，经营效益明显提高，2006年，责任保险保费收入2.71亿元，同比增长24.12%。二是开展渠道创新。通过电话销售、开展网上业务、利用银行网点等多渠道开展业务，提高效率，节省成本。三是公司内部管理创新。如通过总公司设立集中的理赔部门，将其各级机构的车险核赔、核损工作进行集中处理，既节省人力成本，也有利于公司提升经营管理水平。

---

① 财产险市场限财产险公司业务情况，不含再保险公司业务情况。

（五）保险业服务经济社会的能力进一步增强

2003 年至 2006 年年底农险保费收入为 564.5 万元，赔款支出为 551.2 万元，其中 2006 年人保北分农险保费收入为 246.6 万元，赔款支出为 118 万元，承保面积、险种和保费规模逐年扩大；截至 2006 年年底，北京市医责险保费收入 2 548.9 万元，赔款支出 1 596.8 万元，全市参保医疗机构有 393 家，参保医务人员有 6.4 万名。

尽管 2006 年北京财产保险市场整体呈现较好的发展态势，但部分公司的科学发展观落实不到位，对市场规律认识不足，走粗放式经营的老路，仍是制约财产保险市场健康发展的重要因素。当前北京财产保险市场存在着经营行为不规范、公司内控建设薄弱、诚信状况不佳以及行业合作亟待深化等问题。

三、监管工作情况

2006 年，北京财产保险业紧紧围绕全面服务首都经济社会建设和充分发挥保险辅助社会管理功能的需要，积极开展各项工作。

（一）积极协调，推动行业快速发展

1. 推动医疗责任保险稳定健康发展。2006 年年初，北京保监局下发《关于做好 2006 年北京市医疗责任保险发展工作有关问题的通知》，召开 2006 年北京市医疗责任保险发展工作座谈会，全面分析和总结 2005 年北京市医疗责任保险的发展情况，部署 2006 年发展工作，组织力量深入调研，进一步摸清市场情况，并与北京市卫生局就政策支持、改进经营、加强宣传等问题进行了研究，确保北京市医疗责任保险试点工作运行平稳。

2. 政策性农业保险取得新突破。2006 年，北京市人民政府审核通过北京保监局与北京市农委、北京市发改委等部门起草的《关于建立北京市政策性农业保险制度的方案》；北京保监局积极推动安华农险北分发展农业保险业务，协调推动密云县人民政府开展政策性奶牛养殖保险工作，并制订试点方案；在大兴区政府的支持下，人保大兴支公司积极开展农业保险，实现保费收入 246.6 万元，同比增长 34%。

3. 奥运保险工作取得实质性进展。为加快推动奥运保险发展，全力支持和服务 2008 年北京奥运会，北京保监局与北京奥组委多次召开座谈会，建立了定期联系沟通制度，成立奥运保险工作小组，根据北京奥组委奥运会期间租赁车辆购买保险安排，北京保监局积极协调在京各产险公司，由人保公司统一提供机动车商业和强制保险的承保理赔服务的安排。

4. 研究推动各项责任保险发展工作。一是与北京市运管局合作，积极推动承运人责任保险工作，形成《关于实施承运人责任险的意见》；二是与北京市建委多次召开会议，举办建设工程质量保险推介会，研究建设工程质量保险推动工作；三是配合北京市教委做好全市 2 000 多所中小学校、幼儿园 160 万名学生的校方责任保险工作；四是与北京市消防局研究推进火灾公众责任保险工作，积极引导大型社会活动主办者投保公众责任保险。

（二）加强监管，防范化解行业风险

1. 建立月度、季度市场运行分析和风险提示制度。为实时掌握市场变化情况，及时采取监管措施，北京保监局每月、每季度对在京各产险公司的业务指标、财务指标、监管指标进行分析，对市场运行情况进行总体评价，将有关异常监管指标反馈给公司，督促公司及时整改。

2. 继续实施分类监管制度。为完善监管手段，提高监管效率，2006 年以来，北京保监局继续对成立 3 年以上的产险公司分公司实施分类监管制度，通过对选定公司进行定量监管指标与定性监管指标的测算，得出各公司监管类属，研究制定有针对性的监管政策，鼓励引导公司依法合规经营，保证监管的科学性和有效性。

3. 开展 2006 年北京产险市场专项现场检查工作。为贯彻落实中国保监会《关于做好 2006 年全国财产保险专项现场检查工作的通知》的要求，北京保监局结合北京产险保险市场实际，采取公司自查和监管部门抽查相结合的方式，先后对 4 家分公司进行了现场检查，有力地净化了市场环境，规范了市场秩序。

（三）加强宣传与协调，确保交强险顺利实施

交强险制度是国家首次以立法形式建立的强制性保险制度，交强险的平稳运行，关系到保险业的健康发展和社会的和谐稳定，北京保监局积极组织协调，确保交强险各项工作顺利实施。

1. 强化对交强险实施运行的监管。下发《关于落实机动车交通事故责任强制保险有关问题的通知》和《关于落实交强险制度有关实务问题的通知》，明确交强险政策落实要求，建立交强险运行情况定期报告和突发事件及时报告制度，全面掌握交强险运行情况。

2. 加大对交强险政策的宣传力度。制定《交强险投保提示书》和《交强险实务宣传手册》，宣传解释交强险有关政策，引导新闻媒体的正面宣传报道，2006 年 9 月底，联合北京交管局召开新闻发布会印发《关于北京地区实施机动车交通事故责任强制保险有关问题的公告》，提示消费者及时办理交强险，主动配合执法检查。

3. 加强与交通管理部门的沟通协调。与北京交管局建立了交强险沟通协调和数据核查机制，联合下发《关于北京地区落实交强险政策有关问题的会议纪要》，进一步明确道路执法时间、商业三者险有效保单认定、未登记注册机动车投保交强险以及机动车交通事故抢救费用垫付程序等实际问题，共同创造交强险制度实施的良好环境。

（李　湛）

▲人身保险[①]

一、基本情况

截至 2006 年年末，北京市共有直接经营业务的人身险公司总公司 7 家，分公司 25 家，支公司 47 家，营业部 8 家，营销服务部 206 家。其中，外资总公司 4 家，分公司 12 家，营销服务部 38 家。

2006 年，各人身险公司累计实现保费收入 324.8 亿元，同比下降 24.3%，排除偶然因素[②]，实现保费收入 303.1 亿元，同比增长 28.5%。2006 年，各人身险公司累计赔款和给付 44.5 亿元，同比增长 11.7%，充分发挥了北京保险业保障经济、稳定社会的作用。

二、北京人身险市场发展特点和存在问题

（一）市场运行态势良好

一是业务全面增长。2006 年，北京

① 本文中人身险市场限人身险公司业务情况，不包含财产险公司短期健康险和意外险业务情况。

② 以下分析扣除中意大单因素，包括 2005 年 193.3 亿元、2006 年 21.7 亿元。

人身保险保费收入位列全国第3位。新单保费、续期保费全面增长，增长率分别为29.9%和25.2%；个险、团险、银行保险三个渠道全面增长，增长率分别为19.6%、55.7%和24.4%；寿险、意外险、健康险全面增长，增长率分别为29.5%、15.2%和24.8%。分红险、万能险是拉动增长的主要险种，全年分别实现保费收入156亿元和56亿元，同比增长27.9%和66.1%，对总保费增长贡献度达50.7%和33.2%。二是业务支出得到较好控制。赔款和给付支出合计44.5亿元，同比增长11.7%。短期险赔付率为35.3%，同比下降5.3个百分点。全年共支出退保金38.7亿元，退保率2.9%，同比下降1.1个百分点。综合费用率[①]13.4%，同比下降0.3个百分点。三是功能作用进一步发挥。截至年底，北京人身险长期险有效承保人数1 040.6万人次，有效保单624.5万件，有效保额5 096.2万亿元，分别比年初增长了12.8%、10.2%和23.5%。保险公司积极服务新农村建设，2006年农村地区人身险业务实现保费收入8.7亿元，同比增长37.8%；发生赔款和给付支出5 590.5万元，同比增长3.6%。

（二）结构调整效果显现

一是标准保费快速增长。全年实现标准保费58.2亿元，同比增长23.6%。二是个险新单期缴比例提高。2006年年末，个险新单期缴比例达83.2%，同比提高12.1个百分点。三是续期保费快速增长。全年实现续期保费89.3亿元，同比增长25.2%。四是期缴产品期限结构得到优化。十年期及以上的新单期缴保费收入21.1亿元，同比增长26.1%。五是银保期缴业务增长较快。银行保险渠道新单期缴保费达2.7亿元，是2005年的3倍。

（三）市场竞争日趋激烈

2006年，各寿险公司围绕渠道、人才、客户等方面展开了激烈的市场竞争，市场集中度不断下降。2006年，位居市场前5位的公司市场占有率为69.3%，较2005年同期下降11.8个百分点。外资公司市场份额为21.6%，同比提高9.2个百分点。

尽管人身险业面临较好的形势，但行业发展仍然存在很多问题，主要有：一是部分公司科学经营理念有待加强。部分公司对于如何实现全面、协调、可持续发展认识不清，经营理念不成熟，经营行为不理性、不规范。二是行业发展能力不足。在产品、渠道、队伍建设等方面均缺乏核心竞争力。三是不诚信问题依然严重，行业形象有待提高，突出表现在销售误导方面。四是影响人身险业长期持续发展的不稳定因素较多，经营风险不容忽视。

三、监管工作情况

2006年以来，人身险监管工作坚持以科学发展观为统领，引导北京人身险业立足服务经济社会发展全局，切实落实“速度、效益、诚信、规范”的要求。

（一）推进结构调整，拓展服务领域

一是积极发展农村人身保险业务。2006年以来，引导寿险公司积极服务农村人身保险市场。根据北京农村人身险市场的实际情况，研究下发规范性文件。提高农村网点行政许可审批时效，引导公司

① 综合费用率=（佣金支出+手续费支出+营业费用+分保费用支出+营业税金及附加+提取保险保障基金－摊回分保费用）/自留保费×100%。

加大对郊区的投入力度，合理布局网点。二是引导公司业务结构调整和营销队伍转型。通过非现场监管季度反馈工作，将监管部门倡导的结构调整方向传递给公司，强调人身险业结构调整和队伍转型对于公司持续健康发展的积极作用。三是积极推动健康保险等重点领域发展。针对企业补充医疗保险赔付率居高不下，保险公司经营亏损问题，组织部分公司开展研究，完成《北京地区企业补充医疗保险研究报告》。探索寿险公司参与农民工社会保障工作的可行性，草拟有关建议，得到市政府肯定。四是参与少儿医疗保障制度建设。通过与市政府研究室的合作，推动市政府建立商业保险主导或参与的少儿医疗保障制度。

（二）以人为本，切实维护被保险人利益

一是以宣传材料为突破口，打击销售误导行为。以“神秘客户”方式对万能保险宣传和销售情况进行调查，并针对巡查发现的问题采取监管措施。二是以规范服务为抓手，推动诚信建设向纵深发展。推动行业协会研究制定《北京保险行业意外伤害保险、健康保险服务规范（试行）》，并以此为契机，提高行业服务质量和服务水平。三是以信访投诉为重点，规范公司经营行为。坚持群众利益无小事的原则，将信访工作视为保险市场秩序好坏的“晴雨表”，认真核查每一起案件，剖析典型，举一反三地解决带有倾向性、普遍性、苗头性和潜在性的问题，及时调整监管重点。

（三）加大监管力度，规范市场行为

一是规范发展银行保险业务。通过暗访销售网点、现场检查等形式，着力解决不规范行为。联合北京银监局下发规范银保业务的通知，并对4家公司实施专项检查。二是集中整顿航意险市场。开展航意险专项清理整顿工作，通过下发文件、召开专项会议部署整顿工作，明确经营标准。对2家寿险公司进行现场检查，采取监管措施。建立航意险月报制度，及时掌握航意险经营情况。三是加大现场检查力度。共对19家（次）寿险公司进行了现场检查，对13家（次）公司采取了监管谈话、下发监管函、责令改正、警告和罚款等监管措施。

（邹　婧）

▲保险中介

一、基本情况

2006年，北京保险中介市场保持平稳较快发展趋势，行业作用不断发挥，创新能力逐渐增强，市场影响逐步扩大，机构数量及业务发展水平均居全国前列。

（一）专业中介市场发展平稳，服务领域不断拓宽

1. 机构数量增长平缓。2006年，经批准在京设立经营的专业保险中介法人机构有255家，占全国中介机构总数的12%，其中代理公司113家，经纪公司112家，公估公司30家；非法人分支机构98家，其中代理分支机构73家，经纪分支机构20家，公估分支机构5家。2006年，北京共有11家专业保险中介机构因经营不善主动退出北京市场。

2. 业务规模和收入水平持续增长。2006年，在京专业代理机构累计代理保费收入10.66亿元，同比增长15.41%，实现代理业务手续费收入1.25亿元，同比增长37.75%。其中，代理财产险保费收入7.14亿元，同比增长10.44%，占在京产险公司保费收入的8.23%，代理

产险业务手续费收入为 8 515.89 万元，同比增长 26.02%；代理人身险保费收入 3.52 亿元，同比增长 27.02%，占在京寿险公司保费收入的 1.08%，代理人身险业务手续费收入为 3 957.86 万元。代理财产险业务和人身险业务比重为 67:33。

2006 年，在京保险经纪机构经纪保费收入 55.94 亿元，同比增长 19.37%，实现业务收入 7.55 亿元，同比增长 42.66%。其中财产险经纪保费 38.29 亿元，业务收入 5.26 亿元；人身险经纪保费 16.18 亿元，业务收入 1.18 亿元；再保险和咨询业务类实现经纪保费 1.46 亿元，业务收入 1.11 亿元。2006 年，在京保险经纪机构财产险业务和人身险业务比重为 70:28。

2006 年，北京保险公估机构累计估损金额 3.09 亿元，同比增长 13.37%，其中财产险估损金额 1.63 亿元；货运险估损金额 5 484.25 万元；建安险估损金额 4 896.34 万元；车险业务估损金额 3 369.95 万元；分别占总估损金额的 52.86%、17.77%、15.87% 和 10.92%。2006 年累计实现业务收入 3 146.66 万元，同比增长 66.62%。其中财产险公估服务费收入 2 510.12 万元，人身险公估服务费收入 20.22 万元，其他收入 616.32 万元。

3. 服务领域不断扩大。2006 年，车险、货运险、企财险和人寿保险是在京保险中介机构业务比重较大的险种。此外，在京经纪机构险种结构中飞机责任、航天保险和责任、信用、保证、农业保险两大类保险的市场占比也分别达到了 11.02% 和 4.9%。专业中介机构在航空、能源、责任险、农业保险等领域的作用逐步开始发挥。

（二）创新能力不断增强，产品开发取得实质性进展

2006 年，北京保险中介机构积极进取，开拓创新，在提升服务品质、拓展营销渠道和开发保险产品等方面都展开了积极尝试，效果明显。一是通过推出客户服务卡，免费提供保险、法律和健康方面的咨询等个性化增值服务来吸引和稳定客户。二是通过网络、电话营销中心等特殊营销渠道来拓宽销售渠道。三是积极探索各种合作渠道，充分利用自身特殊的专业技术和行业背景，参与保险新产品的开发。

（三）专业化发展方向逐渐明确，服务水平不断提高

在经历行业初期多领域发展的阶段后，2006 年，越来越多的保险中介机构开始认识到某个领域或行业的专业化发展和现有客户保险需求的深度挖掘成为中介机构的发展方向。中介市场中不断涌现的航空、电力、石油、教育等行业性保险经纪公司已经成为各自领域的保险专家。

（四）兼业代理机构销售主渠道作用继续保持

2006 年，北京保险兼业代理机构数量达 7 021 家，同比新增 1 154 家，行业分布基本保持稳定，其中汽车行业和银行邮政企业分别占兼业代理机构总数的 35% 和 9%。在京人身险公司通过保险兼业代理机构实现的人身险保费收入 114.93 亿元，占全市人身险业务的 35.38%，其中通过银行邮政代理机构实现的保费收入为 111.84 亿元，同比增长 24.36%，占兼业代理保费收入的 97.31%。财产保险公司通过兼业代理机构实现的保费收入为 60.30 亿元，占全市财产险保费收入的 69.51%。无论是产险

公司还是人身险公司，保险兼业代理机构都是重要的展业渠道。

（五）落实营销员持证上岗制度，业务规模小幅上升

截至年末，北京共有保险营销员5.1万人，持证率达100%。人身保险公司通过保险营销员实现保费收入114.75亿元，同比增长18.29%，占全市人身险业务的35.33%。财产险公司通过营销员实现保费收入1.06亿元，占全市财产险保费收入的1.24%。

二、存在的问题

一是市场竞争不规范，专业化程度不高。关系展业和价格竞争仍然是中介机构拓展业务的主要手段，向客户返佣、给予保险合同以外的利益及行业垄断等不正当竞争行为时有发生。二是机构内控制度不完善，依法合规经营意识薄弱，对监管要求重视不够。三是行业人才匮乏。由于中介行业起步晚，人才储备严重不足，行业“挖脚”现象时有发生，影响中介机构团队和业务的稳定性。

三、监管工作情况

2006年，北京保监局坚持抓监管、促发展、防风险的总体工作思路，牢固树立以监管促发展的理念，进一步完善保险中介日常监管制度，加大现场检查和非现场监管力度，紧抓持证上岗制度不放松，稳步推进各项试点工作。

（一）积极改进工作方法，不断完善监管制度

2006年年初，北京保监局向在京各保险中介机构下发了2006年北京保险中介市场监管工作重点和有关要求，进一步传达监管思路和重点；利用短信群发平台建立日常监管事项提示制度，及时提醒公司认真落实各项监管政策；积极探索并初步建立在京保险中介机构档案管理信息系统；初步制定了《北京保险中介从业人员继续教育暂行管理办法》、《保险中介机构设立审批规程》、《在京保险中介机构高级管理人员管理办法》等适合北京保险中介市场的各项监管制度。

（二）加大监管力度，进一步加强现场和非现场监管工作

一是开展各项专项检查工作。根据中国保监会统一部署，2006年，北京保监局对14家保险中介机构进行了现场检查。对市场中存在的问题有了更加清晰的认识，为进一步整顿和规范市场提供了基础。二是现场监管和信访投诉处理力度进一步加大。为更好地掌握机构发展情况，北京保监局建立了新设机构和许可证到期换证机构现场验收制度、新任高管人员考察谈话制度和重大信访投诉现场查证制度。2006年，北京保监局共对90余家新设或换证保险中介机构进行现场验收，对100余名拟任高管人员进行考察谈话。处理涉及中介机构的信访投诉案件23起，对16家机构进行监管谈话；对3家机构下发了处罚决定，对2家机构下发了监管意见函。三是积极改进非现场监管工作。通过整合报表格式、加大报表催缴力度、建立中介市场数据披露制度等形式进一步加大对保险中介机构监管报表的监管力度，确保每家机构报表的及时性、准确性和规范性。

（三）稳步推进试点工作

针对保险兼业代理机构数量庞大、监管手段匮乏和现行保险经纪人及公估人考试频次少的情况，根据中国保监会的统一安排，北京保监局承担保险经纪师、公估师电子化考试及兼业代理机构改革试点工作，通过充分准备，试点工作稳步进展。

（四）进一步加强保险营销员资格管理

一是制订农村保险营销员资格授予方案。二是进一步加强资格考试管理。为保证代理人资格考试的公平、公正、公开，北京保监局先后下发《关于进一步加强保险代理从业人员资格考试管理有关事项的通知》和《关于加强保险代理从业人员资格考试管理有关事项的补充通知》，要求各相关机构高度重视资格考试的组织工作，严格执行考试纪律。三是落实持证上岗制度，北京保监局印发了《关于北京地区实行保险营销员持证上岗有关问题的通知》，规定从2006年11月1日起，北京地区保险营销员实现100%持证上岗，同时要求各保险公司加强保险营销员的管理和培训，建立健全保险营销员管理制度和保险营销员管理档案。

（王巧展）

四、金融服务与管理

国际收支、外汇收支及外币清算

一、国际收支情况

（一）统计申报情况

2006 年，北京地区国际收支间接申报笔数 138.29 万笔，同比增长 16.5%，金额 2 637.05 亿美元，同比增长 18.6%。其中，涉外收入申报笔数 89.33 万笔，同比增长 14.9%，金额 912.80 亿美元，同比增长 6.6%；对外支出申报笔数 48.96 万笔，同比增长 19.4%，金额 1 724.25 亿美元，同比增长 26.1%。

（二）非现场核查情况

根据《国际收支申报办法实施细则》有关规定，北京外汇管理部坚持按旬进行国际收支非现场核查，核查申报信息 58.38 万条，核查发现错漏报信息 3 924 条，错漏报率为 0.67%，较上年下降 0.68 个百分点，提高了北京地区国际收支申报数据的准确性、全面性和及时性。

（三）现场核查情况

2006 年，北京外汇管理部对北京辖区 11 家银行的 13 个网点进行了国际收支统计申报情况的现场核查，共抽查银行业务 1 万余笔，总金额近 40 亿美元，其中发现问题的为 126 笔，涉及金额 8 293 万美元。针对现场核查发现的问题，北京外汇管理部分别对一家银行处以 5 万元人民币的罚款，一家银行予以警告，其他银行给予通报批评的处罚。

二、外汇收支情况

2006 年，北京地区结售汇总额延续了近三年来加速增长的态势。全年结售汇总额达 2 324 亿美元，比上年增加 699 亿美元，同比增长 43%，增速与 2005 年基本持平。

其中结汇增速仍远远高于售汇增速，但增速已明显趋缓。2006 年全年共结汇 1 035亿美元，增速高达 56%；售汇 1 289 亿美元，增长 34%。但与 2005 年相比，结汇增速回落 22 个百分点，售汇增速提高 7.4 个百分点，结售汇增速差距逐渐缩小。

结汇增速高于售汇增速使结售汇逆差额减少。全年结售汇逆差为 254 亿美元，比上年下降 15%，是 2004 年以来的连续第二个下降年度。

（一）资本项目结汇连续两年主导地区结汇增长，主要推动力量是商业银行的股改和境外上市资金结汇

与 2005 年一样，2006 年资本项目结汇继续主导地区结汇。全年资本项目共结汇 518 亿美元，增长 92%；占地区结汇的比重达 50%，比上年提高 9 个百分点。

资本结汇高速增长主要由银行股改、企业吸收直接投资和证券筹资三大因素推动。其中最主要的资金来源是商业银行股份制改革和境外上市所获得的巨额外汇注资及境外 IPO 筹资，为避免汇率风险均选择了尽快结汇。同时为解决自身财务错配问题这一因素也促进了银行自身结汇量的增加。

（二）贸易结汇和售汇增速均有所提高

在 2005 年贸易结汇同比增长 47.2% 的基础上，2006 年北京地区贸易结汇又

增长49.1%，增速创下1999年以来新高。全年共结汇246.4亿美元，比上年增加80.9亿美元。

2006年，北京地区贸易售汇1 010.6亿美元，同比增长35%，增速比上年提高4个百分点。原油进口售汇依然是贸易售汇的主导力量，全年原油进口购汇525.4亿美元，同比增长65.8%，占地区贸易售汇的比重达52%。

三、银行监管情况

（一）市场准入业务审批情况

2006年，北京外汇管理部共完成对147家银行网点结售汇、244家银行网点境内居民个人售汇业务的准入及15家外币代兑机构、60家银行网点远期结售汇和24家银行网点人民币对外币掉期业务的备案工作。

（二）银行自身结售汇业务审批情况

全年共审批银行自身资本与金融项目结售汇12笔，金额合计约6亿美元（含2005年度进出口银行优惠贷款项目结汇备案）；同时审批银行利润汇出4笔，金额合计605万美元；审批银行营运资金结汇8笔，金额合计9亿元人民币。

四、外币清算情况

（一）清算业务改革创新情况

2006年，北京外汇管理部在有关银行和内部相关处室的大力支持和配合下，完成了以电子签章为技术支持的“北京同城外币清算系统”开发和上线试行工作，并于2006年8月1日起正式投入运行。新系统实现了由手工操作向电子化传输、纸质凭证向电子信息的转换，大大提高了外币清算效率，节约了会员单位成本。同时，为加快外币资金周转速度，提高外币清算效率，北京外汇管理部外币清算中心将清算时间由过去上午一场改为上、下午各一场，受到会员单位的普遍欢迎。

（二）清算业务量情况

2006年，北京外汇管理部外币清算中心共组织美元清算313场，提出提入美元票据35 190笔，金额85.1亿美元，清算资金总量与上年相比减少30 855万美元，下降4%；组织港币清算313场，提出提入港币票据2 365笔，金额11.77亿港元，清算资金总量与上年相比减少425 307万港元，下降78%。

截至年底，北京外汇管理部外币清算中心共有清算会员单位18家，比上年增加1家，新吸收会员为东亚银行北京分行。在会员单位中，国有商业银行4家、股份制商业银行9家、外资银行4家、政策性银行1家。

五、统计评比考核情况

2006年，根据《北京地区国际收支及外汇收支统计分析考核办法》，北京外汇管理部对辖区内46家外汇指定银行进行了考核评比，评比结果如下：中资银行组一等奖为交通银行北京分行；二等奖为中国建设银行北京市分行、中国银行总行；三等奖为深圳发展银行北京分行、上海浦东发展银行北京分行、中国工商银行北京市分行、中国进出口银行总行营业部。外资银行组一等奖为加拿大蒙特利尔银行有限公司北京分行；二等奖为香港上海汇丰银行有限公司北京分行、法国巴黎银行有限公司北京分行、荷兰银行有限公司北京分行；三等奖为英国渣打银行有限责任公司北京分行、奥地利中央合作银行股份有限公司北京分行、恒生银行有限公司北京分行。

（赵　宏、王保庆、刘　江、尹润红、许海滨、钟晓清、景　洁）

经常项目外汇管理

一、进出口收付汇情况

2006 年，北京地区进出口总额 1 581.77亿美元，在全国排名第 4，同比增长 25.97%。其中进口 1 201.93 亿美元，在全国排名从上年的第 4 位上升到第 3 位，同比增长 26.92%；出口 379.84 亿美元，在全国排名连续两年列第 7 位，同比增长 23.05%。

（一）进口付汇情况

2006 年，北京地区进口付汇额为 1 265.57亿美元，同比增长 22.60%。其中中资企业进口付汇占比 78.5%，居主导地位；外资企业进口付汇增速高于地区增速 20 个百分点。按进口商品分类，石油化工、电子通信、机械设备、矿产资源四类商品位居前列。

（二）出口收汇情况

2006 年，北京地区出口收汇额为 366.96 亿美元，同比增长 32%。其中中资企业出口收汇 198.28 亿美元，同比增长 46%；外资企业出口收汇 167.14 亿美元，同比增长 18%。按出口结构分类，一般贸易项下出口 194.69 亿美元，同比增长 23%；加工贸易项下出口 152.04 亿美元，同比增长 36%。按出口商品分类，电子通信、机械设备和矿产资源三类商品位居前列。

二、经常项目外汇账户管理情况

2006 年年底，北京地区经常项目外汇账户有 2.43 万户，账户余额为 59.4 亿美元。

三、服务贸易外汇管理情况

2006 年，北京地区服务贸易外汇收支总额为 337.06 亿美元，同比增加 25%。其中收入总额为 195.23 亿美元，同比增加 17%；支出总额为 101.84 亿美元，同比增加 21.52%。2006 年，北京地区居民个人因私购汇 10.15 亿美元，同比增加 162%。

四、外汇保险管理情况

2006 年，北京地区银行保险项下保险费收入为 17.48 亿美元，其中财产保险项下收入为 14.21 亿美元，人身保险项下收入为 1.41 亿美元，再保险项下收入为 1.86 亿美元。2006 年，北京地区累计外汇保险赔款支出为 0.78 亿美元。

五、经常项目外汇管理新政策

（一）《国家外汇管理局关于免税商品外汇管理有关问题的通知》

《国家外汇管理局关于免税商品外汇管理有关问题的通知》（汇发［2006］16 号），自 2006 年 5 月起实施。政策要点：一是扩大了免税商品标价和结算的币种范围，将现行销售免税商品应当以外币标价和结算的政策，调整为可以人民币或外币标价和结算；二是明确免税商品企业可按外汇管理规定开立经常项目外汇账户，其账户限额按企业实际经常项目外汇收入的 100% 核定；三是允许免税商品企业销售免税商品所收取的外币现钞直接存入其经常项目外汇账户。

（二）《国家外汇管理局关于调整经

常项目外汇管理政策的通知》

《国家外汇管理局关于调整经常项目外汇管理政策的通知》（汇发［2006］19号）（以下简称《通知》），自2006年5月起实施。该《通知》对经常项目外汇账户、服务贸易售付汇及境内居民个人购汇三项管理政策进行了调整。

经常项目外汇账户政策调整主要内容：一是取消经常项目外汇账户开户事前审批。除开立首个账户需进行机构基本信息登记外，企业开立、变更和关闭经常项目外汇账户，由银行按外汇管理要求和商业惯例直接办理并向外汇局备案，无须经外汇局审批。二是调整账户限额核定办法，提高限额水平。综合考虑收入和支出结构，按上年度经常项目外汇收入的80%与经常项目外汇支出的50%之和确定。对于上年度没有经常项目外汇收支且需开立经常项目外汇账户的境内机构，其初始限额由不超过等值20万美元调整为50万美元。三是允许有进口支付需求的企业提前购汇存入外汇账户，更加便利进口企业的生产经营用汇安排。

服务贸易外汇管理政策调整主要内容：一是境内机构办理等值5万美元以下、个人办理等值5 000美元以下服务贸易购付汇手续时，凭合同或发票即可办理；二是外汇指定银行、所在地外汇分局按10万美元以下、10万美元以上两档审核，外汇局不再负责具体审核；三是允许国际海运企业直接到外汇指定银行购汇支付国际海运项下运费及相关费用，不再对其购汇行为进行限制。

境内居民个人购汇管理政策调整主要内容：一是确定年度购汇总额为2万美元；二是年度总额内购汇的手续大大简化，境内居民个人凭本人真实身份证明并向银行申报用途后即可购买；三是对于超过年度总额的用汇需求，提供真实需求凭证经银行审核后可按实际需要购买；四是取消对境内居民个人购汇核销管理。

（三）《国家税务总局　国家外汇管理局关于扩大申报出口退税免予提供纸质出口收汇核销单试行出口企业范围的通知》

《国家税务总局　国家外汇管理局关于扩大申报出口退税免予提供纸质出口收汇核销单试行出口企业范围的通知》（国税发［2006］91号），自2006年6月起（以出口企业的出口货物报关单〈出口退税专用〉上注明的出口日期为准），允许北京市将申报出口退税免予提供纸质出口收汇核销单的出口企业范围扩大到全市所有出口企业。

（四）《国家外汇管理局综合司关于调整部分服务贸易项下售付汇政策有关问题的通知》

《国家外汇管理局综合司关于调整部分服务贸易项下售付汇政策有关问题的通知》（汇综发［2006］73号），自2006年9月起实施。对支付国际空运和陆运项下运费及相关费用、支付出口贸易项下佣金、国际海运船长借支项下提取外币现钞、对外承包工程项下境内外汇划转以及支付境（国）外发布广告费等业务手续进行了简化和进一步明确。

（五）《国家外汇管理局关于进一步改进贸易外汇收汇与结汇管理有关问题的通知》

《国家外汇管理局关于进一步改进贸易外汇收汇与结汇管理有关问题的通知》（汇发［2006］49号），自2006年11月起实施。政策要点：凡属正常合法经营的企业，可直接按规定办理贸易项下收汇和结汇；对于年度内贸易收汇与应收汇总额相差10%以上，或有违反外汇管理规定记录等情况的，列入“关注企业”名单，须经严格审核后方可办理有关业务，但对船舶、大型成套设备出口等特殊收汇单位，以及一年内贸易收汇与同期应收汇的差额绝对额较小的单位，适当放宽有关标准；加强对贸易收汇的退汇管理。

（六）《个人外汇管理办法》

《个人外汇管理办法》（中国人民银行令［2006］第3号），2006年12月公布，2007年2月实施。政策要点：一是对个人结汇和境内个人购汇实行年度总额管理。年度总额内的，凭本人有效身份证件直接在银行办理；超过年度总额的，经常项下凭本人有效身份证件和相关证明等材料在银行审核后办理，资本项下需经必要的核准。二是对个人贸易外汇收支给予充分便利。从事货物进出口的个人对外贸易经营者可开立外汇结算账户办理外汇资金收付。三是明确个人可进行的资本项目交易，规范了相关外汇收支活动。四是不再区分现钞和现汇账户，对个人非经营性外汇收付统一通过外汇储蓄账户进行管理，对外币现钞存取和携带的管理进行了规范。同时，对现行个人外汇管理相关规定进行了梳理，废止了原来有关个人外汇管理方面的16个规定。

（王　涵）

资本项目外汇管理

一、直接投资管理

（一）外商直接投资管理

2006年，北京地区外商直接投资继续平稳增长，全年共办理新设外商投资企业外汇登记1 883笔，登记金额为27.44亿美元，与上年基本持平；全年外资外汇登记外商直接出资金额为73.46亿美元，同比增长24.05%；其中新设企业出资67.13亿美元，同比增长35.73%；转股收汇金额6.32亿美元，同比下降31%。

（赵乃花）

（二）境外投资管理

2006年，北京外汇管理部积极贯彻落实国家“走出去”发展战略，支持和鼓励北京地区有条件的企业到境外投资。全年共核准通过境外投资外汇资金来源项目158个，中方投资总额为100.49亿美元，同比增长分别为：33.9%、131.86%；办理境外投资登记170笔，核准资金汇出45.59亿美元，同比增长分别为：8%、45%。随着境外投资外汇管理改革试点向全国铺开，北京地区境外投资主体由过去以国有企业为主向民营、股份制、外商投资企业等多元化发展，其中尤以民营企业投资增长较快，投资额为2.42亿美元，同比增长1.58倍；投资项目由过去以资源勘探开发为主，向电信、能源、钢铁、化工、航空、医药、种植、房地产等多行业渗透；投资地区遍布港澳、欧洲、北美等发达国家及非洲、南美等资源丰富的国家。

（夏既明）

（三）境内居民通过境外特殊目的公司融资及返程投资

自2005年年底国家外汇管理局规范境内居民个人境外投资业务以来，该业务进展顺利。2006年，北京地区共有598位居民自然人办理了境外投资登记，涉及164家境内企业，217家境外特殊目的公司。实现协议融资额为24.04亿美元（其中补办和变更登记融资额为17.55亿美元），并返程在京设立121家外商投资企业，累计返程投资金额为5.56亿美元，其中2006年累计返程在京投资金额为3.18亿美元。

（单春梅）

（四）外商投资企业外汇年检

2006年，北京外汇管理部首次推出网上年检程序，由企业填报经会计师事务所审核的外汇收支情况表上传北京外汇管理部。这一创新业务利用电子手段采集数据，弥补了以往手工年检中存在的数据统计不完整、信息不全面的不足。网上年检通过简化手续、方便企业，使企业的参检率和数据质量大为提高。2006年，北京外汇管理部共完成8 085家外商投资企业的年检工作，比上年增加15.1%，参检率达到90.08%，并获得2005年度国家外汇管理局全国外商投资企业年检优秀奖。

（单春梅）

（五）境外投资外汇年检

2006年，北京地区共完成500家境外投资企业的年检及评分工作，其中中央企业417家，北京市属企业83家。根据评分标准，得分在12分（总分为20分）以上的企业有499家，占年检企业总数的99.8%，好于上年状况。

（兰淑娟）

二、外债管理①

（一）北京辖区外汇债务情况

截至年末，北京辖区②外汇债务余额为1 236.69亿美元，比上年增长11.46%。其中直接外债余额为1 047.44亿美元，同比增长7.82%③；外债转贷款余额为20.70亿美元，同比增长17.48%；自营外汇贷款余额为168.55亿美元，同比增长8.73%。

（二）直接外债流出入及结售汇情况

2006年，北京辖区债务人新借入外债625.18亿美元，比上年增长131.18%；偿还外债本金564.52亿美元，增长115.92%；支付外债利息13.00亿美元，减少20.78%。自2005年11月起，银行外债数据实行每日逐笔报送，从统计口径上造成外债新借入额和偿还本金额大幅度增加。

2006年，北京辖区外债结售汇维持2005年度的顺差局面。其中：结汇额为14.53亿美元，比上年增长11.94%；购汇偿还外债本息8.35亿美元，比上年减少43.92%。结售汇顺差为6.18亿美元。

（三）外债结构

从外债期限结构看，2006年年末的中长期外债（剩余期限）余额占全部外债余额的75.58%，短期外债占24.42%。从来源结构看，年末的外国政府贷款余额占28.71%；国际金融组织贷款占27.94%；一般商业贷款占27.04%；来源于其他渠道的占16.31%。从币别结构看，年末美元外债余额占56.97%；日元外债占18.74%；欧元外债占12.19%；其他币别外债占12.10%。

① 数据来源于国家外汇管理局高频债务监测预警系统、北京辖区银行、机构相关报表，以及日常业务统计资料。

② 包括在京中央单位及北京市市属单位，以下同。

③ 根据高频债务监测预警系统的统计数据，2005年度直接外债余额为971.50亿美元。

（四）短期外债余额指标管理

2006年，北京外汇管理部共核定辖内金融机构短期外债余额指标233.45亿美元，其中，中资机构短期外债余额指标196.10亿美元，外资银行短期外债余额指标37.35亿美元。

（五）境内银行为境外投资企业提供融资性对外担保管理

根据国家外汇管理局《关于调整境内银行为境外投资企业提供融资性对外担保管理方式的通知》（汇发［2005］61号），2006年，北京外汇管理部经转报国家外汇管理局批准了中国工商银行、中国农业银行、中国建设银行、中国进出口银行、中国民生银行、北京银行、东亚银行北京分行、法国巴黎银行北京分行融资性对外担保年度余额指标共计88亿美元。

（六）期货管理

经国家外汇管理局批准，北京外汇管理部核定了辖区内8家持证企业2006年度境外商品期货套期保值业务外汇风险敞口，金额总计为8.43亿美元。

（董　玲、陈　涛、叶　欢、郭振宇）

三、资本市场管理

截至年末，北京地区共有境外上市公司44家，其中境外中资控股上市公司10家，境外上市外资股公司34家。上述公司历年累计募集资金960.06亿美元，其中2006年度实际募集资金为357.33亿美元。

（陈利强）

货币金银管理

2006年，中国人民银行营业管理部（以下简称人行营业管理部）认真贯彻人民银行分支行工作会议精神和货币金银工作会议精神，在加强制度建设、加强队伍建设的基础上，提高发行基金安全管理规范化水平、提高发行基金调拨管理水平，提高人民币管理水平、提高反假货币工作水平，提高金银管理工作水平，积极开展各项工作，取得了较好成绩。

发行基金调拨　认真做好现金收支分析预测工作，提高调拨工作的前瞻性，合理调拨发行基金，保证了首都经济和社会发展合理的现金供应。2006年，北京市人民币发行基金投放、回笼呈现双增长，发行基金净回笼142.99亿元。发行基金投放、回笼的增长幅度分别为4.98%和5.48%，增幅比2005年提高了1.80个百分点和3.35个百分点。2006年人行营业管理部完成了总行部署的赴郑州、天津销毁残损人民币和赴呼和浩特、天津清分回笼券的试点任务，为总行跨行政区划调拨发行基金、销毁残损币战略部署的实现做了首次尝试。全年执行跨行政区划销毁残损币6次，销毁残损币74亿元；执行跨行政区划调运清分完整券5次，金额达82亿元。

纪念币发行　2006年，人民银行分3次发行了5套普通流通纪念币。北京市工、农、中、建、交5家商业银行部分营业网点分别于1月11日、9月22日、12月1日向社会公开兑换发行了“2006年贺岁普通纪念币”、“第29届奥林匹克运动会——举重、游泳普通纪念币”、“世界文化遗产——龙门石窟、颐和园普通纪念币”。

残损人民币销毁 认真做好残损人民币销毁工作，严格执行规章制度，加强复点抽查、再抽查力度，确保复点工作的质量。由于2004年、2005年连续两年的巨量销毁，北京市各发行库的残损人民币库存量大幅下降，针对这一新情况，人行营业管理部及时调整销毁计划，转变工作思路，加大小面额残损券复点力度。同时，复点销毁部门与调拨部门之间加强协作，及时将回笼到发行保管库的残损币调拨到北京分库进行复点销毁，保证了复点销毁工作的高效运行，按时完成了销毁任务。全年共复点、销毁残损币15 670袋、217亿元。

人民币管理 2006年，人行营业管理部以为奥运会提供高质量的人民币现钞服务为目标，加大人民币现钞的管理和服务工作，提高流通中人民币的质量。通过向各银行及发行基金保管库下发了《关于加强上缴发行库钱捆质量管理的通知》，制定并实施了《北京市金融机构残缺、污损人民币兑换办法实施细则》，对各商业银行收付人民币业务进行检查，促使商业银行不断提高人民币的现钞质量和服务水平。开展了2005年版第五套人民币质量检测工作。依法行政，做好人民币图样使用、装帧人民币两项行政许可的初审工作和经营流通人民币行政许可的审批工作。

反假货币工作 2006年，北京市反假货币工作围绕“七个一”工程的总体要求，坚持打防并举的原则，坚持日常宣传与重点宣传相结合的原则，开展反假货币宣传月活动，开展反假货币知识竞赛活动，开展反假货币征文活动。通过反假货币工作联席会议成员单位的共同努力，反假货币工作取得明显的成效。2006年，北京市共收缴、没收假人民币28.7万张，假币面额合计2 446.2万元。其中银行机构收缴假人民币27.6万张、2 339.9万元；公安等执法机关受理、破获假币案件186起，没收假人民币1.1万张、106.3万元。

加强反假货币宣传和培训，切实做好反假货币管理和征文评选工作。5月15日至6月14日，组织全市18家银行参加了一年一度的反假货币宣传月活动。共设立宣传点345个，发放宣传手册40万册。其中，北京邮政储汇局顺义支局还将2万册反假宣传手册通过邮件投递的方式，投送到书报订户家中。举办了“2006年北京市银行系统反假货币培训班”，共培训216人，组织反假货币上岗资格证书考试20余次，颁发证书2 500余份。制定下发了《北京市金融机构反假货币工作考核办法》，对全市18家商业银行的反假货币工作情况进行了大检查。成功举办了“北京市银行系统人民币及反假货币知识竞赛”。开展了以反假货币工作和做好奥运现金服务为主题的征文活动，评选出的反假货币征文上报人民银行总行8篇，参加全国反假货币征文活动评选，获一等奖一名，二等奖两名。

发行库管理 加强监督检查，确保库房库款安全。2006年，人行营业管理部对发行保管库进行了日常检查、旺季安全检查及发行保管库达标升级考核验收。全年对辖内各发行保管库实施各类检查41次，下发现场检查意见书13份。

加强培训，注重提高各类人员的业务技能。2006年，人行营业管理部开展了发行库全员培训和岗位练兵活动，推行了管库员持证上岗活动，举办两期发行保管库管库员培训班，培训发行库负责人、管库员及发行会计 122 人。组织部分发行保管库管理人员到上海、宁波等地学习发行库的先进管理经验，提高管理水平。各发行保管库按照人行营业管理部的要求和自身安防状况制定了突发事件应急预案，并组织了防火、防地震、防盗抢等应急预案演练。

认真开展发行基金保管库达标升级考核工作。2006 年年初，人行营业管理部修订了《中国人民银行营业管理部发行基金保管库达标升级考核办法》，12 月份组成达标升级考核联合验收小组，对全辖各发行保管库进行了全面检查，评出了天宁寺保管库等 4 家保管库为三级库，古城发行保管库等 13 家保管库为达标库。

根据人行营业管理部主任人事变动情况，按照发行库管理制度规定，及时办理了北京分库库主任交接工作，积极稳妥地进行发行库布局整合，6 月 29 日撤销了大兴发行保管库。

发行库建设 2006 年 3 月 13 日，北京重点库建设办公室更名为北京重点库基建办公室。该办公室围绕“开工审批、征地拆迁、设计方案”开展工作，多项工作取得阶段性进展。

北京重点库项目征地结案工作结束，并取得了市发改委的“核准立项批复”、市规委颁发的“建筑设计（规划）方案批复”和“建设用地规划许可证”、市国土资源局颁发的“建设用地批准书”。重点库总体建筑设计方案顺利通过总行审定，初步设计方案基本完成。自动化物流系统集成项目第一次招标失败，第二次招标工作于 8 月 14 日开标，9 月 5 日，总行机电办裁定瑞士物流公司中标。重点库项目实体风险评估论证工作取得阶段性成果，编制完成了《重点库建设方案实体安全防范风险评估报告》和《重点库安防系统设计任务书》。基建项目下的集中采购工作，严格遵守国家有关法律及人民银行的有关规定，2006 年完成了建筑设计、地勘、物流系统、工程监理、委托招标代理五个项目的招标。会计核算首次使用了基建财务核算系统，提高核算工作效率和水平。2006 年 12 月 27 日，北京重点库项目举行了奠基仪式，标志着该项目进入工程实体建设阶段。

金银管理 2006 年，人行营业管理部向平谷区黄金公司下达了《关于催收北京市平谷区黄金公司黄金专项贷款的通知》，并接收了黄金专项贷款确认回执，完成了对该公司黄金专项贷款债权的确认工作，确保了黄金专项贷款债权的连续性。

认真做好黄金制品（含饰品）进出口的管理工作。2006 年批准中电智能卡有限责任公司、威讯联合半导体北京有限公司两家企业以一般贸易的方式进口金丝 343.79 公斤；为黄金饰品进出口企业办理黄金饰品进口准许证 324 笔、35 011 件，18K 金饰品重量为 280 公斤；办理金银产品出口准许证 17 笔、3 336件，18K 金饰品重量为 21 公斤。

做好金银管理的收尾工作，向本市 117 家黄金饰品零售单位下发了《关于废止使用〈经营黄金制品许可证〉、〈经营黄金制品核准登记证〉和铜牌的通知》，在《北京晚报》上刊登了声明，废止了人行营业管理部原核发的《经营黄金制品许可证》、《经营黄金制品核准登记证》及标注有中国人民银行北京市分行《黄金饰品定点经营单位》字样的牌匾。完成了库存杂金、杂银送厂（内蒙古乾坤金银精炼股份有限公司）熔炼的工作及黄金、白银调运江西、上海的任务。

货币金银制度建设 一是根据总行下发的管理规定，制定了《中国人民银行营业管理部残损人民币销毁管理实施细则》、《中国人民银行营业管理部货币金银管理信息系统管理实施细则》、《中国人民银行营业管理部发行基金调拨管理实施细则》、《中国人民银行营业管理部货币发行业务会计核算实施细则》、《中国人民银行营业管理部货币发行业务会计档案管理实施细则》5 个实施细则。二是修订了《中国人民银行营业管理部发行保管库达标升级考核办法》。三是制定了《北京市金融机构反假货币工作考核办法》。四是制定了《北京市金融机构残缺、污损人民币兑换实施细则》。五是整理近年来货币金银工作有关重要文件，将汇编成册下发到商业银行基层营业网点和各发行基金保管库，以便于学习和执行。

对现有科室的职能进行了调整，设立监督检查及金银管理科，主要负责检查北京分库和各发行基金保管库执行、落实规章制度情况，将进一步加强发行库管理，确保库房库款安全。

（杨兴安）

国家金库业务

财税库行横向联网工作 2006 年，中国人民银行营业管理部（以下简称人行营业管理部）按照总行横向联网试点电视电话会议和北京市财税库行横向联网联席会议的有关要求，组织、协调本市有关单位结合北京市实际，圆满完成了国库信息处理系统模拟运行、试运行和试点推广工作。截至年末，北京市已基本完成了在地方税务机关、各级国库和中资商业银行的横向联网试点推广工作，约 24.6 万户纳税人采用了税收电子缴库方式，各联网单位累计已办理各类税收电子缴库业务 959 866 笔，缴库金额达 281.27 亿元。其中，12 月份税收电子缴库额已占当月税收入库额的 77%。纳税人通过横向联网方式办理税收电子缴库业务处理的成功率稳步提高。北京市的试点工作得到了纳税人和人民银行总行，北京市市委、市政府与基层税务、国库、银行工作人员的充分肯定。人民银行总行国库局将北京市的做法印发全国，并在全国国库信息处理系统工作座谈会上做了经验介绍。联网各单位普遍反映，横向联网后，降低了税收征缴管理成本，减轻了劳动强度，缩短了税款入库的时间，提高了资金周转效率。

国库资金清算 根据人民银行总行有关部署，2006 年 2 月份国库北京分库作为小额支付系统第二批上线单位参加了试点。上线前，人行营业管理部组织全辖各代理支库及国库集中支付代理银行参加小额支付系统测试，并针对在测试中发现的集中支付代理银行支付接口业务系统的缺陷，会同科技部门组织各代理银行完善行内系统，使本市有关银行全部达到了使用小额支付系统处理国库集中支付业务的要求。同时，在规定的时限内，顺利实现了全辖国库会计核算系统升级及向小额支付系统切换工作，将国库借记款项汇划方式，由通过同城票据交换清算转换为通过小额支付系统办理。国库成功加入小额支付系统，标志着国库资金清算具备了7×24小时处理能力，也标志着国库信息化、现代化建设和国库服务水平与能力实现了新的飞跃。

国库资金汇划报解 为进一步提高国库服务水平，根据小额支付系统和国库信息处理系统在北京市上线运行的实际情况，第一季度，国库北京分库按总库有关要求修订了《北京市国库资金汇划报解办法》，要求本市各级国库划分收支款项层次、时间，区分业务轻重缓急，序时、滚动地办理库款报解等业务，实现了预算收入入库不跨月、不过年；要求本市各联网银行，每天将日间对账清算的资金当日入库，约有一半横向联网收入做到了当日缴款，当日入库，最大限度地实现了“零在途”。北京市国库资金汇划报解相关经验交流获得总行评比一等奖，并在全国国库系统资金汇划报解交流会上作经验介绍。

风险防范 2006年，人行营业管理部组织本市各级国库和国库业务代理银行，深入学习贯彻中国人民银行颁布的有关文件，修订了国库业务考核评比办法；颁布了《北京市商业银行代理国库高级管理人员审慎谈话管理办法》；与各商业银行和代理支库签订了国库资金风险防范责任书。根据人行总行《关于印发〈国库业务系统突发事件处置预案（试行）〉的通知》的有关要求，组织编写了《中国人民银行营业管理部国库业务系统突发事件应急处置预案》，突击抽查了1家支库的应急工作，组织郊区各代理支库进行了应急演练；组织编写了《北京市国库系统突发事件应急处置工作指引》。

同时，加大对商业银行代理国库业务的检查力度。组织各商业银行及各代理支库对国库经收业务、代理支库（乡镇金库）业务、国库集中支付业务、国债发行与兑付业务进行自查。对宣武、大兴、顺义、通州、海淀、石景山、怀柔7家国库代理支库进行了现场检查；对3家银行的违规行为进行了行政处罚或通报；对各商业银行分行会计处处长、支库主任等新任国库业务高级管理人员进行了审慎谈话；在全市范围内广泛实行了国库经收处备案制度。

收纳、划分、报解、退付和支拨工作 截至年末，人行营业管理部国库处共办理各级财政预算收入3 483.17亿元，支出1 773.79亿元，同比分别增长29.53%和23.96%；退库206.53亿元，同比增长22.56%；单一账户清算资金352.26亿元；为市、区县国库计付利息27 763.55万元。

国债发行工作 为了维护首都国债市场的稳定，2006年，人行营业管理部国库处会同市财政局有关部门精心组织凭证式国债和储蓄式国债首次发行工作，适时采取了国债发行首日限量销售措施，使更多的群众买到了国债，得到了各方的充分肯定。同时，坚持国债发行首日现场检查制度，坚持对违规单位进行了通报批评，及时化解、处置了国债风险。全年共组织发行凭证式国债5期，金额318亿元，储蓄式国债2期，金额91.72亿元，分别占全国发行总量的1/6和1/5。

政府收支分类改革实施准备工作 为贯彻落实《中国人民银行办公厅关于国库部门实施政府收支分类改革有关事项的

通知》等有关文件要求，确保政府收支分类改革后，各级政府收入及时、准确入库，人行营业管理部国库处组织代理银行参加了新版 TBS 培训班，连续召开 3 次由财政、税务、海关、审计、银行、国库参加的协调会、座谈会，要求各级国库部门严格审核外来凭证的填写规范情况，督促有关单位按照 2007 年政府预算收入科目正确填写收入缴库凭证，并在全市银行网点张贴了通告，及时下发了《关于做好政府收支分类改革后收入缴库凭证审核的通知》和《2007 年政府收支分类科目》，改造升级了《国库单一账户集中支付清算信息系统》，为 2007 年政府收支分类改革做了充分准备。

（陈永波）

支付结算清算管理

小额支付系统试点上线工作 为确保小额支付系统试点成功，中国人民银行营业管理部（以下简称人行营业管理部）积极组织协调全市 39 家小额支付系统直接参与者，建立联络机制、制订工作方案、加强业务培训，先后印发了《关于定期借记业务收款单位数据标准和付款行核验数据库标准的指导意见》、《联调业务测试案例》和《北京市定期借（贷）记业务种类编码》等文件，顺利完成了联调测试工作，确保了 2006 年 2 月 20 日小额支付系统在北京成功试点上线。上线后，人行营业管理部一方面加大宣传力度，通过媒体报道、发放宣传材料、召开银企座谈会等形式向社会开展宣传。另一方面对系统运行状况进行调研，组织各商业银行进一步做好银企接口开发，完善合同协议数据库，加大定期借记业务自动化处理能力。同时选派业务骨干，协助人民银行完成了多个城市的全国推广工作。

全国支票影像交换系统试点工作 2006 年下半年，北京被人民银行选定为全国支票影像交换系统的试点城市，人行营业管理部党委高度重视，主管部领导亲自挂帅，指导并组织各阶段的工作，确保了试点工作的顺利进行。

一是组织召开了全市性的动员大会、业务培训会、业务通报会以及人行营业管理部内部工作协调会议，部署试点工作方案、确定各行接入模式、分别举办了全国性和全市性相关业务培训，及时反馈系统建设情况，确保了各阶段的任务落实。二是动态跟踪测试期间情况，及时反馈了各阶段的问题并提出了解决问题的措施与建议。三是结合北京实际，制定了《北京市全国支票影像交换系统建设工程实施计划》、《全国支票影像交换系统北京市联调测试期间业务处理流程》、《北京市全国支票影像交换系统联调业务测试案例》等。同时协调相关部门，加强了系统建设各环节的组织和业务指导，圆满完成了联调测试、模拟运行工作，确保了 2006 年 12 月 18 日的成功试点上线。上线当天，人民银行总行苏宁副行长一行到北京视察，分别检查了票据清算中心、中国银行、北京银行的上线情况，对北京的系统建设给予了高度的肯定。

截至2006年年末，北京市参与支付系统的银行机构累计达到1 392家，其中直接参与者50家，间接参与者1 342家；北京小额支付系统共处理业务355万笔，金额为3 565亿元；大额支付系统共处理业务1 564万笔，金额为160万亿元，分别增长17.87%和99.33%；2006年，在全国支票影像交换系统中北京共提出支票业务3 780笔，金额为2.04亿元，提入支票业务1 064笔，金额为2 545万元。

行政处罚工作 为规范人民银行行政处罚程序，促进存款人票据信用意识，根据北京市行政处罚业务量大的现状，人行营业管理部制定了《北京市空头支票行政处罚实施细则》以及《处罚工作内部流程》，确保了空头支票处罚业务正确、高效运行；积极组织开展了多层次的社会宣传，制作张贴宣传通告、发放支票小常识宣传折页开展宣传；为提高工作效率，与相关部门自主研发了自动化处罚系统；根据北京市空头支票行政处罚的特点，委托专业速递公司统一送达法律文书，提高了行政处罚效率和行政文书的送达率。截至年末，受理空头支票行政处罚报告7 331笔，下发告知书4 553笔，做出处罚决定2 764笔，已收到罚款1 489笔，金额为4 705 452.42元。

账户管理相关工作 2006年，根据账户管理系统上线一年多来的实际情况，结合《人民币银行结算账户管理办法》等制度要求，人行营业管理部对所制定的《账户行政许可业务处理流程》进行了梳理和完善，规范了内部操作规程，公开了行政许可行为，并积极协调北京票据清算中心，提供资料快速传递通道，建立特殊业务优先办理渠道，确保了行政许可的效率和质量。为通过技术手段加强账户的非现场监管，人行营业管理部初步完成了账户管理系统与同城票据清算系统数据比对需求的拟定；同时根据人民银行总行相关文件要求，积极与相关部门沟通，规范了中央在京基层预算单位的账户管理；完成了定期向全国征信系统提供全市账户相关数据信息的工作。

截至年末，全市共受理账户行政许可240 018笔，法院查询8 736笔。

银行卡支付环境建设工作 2006年人行营业管理部根据人民银行总行部署，依托政府支持，合力推动银行卡应用发展。通过加强与市政府及各委办局的协调联系，进一步确定了银行卡奥运区域指标；取得北京奥组委就银行卡奥运等6城市（北京、上海、天津、青岛和秦皇岛）联动宣传的支持；联合市商务局印发了《关于加快推进刷卡消费无障碍工程的通知》；配合市信息化办公室、税务部门制订了银税一体化推广方案；与市财政局达成共识，研究拟订了《推广北京市公务卡实施工作方案》；组织开展了全市性的“放心用卡，安全支付”以及金融服务的展览宣传活动；开展了100家重点商户的POS机具清理整顿工作；与公安局联合开展了打击银行卡犯罪的专项活动；并就落实人民银行总行行长专题会议的九项工作任务与北京市政府达成一致，与市政府协商完成了成立“北京市奥运银行卡环境建设领导小组”的各项准备工作，为加强联席会议各成员单位间的沟通与协调，共同推进奥运银行卡环境建设提供了强有力的组织保障。

抓住奥运机遇，制定和完善奥运银行卡支付环境建设工作的各项工作方案。为确保奥运期间能够为中外持卡人提供优质的银行卡服务，重点对全市各银行的银行卡业务、系统设备和网络建设、风险防范和应急处理等情况进行了调研；组织对奥运赛场城市的银行卡专项调研，完成了31个奥运场馆周边381家商户、17条重点商业街区和特色街区1 487家商户、112家奥运签约饭店、28处奥运重点旅游景区受理银行卡的调研工作；对第一场奥运测试赛的比赛场馆、运动员、新闻人员的驻地宾馆及其周边商户进行走访；协调有关部门实地考察了首都国际机场1、2号航站楼的商户受理情况等。基本摸清了目前北京市金融机构银行卡市场现状，特别是外卡受理环境和金融服务水平中存在的问题和差距，撰写了相关调研报告，提出了对策和建议，拟定了《北京2008年奥运支付环境建设工作方案》、《关于完善北京市外卡收单环境的工作方案》。

截至年末，北京市累计发展银行卡特约商户4.8万户，同比增长16.63%；POS机累计刷卡交易金额达2 239.68亿元，剔除房地产交易金额后占社会消费品零售总额的比例接近50%。

支付结算业务 完成了一系列支付结算业务应急预案的制定和演练。为进一步加强支付清算系统、账户管理系统、银行卡网络系统的风险管理，制定了《中国人民银行营业管理部支付清算系统危机处置预案》、《北京市账户管理系统应急预案》、《北京市银行卡支付系统应急处置预案》，先后组织人行营业管理部十个处室参加的支付系统应急演练，全市各商业银行参加的账户管理系统应急演练，锻炼了干部队伍，提高了相关部门应对突发事件的处置能力。同时，建立了节日高峰刷卡交易监测机制，通过加强各项制度建设，有效地维护了支付结算业务的安全稳定运行。

积极探索支付结算业务创新的监督与管理。一是探索研究对“农信银资金清算中心”的监督与管理，服务“三农”，满足农村信用社日益增长的结算业务需求。二是开展储值卡业务调研，研究探讨如何将储值卡纳入规范、良性的发展轨道。

（陈越英）

征信系统建设与征信管理

2006年，中国人民银行营业管理部（以下简称人行营业管理部）征信管理工作以积极参与构建首都金融生态、优化信用环境为己任，抓重点、求突破，努力改善金融生态，完善系统运行，提高数据质量，强化信用宣传，引导信用行为，有力地推动了北京地区社会信用体系建设。

一、企业征信系统加快建设，顺利完成系统升级

为做好企业信用数据库升级工作，按照人民银行总行统一部署，重新对全辖384家金融机构网点名称、地址、邮编、系统代码等10项要素进行了核对；指导建设银行北京市分行32个支行完成了数据清理和上收工作；先后6次进行金融机构的数据核对、检查，涉及金融机构940家次。2006年7月，人行营业管理部实现全辖所有金融机构向人民银行征信中心的业务数据报送，北京银行信贷登记咨询系统向全国统一的企业信用信息基础数据库顺利升级。

二、个人征信系统信息量不断扩充，服务不断拓展

2006年1月，个人信用信息基础数据库正式运行，成为世界上规模最大的个人征信数据库。根据《个人信用信息基础数据库管理暂行办法》及其相关规范，人行营业管理部及时制定了个人信用报告查询及异议申请规程，实现了个人信用报告即时查询。个人征信系统自正式运行以来在为商业银行防范信贷风险方面的作用日益显现。截至年底，北京市个人信贷账户信息578万个，信贷余额为2 649亿元。北京市个人信用报告累计查询量约450万次，并以94%的查得率排名全国前列。

三、继续深入推进市场监管，培育征信市场

2006年，人行营业管理部组织开展北京市借款企业资信评级试点工作；进一步完善资信评级机构业务统计制度，加强业务监管工作。截至年底，北京市共有10家资信评级机构纳入统计范围。

四、全面开展中小企业信用体系建设试点，缓解中小企业融资难问题

北京是人民银行总行确定的全国首批17家中小企业信用建设试点城市。人行营业管理部坚持“用好外力、点中试点、摸索经验、逐步推进”的工作思路，全面推进中小企业信用建设试点工作。2006年8月，人行营业管理部与中关村科技园区签订《中关村科技园区企业信用体系建设合作协议》，以信用建设为切入点缓解中小企业融资难问题，取得较好效果。

五、信用宣传工作有效开展，社会诚信意识进一步增强

坚持将征信知识宣传纳入营业管理部总体宣传计划；坚持编发《征信信息摘报》，及时反映国内外征信动态；创办《北京征信》内部刊物，宣传征信知识、开展学术研究；编发《百姓征信手册》等宣传材料40 000册，并组织商业银行开展宣传活动；举办了信用知识和征信管理专项系列讲座；开展了“银行家谈征信”征文活动，收到征文69篇；策划组织了北京市民征信知识有奖答卷活动，征信知识分5期在《参考消息·北京参考》刊登，每期阅读人次超过300万。

六、积极参与首都社会信用体系建设，优化金融生态环境

积极推动与政府部门的信息合作，努力推动地方政务信息与银行信用信息共享：在确保与人民银行相关数据规范一致的前提下，配合北京市信息化办公室拟定了个人信用信息地方标准——《北京市企业和个人信用信息目录》。按照人民银行总行与相关部委制定的数据共享指导意见，开展了与公积金、电信、社保等部门的工作洽商，并主动与养路费管理部门商谈信息共享方案，力求重点领域的重点突破。

（赵　强）

金融信息化建设

2006 年，中国人民银行营业管理部（以下简称人行营业管理部）坚持科学发展观，全面落实年初中国人民银行科技会议的精神，加速推进信息化建设，为构建首都和谐生态环境提供了有力的支持。

一、现代化支付系统基本建成

2006 年，中国人民银行小额批量支付系统、国库信息系统、全国支票影像交换系统在北京成功上线运行。加上已经上线运行的大额支付系统、人民币账户管理系统等系统，现代化支付系统在北京已经基本建成。

小额批量支付系统是中国现代化支付系统的主要业务子系统和组成部分，主要提供普通贷记、定期贷记、普通借记、定期借记、实时贷记、实时借记、信息服务等业务，实行 7×24 小时运行，能支撑多种支付工具，成为银行业金融机构跨行支付清算和业务创新的安全高效的平台。

国库信息系统将财政、税务、国库、商业银行连接起来，实现了银行端电子缴税和税款的实时入库，节约了纳税人申报、缴税成本，提高了税款入库效率。

全国支票影像交换系统运用影像技术将实物支票截留，转换为支票影像信息，通过计算机及网络将影像信息传递至出票人开户银行提示付款，其资金清算通过中国人民银行覆盖全国的小额支付系统处理，提高了支票使用效率，扩大了支票使用的范围。

二、北京同城通信转接中心一期工程完工

在中国人民银行两级数据中心的架构中，为避免省级数据中心的主机和（或）网络瘫痪所引发的风险，省级的同城通信转接中心成为一种重要的手段。人行营业管理部比较早地意识到了这一问题，进行了深入调查研究，做出了北京同城通信转接中心建设的规划，2006 年一期工程竣工，正式投入运行。

北京同城通信转接中心位于与人行北京数据中心不在同一地点的恒华国际大厦，与北京数据中心之间使用不同电信运营商的两路光纤进行互接，所有接入北京金融城域网的金融机构也采用不同电信运营商的两路光纤接入北京同城通信转接中心，提高了北京金融城域网的运行可靠性。

三、精细化管理系统一期工程完成

为落实进行精细化管理的理念，人行营业管理部组织开发了精细化管理系统，系统包括人事管理和工作管理等，共有 6 大功能模块，36 个栏目，60 多个子栏目，门户系统分为 12 个栏目，60 多个子栏目。截至年底，一期工程完工并投入了使用。

四、加强银行卡联网通用运行安全

2006 年，根据《中国人民银行办公厅关于开展 2006 年银行卡联网通用检测工作的通知》（银办发［2006］235 号），人行营业管理部组织开展了 2006 年北京市银行卡联网通用检测工作。本次检测的目的是为了贯彻落实全国银行卡工作会议精神，进一步提高北京市银行卡联网通用质量，改善奥运银行卡受理环境。

参加本次检测的包括全市17家中资发卡收单机构、中国银联北京分公司和2家专业化服务公司。检测卡片涉及本市所有发卡行和部分异地卡。ATM机交易成功率为99.43%；POS机具交易成功率为94%。辖内各商业银行和银联北京分公司基本都完成了银行卡系统2.0技术改造，银行卡系统处理能力满足要求，运行稳定，应急机制健全。

五、《基于EMV[①]标准的IC卡终端开发及产业化推广》项目完成

人行营业管理部主持的北京市科委2005~2006年重大科技项目《基于EMV标准的IC卡终端研发及产业化推广》分为由神州数码（中国）有限公司承担的“研发生产基于EMV标准的ATM终端”；由北京银达鑫汇科技有限公司承担的“研发基于EMV标准的POS终端”；由银行卡检测中心承担的“银行卡国际组织授权和认证的EMV检测实验室建设”；由北京博思银联科技发展有限公司承担的“基于EMV标准的终端产业化推广和奥运相关场所银行卡受理环境建设”四个子课题。截至年底，该项目率先建成银行卡国际组织授权和认证的EMV检测实验室，成为全球第十四家、亚太区第四家、中国内地第一家EMV检测实验室，解决了在检测方面制约国内EMV银行卡产业发展的“瓶颈”问题，从此国内银行卡企业进行EMV检测无须出国，节约了时间与经费。项目共布放和改造的能够受理EMV卡的终端总量达到20 364台，其中对于已布放终端改造10 242台，新布放10 122台。共布放符合EMV标准的直连ATM终端157台。生产和销售基于EMV标准ATM终端1 620台。销售基于EMV标准的POS终端3 000台。在金融业以外的公交一卡通、电子充值卡、积分等行业，完成7 300台POS机的销量。

（朱东晖）

金融法制建设

▲中国人民银行营业管理部法制工作

2006年，中国人民银行营业管理部（以下简称人行营业管理部）全面落实科学发展观，努力构建社会主义和谐社会，深入推进依法行政工作，大力进行金融法制宣传，不断完善辖区公众的社会主义金融法治理念，努力培育地区金融生态环境。

一、建立依法行政工作长效机制，制定依法行政工作五年规划

根据《中国人民银行关于贯彻〈全面推进依法行政实施纲要〉的意见》的要求，人行营业管理部成立了依法行政领导小组，制定了《关于进一步推进依法

---

① EMV标准是由国际三大银行卡组织——Europay（欧陆卡，已被万事达收购）、MasterCard（万事达卡）和Visa（维萨卡）共同发起制定的银行卡从磁条卡向智能IC卡转移的技术标准，是基于CUP IC卡的金融支付标准，目前已成为公认的框架性标准。EMV迁移是按照EMV2000标准，在发卡、业务流程、安全控管、受理市场、信息转接等多个环节实施推进银行磁条卡向芯片卡技术的升级，即把现在使用磁条的银行卡改换成使用IC卡的银行卡。随着信息技术、微电子技术的发展和EMV标准的完善及国际EMV迁移计划的实施，银行卡芯片化的发展趋势愈发明显。

行政工作的实施方案》，从科学民主决策与监督、政务公开、行政执法等多角度，分解工作任务，明确职责到具体处室，汇编《人行营业管理部行政执法岗位职责目录表》，界定行政执法处室8个（不含外汇处室），行政执法事项32项，确保了依法行政工作高效、稳步推进。

二、规范行政许可工作，严肃行政处罚行为，树立政务公开新形象

制定了《人行营业管理部行政许可操作流程》和《人行营业管理部政务公开实施意见》，拟定了《人行营业管理部现场检查程序指引》和《人行营业管理部调查取证程序指引》，使行政执法工作更贴近社会公众、更有利于公众监督。2006年，人行营业管理部共实施行政处罚60余件（含北京外汇管理部，不含空头支票专项处罚），处罚金额600余万元，未发生行政复议案件。

三、做好法律服务工作，为履行中央银行职能提供法制保障

在北京重点库建设，金融稳定再贷款发放，大额采购招标，中创、中兴清算组资产清理等工作处理，以及对外签订民事法律文书的过程中，人行营业管理部始终坚持以法律服务支撑整个工作过程，切实防范了潜在的法律风险，依法维护了人行营业管理部以及有关金融机构和单位的合法权益。人行营业管理部不断完善依法行政工作规程，《北京市空头支票处罚实施细则》、《发行基金保管库达标升级考核办法》、《银行信贷登记咨询系统数据报送质询制度（试行）》等20余份规范性文件在下发之前均经过了严格的法律专业审核，确保了规范性文件的质量。人行营业管理部积极做好法律协助工作，全年共接待各级法院、公安局等司法行政机关查询数十次，接待金融机构、律师、个人来函、来电、来访近百人次。

四、努力做好金融法制调研工作，积极参与金融立法的论证与反馈工作

人行营业管理部先后对《中华人民共和国反洗钱法（草案）》、《中国人民银行行政复议办法》、《中国人民银行行政处罚程序规定》、《银行业监督管理法修正案》、《合伙企业法（草案）》、《审计法修正案》、《审计法实施条例》等法案提出了修改建议。

五、以法制理念打造干部队伍，以金融普法培育辖区金融法制环境

人行营业管理部积极开展“五五”普法教育，制定了《人行营业管理部2006～2010年法制宣传教育工作实施方案》；配合《反洗钱法》的出台，人行营业管理部及时拟定了《人行营业管理部〈反洗钱法〉宣传培训工作方案》，邀请了中国人民银行条法司领导为全员做了专题讲座，推动了反洗钱工作的广泛开展；人行营业管理部一贯把对社会公众普及金融法律常识作为重点工作来抓，9月份通过北京电视台开展了“北京市银行系统人民币及反假货币知识竞赛”，宣传人民币管理的相关法律法规，引起了一定的社会反响。此外，人行营业管理部以“中国人民银行岗位任职资格考试”为契机，系统地进行了法律基础概论的培训工作，取得了良好的效果，人行营业管理部干部在法律这一专业的考试通过率位居全人民银行系统的前列。

（李　红）

▲银行业监管法制建设

2006年，北京银监局紧紧围绕银监会法制建设重点，整合监管资源，规范监管行为，深入推进银行业监管法制工作。积极发挥法律工作在银行业监管中的作用，为提高依法监管质量和水平提供保障。

一、配合银行业法制建设工作大局，做好对有关法规文件的清理、汇编和反馈意见工作

（一）积极落实银监会法规清理工作部署，对有关法规文件提出清理意见

为完善银行业监管法规文件体系，提高法规文件的实效性和透明度，中国银监会于2006年年初在全系统内启动了银行业法规清理工作。北京银监局积极落实银监会工作部署，结合形势深入分析，如期完成了清理工作任务。

（二）更新《银行业监管法规手册》，为监管人员和金融机构提供参考

2005年，北京银监局编印的《银行业监管法规手册》受到了监管人员和辖内银行业金融机构的积极评价。为确保有关资料的时效性，北京银监局积极组织力量于2006年上半年完成了对有关法规文件的收集整理工作，编印完成了《银行业监管法规手册》（2005年5～12月）。该书保持了原有《银行业监管法规手册》的体例和格式，收录了银监会、北京银监局2005年5～12月间发布的规章、规范性文件及其他文件近百件；印发了《银行业监管法规手册》（2005年5～12月），这些工作为进一步从法制角度规范银行业金融机构的经营管理、提高监管工作效率和透明度提供了保障。

（三）积极反馈建议，有效配合立法工作

按照银监会关于完善监管法规建设的整体部署和要求，北京银监局积极研究有关法规草案并提出修改建议，对银监会《金融创新指引》等法规文件草案提出反馈意见。同时，应邀对北京市有关立法规划提出意见和建议。

二、进一步依法完善工作程序，提高监管工作的规范性

（一）制定《中国银行业监督管理委员会北京监管局法律工作规定实施细则》，规范有关工作程序

为落实《中国银行业监督管理委员会法律工作规定》有关要求，提高监管工作的法制化水平，北京银监局制定了《中国银行业监督管理委员会北京监管局法律工作规定实施细则》（以下简称《实施细则》）。该《实施细则》共7章，分别对规范性文件的制定和审查、法律咨询、法规评价等工作的流程进行了详细规范。上述文件的实施，为完善银行业监管工作程序、提高依法监管质量提供了保障。

（二）制定文件，明确有关行政许可事项材料要求

2006年年初，银监会颁布有关规章，对银行业金融机构行政许可的条件和程序进行了规范。北京银监局积极落实上述文件要求，并结合辖内实际下发了《关于调整辖内中资银行机构行政许可管理有关事项的通知》等文件，对有关行政许可的实施条件、程序和材料要求做出明确规定，保障了行政许可的效率和透明度。

三、加强对银行业金融机构的指导和服务，积极推进辖内商业银行合规建设

（一）加强对行政许可申请的指导与服务

针对2006年银监会集中颁布有关市场准入规章的实际，北京银监局适时加强对辖内银行业金融机构的行政指导和服

务。引导银行业金融机构加强对有关文件的学习，并督促其严格落实有关市场准入材料的报送要求，有效提高了行政许可工作的效率。

（二）多措并举推进辖内商业银行合规建设

根据银监会有关文件精神，2006 年，北京银监局将推进辖内商业银行合规建设作为一项重点工作。一是在深入调研的基础上，下发了《关于加强辖内商业银行合规管理的通知》，对商业银行机构合规建设提出指导性要求。二是以会议为平台，组织辖内中、外资商业银行合规管理人员进行了专题交流。三是通过专题讲座、发放资料等形式对商业银行机构合规从业人员进行培训，提高合规人员职业素质。推进辖内商业银行合规建设，引导其提高合规管理水平和风险防范能力。

四、加强与有关单位的法制工作协作，共同营造良好金融法制环境，维护首都金融稳定

2006 年，北京银监局有效发挥基层银行业监管机关工作职能，进一步加强与人行营业管理部、北京市公安局和检察院、法院的日常联系和交流协作。一是牵头制定了《北京市银行业金融机构案件信息沟通与移送制度》，建立了与北京市公安局和市人民检察院、市高级人民法院的协作机制。二是根据市政府统一部署，作为办公室成员参与北京市打击非法集资和非法证券经营活动工作协调小组有关工作。三是积极发挥作为北京市金融工作协调小组成员单位的作用，服务首都金融企业。四是作为北京市反洗钱联席会议成员单位，依法履行有关监管职责。

（于　潇）

▲保险业监管法制建设

2006 年，北京保监局牢固树立和贯彻落实科学发展观，认真落实全国保险工作会议和《国务院关于保险业改革发展的若干意见》精神，高度重视法制建设，不断创新和完善监管制度，改进监管方式，提升监管水平，努力为北京保险业快速、稳定、持续、健康发展营造良好的法制环境。

一、建立保险监管新机制，防范化解风险

一是针对市场存在的突出问题，完善了多项监管政策，下发了《关于规范北京航空意外伤害保险市场经营秩序的通知》和《关于规范北京保险市场投标业务有关问题的通知》，进一步规范航意险市场秩序和保险公司投标行为。

二是强化高管人员管控责任。以高管人员为关键点，研究制定高级管理人员履职情况监管办法和培训、考试管理办法，强化高管人员管控责任。

三是研究制定非现场监管工作指引，加强风险信息档案及风险提示制度建设，落实分类监管要求，初步建立起动态风险预警体系。

四是研究制定《北京地区保险兼业代理机构管理试点办法实施细则》，认真做好兼业代理机构管理试点准备工作。

二、规范行政程序，提高依法行政能力

一是规范行政执法工作程序。进一步完善《中国保监会北京监管局行政处罚内部实施规程》，使行政处罚工作程序更加科学化、民主化，行政处罚更加公正、适当。研究制定《中国保监会北京监管局非行政处罚监管措施内部实施规程》、印发《关于规范谈话笔录的通知》，进一步规范非行政处罚执法行为，提高监管效能。

二是完善行政许可文书格式。修改了《中国保监会北京监管局行政许可批复（初审报告）文书格式》，使行政许可文书格式更加规范化。

三是规范信访工作流程。制定了《北京保监局信访来访处理工作流程》和《北京保监局信访来电处理工作流程》，明确责任，进一步规范信访操作流程，提高信访工作效率。

三、加强监督，增强保险机构服务意识

一是实施北京寿险营销员警示信息制度，初步建立了从业人员信用信息档案和失信惩戒机制，切实加强营销员诚信管理。

二是探索建立保险兼业代理机构警示信息制度。加强对兼业代理机构监管，增强其服务意识，树立诚信经营理念。

三是制定《2006年北京保险业诚信建设工作方案》，指导各公司有计划、按步骤开展诚信教育和荣辱观教育，着力提高诚信经营意识，提升员工综合素质及公司服务品质。

四是组织25家保险公司开展创建文明行业规范化服务达标活动，明确服务标准，开展行业互查考评，促进公司整体服务水平的提高。

四、推行政务公开，提高服务水平

通过北京保监局网站明示监管政策，公开政务信息，方便保险人和被保险人及时了解有关政策和机构信息，使监管工作更加透明化，更好地为保险人和被保险人提供优质服务。

反洗钱工作

一、完成反洗钱处组建工作，实现本、外币统一监管

2006年6月，经人民银行总行批准，中国人民银行营业管理部（以下简称人行营业管理部）正式成立反洗钱处。反洗钱处的成立，标志着北京市反洗钱本、外币监管分离的结束，也标志着人行营业管理部对全市的反洗钱工作进行统筹安排、统一指导和监管工作的开始。

二、反洗钱工作情况

2006年，人行营业管理部组织了对8家金融机构的反洗钱专项检查。自主开发了反洗钱检查软件，充分发挥计算机等现代化手段进行现场检查，软件的使用对于有效地识别虚假身份证和可疑交易线索发挥了重要作用。人行营业管理部还设计了全面、完整的金融机构反洗钱内控评价体系，从多个方面对金融机构的反洗钱工作进行了评价，这对于真实、准确地反映被查机构的反洗钱整体情况起到了重要作用，也为以后的反洗钱考核评价工作打下了良好的基础。截至年底，人行营业管理部全面完成了人民银行总行部署的在三年内对辖内金融机构反洗钱工作普查一遍的工作目标。

三、建立和完善北京市反洗钱联席协调机制

2006年，人行营业管理部与北京市金融机构监管部门、北京市公安局分别签署了《北京市金融机构反洗钱合作协议》、《北京市公安局、人民银行营业管理部可疑交易线索核查工作合作备忘录》。与公安机关进行了10余起情报会商，向公安机关移送重大可疑线索5起，破获涉嫌洗钱案件2件。

四、认真做好大额、可疑交易的汇总、上报工作

2006年，人行营业管理部共向反洗钱监测中心上报人民币可疑交易1 889起，大额外币交易812 505笔，可疑外币交易42 078笔。可疑交易线索上报的质量和案件破获情况均得到了人民银行反洗钱局和中国反洗钱监测中心的肯定。

五、配合《反洗钱法》的颁布实施，积极组织开展反洗钱宣传培训

2006年，人行营业管理部共组织辖内金融机构反洗钱培训班5期，培训基层反洗钱人员1 000多人，邀请北京辖区银行、保险、证券等金融机构50多家出席《北京市金融机构反洗钱法座谈会》听取意见，及时掌握金融机构反洗钱工作的状况，向各金融机构发放《反洗钱法释义》征订单、宣传折页14万余份。

（刘志勤）

五、机构业务综述

金融管理机构

中国人民银行营业管理部

主任　易　纲（兼）

2006年，中国人民银行营业管理部（以下简称人行营业管理部）紧紧围绕人民银行的中心工作，立足北京经济金融发展实际，深入贯彻科学发展观，以干部队伍履职能力建设为支点，以科技创新和对外协调为手段，以制度建设和规范流程为保障，团结协作，开拓创新，切实履行中央银行职能，圆满完成全年的工作任务。

截至2006年年末，辖内金融机构本外币存款余额33 793亿元，占全国的9.71%，比年初增加4 805亿元，同比少增287亿元；本外币贷款余额18 132亿元，占全国的7.61%，比年初增加2 818亿元，按可比口径同比多增860亿元。

一、认真贯彻落实各项金融调控政策，成效初步显现

2006年，人行营业管理部努力提高经济金融形势分析的深入性和前瞻性，积极疏通货币政策传导渠道，加强政策引导，确保了各项金融调控政策在辖区得到有效落实。

（一）加强经济金融运行情况的监测、分析

新建了企业定期存款、城镇储户房地产、有进出口经营权的60家企业等多项调查制度；编制涵盖银行、证券、保险业的《北京市金融业发展简本》，实现金融业信息共享；建立部领导、处级干部和主要研究分析人员参加的经济金融形势分析季度例会制度，进一步提高了经济金融运行的分析预测水平，为人民银行总行制定实施货币政策以及市委、市政府制定经济决策提供了重要参考。

（二）加强“窗口指导”和政策引导，提高货币政策传导的针对性和有效性

组织辖内金融机构召开了2次货币信贷政策通报会、4次经济金融形势分析会，及时传导金融调控意图，指导金融机构认真贯彻“区别对待、有保有压”的信贷政策，加大对符合首都发展方向的优势产业和经济发展薄弱环节的贷款支持力度。召开了3次房地产金融专题工作会，部署金融机构贯彻各项房地产调控政策；在深入调查研究的基础上，与北京市农村工作委员会联合出台了《关于金融支持首都社会主义新农村建设的指导意见》，督促金融机构加大对首都新农村建设的支持力度；与市财政局、劳动局出台了《关于完善小额担保贷款办法促进创业工

作的实施意见》等五个文件，促进了下岗失业小额担保贷款政策的进一步落实。

（三）加强对货币政策工具和金融市场的管理

加大对存款准备金缴存情况的检查和处罚力度，对 13 家违规机构依法实施了处罚；建立金融市场重点联系行报告制度，对 7 家金融机构同业拆借业务进行了现场检查，促进金融机构依法、合规开展业务。

总体看，各项金融调控政策在北京得到较好的贯彻落实，全年北京市金融运行平稳，货币信贷增长适度，结构进一步优化。高新技术产业、中小企业、农户贷款分别同比多增 108 亿元、71 亿元和 3.1 亿元；国家助学贷款增长 18.5%；小额担保贷款增长 4.2 倍。货币信贷的合理增长和结构优化支持了首都经济的发展和结构调整。

二、积极开展金融风险的监测、评估，金融稳定工作取得新进展

2006 年，人行营业管理部坚持风险防范与风险化解并举，一方面探索建立区域性金融稳定监测指标体系；另一方面加快推进风险处置工作，取得突破性进展。

（一）积极开展金融风险的监测、评估工作

系统分析了辖区银行业、证券业、保险业的总体风险情况及特点，完成了《北京市 2005 年度金融稳定报告》；选定 9 类 90 个区域性金融稳定监测核心指标，初步建立区域金融稳定监测指标体系和评估模型，并对北京金融稳定状况进行了初步的量化评估。

（二）风险处置工作取得突破性进展

经过长达 8 年的艰苦努力，中创公司资产处置完毕，中兴信托依法宣告破产。人行营业管理部还参与了被处置证券公司在北京地区的个人债权甄别确认工作。

三、强化金融创新意识，金融服务水平再上新台阶

2006 年，人行营业管理部继续加强科技创新与运用，小额支付系统、国库信息处理系统、支票影像交换系统等重要业务系统顺利上线运行，反洗钱、征信管理、货币发行等工作全面推进，整体金融服务水平明显提升，为首都创造了良好的金融服务环境。

（一）支付系统建设有序推进，系统运行平稳高效

2006 年 2 月 20 日，小额支付系统在北京成功上线运行；12 月 18 日，全国支票影像交换系统在北京等 6 省市率先试点运行；开发空头支票行政处罚系统，严厉打击支票违法行为，改善了支付结算环境。支付系统平稳高效运行，2006 年，北京大、小额支付系统分别处理业务金额 160 万亿元和 3 500 亿元，分别占全国的 34% 和 79%；全国支票影像交换系统共处理业务 4 800 多笔，占全国的 50%，为社会提供了方便、快捷的金融服务。

（二）致力于为 2008 年奥运会创造良好的银行卡支付环境，积极推进银行卡市场规范发展

争取奥组委、市政府的支持，制订和完善奥运银行卡环境建设的各项工作方案，积极开展迎奥运北京银行卡系列宣传活动，在全国率先打击未经授权恶意收费代办信用卡的诈骗活动。2006 年年末，北京市累计发展银行卡特约商户 4.8 万户，增长 16.6%；全年 POS 机累计刷卡交易金额达 2 240 亿元，剔除房地产交易后占社会消费品零售总额的比例接近 50%。

（三）国库信息处理系统顺利推广到全市，国库经理水平进一步提高

积极争取人民银行总行和北京市政府的支持，加强与各参与方的协调配合，2006年2月15日，财税库行横向联网系统在北京成功试点运行并于11月初成功推广到全市，试点工作走在全国前列。截至年末，北京有28万户纳税人采用新的电子缴库方式，累计办理业务96万笔，缴库金额280多亿元，业务笔数、交易金额分别占全国试点省市的57%和71%，得到了人民银行总行和北京市政府的充分肯定。严格国库监督管理，切实加强国库资金风险防范工作，国库的经理水平进一步提高。建立国债发行首日现场检查和通报制度，维护了首都国债发行市场秩序的稳定。

（四）反洗钱工作机制不断完善，工作成效初步显现

与北京银监局、北京证监局、北京保监局签署了《北京市金融管理机构反洗钱合作协议》，与市公安局签订了《可疑交易线索核查工作合作备忘录》，牵头组织建立北京市反洗钱联席会议制度并召开了第一次会议，初步形成多部门、多层次的反洗钱协调合作机制。加大反洗钱非现场核查和现场检查力度，对8家金融机构进行现场检查；严厉打击洗钱犯罪活动，成功破获两起大案，得到反洗钱局和反洗钱监测中心的充分肯定。

（五）信用体系建设取得积极进展

积极争取北京市政府的支持，达成征信系统与地方非银行信息系统共享合作的意向；开展中小企业信用档案系统建设试点，为2 760户中小企业建立了信用档案；与中关村管委会签订了《中关村科技园区企业信用体系建设合作协议》；与北京银监局签订了关于合作建立小企业贷款违约信息通报机制协议，中小企业信用体系建设取得明显进展。开展了多种形式的征信知识宣传活动，促进了社会信用意识的提高。

（六）货币发行和管理工作继续向前推进

圆满完成人民银行总行部署的跨行政区划销毁残损人民币、清分回笼券的试点任务，为人民银行总行探索跨行政区划调拨发行基金、销毁残损币改革积累了经验。稳妥完成大兴发行保管库的撤库工作，加强对11家发行保管库的监督检查，发行保管库管理水平进一步提升。积极落实人民银行总行反假货币“七个一”工程，成功举办“北京市银行系统人民币及反假货币知识竞赛”，加大反假货币的宣传和培训力度，促进了银行员工和社会公众人民币知识水平、反假货币技能的提高。北京重点库筹建工作加速进行，于12月27日举行了奠基仪式。重点库是人民银行迄今为止建设规模最大、自动化程度最高的金库项目，建成后将极大地改善首都的货币流通环境。

四、加强制度建设和综合治理，党风廉政建设取得实效

2006年，人行营业管理部以提高履职能力为出发点，把加强党风廉政建设与推动中央银行工作相结合，制定了人行营业管理部贯彻实施纲要的具体意见，带动了反腐倡廉各项任务的落实；扎实开展治理商业贿赂专项活动，取得了预期效果。积极贯彻落实《人民银行分支机构内部控制指引》，深入开展“学制度、查隐患、促管理”活动，全面梳理各项制度和工作流程，内控体系进一步完善。2006年，人行营业管理部继续保持了无案件、无责任事故、无重大差错的良好局面。

（陆强华）

国家外汇管理局北京外汇管理部

2006年，国家外汇管理局北京外汇管理部（以下简称北京外汇管理部）认真贯彻人民银行分行行长会议和国家外汇管理局分局局长会议精神，积极转变外汇管理工作理念，着力推进国家外汇管理局（以下简称外汇局）各项改革措施，进一步维护国际收支平衡。2006年，为解决国际收支盈余过多的问题，外汇局按照“严进宽出”和“建立调节国际收支的市场机制和管理体制”的原则，一方面简化手续，取消部分事前审批事项，进一步扩大银行、企业、居民的用汇自主权；另一方面严格核查，对违规、投机外汇的进入进行严格限制。围绕这两个工作重点，北京外汇管理部在依法行政的同时加强服务，继续推动贸易和投资便利化，强化对跨境资本流动的监测和管理，防范对外金融风险，维护外汇市场秩序，优化首都金融生态环境，有效地促进了首都经济的健康稳步发展。

一、经常项目管理

（一）不断创新管理方式，继续推进贸易便利化

一方面，在取消名录登记和大部分付汇备案手续的基础上，通过自主开发的“企业进口网上申报系统”实现了进口企业的网上核销。在同期进口付汇额增长27%的情况下，企业备案量比上年同期下降88%。同时，针对石油和图书这两类企业的付汇特点，取消了其进口付汇复函的有效期限制，从根本上解决了企业进口付汇操作困难的问题。另一方面，北京外汇管理部积极与税务部门协调简化企业出口核销退税手续。在全面实现出口企业“总量核销”的基础上，自2006年6月1日起，率先在全国实现了“出口退税免予提供纸质出口收汇核销单”，结束了10年来企业须凭纸质核销单办理出口退税的历史。仅自2006年6月1日政策实施以来半年多的时间里，就有企业的30余万份纸质核销单省去了到外汇局盖章的手续，为企业节省了大量的人力和财务成本。预计今后每年将有至少50万份核销单不用再到外汇局盖章，从而使全市近万家出口企业真正因此项政策而受惠。

（二）三大措施贯彻外汇局新政策，切实保证政策实施效果

根据外汇局的有关规定，自5月1日起实施居民个人年度总额购汇、取消经常项目外汇账户审批和简化服务贸易售付汇三大措施。在各项政策实施过程中北京外汇管理部主要抓好以下三点：一是准确：即准确理解、准确执行政策，即执行总局政策要做到不折不扣；二是宣传到位：每项政策都重点抓好对银行的培训，对企业、个人及社会的宣传；三是反馈及时：将总局政策的实施效果及执行中遇到的问题及时反馈，为下一步的政策制定及调整提供有价值的参考。

（三）重点监管与便利化相结合，实行出口收汇分类管理

作为防止境外不明资金流入的重要举措，2006年第四季度，按照外汇局的统一部署，经过对北京地区近6 000家出口企

业的认真筛选甄别，初步从中选出65家（占北京地区出口企业的1.1%）一年内收汇与同期贸易应收汇超过10%以上或是受过外汇局处罚的企业作为北京地区首批“关注企业”，并对其实行分类管理措施，从而在便利绝大部分企业收汇结汇的同时，切实加强了对重点企业及可疑交易行为的监控。

（四）深入调研2008年北京奥运会外汇政策需求

北京外汇管理部多次与中国银行奥运办公室和奥组委有关人员就奥运会期间外汇政策需求进行座谈，指定专人与奥组委建立较为固定和通畅的信息沟通渠道；应北京奥组委邀请，派业务人员赴香港协商第29届奥运会马术比赛外汇业务特殊需求的业务问题；深入农行崇文支行，协调解决世界青年田径锦标赛组委会在该行开立现钞账户、大额提取外汇现钞等问题，为奥运外汇现钞政策的把握积累经验。

二、资本项目管理

（一）加强跨境资金流动管理，防止短期资金过度流入

2006年，外汇局为北京市辖区中资外汇指定银行核定短期外债指标金额合计185.4亿美元。本着科学合理、适度从紧的原则，北京外汇管理部为北京辖区内外资银行核定下达短期外债指标合计37.35亿美元。核定指标后，为保证中外资银行能够在核定指标范围内合规使用短期外债指标，北京外汇管理部指定专人负责通过高频系统定期核查中外资银行指标使用情况，对于超额度使用外债指标的银行，一方面责令银行限期调整短期外债余额，书面说明情况，另一方面及时向国家外汇管理局反映银行超额使用情况。截至年末，共办理外债登记3 363笔。直接外债余额1 047.44亿美元，其中短期外债余额为255.80亿美元，较上年同期增加71.97亿美元；中长期外债余额为791.63亿美元，较上年同期增加33.47亿美元。

（二）落实中央对房地产调控的政策，密切关注房地产行业资本项目外汇管理政策的实施效果

为落实外汇局和建设部等六部委于2006年7月和9月下发的建住房［2006］171号、汇发［2006］47号文件精神，北京外汇管理部组织了对银行的专项培训，并将文件制成资本项目业务操作规程板式，便于指导业务人员操作。2006年7～12月，北京地区外商房地产公司外债借用规模及非居民购房结汇金额与上年同期相比分别下降了37.62%、19.65%，政策的效果已初步显现出来。

（三）继续积极支持境内企业“走出去”，充分利用国内国外两种资源

2006年，北京外汇管理部共核准境外投资外汇资金来源审查158笔，同比增长33.89%；中方投资总额为100.49亿美元，同比增长131.86%。特别是在民营企业“走出去”方面，北京外汇管理部大力支持北京物美商业集团股份有限公司、北京市华荣建业房地产开发有限公司、北京万通地产股份有限公司等民营企业开拓境外市场。2006年，北京地区私营企业境外投资总额为2.42亿美元，比上年同期增长了1.58倍。

（四）积极引导金融投资项下资金流动，推动QFII及QDII有序发展

一是根据外汇局批复，批准以保险公司为主的境内机构认购中国银行、招商银行、工商银行H股，涉及金额23.68亿美元，在增加国有企业获益途径的同时，有效地落实国家鼓励资金流出的政策。二

是批准中国经济技术投资担保有限公司委托中国国际金融有限公司境外外汇理财业务及中央汇金公司3亿美元委托境外理财业务。中国经济技术投资担保有限公司委托中国国际金融有限公司境外外汇理财业务是我国首笔券商受托境外理财业务，标志着QDII业务的起步。三是批准高盛高华证券有限责任公司开立背对背业务外汇专用账户，这是该项业务首次被引入我国，是首都资本市场开放程度提高的标志之一。

（五）加强信息化建设，提高工作效率

一是研究开发外商投资验资询证业务系统。北京外汇管理部在全国率先开发的网上验资询证核对系统，目前即将进入试运行阶段。该系统的使用将大大提高验资询证工作效率，缓解柜台压力。二是推出网上填报外商投资企业外汇年检。该系统可自动汇总企业填报的经过审核通过的“外汇收支情况表”，避免了外汇局二次数据录入和手工统计，既简化了手续，便利了企业，也保证了数据精确度。2006年，北京地区共有8 085家企业填报了网上年检数据，外汇年检参检率为90.08%，同比提高了7.02个百分点。

三、国际收支管理

（一）国际收支统计监测系统全面顺利升级

北京外汇管理部克服人员少、北京总行级机构众多的困难，完成了对在京总行、北京银行及外资银行北京分行的业务系统接口程序的验收工作；对辖区内27家外资银行及北京银行、北京农村商业银行的106名国际收支统计申报从业人员进行了专门辅导和培训；完成了1 400家金融机构的基本数据录入，并就国际收支统计监测系统升级事项通过所辖银行机构营业网点向社会进行公告、宣传；2006年12月4日，招行、建行成功接入新系统。

（二）北京市同城外币票据清算系统正式投入运行

2006年，北京外汇管理部积极探索外币清算工作新思路，完成了以电子签章为技术支持的北京市同城外币清算系统建设工作，并于8月1日起正式投入运行。外汇局领导专程视察了北京外币清算中心，对新系统给予了充分肯定。为加速外币资金周转速度，提高外币清算效率，北京外汇管理部还将清算时间由过去上午一场，改为上午、下午各一场，受到了会员单位的普遍欢迎。

（三）大力推动小额本外币双向兑换业务在北京试点

2006年上半年，北京外汇管理部两次派员出国进行了考察，在考察报告中提出了开展小额外币双向兑换业务的具体建议，得到胡晓炼局长的重要批示。10月下旬，外汇局原则同意北京与上海同时试点。北京市政府向外汇局出具了积极支持试点工作的书面意见。市政府副秘书长召开了包括市国资委、市工商局在内的13个相关部门的试点协调会，并成立试点工作领导小组。目前，各项试点准备工作基本就绪。

（四）积极开展现场和非现场核查，加大监管力度

针对国际收支申报非现场核查、结售汇统计中发现的问题，北京外汇管理部先后对中行北京分行等11家银行的国际收支申报业务和2家银行结售汇业务开展了现场核查，发现问题126起，涉及金额8 294万美元；根据现场检查中发现的问题，对1家银行进行了通报，对1

家银行予以警告的行政处罚，并拟对1家银行予以罚款，没有出现被罚主体申请复议的情况。此外，北京外汇管理部共完成了459家银行结售汇、外币代兑机构授权、外币调期等准入业务的行政许可审核工作；先后4次对1 000余名银行外汇业务从业人员进行了全面的外汇管理法规培训。

四、外汇检查工作

2005年11月至2006年12月底，北京外汇管理部共完成专项检查6个，检查企业42家、银行5家；办理各类案件35件，其中外汇局交办案件4件、举报和自查案件27件；立案23件，结案22件，结案率为96%；收缴罚款446万元，收缴率为100%。

（一）积极协助外汇局组织开展银行自有外债和部分外汇业务合规性专项检查

2006年9月下旬，外汇局组织开展了对部分地区银行自有外债和部分外汇业务合规性的专项检查。11月2日至12月6日，北京外汇管理部协助外汇局组织了对辖内中信银行总行及营业部、英国渣打银行北京分行、日本瑞穗银行北京分行三家银行的现场检查。发现了被查银行短期外债超指标、结售汇头寸超限额、报送外汇贷款数据错误等问题，并形成了检查报告上报外汇局。

（二）自主专项检查工作取得良好效果

一是针对北京地区个人结汇增长突出的问题，北京外汇管理部领导亲自带头开展了北京地区个人跨境资金流动专项检查，提出了完善个人外汇管理，限制非正常跨境资金流入等政策建议。部分政策建议随后在外汇局出台的个人外汇政策中被采纳。二是自主开展了旅游项下外汇收支专项检查。顶着部分旅行社不配合、拖延检查的压力，圆满完成了对20多家旅行社的调查，上报的调查报告得到外汇局领导的批示。并对8家旅行社进行了现场检查，案审会集体审议通过了对8家旅行社违规行为的处罚决议。三是对新加坡星展银行外债业务进行了专项检查。通过运用非现场与现场监管信息进行比对分析，发现了该行存在的外债变相结汇问题。检查过程中总结的相关检查经验和办法得到了外汇局的肯定，并在随之开展的全国性银行外债业务专项检查中得到了推广和应用。

（三）加大案件查处力度，规范涉汇主体经营行为

2006年，北京外汇管理部在查处日常案件的基础上，继续加大对外汇局督办案件的查处力度。一是北京恒兆置业有限公司外汇违规案件进入行政处罚阶段。对该公司擅自将外汇存放境外的逃汇行为处以233万元人民币罚款。目前罚没款已收缴完毕。二是完成了新世界集团下辖的北京丽高房地产开发有限公司、北京崇裕房产开发有限公司、北京崇文新世界房地产发展有限公司三家公司外汇违规行为的现场检查，针对上述三家公司存在的擅自将外汇存放境外的逃汇行为、违规结汇以及非法套汇行为，处以累计75万元人民币罚款。

（四）严厉打击外汇非法买卖行为，破获“3·06”专案

北京外汇管理部根据日常检查中发现的非法买卖外汇案件线索，协调公安部门对700多个账户进行全面核查和监控，并赴温州、深圳等地调查涉案嫌疑人的资金流向，大致掌握了外汇非法交易团伙的组织结构和活动情况。经过一年零三个月的

精心准备，2006年9月13日下午6时许，北京外汇管理部联合北京市公安局采取突击行动，一举捣毁了以陈某等人为首的3个非法买卖外汇团伙，成功抓获主要犯罪嫌疑人10名，现场扣押和冻结的资金折合人民币1 500多万元。“3·06”专案的破获对于整顿和维护北京地区良好的外汇市场秩序，遏制非法资金交易活动具有积极的意义。

（王振芳）

中国银行业监督管理委员会北京监管局

局长　王兆星（兼）

2006年，在中国银监会党委的正确领导下，中国银行业监督管理委员会北京监管局（以下简称北京银监局）按照“改革创新、科学监管、确保稳定、促进发展”十六字方针，扎实推进各项工作，监管思路更加明确，监管工作更加深入、细致，监管有效性、持续性明显增强，有力维护了首都银行业的安全和稳定。

一、深入推进不良贷款“抓降”和案件专项治理，“三下降”目标顺利实现

加强了新增不良贷款分析监测，严密监控贷款质量下行迁徙情况。督促各机构加强信贷管理和不良贷款核销力度。要求各机构实事求是改善资产质量，保证不良贷款余额、比例下降的真实性。截至年底，辖内中资银行机构本外币不良贷款余额比年初减少46.2亿元，不良贷款比例比年初下降0.84个百分点，不良贷款实现“双降”，资产质量进一步改善。

建立了案件专项治理工作责任制，开展了案件专项治理情况大检查，增进了各机构间案件专项治理工作情况交流。截至年底，辖内银行业金融机构累计发生案件数及百万元以上案件数较上年降幅均为75%，案件专项治理工作成效明显。

二、促进改善小企业融资、支持“三农”、开展中间业务创新，“三促进”工作取得明显进展

促进小企业贷款机制创新，改善小企业融资服务。确定了“适度指导、以服务促发展”的工作思路，提出“三要”、“三不”准则和“三加大”系列服务举措。汇编《小企业融资法规手册》，指导各行依法合规开展业务。采取多种有效形式指导学习借鉴有益经验。积极与北京市发展和改革委员会等部门合作，改善小企业融资环境。辖内银行业金融机构积极探索“六项机制”创新，支持小企业融资工作取得明显进展。截至年底，辖内中资银行（不含北京农村商业银行）小企业贷款余额801.4亿元，比年初增加254.8亿元，增长46.62%；小企业表内外授信余额1 096.6亿元，比年初增加297.7亿元，增长37.26%。

围绕支持新农村建设，确定了四家重点支农机构，明确了各机构的重点工作内容。及时跟踪支持新农村建设的信贷发放情况，引导各机构加大支农信贷投入力度。建立支农合作机制，推动辖内多家机构与北京市农委签署《新农村建设合作协议》。支持首都新农村建设工作初见成效。

支持金融创新，鼓励发展中间业务。制定《2006年金融创新监管工作意见》，明确了金融创新监管目标任务，细化工作措施。分别与银监会、“一部二局”、辖内银行业金融机构建立金融创新监管政策反馈机制、创新信息传递机制，开展了辖内跨市场创新业务研究。截至年底，审批新业务4项、备案新业务79项。辖内15家外资银行获准开办人民币业务，24家外资银行可从事全面外汇业务。1～12月，辖内商业银行本外币中间业务收入累计63.84亿元，同比增长36.88%，中间业务收入占营业收入的比例为3.5%。

三、深入开展治理商业贿赂工作，取得良好效果

成立银行业治理商业贿赂领导小组，建立了信息报送、工作周报、月报和联络员等工作制度，指导辖内机构开展专项治理工作。积极组织开展专题调研，详细进行摸底排查，有序推进自查自纠工作深入开展。加强标本兼治，督促辖内机构通过建立健全内控制度、调整考核激励机制、加强合规文化建设、完善信息披露制度，建立长效机制。

四、推进商业银行临柜业务服务质量评价工作，服务质量明显改善

制定《商业银行临柜业务服务质量评价办法》，明确临柜业务服务品质评价的标准。分阶段稳步推进评价工作，年内开展了两次大规模的现场评价。两次通报评价结果，推广经验、鞭策后进。此项工作的开展极大地促进了辖内商业银行树立“客户为本”的理念，进一步提高服务水平，改善营业环境，提升柜员素质。

五、合理配置监管资源，探索科学监管取得突破

优化调整了监管组织架构，增强了监管力量。实现现场检查和非现场监管的专业化分工，在监管处室内部分设非现场监管组和现场检查组，设置主监管员、主查人等专业技术岗位。

重新梳理和再造监管业务流程，形成“信息采集加工——日常监管分析——风险评价——监管评级——后续监管”五阶段监管业务主流程。

构建配套制度框架，完成监管类岗位说明书制定，试行监管专业职务序列管理体系和监管专业人才培养规划体系。

六、进一步完善和推进监管评级体系建设，为实施分类监管奠定基础

建立了以“CAMELS＋O”和“ROCA＋O”为主要指标的法人商业银行和非法人商业银行监管评级体系，并运用该体系在辖内统一开展监管试评级工作。在此基础上，根据综合评级结果所表明的风险级别，明确分类监管重点，采取针对性监管措施。

七、实施专业人才培养规划，专业化队伍建设取得积极进展

制定并实施《监管专业人才培养规划》，确定了培养目标、重点培养领域和具体的培训措施。陆续分专业开展培训，组织开展了基础理论类考试。广拓培训渠道，选派职员参加各类外部培训机构举办的监管业务培训班，赴国（境）外参加不同内容和形式的监管业务学习和培训，参加银监会组织的各类培训和学习。创新培训方式，积极开发网络培训系统。

八、构建履职后评价与问责机制，促进有效监管成效初显

建立了监管履职后评价和监管问责制度，实行问责与激励相结合的考评机制。组建履职后评价处，成立问责委员会，初步建立了以《监管履职尽职后评价办法》和《监管问责办法》为核心的评价与问责制度体系。

实时评价与重点评价相结合，分阶段推进履职后评价工作。相继开展信访工作、机构及高管类行政许可工作试评价。建立了“现场检查履职评价监测平台”，对现场检查实时监测和评价。对涉及监管处室较多、业务风险较大的重点领域进行了重点评价。

完善评价工作相关制度，确保履职评价质量。及时制定了《监管问责委员会工作规则》、《履职后评价项目质量控制办法》、《现场检查后评价监测制度》。监管履职后评价和问责的实施，为评价监管行为、监管效能、监管人员提供了标准，为发现监管差距提供了方法，起到了系统监控监管质量、监督保护监管人员的重要作用，有力地促进了监管工作的规范化和有效性。

九、坚持调研与监管相结合，重大课题和专题调研工作成果丰硕

围绕全局中心工作、热点问题开展重大课题调研。成立跨处室专题小组，集中力量对全局六项重大课题开展调研。注重调研成果评价与运用。制定《重大调研课题成果评审标准》，召开成果评审会，对重大调研成果进行了评审，对其中特别突出的14项调研成果进行了全局通报表彰。同时，积极运用调研成果，将部分调研报告转发辖内参阅，作为风险提示的重要手段，并及时上报银监会、北京市委、市政府和中办、国办，为领导决策提供参考。在全局的共同努力下，调研工作取得了可喜成绩，形成了一批内容丰富、针对性强、有深度、质量高的调研报告。

十、以促进监管为核心，党建工作和各项基础性工作呈现新局面

深入开展学习践行党章活动，促进了基层党组织和党员队伍建设。推进党风廉政建设，持续开展反腐倡廉教育，党员及党员领导干部遵守廉洁从政从业纪律的自觉性明显增强。

领导班子建设进一步加强，公开选拔领导干部的力度加大，后备干部的培养教育得到增强。纪检监察、廉政建设工作起到保驾护航作用。宣传思想教育、青年团和工会工作生动、多样，对促进职员爱岗敬业，增强队伍凝聚力发挥了重要作用。

监管和市场准入制度建设不断深入，有效提高了准入工作的效率和透明度。统计分析及科技工作为监管工作提供了有力支持。办公、财务、后勤工作为全局各项工作顺利开展提供了重要保障。

（阴亚静）

中国证券监督管理委员会北京监管局

局长　张新文

2006年是我国证券期货市场发生历史性重大转折的一年，也是一线监管任务格外繁重的一年，在中国证券监督管理委员会党委的直接领导下，中国证券监督管理委员会北京监管局（以下简称北京证监局）努力实践"三个代表"重要思想，坚持科学发展观，强化依法行政，认真贯彻国务院《关于推进资本市场改革开放和稳定发展的若干意见》要求，全面落实全国证券期货监管工作会议的部署，围绕总会党委关于资本市场改革发展的重大战略决策和中心任务，求真务实，开拓创新，切实防范和化解市场风险，在积极推动首都证券期货市场持续健康发展上取得了新的成绩。

截至年底，北京辖区共有上市公司92家，占全国的6.42%；上市公司股份总额为7 673.03亿股，占全国的51.68%；总市值达到50 029.48亿元，占全国的48.42%。辖区有证券公司16家，约占全国的11%；目前正常经营的证券公司为12家，其中11家资产总值约924.19亿元，同比降低4.51%；股票交易总额约6 169.49亿元，同比增长38.60%。辖区有证券营业部172家，约占全国的6%，证券服务部14家，股票交易总额约13 181.57亿元，同比增长218.17%。基金管理公司11家，管理基金63只，资产总额2 000多亿份；基金分公司29家、投资咨询机构20家、外资代表处47家。期货经纪公司20家，期货代理交易额23 009亿元；营业部33家，代理交易额4 562亿元。境外持证企业11家。辖区证券从业人员约7 000人（包括证券公司、营业部、基金管理公司从业人员），投资者近180万户。

2006年，北京证监局积极落实中国证监会关于资本市场改革和发展的一系列重大举措，全面履行辖区一线监管责任制，扎实做好各项监管工作。在日常监管方面，北京证监局注意结合新形势和新要求，重新修订各项工作规程，不断改善工作效率，提高工作水平，确保工作质量。一是较好地完成了各类监管对象的年度检查、日常巡查、专项核查和非现场监管工作；二是坚持依法行政，严谨细致地做好行政许可工作，共完成行政许可189项；三是加大稽查办案力度，全面提高办案质量，共完成4项案件调查和10项案件协查工作；四是认真办理信访投诉，共处理各类信访投诉192件，真正做到程序严谨、善始善终，让每个投诉人满意而归，充分体现了为投资者服务的宗旨。

一、围绕一线监管中心任务努力工作，取得了实实在在的成绩

1. 全力推进股权分置改革取得显著成果。作为国务院股改领导小组确定的11个重点地区之一，北京证监局明确将推进辖区股改作为工作的重中之重，抓紧时间，持续推动，一司一策，扎实工作，于年底前完成了全部84家上市公司的股改工作，其中74家完成股改，10家进入股改程序。

2. 巩固清欠效果，建立长效机制，防范前清后欠。截至7月初，北京辖区全部完成了上市公司清欠任务，为防止“前清后欠”，北京证监局建立长效机制，下半年集中精力对辖区47家上市公司进行了专项检查，对30家公司进行了现场回访，现场监管覆盖面达55%以上，有效防范了清欠成果出现反复。

3. 证券公司综合治理工作取得明显成效。2006年，北京证监局加大了辖区高风险证券公司督促整改和风险处置的工作力度，先后对中关村、科技、天勤、华夏4家证券公司实施了行政托管和清理；积极推进北京证券、银河证券、民族证券的重组工作；按照“责任到人、细化到月”的原则大力督促首创证券、民生证券、航空证券三家公司进行整改。经过各方努力，辖区证券公司的风险得到有效释放，证券公司的违规行为得以遏制，证券公司的规范程度、内控能力和抗风险能力得以加强，综合治理取得了明显成效，为证券公司进入常规监管，打下了良好的基础。

4. 清理整顿市场秩序取得一定成绩。2006年，北京证监局继续大力整顿市场秩序，确保为投资者提供良好的市场环境。一是针对投资咨询机构违规执业投诉率高的实际情况，积极采取行动，持续施加监管压力。截至年底，北京辖区咨询机构会员剩余不到100个，异地会员不足20个。二是继续对非法证券网点保持高压态势，发现并清理关闭了1家违规证券服务部，清理了10个营业网点。

5. 市场诚信文化建设初步打开局面。2006年，北京证监局把辖区市场诚信文化建设作为一个重要工作来抓，并确立了五个切入点。一是充分利用辖区治理商业贿赂专项工作的大好时机，督促辖区各监管对象加强教育、整改不足、健全制度，诚信经营。二是充分利用地方精神文明建设系统的平台作用，以行业创建精神文明等活动为载体推动证券期货经营机构加强诚信文化建设，提升服务质量和形象。三是注重监管创新，通过建立行业信用管理体系，从形成诚信标准和理念、加强培训教育和宣传、建立信用信息管理系统和信用管理若干制度办法四个方面着手，整体推进诚信建设。四是加强公司治理培训力度，强化辖区上市公司高级管理人员的诚信和守法经营意识。

二、围绕提高监管效能不断开拓创新，取得了事半功倍的效果

2006年，北京证监局进一步加大了调研力度，努力通过调研更深入准确地掌握情况，分析问题并提出建议。以调研为基础，围绕提高监管效能，开展了监管创新活动，取得良好效果。

1. 建立并完善期货经纪机构动态监管工作机制，提高监管工作的主动性。为更好地防范和化解期货经纪机构经营风险，北京证监局对辖区期货经纪机构采取了动态监管措施，一方面动态跟踪、总体把握辖区期货机构的财务和经营情况，把握公司的抗风险能力，及时发现机构的异常情况，有效地采取监管措施，主动掌握风险状况，另一方面主动查看期货机构的交易、持仓情况和期货市场的各品种行情变化情况，努力做到早发现、早处置。

2. 在上市公司信息披露监管上积极创新，提出年报审核“四合一”标准。通过制定“公司年报审核 + 审计底稿审核 + 期后事项现场核查 + 公司调研”的上市公司审核/审计模式，提高了年报审核工作的质量。

3. 成立并充分发挥专业性工作小组的作用，为监管工作提供决策支持。成立了会计专业小组等专业性工作小组，有效发挥了学习、研究和提供专业支持三项功能。

4. 积极利用地方政府和其他金融监管机构资源优势，推动建设辖区综合监管体系。本着协调、配合、尽责的原则，目前北京证监局已与北京市国资委签署了《监管协作备忘录》，对上市公司和控股股东规范运作、清欠解保和股权分置改革进行综合监管；与北京银监局就共同构建银行类上市公司综合监管体系达成共识，正式签署了《监管协作备忘录》。为更有效地打击非法证券经营活动，在北京证监局积极推动下，由北京市政府牵头，北京市公安局、北京市工商局、北京证监局、北京银监局等部门发挥各自职能优势，成立了北京市打击非法集资和非法证券经营活动工作协调小组，其中打击非法证券经营活动办公室设在北京证监局，为建立打击非法证券经营活动联合快速反应机制打下良好的基础。

（仲晖林）

中国保险监督管理委员会北京监管局

局长　丁小燕

2006 年，在中国保监会和北京市委、市政府的正确领导下，北京保险业认真贯彻落实全国保险工作会议关于“速度、效益、诚信、规范”的要求，积极开拓、努力创新，行业发展环境进一步优化，结构调整步伐加快，增长方式继续转变，防范风险和发挥保险作用等各项工作取得了新成绩，实现了“十一五”时期的良好开局。

2006 年，北京地区累计保费收入 411.5 亿元，同比下降 17.4%。扣除不可比因素（以下分析均扣除不可比因素），实现保费收入 389.8 亿元，同比增长 27.8%。其中财产险保费收入 84.4 亿元，同比增长 24.8%；寿险保费收入 253.9 亿元，同比增长29.5%；健康险保费收入43.6亿元，同比增长25.3%；意外险保费收入7.9亿元，同比增长22.3%。全年新增13家保险公司，现有经营性保险公司57家。其中保险公司分公司47家，包括产险分公司19家、寿险分公司25家、再保险分公司2家、政策性保险公司营业部1家。直接在京营业的保险公司总公司10家，包括产险总公司3家、寿险总公司7家。截至年末，保险公司资产总额1 259.4亿元，比上年末增长了18.4%。保险专业中介机构255家，兼业代理机构7 021家，保险营销员5.1万人。

一、落实国务院和北京市政府保险业改革发展有关文件精神，营造良好发展环境

2006年，中国保险监督管理委员会北京监管局（以下简称北京保监局）结合行业情况，深入贯彻落实《国务院关于保险业改革发展的若干意见》（国发［2006］23号），加大了与政府各部门的沟通协调力度，保险业的改革发展得到了北京市政府领导的高度重视。10月12日，北京市政府领导听取了北京保险工作汇报。11月16日，北京市政府下发了《关于贯彻落实国务院保险业改革发展有关文件的实施意见》（京政发［2006］43号）。12月1日，北京市召开保险工作座谈会，中国保监会副主席周延礼和北京市政府副秘书长黎晓宏出席会议并讲话，部分区、县政府领导和市政府有关部门负责人参加了会议并交流经验。

2006年12月，北京保监局根据国务院23号文件和北京市政府43号文件精神，发布了《北京保险业发展“十一五”规划》，进一步明确了“十一五”时期北京保险业改革发展的预期目标和各项政策措施。

二、积极引领行业发展，服务首都现代化建设

（一）积极服务经济发展

2006年，北京保险业累计承担风险总额8.6万亿元，支付各类赔款和给付84亿元，同比增长11.4%，有力地保障了经济社会的稳定运行。政策性出口信用保险为北京地区外贸出口提供了26.9亿美元的收汇保障，同比增长76.7%，占一般贸易出口额的13%，有力地支持了企业“走出去”。北京保险业为人民群众未来的养老和医疗积累责任准备金1 337亿元，较上年末增长23.2%。

（二）积极发展“三农”保险

2006年，北京保监局继续实施“农保工程”，大力推动保险业服务新农村建设，全年农业保险保费收入同比增长了1.2倍。参与研究并推动北京市政策性农业保险制度的制定和出台工作。支持保险公司稳步扩大农业保险承保范围和险种，鼓励保险经纪公司、专业农险公司探索参与“三农”保险的新方式。积极引导保险公司在郊区加大投入力度，合理布局网点，2006年，共有15家保险公司在北京10个远郊区县新设51家营销服务部，占同期新设营销服务部的65.4%。

（三）认真落实交强险制度

为落实机动车第三者责任强制保险（以下简称交强险）制度，北京保监局组织全行业开展信息平台开发建设，建成了与《机动车交通事故责任强制保险条例》完全配套的交强险信息库，为建立“奖优罚劣”费率浮动机制创造了条件。同时，推动行业建立了交强险无责赔付简化处理机制，方便被保险人。

（四）大力发展责任保险

北京保监局始终把推动责任保险发展

作为保险业辅助政府管理社会，服务和谐社会建设的重要工作，医疗责任保险、校方责任保险、建筑工程质量保险、火灾公众责任保险等各类责任保险取得了新发展。2006 年，参加医疗责任保险的医疗机构共 393 家，保险行业承担赔偿责任限额 3.5 亿元，调处医疗纠纷 1 412 件。全市 2 795 所学校、幼儿园投保校方责任保险，公立学校、幼儿园的覆盖面达到 100%，中专、技校和私立学校覆盖面达到 80%，受保障人数达 161.9 万名。

（五）积极支持奥运建设

在北京保监局的积极倡议下，中国保监会有关部门、北京奥组委、人保总公司及其北京分公司共同组成了“奥运保险协调工作小组”，建立多层面沟通协调机制，研究奥运风险管理和保险问题。加强与行业内各保险公司沟通，积极协调解决奥运会期间车辆保险转保等实际问题。

三、加强保险监管力度，切实防范化解风险

（一）着力规范经营行为

2006 年，北京保监局为加强市场行为监管，对 5 家保险公司和 14 家中介机构进行了 43 次现场检查，重点检查内部控制、交强险业务、银保业务、航意险业务等情况。严肃查处各类违法违规行为，共处罚违法违规机构 12 家（次），处理相关责任人 1 人；对 71 家（次）的保险机构采取了监管谈话等非行政处罚监管措施。认真细致做好信访投诉工作，加强信访回访和督查，全年共处理书面信访投诉 139 件。

认真做好治理商业贿赂专项工作，根据保监会关于治理商业贿赂工作的总体部署，结合北京保险市场实际，研究制订实施方案。开展了治理商业贿赂专项工作培训，统一思想认识。在全系统认真开展了自查自纠工作，北京保监局加强了调研和督导，并将治理商业贿赂和现场检查相结合，治理工作取得了阶段性成效。

（二）着力夯实监管基础

加强监管制度建设，针对市场突出问题，北京保监局相继下发航意险和投标业务等规范性文件，进一步规范保险公司市场行为。稳步推进保险兼业代理改革试点，制定保险兼业代理机构管理规定。研究建立了行政处罚和非行政处罚内部实施规程，规范行政执法行为，提高了监管效能。加强了风险信息档案及风险提示制度建设，落实分类监管要求，初步建立起动态风险预警体系。

强化保险公司高级管理人员管控责任，研究制定了高级管理人员履职情况监管办法和培训、考试管理办法。组织辖内保险公司 600 多名高管开办 3 期培训班，加强宏观经济形势、监管法规政策宣导。完善保险信息系统建设需求，认真做好兼业代理试点准备工作。

（三）着力加强行业自身建设

北京保监局扎实推进保险业诚信建设，按照《2006 年北京保险业诚信建设工作方案》要求，有计划、分步骤地开展诚信教育和社会主义荣辱观教育，着力提升诚信经营意识，提高了从业人员自身素质及公司服务品质。组织 25 家保险公司开展了创建文明行业规范化服务达标活动，扎实推进达标自查互查和整改提高工作。落实《保险营销员管理规定》，全行业实现了营销员 100% 持证上岗。继续完善北京寿险营销员警示信息制度，初步建立了从业人员信用信息档案和失信惩戒机制。

行业自律和合作进一步增强。北京保

监局指导行业协会加强了行业规范和标准建设，相继出台了交强险自律公约和意外险、健康险的服务规范。全行业合作建立了交强险无责赔付简化处理机制，进一步推动车险理赔快速处理工作，7家产险公司联合打击车险骗赔活动取得了积极成效。2006年，北京保险行业协会不断深化专业化改革，北京各保险中介机构组建成立了北京保险中介行业协会。

（李　斌）

金融机构

国家开发银行营业部

2006年，国家开发银行营业部（以下简称国开行营业部）在北京市各级政府和各监管部门的支持帮助下，认真贯彻国家开发银行总行（以下简称国开行总行）确定的“抓好党建，办好银行，支持经济”和创建国际一流市场业绩开发性金融机构的办行方针，深入学习贯彻开发性金融理论，积极支持首都经济社会发展，各项工作继续保持稳定发展态势。截至年底，国开行营业部信贷资产增长到892亿元，同比增长34%；贷款本息累计回收率99.95%，不良贷款率0.09%；实现营业利润11.19亿元，同比增长22%。年内，国开行营业部荣获“全国五一劳动奖状”等荣誉称号。

2006年，国开行营业部内设处室13个，在职员工124人。

积极推动京津冀区域科学发展　提出京、津、冀三地分行联动的构想，得到天津、河北分行积极响应，并主办国家开发银行、国家发展和改革委员会“行委”联席会议，推动京津冀都市圈规划落实和区域协调发展。国家发展和改革委员会对建立“行委”联动机制给予了积极评价，表示要进一步推广到“长三角”区域规划中，建立合作典范。国开行营业部集中力量对京津冀区域发展、文化创意产业、高新技术产业等16个首都“十一五”重点发展领域进行调研，形成50万字的研发报告。按照国开行总行统一部署，组织力量编制完成了《国开行营业部对北京市“十一五”融资发展规划的建议》、《国开行营业部“十一五”科学发展规划纲要》，进一步增强发展的科学性与主动性。

支持首都国有企业重组改制　为贯彻中央方针政策，落实国开行总行精神，国开行营业部结合北京市国有经济发展实际和未来规划方向，积极与北京市国资委开展合作，主动参与国有企业改制重组和产业创新工作。首钢搬迁项目是落实中央关于北京城市总体规划、解决环境保护问题、实现“新北京，新奥运”目标、促进华北和环渤海地区钢铁产业布局调整的一项重要举措。国开行营业部积极同首钢总公司、北京市及国开行总行有关部门沟通联系，2006年11月，国开行营业部同首钢总公司正式签订70亿元资金借款合同，首笔贷款已发放。

支持科技创新发展　积极推进与清华

大学、北京大学的开发性金融合作。关注支持具有知识产权的科技创新项目，为清华控股、北大方正、TD－SCDMA、神州数码等项目提供贷款支持。继续通过直贷、集合担保、再担保等多种方式支持中小企业发展，向北京地区中小企业提供贷款4.2亿元，支持了30多家高科技中小企业，对缓解北京地区中小企业融资难起到了支持作用。

支持首都新农村建设 向市政府报送开发性金融支持首都“三农”发展的措施和建议，被市政府列为新农村建设“折子工程”。与北京市农村工作委员会签订支持新农村建设合作协议，支持农民工转岗培训，有力配合了区县“新农村”建设。截至年底，国开行营业部已全部完成北京市及18个区县开发性金融合作协议签订工作，为结合“十一五”发展，以融资链覆盖项目链，长期支持首都社会主义新农村建设奠定坚实基础。截至年底，国开行营业部累计向京郊“新农村”建设发放贷款150亿元。

大力促进同业合作 与北京辖内11家银行及信托机构开展业务合作，丰富市场产品，引导社会资金流向。积极推动中国扶贫基金会微小企业贷款项目开发工作。参与承办2006年第一次资金平台会，顺利完成资金平台工作计划。创新操作CDS连接联合贷款业务，有效缓解了担保资源约束。

业务创新成效显著 不断开阔思路、创新模式，推动创新业务发展。积极推进与清华大学、北京大学的开发性金融合作，支持自主创新项目；大力落实国开行总行与国台办、国家民委、商务部、全国供销合作总社的开发性金融合作；与中国扶贫基金会合作推进微小企业贷款工作；提出京、津、冀三地分行联动的构想，集中对首都“十一五”重点发展领域进行调研；积极支持农村信用社改制，共同促成北京农村商业银行按期组建挂牌。

党建与内部管理不断深入 继续贯彻“抓好党建，办好银行，支持经济”的办行方针，深入开展党员先进性教育活动，组织“重走长征路”活动；全面启动商业贿赂专项治理工作，与北京市监察局建立联合监督检查机制。国开行营业部获“全国五一劳动奖状”，国开行营业部团委荣获“全国‘五四’红旗团委创建单位”称号。

（靳雅茜）

中国进出口银行总行营业部

总经理　戴春宁

2006年，中国进出口银行总行营业部（以下简称进出口总行营业部）认真贯彻落实科学发展观，以实现战略转型为主题，以转变经营理念为主线，深入推进改革，加快金融创新，积极贯彻落实国家市场多元化战略、科技兴贸战略、“走出去”战略和能源安全战略，立足本职，真抓实干，出色完成各项工作任务，并保持良好发展势头。进出口总行营业部建立健全了以出口信贷为龙头，贷款、保函、存款、结算“四位一体”的经营格局，支持了高新和机电产品、成套设备出口、对外承包工程和境外投资项目，提供了进口信贷、贸易融资等新的业务，较好地体现了政策性与效益性的结合，有力促进了中国企业开展对外经济合作。

截至年末，本外币贷款余额781.58亿元，较年初增加248.95亿元，完成全年计划的161.66%。其中出口卖方信贷余额731.50亿元，较年初增加209.44亿元；新增额同比增长178.25%；出口买方信贷余额5.99亿美元，较年初增加4.68亿美元，同比增长357.25%；进口信贷实现零的突破，贷款余额达到2.50亿元。2006年累计办理国际结算和结售汇80.70亿美元，完成全年计划的230.57%，同比增长49.58%；累计办理对外担保33.82亿美元，完成全年计划的241.57%，同比增长24.48%。不良贷款余额和不良贷款率连续第五年保持“双下降”。不良贷款余额为10.19亿元，不良贷款率为1.30%，分别较年初下降4.65亿元和1.49个百分点。全年实现利润4.67亿元，完成全年计划的104.77%，同比增长1.97亿元。

一、坚持以市场为导向，以客户为中心，按照“五个并举”、“五个重点”的市场营销策略加强信贷业务的营销工作，进一步扩大市场开发的广度和深度

“五个并举”、“五个重点”市场营销策略指大中小企业并举，重点做好已签订战略合作协议大企业的营销；新老产品并举，重点支持能源、资源类的买方信贷和海外投资贷款项目；买卖信贷业务并举，重点支持卖方信贷“走出去”项目和推广买方信贷安哥拉模式；进出口信贷并举，大力发展出口信贷业务，重点支持高技术及其设备进口业务；京内外辖区并举，重点开发中央与北京企业业务。通过采取上门营销、组织和参加辖内业务推介活动等多种手段，进一步巩固和发展了优质客户群。累计开发了11家大型优质客户；累计开发项目54个，其中1亿元以上项目45个，批贷金额592.83亿元，同比增长64.93%。2005年与13家国有大型企业签署的战略合作协议逐步落实，累计合作开发项目7个，批贷金额53亿元。

二、坚持以满足客户多样化资金需求为己任，大力推进信贷产品创新，努力提高核心竞争力

一是推广“安哥拉模式”。认真落实安哥拉出口买方信贷总协议，完成一期项目，启动了二期项目，累计批准项目27个，批准贷款17.33亿美元，放款4.23亿美元，取得良好的经济效益、社会效益和示范效应。同时，抓住商务部积极支持进出口总行营业部推广“安哥拉模式”的机遇，按照“一国一策”的创新思路，集中力量在非洲推动资源、信贷、工程“一揽子”合作，协议总金额超过100亿美元。“安哥拉模式”的有效推广，加强了中非合作，深化了中非友谊，对国家经济外交和统一大业都起到了很好的促进作用，得到党和国家领导人、国家有关部委和相关企业的高度评价。二是推进海外投资贷款。在项目范围上，形成了能（资）源开发、基础设施投资和股权并购并进的局面；在融资方式上，建立了法人融资、项目融资和组合融资协调发展的格局；在融资手段上，具备了独立融资、联合融资和银团贷款等灵活多样的手段。累计批准海外投资贷款328.03亿元，同比增长134.94%。三是通过国际通行的无追索项目融资方式、以买方信贷形式推进项目融资业务，积累了工作经验，扩大了进出口行在国际船舶融资市场上的影响。四是试办进口信贷业务。加强了与大型企业在石油、矿产资源和高新技术进口方面的合作联系，实现进口信贷业务“零”的突破。

三、坚持发挥“四位一体”整体经营功能，丰富业务品种与调整客户结构并举，积极发展高收益中间业务

一是大力开拓贸易融资业务。根据进出口总行《贸易融资管理办法》，进出口总行营业部有选择地向一些公司展开营销工作，建立了业务联系，办理业务2 700万美元，带来信用证业务385.3万美元。二是做好“两优”及转贷项下的中间业务。研究确定了部门间协作机制，加强了合作。累计办理优惠贷款和转贷项目项下保函业务6笔共8 441万美元，结算业务501笔共8.93亿美元，为其业务发展提供了有力的服务保障。三是积极开办海外代付业务，降低了融资成本，为进口押汇业务发展创造了较好条件。四是配合推广“安哥拉模式”。与国家外汇管理局及北京外汇管理部协调解决了赤道几内亚托管账户的开立问题。向安哥拉总协议项下项目开立保函26笔共计7.2亿美元，保证了协议的顺利实施。五是在保持船舶保函业务传统优势的同时，积极调整客户结构，加大了对大型海外承包工程和高新技术设备出口项目的开拓力度，开发了一批优质企业，担保客户集中度过高问题有所缓解。

四、坚持业务发展与风险防范并重，不断健全金融风险防范体系，提高风险防范的能力

按照“制度先行”的内控管理要求，不断完善内控制度体系，有针对性地制定了22项业务管理制度，从业务操作流程、贷（保）后管理、风险监测预警、风险事件处置、责任追究等方面完善了内控体系。高度重视中国银监会、北京银监局、进出口行监事会对进出口总行营业部的现场检查意见，认真制订整改方案，按照

“五个到位”要求逐一整改到位。继续深化防范操作风险和案件专项治理工作，分季度检查了会计核算、信用证开立、转贷支付、资金调拨、授信管理、企业评级等方面的合规性情况，进一步规范了业务活动，巩固了案件专项治理成果。借鉴以往贷后集中检查工作经验，集中3个月时间，从借款人现状、信贷资金使用情况、担保单位或抵（质）押物情况、贷后管理情况等方面，对6月末有余额的卖方信贷项目和保函项目进行了贷后检查，贷（保）后管理工作进一步加强。

五、坚持以人为本的思想，加强员工队伍建设，不断提高队伍的凝聚力和战斗力

一是高度重视创建“四好”领导班子工作。在系统总结进出口总行营业部成立以来领导班子建设经验的基础上，按照“四好”领导班子标准，研究制定了创建“四好”领导班子的工作措施，把创建工作纳入了制度化的轨道，并使之不断走向深入。二是坚持建设专家型人才队伍工作思路，积极为员工创造学习机会，先后安排159人次参加了40余次行内外培训。同时，要求各处每周安排半天时间学习业务，进一步提高了员工的实际工作能力。三是加强党支部建设。汇总印发了党支部工作制度，提高了党支部工作的规范化水平；相继开展“回顾‘十五’成就、展望‘十一五’前景”、“学党章、用党章”、“学哲学、用哲学”、“八荣八耻”、“学习江泽民文选”、党的十六届六中全会等专题教育活动，制作宣传板报8期，党员的思想政治素质进一步提高，保持共产党员先进性教育成果得到了巩固和发展。2006年3月被首都精神文明建设委员会授予“文明单位”称号；2006年7月被中国进出口银行党委授予“优秀基层党组织”称号。

（王 威）

中国农业发展银行北京市分行

行长 左 志

2006年，中国农业发展银行北京市分行（以下简称农发行北京分行）新一届领导班子明确了“担当首都新农村建设金融服务生力军”的战略发展目标，构建以粮油储备购销为主体、以支持农副产品生产和加工转化为一翼、以支持农业和农村中长期发展为另一翼、以中间业务为补充的“一体两翼”的业务发展格局，着力打造银政、银企、银银、银农、银保五个外部合作平台，切实发挥农业政策性银行在支持首都新农村建设中的金融骨干和支柱作用，为首都新农村建设提供了优质、高效的金融服务。截至年末，农发行北京分行共辖13个支行（部），在岗员工353人。资产总余额80.63亿元，比上年增加8.70亿元，增长12.10%。各项贷款余额75.99亿元，比上年增加8.92亿元，增长13.30%。其中政策性贷款余额64.53亿元，商业性贷款余额11.4亿元。全年累计发放各类贷款28.95亿元。负债总余额79.44亿元，比上年增加8.35亿元，增长11.75%。其中存款余额17.34亿元，比上年增加3.19亿元，增长29.11%。各项存款余额占同期总负债的21.83%。实现利润1.18亿元，比上年增加43.90%，首次突破亿元大关。人均利润同比增加11.24万元，资产利润率同比增加0.43个百分点。

政策性信贷业务 大力支持粮油储备购销。全年累计发放粮油储备贷款14.7亿元，支持企业完成储备粮轮换计划6.9亿公斤。支持8个区县政府建立了区县级粮食储备。配合有关部门，对北京市内存储的中央储备粮、地方储备粮及商品粮库存进行了全面核查。2006年粮价上涨期间，农发行北京分行合理安排信贷资金，支持北京市粮食主管部门通过竞价交易和定向采购等方式，签订购粮合同2.5亿公斤；全年配合政府粮食主管部门抛售市储备粮5.2亿公斤，加大了粮食供应力度，为首都粮食安全作出了突出的贡献。

商业性信贷业务 国务院第57次常务会议后，农发行的业务范围延伸到了农、林、牧、副、渔和农业科技贷款等领域，可全方位支持农业的产、加、销、贸、工等各个环节。农发行北京分行针对业务范围拓宽后的新形势，积极开办商业性信贷业务，全年实现业务收入906万元，累计发放商业性贷款14.3亿元。其中，国家化肥储备贷款97 261万元；流转粮油贷款18 970万元；加工企业粮油短期贷款9 800万元；粮油种子贷款9 000万元；地方储备糖贷款7 000万元；其他产业化龙头企业贷款500万元。农发行北京分行与北京市工商联、北京市农村工作委员会签订了合作框架协议，多次召开以“支持首都新农村建设”为主题的银政联席会议，在支持农业产业化龙头企业、种植养殖业、科技生态示范农业、设施农业等方面开展积极合作。与市农委、市妇联共同筹办了“农家女小额信贷”业务。对100多家农业产业化龙头企业进行逐户分析，建立了企业项目库，主动做好营销工作。对72户客户进行了信用等级评定，其中A级（含A级）以上客户45户，对重点大客户完成了内部授信的试点工作。

中间业务 截至年末，农发行北京分行的中间业务收入为53.49万元，同比增加4倍。与中国太平洋保险股份有限公司、中国人民保险股份有限公司、新华人寿保险公司签订全面合作协议，为客户代办企业财产险、机动车辆保险、短期人身意外险等多个保险产品。年末代理保险投保金额91 713万元，代理保费收入115万元，实现代理手续费收入7万元，比上年增长40%。

国际结算业务 首次开办国际结算业务，营销并办理国际结算业务160万美元。

信贷管理 加强信贷管理机制建设，制定了《转授权管理实施细则》、《低风险贷款操作规程》、《客户授信实施意见》、《商业性贷款风险预警及贷后评价暂行规定》等规章制度，进一步细化了低风险贷款审查审批各环节的程序，完成了企业征信系统存量数据的录入和增量数据的上报工作，顺利实现了新旧系统的切换，方便了客户部门对贷款企业情况的查询、监测。切实加强贷后管理四项制度，确保商业性贷款业务良性循环。建立定期回访制度，及时了解企业需求，提供优质服务；建立定期银企、银政座谈会制度，及时沟通反馈有关情况；建立定期分析制度，对已向其发放贷款的客户从深层次、多角度进行分析，及时关注行业出现的重大变化情况；建立分工明确的贷后检查制度，定期对重点客户、主要风险点进行监测，防止贷款被挪用和抽逃。

不良贷款清收　2006年年末，农发行北京分行以“抓双降”为工作重心，狠抓“清零”工程，下大力气多方面清收不良贷款，加大对粮食附营业务停息挂账占用贷款和其他贷款的清收力度，分支机构及时参与企业改革改制，坚持“债随资产走，资产和负债相统一”的原则，防范企业逃废债行为的发生，千方百计落实还款来源，努力做到应收尽收。认真开展贷后管理、风险预警及贷后评价等工作，有效防控商业性贷款风险。认真做好呆账贷款申报管理工作，全年核销不良贷款1 518万元。年末不良贷款余额91 806万元，比年初减少5 131万元，占比较年初下降2.37个百分点。全年无新增不良贷款。

客户营销维护　2006年，农发行北京分行积极转变服务理念，加强客户营销维护制度建设。明确提出“行长是首席客户经理”的营销理念，全年共营销新客户50余个，在全行形成了“全员搞营销”的良好氛围。建立了建行以来第一个客户维护制度，深化了“以客户为中心”的服务宗旨，对存款、贷款营销、贷款审查等业务操作流程进行整合，探索最合理的运作模式，坚持分、支行协调联动，进一步突破体制性障碍，加快前后台业务专业化、集中化的步伐。在坚持办贷程序和原则的基础上，合理减少办贷环节，有效提高办贷质量和效率，对低风险贷款开通了“绿色通道”，全力打造高效银行。

电子化建设　强化了对综合业务系统、大额支付系统、人民币银行结算账户管理系统和小额支付系统运行管理，安排专人对每天发生的支付系统业务进行实时监控，有效防范系统操作风险，提高了结算服务水平。完成了人民银行小额支付系统、企业征信系统的推广应用和农发行总行电子公文传输系统的升级推广工作。加强了对机房要害环节的管理，做好各种已上线应用系统的技术支持，加强网络运行管理，对三级广域备份网络建设和CM2006的上线运行工作进行了前期准备。

机构建设　2006年，农发行北京分行为进一步适应业务范围不断拓展和商业性信贷业务开办所面临的新形势，及时对内设机构进行了调整，将原设置的客户处调整为客户一处，增设客户二处。客户一处主要负责组织政策性和准政策性贷款信贷产品及其营销策略的研究开发、营销工作和运营及管理情况的综合分析；负责粮油市场信息收集、分析和发布，建立价格监测与分析制度。客户二处主要负责商业性贷款客户的营销工作和对商业性贷款发放、管理、收回的监督检查和指导工作；负责商业性贷款运营及管理情况的综合分析；负责保险代理等中间业务的管理、指导和监督检查等工作。

人力资源管理　2006年，农发行北京分行通过公开竞聘、民主投票，顺利完成了支行正副行长和中层干部、分行处级干部的竞聘上岗工作，全系统新提拔任用各级干部83人，形成了能上能下的新型用人机制。分行机关处室间交流干部28名，分行与支行间交流干部29名，支行与支行间交流干部17名，向农发行总行输送干部13名，人员配置不断趋于合理。实行了全员经理制，将全行员工划分为客户经理、服务经理和管理经理，年底评选出金牌经理20名。

企业文化建设 2006年，农发行北京分行全面推进企业文化建设，大力宣传农发行“建设新农村的银行”的职能定位和“至诚服务，有效发展，以人为本，构建和谐”的核心理念，加强视觉形象识别系统建设，提出创建和谐北京分行的目标，制订了集中推进企业文化建设实施方案，归纳出22条具体任务，层层分解落实到各部门，制订了全行性的“奥运服务培训计划”。加大了对外宣传力度，努力在社会公众中树立责任型、贡献型的形象；在客户中树立优质、真诚的形象；在北京市和区县政府心目中树立首都新农村建设金融服务生力军的形象。为畅通言路，建立了每周一次的行长接待日制度，全年共接待了33名来自支行、分行机关的干部职工及职工家属。积极开展群众性文体活动，承办了农发行华北地区羽毛球比赛，全年共组织开展文体活动45次，丰富了职工的业余文化生活，发扬了团队精神，凝聚了人心。

（曹燕红）

中国工商银行股份有限公司北京市分行

行长　易会满

2006年，中国工商银行股份有限公司北京市分行（以下简称工行北京分行）认真落实国家宏观调控政策，坚持以科学的发展观统揽全局，坚持现代商业银行的经营原则，积极应对股份制改革及经济金融形势的新变化和新挑战，深入转移经营重心，积极转变增长方式，纵深推进结构调整，突出加强风险控制，各项工作稳健均衡推进。截至年末，本外币总资产达11 830.78亿元，增加1 637.56亿元，增长16.07%；实现拨备前利润125.75亿元；账面利润为113.14亿元，增加3.41亿元，增长3.1%；各项存款11 517.6亿元，增加1 588.4亿元，增长16%；各项贷款2 075.3亿元，增加54.1亿元，其中人民币贷款1 933.6亿元，增加167.9亿元（剔除剥离因素）；中间业务收入18.2亿元，增加5.95亿元，增长48.56%。

截至年末，工行北京分行共有37家

二级分行（含分行营业部），121 家网点支行，162 个分理处，242 个储蓄所，在岗正式员工 13 320 人。

公司金融业务 工行北京分行合理把握信贷总量增长，深度调整行业、品种和客户结构，不断加强对优质行业和龙头企业信贷投放，AA-级和 A 级以上法人客户贷款占比达到 75.5% 和 92.4%，分别较年初提高 2.7 个和 5.22 个百分点，全年完成法人新开户 300 户，发放新开户贷款 191.65 亿元，同比分别增加 100 户和 52 亿元。深度挖掘大客户价值，加大对集团公司上下游企业和下属子公司的渗透力度，建立首席客户经理团队 176 个，锁定 111 家大客户，增加贷款 150 亿元。同时，在 4 家支行试点小企业信贷业务，向 45 户小企业发放贷款 3 亿元，取得小企业信贷业务的突破性进展。截至年末，法人客户人民币贷款余额为 1 571 亿元，增加 186.36 亿元，其中项目贷款增加 90.95 亿元，流动资金贷款增加 15.72 亿元，房地产开发贷款增加 60.71 亿元，票据贴现增加 18.97 亿元，全面实现法人信贷的恢复性快速增长。

机构金融业务 工行北京分行坚持“专业化管理、网络化营销、综合化服务”的发展原则，进一步完善总、分、支行三级营销网络和分、支行两级营销网络，加大对核心客户的营销力度，积极推进电子支付、现金管理、资金理财等新兴产品服务的捆绑营销，着力提升对大型客户的服务层次，确保负债规模稳步增长。截至年末，人民币对公存款（含同业）时点余额达到 7 825.49 亿元，同业占比 30.7%，较年初增加 1 304.66 亿元，增量同业占比 30.4%，对公存款（含同业）日均余额 7 163.2 亿元，同比增加 1 124.45亿元。深入调整对公负债结构，不断提高主动负债管理水平，制定完善各项存款管理办法，从严控制协定存款规模，严格执行同业利率管理办法，深入实施对公存款和对公理财产品“1+1”捆绑考核，全年销售对公理财产品 100 亿元。不断壮大客户基础，完成人民币对公新开户 15 085 户，时点余额累计 267.1 亿元，占全行对公存款（含同业）增量的 20.5%。

个人金融业务 工行北京分行以股改上市为契机，着力提升服务水平和创新能力，加快提升个人金融业务核心竞争力。深入实施优质客户战略，加强网点渠道建设，努力构建差异化服务体系，建成投产 22 家贵宾理财中心，初步形成 4 家 8n 财富管理中心、187 家理财中心、145 家一般理财网点、162 家金融便利店四个层级的立体化网点服务体系，新增理财金账户客户 8.4 万户，累计达到 33.55 万户，全行 5 万元以上客户金融总资产达到 4 164.38亿元，增加 424.58 亿元，金融资产占比 87.8%，较年初提升 2 个百分点。加大产品创新力度，进一步丰富个人客户产品线，推出与汇率、股票、信用挂钩的新型外汇理财产品、“珠联璧合”本外币合一理财产品、“金行家”美元账户和人民币账户黄金交易业务、利添利业务等。实施储蓄、国债、基金、保险和个人理财产品的“1+4”捆绑考核，不断改善存款结构，降低筹资成本。截至年末，储蓄存款余额达到 3 450.4 亿元，增加 241.9 亿元，继续保持同业首位。

中间业务 工行北京分行持续扩大信用卡发卡规模，提升发卡质量，全年新增信用卡 22.3 万张，是 2005 年发卡量的 3.66 倍，创近五年最好水平，累计实现直接消费额80亿元，内外卡收单交易295亿元，同比增长42%和44%。大力发展理财业务，将个人理财产品纳入个人金融业务“1+4”捆绑考核，将对公理财和对公存款实施“1+1”捆绑考核，销售理财产品实现中间业务收入5.05亿元。积极推进投资银行与批发业务融合互动，深入推广“理财+信托”、“理财+贷款”的综合营销模式，实现投资银行业务1.49亿元，同比增长175.6%。锁定500户国际业务重点客户，深入挖掘国际结算、外汇买卖、理财三类业务潜力，完成结算量439亿美元，北京同业排名第一，完成单证业务34.6亿美元，同比增长50.43%。狠抓中小企业结算市场，打造“中小企业金融服务专家”，取消开户注册资本限制，持续开展大规模推介活动，完成新开账户4 050户，销售套餐2 985个。加快拓展企业年金、资产托管等新业务，营销企业年金客户11个，户数7.3万户，托管资产521.58亿元，实现收入373.13万元。

电子银行业务 工行北京分行深入完善电子银行建设，实现系统内考核排名“六连冠”。加快示范工程建设进程，出台《示范工程实施细则》，新启动电子银行示范网点248家，累计达到273家，网点占比达49%。推出电子银行口令卡、电话支付、网上个人跨境汇出汇款等新业务，投产缴纳郊区电话费、联通手机充值、代客交易等多项新功能。托管河北、天津、山西三家一体化电子银行，成功投产电子银行中心成都分中心。截至年末，电子银行交易额达10.67万亿元，是2005年的1.81倍；电子银行业务收入达6 147万元，是上年的1.99倍；个人和企业电子银行客户新增116.12万户、2.16万户，分别完成任务的225%和108%；门户网站点击率达到28亿次，在全球银行类网站中排名第二，在国内保持第一。

风险管理 工行北京分行全面加强涵盖各种风险在内的风险管理体系建设。调整法人客户信贷管理体系，完善房地产贷款封闭管理办法，将表外业务纳入风险监测范围，加快个人住房贷款抵押登记速度，抵押率由年初的43.14%提高到60.02%。加大对1999年以来新增贷款和个人贷款关注类贷款的监测力度，严格新增不良贷款问责制度。健全操作风险防范体系，落实营业经理委派制，建立基层负责人任职资格考试制度，对基层负责人和重要岗位人员实行电子台账管理，实现垂直监控。制定13个重要风险点的防控措施，加大检查力度。成立法律风险管理委员会，加强被诉案件管理，努力提高案件胜诉率。建立媒体分层动态监测和商誉维护应急处理机制，加强媒体关系维护和负面报道控制。完成NOVA系统相关项目测试和投产工作，确保科技安全运营。

改革创新 工行北京分行坚持改革创新是发展动力的经营思路，加快推进综合改革。深入调整全行组织构架，实施分支机构改革和扁平化管理，重构财会、信贷、资金三条业务线，在分行本部撤销计划财务部等8个部室，组建财务会计部等10个部室，梳理分行本部岗位524个，新建、完善和优化流程图300多个，上移经营管理重心，简化支行管理职能，将37家支行的内设机构编制划分为9、7、5三个等级。深入推进激励分配机制改革，引入EVA挂钩工资制度，将分行本部划分四类部室，合理拉开收入差距，适度加大专项奖励力度，工资费用增量部分向重点专业、关键岗位和人才倾斜。实施会计业务流程再造，实现资金汇划来账集中处理，完成32家综合网点票据提回集中，票据自动处理水平达到70%。建成西南和西北2家区域现金中心，实现风险、库房、库存限额和人员的“四减”目标。积极推行财务集中改革，集中核算全行财务支出事项，不断提高集约化经营管理水平。

领导班子和队伍建设 工行北京分行坚持创建知识型银行，以政治素质好、经营业绩好、团结协作好、作风形象好的“四好班子”为标准，积极优化高管队伍结构，先后为11家支行和5个部室选配班子“一把手”，全年提聘高管人员47名，交流高管人员40人，改任3人，免职2人，全行实职高管平均年龄降低1.1岁，大学及以上学历人员占比87%，较年初提高8个百分点。加强业务职务及中级管理人员队伍建设，组织两次高级业务职务任职资格考试，建立电子台账系统，对全行926名基层机构负责人和6 361名重要岗位人员实现垂直监控。以打造领军型管理人才、开拓型营销人才、创新型专业人才和知识型操作人才队伍为重点，深入开展各类培训，全年累计培训11万人次，人均培训10天。充分发挥网络大学和远程培训优势，组织远程培训项目60个，参训员工5万人次。

（曲兵林）

中国农业银行北京市分行

行长　朱洪波

2006年，中国农业银行北京市分行（以下简称农行北京分行）积极贯彻落实国家宏观调控政策，坚持发展和管理并重，经营实力得到持续增强。截至年末，全行资产总量1 994亿元，比上年末增加250亿元，增长14.33%。实现经营利润26.79亿元，比上年增加6.36亿元，增长31.13%；资产利润率1.34%，同比增长0.76%。全口径本外币存款余额1 949.41亿元，比上年末增加254.07亿元；各项贷款余额955.89亿元，比上年末增加91.66亿元，在全市金融机构中份额同比下降0.33个百分点，在四家国有商业银行中份额同比提高0.67个百分点（数据来源于人民银行统计数据）。截至年末，全行共有处级支行23家（含分行营业部），分行直属支行（科级）5家，城近郊二级支行73个，分理处137个，储蓄所90个，城近郊营业机构占比59.15%；全行在岗长期职工5 917人。

存款业务 截至年末，农行北京分行本外币存款余额（不含同业）1 907亿元，比上年末增加335.63亿元，同比多增37.2亿元。其中储蓄存款676亿元，比上年增加104.9亿元；对公存款1 231亿元，比上年增加235亿元，增长23.6%，占全市对公存款总量的5.38%，比上年提高0.31个百分点，在全市金融机构和四家国有商业银行的份额分别比上年提高0.29个和0.59个百分点。人民币存款余额1 826.7亿元，比上年末增加338.03亿元，同比多增87.07亿元，增幅为22.71%。

贷款业务 截至年末，农行北京分行本外币各项贷款余额955.89亿元，比上年末增加91.66亿元，同比多增24.68亿元，增幅为10.61%。其中人民币贷款余额944.33亿元，比上年末增加88亿元，同比多增20.08亿元，增幅为10.28%。外币贷款余额1.48亿美元，比上年末增加0.5亿美元，同比多增0.62亿美元。房地产贷款余额350亿元（不含建筑安装类企业），比上年末增加61.3亿元，占全行人民币贷款余额的38%，同比增长5个百分点；个人住房贷款余额150亿元，占人民币贷款余额的15.9%；个人公积金委托贷款余额77亿元，比上年末增长26%。全年受理经营性物业抵押贷款项目60余个，累计投放金额近40亿元。同时，加大劣质客户的退出力度，退出潜在风险客户贷款余额15.06亿元，贷款客户比年初减少289户。

中间业务 截至年末，农行北京分行代理保险类产品40余个，与6家保险公司合作开通了银行柜台出单系统，是北京市目前唯一实现“交强险”银行柜台出单的金融机构。全年代理保费收入16.73亿元，同比增长30.81%；手续费收入4 222.3万元，同比增长11.05%。年末托管基金存款10.3亿元，同比增加2.9亿元，增幅为39%。代理财政授权等业务金额204亿元，同比增加21.7亿元。新开银证通客户4 000余户，累计交易量175亿元，同比增加116亿元；与7家证券公司开办了银证转账业务，与4家信托投资公司北京总部及4家外埠信托公司建立了业务合作关系，为17家财务公司累计授信94亿元；首次与证券公司开办了客户交易结算资金第三方存款业务，与20家期货公司签署了保证金封闭运行协议，并与期货公司合作，成为农行系统上线银期转账的首家分行。年内，现金管理业务交易量达2 600亿元，资金归集额440亿元，同比增幅分别为244%和67%；主承销发行短期融资券60亿元，比上年增加25亿元。全年实现中间业务收入5.14亿元，占营业净收入的比例达到12.75%。

银行卡与国际业务 截至年末，农行北京分行累计发卡量663.2万张，比上年末增加38.2万张；卡消费额123亿元，同比增长36亿元；银行卡收单额158亿元，同比增长30.4亿元；银行卡业务收入2.23亿元，比上年增长6 500万元。年内与地铁公司合作，成为北京市首家也是目前唯一一家在地铁站内布放自助设备的金融机构，共布放ATM机24台，自助缴费机15台。全行外汇存款余额10.28亿美元，比上年增加0.33亿美元；外汇贷款余额1.48亿美元，比上年增加0.52亿美元；国际结算量59.38亿美元。贸易融资同比增长46.78%，因私购汇同比增长655.91%，西联汇款同比增长29.03%。相继推出了出口商票融资、出口信保项下应收账款买断业务、中俄快速汇款、人民币债务管理、人民币与外币掉期业务等国际业务新产品。

电子化建设 2006年，农行北京分行电话银行新增储蓄国债查询、银彩转账和代收联通、铁通电话费等功能；在自助设备上新增了缴纳联通手机费、铁通电话费、养路费、外汇宝等功能。与多家基金公司联手举办了基金网上直销推介会，开办了基金网上直销业务。全年电子银行累计发生额2 070亿元（不含现金管理系统），是上年的3倍；电子渠道业务笔数占全行业务笔数的12%，较上年提升4个百分点。新一代联网网点比上年增加15个；ATM机日均取现交易量为5.2万笔，比上年同期增长40%。全年累计发生网络系统或其他故障同比下降93%。

网点建设 年内，农行北京分行完成网点建设和改造项目30个，总投资5 200万元。完成了4家离行式自助银行建设，3家理财中心建成投产；完成了98家网点的无障碍设施改造。全年新购网点18家，撤并34家，迁址12家。为55家营业网点安装了统一制作的新标识。

区域合作 2006年5月，农行北京分行召集北京、天津、河北、辽宁、山东、大连、青岛分行及总行营业部等22城市农行的40余名会议代表在钓鱼台国宾馆成功举办了第一届环渤海22城市农行合作发展联席会议。会议签署了环渤海22城市农行战略合作框架协议，发表了合作宣言，初步建立了环渤海区域农行合作体系。并于11月份举办了第一届环渤海22城市农行合作发展联席会议金钥匙理财主题活动，为加强该区域个人金融业务的健康稳定发展奠定了基础。

机制改革 2006年，农行北京分行进一步修改完善了支行综合绩效考核和费用分配办法，实行了等级行管理，基本建立了以经济资本管理为核心的业绩评价和资源分配体系。规范和完善了高管人员、窗口柜员、分行机关员工的工资分配办法。建立健全了授信尽职审查、贷款风险定价、资产质量管理等各个环节的规章制度体系，逐步实现了信贷业务运作的制度化和规范化。完成了财务集中改革，成功推广应用了财务管理信息系统和会计监控系统，建立了分支行两级处置中心，提升了财务管理的集约化水平。制定了营业机构效益测评、财会工作质量评级、营业网点及窗口规范化服务管理等办法，大幅提升了网点综合管理水平。全面完成审计上收工作，撤销了6个审计派驻办，设置了9个审计专业科室，充实了审计队伍，完善了组织结构，审计监督作用明显增强。狠抓案件专项治理和问题整改工作，严肃查处了一批违法、违规、违纪责任人，各类问题整改率达到95.15%。

（张金辉）

中国银行股份有限公司北京市分行

行长　赵世刚

2006年，中国银行股份有限公司北京市分公司（以下简称中行北京分行）抓住两地上市的有利时机，深化改革，开拓进取，在复杂多变的市场环境中，继续坚持“审慎经营、持续发展”的理念，实现从规模效益管理向价值管理转变，保持了各项业务持续、健康、快速发展。截至年末，全行设分行1家、支行218家、分理处1家、储蓄所11家，营业机构总数达231家；全行人员总数7 402人，其中正式在编人员4 551人。本外币总资产3 136.03亿元，比上年末净增264.45亿元，增幅为9.21%。本外币存款合计2 956.64亿元，比上年末净增331.61亿元，增幅为12.63%；其中人民币存款2 529.25亿元，比上年末净增367.71亿元，增幅为17.01%。本外币贷款合计907.94亿元，比上年末净增118.39亿元，增幅为14.99%；其中人民币贷款759.57亿元，比上年末净增89.52亿元，增幅为13.36%。全年实现税前账面利润36.3亿元，比上年减少3.63亿元，减幅为9.09%。网点建设、信息网络化建设和干部员工队伍建设都取得显著成绩；2008年北京奥运会金融服务准备工作也在积极、有序、顺利地进行。

公司金融业务　公司业务部门进一步优化客户结构，培植重点客户群体，健全和完善营销体系、加强市场拓展力度，积极与中国银行总行和他行联动、合作，重点支持电力、冶金、交通、石化、通信、汽车制造、房地产等行业，相继取得基础设施建设、汽车制造业、航空业等项目大宗授信业务，在总额为59亿元的9个资产项目中竞标成功，资产投放业绩良好，质量提高。年末，公司人民币贷款（含票据贴现）486.78亿元，比上年末净增81.25亿元，增幅20.04%；外汇贷款为19亿美元，比上年末净增4.19亿美元，增幅28.33%。在负债业务中，利用北京的总部经济特点，重点营销大集团，加强主动负债管理，开展资金归集、现金管理合作，在3个负债招标项目中竞标成功，全年重点客户数量增长40%以上，使存款规模扩大。年末，人民币对公存款（含中国移动外省归集和保险公司存款）1 712.27亿元，比上年末净增252.94亿元，增幅17.33%；外币对公存款（含外币理财）23.1亿美元，比上年末净增8.25亿美元，增幅55.54%。

个人金融业务　个人金融部门继续以住房按揭为主线，克服住房贷款市场不振的影响，加强产品创新，推出个人抵质押和信用两种循环额度贷款、二手房贷款、固定利率贷款、转按揭贷款等新产品，努力构建定向、联动、全员、关系、广告的多层次客户营销方式，使贷款规模扩大。全年累计发放零售贷款71.65亿元，比上年增加4.63亿元；年末零售贷款余额达272.58亿元，比上年末增加8.28亿元。年内在人民币升值、股票、基金市场热销对储蓄造成冲击的形势下，推出理财新产品。努力搞好营销和对VIP的拓展和维系工作，全年新发展VIP客户26 615户，同比增加1倍。年末，全行人民币储蓄存款达817亿元，比上年末净增114.8亿元，增幅为16.35%；外币储蓄存款为52.9亿美元，比上年末减少2.9亿美元。

国际贸易结算、结售汇 国际结算部门制定了全行联动，分层次营销策略，调整客户结构，挖掘优质客户资源，以个性化产品满足客户需求，与大客户开展合作，积极拓展业务。全年完成国际贸易结算额184.48亿美元，同比增长33.48%；完成结售汇188.27亿美元，同比增长15.47%；开立本、外币保函1 846笔，金额分别为68.47亿元和2.02亿美元；保理业务获重大突破，办理了单笔50亿元国内大宗交易。

银行卡业务 银行卡部门坚持发卡与收单并重，依托全辖拓展业务，注重提高收益。全年发行人民币长城卡6.72万张、长城国际卡0.67万张、中银信用卡7.61万张和长城借记卡66.15万张，完成银行卡直消额144.94亿元，同比增长64%；代理外卡收单44.85亿元，同比增长14.72%，新发展银行卡特约商户2 316家。

中间业务、票据贴现业务 中行注重拓展重点客户，为客户量身定做综合产品。全年中间业务同比增长36.51%。完成外汇交易量76.74亿美元，完成黄金交易量68.53亿元人民币，比上年增加16倍。另完成票据融资交易量（包括直贴、转贴和逆回购业务）213.35亿元。

机构金融业务 机构金融业务部门挖掘市场潜力，开发优质客户，与证券、保险、期货、信托、财务、汽车金融公司和同业银行扩大合作。年末，已和多家外资银行建立了账户关系，人民币存款101.43亿元，同比净减3.17亿元，外币存款5.19亿美元，同比净增6 183万美元。

风险管理 风险管理部门着重提高专业队伍素质，理性处理业务发展与风险控制的关系，改善资产质量，降低风险成本。优选客户及项目，完善授信决策机制，明确各授信决策环节的职责，优化审批流程，落实相关配套制度，提高授信审批质量和效率。加大资产质量监控力度，降低客户违约率。加快高风险客户清退，加强重点行业政策研究和集团客户管理，提高风险预警能力。保障贷后管理有效运行，形成风险防范的良性机制。继续加大清收抓降工作力度，实行差异化管理和分类指导，逐笔跟踪不良贷款的清收进度。全年完成资金清收10.58亿元，年末A、B类客户授信余额占比提高到90.56%，不良资产余额下降到24.07亿元，不良率从年初的4.67%下降到2.65%，持续实现“双降”。资产质量得到很大提高。

网点建设和业务流程整合 年内，全辖新建、升格、迁址支行分别为10家、4家和11家。年末营业机构达231家，其中支行占比升至94.37%（218家）；全辖个人理财中心、结售汇网点、因私批汇网点年末分别增加5家、28家和50家；年内拆分部分管辖支行，成立6家直属支行，使网点业务重点向本市行业潜力地带倾斜，强化了中行在核心地区的竞争力。先后成立了4家现金分库，与分行库共同形成覆盖全辖的现金集中管理体系，年内实现了国际付款业务、支票影像业务处理和客户印鉴卡管理的集中化，使全行的综合业务功能和管理水平进一步提高。

电子网络化建设 年内，中行北京分行反洗钱系统、事后监督系统建成投产，满足了监管部门对金融犯罪行为的监管要求和对内部风险的监控力度，人行牵头的国库信息接口业务系统在行内顺利开通；另外，信息科技部门完成了同城外币清算系统、电费集中支付、VIP理财管理、网银代缴费等重点项目。全年共新建ATM机（包括取款机、存款机、存取款一体机）73台和自助银行12家，年末全辖运转的ATM机达436台，自助银行达44家。客户自助服务能力进一步提高。

备战2008年北京奥运会金融服务工作 作为2008奥运会银行合作伙伴，中行北京分行年内着手一系列奥运服务准备工作。包括：召开全辖相关网点动员会启动奥运服务工作；制订《奥运会金融服务方案》规范服务内容、标准和应急措施；组织安排在运动员村、新闻媒介中心设网点、安置自助设备和配备人员；专设奥运大厦支行为奥组委提供快捷方便的服务；建奥运特许商品店；组织奥运会知识、英语和服务综合技能培训；选拔奥运服务骨干200余人并进行封闭训练；组织“奥运合作伙伴进社区”、“长走迎奥运”活动等。此外利用北京女垒世锦赛为中外客户提供优质服务，积累经验，增强了奥运金融服务能力，得到了奥组委的好评，树立了中行品牌形象。

加强干部交流、员工培训工作 年内，中行北京分行加大干部交流力度。全年部门总经理和管辖、直属支行行长级干部交流29人次，交流后该级别干部40岁以下的占比达58%，一般干部交流111人次，一批有才干人员充实到重要部门和业务一线。全年举办各类培训班74期，全行员工7 262人次参加培训，内容包括：岗前培训、客户经理培训、理财客户经理培训等，使员工专业化、知识化水平进一步提高。

（陈和言）

中国建设银行股份有限公司北京市分行

行长　罗哲夫（兼）

2006年，中国建设银行股份有限公司北京市分行（以下简称建行北京分行）坚决贯彻建行总行发展战略，积极推进改革，各项业务措施得力、效果显著、保持健康、持续的发展。截至年末，建行北京分行设分行1家、综合性支行24家、直管支行11家、升格支行104家、分理处9家、储蓄所206个，在岗员工10 340人。本外币总资产4 751亿元，较上年增加919亿元，增幅24%。本外币存款余额4 695亿元，较上年增加944亿元，增幅25%，其中人民币存款余额4 517亿元，较上年增加935亿元，增幅26%。本外币贷款余额2 015亿元，较上年增加74亿元，增幅4%，其中人民币贷款余额1 918亿元，较上年增加61亿元，增幅3%。全年实现拨备前考核利润68亿元。

（王　晶）

公司业务　推进公司业务单元制试点，梳理公司业务流程，实现业务流程和管理机制的再造。成为建行总行首批公司及机构业务产品创新试点分行，在短期融资券、财务顾问、信贷资产转让、企业年金等多项业务的拓展上取得重大突破。开展对公业务客户经理“拓展新客户、应用新产品、储备新资源”营销竞赛活动，组织多场公司业务专项培训。截至年末，本外币企业存款余额2 918亿元，较上年增加435亿元；本外币公司类贷款余额1 572亿元，较上年增加50亿元；票据贴现余额100亿元，其中直贴97亿元，较上年增加86亿元；实现公司类中间业务毛收入4亿元，较上年增加1亿元；AA级（含）以上公司客户信贷余额占比63%。

（王　霄）

个人金融业务　以完善差别化服务体系为核心，以调整网点区域布局和内部功能为主要手段，不断强化产品创新，进一步提高对个人客户的整体服务能力，实现个人金融业务快速稳健发展。截至年末，本外币储蓄存款余额1 280亿元，较上年增加222亿元。其中人民币储蓄存款余额1 218亿元，较上年增加224亿元；外币储蓄存款余额8亿美元，较上年减少349万美元。年内累计代发工资291亿元，新增代发工资单位941个，其中财政统发工资类单位2个，大型龙头型代发工资单位17个，优质基本结算户132个。滚动推出“利得盈”系列人民币理财产品、“汇得盈”外汇结构性理财产品、代客境外理财产品（QDII）、人民币信托理财产品，理财产品线已从单一的结构性存款发展成为中央银行票据类、债券类、信托类、QUANTO类四大系列。

（易晓娟）

机构业务 分析客户特点和在行业中的重要性，明确机构类重点客户，建立多支总分行级任务型团队，加强联动营销，与清华大学、协和医院、阜外医院等高端客户建立合作关系，与军队客户签订使用银行承兑汇票协议，实现211高校、三甲医院、军队武警等重点行业的突破性进展。完成市级财政非税收收入收缴业务系统上线，与多家地方财政客户达成非税收入收缴业务代理合作意向。代理近千家中央和地方财政授权单位支付业务，代理金额超过600亿元。创新“银协合作”模式，推动信贷资产转让业务取得良好效果。在北京地区开展“建行鑫存管——金秋献礼”大型系列营销活动，为广大股民提供优质服务。

（何玉波）

国际业务 以健康发展增效益为目标，通过深化区域销售经理营销模式，建立分行牵头的营销机制；以创新产品和优质服务积极拼抢市场，自主研发个人外汇期权交易系统，推出“汇无忧”美元全额到账产品和仓单质押贸易融资产品，为业务快速持续发展奠定基础。截至年末，外汇全口径存款余额23亿美元；外汇贷款余额12亿美元；全年累计办理国际结算量130亿美元，同比增幅23.14%；实现账面利润1 076万美元。

（郑万隆）

住房金融与个人信贷业务 以“建行真情个贷，因您更加精彩”、“咱的乐得家，用‘新’服务大家”等一系列业务营销活动为载体，市场宣传做导向，激励约束机制为保障，实现季季营销和全年营销的工作目标。结合北京市市场特点推出固定利率个人住房贷款新产品、房贷直通车——在京中央和国家机关工作人员个人住房贷款服务方案、个人住房贷款业务宽限期还款方法及个人住房最高额抵押贷款实施细则等六项创新产品和九项新政策。建立个人类贷款标准化催收作业流程体系，研发个贷标准化催收数据管理系统和个人类贷款数据监测系统，个贷业务资产质量得到提升。支持北京市委托性住房金融业务，完善住房公积金业务客户经理服务体系，创新委托性住房金融业务新产品和新措施，共推出95533电话银行查询公积金缴存支取业务及住房公积金委托提取扣款业务等五项住房公积金服务新举措；推出住房公积金和住房补贴支取入卡、公积金贷款新模式等产品。巩固委托性住房存款余额、住房公积金存款余额、住房公积金贷款余额在本地区同业的领先地位。截至年末，个人类贷款余额443亿元，较上年增长24亿元，居北京地区同业市场首位。

（周柯楠）

银行卡业务 银行卡发卡总量达903万张；其中贷记卡累计发卡57万张，同比增长117%；借记卡累计发卡824万张。银行卡实现消费交易额256亿元，同比增长157%，占比19.5%。银行卡中间业务收入2亿元，占分行整体中间业务收入的25%。累计发展特约商户6 843家，占北京地区银行卡特约商户总量的14%；POS机安装数量近9 000台，MIS直联商户22家，同业排名第一；全部收单交易量连续多年同业排名第一。受理市场的科技含量不断提高，正在大范围推广MIS

直联、无线POS机、企业财务转账POS机、多用户POS机等市场领先产品。

（麻静芳）

电子银行业务 进一步延伸电子银行业务服务领域，加速市场拓展。开通网上个人跨行转账交易、小灵通充值、公积金查询、代发工资等功能，推出电话外汇期权交易系统、电话支付、英语服务、银彩转账及短信通知等特色业务，针对VIP客户开通电话优先接入、95533服务专线、预约挂号等定向服务，面向集团客户基于重要客户服务系统推出多套个性化资金管理模块。与此同时，通过与公司业务、个人业务开展一系列整合营销活动，有效扩大电子银行业务覆盖面，提升竞争能力。截至年末，电子银行客户数137万户，电子银行交易量3 893万笔，同比增长101%，交易额41 398亿元，同比增长106%。其中个人客户136万户，交易量3 077万笔，交易额519亿元；单位客户数1万户，交易量816万笔，交易额40 879亿元。

（崔媛媛）

中间业务 实现中间业务总收入9亿元，同比增加3亿元，增幅42%，中间业务收入、同比增长额和计划完成率均创历史新高。支付结算类、代理类、银行卡、交易类、咨询类业务收入额均超过1亿元。

（王 威）

各项改革 全面落实建行总行业务单元制改革战略构想，加强个人业务单元内人、财、物及客户资源的统一规划和配置；成立公司及机构业务管理委员会，整合业务管理、产品创新和整体营销。稳步推进会计管理体制改革，组建后台业务集中处理中心，后台核算系统顺利上线，上收近70个对公网点的票据交换提入业务，实现全行汇划业务的集中处理。完成风险管理体制和保全体制改革，初步建立风险条线垂直管理组织构架和报告线路，稳步推进平行作业和“六个集中”管理工作，存量大中型客户实行平行作业客户已超过60%，新增大中型客户全部实行平行作业；实施较为彻底的资产保全业务集中经营管理模式，不良资产集中度达95%，初步建立责任利益明晰、资源配置与责任相匹配的新型保全业务单元组织架构和管理体制，全年处置不良资产24亿元。

（王 晶）

人力资源管理 完成各级机构领导班子、管理岗位、专业技术岗位、经办岗位人员年度考核。从本级选派工作人员到支行交流，调整分行本部人员结构。重新核定各部门专业技术岗位职务职数，调整任职资格条件，增加重点系列岗位职务配置比例，拓宽选拔聘任渠道，大力推进业务条线队伍建设。开展以“走向蓝色归属”为主题的招聘活动。继续完善分行机关绩效考评体系，向主要业务和管理部室倾斜。50名业务岗优秀派遣制员工转制为建行中长期劳动合同制员工，提高离退休和内退人员的工资水平。将履岗、技能培训与员工职业生涯发展规划相结合，采取网络、视频等多媒体技术开展各类培训，全行共举办培训项目1 365个，共计152 962人次参加。

（刘 本、王 红）

基础管理 具有会计基础工作“一级单位”资格的机构上升到66个，占全行升级机构的40%。顺利完成财税库行横向联网、人民银行小额支付系统、ERPF系统和全国支票影像交换系统的上线工作。进一步完善 KPI 考核办法，试行营业机构等级考核。加强产品定价研究，完成贷款定价审批测算程序。开展“零缺陷”服务管理，评选表彰“优质服务行”、“优质服务标兵”，增强员工服务意识；聘请市场调查公司，以神秘客户形式调查网点服务状况。加强服务渠道建设，完成网点建设项目审批 119 个，新增网点 8 家，建设自助银行 110 家，新增 ATM 机 157 台，新布放其他自助设备 121 台。

（王 晶）

交通银行股份有限公司北京分行

行长 孙德顺

2006 年，交通银行股份有限公司北京分行（以下简称交行北京分行）将“发展转型”作为总体工作目标，以科学发展观统领改革发展全局，重点推进零售业务战略转型，加大结构调整，改善资源配置，强化内控和风险防范，各项业务保持持续、健康、快速发展。截至年末，全行共有支行（含营业部）87 家，分理处 15 个，在岗职工 2 621 名，平均年龄 30 岁。人民币存款余额 1 573.13 亿元，比上年增加 267.03 亿元，增幅为 20.44%；外币存款余额 22.27 亿美元，比上年增加 1.22 亿美元，增幅为 5.80%。人民币贷款余额 897.50 亿元，比上年增加 152.57 亿元，增幅为 20.48%；外币贷款余额 6.31 亿美元，比上年减少 3.17 亿美元，降幅为 33.44%。按照“五级分类”口径，全行本外币不良贷款绝对额为 4.35 亿元，比上年减少 3.11 亿元；占比为 0.46%，比上年下降 0.45 个百分点。全年实现国际结算量 266.53 亿美元，增幅为 27.59%。本外币人均利润 122.96 万元，较上年增加 21.89 万元，增幅为 21.66%。

公司业务 交行北京分行结合首都地区经济发展特点和金融生态环境，确定资产业务重点发展行和负债业务重点发展行的管理思路，打破人民币内部资金统一定价标准，实行资金定价差异化管理，引导经营部门切实转变增长方式和盈利模式，公司业务取得较好的发展。一是财政业务不断强化，实现国土局和交管局授权支付郊县区机构上线，完善代理非税收收入操作流程，成为财政部第二批非税收收入试点工作的唯一代理行。二是重点、集团客户的营销工作取得重大进展。该行提出“目标客户营销”理念，高端营销，分支行联动，成功营销电力、能源、交通等重点行业，并成功组织 7 家成员银行为北京奔驰提供 36

亿元的银团贷款。三是优化结构，加大对重点行业的市场研究和风险分析。该行提出“中台科学指导下的前台营销”理念，建立客户违约信息、集团客户信息、涉诉客户信息等较为系统化的风险信息库，贷款结构、客户结构得到优化。四是稳步推进新产品工作，加强资金管理业务的开发和推广，向客户提供短期融资券、IPO、专业融资等方案，各项业务迅速发展。截至年末，交行北京分行人民币对公存款时点余额1 287.1亿元，较上年增长225亿元，增幅21.18%；人民币对公实质性贷款时点余额799亿元，较上年增长225亿元，增幅31.19%。

个人金融业务 2006年，交行北京分行个人金融业务突出抓好个人理财、银行卡、消费者融资、中间业务等重点业务，从服务、产品、渠道、系统、团队等几个方面推动个人金融业务健康发展。截至年末，该行人民币储蓄存款286.07亿元，较上年增加41.98亿元；外币储蓄存款为5.78亿美元，比上年末增加6 687万美元。个人贷款余额88.1亿元，比上年减少6.96亿元，降幅7.32%。为加快向零售业务的战略转型，该行建立以零售市场营销、客户关系管理为导向的组织架构，理顺服务渠道和业务流程，加快产品和服务的创新步伐，推出了在北京市场影响力较强的益居通、益行通、支付通、公积金联名卡等新产品和本外币交叉理财、衍生交易免保等新业务；在“展业通”统一品牌下，研发了“中小企业知识产权质押贷款”。建立一对一关系的理财品牌“沃德财富”，截至年末，沃德客户总资产151亿元。在营销队伍建设上，个人客户经理队伍初具规模，获得AFP认证资格12人、CFP认证资格1人，CWM证书71人，占客户经理人数的53%。大堂经理网点覆盖率达68%。2006年，该行设立顺义、东区两家中心支行，进一步扩大了在京服务的辐射面。同时，加大网点大堂、自助机具、电话银行，尤其是网上银行的建设，为个人客户提供全面、快捷的金融服务。

银行卡业务 交行北京分行银行卡业务坚持以市场为导向，强化品牌形象，增强服务意识，扩大业务规模，全年太平洋借记卡新增发卡43万张，双币信用卡净增发卡6.5万张。全年实现外卡收单1 245.89万元，较上年同期增长127.02%。新发展银行卡特约商户874户，特约商户活跃率达45.53%，受理客户需求的科技含量不断提高，新业务模式E－POS实现内外卡交易简便化，大大提高财务公司工作效率，具有同业领先水平。

中间业务 发展中间业务是该行战略转移的一个重要方面。2006年，交行北京分行加大对中间业务的经营分析和营销指导，中间业务保持了较快的发展速度。在继续加强银行卡、国际结算、结售汇业务和外汇宝等传统业务的同时，加快发展新的业务品种，积极开展基金代销、企业年金托管、短期融资债券承销等业务，与7家期货公司签署银期转账业务合作协议，并大胆尝试财务顾问与咨询业务。该行通过产品组合，资产、负债、中间业务联动，大大提高综合效益，全行实现本外币中间业务收入58 159万元，较上年增加17 943万元，增幅为44.62%。

国际业务 2006年，交行北京分行国际业务以“专业化、全功能、品牌经营”为工作目标，强化风险控制，坚持产品创新与服务创新，国际业务保持良好发展势头。截至年末，实现国际结算量266.53亿美元，再创该行历史新高。外汇宝交易3.99亿美元。年内，该行进一步优化“得利宝”业务流程，延长“通宝天天盈”的购买时间，推出放大本金交易的“满金宝”产品，针对VIP客户推出个性化理财产品，成功为中化集团设计新型大额结售汇交易模式。加强与国内外同业银行合作，与招行、广发行北京分行合作开展信用证单证业务；积极推广国际网银业务，国际结算、贸易融资快速发展。

风险管理 年内，交行北京分行制定《授信业务预警信息管理办法》、《重点房地产法人客户授信业务指引（试行）》等一系列规章制度，强化以风险经理为核心的风险监控工作，加大不良贷款清收力度，建立到期贷款逾期预警制度，全年共清收存量对公不良贷款26 015万元；建立分行规章制度库，健全合同管理工作制度，加强员工思想道德及风险意识培训；扎实推进商业贿赂专项治理，开展不正当交易行为自查自纠工作，出台《交通银行北京分行基层营业机构负责人管理暂行办法》，重点加强对基层营业机构负责人管理；在做好现场和非现场检查的基础上，配合国家审计署沈阳特派办顺利完成审计检查工作。

电子化建设 2006年，交行北京分行在信贷电子化建设方面，顺利完成CMIS系统二期上线和内部评级体系项目试点测试；实现人民银行企业信用信息基础数据库的上线；引进贷审会决策分析系统；加强信贷台账系统的管理，规范CMIS系统业务操作流程及要点，系统运营安全稳定。在中间业务方面，成功开发公积金联名卡，小额支付系统和国库信息系统成功上线，完成外卡收单EMV迁移和自助通上线工作。顺利搭建新的中间业务平台，将代收手机费、代收市话费和代收电费业务从旧系统迁移到新平台上，并同步完成上述业务的电话银行、网上银行和查询机等各渠道的投产工作。信息化建设为该行各项业务发展提供了坚实的保障。

人力资源管理 2006年，交行北京分行根据交行总行的战略部署，全面实施人力资源改革，按照业务条线对组织架构进行梳理，合理设置职位，人岗匹配，顺利实现薪酬切换。实践中不断完善干部管理机制，优化班子结构，加大干部轮岗力度，各级干部的执行力不断提高。同时，根据分行战略转型要求，加大零售业务人员配备力度，引进同业高管、专业人才，招聘经验丰富、技能突出的一线员工，打造专业化团队。重视员工队伍建设，充分利用现代远程教育手段，结合业务发展，实行全员培训，全年共举办分行级培训172期，人均培训学时23小时。

（张　原）

招商银行股份有限公司北京分行

副行长　王　良（主持工作）

2006年，招商银行股份有限公司北京分行（以下简称招行北京分行）紧密围绕“更新观念、深化改革、强力创新、防范风险”的工作指导思想，积极推进经营战略调整和管理国际化，继续保持各项业务的均衡、快速、健康发展。截至年末，招行北京分行共设支行34家（含营业部），其中年内新建并开业支行3家，在岗员工1 632人。年末分行总资产达到1 326.68亿元，比上年增加231.37亿元，增幅21%；本外币存款余额为1 021.47亿元，比上年增加153.39亿元，增幅18%，其中人民币存款余额为915.56亿元，比上年增加150.62亿元，增幅20%；本外币贷款余额为533.93亿元，比上年增加82.70亿元，增幅18%，其中人民币贷款余额为506.53亿元，比上年增加99.69亿元，增幅25%；全年实现账面利润15.38亿元，比上年增加2.78亿元，增幅22%。按“五级分类”口径，不良贷款率为0.20%，比上年下降0.06个百分点。在各项指标再创新高的同时，完善组织机构、优化激励机制和网点建设等工作也取得了显著的成绩。

对公银行业务　2006年，招行北京分行坚持以创新产品和特色服务推动业务发展，各项业务均取得良好成果。网上企业银行交易金额达1.49万亿元，在系统内首家突破一万亿元。“银关通”业务网上交易量不断增长，缴款金额达56.10亿元，保持市场领先地位。2006年，共承销短期融资券5家企业，承销金额为38.3亿元。通过业务推介会等方式，现金管理和企业年金等业务取得突破性进展，企业年金客户联想集团率先获得劳动和社会保障部企业年金计划001号备案，分行管理企业年金基金归集资金达到7 100万元；成功与500强企业西门子财务公司开展现金管理业务，并为此项业务特设计了创新的服务模式。同业合作项目也取得可喜成果，在系统内首家设计推出了与信托产品挂钩的人民币理财产品；首家将自有信贷资产设计成信托和理财产品销售，并同信托公司办理了第三方回购业务。“财税库行”联网工作成功上线，提升了分行网上缴税产品的市场影响力。积极开展同外资银行的多方面合作，在人民币资金业务、外币银团贷款业务等方面均有较大突破，合作空间进一步扩大，形象和知名度进一步提升。

零售银行业务　2006年年末，招行北京分行储蓄存款余额为454.44亿元，比上年末增长85.12亿元。为促进个人资产业务的开展，招行北京分行成立了个人信贷中心。信用卡当年发卡超过20万张，累计达62万张，在系统内连续多年保持领先。“一卡通”当年发卡54.17万张，年末达到近300万张，卡均存款余额1.39万元。“金葵花”持卡客户达4.2万户，比上年增加2.1万户，资产总量400亿元，户均资产近百万元。销售外币理财产品61只、人民币理财产品27只、信托产品14只，销售金额折合人民币160亿元。各类理财产品带来中间业务收入约4 181万元。“银保通”业务实现手续费收入预收手续费1 571万元，平均收益率3.7%。2006年累计代发180亿元，代发客户人民币储蓄存款增量30亿元。2006年，零售业务实现账面中间业务收入1.34亿元，比上年增长44%，个人贷款余额占贷款余额的20%，零售业务账面中间业务收入占账面中间业务收入的44%，零售业务贡献率进一步提升。

国际业务 2006年，招行北京分行国际业务结算总量突破110亿美元，单证业务量突破30亿美元，结售汇业务突破80亿美元。年内，招行北京分行加大远期结售汇业务的培训和开发力度，通过远期结售汇和贸易融资产品进行组合、提供个性化服务等方式，帮助客户锁定远期购汇成本，全年共办理远期结售汇业务2.19亿美元，稳定和扩大了客户资源。同时把握政策开放带来的机遇，积极创新推广离、在岸联动账户监管业务，该业务成为与境内外客户加强合作的良好手段。保理业务方面为客户提供专业方案，通过境外保理商核定了1 000万美元的出口保理额度，有效地开发了其2 000万美元的出口保理业务。成功自主开发网上信用证（大众版），在原有开证电子版的基础上更加人性化，赋予了产品高附加值。

中间业务 2006年，招行北京分行加强中间业务管理，积极调整业务结构，中间业务收入进一步增长。分行全年共实现账面中间业务收入约3.06亿元，比上年增加6 181万元，增幅为25.29%。中间业务收入中，主要是国际业务对公中间业务收入，尤其是结售汇收入构成重要组成部分。本外币理财产品、信用卡、基金信托保险代销、短期融资券承销、“银保通”和个人账户管理费收入等中间业务收入也迅速增长，成为新的中间业务收入增长点。

内部管理 2006年，招行北京分行成立内控合规部，从组织机构上进一步保障了内控管理体系的顺利运行，并有力配合了审计署审计工作的进行。在信贷管理体制方面，分行对信贷管理部与风险控制部的人员以及管理职能实现了彻底分开，风险控制部更名为授信审批部，充分实现审贷职能与信贷管理职能的分离，实现了贷前调查、贷时审查、贷后管理的三分离。分行在严控新账不良资产的同时，加大了对存量不良资产的清收力度，并取得了较好的效果，不良贷款余额、不良率在较低的水平上继续下降。截至12月31日，按“五级分类”口径，不良贷款余额1.09亿元，比年初下降0.1亿元；不良率0.20%，比年初下降0.06个百分点。2006年，招行北京分行继续围绕“新十年从服务开始”这一主题，组织实施了大量卓有成效的工作，使分行的整体服务水准不断提高，在北京银监局组织的商业银行临柜业务服务质量评比中，招行北京分行获综合评比第一名。2006年，招行北京分行加强队伍建设，加大培训力度，以打造“学习型银行”为目标，不断提升人员素质，挖掘人力资源潜力。全年累计培训人才达到1.3万人次，其中出国出境培训达到130多人次。

机构发展 2006年，招行北京分行积极践行招商银行总行有关指示精神，始终将机构建设作为一项重点工作抓紧抓实，在新支行建设、离行式自助银行和自助设备建设、现有营业网点改造等方面开展了一系列工作，有力地促进了经营战略调整和各项业务的发展。在新支行建设方面，努力克服不利因素，大力加快新支行建设步伐。招行北京分行领导班子多次到市内各地考察选址、研究规划网点布局，并确定了加强分行的网点覆盖、形成区域竞争优势的总体思路。年内，东直门支行、万达广场支行、慧忠北里支行3家新支行开业；北苑路支行已筹建完毕并报请北京银监局审批。在离行式自助银行和单点自助设备建设方面，针对北京市地域广阔、持卡客户分散、营业用房租金偏高的特点，招行北京分行在积极加快新支行建设的同时，以单点单台为主，大力加强离行式自助银行和自助设备建设，使分行的网点服务覆盖得到有效延伸，机构整体布局日趋合理。

企业文化建设 2006年，招行北京分行继续坚持和弘扬招行的风险文化、管理文化、创新文化和合规文化，营造和谐氛围。招行北京分行结合招商银行总行第二届企业文化节，组织开展了“深化理念弘扬文化”、“以人为本人文关爱”、“加强营销互动打造文化桥梁”和“共建和谐家园展示真我风采”四项主题活动，并号召每一位干部和员工都要做分行企业文化的塑造者和传播者。在文化扶贫捐书活动中，招行北京分行共捐书1 560本，总金额近3万元，体现分行员工热心公益、回报社会的稳定传统美德。在招行总行围棋比赛中，招行北京分行获得第二名和第三名，并代表招商银行参加全国金融系统围棋比赛获得第七名。在第二届“金融杯”围棋比赛中，招行北京分行蝉联团体冠军。招行北京分行在“首都金融系统迎奥运职工英语大赛”中获歌曲类金奖和团体三等奖，在“金融街迎奥运英语知识竞赛”中获团体第三名，篮球队在“第二届金融街篮球比赛”中获得冠军。

（王晓玲）

上海浦东发展银行股份有限公司北京分行

行长　刘　柳

2006年，上海浦东发展银行北京分行（以下简称浦发北京分行）坚持以发展为主线，以效益为中心，以风险管理为基石，以“浦发创富”、“轻松理财”为品牌，以十年行庆为契机，以开拓创新为动力，取得良好经营业绩，实现账面利润达到历史最好水平，负债业务大幅增长，组织架构改革稳步推进，为全行新一轮又好又快发展奠定了基础。

截至年末，浦发北京分行共设1个营业部，23个支行，在岗员工878人。本外币资产总额767.04亿元，比上年增加191.58亿元，增幅33.29%。本外币存款总额748.51亿元，比上年增加185.37亿元，增幅32.92%。本外币贷款总额304.40亿元，比上年增加53.72亿元，增幅21.43%。实现账面利润74 383万元，比上年增加21 008万元，为建行以来最好水平。

公司金融业务 年末，浦发北京分行对公存款余额580亿元，对公贷款余额260亿元。由于对中国联合石油有限责任公司、中国石油天然气股份有限公司等优质企业客户的成功维护，与国家开发银行联合贷款业务的推进，与浦发系统内分行联手开展贷款业务等，全行资产负债业务得到了进一步发展。在有价值客户拓展方面，通过交叉销售（代发工资、公司网银、个人金融业务）、稳步推进中小客户营销、建立客户信息平台等，逐步打开了工作局面，2006年对公有价值客户新增1 300户，在浦发系统内名列前茅。在产品营销方面力推现金管理产品，公司网银和信息直通车累计客户量完成年度计划的119%。

个人金融业务 年内，浦发北京分行在加强品牌营销、丰富理财产品和拓展代发业务等方面取得成效，荣获银联颁发的“2006年度北京地区银联标准卡产品创新奖”，被浦发银行总行评为2006年度个人银行十佳分行、“轻松理财激情远航争先赛最佳舰队”等多项称号。围绕浦发“轻松理财”品牌，开展了“轻松理财激情远航争先赛”、“迎行庆、创佳绩个金争先赛”等系列活动，活动中各营销单位公司金融业务、个人金融业务联动营销，轻松理财金银卡、网上银行、轻松理财服务、东方卡综合积分等捆绑式推介，有效提高了用卡率、发卡量和发卡质量。总分行携手在京举办的“浦发轻松理财金卡北京首发式”、“浦发智业卡北京首发式”、“浦发知性卡首发式”等大型活动，有力促进了浦发“轻松理财”品牌形象的提升。年内发售“汇理财”个人外汇结构性理财产品九期，对吸引、扩大浦发有效客户群和储蓄存款规模起到了推动作用。在代发工资业务的开展中，本着抓好、抓大、抓实的指导思想，通过完善营销机制、加强产品宣传、提高东方卡使用率等，逐步提高了客户对浦发个人金融产品和服务的依存度和忠诚度，代发工资留存率不断提高。

中间业务 年内，浦发北京分行一方面继续推进国际结算、结售汇、保函等传统中间业务，努力扩大业务规模；另一方面，把业务触角逐渐深入新领域，在企业年金业务、远期结售汇业务、资产托管业务、短期融资券承销、离岸业务等方面逐步加大营销工作力度，促进业务较快发展。在基金代销方面，截至年末，客户通过网上银行、银基通、银联通和柜面，在浦发银行能购买到的本外币、各种类型基金达100只，逐步开辟了一条中间业务的渠道。

风险内控管理 年内，浦发北京分行从“管事”、“管人”、“管风险”几方面入手，在全行强化科学风险控制理念，构建长效风险管理机制，逐步完善内控体系。“管事”即通过持续开展案件专项治理工作、治理商业贿赂专项工作和合规文化建设工作，建立具有系统性、透明度和制度化的内部控制体系；构建更具内控能力和风险防范能力的组织架构等多条路径，系统全面有效地开展工作，并逐步纳入日常管理工作，从“事”的角度管控风险。“管人”即进一步加强对人，特别是有一定级别管理人员的问责力度，对发现的问题坚决惩处，责任追究到位，管人管到实处。年内共开除违反内控规定的员工2人，解除劳动合同1人，行政处分(警告)1人，降职处分1人，通报批评8人，给予经济处罚7人。其中支行行长级人员8人，科级人员1人，一般员工2人。“管风险”即从全面强化风险预警工作、不断完善科技手段、有效开展检查工作、切实加强审计工作等多方面，提高防范风险水平。年内在新发生逾期贷款预警信号监督、重大风险事件报告制度建设、应急处理机制建设、授权弹性管理等方面的工作进一步得到加强，风险预警能力逐步提高；在风险检查方面的工作力度明显加大，全行各条线在自查的基础上，针对贷款业务、票据业务、不良资产处置、个人金融业务、结算业务、运营内控管理、外汇业务、资金业务等进行了深入、系统的多次专项检查及自查，收到预期效果。通过开展全面、专项、离任、强制休假、存款真实性、贷款核销等多项审计检查，进一步加强了检查监督工作。

队伍建设　2006年，浦发北京分行继续构建符合现代商业银行特点和要求的人力资源开发与管理体制，系统地开展思想政治教育工作，努力营造和谐团队氛围，收到预期效果。首先是对中高级管理岗位加大行内外公开招聘、竞聘、轮岗的工作力度，年内有8名支行行长通过行内外公开招聘、竞聘产生；在年末启动的分行组织架构改革中，全部26个中高级管理岗位均通过公开招聘和竞聘产生；通过公开招聘、岗位竞聘、干部轮岗等方式，逐步改善全行人才队伍的梯度配置，分行副科长以上干部的占比、干部年龄结构、干部学历结构等，均有了明显改善。二是高度重视业务培训工作，年内全行共安排涉及四个条线的培训课程60批，参加培训人员4 000余人次；全行年内有105名员工通过了客户经理资格，37名员工取得了高级客户经理资格，3名员工获得了浦发总行批准的资深客户经理资格，个人银行审贷资格考试通过率达到96.9%。浦发北京分行年内还选派了14名员工参加了AFP和CFP等专业证书的培训，其中13名员工获取证书；安排57人参加浦发总行开展的对风险条线、公金产品经理、贵宾理财经理和信息科技人员的专业轮训。三是有效开展思想政治教育工作，以反商业贿赂专项工作、案件专项治理工作、合规经营、自主创新为主线，以多样化形式，系统性地在全行展开教育活动，通过召开民主生活会、文件学习、问卷调查、自查自纠、签署责任书承诺书和征文活动等，全行全年多次掀起教育活动高潮，对全行干部员工的思想认识统一，构建思想道德防线，建树先进经营管理理念和合规经营理念等，起到了强势的推进作用。四是努力营造和谐团队氛围，以浦发北京分行十年行庆为契机，举办了建行十周年征文活动、最具影响力十件大事评选活动、文艺汇演活动、大型客户招待会活动，以及评选“浦发优秀女员工”、评选“为分行十年发展做出突出贡献的优秀干部员工”等活动，鼓舞干部员工士气，推动各项工作开展。为营造和谐氛围，分支行举办了“培育合规文化，珍惜职业生命”主题演讲比赛、“迎奥运，浦发人讲英语活动”、乒乓球、羽毛球等形式多样的文体活动，以陶冶情操，增进友谊，增强团队凝聚力。

（李鸿元）

广东发展银行股份有限公司北京分行

行长 张庆修

2006年，广东发展银行股份有限公司北京分行（以下简称广发北京分行）继续坚持内控优先的原则，全面提升各项业务操作的规范化程度，把拓展优质贷款市场作为全行资产业务的重点，通过扩大优质贷款提升全行的盈利水平；进一步严格贷款管理责任制，铁腕控制新增不良资产；继续坚持业务转型的方向，大力发展个人银行业务，全面实施中间业务的三年规划，保持各项中间业务的快速增长；进一步强化各项业务和科技创新，逐步形成有该行特色的业务发展模式，推动各项业务的快速增长。

2006年年末，该行总资产425.06亿元，比上年增加61.46亿元，增长16.9%。本外币存款360.09亿元，比上年增加32.13亿元，增长9.8%；其中人民币存款327.31亿元，比上年增加12.49亿元，增长3.97%。本外币各项贷款212.36亿元，比上年增加26.48亿元，增长14.24%；其中人民币贷款207.19亿元，比上年增加26.01亿元，增长12.55%。实现利润2.3亿元；比上年减少1.79亿元。

贷款业务 2006年，因广东发展银行进行财务重组，之后，对广发北京分行不良资产进行剥离，使该行信贷余额大幅度下降，对当年以及今后收益产生较大影响，为此该行认真研究了北京地区的经济特点，制定了大力发展优质资产营销战略，全面推进总部经济主动授信业务。该行制定了总部经济型企业授信准入标准等一系列管理文件，加强行业指引，优化授信审批流程，同时各支行全面出击，积极营销，取得良好效果。使该行信贷资产结构进一步优化，贷款盈利能力大为增强。2006年，该行还通过贷款重组等多种措施加大了一些贷款项目风险资产的化解力度，随着不良资产移交工作的顺利完成，使该行整体贷款质量进一步实现好转。

个人银行业务 2006年，广发北京分行进一步整合销售平台，丰富金融产品，中间业务收入渠道进一步拓宽。一是积极开展代理和代收代付业务，年内，该行代理信诚“福享未来”养老金计划，代销了11只基金产品，销量达6.5亿元，“薪加薪”和“季加新”规模达到3.37亿元，代销“广发策略优选基金”，实现了5 451.72万元的销售量，代收水费和取暖费业务已正式上线，成为北京电力公司确定一级管理的合作银行；二是开展了个人银行业务拉力赛活动，理财通卡刷卡手续费收入大幅增长，手续费收入达到854.3万元，同比增长374.11%，月均刷卡量较活动前提高了117.18%。截至年底，该行共销售五大类30余种理财产品，销售量达到22亿元，实现中间业务收入832万元。

在个人贷款业务方面，针对该行开发贷款配套不足等困难，该行调整营销工作重点，大力推广个人二手房贷款业务，开发了二手房业务创新产品“直贷保”业务。

国际业务 广发北京分行对确定的国际结算重点开发大户指定专人、掌握进度、协调关系，同时全力组织并指导支行开发大额结售汇业务，促进了广发北京分行外汇中间业务收入的大幅增长。2006年，该行国际结算量36.56亿美元，较2005年增加1.16亿美元，增长3%。结售汇量达到30.42亿美元。外汇宝交易量达到7.21亿美元。国际业务中间业务收入5 554万元，比上年增加782万元，增长16.39%。

信用卡业务 2006年，广发北京分行在严格控制信用卡风险的基础上，以“创收入、树品牌”为重点，积极开展分期付款、样样行及商务卡业务，与此同时，该行持续大力度地开展各种主题促销及高端客户维护营销活动，全力打造广发卡的市场美誉度和客户忠诚度，此外还创建了广发信用卡真情俱乐部网站。截至年末，该行新增发卡18.67万张，较上年增长65%，信用卡累计消费额24.1亿元，较上年增长121%；信用卡中间业务收入4 047万元，比上年增长88%；信用卡累计实现利润5 053万元，较上年增长157%；新增和累计风险不良率控制在广发总行指标之内。

金融同业业务 2006年，广发北京分行以国开行担保的联合贷款为重点，大力开展与同业合作相关的低风险资产业务，取得了良好效果。截至年底，该行累计授信54.25亿元，实现利息收入6 510万元。其中与国开行的业务合作是广发银行系统内与国开行合作规模最大、合作条件最优越、收益最高、风险控制措施最规范的业务合作。此外，该行进一步做大做强代理业务，成功代理营销9只集合资金信托计划，金额6.53亿元。全年代理保险业务量244.46万元，较上年增长98.7%。代理基金产品22只，金额3 581.6万元。此外以融资财务顾问为突破口，营销了“国民信托·平安股权财产受益权”信托托管业务。截至年末，同业业务实现中间业务收入680.52万元。

票据业务 2006年，广发北京分行制定了大力发展票据业务的指导方针，不断加强市场拓展力度，通过加强支行票据业务利差收入考核、贴现利率让利等多项措施，极大地提高了各经营单位开展票据业务的积极性，使该行票据业务在2006年实现了跨越式的发展，全年完成直贴92.63亿元，较上年增长63%；实现票据直贴利息收入8 571万元，较上年增长63%；实现票据业务利差收入7 360万元，较上年增长118%。

集约化管理 2006年，广发北京分行进一步加强了各项工作的管理。在会计结算方面，该行坚持定期对操作号的使用和管理进行检查，对全行后督员实行分行委派制，实现了对支行营业部业务与人员的全面管理与考核；在财务管理方面，该行进一步强化财务指标的过程控制，加强了对弹性费用支出控制力度，重点压缩分行本部的弹性费用支出，同时进一步强化财审会的职能作用，削减不合理开支；在资金管理方面，该行进一步加强资产负债结构调控和政策导向，为实现全行目标创造有利条件，同时加强资金预报工作，灵活运用调节措施实现了资金低成本控制，有效减少了分行零收益和低收益资产的占用；此外通过积极主动地开展本外币互存业务、资金交易业务、出台存贷比管理政策等手段，进一步加强了资金营运管理，提高资金收益率。

风险防范 2006 年，广发北京分行继续强化案件专项治理工作和合规建设工作，对重点岗位、重点操作环节进行“拉小网”检查，开展了各类稽核检查 95 项，对信贷风险、信用风险、金融同业综合授信等进行了专项稽核检查。进一步加大了对不良贷款的责任追究力度，先后对 23 人次的责任人进行了责任追究和经济处罚。在反洗钱工作方面，该行建立了反洗钱查询监测系统，在安全保卫上，该行定期进行安全检查，同时积极开展反商业贿赂活动。目前全行风险意识进一步增强，从一线操作、二线检查和稽核监督各个环节都得到了进一步改进，三道防线作用都得到了进一步发挥，各业务操作风险得到了有效的控制，全年未发生事故案件。

优质服务 针对在服务中存在的问题，该行通过实施改进柜台服务的 12 项措施、组织知识大赛和柜员基础知识测试、设立“电子服务区”，使柜台服务的效率和质量得到进一步提高，在北京银监局对全市 16 家金融机构的评比中，广发北京分行获得了服务管理第一名、服务环境第二名的好成绩。

团队建设 2006 年，广发北京分行对原有对支行的考核分配办法进行了调整，对支行实行双百分考核（即经营和内控各一百分），使考核办法更科学、全面；在培训上该行以小规模、高针对性的培训为主。全年共组织各类培训 157 期，参训人次 12 288 人次，参训率为1 700%，与此同时，该行继续强化员工业务理论及技能训练，使分行全辖持证上岗率达到 99. 34%。

为进一步加强企业文化建设，该行在 3 月份举办了以“超越梦想”为主题的广发文化节活动。通过文化节丰富多彩的活动的开展，进一步在社会上树立了广发银行充满活力，朝气蓬勃的企业形象，进一步凝聚了全体员工的向心力，为全面完成广发总行的各项任务指标而努力奋斗。

（陈鸿知）

兴业银行股份有限公司北京分行
（原福建兴业银行北京分行，2003年3月3日更名）

行长　蒋云明

业务综述　2006年，兴业银行北京分行以科学发展观为统领，认真贯彻国家宏观调控政策和金融监管要求，坚持“从严治行、专家办行、科技兴行、服务立行”的经营策略，积极开拓，稳健经营，业务规模平稳快速发展，经营质量和经济效益显著提升，业务发展模式和盈利模式进一步优化，各项事业实现健康、和谐的发展。

截至年末，兴业银行北京分行共有24家经营机构，正式编制职工555人。本外币资产余额678.08亿元，比上年增加135.26亿元，增长24.92%；本外币存款余额475.91亿元，比上年增加84.12亿元，增长21.47%；本外币贷款余额274.44亿元，比上年增加46.72亿元，增长20.52%。全年实现税前利润9.03亿元，比上年增加2.66亿元。不良贷款率为0.018%，不良贷款余额和比率在上年较低的水平上实现“双降”。

同业业务　兴业银行北京分行同业业务贯彻“以市场为导向、以核心客户为中心”的发展策略，继续遵循“广泛合作、真诚服务、专业经营、创新发展”的工作理念，坚持稳健经营，科学管理的经营方针，构建专业、高效的产品和服务体系，逐步形成业务结构多元化、收益结构多元化的发展模式，在北京金融同业市场上拥有良好的信誉。

近年来，随着利率市场化的加速推进和金融综合化趋势的日益呈现，同业业务也转向客户多样化、业务多元化和管理科学化的方向发展。兴业银行北京分行同业业务紧密围绕着货币市场、资本市场，抓住核心客户，不断巩固和做强传统的负债、资产和中间业务，同时着力发展债券投资交易业务、各项代理业务。通过提供高效银行服务，推出特色产品，以真诚的服务赢得了北京市场广大同业客户的信任，同业业务客户对象不断增加、业务领域不断扩大、合作手段不断丰富、经营效益不断提高。截至年末，兴业银行北京分行已经与全国性商业银行、城市商业银行、农村商业银行、外资银行、证券公司、基金公司、保险公司、信托公司和企业集团财务公司、汽车金融公司等100多家同业客户建立了各类业务合作关系，在银银平台、同业存放、同业拆借、同业借款、股票质押贷款、信贷资产回购、票据业务、银证转账、网上银行、债券投资交易、债券结算代理、人民币理财产品设计与销售、信托产品代收付、信托产品托管和代理销售开放式基金等各项业务合作中，实现了“双赢”的发展目标。

公司业务 兴业银行北京分行强化专业服务与团队营销，加强公司业务核心客户储备与拓展力度，有效推进核心客户培育拓展工作。兴业银行北京分行持续进行产品升级和品牌营销，不断丰富专业化的产品服务方案，进一步完善了以票据快车星和贸易直达星为核心的基础产品，有效提高了“兴业财智星”的品牌竞争力和市场知名度。同时针对中小企业产、购、销环节的8大融资需求点，全新推出“金芝麻”中小企业8大金融服务方案，持续提高产品实用性和竞争力，提高对核心客户的品牌服务能力。继续加强与政府部门的合作，与北京市朝阳区人民政府签订《银政合作协议》、与北京市朝阳区建设委员会签订《拆迁补偿安置资金监管合作协议》，进一步扩大了业务范围。截至年末，人民币各项对公存款余额432亿元，比年初增加84亿元，增长24.14%。

投资银行业务 兴业银行北京分行全年完成短期融资券发行主承销2家、分销2家，承销金额达到32亿元；实施财务顾问、重组并购项目5家，IPO财务顾问项目2家，股权分置改革顾问1家，专项财务顾问项目1家。

个人金融业务 兴业银行北京分行加快推进零售业务战略转型，努力打造“自然人生”、“A+3”的零售业务品牌和服务理念，加强产品和业务创新，加大资源投入，积极拓展目标客户群体，全面推进个人金融业务的快速发展。兴业银行北京分行建立健全零售业务组织架构，成立分行外汇交易中心，设立支行业务二部，改造、建设支行营业网点贵宾理财室，建立一家全功能贵宾理财中心，建成运营首都机场贵宾室和火车站贵宾室；强化客户分层营销管理，初步建立本行贵宾客户增值服务体系，成功举办2006年贵宾客户高尔夫赛事活动。全年累计发行27期“万利宝”人民币理财产品、8期“万汇通”外汇理财产品，销售47只基金，“外汇宝”、“银联通”、券商集合理财、银行保险等业务快速发展。截至年末，人民币储蓄存款余额33.14亿元，比上年增加9.84亿元；外币储蓄存款余额2 817万美元，比上年增加1 001万美元。全年累计发放个人贷款17.12亿元，其中个人住房贷款14.73亿元，年末个人贷款余额33.40亿元，比上年增加9.03亿元。

银行卡业务 兴业银行北京分行按照“以客户为中心，以市场为导向”的原则加大业务创新，挖掘银行卡功能，着力塑造“自然人生”、“家庭理财”的兴业卡品牌形象，有效提升市场影响力，积极培育和发展客户群体，推动银行卡业务进入平稳高速轨道。积极探索信用卡营销市场专业化运作模式，组建信用卡营销团队，积极打造信用卡四大亮点，建立“聪明消费、自在生活”的品牌形象，突出“积分消费”的领先功能，强化客户的持卡消费习惯，有效提高信用卡发卡量和交易量。深化“自然人生”家庭理财卡理财功能，将兴业卡、账户管理、资金调度、投资等各项业务整合在一个账户上，使客户能够通过互联网、电话银行、手机银行等渠道，随时随地管理账户；成功上线银行卡联网通用系统V2.0，不断完善用卡环境。截至年末，兴业卡累计发卡量达到88.35万张，比上年增加18.33万张；累计发展特约商户446家，布放直联POS机具763台。

国际业务 兴业银行北京分行以培育、拓展核心客户群体为中心，突出重点领域和重点客户，加快业务创新，强化整体协调和联动营销，加强外汇管理的各项基础工作，进一步巩固并扩大国际结算在外汇业务中的主导地位，大力发展以国际结算为重点的外汇中间业务，坚持以贸易融资业务推进国际结算业务发展，以国际结算业务带动外汇负债业务发展，全面提高外汇业务综合竞争力。截至年末，外币各项存款余额为2.41亿美元，同比增长27.5%；日均达到3.49亿美元，同比增长95%，累计办理国际结算52.13亿美元，同比增长20%；累计办理结售汇53.95亿美元，同比增长24.75%。

信贷管理 兴业银行北京分行按照兴业银行总行“两个转变”要求，积极配合国家宏观调控政策，持续运用项目准入、比例调控、利率杠杆等多种措施，加大对行业投向和业务选择的引导，不断调整优化信贷业务结构。本着防范风险、确保收益的原则，重点拓展风险较小、经济增加值贡献度高的信用业务，实现有效控制风险的同时，提高业务的经济增加值。在继续发展公司、同业业务，巩固单位贷款等传统业务的基础上，稳步开办新型业务，大力发展中间业务，有效加强零售业务。信贷经营中，除继续重视对大型优良客户的拓展外，积极拓展和培育市场前景广阔、管理规范、诚实守信的中小型客户，继续扩大基本信用客户群，业务发展的协调性和可持续性进一步增强，从根本上确保了信用资产的质量。

信贷管理中继续加强各项制度建设和制度执行，加大差别化业务转授权管理，结合本行信贷信息系统的功能升级，提升信贷业务的信息管理水平。进一步完善放款审核等信用业务办理各个环节的操作，强化档案管理、授信后检查等信贷基础工作，努力实现信贷风险的有效防范。继续高度重视信贷业务技能培训，提高各级人员风险防范和管理素质。通过规章制度的健全完善，人员素质的不断提高，辅以电子化系统硬约束，实现了信贷管理水平的进一步提高。

风险控制 兴业银行北京分行以构造全面风险管理体系为目标，进一步加强经营中各类风险的管理和控制，不断健全风险管理的长效机制。在业务经营中，大力倡导和落实科学发展观，增强经营机构的风险观念。积极配合国家宏观调控政策措施，认真贯彻各项监管要求，保证了各项业务依法合规。信用业务办理始终坚持以质量为中心，严把风险关，从源头上保证信用资产的质量。进一步强化业务引导，密切关注政策敏感性行业及客户风险，实现了投向结构的不断优化。通过细化机构资产质量考核，强化转授权管理，实行业务办理每日监控，进一步严格信贷制度执行的监督检查等，加强和细化了日常风险控制。兴业银行北京分行设立放款中心，实现对贷款发放环节的集中审核，进一步加强了对放款操作风险的控制。开展分行专业授信后检查，形成与经营机构并行的“双线”检查格局，提高了授信后风险防范的水平。加强业务培训与指导，大力培育风险文化，进一步提高信贷人员业务办理水平，强化与风险管理制度相配套的内在约束。继续将风险化解作为一项重要工作常抓不懈，最大限度地保障了信贷资产的安全。严格有效的风险控制，确保了分行信用业务在宏观调控中的持续健康发展，实现了较高的资产质量。

电子化建设 兴业银行北京分行大力推进科技创新，加快电子银行业务发展。分行自主研发“火车站贵宾服务系统”，开发了代收“北京电信话费”、“北京网通小灵通”等交易，增加了代理业务品种。进一步优化海淀财政支付系统、银证转账系统、绩效考核系统（一期），完成了95561客户服务线路扩容及金卡2.0系统、小额支付系统、票据影像系统的上线工作，为业务经营提供了有力的保障。继续加强基础设施建设。提速生产线路，并实施线路备份，增加IP电话安装数量，有效提高生产效率，节省办公成本。继续加强电子渠道建设，执行自助业务拓展奖励制度，大力拓展自助银行业务，强化离行式ATM机的增值效益。全年新增离行式ATM机70台，累计布设111台，同比增长了171%。短期内形成了一定的自助规模，有力地支持了零售业务发展。继续发挥网上银行的渠道作用，大力支持支行业务拓展，维护高端客户群体，通过持续营销企业e收款服务、企业网上结算中心服务、个人网银开放式基金、网上银联通基金等渠道特色产品，充分发挥渠道服务作用，提高兴业品牌知名度。2006年，企业网银交易笔数同比增长93.8%，个人网上银联通业务累计交易金额为17.59亿元，个人网银交易笔数同比增长197.61%，个人网银客户同比增长302.45%。

企业文化建设 兴业银行北京分行坚持以人为本，以“一流银行、百年兴业”的愿景为感召，积极倡导“为社会和客户创造价值、为企业和股东创造价值、为员工自身创造价值”的兴业文化核心价值观，大力弘扬“务实、敬业、创业、团队”的兴业精神。建立企业文化讲师团，组织开展《兴业银行文化手册》学习活动，推进企业文化宣传贯彻和制度梳理工作，推进分行家园文化建设工作，创建和谐企业。成功举办“2006年分行员工新春联欢会”、“国际劳动妇女节座谈会”、“分行第三届职工运动会”，继续组织员工年度体检，企业文化建设取得新成果。

（综合部）

深圳发展银行北京分行

行长　赵文杰

2006年，深圳发展银行北京分行（以下简称深发北京分行）围绕“管理、创新、跨越”的工作主题，奋力拼搏，不断创新，不断加强内控和合规建设，内部管理水平快速提高，形成了良好的企业文化氛围和团队学习环境。加快公司、零售、同业三大业务平台的有序建设与推进，加快贸易融资和中间业务的拓展，积极推动零售业务的稳步提升，各项业务指标均有突出增长。截至年末，总资产达328.4亿元，比上年增加41.86亿元，增长14.61%。本外币各项存款余额为

253.83亿元，比上年增加22.94亿元，增长9.94%，其中人民币各项存款余额为240.81亿元，比上年增加24.44亿元，增长11.29%。本外币贷款余额（不含贴现）为185.41亿元，比上年增加69.86亿元，增长60.46%，其中人民币贷款余额为178.87亿元，比上年增加67.20亿元，增长60.18%。当年实现利润（税前利润）为3.15亿元。截至年末，深发北京分行下辖17个营业网点，在岗职工数552人，平均年龄30.3岁，具有大专以上学历的员工占91.7%。

公司业务 加快对公产品创新，加强供应链金融的拓展，推进贸易融资专业化建设。2006年，深发北京分行在汽车、钢材行业已经取得行业优势的基础上，以能源贸易融资为重点，全力拓展供应链融资业务；倾力打造贸易融资业务支持和管理平台，加强产品开发和产品组合，大力开展分支行联动营销和整体营销，有力地拓展了全行市场，贸易融资业务得到了快速发展。截至年末，对公一般性存款余额为239.02亿元，比上年同期增长7.99%。贸易融资业务授信客户共161户，比上年同期增长76.92%，总授信额度（含保证金）为69亿元，使用余额35亿元，分别比上年同期增长122.58%、105.88%，派生存款余额为34亿元，比上年同期增长183.33%。

零售业务 建立零售业务团队，理顺客户管理流程，持续不断地扩大二手房贷款规模和理财产品的组合营销。以拓展客户为中心，以提升服务为基础，以推广优势产品为手段，进行有效组合和营销管理，双周供、循环贷、存抵贷、转加按、聚财宝、聚汇宝及VIP健康俱乐部等产品和服务的不断推出和品牌形象的建立，促进了深发北京分行零售业务长足的进步，各项指标均有良好的表现。其中储蓄和个贷增长迅猛，截至年末，深发北京分行储蓄存款余额148 096万元，较上年增加52 674万元，增幅55.20%。储蓄存款日均余额116 911万元，较上年增加21 489万元，增幅22.52%。年末个人贷款余额477 459万元，较上年增加294 154万元，增幅160.47%。个人贷款日均余额316 492万元，较上年增加133 187万元，增幅72.66%。

同业业务 形成良好的市场环境和政策环境适应能力、市场反应能力和资金运营能力，超额完成指标计划，同业业务利润大幅上升。同业业务净利息收入7 437万元，较上年增加3 257万元，增幅77.91%。营销能力：产品议价能力、市场信息敏感度、快速反应能力明显提高；营销战略：发挥总分支行联动效应，建立多层次的营销方式和营销梯队；营销网络：立足北京，面向全国，充分体现了同业业务区域中心的作用。有效利用同业FTP的价格杠杆作用，激发经营单位积极性，引导深发北京分行同业资产负债业务的平衡发展。

国际业务 国际业务继续保持稳定快速的发展势头，截至年末累计实现国际业务结算量40.28亿美元，同比增长13.6%，其中在岸结算量36.35亿美元，比上年同期增加8.9%，离岸结算量3.9亿美元，比上年同期增加90%。累计实现国际业务中间业务收益3 954万元人民币，比上年同期增加26%，收益率保持在0.13%，比上年同比上升0.02%。同时，客户群体稳定扩大，截至年底，深发北京分行已拥有国际结算业务在岸客户241户，离岸客户238户。离岸客户数量与在岸大体相当，离岸存款累计9 986万美元，比年初增加65%。

内控建设 深发北京分行采取了一系列措施，加强内控管理和合规建设，提高管理水平，推进精细化、扁平化管理，强化服务意识，求真务实、精益求精，突出时效和成效，疏通业务发展后备渠道，推动分行各项工作的高效运行，以高效运行带来内控的实质化进展；通过完善组织架构，搭建合规管理框架，积极探索适合分行的合规管理模式；加强内控教育，培育内控合规文化；重视反洗钱工作和专项治理工作，使合规操作深入人心，从而不断释放风险，为业务的健康发展保驾护航。

风险管理 以优化信贷结构和稳健发展的总体指导原则，围绕着“有效扩大市场份额，积极整合信贷资源，努力优化业务结构，全面创新风险管理，确保实现规模、质量、收益的均衡发展”的信贷工作总体思路推进工作。提升信贷政策指引和信贷制度建设，加强信贷组合管理；加强授信调查、贷时审查、放款管理及贷后管理；超额完成不良资产清收计划，不良贷款率维持较低水平；货押监管工作取得显著进展；个人贷款质量优良，连续保持不良资产率和非应计率为零，从而顺利实现了全行资产业务的初步转型和稳健发展。

人力资源管理 2006年，深发北京分行开展的员工职业生涯规划项目，对实现员工进步起到了较好的作用。通过推行“技术岗位管理办法”，改变了现有行员等级制晋升通道狭窄、能力责任提升和职位待遇提升不匹配的情况；通过实行导师制，加快了新员工的成长速度和业务水平的上升；继续推行和完善轮岗培训计划，培养综合人才，加快业务创新；通过员工激励办法的实施和后备干部队伍的建设，增强员工的归属感和认同感。

党群工作及企业文化建设 加强党群组织建设，召开了党员大会，选举成立了深发北京分行第一届党委，组织了包括七一党员活动、红旗渠革命教育、参观纪念长征胜利70周年系列展览等活动；团建方面，换届产生深发北京分行第二届团委，组织青年开展向贫苦地区捐赠电脑活动；工会活动方面，在行内营造和谐的工作氛围，丰富员工业余文化生活，成功举行了新年酒会、行庆展板比赛、演讲比赛、羽毛球比赛、运动会、为拼搏加油、经济技术创新表彰、会计业务知识及技能比赛等大型活动，组织参加市金融工会组织的全市职工英语大赛，深发北京分行代表队获得了两银一铜的好成绩。通过以上活动有效地增强了员工归属感、集体荣誉感和企业凝聚力，不断地激发员工的工作热情和改变员工的精神状态。

（郭佳永）

中信银行总行营业部

总经理　赵小凡

2006 年，中信银行总行营业部在中信银行总行的正确领导下，坚持效益、质量、规模并重，按照“保平安、谋发展”的经营管理方针，锐意进取，不断创新，经过全体员工共同努力，全面完成了经营计划，不仅在中信银行系统内等级行评比中继续保持标兵行地位，而且在北京同业中的地位和竞争能力也有所提升。

截至年底，中信银行总行营业部共有支行 31 家，员工 1 100 余人。总行营业部本外币资产总额 1 646. 74 亿元，比上年增加 44. 24 亿元，增幅为 2. 8%。本外币存款（含金融机构存款）折计人民币 1 551. 92亿元，比上年增加 245. 39 亿元，增幅为 18. 8%，其中人民币存款余额 1 200. 59亿元，比上年增加 276. 5 亿元，增幅为 29. 9%。本外币贷款折计人民币 755. 13 亿元（含贴现），比上年增加 104. 83 亿元，增幅为 16. 12%，其中人民币贷款 706. 52 亿元（含贴现），比上年增加 104. 97 亿元，增幅为 17. 4%。国际业务贸易项下结算量为 282. 09 亿美元，比上年增加 61. 34 亿元，增幅为 27. 79%；国际业务中间业务收入 1. 92 亿元人民币，较上年增长了 25. 49%。资产不良率 1. 07%，比上年降低 0. 76 个百分点。当年实现账面利润 20. 82 亿元，较上年增长 4. 64 亿元，继续保持健康、快速的发展局面。

对公业务　2006 年，该行以提高系统营销能力和支行发展能力为工作重点，加大公司业务营销力度。在负债类业务方面，通过“领导带动、系统联动、组织推动、机制促动、全员行动”的“五动”方针，积极营销政府部门、企业集团等重点目标客户，积极开发新的业务增长点，成功中标了国家税务总局税务代保管资金代理银行、北京市住宅专项维修资金业务代理银行以及国库现金管理商业银行定期存款业务首期招标项目。在股市回暖，资金大量涌入资本市场的情况下，该行负债业务仍取得重大突破。截至年末，该行对公人民币一般性存款余额为 949. 2 亿元，比上年增加 159. 8 亿元，增幅为 20. 2%。

在资产业务方面，该行积极贯彻落实国家宏观调控政策，按照“早启动、早受益”的思路，加强了对资产业务的引导，通过对支行“带、帮、促、扶、管”，开展了多层面、深层次的系统营销；通过加强对战略客户的营销管理，与中国联通、中石化等重要战略客户的合作获得突破性进展。同时，该行积极探索新的盈利模式，以为大型集团公司客户提供理财服务为中心，以产品为手段，搭建了集团账户现金管理、短期融资券、关贸 e 点通、资金资本市场等业务平台；以结构性融资为核心，完成了一系列产品创新，进一步拓展了跨国公司的金融服务和保函业务，取得了显著成效。该行还通过开发“代理贴现”等产品，成功营销了“国电电力”等大客户的贴现业务，实现了可观的利差收益。截至年末，该行对公一般性贷款折合人民币 557.97 亿元（不含贴现），比上年增加 135.57 亿元，增幅为 32.1%。

对私业务 2006 年，该行进一步调整优化零售业务布局和资源配置，完善管理构架，加强零售体系建设；通过推出首都机场贵宾登机、汽车救援、法律援助、健康医疗等一系列贵宾理财增值服务，进一步提升服务品质；通过统一建立零售营销、理财专业队伍、统一产品宣传和业务推广活动，较大地提升了零售业务品牌影响力，增强了零售业务的市场竞争能力。

在储蓄业务方面，该行在继续做好理财宝等传统产品的同时，积极推出 2006 零售大赛方案，有效地激发了全员吸储的积极性；通过旺季营销和加大媒体宣传力度，有效拉动了储蓄业务的增长。截至年末，该行储蓄存款本外币余额折合人民币为 121.07 亿元，比上年增加 42.86 亿元，增幅为 54.80%。

在零售信贷业务方面，该行积极贯彻国家宏观政策，继续坚持以风险权重低、占用风险资本少的住房按揭贷款业务为信贷工作重点的策略。通过与大型房地产开发商的合作，该行成功地开发了一系列优质住房按揭项目。截至年末，该行私人贷款余额为 128.9 亿元，比上年增加 10.6 亿元，增幅为 9%。

国际业务 该行积极打造以结算、融资、汇率为一体的外汇业务产品和服务平台，通过抓重点客户、重点产品和重点支行，逐步培育出一批以战略客户为中心的优质客户群；积极进行产品创新，推出了保险后出口业务融资系列产品；成功为大企业集团设计了“集中收付汇管理系统”，赢得了客户的好评和认可。截至年末，该行实现国际收支总额 437 亿美元，其中贸易项下收付汇量 282 亿美元，贸易项下融资累计 30.5 亿美元。

中间业务 该行在稳定既有优质保函客户的同时，继续加大对主流行业、主流客户的开发力度；积极介入短期融资券的承销业务，成功承销了北车集团、南车集团、国机集团和中化集团合计四家六期 96 亿元企业短期融资券，获得主承销费收入 1 690 万元。

该行通过积极开展出国金融特色服务、发行理财产品、代销基金、代理保险、代收费等业务提高了零售业务中间收入。此外，该行国际业务中间业务收入为 1.92 亿元人民币，较上年增长了 25.49%。

银行卡业务 2006 年，该行推出“国航知音信用卡”、“燕莎联名信用卡”、“中信旅游卡”等产品，向杨利伟、费俊龙、聂海胜等航天员赠送了终身免年费的白金信用卡；同时，北京市政交通一卡通项目取得突破，市政公交、地铁、城铁及部分出租车开始受理一卡通专用卡和联名卡。

该行重视用卡环境优化建设，先后完成海淀支行、万达广场支行、尚都国际中心支行、紫竹桥支行等 4 家支行的自助银行装修改造工作，并加强对自助设备的运行管理，确保自助设备的安全准确运行。截至年末，该行有离行式自助银行网点28个，已投入运行的自助设备77台。2006年，该行发行中信理财宝15.4万张，中信STAR信用卡7.8万张。

内部管理 2006年，该行将工作重点放在风险控制和制度建设上，通过优化客户结构和信贷管理流程，信贷风险控制取得显著成效；通过对易发生操作风险的业务环节进行集中操作和管理，有效地降低了操作风险；通过加强专业管理、会计管理、清算管理、服务品质管理等基础工作，夯实了发展基础，使内部管理体系得到进一步完善；通过加强队伍建设，弘扬企业文化，较好地增强了总部的凝聚力和战斗力，内部管理水平得到有效提升。

网点和机构建设 2006年，该行顺利完成了海淀支行和东单支行的迁址工作（东单支行迁址后更名为万达广场支行），以及尚都国际中心支行和紫竹桥支行的筹建和开业工作。同时，该行根据零售业务发展需要，增设了贵宾理财中心，着手建立了二手房中心，并将出国金融服务中心迁至秀水街临近美国使馆地区。

（黄朝琴）

中国光大银行股份有限公司营业部

主任 邱火发

2006年，中国光大银行股份有限公司营业部（以下简称光大总行营业部）面对中国金融市场全面对外开放的重重压力和激烈的市场竞争，严格按照光大总行建设“精品银行、上市银行”的战略要求，坚持依法合规经营，加强合规管理，服务回报社会，本着“做好公司业务、做大私人业务、做强中间业务”的发展思路，重安全、保质量、求稳定、创和谐，各项经营管理工作持续快速健康发展，存款规模成功突破千亿元大关，并再次被评为总行级先进单位。截至年底，光大总行营业部下辖1个营业室，34家支行，正式员工1 040人。总资产达1 201.6亿元，比年初增加169.5亿元，增长16.35%。本外币存款余额1 052.77亿元，比上年增加174.29亿元，增长19.8%。其中人民币存款余额1 004.74亿元，比上年增加176.64亿元，增长21.3%。本外币贷款余额437.64亿元，比上年增加67.31亿元，增长18.2%。其中人民币贷款余额428.49亿元，比上年增加71.18亿元，增长19.9%。全年实现利润总额11.3亿元，比上年增加2.31亿元。

公司金融业务 2006年，光大总行营业部对公业务围绕“塑团队、育环境、创产品、抓项目、细管理、保目标、促调整”的工作方针，通过不断抓好营销源头、拓宽营销渠道、加强队伍建设、强化业务通报以及同业合作等途径，大大促进了公司金融业务的快速发展。年初获得北京市住房维修资金支付代理银行、北京电力公司集中支付及电费代理银行资格，财政代理业务方面与多家部委建立业务关系，并在业委会业务营销上实现开户40家，继续巩固了特有的优势地位，年金业务方面，年末共归集约4亿元，管理个人账户2 000户。积极推行信贷资产产品创新，完善客户经理考核办法，建立客户经理补充与淘汰机制。定期组织培训和轮训，提高客户经理营销水平。定期收集下发各类目标客户名录和经济金融发展政策信息，编发公司业务动态，及时交流经验，实现营销信息共享。强化同业合作，积极开展第三方存管、新股申购网下询价等证券合作业务，取得较大营销进展。

个人金融业务 2006年，光大总行营业部从“产品营销、风险控制、组织宣传、基础建设、渠道管理”五个方面加强个人金融业务工作。围绕光大总行推出的理财产品，积极探索公私联动交叉销售模式，全年共销售阳光理财产品近60亿元，率先推出固定利率房贷、“阳光生活住房套餐”等业务，促进个人贷款业务发展。积极开展出国金融服务，拉动优质客户和储蓄存款的增长。通过督促开发商办理产权证，落实抵押物产权，积极推进诉讼和执行程序，努力化解不良贷款。开展“薪福计划”、“共享阳光，创新生活”、理财大讲堂等活动，深入物业小区和对公单位进行现场营销宣传，使私人业务呈现“月月有活动、季季有高潮”的活跃局面。建立13家理财中心，并针对VIP客户，设立了贵宾理财区，并培养了一支理财顾问团队。开发了代缴水费、代缴北京电信座机费、代收歌华宽带费等业务，进一步扩大了“阳光e缴费”服务范围，使阳光卡用卡环境得到进一步改善，并使信用卡发卡量达到15万余张。

中间业务 2006年，光大总行营业部依托光大总行推出的新业务、新产品，围绕市场需求，积极开展营销。一是国际业务收入大幅增长，密切跟踪石油、化工、钢铁等重点行业授信客户额度使用情况，开辟“绿色通道”，年内完成国际业务收付汇量52.5亿美元，办理贸易融资2.6亿美元。二是财政代理业务继续扩大，全年共代理中央财政支付业务69 885笔，金额达1 033亿元，继续保持市场份额第一。三是积极组织短期融资券营销，年内代理发行短期融资券176亿元，分销32亿元，承销企业数和金额在系统内及北京地区均居领先地位。四是积极推进网银和全程通业务开展。年内新开网银638户，交易量为3 535亿元；开立全程通承兑汇票7亿元，较上年增长23%，在系统和北京同业范围内保持领先地位。

风险防范与不良贷款化解 风险控制是银行发展的根本保障，2006年，光大总行营业部通过构建风险管理架构、审批提前介入营销、强化合规风险管理、严格控制操作风险、推进个人贷款“六集中”管理等措施，努力加大风险防范。成立风险预警委员会、授信评审委员会、零售授信审批小组，从组织建设上保证全面风险管理工作的良性运行。实行限时答复，风险经理和客户经理平行作业，全程跟进重点项目。构建合规风险分层管理体系，增设法律合规处。逐步对个人贷款审批、个人贷款放款、贷后管理、个人贷款档案及抵押登记工作进行集中。做好案件专项治理及反商业贿赂工作，有针对性地开展“回头看”检查工作。不良贷款化解方面，成立个人贷款清收领导小组，制定考核办法，调整清收策略，明确清收责任，修正清收方案，并加大核销工作力度，顺利实现“双降”目标。

企业文化建设 2006年，光大总行营业部积极按照光大总行关于开展和谐企业文化建设的要求，认真开展企业文化动员推广活动，通过组织开展动员会、恳谈会、行长在线以及主题征文等活动，宣传光大银行“精品银行，诚信伙伴”的发展愿景以及“诚信为本、创新为先、团队合作、卓越执行、和谐发展”的核心价值观，使“五精五诚”的理念深入人心。完善员工福利保障体系。实施员工及子女“成才之星”奖励计划，鼓励员工自学成才。组织实施合同工管理改革方案，提高了工资福利待遇，完善了员工“五险一金”的福利保障体系，推行准行员制度。

（朱 坤）

中国民生银行股份有限公司总行营业部

总经理 梁玉堂

2006年，中国民生银行股份有限公司总行营业部（以下简称民生银行总行营业部）坚持“在稳定发展中调整业务结构和收入结构；整合客户、客户经理和资本资源；改进销售、管控与流程”的经营方针，致力于改善业务结构和收入结构，创新产品和营销组织，强化内控和提升服务管理水平，努力做好各项工作，实现了规模、质量、效益协调推进。

截至年末，民生银行总行营业部下设支行42家（含营业部），在岗员工1 501人。本外币总资产余额1 663亿元，比上年增加249亿元，增长17.6%。各项存款余额1 505亿元，比上年增加286亿元，增加23.4%，其中人民币存款余额1 391.5亿元，比上年增加264亿元，增长23.4%。各项贷款余额1 014.5亿元，比年初增加139.2亿元，增长15.9%。不良贷款余额（五级分类法）1.58亿元，比上年减少0.14亿元；不良贷款率0.16%，比上年降低0.04个百分点。全年实现税前利润22.09亿元，比上年增加3.43亿元，增长18.4%。

经营决策 民生银行总行营业部把握业务发展规律，统筹规划发展全局，合理安排发展进度，第一季度着力推动了资产业务，5～6月组织“铸强势、促转型、强内控”双月竞赛活动，扭转了年初以来业务增长缓慢，市场份额下滑的被动局面；9～10月启动了一轮旨在“做实业务、提升服务、强化内控，全面提高增长质量”的2006金秋“新增长 新提升”活动；第四季度将“填平补齐，拾遗补阙”作为业务工作重点，集中精力抓好信用卡、网银等相对弱势业务的拓展。

公司业务 民生银行总行营业部公司业务保持了良好的发展态势，具体表现在存贷款规模快速增长、外汇业务发展有新的势头、中间业务实现新的突破以及资产质量稳步提升等多个方面。截至年末，对公存款余额为1 294亿元，比上年增长242亿元；对公贷款（不含贴现）余额为735亿元，比上年增加143亿元；完成国际结算量125亿美元，比上年增长70%；外汇业务整体收益（含利差收入和转移收入）为3亿元人民币（下同）；贴现业务量为243亿元，保理放款21亿元。民生银行总行营业部策动了一系列的、形式新颖的、分专题的营销活动，尤其是“定制服务在行动”系列活动使得以客户为中心的定制服务理念深入人心；“赢·家·计划”获得2006年北京金博会“最佳组织策划奖”，三大类99个品种初步形成公司金融品牌；在房维资金、财政支付、卫生系统等一些招标和产品创新中取得了很好的成绩。民生银行总行营业部一直把打造行业特色营销机构作为公司业务专业化转型的工作重点之一，成立了涵盖现有的优势行业和投资银行、中小企业等新兴业务的行业营销中心，进一步细分市场，做专做强。民生银行总行营业部对公司业务客户经理进行了全面梳理与分层，对集团客户授信工作进行了统一归口管理。

零售业务 民生银行总行营业部在零售业务组织架构上推陈出新，成立了零售业务管理委员会，作为零售业务引导、组织、推动、管理的机构，加强推动力度。按照“重点保障、大力支持、确保发展”的原则广纳贤才，通过网络、报纸等多种渠道引进了一批优秀人才充实到各个岗位。颁布了各岗位考核管理办法，着手开发平衡记分卡系统和模拟培训系统，为员工职业生涯设计提供平台支持，开展了高级零售客户经理以及理财经理评聘工作，有效激励员工积极性。民生银行总行营业部年内储蓄和按揭业务双双突破200亿元，年末储蓄余额212亿元，比上年增加44亿元，储蓄余额占全部存款总额的14.1%，比上年上升了0.3%；个人贷款余额206亿元，比上年增加14.7亿元。零售业务实现中间业务收入3 824万元。支行储蓄平均规模达到5.2亿元，比上年增加1亿元。保管箱出租量、个人网银开户数实现翻番，个人网银交易量190亿元，为上年的5倍，自助设备开机率由上年末的89%上升到年平均95%，交易量567万笔，比上年增加184万笔。

结构调整 民生银行总行营业部通过评审约束、收益调整等手段有效降低中长期贷款的发放冲动，中长期比例得到有效控制；致力于资产负债的协调发展，存贷比得到合理控制，年末存贷比为67.4%，比上年下降4.3个百分点；中间业务实现跨越式发展，全年实现中间业务收入（含汇兑净收益）2.44亿元，比上年增加1.33亿元，在总收入中的占比由上年的2%提高到3.6%。

内控管理与合规经营 民生银行总行营业部着力建立风险管理长效机制，强化风险管理委员会职能，加强了对系统性风险的研究和预防，强化了对风险个案的处置力度；继续完善内控制度建设，提升制度执行力，对违规行为予以重罚；组织开展案件专项治理回头看工作，全面开展查防工作，全面梳理业务风险点，全面明确岗位工作职责，统一、规范业务处理手续；深入开展各类内控检查及离任稽核；成立了法律与合规委员会，稳步推进法律合规工作。启动治理商业贿赂工作，一方面普及宣传教育，通过编发专刊、组织参观监狱等活动，运用典型案例开展警示教育，增强员工法制意识和自警自律意识，筑牢思想道德防线，培养员工遵纪守法、合规操作、正直诚信、和谐互助的工作作风；另一方面开展不正当交易行为的自查自纠，与案件专项治理工作紧密结合起来，在认真查找容易产生商业贿赂环节的基础上，重在查找制度的漏洞，及时查漏补缺，以加强和提高内控水平。民生银行总行营业部以控制操作风险为着力点，将现场检查与非现场监控相结合，多种监控手段互补，营造合规经营的氛围；坚持推行逐级责任制，通过组织开展创建“平安单位”、消防安全月、营业网点安全评估、保安队伍建设等多项措施抓好“三防一保”工作，为业务发展保驾护航。民生银行总行营业部连续五年多保持无案件、无风险事故发生，2006 年 10 月获得系统内首块“安全运行牌”。

优质服务 民生银行总行营业部将服务管理的重点放在改进服务质量，提升服务内涵和营造和谐文化上。一是成立优质服务推动指导委员会，制定了优质服务发展中长期规划，下发了优质服务手册，并与支行领导签订责任书，加大了考核力度；二是学习先进经验，组团赴境外商业银行学习先进的服务理念和流程；三是壮大服务队伍，每个支行网点配备了两名以上，经过业务知识、服务培训和上岗考试的大堂经理，并通过管理模式的改进，使保安队伍服务意识大幅提升；四是启动了流程银行的试点改革工作，结合不同层次的客户、不同的业务种类，划分营业厅服务功能区域，细化岗位设置和职责定位，落实考核跟进，促进营销服务的立体化和人性化；五是全面启用柜面服务评价系统，实时了解客户对柜台服务的评价，加强对柜员的考核督促。

团队与激励 民生银行通过实施以专业考核为主导的支行绩效薪酬分配模式，条线考核和支行考核并重，为系统管理提供了强有力的支持手段，使得分配制度更加细化完善，也使得考核激励更加贴近团队管理和业务推动的要求。民生银行总行营业部通过创新激励手段、强化人才引进责任等方式，积极探索人才引进的新举措，在注重提升“质”的同时加大了各业务条线人才引进的力度。民生银行总行营业部依托培训卡系统，通过规范化、科学化管理和尝试“外部引进”等新的培训运转模式，力争让培训工作紧跟业务发展，覆盖到主要业务条线的各个岗位，全年实施 34 项重点培训项目，超过 3 183 人次参加了培训。

企业文化建设 民生银行总行营业部注重用和谐精神培育人、塑造人，深入贯彻以人为本理念，努力构建和谐的内部环境，丰富员工精神生活，激励员工共创和谐的活力，使崇尚和谐、维护和谐成为全体员工的共同追求。成立十周年之际，在人民大会堂成功举办了规模空前的“中国民生银行总行营业部十年庆典暨答谢客户晚会”。启动员工关怀行动，建成了职工之家，组织了“全员集中休假减压”和“全员集体体检关爱”两大工程，在

五四、七一、长征胜利70周年等重要节日都举行了活动；成功举办春季运动会，代表民生银行总行参加银监会首届职工运动会并获得唯一的“精神文明奖”。把企业文化列入新员工培训教程，推动企业文化核心理念学习；积极投身社会活动和社会公益事业，全面深入开展“八荣八耻”学习活动。启动首都窗口行业奥运培训工作，积极参与“城乡携手迎奥运，共建文明京郊行”活动，与朝阳区十八里店乡开展共建活动，和打工子弟学校结成帮扶对子，组织捐款赠物，体现机构的社会责任意识。

（王　磊）

华夏银行股份有限公司

行长　吴　建

华夏银行股份有限公司（原华夏银行）。1992年10月成立，总行设在北京，是一家全国性商业银行，由首钢总公司全资兴办，注册资本金为10亿元，属北京市市管金融企业。1995年，华夏银行实行股份制改造，更名为华夏银行股份有限公司，注册资本增加至25亿元，股东有33家，包括首钢总公司、山东电力公司、云南玉溪红塔集团等国有大中型企业，首钢总公司为第一大股东，持股比例约为20%。2003年9月，华夏银行公开发行股票，并在上海证券交易所挂牌上市交易，成为全国第五家上市银行。2005年11月，华夏银行引进战略投资者，与德意志银行签署了股份转让协议、全面长期战略合作协议、全面技术支持和协助协议、信用卡业务合作协议，为提高经营管理能力和国际化水平带来了新的契机。14年来华夏银行完成了三次历史性跨跃。

截至2006年12月31日，华夏银行已在北京、南京、杭州、上海、济南、昆明、深圳、沈阳、广州、武汉、重庆、成都、西安、乌鲁木齐、太原、大连、青岛、温州、石家庄、天津、呼和浩特、福州、宁波、苏州、无锡、烟台、聊城、玉溪28个城市设立了23家分行、5家异地支行，营业机构达到279家，员工8 200多名，“立足经济发达城市，辐射全国”的机构体系已经形成。此外，华夏银行还与境外382家银行建立了代理业务关系，建成了覆盖全球主要贸易区的结算网络。

自2001年以来，华夏银行就提出了高质量发展的办行思想，坚持质量、效益、速度、结构协调发展，不断扩大经营规模，不断提高盈利能力，保持了持续稳定、健康发展的良好态势。2004年华夏银行被评为中国上市公司金融地产行业10家最具竞争力企业之一；2005年荣获

"中国最具影响力财富企业"称号；在英国《银行家》杂志2006年全球1 000家大银行排名中排名第339位，在中国企业500强中排名第225位。2006年，华夏银行在产品研发和服务方面喜获丰收，其中，"中小企业成长产品服务方案"被中国中小企业协会、中国银行业协会、金融时报社授予"最佳中小企业融资方案"，外汇清算系列产品在北京金融展和广州博览会上荣获"优秀金融产品奖"，清算中心再获"花旗集团美元清算直通率卓越奖"，客户服务中心95577被人民日报等媒体评为中国金融业呼叫中心"客户满意十佳品牌"和"十大影响力品牌"。截至2006年12月31日，华夏银行总资产达4 450.53亿元，实现净利润14.57亿元，比上年增长13.87%。

（办公室）

华夏银行股份有限公司总行营业部

华夏银行股份有限公司总行营业部(以下简称华夏总行营业部)。华夏总行营业部坚持以发展为主题，以结构调整为主线，以质量效益为中心，实现了质量、效益、速度、结构相协调发展，全面推动了各项工作实现大发展。年末，本外币资产余额922.5亿元，比上年增加84.9亿元，增长10.14%。本外币存款余额852.38亿元，比上年增加102.63亿元，增长13.69%。其中人民币存款余额800.57亿元，比上年增加74.03亿元，增长10.19%。本外币贷款余额420.03亿元，比上年下降11.25亿元，增长-2.61%。其中人民币贷款余额406.81亿元，比上年增加-6.72亿元，增长-1.63%。全年实现利润8.49亿元，比上年增加2.59亿元，增长43.9%。全辖共设立支行33家，员工总数950人。

公司金融业务 2006年，华夏总行营业部加强全辖营销组织推动工作，建立了满足市场和客户多样化需求的集中营销组织架构，完善了公司业务发展目标管理体系，提高营销层次和水平，增强整体营销效能。加强行业分析和客户调研，发布市场营销动态，明确营销方向和重点，设计完善客户金融服务方案，指导全辖开展营销工作。在全辖开展了"拜访客户"百日竞赛等系列活动，采取个性化金融服务措施，稳固了营销服务基础，同时，召开新产品推介会、国际业务研讨会、外汇讲评会、客户沙龙等多种形式的大型营销宣传活动10多次，介绍推广新产品新业务，成功开发了一批电力、电信、石化、交通、公用事业、铁道、航空航天等重点行业和客户。特别是成功营销两岸汇划直通车、集中付款、美元汇款全额到账、台台通4项为台商企业打造的个性化金融产品，被台商企业称为"走在市场前面"的银行。年末，对公存款余额为790.59亿元，比年初增加97.02亿元，增幅为13.98%。

信贷业务 2006年，华夏总行营业部信贷结构进一步优化，风险度降低。贷款抵质押率提高7个百分点；A级以上客户贷款余额占对公贷款余额的93.04%。全年新增贷款授信首贷不良率为零；新审批银行承兑汇票、非融资类人民币保函无垫付现象发生。实施了目标责任制与尽职问责管理，进一步完善了不良资产考核机制，提高考核的约束和激励效果。对存量不良贷款进行系统梳理，逐户拟定处置方案，灵活运用非诉方式、先诉讼后拍卖方式、先诉讼后和解方式等多种措施，有效促进了不良贷款下降，五级分类不良贷款率比年初下降0.87个百分点。

个人金融业务 完善个人业务营销体系，优化服务渠道。一是创新服务内容，推动个人理财业务发展。从规范服务标准、服务渠道和服务手段等方面入手，全面开展理财业务拓展。改进并优化现有的VIP管理系统，逐步建立了统一的贵宾客户服务标准和服务内容。二是创新营销形式，采用了举办贵宾客户理财沙龙、《丽人会刊》及宣传资料的直投、贵宾客户电话回访和发送各种理财产品营销短信等形式，增强了营销效果。三是创新服务手段，结合“薪在华夏”代发工资业务营销竞赛活动，大力发展代发工资业务，从提高企业基本户代发工资合作比率入手，努力实现零售业务批发化。四是创新用卡环境，加快银行卡业务发展。以女性卡——华夏丽人卡为主打银行卡产品，从关爱女性角度推出华夏丽人时尚健康联名卡，取得了良好的社会效益和经济效益。同时积极推广符合国际标准的银联标准卡，建立了银联标准卡换卡周通报制度。银行卡2.0系统顺利上线，进一步完善华夏卡受理环境。年末，发卡55.86万张，比年初增加19.19万张。五是创新宣传内容，组织了以交通安全宣传日、按揭楼盘现场营销、“靓丽五月天”、“走进代发工资企业”和“银行理财进社区”等多种主题的大型活动，取得了良好的效果。年末，储蓄存款余额为61.79亿元，比年初增加5.61亿元，增幅为9.98%。个人贷款余额为107.52亿元，比年初增加46.85亿元，增幅为46.85%。

国际业务 2006年，以完善服务为突破口，推动国际业务。国际结算量增幅为17%。一是完善对内服务。从体制、人员、制度等三方面加大对经营单位的营销推动，实行支行业务联系人制度，积极引导各支行拓展和扩大国际业务覆盖面。二是完善对外服务。全部经营单位都取得了外汇业务经营资格，完善了在京服务网络。年末，国际结算量为48.75亿美元，比年初增加7.1亿美元，增幅为17.04%。

基础管理工作 2006年，华夏总行营业部进一步加大集中管理力度，对促进基础管理、过程控制起到了积极作用。一是全面风险管理。进一步理顺了风险管理机制，完善了全面风险管理架构，突出了对信用风险和操作风险的防范和控制，加强各专业部门之间的横向联动和专业部门与经营单位之间纵向督导，有效提高了风险管理的效果。二是加强集中管理。进一步规范集中管理运作，逐步完善规章制度。成立了产品营销中心、网上银行服务中心。完成了全辖抵质押品凭证的集中管理。搭建了个人贷款审批框架。完成了自助银行管理中心独立运行。统一组织了全辖2006年质量认证体系内审工作，规范了管理标准化。三是深化案件专项治理工作，在上年全面落实案件专项治理工作的基础上，结合新形势，进一步细化工作，积极构筑风险防范长效机制。四是严格会计管理。加强会计风险防范，开展循环检查和深入的业务指导相结合，全年共组织常规检查4次，专项检查7次，夜查2

次。全面审视会计内控执行情况，切实提高各支行内控管理水平和员工的风险防范意识。通过了 BSI 英标公司绩效标杆检查，获得绩效认证银奖。五是加强稽核检查。认真开展专项稽核检查，延伸稽核范围，检查面涉及每一家支行，基本上覆盖了全部业务。六是加强安全保卫工作，连续多年实现安全无事故。

员工队伍建设 2006 年，华夏总行营业部加强员工队伍建设。按照业务发展需要与人力资源相匹配的目标，内部调整 214 人次；实行了安全综合员、会计人员的轮岗，试行了支行营业室经理竞聘上岗，尝试与人才中介机构合作。重点对要害岗位人员管理和排查，组织对在岗营业临时工家访。健全各类考核体系，组织实施行员年度考核、干部年中考核、营销人员进行动态管理考核等一系列以业绩为中心的量化考核评价，提高了考核的客观性、公平性，对各级各类人员起到了较强的鞭策激励作用。加强员工培训。按专业分类建立培训积分卡，坚持统一管理、理论学习与实岗培训相结合、境内培训与境外考察相结合的原则，注重实效，提高了员工的从业技能，全年组织培训 77 期。

基础设施建设 2006 年，华夏总行营业部进一步加强基础设施建设，加大金融电子化建设的硬件投入，加快自助银行的设立和 ATM 机、POS 机的布放。年末，开设自助银行 37 家，比年初增加 7 家，布放 ATM 机 230 台，比年初增加 25 台。共设 POS 机具 2 604 台，比年初净增 1 663 台。全辖电子化设施得到较大改善，机关部室和营业网点人均电脑拥有量有了较大提高。

党的建设和企业文化建设 华夏总行营业部党委扎扎实实开展了巩固和扩大保持先进性教育活动整改成果并进行“回头看”工作。制订了党建工作计划，签定了党建工作目标责任书，组织开展牢记“两个务必”教育、社会主义荣辱观党课、创建和谐银行系列活动。加强政治思想工作，把社会主义荣辱观教育与企业文化建设相结合，开展了“树立社会主义荣辱观”有奖征文活动、团的“基层建设年”活动、举办了青年风采大赛。加强纪检监察工作，认真开展反商业贿赂、效能监察等工作，深化行务公开，推行集中采购工作。创建和谐向上的企业文化，营业部领导节日慰问一线员工，举办了迎春晚会、职工运动会、羽毛球和登山比赛等系列活动。

（马树新）

北京银行股份有限公司

董事长　阎冰竹

2006年，北京银行股份有限公司（以下简称北京银行）以科学发展观统领发展全局，坚持改革发展，致力服务经济，顺利实现跨区域经营战略，推进组织架构调整，加速与境外战略投资者的融合发展，公司业务稳步扩展，个人业务快速扩张，战略转型初见成效，各项事业蓬勃发展。截至年末，全行本外币总资产2 722亿元，较上年增加392亿元，增幅17%；各项存款余额2 523亿元，较上年增加351亿元，增幅16%；本外币贷款余额1 315亿元，较上年增加115亿元，增幅10%。全年实现拨备前利润35.75亿元，比上年增长39.9%；实现净利润15.76亿元，比上年增长67.57%。资产收益率达到0.62%，比上年提高0.19个百分点；资本收益率为15.81%，比上年提高4.76个百分点。截至年末，全行共有125家分支机构，包括1家总行营业部、1家分行和123家支行；全行正式员工3 731人。在英国《银行家》杂志2006年全球1 000家大银行排名中，北京银行按照一级资本排名370位，按照总资产排名262位；在中国企业联合会2006中国企业500强中排名339位，在服务业500强中排名105位，同时被评为“全国企业效益200佳”；在北京企业联合会和北京企业家协会联合推出的北京大型企业100强中，北京银行排名24位。

公司银行业务　年内，北京银行深化和拓展银政、银企、银校合作，竞标成为唯一一家同时代理北京市和八城区财政集中支付业务的银行，与北京发行集团、北京电视台、首开集团、北京大学等大中型企业集团和知名高校开展全方位合作，支持首都城市建设、文化创意产业、教育产业发展，面向高端客户推出财务规划、投资顾问、资产管理等机构理财业务。着力发展中小企业业务，与北京市发改委合作开发中小企业网上申报平台，强化“小巨人”品牌，获得中国中小企业协会颁发的“最佳中小企业融资方案”奖。全年新增本外币中小企业贷款115亿元，余额达394亿元，占贷款总额的30%。截至年末，公司银行业务存款余额2 111亿元，较上年末增长265亿元，增幅14.4%；公司银行业务贷款余额1 199亿元，较上年末增长119亿元，增幅11%。

个人银行业务　年内，北京银行整合个人银行业务产品，创建“我的银行，我的选择”个人业务品牌。推出双币种国际贵宾卡；与VISA国际组织合作推出国内首张女性贵宾卡——彩蝶卡；率先开办个人授信业务、转按揭贷款，发放北京市首笔信用社区小额担保贷款。积极应对金融开放，推出针对韩国人的“韩情脉脉”专项金融产品和服务，成为国内首家为外国人提供专项金融服务的银行。积极发展理财业务，全年发行“心喜”人民币理财产品36期，募集资金71亿元；发行“心喜”外币理财产品33期，募集资金2.6亿美元。截至年末，本外币储蓄存款余额为411亿元，较上年增长85亿元，增幅26%，其中：人民币储蓄存款余额为386.9亿元，较年初增长83.9亿元，增幅为27.7%；外币储蓄存款余额为24.1亿元（折人民币），较上年增长1.1亿元，增幅为4.9%；个人贷款余额为116.78亿元。

金融市场业务 北京银行国际业务持续快速发展。截至年末，外币存款余额达到11.04亿美元，比上年增加7 498万美元，增幅7%；外币贷款达到3.06亿美元，比上年增加1 100万美元，增幅4%。国际结算量达到49.6亿美元，比上年增加18.8亿美元，增幅61%；结售汇业务量达到45.6亿美元，比上年增加16.5亿美元，增长57%；全年办理本外币保函金额29.3亿元，比上年增加13.4亿元，增长84%。2006年3月，经中国人民银行批准，北京银行取得短期融资券主承销业务资格，全年主承销短期融资券6只，参与短期融资券承销58只，累计承销短期融资券金额20亿元。全年实现本外币投资收益23.61亿元，比上年增长45.2%；贴现放款68亿元，较上年增长423%，实现贴现利息收入8 800万元，较上年增长60%。

中间业务 年内，北京银行获得开展代客境外理财业务（QDII）、储蓄国债代销、上海银行间同业拆借利率报价行等资格，极大地提高了中间业务服务水平。全年中间业务收入达到3.27亿元，比上年增长47.3%；占营业收入的比重为5.75%，比上年增长0.64个百分点。保险、债券等产品代销业务迅速增长。全年代理保险业务保额达5.3亿元，比上年增长61%，实现代理保险手续费收入1 733万元，比上年增长73%；全年共承销记账式国债19期418亿元，承销记账式金融债42期309亿元，获得承销手续费收入合计3 955万元，比上年增长了10.68%；全年共销售信托贷款类理财产品13亿元，实现手续费收入1 000万元。

电子银行业务 截至年末，北京银行累计发卡375万张，比上年增加55万张，增幅17%；完成发卡交易量1 186万笔，比上年增加199万笔，增幅20%；交易额280亿元，比上年增加104亿元，增幅59%。全年新增ATM机20台，总数达325台；新增POS机具524台，总数达1 501台；新增自助缴费终端70台，总数达500台。北京银行强化电子银行销售功能，网上银行新增企业网上自助缴税、自助报销业务，电话银行推出电子客票业务。全年新增企业网银客户1 693户，累计达4 544户，为7家大型集团企业提供银企直联服务，企业网银交易量19.3万笔，交易金额1 028亿元，分别比上年增长106%和259%。新增个人网银客户8.47万户，累计达33万户；交易笔数（含电子商务）59.8万笔，交易金额2.5亿元，分别比上年增长207%和438%。

实现跨区域经营 北京银行自2005年8月起开始深入研究跨区域经营问题，同年11月7日，向北京银监局上报北京银行天津分行筹建申请，正式确定了跨区经营的第一步迈向天津。2006 年 4 月，分别获得北京银监局、天津银监局同意北京银行设立天津分行的批复；6 月 21 日，获得中国银监会同意北京银行设立天津分行的批复；11 月 8 日，北京银行天津分行正式对外营业，北京银行成为首家在京津两大直辖市设立分支机构的城市商业银行。

强化风险管理 北京银行注重引进战略投资者的风险管理理念和技术，深化风险管理组织架构建设，完善风险管理政策和流程，建立风险计量工具，提高风险管理人员素质，有效提升了全行风险管理能力。一是完善风险治理结构，健全风险管理体系。组建信用风险政策委员会、操作风险委员会和新产品开发委员会，增强信用风险委员会（贷款审查委员会）的信用风险管理职能，明确资产负债委员会的市场风险管理职责，并出台了相关专业委员会章程，明确了各委员会的职责、规范了议事程序，进一步完善风险治理结构，实现风险管理决策、执行、监督、报告和反馈等流程的制度化、规范化。二是加强风险制度建设、提升风险管控水平。进一步强化资本约束，深化小企业信用制度，加强非信贷资产管理。三是推进风险计量工具的开发和风险模型的研究，准确量化风险指标。对中小企业的违约数据和财务数据以及个人房贷的违约数据和客户信息进行分析，筛选出关键风险因素，开发出中小企业模型、消费信贷打分卡的基本模型框架。四是加快风险管理系统建设，提升风险管理信息化水平。五是建立评审联系会制度，强化业务沟通机制。六是建立风险评价报告制度，实现信息有效传递。

深化中外合作 北京银行引入境外投资者后，中外双方合作成效显著。一是理念优化，外资机构向北京银行派驻专业高管团队，建立高层定期互访制度，设立技术援助委员会，持续推进技援项目合作，充分传递国际银行业先进理念。二是公司治理优化，引进外资促使北京银行公司治理机制更趋完善、高效，董事会战略管理职能更趋强化，信息披露更趋规范。三是管理优化，ING 集团结合北京银行实际提出“走向卓越绩效——6 个驱动力”企业管理改进模型，协助北京银行实施组织架构改造，完善风险治理结构、风险政策体系和风险管理工具，提高管理效率。四是业务优化，开展广泛的业务合作，推进高端企业客户共享、中小企业业务协作、零售银行业务整合、银保合作、电话营销、国际业务合作等。五是强化人才和科技建设两项基础性工作，协助开展核心业务系统升级改造和管理信息系统建设，北京银行业务骨干到 ING 在荷兰、新加坡等地分支机构进行专业培训，中外双方卓有成效的合作为今后发展奠定了良好基础。

（办公室）

北京农村商业银行股份有限公司

行长　金维虹

2006年是北京农村商业银行股份有限公司（以下简称北京农村商业银行）的全面规范化年。在北京市委、市政府、市国资委的正确领导下，在中国人民银行及营业管理部、中国银监会及北京银监局的监管和支持下，北京农村商业银行始终坚持科学发展观，一手抓规范管理，以改革创新和适应监管标准为要求，初步构建起了现代商业银行管理体制和运行机制；一手抓业务经营，以立足城乡、服务三农、服务中小企业和支持新农村建设为出发点，经营业绩大幅提升，主要指标创历史新高，综合竞争实力显著增强，实现了三年发展规划的良好开局。

截至年末，北京农村商业银行从业人员有7 619人，机构网点694家（含总行），分布在京郊14个区县和部分城区，并正在筹备东城、西城、宣武、崇文四个支行。实现经营利润16.06亿元，同比增长26.6%。资产总额1 549亿元，较年初增加177.43亿元，增长32.43%；各项贷款724.64亿元，较年初增加82.33亿元，增长15.12%。各项存款1 331.62亿元，较年初增加242.44亿元，增长22.26%，是过去10年来的最高水平；不良贷款率11.07%，比年初下降6.36个百分点。在全市12家股份制商业银行中，北京农村商业银行的贷款新增额和增幅均位居第一位，存款增幅位居第三位（数据来源：人民银行统计数据），市场竞争力显著增强。

2006年，北京农村商业银行共获得全国或市级综合性、专业性、行业性奖项30项，分别荣获由中国人民银行营业管理部颁发的“小额支付系统建设先进集体一等奖”等13项政府奖项，获得“北京市银行系统人民币及反假货币知识竞赛二等奖”、“首都金融系统迎奥运职工英语大赛团体一等奖”等6项竞赛奖项，荣获了“2006中国最具影响力企业”、“北京最具影响力十大企业”等11项社会殊荣。

存款业务　2006年，北京农村商业银行的存款余额与增速再创历史新高。截至年底，存款余额1 331.62亿元，较年初增加242.44亿元，增长22.26%。其中对公存款余额733.27亿元，较年初增加152.77亿元，增长26.32%；储蓄存款余额598.35亿元，较年初增加89.67亿元，增长17.63%。对公存款占比55.07%，较年初提高1.77个百分点。

贷款情况　截至年底，北京农村商业银行的贷款余额（人民银行统计口径）724.64亿元，较年初增加177.43亿元，增长32.43%；纯贷款626.67亿元，较年初增加82.33亿元，增长15.12%，同比多增22.07亿元。在全市12家股份制商业银行中，贷款市场份额为10.49%，同比提高1.28个百分点；在京郊10个区县所有银行中，贷款市场占比为26.33%，较上年同期提高1.47个百分点，其中延庆、密云、怀柔、平谷的市场占有率均超过30%。

信贷支农 2006年，北京农村商业银行在持续做好传统农户贷款业务的基础上，陆续推出了设施农业贷款、农村助残贷款等新的业务品种。当年新发放涉农贷款157.84亿元，年末涉农贷款余额达373.7亿元，比年初增加16亿元，增长4.5%，占全市银行业涉农贷款余额的91%。其中：10个郊区县分支机构的涉农贷款总额267.8亿元，占纯贷款的比重为82%；农户贷款余额24亿元，比年初增加7.2亿元，增长43%，几乎占全市农户贷款总量的100%，成为首都金融支农不可替代的主力军。

资金营运 2006年，北京农村商业银行资金与债券业务稳健运行，经营效益实现了预期目标。截至年末，资金与债券业务资产总值655亿元，实现经营利润6.2亿元。全年实现债券交易量15 964亿元，比上年增加10 124亿元，增长1.73倍。全年累计承销债券295.15亿元，比上年增加176.45亿元，增长1.49倍，年末记账式债券资产余额达到574亿元。北京农村商业银行已取得财政部、中国人民银行凭证式国债和记账式国债承销团成员资格，是2006年度公开市场业务一级交易商，在2006年全国银行间债券市场交易指数排名中位居第8位，较上年同期提升10名（数据来源：中国货币网统计监测综合市场排名），被中央国债登记结算公司评为“2006年度全国银行间债券市场优秀结算成员”；被全国银行间同业拆借中心评为“2006年度优秀交易成员”；被中国农业发展银行评为“2006年度金融债券优秀承销商”。

个人金融业务 2006年，北京农村商业银行累计发放凤凰卡208.61万张，实现银行卡交易额53.86亿元，同比分别增长37.06%和172.04%；实现中间业务收入2.41亿元，同比增加0.94亿元，同比增长64.56%；中间业务收入占营业收入的比重为3.87%，同比提高0.8个百分点。发展特约商户3 300家，实现月交易额4.55亿元；ATM交易笔数达1 102万笔。凤凰卡荣获中国银联“2006年度区域性成员机构推广银联标准借记卡成绩优秀奖”和“新业务合作杰出贡献奖”；“凤凰乡村游、体验新农村”活动在第十四届中国国际金融技术设备展荣获“金融业务创新奖”。

新业务 2006年，北京农村商业银行继续重视创新工作，填平补齐，先后推出了保函业务、保理业务、出租汽车更新贷款、“伞式”信用共同体贷款、“箱式”信用共同体贷款等15个工商授信品种以及设施农业贷款、助残贷款等“三农”授信品种。

国际业务 2006年，北京农村商业银行已搭建了对公、对私外汇业务平台，完成了需求设计、开发、测试三项工作，目前该系统已上线试运行，将为快捷、优质、高效的外汇业务提供技术保障。

金融电子化建设 2006年，北京农村商业银行坚持以科技引领业务发展和管理提升的战略思想，加大开发力度。开发应用了财税库行横向联网系统、小额支付系统、代销国债系统、票据影像截流系统、客户风险系统等主要业务系统；开发应用了“财政非税系统”、“联通直联”、“代理城郊区电信业务合并”、“授权支付系统”等中间业务系统；与中科院合作进行了指纹识别在银行系统中应用的研究，开创了我国指纹技术在银行领域投入实际应用的先例；全新高标准建成了短信平台，大大提升了短信处理的速度及功能；全面启动了信息安全体系建设工作，并配套进行网络改造。同时成功开发了具有一流水平的、全面创新的网上银行系统，截至年底已内部试运行并完成交易20万笔，实现交易额10亿元。

网点建设 2006年，北京农村商业银行按照市场和效益原则进行网点布局调整，实现了农村信用社50多年来在二环以内网点零的突破。全年迁址机构96家，升格机构16家，降格机构9家；新增自助银行35家，新布放ATM机226台。引入先进的VI设计，对营业网点户外标牌、ATM机、24小时自助服务及营业厅内相关标识进行了更换，对105家网点进行了高标准的统一装修，对近210家网点进行了无障碍设施改造，逐步树立起该行全新的网点形象。

企业文化 2006年，北京农村商业银行全面启动旨在“统一思想、规范行为、外树形象、内聚人心”的企业文化建设。在全行范围开展企业文化大讨论，组织各类讨论会1 500余场、81 000人次参与讨论；建立了行歌、行旗、行徽等丰富鲜明的企业文化载体；提炼出了“力争上游、创出特色”、“共建家园、共享乐园”等一系列文化理念，对全行经营理念的转变发挥了重要作用和深远影响。

风险管理 2006年，北京农村商业银行建立了总行、直管支行和非管辖行三级风险管理体系。初步完成非信贷资产风险五级分类，全面推行信贷资产风险五级分类，在此基础上深入实施对公授信资产风险九级分类；建设“1104”系统，完善风险监控体系。继续加大不良贷款处置力度；进一步加强内控制度建设，整合各项规章制度并编纂成三册130余万字的《规章·制度·流程》下发全行。并以案件专项治理为重点组织开展全行操作风险大检查，逐步完善适应商业银行要求的内控体制，风险管理得到了进一步强化。

改革改制工作 2006年，北京农村商业银行继续稳步推进各项改革改制工作。调整组织架构，稳步推进扁平化管理，管辖支行由原14家增加到20家，直属支行由原1家增加到12家；全面实行内部等级行和等级部门的差异化管理，将总行部门分为业务经营部门、专业管理部门、综合管理部门、保障及操作部门4类，并分为3个等级，将管辖、直属支行分为4级，非管辖支行分为6级，在行内形成鼓励竞争的良好氛围。

人力资源管理 2006年，北京农村商业银行按照“人才兴行”的发展战略，进一步规范人力资源管理工作。积极推进“伯乐”工程，引进具有银行工作经验的管理及专业人才约200人；通过公开竞聘，组织2次共3 000多人参加的竞聘，提职480人，降职224人，不再担任职务124人，初步建立起优胜劣汰的用人机制。基本实现定岗、定责、定编，与7 040名员工签订劳动合同。以全成本管理理念为指导，确立了考核评价结果与收入和管理层晋降职的挂钩机制。推行以“总量控制、结构调整、按劳分配、绩效挂钩”为总体原则的薪酬分配制度，初步建立起市场化、差异化和激励性的薪酬体系。

（颜琪忠）

北京国际信托投资有限公司

董事长 刘建华

2006年，北京国际信托投资有限公司（以下简称公司）在信托业务发展与创新、强化信托业务风险管理、推进公司战略重组等方面取得了显著成果。全年实现收入总额2.14亿元，为年度计划的118%，比上年增长16%；全年实现利润1.26亿元，比上年增长65%。

信托业务 2006年，公司在业务发展上把握速度、结构、质量、效益相统一的原则，信托核心业务呈现出健康快速发展的态势。

受托信托财产规模大幅增长。全年新增管理各类信托计划70个，新增信托财产规模109.83亿元。年末，受托管理的信托财产余额为149.75亿元，比上年增长33.43%。年末存续的信托项目有116个。

信托业务盈利能力稳步提高。2006年，公司共实现信托业务收入5.93亿元，比上年增长13.6%，返还投资人信托本金72.3亿元，分配信托收益3.68亿元，公司管理信托财产获益1.25亿元。

产品创新及市场应变能力增强。公司在信托产品上，努力做到推出一批、储备一批、研发一批，滚动前进。公司根据国家宏观经济形势和政策环境变化，采取了有进有退的积极应变措施，对公司业务结构做出调整。对存续中的房地产类项目加大了中后期管理力度，同时，探索开发基金类信托产品，加大开发以收费高速公路、基础设施、能源类为重点、具有长期稳定现金流、综合风险相对较低的信托项目。2006年年末，在公司的全部信托产品中，能源基础设施类项目由上年的27个增加到35个，净增资产27亿元，达到公司全部信托资产余额的45.45%；房地产类信托项目则由上年的29个减少到23个，减少资产近4亿元，占公司全部信托资产余额的比例从上年的21.61%降低到13.54%。

机构业务合作取得重大进展。2006年，公司在与国家开发银行等大银行的银信合作方面取得重大进展。年内，与国家开发银行合作开发联合贷款项目10个，募集资金达到55.6亿元；与交通银行合作，开创了银信合作银团贷款模式；公司利用信托资金与工商银行、光大银行、北京银行、民生银行等商业银行理财产品进行对接与合作；与招商银行合作开发了新股申购信托产品，其中开放式的流动安排和链式的资金运作结构为同类产品中首次采用，取得了年化收益率11.9%的收益；与中国泛海等大型企业合作，推出的民生银行股权质押集合信托产品，募集资金达到53 630万元。

风险管理 2006年，公司以业务风险控制为中心的内控体系进一步健全。根据公司业务发展需要，继续充实业已形成的“项目前期尽职调查和部门内部初审、法律文件审查、风险控制委员会决策、财务和风险管理部门在资金拨付之前的把关控制、稽核审计和风险管理部门的追踪监控”五道防范业务风险“防火墙”的内涵，并强化了执行力管理。

公司在业务决策上严格遵循民主集中、分级把关原则，召开信托项目决策与风险控制委员会会议审议项目时，特邀监管部门参加，风险控制委员会成员采取背靠背署名填写表决单的形式，严格实行委员问责制。年内，风险控制委员会共评审项目77个，通过评审的项目70个。

公司强化信托项目中后期管理。2006年，是公司开展新型信托业务以来到期结束项目最多的一年。为保证信托项目顺利结束、收益安全兑付，公司突出强调了以加强信托项目中后期管理为重心，加大了项目的现场考察力度。年内先后进行了17个信托项目25次现场考察工作，对存续期内信托产品风险状况进行随时跟踪和评估，重点对信托合同到期前2个月和40天两个时点进行把控，协助项目用款方做好到期偿还准备，并按时向监管部门编报《集合资金信托业务风险状况报告》。经过努力，年内共结束信托项目55个，全部做到按期向投资人兑付了本金和收益。

资产结构调整 2006年，在公司重组背景下，根据北京市人民政府确定的“资产处置先行”的原则和监管部门对公司固有资产质量的要求，公司对固有资产项下的原有投资类项目进行清理变现处置。年内，公司酒店类资产转让工作基本完成，回收资金17亿元人民币；海外企业、境外资产基本清理完毕，共计收回投资约1 000万美元；对境内下属企业进行调整和资产变现处理，共回收资金9 225万元；原有业务中债权债务清理工作也取得了重要进展。经过对公司固有资产的结构调整和处置，公司财务状况得到较大改善，财务结构得到优化，资产流动性显著提高，抗风险能力得以增强。

投资业务与管理 在加大力度清理变现公司固有资产项下各类实业投资项目的同时，公司还对增量资产进行了有选择的运用。

年内，公司与北京市石景山区国有资产经营公司重组原下属企业，成立石开房地产开发公司，并于3月16日正式挂牌。

公司所属北京国投公路建设发展有限公司承建的国道110项目从2006年5月开始全面开工建设，年内实现了道路初步贯通，累计投资10.2亿元，按实际完成工程量计算，工程进度过半。

公司所属的内蒙古天虹公司承建的国道109线小沙湾黄河特大桥工程，8月份起正式开工建设，2008年年底可全线建成通车。

资产重组 根据北京市人民政府对公司实施战略重组工作的总体安排，在北京市政府有关部门、北京银监局的支持下，由市政府指定的财务顾问瑞士银行（UBS）直接参与，对公司重组方案进行了论证并数易其稿，最终市政府以会议纪要方式，同意了北京国投重组方案，并于9月份与战略投资人签署了《股权转让框架协议》和《资产转让框架协议》。年内，在市政府的直接督办下，公司已和战略投资人就股权转让协议、资产包转让协议以及战略合作等协议的重点内容基本达成一致意见，为正式签署相关协议奠定了基础。

企业文化建设和党建工作 2006年，公司认真贯彻中央、北京市委、市政府的各项方针政策，加强党委中心组理论学习制度，坚持科学发展观，增强主动把握宏观经济脉动、促进公司全面健康发展的核心领导作用。带领公司全体员工，紧紧抓住业务创新发展和推进公司战略重组的两个中心环节，加强创新业务研究，搭建业务发展平台，培养造就了一支较全面掌握信托业务的研发、设计、营销、管理的业务骨干团队，形成了公司业务的中坚力量，在2006年的业务创新和拓展中都有较为出色的表现。随着公司人力资源管理的深化，公司人员结构更加优化，队伍进一步精干，员工总数上减少了8%。调整后，公司业务一线和业务支持部门人员占员工总数比例达到78%以上。

为适应公司重组后工作语言环境的要求，在公司的大力倡导与支持下，组织了员工英语演讲比赛活动，还特邀北京银监局、公司VIP客户代表、公司有关领导以及公司员工组成了评委团。在此基础上，公司还组队参加了下半年市总工会组织的英文演讲、小品和歌曲比赛，由于参赛选手的精心准备和现场较好的发挥，公司取得了比赛优胜奖。

（王连顺）

中国银联股份有限公司北京分公司

2006年，中国银联股份有限公司北京分公司（以下简称银联北京分公司）以迎接2008年奥运会为契机，大力推动银行卡受理市场发展，积极推广银联标准卡，加快发展银行卡公共缴费服务，在支持和服务奥运的过程中促进了“银联”这一民族银行卡品牌的进一步提升。

截至年末，银联北京分公司有办公室、技术部、业务部、市场部4个部门，在岗职工40名。

已开展的业务种类有：（1）POS机刷卡消费；（2）ATM机跨行取款、查询及转账；（3）电话支付缴费（96299）；（4）通过自助终端缴纳个人机动车船使用（牌照）税，歌华有线宽带费，固定电话、小灵通及移动电话费，购买IP充值卡等公共支付服务；（5）银联卡的跨境使用。

2006年共处理跨行成功交易20 664.1万笔，比上年增加5 026.2万笔，增长32.1%；清算金额1 833.6亿元，比上年增加643.8亿元，增长54.1%。其中，ATM机跨行成功交易13 088.76万笔，比上年增加1 617.9万笔，增长14.1%；清算金额447.6亿元，比上年增加105.3亿元，增长30.8%。POS机跨行成功交易7 575.3万笔，比上年增加3 408.2万笔，增长81.8%；清算金额1 386亿元，比上年增加538.5亿元，增长63.5%。

截至年末，北京地区17家发卡机构累计发行银行卡6 776.82万张（其中银联标准卡1 500万张）；实际拥有联网商户48 013家（其中直联商户20 838家），联网POS终端67 001台（其中直联POS终端30 126台），联网ATM机6 165台（其中采用直联方式合作运营的ATM机124台）。

支持和服务奥运　为落实国务院领导和中国人民银行关于服务2008年奥运会的指示精神，在中国人民银行营业管理部（以下简称人行营业管理部）的指导下，银联北京分公司把支持和服务奥运作为头等大事来抓：

1. 认真落实有关政策要求，促进用卡环境建设。根据北京市商务局、人行营业管理部联合印发的《关于加快推进刷卡消费无障碍工程的通知》，银联北京分公司组织本市各收单银行和专业化服务公司开展了刷卡消费无障碍优秀商户（街区）的评选工作；根据北京市商务局下发的《关于对推进和实现刷卡消费无障碍企业给予支持的通知》，银联北京分公司指导专业化服务公司借助该优惠政策，积极扩大中小商户银行卡受理面，满足奥运用卡需求。

2. 加强银行卡受理市场拓展和软环境建设，完善奥运用卡环境。一是协助专业化服务公司积极拓展行业商户，通过POS收单市场拓展竞赛活动，调动专业化服务公司积极发展中小商户，扩大用卡范围。二是采取有效措施，降低跨行交易差错率，提高差错处理时效。2006年年底的跨行交易差错率较8月以前下降了4个百分点；差错处理时效提高了10个百分点。三是积极参与人行营业管理部组织的银行卡联网通用检测工作。重点解决三星级及以上宾馆酒店的跨行预授权交易问题，组织了近500名商户财务主管和收银员参加的预授权业务培训。四是配合人行营业管理部开展“一柜多机”清理工作，使本市重点商业服务企业基本达到了“一柜一机一备份”的要求。五是在人行营业管理部的支持下，组织开展商户服务类别码（MCC）整治工作，维护了公平、公正的银行卡收单市场秩序。

促进银联标准卡发行　银联标准卡是由商业银行（含邮储、信用社）发行的，符合银联业务规范和技术标准的，卡正面右下角带有“银联”标识、卡号前六位为622126~622925之一的银行卡。

为创建具有自主知识产权的民族银行卡品牌，维护国家金融信息安全和国内金融机构在银行卡业务及技术标准制定等方面的主导权和话语权，同时便于更好地实现人民币银联卡的跨境使用，在国家主管部门、新闻媒体、成员机构和广大持卡人的大力支持下，银联北京分公司全力做好了银联标准卡的推广工作：一是通过各种渠道，向成员机构、持卡人和社会公众大力推介银联标准卡新产品的功能及服务特色；二是在北京市公交一卡通的基础上，通过融入银行卡功能及旅游行业资源，与中信银行联合推出了银联标准“中信旅游卡”；三是组织开展了银联标准卡持卡人“佳片共赏”、“刷银联标准卡 人人有礼”等市场营销宣传活动，提高银联品牌知名度和吸引力。截至年末，本市已有15家商业银行发行银联标准借记卡、8家商业银行发行银联标准信用卡；全年累计新增发行银联标准卡650.3万张。其中，借记卡624.2万张，信用卡26.1万张。

拓宽银行卡新的应用领域及支付渠道 为满足持卡人日益增长的银行卡支付服务需求，银联北京分公司加大创新力度，进一步拓宽了银行卡新的应用领域和支付渠道：

1. 银联北京分公司2006年参与了由北京市信息化工作办公室牵头组织的“北京市公共服务缴费联盟”，并约定“资金清算以银联为渠道”。

2. 银联北京分公司与北京市地税局、北京银联商务有限公司合作，在昌平地税征收网点通过POS机刷卡纳税试点成功的基础上，自2006年8月1日起，将POS机延伸至西城、崇文、宣武、朝阳、丰台、石景山、门头沟、燕山、昌平、通州、顺义、大兴、房山、平谷、延庆的21个地税征收网点。同时，将刷卡纳税服务品种扩展至契税、营业税、个人所得税、教育附加税、城建税、印花税等多个税种。

3. 与北京歌华有线电视网络股份有限公司合作，通过银联北京分公司的公共支付平台及有关方面提供的缴费终端（含自助缴费终端、支付易终端），为歌华有线宽带用户使用银联卡缴纳宽带传输费提供支付便利。这是银联北京分公司首次独立接入的直联公共支付业务。

4. 银行卡自助缴费（税）服务。银联北京分公司与有关方面合作，利用自助缴费终端、固定电话（96299）为持卡人提供个人机动车船使用（牌照）税、电话费，以及购买IP电话卡、移动和联通充值卡、游戏卡、上网卡等公共支付服务。

5. ATM跨行转账业务。截至年末，交行、中信、光大、华夏、民生、广发、深发、浦发、兴业、北京银行、北京农村商行、廊坊商行和建行13家商业银行开通了ATM机跨行转账业务，累计开通2 518台ATM机。

6. 国际业务。截至年末，人民币银联卡可在中国香港、中国澳门、新加坡、韩国、泰国、印度尼西亚、越南、菲律宾、美国、德国、西班牙、卢森堡、比利时、日本、法国、澳大利亚、新西兰、马来西亚、土耳其、荷兰、瑞士、哈萨克斯坦、意大利等20多个境外地区和国家的银行卡终端以及花旗银行在全球36个国家和地区的ATM网络上使用。在境外使用银联卡，无须支付货币转换费。

系统运行维护 对信息安全工作管理制度及流程进行彻底的梳理和排查，进一步完善各子系统快速处置故障的应急预案，健全生产系统事故应急处理机制；定期对各生产系统进行全面的安全检查。

同时，积极推动成员机构进行银行卡跨行业务2.0技术标准改造并协助测试工作。截至年末，已有12家商业银行完成了测试改造并上线运行。

加强与北京网通公司的沟通和联系，建立双方经营管理层的沟通机制，促其建立对北京银行卡通信服务的备份机制，完善应急处理预案，提高服务响应级别和应急响应效率；会同本市各成员机构全部完成了通信线路的备份工作，并逐家进行线路切换演练。

风险防范 积极推动成员机构使用“银联风险信息共享系统”，截至年末，已有13家成员机构和2家专业化服务公司开始使用该系统；做好日常风险事件协查和监控工作，全年共受理银行卡风险协查业务1 043笔，处理回复748笔；及时处置银行卡欺诈风险事件，加强对各成员机构及持卡人进行风险信息提示。

内部管理 为适应业务发展和内部管理工作的需要，银联北京分公司进行了经营班子调整和部门负责人竞聘工作，强化内部管理，促进业务发展：进一步修订和完善了财务审批制度及操作流程，确保依法合规经营；制定了会议管理、信息报送等多项内部管理制度；推广应用平衡记分卡（BSC）项目，完善激励约束机制；面向全体员工开展了日常行为礼仪、银联品牌维护及银联VI新标识推广、公文写作等方面的内部培训；组织召开民主生活会、党支部会议，开展民意调查，组织登山比赛，组织参观长征胜利七十周年军博展览，在加强企业文化建设和增强内部凝聚力方面取得了良好的成效。

（王应雄、张会芳）

北京邮政储汇局

局长 周毅明

2006年，北京邮政储汇局按照国家邮政局邮政储汇局及北京市邮政管理局工作部署，坚持“服务百姓、方便百姓”的服务宗旨，以拓展服务渠道为出发点，以金融产品创新为手段，积极探索资产管理途径，夯实基础管理，增强抗风险能力，有力地促进了内控制度的贯彻落实，实现了邮政储汇专业全面、持续、健康发展。

截至2006年年末，北京邮政储汇局共有15个储汇业务分支管理机构，储蓄网点有497个，从业人员共计3 803人。人民币储蓄存款为451.04亿元，年净增余额达70.75亿元，其中活期存款占比为44.58%。年末，人民银行转存款余额为204.7亿元，其中人民银行老存款余额为204.19亿元，较上年末减少30.94亿元；人民银行新存款余额为0.51亿元，较上年末减少0.85亿元。2006年度北京邮政金融业务净收入为9.8亿元，比上年增长1亿元，增长率为11.36%。

2006年，国内邮政汇款开发757.56万笔，同比净减67.69万笔，降幅为8.20%；开发汇款金额86.69亿元，同比增加4.91亿元，增幅为6.00%。兑付汇款746.08万笔，同比增加28.37万笔，增幅为3.95%；兑付金额为74.97亿元，同比增长2.54亿元，增幅为51.26%。国际汇兑业务以西联汇款业务为主，2006年共开发西联汇款3.80万笔、开发汇票金额2.92亿元，兑付汇款10.622万笔，兑付汇票金额15.17亿元。

储蓄业务 2006年，北京邮政储汇局积极实现经营模式的转变，以效益为中心，坚持差异化经营理念，通过加强网点建设、整合金融平台、创新业务品种、强化能力建设，提升了邮政金融服务水平，促进了业务规模的持续、健康、快速发展。北京邮政储汇局坚持效益优先、成本控制原则，制定以邮政储蓄长远发展为目标的措施办法，重点发展以活期账户为基础，以绿卡为载体的低付息成本业务，存款结构进一步优化，第四季度在全局启动“1215”工程，以提高养老金滞存率、发展小字号业务、代收烟草款等有力措施促进了高效余额的快速增长。

截至年末，北京邮政储蓄余额达到451.04亿元，其中：定期储蓄余额249.98亿元，占总余额的55.42%，新增定期存款35.85亿元，增幅为16.74%；活期存款余额201.06亿元，占总余额的44.58%，新增活期存款34.90亿元，增幅为21%。年末全国邮政储蓄活期存款余额占比为33.76%，定期邮政储蓄存款占比为66.24%。北京邮政储蓄活期存款余额占比高于全国邮政储蓄平均水平10.82个百分点。

从地域结构来看，城市储蓄余额新增68.75亿元，县级市储蓄余额新增1.47亿元，县以下储蓄余额新增0.53亿元。年末，邮政储蓄用户达到1 039.5万户，比上年增长20.38%。

资产业务 2006年，北京邮政储蓄个人存单小额质押贷款业务正式开办，改变了邮政储蓄多年“只存不贷”的局面，成为邮政储蓄业务发展过程中的里程碑。这一业务的开办标志着北京邮政储蓄深入农村、立足社区的金融服务能力进一步加强，对邮政储蓄资金实现反哺农村、服务三农、支持首都新农村建设具有积极作用及深远影响，同时将为邮政储蓄开拓个人信贷业务方面积累宝贵的经验，为进一步拓展资产业务领域打下坚实基础，对于邮政储蓄成功实现业务转型具有深远意义。年内48个网点正式开办邮政储蓄小额质押贷款业务，截至年末，累计发放贷款100笔，金额为291万元。

中间业务 北京邮政储汇局积极实践经营模式的转变，以效益为中心，以实现结构优化为切入点，重点发展以活期账户为基础，以绿卡为载体的结算类中间业务，同时加强对网点现金类中间业务的整合，逐步减轻营业窗口的压力。

2006年，北京邮政储蓄中间业务交易量达到3 726万笔，比上年增长34.29%，代收付金额达到236.78亿元，比上年增长22.66%；年代发工资单位增加到7 786个，月均代发额达到10.13亿元；年代发养老金72.51亿元、月均代发额达到6.04亿元；全年绿卡消费金额为24.36亿元。

北京邮政储汇局首个推出为公交一卡通提供结算支持的服务产品“绿卡畅行通”，在身份认证的基础上，实现了充值和电子支付功能；与税务部门合作，开办了代收个人车船使用税业务；与烟草公司和建设银行合作，开办了代收烟草款业务；与财政系统合作代发粮食直补款、代发农村护林款、代收农电费；开办外卡收单业务，扩展了邮储服务的客户群体；创新汇兑结算方式，在商务汇款、网汇通、账户汇款业务领域积极创新，为用户提供了多种资金结算与划拨渠道。开办代理基金业务，年内共代理6只基金，代销金额达2.5亿元，丰富了邮政储蓄理财产品，进一步满足了客户投资需求。在2006年中国国际金融（银行）技术暨设备展览会上，北京邮政储蓄“绿卡畅行通业务”

获“金融业务创新奖”、“绿卡进西藏”获“优秀金融品牌服务奖”，在金融博览会上作为参展单位获得“最受观众关注奖”，邮政储蓄的社会影响力明显提高。

网点与基础设施建设 2006年，北京邮政储蓄网点建设取得新成绩，全年新增储蓄网点27个，迁址开业网点11个，储蓄网点总数增加到497个，邮政金融网点覆盖面进一步扩大。新增网点社会效益及经济效益显著，年内累计净增储蓄余额达10.17亿元。在国际汇款与外币储蓄两网互通工程基础上，外币储蓄网点由36个增加到86个，外币储蓄余额达到90.8万美元。全年投放ATM机130台，已开通使用120台，新增ATM单机日均交易281笔。银联2.0版本改造工程顺利实施，为邮政储蓄开展跨行、跨境金融业务奠定了基础，使邮政金融服务向国际化标准迈进提供了技术支持。3月29日，北京邮政储蓄所有ATM开通外卡收单功能，可分别受理VISA、JCA、American Express和MASTER的取款及查询服务。邮政储蓄的整体服务水平进一步提升。

内控建设 北京邮政储汇局认真按照金融监管要求，坚持业务发展与风险管理并重，进一步强化内部控制，确保了全年重大资金案件为零。

1. 制度建设。北京邮政储汇局以风险控制为重点，以贯彻内控管理年的工作目标为指导，围绕加强内控管理，降低风险隐患，深入开展了储汇专业资金安全自查及专项检查工作，认真开展了网点核查工作。对邮政储汇专业反洗钱工作进行了重点布置。制定并推行“邮政金融工作人员十条禁令”，编制下发了《北京邮政金融业务操作流程暨风险控制手册》、《北京邮政储汇专业服务规范》、《北京邮政储蓄业务手册》，本着内控优先的原则，对新开办的小额质押贷款业务及时制定出《北京邮政储蓄定期存单小额质押贷款业务管理办法》和《北京邮政储蓄定期存单小额质押贷款业务稽查办法》。进一步提升了管理人员、营业人员的内控意识、合规意识、风险意识、责任意识，积极推进了风险防范长效机制的逐步建立。

2. 提升科技含量。2006年，北京邮政金融电子稽查系统正式上线。电子稽查系统有助于及时捕捉风险隐患和弥补非现场检查方面的不足，提高北京邮政储蓄金融风险识别和控制的能力，提高现场稽核检查的针对性及检查结果的有效性。

3. 实现专业资金取送。2006年，北京邮政储蓄城区267个储蓄网点全部实现了由专业公司组织的现金集中押运和夜间寄存工作，进一步降低了现金库存及保管的风险。

企业文化 适应邮政体制改革以及业务发展需求，北京邮政储汇局坚持以“三个代表”重要思想和科学发展观为指导，不断增强企业核心竞争力，提升干部队伍综合素质，打造先进的企业文化，推进了能力建设水平的不断提升。进一步加强了领导班子和干部队伍建设，加强对党员干部的勤政廉政教育，强化了干部监督检查机制。细化了干部民主评议工作，加强了对青年干部和后备干部的培养与考核。

坚持以人为本，以倡导学习、推动创新、培育文化、激励发展为主题，深入开展“邮政与奥运同行，邮政为奥运添彩”主题思想教育工作，将培训与专业知识、业务技能结合，制定明确具体的培训规划，全面推进了“迎奥运”职工素质工程的贯彻实施。成功举办了邮政储蓄恢复开办20周年系列宣传活动。顺利通过了文明行业复评，认真开展了“平安邮政”、“创新杯”劳动竞赛、合理化建议月活动。坚持共产党员讲党课，切实提升干部职工的思想道德修养。深入开展“迎奥运读书月”活动，举办了“迎奥运”读书会和“爱我邮政、共创未来”演讲比赛，进一步激发了员工爱岗敬业、学先进、比贡献的工作热情，企业凝聚力显著增强。

（马晓润）

中国华融资产管理公司北京办事处

总经理　王克悦

2006年，中国华融资产管理公司北京办事处（以下简称华融北京办事处）认真贯彻总公司以完成资产处置目标考核任务为中心的整体工作部署，合理调整内部机构设置，创新工作机制，狠抓内部管理，圆满完成了全年各项工作任务。全年回收现金12.08亿元，创历史最高水平，超额完成公司债权回现任务，政策性资产基本处置完毕；年内被列为公司转型首批试点单位，积极开展商业化转型调研和市场开发工作并取得积极进展；在公司2006年度考评中荣获“综合考评优胜奖”，获公司总部推荐参选中国金融工会2006年度“全国金融五一劳动奖状”（已经中国金融工会审批通过）。

债权资产处置　2006年，华融北京办事处积极落实领导负责制和项目责任制，调整资产管理和处置策略，把债权处置收现工作落到实处。一是适应债权收现任务较重形势，优化调整内部机构，充实一线处置力量。二是采取与资产处置紧密挂钩的考核激励措施，充分调动处置一线的积极性和主动性。三是挖掘资产卖点，加强市场营销，发掘潜在客户，形成投资者竞争态势，促进资产处置最大化回收。四是科学搭配政策性债权资产和损失类资产综合挖潜，提升资产整体处置效果。五是充分利用北京地区投资活跃优势，积极推进资产打包处置工作，加快资产处置进度。特别是通过市场化公开操作，成功转让整体债权117亿元资产包给北京市国通资产管理有限责任公司，大大加快包括大量国企在内的存量资产处置进程，取得了维护首都社会稳定、确保资产公司收益的良好社会效果与经济效果。六是切实履行委托代理业务承诺，全面推进公司123系列低回收率资产包、国际招标与信托分层项目等专项资产代理处置业务，实现全部代理业务按期履约，有力地维护了公司信誉。

2006年，华融北京办事处处置政策性债权资产313户，账面价值88.66亿元，收回现金11.18亿元，完成公司下达当年收现任务10.63亿元的105%；处置损失类资产335笔，账面价值58.71亿元，收回现金0.37亿元。截至年末，政策性债权资产累计处置761户，占接收总数的99%；处置账面资产186.09亿元，占全部接收资产的99%；累计收回现金42.37亿元，现金回收率23%。损失类资产累计处置346笔，占接收总数的63%；处置账面资产60.55亿元，占全部接收资产的57%；累计收回现金2.37亿元，现金回收率2.21%。

股权资产管理 2006年，华融北京办事处认真落实总公司股权资产管理要求，根据债转股企业的实际情况，按照经营增长型、直接退出型、尽责维权型，积极推行分类管理办法，不断加强股权资产基础管理，切实维护股东权益，推动债转股企业的良性发展。截至年末，管理政策性债转股企业12户，转股金额68亿元。年内，根据内部机构和人员变化，及时调整向债转股企业派出人员，行使出资人权利；全年主持召开或参加企业年度股东大会、董事会和监事会62次，充分参与持股企业重大事项决策；加强与企业及其主管单位协商，切实解决企业清产核资损失责任划分问题，维护资产公司股东权益；推动部分企业实施资产重组、产权结构调整、剥离冗员等措施，实现扭亏为盈或减亏增效；根据新《公司法》精神，陆续启动政策性债转股企业公司章程的修订工作，促进企业规范发展；利用公司业务平台为企业融资和技术改造提供支持。

2006年，华融北京办事处政策性债转股资产现金回收0.53亿元，其中股权退出（延续上年）企业1家，履约收现0.48亿元；4家企业年内股权分红0.05亿元。截至年末，政策性债转股资产现金回收累计6.60亿元，其中股权退出6.15亿元，股权分红0.45亿元。

商业化业务拓展 2006年，华融北京办事处在完成政策性资产收现任务的基础上，根据公司“积极稳妥推进商业化业务转型”的要求，充分利用现有资源，积极开展商业化转型调研和市场开拓。一是通过交易结构设计创新，在与北京市国通资产管理有限责任公司签订《债权转让协议》的同时签订《委托代理处置协议》，按照商业化模式接受委托，代理处置卖断资产；二是发挥专业优势，加强与在京企业集团公司、地方国资委系统和商业银行的合作，承接企业财务顾问、代理处置不良资产业务，依托公司金融租赁业务平台发展金融租赁业务，全年共与5家企业（集团）签订有关合作框架协议，启动6个合作项目、实施融资租赁业务1笔，金额0.5亿元；三是通过市场调研，确立了委托代理、租赁、担保等业务主线，推行内部机构双轨制运行，稳健推进业务转型。

德隆系资产托管工作 2006年，华融北京办事处根据总公司部署，通过加强与北京市政府、北京银监局等相关部门的协调合作，及时完成了金新信托异地业务个人债权的材料接收工作；安排专人负责恒信证券营业部托管工作，一是积极协助北京市个人债权甄别小组完成对该营业部个人债权的甄别工作；二是通过严格劳动纪律、及时维护和更新交易系统，确保该营业部在股市交易量大幅增加情况下的正常运行。

商业贿赂专项治理工作与内部控制建设 2006年，华融北京办事处根据总公司和北京银监局部署，扎实开展商业贿赂专项治理工作，促进内部控制建设。先后设立“治理商业贿赂专栏”橱窗和电子网页，加强宣传引导和舆论监督；编写《浅议员工行为动态分析中的几个难点问题》、《分析身边的案例，预防职务犯罪》等教材开展员工警示教育活动；将治理商业贿赂专项工作与加强员工行为动态管理、案件防范治理及内控建设等工作有机结合，制定下发《员工行为动态月度监测表》、《职业道德风险防范实施办法》、《个人重大事项报告制度》，强化员工行为规范制度约束；积极配合有关监管单位审计检查，做好检查问题整改落实工作，并积极开展自查自纠，发挥审计监察部门职能，加强财务检查频次，及时组织项目跟进审计、管理人员离任审计，认真组织以排查商业贿赂和经济案件为主要内容的客户回访活动，全年未发现违规违纪问题。

领导班子与队伍建设 2006 年，根据工作需要，华融北京办事处领导班子进行了较大调整，班子成员加强自身建设，注意保持工作延续性，坚持民主集中原则集体决策重大事项，充分发挥中层干部骨干作用，保持办事处工作平稳过渡并在业务工作上取得突破。通过对一线处置部门进行改选，加强基层组织建设，充分调动和发挥了支部战斗堡垒作用和党员先锋模范作用，员工争先创优意识进一步增强。围绕弘扬社会主义荣辱观、治理商业贿赂、加强党风廉政建设与提高风险意识、稳健推进业务转型等重要内容，认真组织党委中心组学习，采取多种形式进行员工思想政治教育，开展转型业务培训等活动，使办事处党的建设、领导班子建设、队伍建设及企业文化建设有机结合，推动形成心齐气顺、风正劲足的良好工作局面，有力地促进了办事处各项工作任务的圆满完成，实现公司的健康发展。

（王新生）

中国长城资产管理公司北京办事处

总经理　谭运财

2006 年，中国长城资产管理公司北京办事处（以下简称长城北京办事处）加快有效处置资产，最大限度地提高现金回收率；积极探索业务创新，开展了新业务可行性论证，同时进一步加强内部控制，推动了“三铁”（铁规章，铁账本，铁档案）建设上新台阶。

政策性资产处置 2006 年，长城北京办事处首先是调整了处置策略，把资产推向市场，努力实现现金回收最大化。截至 12 月 30 日，共实现现金收入 6.29 亿元，超额 126% 完成了总公司下达的当年现金流任务。一是进一步加快有效处置，最大限度提高现金回收率。2006年是公司政策性资产处置的收尾工作。长城北京办事处剩余债权资产原值仍有近30亿元，相当部分是几年来攻不下的“硬骨头”，还有9亿多元的物权资产。长城北京办事处将剩余债权资产、物权和股权资产按市场要求整合成资产包积极向国内外各企业和公司推荐，并在《经济日报》上刊登了资产处置公告。长城北京办事处成立了专门工作小组推动此项工作的开展。经过与几家国内外大企业和集团公司的艰难谈判，办事处采取了整体转让方式处置了剩余资产。二是认真抓好抵债资产的拍卖工作，确保任务指标完成。由于2006年年底是政策性资产处置的大限，办事处从年初开始就积极做好营销，最大限度地提升处置资产价值。经过对市场的调研，确定将办事处3处大房产标的分成11个小房产标的对外公开拍卖。长城北京办事处召开了物权资产拍卖预告会、研究审议了拍卖机构竞聘邀请书的内容、确定了拍卖方案。与拍卖公司共同通过各种方式广泛招商，并在报刊上刊登了拍卖公告，确保每一个操作环节依法合规，同时拍卖成功后都一次性付款，确保付款不产生拖欠。2006年，长城北京办事处几处房产拍卖成功，回收拍卖现金1.53亿元。

诉讼执行工作　截至2006年，长城北京办事处还有一部分诉讼执行案件执行未果，特别是大户，更是困难重重。长城北京办事处首先从北京国际信托投资公司担保案和北京供电公司担保案这几个大户执行着手，多方面联动协作。在法院和办事处有关人员的共同努力下，办事处回收北京国际信托投资公司担保款4 800万元。在执行北京供电公司担保案中，北京供电公司5年中两次调整领导班子。每一次调整客观上对顺利推进处置工作都带来一定的不利影响。对此，长城北京办事处领导多次带领项目组积极与其新任领导接洽协商还款事宜。经过双方多次谈判，最终就债权债务关系问题达成共识：双方达成执行和解协议。北京供电公司于2006年10月底一次性已偿还长城北京办事处3亿元。2006年共回收供电公司3.3亿元，其中全额收回该项目本金剩余部分1.62亿元，利息1.37亿元，含表内利息1 296万元全部收回，表外利息3 744万元全部收回，孳生息收回8 692万元。

开拓新业务　一是配合总公司市场拓展部研究资产营运事业部组建方案，并参与起草了资产营运中心筹建方案。二是用长城北京办事处部分闲置抵债资产置换担保公司股权，以提升资产处置回收价值，拓展担保业务，推进长城北京办事处商业化转型。上半年长城北京办事处将远大中心、高登大厦、盈科中心三个以资抵债部分物权置换中矿联合信用担保有限公司股权经过与几家担保公司的洽商，长城北京办事处与中矿联合信用担保公司已达成初步重组意向，获总公司重点项目运作平台搭建领导小组批准立项。该资产处置及重组的相关材料已于8月份获财政部驻北京市财政监察专员办事处批准。三是全力以赴配合总公司做好托管及重组中国金谷国际信托投资有限责任公司的有关工作，并以总公司名义起草了有关调研报告。

内部控制管理　2006年，长城北京办事处按照总公司打造“铁规章、铁账本、铁档案”的工作部署继续严格内部管理，加强内部控制，有效防范风险的发生。主要抓了以下几项基础管理工作：一是进一步强化业务风险管理，有效防范经营风险。长城北京办事处经营决策委员会根据业务发展和监管部门的新要求，重点围绕新业务拓展，加强了对新业务和有关规章制度的学习，使每一名员工了解和熟悉新业务运行的每一个环节，做到在工作中有章可循。二是加强了对中介机构的管理。按照总公司的要求，长城北京办事处对评估、律师和拍卖机构进行了综合评价。对评估公司开展了逐户清理和重新选聘确认，通过多渠道取证，确保拟入围的中介机构质量优良。三是加强了资金财务管理，强化了成本意识，提高了会计统计信息的真实性和时效性，进一步深化了“铁账本”意识。长城北京办事处科学合理地做好费用安排。坚持财务“一支笔”制度和大额开支上会制度，推进了各项业务的顺利开展。四是完善相关规章制度，推动办事处档案管理工作上新台阶。长城北京办事处修改完善了终结资产档案管理规定，进一步明确资产处置档案管理责任制，加快了对长城北京办事处处置资产档案、文秘档案、会计财务档案以及影响资料等档案资料的管理力度。经北京市档案局6月份现场检查验收，长城北京办事处被评为北京市档案资料目标管理先进单位。五是强化了内部监督，进一步加大审计检查力度。2006年，长城北京办事处认真开展了常规审计工作，对长城北京办事处工会账户进行了专项审计。同时长城北京办事处还高度重视北京银监局和外部审计检查指出问题的整改工作。办事处审计部门按照指定出的整改措施及时督促有关部门落实整改，并举一反三，不再发生类似问题。年底，长城北京办事处又聘请会计师事务所对长城北京办事处资产处置和财务收支开展全面审计。

治理商业贿赂 长城北京办事处党委高度重视在长城北京办事处开展的治理商业贿赂工作。2006年年初，长城北京办事处与全体人员签订了《严格遵守职业道德责任书》，与各部门领导签订了《党风廉政建设责任书》。党委理论学习中心组和各党支部先后多次组织干部和员工学习胡锦涛总书记关于治理商业贿赂工作的重要批示和总公司、银监会领导的重要讲话。长城北京办事处结合工作实际找出了在业务经营活动中容易引发商业贿赂案件的8个方面不正当交易行为，并按照实施方案认真开展了自查自纠工作。长城北京办事处把防治商业贿赂工作作为一项长期工作来抓，作为长城北京办事处党风廉政建设和反腐败工作来抓，已列入长城北京办事处党委的议事日程。截至年底，长城北京办事处还没有发现有关部门和个人有违规违纪和商业贿赂行为。

（王宏城）

中国东方资产管理公司北京办事处

总经理 石兴华

2006 年，中国东方资产管理公司北京办事处（以下简称东方北京办事处）党委在公司党委的正确领导下，在监管部门的正确指导和大力支持下，带领全体员工，坚决贯彻公司年初和年中工作会议精神，开拓创新、团结协作、不畏艰难、奋勇拼搏，为创建“首善之办”不懈努力，圆满地完成了本年度的各项工作目标。

截至年底，东方北京办事处实现资产处置累计回收现金 12.8 亿元。其中，政策性债权累计收现 2.49 亿元；可疑类资产实现收现 7.75 亿元；股权回收现金 2.56 亿元；中行损失类资产回收 15.13 万元，全面完成公司下达的各项任务指标。政策性债权已完成三年总承包任务的 117.66%。

债权资产处置 2006 年是政策性债权三年总承包的最后一年。随着时间的推移和处置工作的深入，剩余的债权资产质量越来越差，处置难度明显增加。东方北京办事处坚持以资产处置为中心，以收现为主要任务，经过长期艰苦的谈判，于第一季度顺利完成外贸资产包的处置，实现政策性贷款收现 1.2 亿元，提前超额完成了三年总承包任务。

东方北京办事处接收的内蒙古地区原建行可疑类贷款债权本金合计 17.8 亿元。由于内蒙古地区资产情况复杂，资产处置难度较大，办事处确定了对内蒙古地区不良资产打包处置、加快收现、尽早从该地区退出，并集中人力和财力资源，将工作重点放在北京地区的业务经营战略。以中介机构的评估、调查结论为定价参考，以招商工作为依托，对其中 272 户符合打包条件的资产，采取公开竞价方式集中处置，并于 12 月 21 日成功举办竞价会，由三家符合条件的投资人参考竞价，最终以高出保留底价 8% 的价格成功签约。这一结果对东方北京办事处整体完成内蒙古地区可疑类资产处置任务具有决定性意义。

北京昌平地区可疑类资产质量差，基本上属零抵押率、破产终结、终结执行无果，公告数次无人问津的情况。为此，东方北京办事处主动出击，积极争取同当地政府和资产公司合作，并多次联系昌平区国资委。经过长期谈判和艰苦努力，最终于 12 月达成协议，将 46 户债权成功转让，债权本金回收率高于 30%，实现先期收现 2 300 万元。

处置创新 根据以往经验，个贷业务委托处置方式因未触及受托方利益，受托方动力和压力不足，处置收现效果无法达到预期效果。东方北京办事处经过精心设计、认真分析、详细测算和多方论证，结合市场认知度，确定在委托处置框架内，采用预收现模式，将受托人切身利益与委托关系紧密捆绑，有效整合各交易主体的优势及需求；通过合理调整资金使用期限结构，在充分考虑保本盈利前提下，缓解长贷无法即收和现金流短缺的矛盾。为使这种创新方式达到合法、合规，有效防范风险的要求，东方北京办事处聘请资质、信誉较好的中介机构作为财务顾问，完善交易结构和法律关系。详细设计运作环节，与潜在合作方确定主要协议条款，历经半年多，经过与七家潜在受托方的艰苦谈判，最终对北京地区的766笔个人住房贷款进行了委托处置，实现预收现1.6亿元。

股权管理 2006年，东方北京办事处继续推进政策性债转股的各项工作。通过向企业派出董、监事，在为国有企业减轻财务负担的同时，促进了国有企业的扭亏增盈，推动国有企业建立现代企业制度。在此基础上，东方北京办事处按照国家政策加快落实股权退出工作，通过与中石化集团北京燕山石油化工有限公司合作，顺利实现了北京东方石油化工有限公司的股权退出。收回股权款2.57亿元，回收率70.53%。

风险管理 2006年，东方北京办事处结合商业化转型工作各阶段的不同重点及时教育、引导员工，强化风险意识，依法合规经营。

一是建立思想防线，教育各级干部员工始终把严格管理、规范操作放在关乎公司生存发展的战略高度上来对待。二是建立了一整套内部管理的规章制度体系。监察审计部门对各部门规章制度进行全面检查，依照制度先行、规范经营、防范风险的原则，要求各业务部门对现有规章制度进行全面修改、补充和完善。结合反商业贿赂工作，增加抵制商业贿赂的内容条款，形成强有力的内控制度和约束机构。2006年，东方北京办事处共清理94项规章制度，其中，修改8项，完善10项，完善了资产处置和财务审查的程序。三是健全了监督检查机制，处置审查、评估审核、财务审查和薪酬管理等委员会各司其职，相互制约，公开办事，科学决策。四是经常开展自查、自纠，规范经营行为。适时调整各个委员会机构。2006年，东方北京办事处先后对资产处置审查委员会等11个委员会、领导小组成员进行了调整。通过上述措施，加强了员工依法合规、按程序办事的经营意识。

清分工作 按照总公司关于进行资产清分工作的部署和《清分工作实施细则》的具体要求，东方北京办事处及时组成了清算小组，分阶段清查核实了2000年至2006年10月间各项政策类不良资产、负债和所有者权益；核对系统业务数据和会计数据；拆分政策性业务、商业化业务数据；编制拆分的资产负债表、利润表及表内外科目接转表。

党建工作 东方北京办事处党委班子注重坚持四个带头和一个维护，即带头执行各项规章制度，带头勤奋工作和学习，带头密切联系群众，带头顾全大局、讲团结，维护党委的核心领导。实行集体领导下的分工负责制，坚持党委会制度，凡涉及人员变化、干部任用、工资调整等重大事项，都要召开党委会集体研究决定。

党委班子积极以“四好”班子创建活动为契机，抓好三项工作：一是以公司商业化转型为目标，进一步围绕中心，服务大局，注重发挥新时期金融企业党建思想政治工作的实效性。二是以建立科学合理的竞争激励机制为目标，进一步转变观念，大胆创新，充分调动办事处广大员工的积极性。三是要以增强东方北京办事处的凝聚力为目标，进一步加强管理，不断提高管理水平，努力完成全年的工作任务。

（孙艳霞）

中国信达资产管理公司北京办事处

主任　左凤高

2006 年，中国信达资产管理公司北京办事处（以下简称信达北京办事处）经过全体员工的共同努力，政策性业务实现了圆满收官，商业化业务稳步推进，主要业务指标再创历史同期最好水平。在总公司 2006 年综合计划执行情况的考核中，信达北京办事处被评为 A 类。

信达北京办事处 2006 年实现现金回收 33.6 亿元：政策性业务共回收现金 3.33 亿元，其中政策性债权处置回收 2.81 亿元，政策性债转股回收 0.52 亿元。商业化业务共回收现金 30.25 亿元，其中中国银行可疑类债权回收现金 21.14 亿元；工商银行债权回收现金 8.39 亿元；交通银行债权回收现金 0.72 亿元。实现中间业务收入 1 395.4 万元。

政策性业务　2006 年是信达北京办事处实行“两率”（现金回收率和费用率）承包的最后一年。经过 7 年的处置，剩余资产处置难度越来越大，信达北京办事处紧紧围绕工作任务，科学决策，有的放矢，使一些原本处置无路、困难重重、长期呆滞的项目出现了转机，信达北京办事处及时抓住时机，实现资产处置回收最大化，为全年完成任务奠定了基础。按“两率”承包责任书计算，已完成现金回收计划 136.8%，政策性业务累计回收现金 24.87 亿元。

商业化转股项目　2006 年 3 月 23 日，信达资产管理公司作为发起人设立的中国建材股份公司（以下简称中国建材）在香港联交所正式挂牌。中国建材在上市前的认购中获得了众多投资者的追捧，有近 22 万散户认购，公开发售部分超额认购达 535.6 倍，最终该股以 2.75 港元上限定为招股价。中国建材首日市前交易报价 3.25 港元，较招股价 2.75 港元高出 18%，本次中国建材 H 股上市共募集资金约 21 亿港元。截至 2006 年最后一个交易日——12 月 29 日，中国建材股价为 5.04 港元。此次，信达北京办事处在促成中国建材海外上市一事中发挥了重要作用，信达北京办事处商业化转股项目取得了突破性进展。

商业化业务 在商业化业务全面铺开的2006年，信达北京办事处经过不断的深入研究和反复的论证，确定了以北京市物资总公司、北京一商集团有限责任公司、北京一轻集团、北京隆达轻工控股有限责任公司、北内集团总公司、北京汽车工业控股有限责任公司等为主的整体处置“八大系统”，并将“八大系统”作为商业化资产处置的突破口展开全面工作。“八大系统”本息合计为110.18亿元，已回收现金17.61亿元，协议待回收现金10.25亿元。通过行业整体债务重组，极大地提高了资产处置效率，加快资金回收速度，同时有效地推动了国有企业改革，维护了社会稳定，促进了地方经济的发展，实现了资产管理公司、企业和政府“共赢”的局面。

成功出售“建材包” 5月23日，信达北京办事处成功完成了第一个资产包——“建材包”的公开竞标工作。此次公开竞标出售的“建材包”本金回收率达到了65%。这是信达北京办事处自行组包并出售的第一次成功尝试，积累了经验，为今后公开竞标出售工作打下了良好的基础，并起到了非常好的市场示范效应。

审核、评估和法律工作 2006年，资产处置审核工作严格执行ISO质量管理体系新制度，坚持审核业务标准化、规范化、程序化。与2005年相比，2006年的审核会议次数是上年的353.8%，审核项目方案是上年的346.1%，债权总额是上年的532.7%，债务人数量是上年的607.4%。资产评估工作2006年新立项、接转上年度和当年完成的项目，分别是2005年的628.57%、140.19%和1 091.38%。法律事务工作遵循防范经营风险，为资产处置服务的原则，在人员少、工作量骤增的情况下，努力开展工作，取得较好成效。2006年，信达北京办事处法律工作人员全年草拟、审查约1 000份合同协议，数量是往年的10多倍。

案件专项治理和治理商业贿赂专项工作 2006年，信达北京办事处党委按照北京银监局的要求和总部的部署，认真细致地开展案件专项治理和治理商业贿赂专项工作，依法规范经营，引导全体员工把“八个坚持八个反对”、“八荣八耻”和公司的“12条禁令”等原则落实到日常工作中，时刻警钟长鸣，保持清醒的头脑。信达北京办事处坚持按程序和规则进行资产处置工作，坚持慎重与客户交朋友的原则，坚持严格规范员工八小时内、外的行为。并且，对处置项目单位和中介机构进行回访，向18个有业务往来的单位党组织发了信函，深入检查资产处置工作中存在的不正当交易行为，排查商业贿赂案件。此次回访，各企业给予信达北京办事处工作人员较高评价，反馈意见表明无商业贿赂行为。

基础管理工作 从2006年6月6日起，ISO9000质量管理体系文件正式生效执行。信达北京办事处把质量管理体系作为矫正不良习惯的一次“手术”。信达北京办事处严格要求，强力执行总部下发的177个体系文件，要求真正掌握ISO的“说到，做到，记到”6字精髓，有效控制业务流程的各个环节。2006年10月26日，中国信达资产管理公司顺利通过了中国检验认证集团质量认证有限公司（CCIC）和英标管理体系认证（北京）有限公司（BSI）进行的联合认证并举行了认证颁证仪式。

电子档案的建立 2006年3月下旬

开始至 9 月份历时 6 个月，信达北京办事处完成了商业性收购的 4 445 个项目的档案扫描工作。完成扫描工作量 52. 8 万页，形成数据光盘 185 张。通过扫描对资产档案实行电子化管理是总公司信息化建设的一项重要内容，也是实施 ISO9001 质量管理和无纸化办公的一项基础性工作。电子档案的建立和推广使用，极大地提高了工作效率，并能够有效防止原始档案的丢失、损毁，为信达北京办事处的档案管理提供了安全保证。

（靳迎春）

中国银河证券有限责任公司北京管理部

总经理　霍肖宇

2006 年，中国银河证券有限责任公司北京管理部（以下简称银河北京管理部）坚持以科学发展观统领各项工作，认真学习贯彻党的十六届六中全会精神，在公司党委的正确领导下，紧紧围绕公司重组改制这一中心，按照“把银河股份建设成治理有条、经营有序、客户有别、管理有章、风险有度的现代投资银行和现代金融企业”管理理念，务实与创新并举，狠抓执行与落实，利用市场行情转暖的大好机遇拓展业务。在加大股票基金市场营销力度的同时，注重新业务、新产品的市场开发，以全面提高地区的整体行业竞争力为目标，超额完成公司下达的各项任务指标。全年实现营业收入 2. 99 亿元，比 2005 年增长 164. 92%；实现考核后利润 1. 64 亿元，比 2005 年增长 13. 36 倍，连续四年保持盈利。

证券经纪业务　2006 年，证券市场走出低谷，一转低迷局面转向利好行情。银河北京管理部抓住难得的历史机遇，贯彻执行公司总部经营方针，各项业务发展取得历史性突破。

在股票基金交易和市场占有率方面，全年形成股票基金权证交易量 1 406. 18 亿元，较 2005 年增长 269. 77%，高于市场平均水平 45 个百分点；市场占有率为 0. 6255%，较 2005 年的 0. 5491% 上升 13. 91%。银河北京管理部在北京地区的市场占有率由 2005 年的 5. 754% 上升到了 2006 年的 7. 792%。

在衍生品营销方面，银河北京管理部的权证交易量为 217. 92 亿元，占北京地区交易总量的 15. 52%，略低于全国市场 17. 71% 的平均水平，但高于北京地区 13. 68% 的平均水平。

在标准化理财产品营销方面，全年累计完成各类开放式基金销售 57. 85 亿元，占银河证券公司全年销售总额的 38. 6%；其中基金认购 16. 60 亿元，申购 41. 25 亿元；基金全年标准份额保有量10.76亿元，占公司总额的29%。

封闭式基金的营销推广在北京管理部也取得了较好的效果，全年封闭式基金的总成交量为37.75亿元，是2005年11.24亿元的3.36倍，占全年总成交金额的2.68%。

在股权分置改革方面，银河北京管理部按照公司统一部署组织开展股权分置改革投票，以较高的投票率完成66家改革公司的投票工作，市制托管取得显著成效，争取非流通股市值协议托管586亿元，其中，基金托管市值由2005年底的2.83亿元提升到了2006年底的8.77亿元，扣除市场平均增长130%的部分，基金托管市值净增幅为80%。

2006年，银河北京管理部共拥有客户数18.88万户，较2005年上升16 400户，客户总资产为224.05亿元，较2005年上升136%。

在新股申购业务方面，2006年银河北京管理部客户资产总值为224.05亿元，比2005年的94.95亿元增加了135.97%，高于同期上证综合指数增幅6个百分点。全年共参与新股申购66只，其中，中国银行新股申购资金106亿元、工商银行为180亿元，而中国人寿中购资金创下了300亿元的新高，市场份额得到大幅度提高。

此外，银河证券月坛营业部客户股票基金资产突破百亿元，资产、营业收入、利润都创下了历史新高，营业收入和实现利润保持系统内第一，是公司唯一的收入超过5 000万元的营业部，为银河北京管理部的发展壮大做出了突出贡献。

营销方式 2006年，银河北京管理部网上交易、电话委托占比大幅提升，柜台、刷卡及其他委托方式占比进一步降低，很大程度上优化了客户的交易结构。现场委托占比已从2005年的34%下降到23%，网上交易等非现场委托方式占比日趋增加。

设备更新 为适应行情发展，优化客户服务，银河北京管理部投入了55万多元，更新了中心机房、新增了部分服务器、UPS电池、有盘站、无盘站、HBA卡等设施。

营销资讯推广 从2006年11月初起，银河北京管理部面向地区营销人员推出了《北京观点》周刊。《北京观点》以培训、服务营销人员为出发点，通过一周市场回顾、名家观点介绍、分析师心得、服务指南、开放式基金数据分析等栏目所做的系统介绍，为营销人员开拓视野、提高业务技能与水平提供了专门的服务平台。

研发工作按照年初规划中所制定的工作方针，即“统一资讯评级、统一成果发布、统一推荐流程、统一研发支持”，主要针对一线业务的支持，以有效传播、转化公司的研究成果为主。2006年银河北京管理部共推荐了14个重点资讯，推荐范围涉及宏观经济基本面、权证衍生品种、股票品种、封闭式基金及开放式基金资产包等。另外，研发成果的推广及封闭式基金的推荐，也对托管市值的增加起到了一定效果。

加大营销力度 2006年，银河北京管理部为促进辖属9家营业部更好地完成公司下达的市场占有率任务，在6月份开展业务大比拼活动，发动全体职工，发挥集体智慧，以提高综合实力。经过为期4个月的业务大比拼活动，在市场占有率和客户资产等方面均取得了显著提升。竞赛结束时，单月市场占有率从0.5491%上升到0.6483%，增幅高达18%；日均客户资产规模从1~5月的99.96亿元增长到188.18亿元，增幅近90%。

队伍建设 为更好提升地区综合竞争力，2006年银河北京管理部实施人力资源整合措施。第一是对一些不适应银河北京管理部企业文化的聘用人员终止合同，辞退两名营业部副总。第二是按照业务大比拼竞赛奖罚规则，及时兑现竞赛结果奖惩计划，对没有达到竞赛预期的营业部负责人实行了末位淘汰。并通过营业部高管之间的两次人员调整，为阜城路营业部、百万庄营业部更换了总经理，把2名较具实力的人员提升到营业部负责人岗位上，实现人力资源中高管人员效益的有效配置，提升了团队整体战斗力。

2006年各营业部均建立了经纪人队伍，地区经纪人已经签订居间人协议的就达208名，银河北京管理部全面实现“打造百人经纪人团队”的总体规划，队伍充实还在继续中。

风险控制与财务管理 2006年是证券市场合规合法整顿规范的一年。一是新的法律法规频繁出台，为使全体员工全面及时掌握新知识，为合规守法经营打下坚实基础，营业部每周二下午闭市后对员工进行内部的业务、合规培训；二是适时进行专业培训，提升了业务团队的实战技能。外请专家进行了股指期货、ETF业务的专门培训，还请银华基金公司的营销讲师、信诚基金公司基金经理进行了大型营销专门培训；三是请专门机构对地区各营业部综合部经理进行了关于劳动合同相关事项综合业务培训，规范了劳动人事的程序，减少了用人过程中可能出现的劳动争议风险。2006年9月，银河北京管理部领导班子成员分别带队对九家营业部进行了大规模的综合检查，利用检查手段强化风险意识。检查范围包括：经纪业务风险、财务风险、交易系统风险以及火灾雷电等风险的安全防范。2006年顺利完成了黄寺大街、安外营业部的迁址，两家共减小营业部面积2 000多平方米，为公司节约成本约110多万元，各项财务指标顺利完成。

党的建设与企业文化建设 7月份，银河北京管理部党总支组织全体党员和积极分子到河北冉庄、白洋淀抗日战争爱国主义教育基地，实地接受了民族爱国教育。并通过“学党章知识竞赛”，丰富大家党的知识，提高党员素质，增强民族责任感。2006年6月起，党中央开始展开治理商业贿赂三项专题工作。银河北京管理部党总支严格按照公司党委要求，成立领导小组和工作小组，分三个阶段对地区自查自纠，杜绝了不正当交易的发生。期间，公司党委副书记谢军同志来银河北京管理部指导验收了第二阶段工作，年底，党总支又顺利通过了公司党委的总结验收。

2006年银河北京管理部向总公司《银河快递》投发简讯60多条，向《银河动态》投发稿件40多篇，有效提升了银河北京管理部的品牌形象，扩大了知名度。并利用公司内网传发多篇各类文章来激励员工快乐工作。

2006年，银河北京管理部组织三次大规模头脑风暴：年初的考评风暴；ETF销售授旗风暴；大比拼授旗风暴。还通过业务竞赛、营业部之间争夺锦旗等方法，不断增强营业部之间横向沟通，加强员工的亲密感和信任感，努力创造一个友好、和谐和愉快的工作气氛，巩固了“比学赶帮超”的文化氛围，使员工有充分的安定感、满足感、归属感，在工作中体味人生的乐趣和意义。

2006 年 5 月，工会组织全体职工参加北京开展的迎奥运健身周活动，开展爱国教育。坚持各周按期组织各种文化体育健身活动。制定并实施《员工婚丧喜庆管理办法》、《中国银河证券北京管理部爱心捐赠管理办法》。组织全体员工“献爱心”，两次向贫困地区捐献衣被物品，为帮扶困难地区奉献自己的一份力量。

（李素环）

中信建投证券有限责任公司

董事长　张佑君

2006 年是中信建投证券有限责任公司（以下简称中信建投证券）成立后的开局之年，也是中信建投证券第一个完整的会计年度。一年来，在董事会和经营班子领导下，中信建投证券各级管理团队带领广大干部员工，坚持以经济效益为中心，全面推进经营管理工作，各项工作都取得了显著成绩，中信建投证券实现总收入 16.38 亿元，完成税前利润 6.94 亿元，超额完成 2006 年经营目标；中信建投证券资产总额 230.81 亿元，比年初增长 150%；净资本 21.38 亿元，比年初增长 5.37%。

目前，中信建投证券在全国共设有 6 家区域管理总部和 3 家中心营业部；设有 87 家证券营业部、29 家证券服务部，共计 116 个营业网点，覆盖全国 22 个省 70 多个城市，是国内网点覆盖面较广的证券公司之一。

股票承销业务　中信建投证券致力于为国内大中型重点企业和高端客户的重组改制、发行上市和增发新股等融资活动提供专业服务。主要开展股票、权证、权益性证券的发行、承销与上市推荐；上市公司股权分置改革项目保荐；企业兼并收购、私募、财务顾问、股权激励方案设计、项目融资、风险投资、资产证券化等。

2006 年，中信建投证券共完成股票承销总金额 56.78 亿元，股票首次公开发行、非公开发行、股权分置改革、财务顾问项目共计 58 个。其中，担任浙江景兴纸业、山东鲁西化工、中国国贸、沈阳金山热电四家首次公开发行和非公开发行股票的主承销商；担任申能股份公开发行和保利房地产首次公开发行副主承销商；担任中国工商银行、中国银行、广深铁路等多家公司首次公开发行分销商。在创新业务方面，担任内蒙古伊利实业集团认股权证主承销商；担任中化国际、马鞍山钢铁分离交易可转债副主承销商和分销商。完成中信证券、北京同仁堂等 31 家股权分置改革项目；完成北京巴士、上海隧道等

14家财务顾问项目。

债券融资业务 中信建投证券致力于为债券融资企业提供从设计、定价、发行到销售的全过程专业服务。公司目前具备记账式国债、政策性金融债券、企业债券等各类债券品种的承销资格。主要开展国债、政策性金融债券、次级债券、企业债券、可转换公司债券、证券公司债券等固定收益产品的承销等业务，开展固定收益产品的受托资产管理，创新固定收益产品的设计、开发等业务。

2006年，中信建投证券完成企业债券承销项目11个，国债、金融债券承销项目52期；债券承销总金额178.18亿元。其中，担任中国国贸10亿元公司债券、北京北辰实业15亿元公司债券主承销商，中国石油天然气20亿元公司债券联合主承销商；中国铁路债券、中国华电集团企业债券、安徽皖北煤电公司债券副主承销商以及多家公司企业债券分销商。2006年，公司债券承销金额位居同业第7名，承销家数位居同业第6名。

债券销售交易业务 在债券销售交易业务方面，中信建投证券作为记账式国债承销团乙类成员、国家开发银行政策性金融债券承销团甲类成员、银行间债券市场甲类结算成员，开展国债、政策性金融债券、次级债券、企业债券、可转换公司债券、证券公司债券等固定收益产品的销售交易等业务；开展在银行间债券市场和交易所债券市场的债券现券和回购交易业务。

2006年，中信建投证券完成债券交割量812.11亿元，券商排名第9位；现券成交量570.91亿元，券商排名第11位；记账式国债承销量54.1亿元，券商排名第9位；国开行金融债券承销量51亿元，券商排名第8位。

经纪代理业务 中信建投证券通过覆盖全国的营业网点，为客户交易提供全方位的经纪代理服务。主要业务范围包括：证券（含境内上市外资股）代理买卖；代理证券还本付息、分红派息；证券代保管、鉴证；代理登记开户；代销开放式基金；以及其他证券投资服务和金融产品。同时，中信建投证券对合格境外机构投资者（QFII）和合格境内机构投资者（QDII）业务具有全面服务能力。

2006年，中信建投证券经纪业务完成股票基金交易量6 960.06亿元，市场占比3.1%，列同业第8名。同时，中信建投证券为54家基金管理公司的全部开放式基金产品提供了代销服务，代理销售金额达到82.56亿元。

机构销售交易业务 为完善高端客户服务体系，健全销售平台，中信建投证券成立了机构销售交易部。机构销售交易业务立足整合研究、投行、固定收益、资产管理、销售等资源，为机构投资者提供各种投融资产品及研究产品，实现"一站式"服务。目前，北京、上海、深圳有三家营业部专门作为机构交易平台，为机构投资者提供优质产品及专业服务。

2006年，中信建投证券继第一批与全国社会保障基金理事会签署研究服务协议后，又先后与9家保险资产管理公司和30多家大中型基金管理公司建立了战略合作关系。在《新财富》2006年全行业最佳销售服务团队评选中，中信建投证券机构销售交易部荣获最佳销售服务团队第2名，两人入选2006年《新财富》全国十佳，为入选人数最多的专业销售团队。

证券研究业务 中信建投证券所属研究所以"引领专业投资，研究创造价值"

为服务理念，为客户及各业务线提供研究支持。研究所现拥有50余名分析师，并设有博士后科研工作站，其中17名高级分析师为国内首批接受国际培训的证券分析师。研究部整合内、外部研究成果，推出了《新资讯》、《新股定价报告》等资讯产品。

在《新财富》2006年排名中，研究所位居第7名；在《新财富》进步最快研究机构排名中位居第2名，共有19位分析师入围最佳分析师名单，其中7位分析师进入行业前3名，分别是机械行业第1名，通信行业第2名，钢铁行业第2名，煤炭开采业第3名，宏观研究团队第3名。

风险控制状况 中信建投证券高度重视风险控制工作，建立了较为完善的风险控制体系。通过实施客户交易结算资金第三方存管，可以确保客户资金的安全；通过实施财务、清算、电脑三条线垂直管理，在内部建立起有效的防火墙制度；公司还建立多层次的风险监测体系，监测范围覆盖投资银行、经纪、交易等主要业务，通过非现场监测、现场检查以及业务跟踪等多种形式，可以实现及时揭示、有效识别和防范风险。

党团工作和工会工作 中信建投证券各级党组织围绕公司经营工作这一中心，认真加强组织建设、思想建设、作风建设，开展了纪念建党八十五周年等系列活动，有效发挥了基层党组织的战斗堡垒作用。各级工会和团组织也围绕建设“和谐社会”、“和谐公司”这一主题，积极组织员工开展各种体育、文化、娱乐活动，推动了公司精神文明建设，丰富了职工业余生活。

（朱　勤）

工银瑞信基金管理有限公司

总经理　郭特华

工银瑞信基金管理有限公司（以下简称工银瑞信）是我国第一家由银行直接发起设立并控股的合资基金管理公司，公司股东分别为中国工商银行股份有限公司（55%）、瑞士信贷（25%）、中国远洋运输（集团）总公司（20%）。经中国证监会证监基金字［2005］93号、中国银监会银监复［2005］105号文批准，公司于2005年6月21日正式成立，注册资本为2亿元人民币，注册地在北京。

依托中外股东的先进经营理念和丰富的管理经验，工银瑞信通过建立科学的公司治理结构，引入国际先进的基金管理理念、专业的投资管理技术、完善的风险监控体系，结合中国本土基金管理的实践经验，形成了完善的管理体系、严谨的投资机制、健全的营销系统和先进的技术平台，构建了严格、全面、高效、顺畅的业务流程，确保了公司整体的高效运作和运营风险的有效控制。

工银瑞信秉承“以人为本”的核心理念，全方位引入国内外优秀人才，组建了一支风格稳健、诚信敬业、创新进取的专业团队。依靠强大的股东背景、稳健的经营理念、资深的管理团队和便捷的客户服务，工银瑞信将立足专业化、国际化，逐步打造多元化产品结构，争创一流业绩，努力成为“稳健的基金管理公司，可信赖的基金管理公司”。

截至2006年底，工银瑞信旗下共管理4只开放式基金——工银瑞信核心价值股票型基金、工银瑞信货币市场基金、工银瑞信精选平衡混合型基金和工银瑞信稳健成长股票型基金。净资产管理规模为296.41亿元，比上年末增长256.95亿元，增长651%。

基金产品 2005年8月31日，工银瑞信核心价值股票型证券投资基金成立，募集期间净认购额达43.45亿元。截至2006年底，该基金份额累计净值达2.3471元，分红两次，每10份基金份额合计派发红利2元。该基金成立满周年时，获晨星（中国）四星评级，并入选《晨星中国基金50》，工银瑞信成为唯一一家成立未满两年即有基金入选的基金公司。2006年底，该基金获银河证券基金研究中心五星评级，成为首只获此高评的银行号基金。

2006年2月23日，工银瑞信基金管理公司推出第二只产品——工银瑞信货币市场基金。该基金于2006年3月20日正式成立，募集期间净认购额达88.39亿元，是截至当时中国首次募集规模最大的货币市场基金。

2006年7月13日，工银瑞信精选平衡混合型基金正式成立，募集期间净认购金额达83.68亿元。2006年12月6日，工银瑞信稳健成长股票型基金正式成立，募集期间净认购金额达122.29亿元。

产品创新 作为中国工商银行直接发起设立的合资基金管理公司，工银瑞信在产品、服务方面实现与工行的深入合作，在货币市场基金、QDII、养老金等产品的创新方面开展良好合作，为广大客户提供更多元化的理财选择。公司外方股东历经百年辉煌，拥有涵盖多个市场、满足各类投资者的丰富的产品库，工银瑞信将充分分享其宝贵经验和资源，在条件成熟的情况下，通过借鉴和引入不断推出创新产品，逐步构建多元化产品结构，满足投资者多样化的投资和理财需求。

客户服务 为向广大投资者提供更加全面的服务，工银瑞信推出“财富伴你行”、“投资者沙龙”、“基金经理在线”等系列投资者交流活动，旨在为投资者创造一个与专家面对面的互动交流平台，帮助投资者更深入地掌握基金和基金投资技能，从而更好地通过基金投资来实现个人和家庭的投资理财规划。

风险管理 工银瑞信充分分享公司外方股东瑞士信贷在成熟市场运作中的宝贵经验，引用世界知名金融风险管理系统开发商Algo公司的投资风险管理系统，建立起适合中国资产管理的风险管理体系和业务流程，将先进的风险管理理念灌输于公司每一位员工和每一个业务环节，从而对公司的投资风险、运作风险和法律合规风险等实行有效、全面的管理。

（徐　娟）

中国人民财产保险股份有限公司北京市分公司

总经理 王德地

2006年，中国人民财产保险股份有限公司北京市分公司（以下简称人保财险北京分公司）在竞争日益激烈的市场环境中，坚持深入贯彻落实国务院23号文件①精神，紧紧围绕“向车险要效益，向非车险要规模，向服务要市场”的工作重点，转变观念、扎实工作、开拓创新、奋力拼搏，圆满完成了全年各项工作任务，开创了全面、协调、可持续发展的新局面。截至年底，公司实现保费收入35.42亿元，市场份额为41%，保费收入同比增加4.98亿元，增长16.35%，创历史新高；保费总额居人保财险系统全国第6位，净保费收入28.03亿元；承担风险责任（承保业务的保险金额和责任限额之和）18 540.89亿元，比上年增长23.86%；全年累计处理已决赔案69.37万件，支付赔款17.54亿元，已决赔付率为49.54%，比上年下降8.99个百分点。

机动车辆保险业务 2006年，人保财险北京分公司在车险业务经营面临复杂局面的情况下，深刻领会、紧密围绕着北京保监局有关文件精神以及总公司“激活点、强化线、提升面”的战略举措，车险业务取得显著成果。一是全面推行车险事业部试点工作，成立了车辆保险事业部，全面提高经营管理水平；二是积极应对强制保险改革，做好经营模式的转换，确保车险业务平稳过渡，通过大量扎实细致的工作实现了交强险业务的良好开局，公司成为首都唯一一家开办当天就实现全部机构办理业务的市场主体；三是完善监控体系，提高全系统的业务分析能力；四是积极做好市场营销及宣传工作，围绕公司产品、价格、服务、品牌方面的优势，配合日常展业及交强险推广，展开了较为强大的营销宣传攻势；五是加强制度建设，努力提高车险管理能力，提高业务质量；六是积极探索中介机构管理新思路，通过科学、合理的分配资源，发展优质车险中介机构业务，提高车险中介机构业务的盈利能力。全年累计承保机动车101.32万辆，同比上升19.29%，保费收入为25.93亿元，同比上升20.38%，市场份额为42.23 %（行业协会数据）；其中，累计承保交强险45.38万笔，实现保费4.82亿元，市场份额44.15%，有力地推动了车险整体业务的快速增长；全年

---

① 国务院23号文件，即2006年6月15日正式发布的《国务院关于保险业改革发展的若干意见》。

处理车险已决赔案68.05万件，已决赔款金额约为15.20亿元，已决赔付率58.62%，同比下降12.11个百分点。

非车险业务 2006年，人保财险北京分公司注重非车险市场的开拓发展，财产险业务持续快速发展，取得了较好的经营业绩。一是在总公司统一经营战略部署下，实施了产品线改革，进行机构重组，成立了财产险事业部，进一步加强了对产品线的管理和考核；二是实时监控业务发展指标，督导业务进度，保证年终各项业务指标的顺利收口；三是明确权限，控制风险，夯实业务管理基础；四是积极参与大项目招投标工作，全力推动大项目承保，先后承保了地铁机场线工程、北京现代汽车、奔驰汽车、中芯国际、中航油、国家电网三沪直流项目、华能海门电厂、沙特水泥厂、华北电网等大型标志性项目，带动了财产险业务的快速发展，提升了财产险整体效益和实力；五是加强研讨培训，打造财产险专业团队，通过召开“财产险业务座谈会”、“财产险产品线工作会”、“家财险业务座谈会”等会议，举办“财产险业务技能培训”、“金牛三代产品业务培训”等，提高系统业务人员的财产险专业素质。2006年，公司非车险业务实现保费收入9.49亿元，市场份额40.84%（行业协会数据）。其中财产险保费收入2.88亿元，货运险保费收入2.49亿元，责任信用险保费收入9 807.6万元，意外险保费收入6 073.6万元，农业险保费收入402.1万元。

奥运保险工作 作为2008年北京奥运会战略合作伙伴，2006年，人保财险北京分公司积极推进奥运保险服务工作，先后为奥组委珠穆朗玛峰考察队、400名奥运志愿者、第十一届垒球世锦赛设计团意险、公众责任险等保险方案；为奥组委245辆公务用车设计车辆保险方案；参与赛事取消保险和扩展责任保险方案研究；成功签订了奥运责任险大保单，推动了奥运保险工作再上新台阶。

基础管理工作 2006年，人保财险北京分公司继续强化基础管理工作，努力防范和化解经营风险，巩固并深化了公司改革发展成果。

一是承保管理。实现了全险种业务集中核保，实行《应收保费预警管理和重点督导制度》等管理规定，定期发布《承保信息》，增强风险管理技术指导，提高了承保质量。全年共核批超权限业务6.3万件，校正数据668笔，应收保费得到有效控制。同时，继续加强再保险工作，编印《再保险业务手册》，购买系统内巨灾和意外事故超赔保障，提高了风险规避能力。全年共分出保费6.11亿元，分入保费1 445.5万元，摊回手续费、赔款4.26亿元。

二是信息技术管理。公司顺利完成了机房总体搬迁工作，进行机关本部和部分经营单位设备的更新改造；强化运维管理，全年业务系统可用性超过99%；自行开发和参与开发的手续费系统、数据查询系统在全国范围推广使用；进一步完善AUTOWAY系统，改进功能62项，推广到38家修理厂和4S店，扩大了网络覆盖范围。此外，继续优化业务流程、加强数据监控，数据质量得到进一步提高。

三是监察审计管理。公司以开展治理商业贿赂工作为主线，开展各类知识教育1 500余人次，召开调研指导现场会20场；督导检查4家公司专项治理工作；对6家公司开展执法监察和巡视工作，发现19个突出问题，提出23项整改意见；开展4个有针对性的审计项目，分析金额8.05亿元，提出并被采纳审计建议20条；严肃查处违规违纪案件，最大限度地减少公司损失。

四是财务管理。以分险核算、会计制度改革为契机，进一步强化会计、精算、统计等基础工作，优化财务管理系统，完善各项基础管理制度，加强财务知识培训，实现新旧会计制度的平稳过渡。公司上下以降低管理成本为目标，加强运营费用管理，积极探索车辆管理改革，压缩办公费用，倡导勤俭节约，提高了各种资源的使用效率。

客户服务　2006年，人保财险北京分公司坚持“向服务要市场”，不断增强服务意识，创新服务手段，改进服务质量，综合服务水平逐步提高。

综合服务标准进一步规范。出台了《进一步提高服务水平的决定》等规范性文件，制定《规范服务手册》，对承保、理赔、售后服务等全流程服务标准进行了规范，服务工作向制度化、标准化迈出了重要一步。4月份，对“规范服务达标”活动第一阶段的工作进行全面验收，启动第二阶段——“金牌服务窗口”活动，进一步细化方案、提高标准，为备战奥运服务工作打下了较好的基础。

基础服务工作进一步增强。深入开展“理赔无忧”服务活动，实现5 000元以下赔案提交单证后“三日付款”，将“七日提车”服务承诺提高到五日。全年处理车险赔案71.71万件，立案率达99.19%；当年报案结案周期为47天，提速17.54%；受理客户电话126.45万次，投诉结案率100%，客户满意率超过99%；95518专线接通率稳定在95%以上。

创新性服务举措反响良好。“十一”期间，公司启动首届“黄金周特别关爱”活动，推出7项服务套餐，免费检测车辆1 421辆，免费救援180次，提供交通费补偿4 123元，20多家大型媒体进行报道；积极与999急救中心开展“紧急医疗救助联动”服务，实现行业间服务资源共享和功能互补；在系统内试运行家庭自用车理赔信息网上查询项目，探索了为分散性客户服务的新手段。

公司形象和企业文化建设　2006年，公司以奥运保险合作为契机，大力加强品牌建设，公司形象和企业文化建设效果明显。

改善职场条件，优化服务环境。继3月份公司本部搬入新的办公大楼后，公司又大力支持多家基层单位进行办公场所、办公条件的改造；为系统1 800多名员工量身定做工装，为理赔外勤定做了冬季查勘棉服。根据总公司部署，选择95518客服中心、营业部营业大厅、朝阳公司理赔定损中心进行职场建设试点，增加了服务设施，统一了职场标准。

加强企业文化建设，共筑和谐公司。全系统选举产生27家单位的工会组织，出台《企业文化建设工作要点》，组织首届千人工作大会和春季运动会，抽调年轻员工参加人保系统“七一”歌咏比赛，开展老员工“庆重阳”系列活动，积极开展“七一”党建教育活动，注重搞好思想教育与培训工作。丰富多彩的企业文化，增强了队伍的凝聚力，使广大干部员工的精神风貌焕然一新，树立了团结和谐、生机勃勃的公司新形象。

（刘亦泽）

中国人寿保险股份有限公司北京市分公司

总经理　徐海峰

2006年，中国人寿保险股份有限公司北京市分公司（以下简称中国人寿北京分公司）认真贯彻中国保监会、中国人寿保险集团公司以及中国人寿保险股份公司有关文件和会议精神，迎难而上，抢抓机遇，围绕总公司“积极均衡、整合转型、创新超越”十二字总体工作方针，按照中国人寿北京分公司年初确定的全年工作计划、任务目标和“定点超越”实施方案，推动业务又好又快地向前发展，基本完成了全年各项经营管理任务。

截至2006年年末，共实现股份公司保费总收入47.04亿元，同比增长13.7%（另外代理集团公司保费收入4.51亿元）。其中：个人业务期缴首年保费收入3.59亿元，团险业务累计保费收入11.06亿元，银行代理业务累计保费收入19.47亿元，意外险保费收入1.41亿元。在保费收入持续增长的同时，险种结构进一步改善，风险型和效益型业务总量提升很快，在总保费中的占比进一步提高。

个人业务　2006年，中国人寿北京分公司积极推进“巩固城区，抢占两乡”的策略，加快调整网点布局与建设，在城区进一步合理布局的基础上，大力发展农村和社区网点的建设，其中城区新设网点2个，农村新增网点已有14个办妥北京保监局颁发的许可证。在进行网点科学布局的同时，中国人寿北京分公司依托现有营销区部，在社区开设社区营销服务部，开展服务进社区活动，探索社区展业模式，与11个社区居委会联合举办了多种保险推进活动，与50个街道办事处沟通了保险进社区的合作意向，与3个街道办事处建立了长期友好合作关系。公司根据市场竞争情况和队伍发展基础，适度、适时地开展了“我爱我家”等阶段性、力度强劲的增员工作，全市新增人员达到3 100人，有效夯实了队伍基础，稳定了队伍规模。公司借助有效业务推动，合理把握业务节奏，全力促进期缴业务规模的快速发展，陆续推出一系列竞赛方案，实现了个险业务的稳步增长，人员结构得到调整，队伍销售水平得到提高，驾驭市场的能力不断增强。

团体业务　2006年，中国人寿北京分公司以“一专多能、壮大队伍、加快速度、提高效益”为指导思想，开展团体保险业务工作。公司注重自主物色与选拔人才，通过从同业引进优秀的团队管理人才，招募具有海外留学经历的高素质人才组建“直属项目部”，为团险渠道的队伍壮大补充了新鲜血液，为开拓高端团体客户市场建立了一支生力军。公司以大项目开拓作为工作重点，强化各营业单位的项目开拓意识，深挖老客户，拓展新途径，纵向寻求总公司的支持配合，横向寻求国家政府机构的合作和政策上的突破，采用将业务指标落实到客户、由营业单位经理挂帅组成项目小组等方式进行开拓，对照往年同期情况，500 万元以上的寿险大单业务无论从保单数量还是业务规模上都高于往年。公司克服意外险不利因素，在加强续保管理、确保续保率的同时，积极寻求各种途径，通过对“学平险”的成功改造，加强与国家政府部门、其他行业、中介机构等的联系和合作，加强意外险大项目的开拓，确保北京团体寿险同业市场的领先地位。

银邮代理业务 2006 年，中国人寿北京分公司以提升银邮业务经营质量为工作重点，通过一系列的配套措施，实现了“四有效”，即各种渠道资源利用率有效提高，精耕网点的意识有效提升，渠道产能同比有效增强，“零单”网点得到有效经营，网点出单率接近 70%。公司通过和银行、邮政的沟通和努力，积极拓宽银邮代理业务渠道，全市新增网点 76 个，共拥有有效网点数达到 800 余个。公司银邮代理业务取得了较快的发展，提前超额完成了全年考核任务，实现了渠道的“定点超越”，市场份额占北京市银邮业务的 20% 以上。

党建和诚信建设 2006 年，中国人寿北京分公司以党的十六届六中全会精神为指导，按照“三个代表”的要求，认真贯彻落实全国保险工作会议精神，紧紧围绕公司发展这个中心工作，统一思想、凝聚力量，按照市公司党委的总体战略部署，大力推进新时期党的工作，切实改进和加强党建及思想政治工作，切实发挥党支部的战斗堡垒作用和党员的先锋模范作用，努力确保基层党建工作制度化、规范化和经营化，为公司改革、发展、稳定提供坚强的组织保证。2006 年，在总公司的统一部署下，按照北京保监局的有关要求，公司在全辖积极地开展了“规范经营、诚信服务”实践宣传活动，通过周密安排，坚持领导带头、全员参与，不走过场和务求实效的原则，采取多种行之有效的形式和方法，将活动开展得有声有色。通过活动，起到了教育员工、锻炼团队的作用；通过活动，增强了每位员工和销售人员诚信服务的观念，减少了误导等行为的发生，提高了公司的整体服务水平。

品牌建设 2006 年，中国人寿北京分公司在全市范围内开展认识保险、了解保险、支持保险的系列宣传活动，积极树立公司品牌。公司制定“保险进社区”工作实施方案，启动“中国人寿与您共建和谐社区”大型公益活动，启动“中国人寿杯北京市社区好新闻评选”活动，举办“保险业促进和谐社区建设研讨会”，公司品牌建设取得良好效果。公司委托“北京市中小学生卡”制作单位，出资制作首批学生卡，并在学生卡面和《学生卡使用手册》上附加公司的广告宣传内容，借此良好时机，进一步扩大中国人寿的公众影响力，业务部门借此次赞助制作抢占先机，展业部门借卡推广学平险和团体、个人意外险，产品设计部门借助 IC 卡的功能性，进一步增加意外伤害救助等产品服务项目。

（罗伟文）

中国太平洋财产保险股份有限公司北京分公司

总经理　李宝利

2006年，中国太平洋财产保险股份有限公司北京分公司（以下简称太平洋产险北京分公司）面对市场环境的快速变化，面对巨大的竞争压力和挑战，公司全体干部员工坚持科学发展观，加强内控制度建设，加快转变业务增长方式，深化业务结构调整，全面提升经营管理水平和服务水平，进一步增强了核心竞争力，以顽强拼搏、奋发有为的精神，实现了公司又好又快的发展。

2006年，通过太平洋产险北京分公司8家支公司、578名员工的共同努力，保费收入达到14.06亿元，比上年增长29.82%；全年赔款支出共计5.52亿元，简单赔付率为39.28%。

机动车辆保险业务　2006年，由于机动车强制保险制度于7月1日正式实施，公司同时推出2006版新商业车险产品，上调了车损险保费，将车上人员责任险、全车盗抢险调整为基本险，将涉水损失调整成附加险。交强险实施后，导致商业车险盈利险种的保费和盈利能力不同程度地下降，亏损险种保费占比上升，这种保费结构的变化对公司车险业务产生很大影响。公司通过采取巩固渠道合作关系，在现有渠道中挖掘保费潜力，坚持通过市场细分挑选优质业务，加强承保管理限制劣质业务，加强理赔管理降低经营成本等措施，综合运用承保、理赔、费用等手段齐抓共管形成合力，进一步提高了车险业务的管理水平和成本控制能力，为车险业务的持续发展打下了坚实的基础。全年机动车辆保费收入达到10.3亿元，同比增长38%。太平洋产险北京分公司首次中标“中央直属机关车险项目”承保资格，并再次中标“中央国家机关车险项目”承保资格。

非机动车辆保险业务　2006年，太平洋产险北京分公司继续大力促进非车险业务的发展，为拓展非车险业务搭建稳固的平台；加大对非车险业务在业务政策、财务政策以及人力资源政策上的支持力度；发挥整体优势，加强重大项目的拓展，积极发展人意险和货运险，妥善做好核保核赔工作，处理好业务发展与规避风险的关系。非车险业务保费收入达到3.76亿元，同比增长12.6%，赔付率控制在合理水平。

全面提升管理水平　2006年，太平洋产险北京分公司贯彻落实科学发展观，全面开展管理创新活动，充分利用和发挥高科技电子信息技术的优势，创新管理方式和管理手段。积极开展销售能力创新，把渠道建设的重点放在拓展非车险业务渠道上，着重发展与经纪人公司和有非车险关联业务的代理公司的关系。继续开展服务创新，开发推广了服务评判系统和叫号服务系统，全面打造95500综合性客户服务平台，实现咨询、报案、投保、投诉、回访等多功能、多元化、沟通无障碍的信息平台，为提升公司品牌形象和前台销售提供有力的支撑。狠抓定损、理赔流程的标准化和规范化，实施客户回访及内部监督相结合的服务过失责任追究制。风险管控工作把应收保费作为重要任务抓紧抓好，狠抓各项管控制度的执行和落实，以查促建、以查促纠，有效提升公司防范风险的管控能力。

努力构建和谐公司 2006年，公司把牢固树立“诚信天下，稳健一生”的企业核心价值观，加强人才队伍建设、精神文明建设、公司品牌建设、企业文化建设，深化以人为本的管理理念，作为构建和谐公司的重要工作。开展了服务礼仪培训、评选销售精英和服务标兵、组织各种业务竞赛、书画摄影比赛、各种球类比赛、体育运动会和爬山活动以及为帮困基金捐款等活动，有效地丰富了企业文化的内涵，提高了员工的精神文明素养，全面展开了公司构建和谐公司的工作。

（刘锦忠）

中国太平洋人寿保险股份有限公司北京分公司

总经理　杨晓灵

2006年，中国太平洋人寿保险股份有限公司北京分公司（以下简称太平洋人寿保险北京分公司）深入执行总公司“抓住机遇、发挥优势、持续提升公司价值；深化改革、积极创新、迈上全面发展轨道”的经营方针，坚持稳健经营，以效益为中心，积极践行“诚信天下，稳健一生，追求卓越”的核心价值观，加强内部治理，夯实发展基础，在业务结构调整和优化、基础管理和专业化建设、体制改革和机制创新等方面都取得了丰硕成果，经营效益大幅提升。

2006年，太平洋人寿保险北京分公司下辖7家支公司、3个营销服务部。截至2006年末，在职内勤员工210名，个人代理人2 244名，银行、团体、中介、综合开拓业务外勤员工207名。

业务概况 2006年，太平洋人寿保险北京分公司共实现保费收入20.09亿元。其中，个人营销业务期缴保费收入51 918.9万元，同比增长11.85%。团体业务保费收入3.44亿元，险种结构进一步优化；银邮业务保费收入11.18亿元，同比增长7.64%。

个人业务 2006年，太平洋人寿保险北京分公司个险系列坚持以“稳健经营、以效益为中心”的经营指导思想为根本，以内涵价值增长为主线，强化后援支持系统，加强支公司、营销服务部和业务部的自主经营，大力强化基础活动管理工作，逐步严肃基本法的执行，严格增员选才，加强团队标准化建设，提升有效人力，稳定和提升绩优团队，实现了个险系列跨越式的发展。面对日益激烈的市场竞争，太平洋人寿保险北京分公司积极开展渠道创新，大力推进多元行销，在电话销售、电视销售、区域开拓和交叉销售等方面作了大胆突破，现均已初显成效。2006年，太平洋人寿保险北京分公司个险系列实现规模保费同比增长12%，代理人收入同比增长182.4%。

团体业务 2006年，团体业务狠抓基础活动量管理，在确立稳固的市场基础同时，积极开发新客户，尤其是大客户开拓取得了显著成效。信恒、众恒两款新型年金险成为太平洋人寿保险北京分公司团体业务的主力险种，同时团体意外保险以及管理式健康医疗保险也得到稳步发展。2006年，公司加大意外险拓展力度，实现同比增长14.22%。推出的经营管理人员人身意外保险，首次把恐怖活动和子女绑架等责任包含在保障范围内。面对竞争激烈的中介市场，太平洋人寿保险北京分公司积极进行代理和经纪公司的甄选，并定期为代理机构的员工进行专业培训，代理机构的销售技能及机构产能得到迅速提升。与此同时，加强团险与个险联动业务的推动，并且取得了一定成绩。

银邮业务 2006年，银行保险业务结构实现了真正意义上的转型，银行保险内涵价值大幅提升。内涵价值的提升主要来源于业务结构的不断优化，期缴业务增幅达到183%，趸缴业务实现规模发展。销售模式创新喜获成功，渠道经营收获丰厚，点均产能不断提升，专业化经营水平不断提高，五条合作渠道业务规模均名列前茅，优势地位凸显。在公司业务内涵价值提升的同时，员工综合技能、市场价值也不断提升，团队稳定性和凝聚力明显增强，核心绩优队伍扩大，管理技能和手段不断创新。

客户服务 2006年，太平洋人寿保险北京分公司在战略层面上确立了以“服务取胜”的竞争策略。在公司内部树立客户导向文化，提倡上级为下级服务、后援为销售服务、全员为客户服务，切实改善各项服务措施，提高客户服务水平。不断完善神秘客户检测制度和各项服务承诺，主动接受客户的监督和检查。在京率先推出了全新的差异化呼出服务模式——自动语音呼出服务，为过生日的客户送去语音祝贺。利用手机短信为客户送上祝贺及缴费凭证寄达回访等服务；多次为客户开展理财及保险知识讲座，积极宣传保险功能，提高客户保险意识；为客户提供免费“境外救援保险服务卡”；举办客户少儿书画大赛，为客户子女提供展示才华的舞台，获得客户一致好评。

合规经营 公司高度重视合规经营，采取了多项措施保证公司业务发展和经营管理的规范。比如：在面临航意险市场不规范竞争的情况下，公司主动停止了航意险替代产品的销售，仅通过天勤经纪公司在机场销售，保费全额入账，电子化出单，销售系统与公司联网，可随时查询，落实了各项监管政策。又如：《寿险营销员管理办法》出台后，在支公司和营销服务部组织个人代理人学习，并重新修订新人培训教材，明确各项规定。

在内勤管理方面，公司进行了岗位手册的重新编写工作。公司所有岗位都按照业务操作的规范要求，详细书写岗位操作规程，并严格按照规程进行实务操作。在编写岗位手册时，强调职责分离、下游岗位复核上游岗位、理顺各岗位衔接操作，确保运营流程的顺畅与风险防范。

公益活动 5月29日，太平洋人寿保险北京分公司与北京市第四聋人学校开展联谊活动，向北京市第四聋人学校捐赠了电脑、书籍以及文体用品，并且为聋哑学生表演了手语操《感恩的心》。北京市第四聋人学校的老师及学生对太平洋人寿保险北京分公司的公益行动给予高度认可并表示由衷感谢，北京电视台等媒体也对活动给予了报道。2006年期间，太平洋人寿保险北京分公司员工还多次前往北京市松堂临终关怀医院对住院老人进行慰问。通过慰问活动和义务劳动，员工们深刻体会到保险是充满关爱的伟大事业，更认识到自己肩头担负的神圣使命。

企业文化 2006年，太平洋人寿保险北京分公司为实现“快乐工作 快速成长 价值提升”的共同愿景，组织了丰富多彩的员工活动以及培训。2月19日，结合《细节决定成败》一书的学习，邀请作者汪中求进行了深入的培训，通过培训员工更加注重工作中的细节，从细微处提高对客户的服务质量；7月20日，公司邀请清华大学吴维库教授进行《塑造阳光心态》的培训，通过培训，员工建立了积极的价值观，懂得了如何获得健康的人生，释放强劲的影响力。

公司于5月份至6月份开展为期2个月的业务技能展示活动。员工业务技能展示活动分两个部分，第一部分是全员笔试竞赛，第二部分为后援部门组队参加的现场知识抢答比赛。员工通过展示和比赛提高了业务技能，增强了团队凝聚力。为丰富员工文体生活，强身健体，公司工会、团委还联合举办了2006“夏日激情”球类竞赛活动，竞赛项目包括乒乓球和保龄球；“三八”妇女节前，公司为女员工举办了别开生面的“礼物对对碰”活动，节日当天每位女员工都收到了男员工精心准备的礼物；中秋节，公司总经理室成员与外地在京的单身青年欢聚一堂把酒赏月。

（王　悦）

中国平安财产保险股份有限公司北京分公司

总经理　刘　铮

2006年，中国平安财产保险股份有限公司北京分公司（以下简称平安产险北分）继续贯彻“品质优先、利润导向、遵纪守法、重在执行”的十六字方针，以跨越式发展为目标，全面实施进攻战略，成绩斐然。截至年底，平安产险北分实现保费收入12.70亿元，完成分公司全年保费任务的106%。实现利润1.36亿元，完成利润指标任务的424.4%，保费规模和利润再次实现双丰收。

财产险　2006年，平安产险北分实现保费收入7.64亿元，超出年初任务计划数9 150万元，保费业务进度达成率114%；其中，累计实收保费5 891万元，利润进度计划达成率117.8%，保费增长率82%。

意健险　2006年3月份开始，平安产险北分的意健险业务在北京产险市场份额占比持续排名第一；首次提前67天达成全年计划，是平安产险系统内大机构中提前完成任务的第一家。2006年分公司意健险发展史上实现了多项历史性突破，为2007年跨越式发展打下了良好基础。

车险　截至年底，平安产险北分共承保车辆数28.6万辆，较上年同比增长60%；保费收入7.96亿元，较上年同比增长32%；实现车险利润4 220万元，保费进度达成率为123%，利润进度计划达成率为280%，超额完成总公司下达的车险利润指标。

团体业务

1. 建立团体市场调研及信息发布体系，定期出版《市场信息报》；大力进行团体市场营销规划工作，组织推动“831”中端计划；完善销售管理体系，修订销售管理制度，出台《直销队伍基本法》；建立完整有效的行销培训推动体制，全面提高培训实效，提升业务队伍专业素质。

2. 建立大项目立项与跟踪制度。加强对重点渠道业务和目标市场业务的关注力度，把握市场先机，使海外建工险业务成为2006年的新业务重点增长点。

3. 以实现跨越式发展为导向，在三级机构开展了标准团队主管的竞聘及团队的重组工作，实现了三级机构销售队伍的细分，有效控制团体车险满期赔付率；有效降低团体非车险的历年制赔付率水平。

4. 加强意健险业务沟通平台建设，配合相关部门执行并充分强化对意健险的考核；配合总公司境外新产品的推出，牵头组织了大型新产品发布会。意健险的经营上施行了积极进攻的市场策略。核保前置，核保政策贴近市场，推动建立有效的意健险考核制度；意健险理赔引入公估模式。

个人业务

1. 制定了远程出单管理办法，进一步带动了业务的发展。完成了2005年、2006年两版商业车险费率的顺利上线，顺利完成交强险的各种功能的申请、开发、测试、上线等工作。

2. 结合分公司实际，拟订了《2006年个人业务核保指引》。配合总公司个人财产险新险种的推广，先后下发《增加三则家财附加险及增设家财基本险浮动费率的通知》、《平安个人抵押物财产保险条款、费率及核保指引的通知》、《“平安‘吉祥三保’家庭综合保障计划”条款及核保指引的通知》。此外，还设计了专供五一、十一等节假日的开拓使用的平安家居卡，为机构的极短期家财险需求提供了便利。

3. 完成了总公司的亏损预警分析报告，明确分析了亏损原因、整改措施、整改工具表、辅助工具表等，制定平安产险北分的亏损客户续保政策。

客户服务中心工作

1. 车险理赔采取将考核及监控指标分解落实的方法，实现理赔品质指标全部处于卓越和健康状态，在全系统考核排名中名列前茅。采取有力手段，有效降低赔付；改造作业流程，提高理赔时效。

2. 顺利完成后援首次集中前后工作的衔接；顺利完成交强险和2006年商业条款出台前后工作的衔接；顺利完成交强险无责垫付项目实施前后工作的衔接。

3. 整合理赔资源，创造优质绩效。充分利用公估、外包、后援资源，推广远程定损，全年立案数和结案数分别较上年增加了20%和22%。

4. 积极介入人身伤害案件调解，实现服务和管控“双赢”。全年代理调解人伤案件660余件，收到了良好的经济效益和社会效益，最大限度地协助客户处理事故，在体现服务的同时，提前进行损失核定，降低人伤赔付。

资源支持中心工作

1. 加强与银行的合作，推行并安装银联收款POS机；进一步拓展企业网上银行功能，解决了长期困扰公司的个人划账业务无法实现跨行付款的问题，提升财务服务品质。完成CMS银企对账模块在产险系统内的率先试点运行，目前已经上线推广成功，实现了银企对账业务在财务系统中的应用。

2. 加大对内勤和新员工的培训力度，自行编写培训教材和考题，全年组织达10次出单内勤人员的培训。完成三期新员工新兵训练营培训，对中层以上干部进行了诚信合规教育。为分公司广大员工编写了《风险警示录》，以增强员工防范抵御风险的能力。

3. 推行标准化操作。编写标准批单格式、部分险种出单操作实务、录单及核保标准、经纪业务承保、批改流程、水险出单操作实务、EPCIS操作手册、车险出单操作实务、车险业务注销、退保操作流程等内容并推行。

4. 电脑部完成7个新系统上线测试工作；完成23个系统共计388次的版本更新工作；开发了后线部门使用的《北京分公司周计划小结系统》、《北京分公司员工绩效测评系统季度版》；进一步补充完善人力资源工作规章制度；实现社保福利及住房公积金制度的良好运行，进一步完善薪酬档案，对外包人员管理实现精细化，无差错管理。

（陈家伟）

中国平安人寿保险股份有限公司北京分公司

总经理　罗春风

2006年，中国平安人寿保险股份有限公司北京分公司（以下简称平安人寿北京分公司）以“为北京市民及平安客户送去最完善的理财规划与保险保障”为己任，不断提升业务品质，精耕细作客户服务，热情投身公益事业。2006年，平安人寿北京分公司个人寿险、团体保险、银行保险三大系列齐头并进，实现总保费收入66.5亿元，同比增长7%。

业务发展　品质不断提升　2006年，平安人寿北京分公司实现总保费收入66.5亿元，同比增长7%；其中，个人寿险首期规模保费收入首次突破10亿元，达到10.2亿元，个人寿险总保费收入为48.6亿元；团体保险抓住企业年金发展的机遇，成功拓展了一批新的企业年金客户，实现保费收入7.7亿元；银行保险积极开拓市场资源，销售队伍蓬勃发展，实现保费收入10.2亿元；同时，公司业务规模、经营管理、成本控制等各项指标均得到了持续提升。

客户服务　2006年，平安人寿北京分公司利用母亲节举办了“消费教育学校百期课堂活动”，拉开了2006年客服节序幕。从5月至9月，陆续开展了平安社区欢乐行、少儿比赛、希望夏令营等系列活动；与北京市消费者协会联合创办的“平安消费教育学校”继续投身于保险消费知识的普及工作，重视对人的关怀和对生命的关爱，举办了“白领健康知识”、“四季养生常识”、“青春期子女教育”等多主题、多领域的讲座活动；每逢重大节日（教师节、重阳节等），平安人寿北京分公司都在客户服务中心开展一系列有特色的主题活动，对前来办理相关业务的客户进行慰问、赠送礼品。截至年底，平安人寿北京分公司拥有总保单393万件；2006年全年，累计办理个险理赔近4.5万件，理赔及给付金额达到10.6亿元；为客户提供预约上门服务9 600多件；完成首问接待服务约11.9万次；发送各类服务短信178万余条。

公益活动　平安人寿北京分公司积极倡导并践行合格的具有高度责任感的企业公民理念，投身于慈善教育、红十字公益、灾难救助等公益事业。

2006年，在全市各高校开展旨在激发学术研究兴趣、鼓励学术创新的“中国平安精英大学生励志计划”论文评选活动；在北京大学举办“励志论坛”，特邀中央电视台《百家讲坛》主讲人之一的厦门大学易中天教授及平安集团人力资源执行官顾敏慎先生与学子们博古论今，一起畅谈“通向成功的人才观”话题；义务推广造血干细胞移植知识，众多员工自愿成为造血干细胞捐献志愿者，备存了血液小样；支持“中国平安公益基金”，资助因经济困难而无法顺利入学的优秀大学生；携手希望书库基金会，举办“平安与希望同行”暨“平安希望书库图书室”活动，向平安希望小学赠送各类图书，为他们点燃了求知的希望之火……这些公益活动得到了社会各界的广泛认可与好评，彰显了平安的企业公民形象。

业务员精英组织 平安人寿北京分公司拥有一支高品质的业务员绩优队伍，包括作为寿险行业永恒明星的钻石会员，有称为平安寿险系统楷模的总公司明星高峰会会员，更有享有寿险国际大师盛誉的MDRT（百万圆桌会议）会员。十余年来，他们始终致力于各类慈善公益事业，曾多次组织赈灾募捐、无偿献血、探望敬老院等活动，极大地提升了保险从业人员的声誉，为平安赢得了良好的社会知名度与公众赞誉度。他们一贯秉承分享、关怀、奉献，及追求卓越、永续经营的宗旨，不断提升自身素质，努力为客户提供高品质、全方位的理财规划与保险保障服务，为平安在首都保险市场保持领先地位做出了卓越贡献。

（徐安娜）

新华人寿保险股份有限公司北京分公司

总经理 刘亦工

2006年是新华人寿保险股份有限公司北京分公司（以下简称新华人寿北京分公司）深化改革、稳步发展的一年。在北京寿险市场竞争主体不断增多、市场和人才争夺日益激烈的严峻形势下，新华人寿北京分公司坚持以“价值导航、整合资源、重点突破、加快发展”为指导思想，紧密结合市场实际，围绕“经营”和“管理”两大主题，有计划、按节奏地开展各项工作，通过近万名内、外勤员工的共同努力，圆满完成了年初制定的各项经营目标，业务结构有效改善，高价值业务快速成长，管理水平稳步提升，规模和效益均取得了较为理想的经营成果。

截至年底，新华人寿北京分公司全年实现保费收入43.80亿元，同比增长17.13%。其中，团体业务保费收入14.21亿元，银行代理业务保费收入12.48亿元，个人业务规模保费收入16.25亿元（其中个人新契约规模保费收入4.27亿元，个人营销续期保费收入11.98亿元），医疗险保费收入8 777.78万元，各项业务均超额完成全年任务指标，继续稳居北京寿险市场前三位。

个人营销业务 为确保达成年初的业务目标，新华人寿北京分公司确定了营销业务是2006年重点突破的工作目标之一，实现在“稳定、充实”基础上的“提高、发展”。公司以组织发展为核心，强化基础管理、培训、业务推动和督导，通过阶段方案推动营销新契约和续期业务发展。新华人寿北京分公司坚持“持续有效的组织发展战略”，以营销业务管理的核心——《基本法》为导向启动组织发展意愿，通过有效增员，实施新人培育体系，改善队伍结构，使有效增员成为增强营销团队建设和提升业务平台的基础。通过实施营销电话管理平台，加强了对营销一线的实时在线支持，强化了支持力度，增强团队凝聚力和企业发展信心，促进团队作业能力的提升。新华人寿北京分公司持续打造“新华钻星名人俱乐部”，为绩优人员提供培训交流平台，打造精英团队。公司坚决贯彻北京保监局营销员持证的要求，狠抓考试的报名、培训、参加考试，在9月份实现了全员持证的目标。

通过阶段性的营销方案、产品运作，推动业务增长。新华人寿北京分公司相继推出“荣誉高峰会业务竞赛方案”、“钻星名人俱乐部评选奖励方案”、“四五联队方案”、“二季度增员综合激励方案”、“迎司庆七八联动方案”、“十、十一月份业务冲刺特别奖励方案”和假日（黄金周、三八、六一等）营销方案等，同时围绕“健康天使”、“财智人生”、“福家伴侣”等新产品推广，精心策划、层层宣导，配套行销辅助工具，举办产品说明会、高端客户联谊会以及销售经验巡讲，进行整体化的营销方案和产品推广运作。通过系统的方案推动，确定不同阶段的工作主题，营造队伍氛围，把握业务发展节奏，推动业务发展。通过“抓基础、突重点、促创新”，提高营销续期业务专业化经营水平，续期关键性指标二次达成87.45%，三次达成95.18%，四次达成96.90%，均较上一年有改善，并处于业界领先水平。

团体业务 贯彻公司“有效发展团体业务”的指导思想，坚持“长险要效益、短险要规模”的发展思路，从队伍入手，分阶段召开启动大会，分析国家政策和市场形势，认清公司团险未来发展趋势，调整队伍心态，坚定队伍发展信心，持续推进业务转型。公司成立了由总经理室牵头的短险控制中心，从短险发展决策、短险后援支持方面，支持短险业务发展。通过不定期的短险业务研讨会、交流会，分析市场，研讨业务发展对策，为短险发展提供强有力的组织保证。新华人寿北京分公司一方面构建包括展业、招标、客户管理、培训激励、技能培养等在内的业务支持系统，推动业务发展；另一方面整合后援系统资源，优化系统流程，形成了核保、保全、理赔、信息技术的后援服务系统，丰富、细化后援支持功能，有效地支持团体业务的顺利转型。

银行代理业务 随着市场新主体的进入，2006年北京银行代理市场网点争夺异常激烈，渠道格局不断变化。新华人寿北京分公司在确保工行、建行等主渠道的同时，积极开拓农业银行、北京银行、交通银行等新渠道，总体上保持渠道的相对稳定。根据业务发展的实际需要，对渠道资源进行专业化整合，成立郊区营业区和京行分部，有针对性地在新渠道开展业务。在业务结构上，坚持推动期缴业务的销售，将期缴业务的指标作为重要内容纳入考核体系，与季度考核晋升、降级挂钩，强化队伍对期缴业务的重视。公司出台有针对性的期缴业务竞赛，推动期缴业务的发展。公司进一步强化对合作银行柜员的保险业务知识培训、代理人考试的辅导，提高代理业务质量。在公司内部，按照北京保监局的要求，公司对网点咨询员进行成功转制，强力推行《银行代理业务客户服务规范》，整合、规范代理业务流程，规范销售行为，形成制式化、规范化、标准化的客户服务体系。

医疗险业务 2006年，新华人寿北京分公司通过推行“有目的筛选续保客户、大力推进新保业务”、定期开展业务竞赛并加强KPI指标每周跟踪、逐月分析等措施，形成业务高潮，推动了业务发展。在业务发展策略上，有选择地进行老客户的续保，强调新契约业务的拓展，在业务竞赛方案的设计上向新契约业务倾斜；在传统新华企业补充医疗保险（以下简称“企补”）业务开展的同时，大力发展非企补业务市场，持续推进业务转型。通过“调整业务结构、逐月公布赔付率指标、高赔付客户预警、社保数据跟踪反查”等，随时监控赔付率指标，用事前预测、事中监控、事后跟踪三重风险控制措施，有效控制赔付率指标。在后援支持上，进一步规范化、标准化业务处理流程，提高业务处理水平和处理时效，以对合作渠道、客户单位和客户当事人负责的服务宗旨，不断提高服务水平，巩固并进一步提升企补的品牌。

2006年，新华人寿北京分公司除原有的个人营销、团体、银行代理、医疗险业务渠道外，还进行了电话直销、综合开拓等项目的尝试，取得了良好的试点经营成果。

业务管理 紧密围绕一线需要，在有效控制风险的同时，全力支持业务发展。截至年底，共承保新契约151 495件，理赔18 729件，体检18 309件，包括承保、核保、生调、体检等各项业务管理指标时效均控制在总公司要求的范围之内。短期健康险与短期意外险赔付率、初审差错率、录入差错率、正式保单差错率、加费成功率等均明显优于考核指标。同时，根据承保、理赔工作中发现的问题，及时与一线沟通，开展有针对性的培训，全年累计对营业区、业务部门进行投（核）保规则、理赔知识的培训50多次，由被动发现、纠正问题到主动上门服务，受到一线的欢迎。同时，新华人寿北京分公司通过建立多渠道理赔勘察，提高勘察效率及质量，在整合资源、岗位培训、对外交流等方面下工夫，加强对行业理赔案例的分析、共享，提高公司理赔服务的专业化水平。在新华人寿北京分公司系统内，2006年，新华人寿北京分公司荣获“新华保险最佳理赔服务分公司”。在首都保险市场上，新华人寿北京分公司的理赔服务得到客户的认可。

客户服务 围绕新华人寿北京分公司成立十周年，新华人寿北京分公司对客户服务工作进行了系统的梳理，进一步丰富服务内容，完善服务举措，改进服务手段，提高服务水平。新华人寿北京分公司以市场需求为导向，建立以保全、电话回访、短信平台和投诉为基础的服务保障体系，使新型产品电话回访成功率、年度投诉结案率、保全差错率等指标控制在考核值范围内。全年累计电话回访23万多件，发送短信39万多条。同时，新华人寿北京分公司在银行代理、医疗险业务领域开展的“客户服务月”、“客户服务节”活动，组织客户满意度调查、客户回访、3·15短信抽奖、健康和理财知识讲座、“少儿书画大赛”等活动，有效地拉近了与客户的距离，提升了客户满意度。新华人寿北京分公司不断完善业务投诉处理机制，优化投诉处理流程，完善品质管理委员会对业务品质的管控，定期召开“业务品质管理委员会议”，定期编发《品管月报》，及时进行风险预警。公司在ISO9001国际认证年度审核的基础上，进一步扩大服务规范领域，为向客户提供优质服务奠定基础。通过各方面的努力，新华人寿北京分公司的行业文明和规范服务的水平得到进一步的巩固和提高。

队伍建设 2006年，新华人寿北京分公司建设队伍发展不动摇。在个人营销渠道方面，公司坚决贯彻北京保监局的相关政策，狠抓代理证考试的培训、辅导、报名和考试，实现了全员100%持证。在团体、银行代理、健康险等渠道，打造各层级培训体系，完善培训的标准化，提高队伍行业素质。在客户服务系列开展服务明星评选活动和综合柜员制，加大专业培训力度，提高员工作业技能和岗位适应能力。在内勤方面，公司组织了新人入职培训、基层管理干部培训（室主任）、中层管理干部培训和继任者计划的落实，提高管理团队的行业素养和综合管理技能。

（陈国泳）

泰康人寿保险股份有限公司北京分公司

总经理　苗　力

2006年，泰康人寿保险股份有限公司北京分公司（以下简称泰康人寿北京分公司）面对竞争激烈的北京市场，秉承总公司“增长与效益”的工作指导方针，配合总公司的整体战略，抓住十年司庆的大好契机，银行保险、团险业务坚持利润导向，实现双双盈利，同时稳定了保费规模，保持了北京市场领先地位；个险业务加强了绩优团队建设，紧抓中产消费阶层定位，把握住市场机会，实现了突破“瓶颈”、持续增长的根本目标，并逐渐深化结构调整，提高效益。在保持保费收入和利润持续增长的同时，泰康人寿北京分公司加强风险防范，坚持规范运作，提高公司的经营品质。外抓业务、内抓管理，在新十年的开篇之年，真正地实现了做大做强、又快又好的发展。

业务持续增长 2006年，泰康人寿北京分公司共实现总保费收入27.78亿元，比2005年增长8.6%，保费量增长2.2亿元。个险实现保费收入6.11亿元，同比增长22.5%，是公司增长速度最快的业务系列，其中个险新单1.88亿元，同比增长36.6%；团险实现保费收入5.59亿元；银行保险业务实现保费收入16.1亿元，同比增长12.2%，银保保费量增长1.75亿元，实现了“四线飘红”。

团险业务 2006年，泰康人寿北京分公司继续强化利润导向，坚持“调整、改革、巩固、提升”的经营方针，增强团险的盈利能力和竞争能力，团险业务结构逐步改善，高质量短险业务量稳步提升，高风险业务大量减少，2006年实现两差100万元，大大突破了预定的利润目标。

2006年，泰康人寿北京分公司团险业务保费收入为5.59亿元，其中寿险保费收入为3.69亿元，占比66%；健康险保费收入为1.46亿元，占比26%；意外险保费收入为0.45亿元，占比8%。

银行保险业务 2006年，泰康人寿北京分公司银保业务实现保费收入16.1亿元，比2005年增长12.2%，净增长额达1.75亿元，在公司的业务占比达到58%。

客户服务 2006年，泰康人寿北京分公司为公司“新生活贵宾俱乐部”的金卡和白金卡客户隆重推出贵宾服务。此项服务分为健康服务、财富服务、生活服务三类服务项目，客户不仅能够得到各种特别的关怀和问候，还能享受到个人健康管理、个人财富管理、个人风险管理、个人生活助理等多项服务。此外，白金卡会员还能拥有私人客户服务师，协助解决会员健康、财富、风险、生活等多方面的问题。贵宾服务项目的开展，不仅解决了以往业务人员离职带来的服务障碍、联络不畅等问题，更能让客户感受到保险业内首家贵宾服务的尊贵体验。

2006年，泰康人寿北京分公司首期推出的健康服务就涵盖了免费上门体检服务、定期体检服务、优惠健检服务、围诊咨询服务、预约挂号服务、专家门诊咨询等多项健康管理服务。贵宾客户不仅足不出户就能了解到身体健康状况，还能通过预约挂号求医问诊，并通过专家咨询辅导，改善身体亚健康的状况。贵宾客户不仅可以享受泰康人寿提供的保险保障、风险管理，更能在多方面体会到泰康人寿的真情关怀。

（刘　飞）

华泰财产保险股份有限公司北京分公司

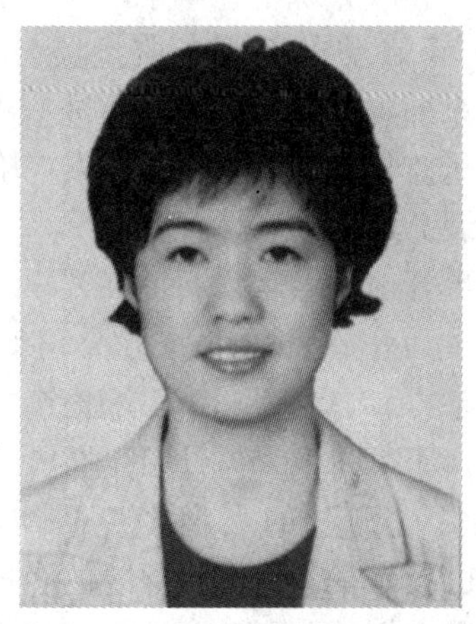

总经理　张爱民

2006年，华泰财产保险股份有限公司北京分公司（以下简称华泰产险北京分公司）面对竞争日益加剧的保险市场，明确经营方向，加强业务管控，提升业务品质，积极应对市场变化，努力进行管理创新、产品创新、渠道创新、服务创新，实现了各项业务的平稳、健康、快速发展。

华泰产险北京分公司下设6个支公司，6个机构业务部，4个两核部门，3个共同资源部门，在编员工373人。

2006年，华泰产险北京分公司全年实现保费收入5.27亿元，同比增长

25.3%。车险实现保费收入2.84亿元，同比增长33.9%；商险实现保费收入2.11亿元，同比增长16.2%，其中火险实现保费收入9 043万元，同比下降15.5%，货运险实现保费收入7 793万元，同比增长88.3%，责任险实现累计保费收入4 214万元，同比增长28.9%；其他险种实现保费收入3 268万元，同比增长18.8%。继续保持了良好稳定的经营效益，保费增长幅度超过北京财险市场的平均水平。

车险业务 2006年，华泰产险北京分公司坚持走质量效益型发展道路，始终贯彻总公司的经营方针，坚持做效益型车险，坚持车险品质为先的经营原则，在保证车险规模的同时加强管理，细化渠道业务。2006年初，针对市场变化，华泰产险北京分公司提出“贴近市场、拓展渠道、区别对待、分类指导”的车险业务发展方针，通过人员岗位调整、成立专门管理中心等措施，使核保分工更加明确，业务管理线条更加清晰，承保部门引导销售、组织销售的职能进一步凸显。与此同时，分公司大力拓展新业务渠道，通过宣导、培训等措施，扶持业务机构拓展渠道业务，并对车险渠道及业务人员进行业绩考核，将渠道业务的管理和考核纳入核保政策，将渠道政策与赔付率挂钩，实行分类指导，区别对待。在拓展业务的同时，提升业务品质。

商险业务 2006年，华泰产险北京分公司在进行承保队伍建设、制度建设、打造生产型核保人、向学习型组织迈进的同时，致力于新产品创新、销售模式创新，全力抓好续保业务，拓展新增业务，维护大型业务，推动中小业务，经过全体核保及销售人员的共同努力，商险业务实现快速增长。分公司注重有效整合资源，建立沟通平台，提升业务技能，构建专业化承保团队，建立新型销售创新模式。在提高业务人员展业积极性上，与有效整合提高销售管理能力，建立集约化管理的专业化团队经营方针不谋而合，在传统险种的销售管理创新上迈出了可喜的一步。在产品创新上，华泰产险北京分公司加大了出口产品责任险及董监事责任险等责任险高端险种的拓展力度，通过一些定期的专业技能培训，提高业务人员的专业知识和承保技能，在市场上形成了较有竞争力的承保优势。《国务院关于保险业改革发展的若干意见》颁布后，华泰产险北京分公司迅速抓住这个契机，提出在发展高端险种的同时，大力推动拓展责任险新险种市场的想法，华泰产险北京分公司密切关注市场变化，顺应政策环境，准确定位目标市场，全力寻找新的保费增长点，发展华泰责任险新的业务渠道。

服务体系建设 为响应保监会“全面推进诚信建设”的号召，落实总公司“服务创新”的精神，更好地树立华泰保险服务品牌，进一步提高华泰产险北京分公司的整体服务水平，华泰产险北京分公司2006年启动内部服务质量监督工作。通过一系列服务举措的实施，进一步完善服务质量监督机制，促进了华泰产险北京分公司服务水平的整体提升。

为更好地回馈客户，提高客户对华泰的认知度，华泰产险北京分公司继2005年成功举办“天龙源”客户服务主题日活动后，于2006年11月继续推出“冬季爱车免费检测”的大型客户回馈活动，通过对已投保华泰汽车类保险的客户提供冬季免费车辆检测服务、专人接待并讲解相关保险知识等方式，让客户了解华泰的理赔特色和服务实力，提升客户对华泰公司的认知度、忠诚度，将客户服务向深层次延伸。

探索尝试新的销售模式，为客户提供咨询、承保、理赔一体化的服务网点一直是华泰产险北京分公司积极探求的一项工作。华泰产险北京分公司在成功与部分社区汽车俱乐部合作的经验基础上成立了社区直销门店，该门店的成立是华泰产险北京分公司保险服务一体化和深入贯彻总公司服务创新精神的一次有益尝试，也是积极响应保险进社区号召的一次有益尝试。

销售体系建设 2006 年，华泰产险北京分公司根据《销售管理制度》要求，加强对团队及业务人员进行销售活动日常管理考核和业绩考核。通过一系列考核标准和工具，加强对团队和业务人员及机构内勤的管理考核。将机构经理及团队主管的工作重心由职务型向职责型转变，各机构、团队通过每周分别召开周例会及日常例会，协助解决销售具体问题。落实分公司应收、续保、赔付等各项指标情况，查找差距，交流信息，互通有无，加强团队合作，切实发挥团队的作用，以团队的形式达到“1 + 1 > 2”的效果。并且通过加强业务人员培训、有效增员、储备人才等方式，加强业务人员专业技能，提升销售人员整体素质，完善销售体系建设。

内控制度建设 应收管控工作仍是华泰产险北京分公司 2006 年的工作重点，华泰产险北京分公司总经理室年初时就注重抓紧应收业务，成立了由业务、财务、承保等部门组成的应收督导小组，定期检查华泰产险北京分公司各部门应收情况，并在月度、季度经营分析会上向业务机构通报各机构的应收账龄和发放应收清单，及时催缴应收账款，管控经营风险，防范呆坏账危机，保证华泰产险北京分公司经营健康且有序开展。

续保工作是华泰产险北京分公司业务经营中的又一重要部分，续保业务业绩稳定，风险较小，是良好的业务来源，是保证华泰产险北京分公司业务稳定增长的关键，对业务持续发展有重大意义。2006 年，华泰产险北京分公司积极鼓励续保业务，每月下发续保清单，提前沟通，提前准备，追踪业务员的续保成功率。同时，进一步加强续保业务管理工作，出台《分公司续保业务管理办法》，明确了相关部门的职责，明晰续保管理制度，完善续保工作考核流程，提高考核效率，使续保管理工作更加完善、科学、明晰、有效，进一步推动续保业务的发展。

企业文化建设 2006 年是华泰保险的品牌建设推广年。华泰产险北京分公司响应总公司号召全面推广品牌建设活动，通过一系列的活动，“做品质、创品牌、图发展”为主题的品牌教育活动深入人心。通过总结公司成立 10 年来的经验，加深了对公司发展战略的理解，坚定走“质量效益型发展道路”，坚持蓝海战略，实现华泰加速发展的自觉性，对推动公司发展、树立华泰品牌、打造华泰百年老店起到积极的促进作用。2006 年也是华泰保险成立十周年，华泰产险北京分公司积极响应总公司号召，在华泰产险北京分公司内部开展了十周年教育活动，并鼓励员工积极向总公司十周年文集和画册投稿，组织员工参加了总公司的十周年庆典等活动。成功举办了“迎春乒乓球大赛”、“华泰北京分公司2006 年人人爱运动第二届趣味运动会”，以北分人特有的方式庆祝华泰十岁生日，丰富了华泰产险北京分公司员工的文化娱乐生活，培养了良好的团队合作精神，增强了员工对企业的自豪感及归属感，增强了企业的凝聚力。

（韩明伟）

太平保险有限公司北京分公司

总经理　边　勇

2006 年，太平保险有限公司北京分公司（以下简称太平北京分公司）认真贯彻全国保险工作会议精神，树立科学的发展观，从管理体制、服务意识、产品创新、专业化经营等方面入手，逐步实现了太平北京分公司的稳健经营和健康发展。在北京财产保险市场主体发展较快、竞争激烈的背景下，太平北京分公司把 2006 年定为发展年、效益年，坚持年初确定的“以科学的发展观为指导，坚持效益兴司，走质量效益优先、风险管理先行的可持续发展道路，坚持专业化的发展方向，坚持发展是第一要务，强化两核管理，细分市场，合理分配资源，提高自主创新能力，在保费上实现跨越，在经营上多出效益，在厉行节约上多下工夫，努力实现总公司下达的各项经营目标”的指导思想。在机遇和挑战面前，太平北京分公司抓住机遇，加强风险管控，克服各种困难，在“十一五”开局之年各项工作取得了一定的成效。截至 2006 年 12 月 31 日，太平北京分公司累计实现保费收入 9 800 万元，其中车险实现保费收入 5 152 万元，非水险业务累计实现保费收入 3 438 万元，水险业务累计实现保费收入 962 万元，承保利润 423 万元。

车险业务　2006 年，影响车险经营有两个重要因素，一是由于新主体的不断增加，车险费率竞争更加激烈；二是交强险的实施及其带来的赔付不确定的风险。为此，太平北京分公司继续坚持细分市场、通过有效益的政策倾斜推动业务的发展。具体措施有：一是参照经验值与市场情况适当放开部分新车型的承保政策；二是实行中介费用、销售费用与部门赔付率联动考核，实现有限资源的合理分配；三是强化车险两核管理，强化联动考核的定期跟踪与考核，强化执行力度；四是在核赔上强化涉及三者人伤赔案的管理工作；五是完善车险理赔中心的建设，进一步建立适应业务发展需要的理赔服务网络。

责任险业务　2006 年，由于受到市场变化等外在因素影响，太平北京分公司责任险保费收入受到一定程度的影响。为继续拓展业务，公司各职能部门相互协作，多次与北京市注册会计师协会、北京市卫生局协商，大力拓展责任险业务。同时，太平北京分公司责任险部在合作医疗机构中大力推广安心住院意外险业务，开发手术意外险业务并进行试点工作，试点成功后在合作医疗机构全面推广。公司采取了有利措施促进以上两款新产品上规模，形成新的业务增长点。截至2006年12月31日，责任险实现保费收入1 977万元。

中介业务新型合作模式 在中介渠道管理上，坚持对所有渠道进行定期及不定期的清理整顿，按照相关管理规定严格把关，坚持合同规范，手续健全。2006年，太平北京分公司继续探索与中介机构更深入的业务合作模式。有目的、经常性地开展经纪人拜访工作，实现专人推动。同时落实了总公司与中体保险经纪开发专属产品的合作模式。

业务创新 太平北京分公司建立了“产寿交叉”渠道业务。按总公司要求，公司完成了在“太平人寿”营销职场的专员派驻，并已实现远程出单，为产寿进一步合作打下基础。以“银保通”开发试点为契机，加强了与工行、农行银保业务的合作关系。

客户服务水平 2006年，公司以推动业务发展为中心，积极采取各种有效措施，保证业务质量。在风险管控的前提下，相关部门制定切实可行的业务政策，推动业务的发展。同时，加强管理部门与业务部门的沟通和交流，配合业务部门做好业务拓展工作，做好重要客户的续保工作及业务渠道的续签工作，积累优质客户。随着业务发展的不断深入，公司加强了理赔服务工作，为重点客户开辟绿色理赔通道，为客户诚信服务，树立了良好的公司形象，同时与一些企业建立了良好的合作关系，充分贯彻了太平保险“以人为本”的服务理念。此外，公司加强了定损队伍的专业化建设，通过人员调整，使资源配置更加合理、充分，更趋于专业化，促进理赔工作的发展。2006年公司招聘了一批相关专业的大学生补充到定损查勘队伍当中，同时加强对原有理赔人员的培训，提高了理赔人员的综合技能素质。

党建工作 党建工作紧紧围绕公司的中心工作来开展。一是注重抓思想建设，提高全体党员的思想政治素质。二是认真抓组织建设，发挥党的政治核心作用。公司对机关党支部和团委进行了补选，完善了党团组织建设；注重培养和发展党员，为党组织输送新鲜血液，按计划年内批准发展了两名新党员。三是大力抓作风建设，保持党员队伍的纯洁性。按照要求及时组织学习总公司纪委的有关文件，认真开展了治理商业贿赂专项工作和诚信教育活动。

（杨少丹）

太平人寿保险有限公司北京分公司

总经理 谢 忠

2006年是太平人寿保险有限公司北京分公司（以下简称太平人寿北京分公司）保持高速发展的一年。太平人寿北京分公司贯彻落实总公司“统一思想、整合资源、强化执行、确保打平”的经营方针，“以科学发展观为统领，坚持以人为本，以效益为中心的经营指导思想不动摇，坚持‘诚信立司、专业治司、效益兴司、合力强司’的理念，坚定‘做好’的信念，走质量效益优先、风险管理先行的可持续发展的道路”，实现了公司跨越式发展。截至2006年底，公司实现保费收入14.24亿元，比上年增长41.32%。其中个人业务保费收入1.45亿元，比上年增长43.23%；团体业务保费收入3.64亿元，比上年增长287.84%；银行代理业务保费收入9.15亿元，比上年增长12.64%；续期保费收入达到2.45亿元，其中个人营销保费收入0.79亿元，团体业务保费收入1.36亿元，银行代理保费收入0.31亿元。

个人业务 太平人寿北京分公司在个人业务方面努力实现理念向实务流程转换，构建专业化管理运作体系。通过设立季度经营主题，以任务分解的方式达成全年工作目标。2006年，个险首年新单保费收入0.66亿元，比上年增长35.31%，期缴占比达到81.54%。代理人数量有所下降，由2005年末的1 630人下降到2006年末的1 440人，下降幅度为11.66%，全年持证率继续保持100%。公司进一步强化郊区县个险营销机构的建设，新开设了大兴、良乡2个营销服务部，截至2006年底，公司营销服务部数量总量增至9家。公司在保持业务品质和队伍建设的同时重视产品的开发和推广，“一诺千斤”和“卓越人生”两款新产品顺应了社会发展的需求，在为公司取得了非常好的经济效益的同时赢得了社会的称赞。

团体业务 2006年，太平人寿北京分公司加快了团险业务的发展步伐，取得了较大成绩。第一，保费规模稳步增长，市场份额大幅提升。公司团险在坚持发展“健康团险”的同时，总保费规模也突飞猛进，首年新单保费收入为2.28亿元，续期保费收入为1.36亿元。第二，企业年金勇夺公司系统第一，资金规模突破4亿元。主要客户有：中国人民财产保险股份有限公司；北京飞机维修工程有限公司（Ameco）；京竞飞工贸有限责任公司；西城区第二公证处等。第三，重视业务品质，超额完成总公司下达的“两差”指标。公司在控制赔付率的同时，也严格控制费用率，实现“两差”盈利920万元，较上年同期增长了151%。第四，险种结构不断优化，业务品质持续提升。纯效益型险种保费达到2 138万元，较2005年增长了89%；业务结构更加合理，传统年金业务取得突破性增长，退休金保费近2.5亿元，为团险传统业务规模奠定了坚实基础。第五，服务团队精英化，服务模式标准化。公司引进优秀的后援人才，优化后台运营流程，在客户服务量逐年增加的情况下，仍然保持了优质服务水平，VIP客户续保率保持在90%以上。第六，发展多种业务渠道，培养战略合作伙伴。在总保费大幅增长的情况下，公司在专业中介渠道和交叉销售渠道上取得了较大幅度发展，中介渠道保费规模达到2.36亿元；交叉销售渠道也取得了大幅增长，保费达到了3 170万元。2006年，太平人寿北京分公司团体业务部在组织结构上继续保持六个营业部，分别是业务一部、业务三部、业务四部、大项目部、业务拓展部和综合渠道部。

银行代理业务 2006年对太平人寿北京分公司银行代理业务来说是充满机遇和挑战的一年。年初抓住市场整体向好机会，取得开门红，为全年业务打下了坚实基础。随着行业监管力度的不断加强，股市火暴导致资金分流及来自同业公司产品转型换代等各方面的压力，公司银行代理克服重重困难，进一步扎实基础工作，加强内部管理，强化业务团队培训，保持了稳定的业务平台。并凭借宏观经济升息契机，凸显万能险功能，顺势促进业务发展。很好地实现了公司银行保险业务的战略部署，即确保趸缴平台，重点发展期缴业务，全面达成各项任务目标，继续强化可持续发展能力。2006年，太平人寿北京分公司银行代理业务首期保费收入8.85亿元，续期保费收入0.31亿元，实现业绩正增长，提前40多天全面完成了总公司的年度任务目标。2006年，代理渠道的结构进一步优化，在确保工行渠道为核心渠道的基础上，大力发展建行渠道、农行渠道、农村信用社渠道和邮储渠道，对重点支行、重点网点进行战略投入，实现资源的优化配置。

运营服务 太平人寿北京分公司秉承“用心经营，诚信服务”的经营理念，完善管理，优化业务流程，加强运营内勤培训体系，取得了如下成绩：第一，代理人队伍对继续率的重视程度有了明显改善，对业务品质认知程度也有了一定程度改观；第二，新建的督导团队得到了较好的锻炼，通过一年不懈的努力，改变了以往较为被动的局面，督导人员得到了代理队伍的认可并探索出了一套较为成熟的督导模式；第三，服务团队表现出了热忱的工作精神，较强的服务意识；第四，新契约团队对品质管理方面在努力地探索，并已初见成效。

企业文化建设与宣传 太平人寿北京分公司创办了品牌监督员制度，目的在于加强与客户的沟通和联系，调动客户对公司管理的参与性，提升公司服务水平，扩大品牌知名度，巩固客户对公司品牌的忠诚度。该项活动的推出，得到了广大代理人和客户的一致赞同和积极参与。截至目前，共有254名客户被评聘为“品牌监督员”。此外，公司进一步加强“合理化建议”工作，2006年，合理化建议工作的宗旨是“一切为一线业务人员服务”，宣传工作扩大到全体代理人，建议的数量和质量都有极大提高。公司还通过举办丰富多彩的文体活动，体现公司对员工的人文关怀。

（冯旭晨）

中国大地财产保险股份有限公司北京分公司

总经理　张淮利

2006年，中国大地财产保险股份有限公司北京分公司（以下简称大地北京分公司）在北京保监局和公司领导的关心和指导下，本着“打造精品团队、树立大地品牌”的经营理念进行市场开拓，取得了一定的成绩，得到了社会各界的认可。公司在北京保险市场发展三年来，始终坚持依法合规的经营理念，在经营过程中坚持公开诚信原则，特别在手续费支付等问题上，大地北京分公司一直坚持阳光操作，做到使客户放心，让市场满意。

大地北京分公司现有在岗正式员工82人。2006年，公司实现保险业务收入22 489万元，赔款支出13 549万元。

车险业务　2006年，大地北京分公司继续进行业务结构调整，在车险管理方面实行满期赔付率考核及差异化管理的思路，加强了车险管理力度、严格了车险核保政策。全年机动车辆险保费收入为15 161万元，交强险保费收入2 260万元。

为提高车险服务水平，大地北京分公司在加强和完善理赔全流程系统（包括接报案、查勘定损、核损、理算、核赔及赔款支付等）的基础上，继续强化了“双代”（代查勘、代定损）工作，不仅大大缩短了理赔时间，也节省了人力、物力。公司还新设立了2家定损中心，理赔服务网点基本覆盖了京城，推进了全城通赔工作的进行，不仅大大方便了客户，对公司的业务发展也提供了有力的支持。2006年，公司率先在北京市实行单证齐全、无争议、不涉及人身伤害，5 000元以下赔款立等可取的特色服务，得到了市场的广泛好评。

非车险、人身险业务　2006年，大地北京分公司鼓励拓展有效益的非车险业务，在业绩考核方面鼓励非车险业务的开展，增加利润考核指标，调动了员工拓展非车险业务的积极性，促进了公司业务的健康发展。经过努力全年非车险保费收入为3 311万元、人身险保费收入为1 757万元。

大地北京分公司在开拓境外保险业务方面也取得了较好成绩。随着我国经济的高速发展，大量的国有大型企业纷纷走向国际市场，公司主动为许多大型企业提供无偿的国际保险咨询服务，帮其分析风险、提供防范措施、设计承保方案，提供国际再保险公司、经纪公司的资质信息和国际保险市场行情。同时为客户争取国际保险市场优惠条件，协助企业直接与国外保险公司沟通，为企业同国外保险公司谈判做好顾问。经过跟踪服务和长期努力，使合作企业逐渐熟悉了国际保险市场，也带动公司境外业务的迅速发展。2006 年，大地北京分公司境外业务已经覆盖中东、北非、西亚、中亚及南美等地区，为国有大型企业走向国际市场提供了有力保障。

创新经营 大地北京分公司一直坚持“小公司、大中介”的经营模式，在平等诚信、和谐共赢的合作理念下，定期与中介机构沟通交流，向其传达公司的经营理念、提供营销方案，并及时为中介机构提供新产品介绍、两核政策等专项培训，帮助它们在激烈的市场竞争中健康、快速、持续有效地发展。2006 年，大地北京分公司与中介机构合作，继续采取手续费与保费规模和满期赔付率挂钩的考核模式，取得了较好的成果，得到了代理渠道的认可，赢得了保险市场的好评。

随着互联网的使用，新型的销售方式和营销渠道得到了大家的关注，为了拓展这一极具发展潜力的销售渠道，公司专门抽出专业人员，结合自身特点开发网上投保平台，拉近了与客户之间的距离，减少了环节，使客户真正受益。

企业培训 2006 年，大地北京分公司各类培训从不间断。培训内容包括财务核算、车险、财产险、工程险、信用保证保险、责任险、货运险、商务礼仪、企业文化、企业核心价值观及竞争力等。公司还不断将公司的经营理念和主人翁的责任感灌输给每一名员工，使每一名员工在实际工作中积极主动、发挥自身潜能。通过培训使公司员工的综合素质和业务水平有了很大提高，增强了企业的凝聚力和核心竞争力。

（赵东平）

中华联合财产保险股份有限公司北京分公司

总经理 刘显龙

2006 年，中华联合财产保险股份有限公司北京分公司（以下简称中华保险北京分公司）认真贯彻落实《国务院关于保险业改革发展的若干意见》精神，树立落实科学发展观，以“坚持发展不动摇，重视调整打基础，规范经营防风险，强化服务树品牌，大胆创新增实力，细化管理创效益”为全年工作的指导思想，在发展中不断调整，实现了规范市场不含糊、业务发展不减速、诚信建设有进展、服务达标有突破、荣辱观教育有收获的良好局面。截至年底，中华保险北京分公司实现保费收入 70 945 万元，占北京财险市场的 8.38%，稳居在京 19 家财产险公司第 4 位，同比增长 19.97%。其中，车险保费收入 6.57 亿元（含交强险

1.03 亿元)，非车险保费收入3 236万元，人身险保费收入2 005.68万元。各险种赔款支出42 884万元，综合赔付率69.7%，综合费用率为33%，应收保费率6.2%，累计上划资金29 832万元，公司总资产已达4.01亿元。截至年底，公司共有正式员工470人，平均年龄35岁，大专以上员工占80%。

车险业务 2006年，中华保险北京分公司加强改善车险业务品质，不断夯实业务基础。公司制定了新的核保政策和业务指导细则，出台了加大对大货车的承保限制、对易盗广本等车型提高折旧率等措施，不断优化车险业务，提高业务品质。中华保险北京分公司不断深化专项治理工作，实施了高赔付业务员、代理人的定期通报制度，深入剖析高赔付的原因，对症下药，有效挤压赔付水分；严格代理人管理机制，加强代理人合作过程中的跟踪管理；实行理赔科长联席会议，互通有无，共同发现问题，及时予以解决。公司积极倡议并参与了北京财险公司联手开展的“反骗赔百日行动”，重拳出击，严打骗赔。自年初以来，公司赔付率持续稳步降低，车险赔付形势逐步好转。此外，2006年公司充分准备，积极推进，实现了交强险业务的顺利过渡和稳步对接。

非车险业务 2006年，中华保险北京分公司通过实施“边捡芝麻、边育西瓜”的发展战略，积极推动非车险业务的发展。公司推行了非车险保单件数达标考核制度，进一步建立健全直销配套服务体系，不断积累直销业务资源；加强对专业团队的培育和政策支持，重点研究特殊项目的扶持政策；加强银行业务的重点维护，有针对性地出台了相关政策；启动高层营销战略，逐步向政府、社会关注的领域渗透，取得了良好的成效。2006年，中华保险北京分公司参与了国内最大规模的工程险“南水北调”中线的招标，参与承保了“风云2号”卫星的发射保险、北京地铁奥运支线工程一切险、北京首都机场扩建工程一切险和北京建工集团援助建设坦桑尼亚国家体育馆建筑工程一切险等具有一定社会影响力的保险项目。在人身险方面，公司积极推动了人身险的产品创新，设计研发了中华温情卡B款产品，设计了新婚盛典全面保障计划，完善了保险卡的服务内容，增强了产品的吸引力。中华保险北京分公司成立了创新发展委员会，从新渠道、新产品、新技术等方面不断开展创新活动。2006年，中华保险北京分公司修订出台的“停车场责任险”和“北京房贷险”两项产品，荣获了总公司授予的2006年度“产品创新奖”。

内控管理 2006年，中华保险北京分公司提出了“过程决定结果，细节决定成败”的管理思路，研究制定了对业务部门的绩效考核办法，引导员工重视业务的风险筛选，重视赔案的质量把关。公司认真完成了分类监管评定工作，从偿付能力、合规经营、服务质量、财务管控、内控执行等方面系统审核公司三年的经营情况。中华保险北京分公司利用监管部门现场检查和规范市场的机会，严格规范业务操作，严格执行财产风险控制标准，不断强化合规经营意识，提高风险管控水平。公司制定了核保核赔工作标准，通过专业培训，提高两核人员的业务素质和风险意识，制定出台了《机动车辆核保监督检查管理办法》，完善了监督检查机制。

员工队伍建设 2006年初，中华保险北京分公司加强干部员工的思想作风建设，组织开展了社会主义荣辱观教育活动，提出了体现社会主义荣辱观的企业文化是公司生存发展之根、是凝聚人心之魂，将社会主义荣辱观教育与公司的企业文化建设结合起来，在员工队伍中开展了“五心归一、尽职守则”和“八看八比”活动，在党员干部中倡导“九要九不要”的行为准则，要求各级领导干部要在公司发展的转型期做到“三多三少”，求真务实，扎实工作，切实解决公司在转型期存在的不良情绪和不良苗头。

规范化服务 2006 年，中华保险北京分公司积极开展了“创建文明行业规范化服务达标工作”，将诚信经营、奉献社会、优质服务、提高员工整体素质、全面规范行业行为、树立良好的中华企业形象作为中华保险北京分公司 2006 年的重要工作目标。中华保险北京分公司编写了《服务规范手册》，明确了服务规范和岗位职责，全面规范服务行为、服务用语，统一职场标识。开展了“窗口服务树形象”达标活动，加大了培训力度，以多种形式进行各岗位标准与技能培训，有效提高了员工的服务技能和服务水平。活动期间，公司共向客户发放调查问卷 1 200 份，回收 1 023 份，群众满意度达 92%。9 月下旬，在北京保险行业内的文明活动大检查中，中华保险北京分公司及所属 9 家支公司、2 个营销部都接受了检查，检查组对公司创建活动给予了高度的评价。11 月底，中华保险西城支公司作为北京产险公司的代表，接受了首都精神文明办的验收检查，并得到了文明办及北京保监局的高度肯定。

（刘　慧）

天安保险股份有限公司北京分公司

总经理　袁定国

2006 年，天安保险股份有限公司北京分公司（以下简称天安保险北京分公司）面对北京日趋激烈的市场环境，以科学发展观为指引，以公司价值最大化为目标，坚持走规范经营之路，不断探索新的营销模式，不懈摸索新的业务增长点。天安保险北京分公司本着“化险为夷、补天爱人”的企业精神和“以更及时、更全面、更专业、更道德的服务，建设中国保险第一品牌”的经营理念致力于为广大客户提供全面、优质的服务。

公司业务 2006 年，规范经营，诚信服务，实现了保险业务稳步增长，投资收益再创历史新高，天安品牌价值不断提升。截至年底，天安保险北京分公司实现保费收入 7 808.56 万元，同比增长近 10%，累计赔款支出 3 960.04 万元。

人力资源 截至年底，天安保险北京分公司拥有一支经验丰富、专业精通、极富开拓精神的优秀管理团队，在这个团队的领导下，公司已建立和形成了一支专业化、知识化、年轻化的由 225 人组成的员工队伍，这是公司实现未来经营目标的坚实保证。

基础管理 天安保险北京分公司建立、健全了业务管理、营销管理、财务管理、行政人事管理四位一体的管理体系；在同业中率先实行了与国际接轨的以"承保人制度"为载体的专业化管理；实现了全公司核心业务系统的电子化管理；并依据"内控为先"的准则，建立了以防范和化解风险为目的的"大内控体系"。

风险管控 天安保险北京分公司按照公司全面预算管理和资金划拨管理的相关规定，进一步加强了公司经营管理的计划性，严格控制资金使用，限制预算外资金支付，全面调控资金，严格控制应收保费，努力降低应收率，控制经营风险，科学合理地确定公司经营发展的进程，进一步强化了财务执行力，加快公司发展步伐。

队伍建设 天安保险北京分公司现已建立了 1 个支公司、5 个营销服务部、3 个业务部和 5 个营销团队，扩大了天安保险北京分公司的业务辐射范围，对公司业务的增长将起到重要的作用。

客服体系 天安保险北京分公司始终坚持"实事求是，迅速、及时、准确、合理"的原则。对简易案件不断完善快捷理赔管理机制，针对大案要案建立复勘制度，进一步加强各项事故损失的核价管理，严格按照各险种理赔案卷缮制标准来提高理赔案卷缮制质量，积极组织理赔人员的培训，提升理赔人员的技术技能，规范使用各险种规定的标准单证，提升理赔品质，严格按照快速赔付流程，为客户提供力所能及的方便。

（段红海）

华安财产保险股份有限公司北京分公司

总经理 梅雪松

2006 年，华安财产保险股份有限公司北京分公司（以下简称华安保险北京分公司）在"规范创新促发展，责任专业争效益"的经营思路指引下，以大项目拓展为突破口，致力于车险优质客户的开发。通过大力发展效益型险种，实现了业务发展由粗放型向集约型的转变。同时，在进一步完善管理平台的基础上，加强员工服务培训，通过优质服务打造北京华安的服务品牌。2006 年，华安保险北京分公司共实现保费收入 1.27 亿元，其中车险业务保费收入 7 572 万元，占比

59.46%，非车险保费收入 5 162 万元，占比 40.54%，承保业务 34 085 件，保险金额 1 966 亿元，支付赔款 1.04 亿元。至 2006 年底，华安保险北京分公司共有员工 203 人。

车险业务 2006 年，华安保险北京分公司坚决贯彻总公司“铲除车险经营毒瘤”的战略决策，坚持规范化经营。公司进行市场调研与市场细分，政策上对优质客户倾斜，同时限制部分高风险客户的承保，大力发展团车业务以及非营业机关企业的承保量，有效控制了风险，扭转了车险经营的被动局面。2006 年，实现车险保费收入 7 572 万元，由于战略调整与上年同期相比减少约 37%。车险满期赔付率及出险频度分别由 2005 年底的 92.4% 与 92% 下降到 2006 年底的 64.24% 与 42%，业务质量显著提高。

非车险业务 2006 年，在大力发展非车效益险种经营思路的指引下，非车险业务取得了重大突破。财产险方面，华安保险北京分公司积极寻求与专兼业代理机构合作，密切跟踪大项目，成立专项小组投入到谈判、服务工作中，参与承保了北京地铁 1、2 号线消隐改造工程、卫星保险（风云二号、亚太六号、育种卫星实践八号等）、北京首都机场扩建工程、工人体育场场馆改建工程等多项重大项目。人身险方面，在维护好“驾乘人员意外险”、“建工意外险”、“市内航意险”等几个优质销售渠道的同时，通过充分市场调研，推出“心安卡”和“出国人员意外险”等多个各具特色的卡式保单产品。作为总公司 2006 年健康险业务试点单位，华安保险北京分公司尝试性地与北京二十多家大型企业接触，从中择取优质客户密切跟踪。为顺利实现由车险到非车险的战略转移，公司调整并引进多名专业产险和人身险业务人员，增强非车险业务拓展力度。2006 年，财产险与人身险双双提前完成全年保费收入计划，财产险保费收入 2 579 万元，同比增长 126%，人身险保费收入 2 581 万元，同比增长 161%。

制度与管理 2006 年，华安保险北京分公司进一步完善了业务管理、营销管理、财务管理和行政管理等内控制度，确立了公司管理的组织形式、重新梳理了各部门工作流程。通过管理平台的完善，产品、销售、管理部门逐步由“粗放型”向“精细化”转变，公司各部职责明晰，分工合理，流程顺畅，为公司规范经营提供了有力支持。首先，加强对公司营业成本的管控，严格控制各项成本支出，制定严密的政策，在不违背政策法规、不阻碍公司业务发展的前提下，节省各项成本，为公司创利腾出空间。严格执行总公司《机构费用联动实施管理办法》，强化预算管理观念，营业费用落实到各部门，在实行总量控制的同时，对业务招待费、变动费用等进行弹性控制。其次，人事行政部引入人才竞争机制，提高人均产能，降低人力成本，加大人力成本管控力度，同时，加强对车辆、固定资产、低值易耗、办公用品及单证印刷的管控力度，树立人人节约的观念。

机构建设 2006 年，华安保险北京分公司总经理室高度重视机构建设，在已有机构设置的基础上，增设金融保险部和学贷险部，引进数名专业人员，全力支持“金龙理财险”及“学贷险”两项创新业务的开展。

2006 年，华安保险北京分公司下设的五家支公司取得了长足的发展。在支公司中认真贯彻支公司“一把手”负责制，加强对支公司负责人经营过程和经营结果的考核，做到奖惩分明。加强对三级机构的应收保费全过程管控，细化激励措施，调动销售激情，组织时间进度考核，责任人述职考评，业务竞赛等活动。根据业务需求，分层级、有重点地对公司主推险种、新险种、核保技术要点、产险销售技能、理赔常识、典型案例进行培训。在三级机构大力发展人身险专业销售团队，发挥人身险辅导专员优势，辅导三级机构销售员工提高展业技能，扩大人身险保费规模。培养营销人员的“效益观念”。积极引导营销人员关注各项考核指标，及时做出相应业务调整；注意费用的控制，培养各业务环节的大财务的观念，严格执行销售费用、绩效工资与经营指标联动的策略。

客户服务 2006年，华安保险北京分公司坚持从客户利益出发，贯彻总公司“比出险客户的亲人早到三分钟”的服务理念：对内，通过外聘讲师、总公司远程视频等手段，从服务礼仪、服务技能、服务意识三个方面对全员进行系统培训，竞争上岗。完善投诉管理制度，制定投诉管理办法。加强续保工作的管理，开通绿色通道。对外，通过加强与公估公司的合作，积极参与公估人员的管理调配与考核。建立公估人员考试上岗制度，加大对公估人员问题赔案、核损偏差赔案的考核与处罚。定期召开联合客服工作会议，通报总公司调查的各项服务指标，有针对性地分析客服问题，解决问题。同时参与合作修理厂的考察、监督与管理。

10月1日，华安保险95556服务热线正式在北京上线。客户可通过拨打该号码进行保险信息查询、投诉以及理赔报案等事宜。

企业文化建设 华安保险北京分公司总结提炼创业、发展三年多的奋斗历程和经验，并融入到华安文化体系之中。利用《华安月刊》、《北京华安》、公司晨会、公司宣传栏、宣传册等多种形式宣传公司文化。同时，充分发挥党委、团委的带头作用，帮助公司员工解决工作和生活中的困难，组织爬山、演讲等各种形式的活动丰富员工生活。通过公司例会、部门例会制度使更多的员工参与到公司的经营管理之中并为公司出谋划策，使“责任、专业、奋进”及“华安保险与您共成长”的企业理念不断深化。

（刘　谦）

永安财产保险股份有限公司北京分公司

总经理　潘　凯

2006年，永安财产保险股份有限公司北京分公司（以下简称永安北京分公司）认真贯彻落实国务院23号文件、全国保险工作会议精神、北京保险工作会议精神和总公司年度工作会议精神，按照公司年初制定的“振奋精神、夯实基础、积极进取、化解风险”的工作思路，全体干部员工团结一致，努力拼搏，在新的经营管理框架上保持了稳定运行和有效运转，使公司面貌焕然一新，经营管理水平大幅提升，取得了较好的经营成绩。2006年，永安北京分公司实现保费收入1.04亿元。其中车险9 024.50万元，财产险902.27万元，人身险425.49万元，满期赔付率指标和应收保费指标良好。

基础管理　永安北京分公司针对原有基础管理薄弱的情况，着力从人事行政、计划财务、信息技术、稽核监察等方面加强基础管理。

在人事行政方面，重建了分公司组织架构、人力资源体系及薪酬体系，制定和落实了各部门、各岗位的职责和考核指标，实施和推进了上岗竞聘制度；建立和落实了月度经营管理分析会制度以及班子例会制度，为公司实现有效的经营管理和分析决策提供了方法保障；建立和实施了OA行政办公系统，转变了公司的行政办公体系、工作模式和工作行为；通过各种媒体和途径组织开展各项形象宣传、产品宣传、专项宣传活动，提高了公司的知名度和品牌形象，促进了业务发展；公司在2006年6月迁入新的办公地点，方便了客户，公司面貌也焕然一新。

在信息技术方面，永安北京分公司大力投入信息化建设，信息化水平明显提高，带动业务发展作用明显。2006年，永安北京分公司完成了易保理赔服务系统的建立、实施和运行工作；完成了VPN改造；完成了分公司OA系统的建设工作；完成了交强险统一平台的建设工作；完成了95502全国统一客服号在北京的落地工作；完成了银保合作系统建设工作。

在计划财务方面，公司克服了人员波动造成的影响和困难，保证了财务工作的有序开展和严格管控。在单证管理和应收保费管理上，有效控制和化解了风险，实现了严格、有效、规范的管理，并完善了各项财务基础管理制度、流程、岗位职责要求等。

在稽核监察方面，重点做了四个方面的工作：一是历史遗留问题的处理和化解；二是理赔品质的审计；三是各类专项稽核、常规稽核和专项工作；四是风险预警。从而控制和化解了风险，初步建立了风险管控体系。

市场销售 2006年，永安北京分公司重点加强了市场销售能力的培养和提高。年初制定了销售系列基本法和考核办法等基本制度，建立了销售基本体系；成立了市场部；下大力气拓展销售渠道，建立了销售网络，加强了对渠道和远程出单点的管控；加强业务人员增员和管理；强化对各业务单位、业务人员及合作渠道的业务指标考核，实施过程管理；加强了市场调研，根据市场形势，不断调整和加强激励程度；先后开展了亮剑竞赛、车险竞赛、人身险竞赛、交强险竞赛、财产险竞赛、七周争霸赛等竞赛活动，对业务的拉动效果明显。

一系列的基础工作使公司的市场销售能力显著提高，日均保费逐月增加，公司对各业务单位的销售推动、指导、引领工作加强，市场把控程度提高。至2006年，永安北京分公司摆脱了2005年以来的销售低迷局面，业绩有了质的提高。

三大险种管理 永安北京分公司着力加强车险、财产险和人身险三大险种的基础管理和业务发展，实施专业化经营，贴近市场，深化管理，工作成效明显。

在车险方面，细分车险市场，对产品进行细化和分别定价；对车险市场和监管形势进行跟踪和调研，拟定和实施应对策略；制定和修改了车险销售的内部激励政策和外部销售政策；指导和推进车险的渠道建设；经过一系列筹备工作，顺利实施了交强险；加强基础管理制度、流程和岗位建设，实行了全年核保无休工作，有效支持一线工作。依托易保理赔服务网络建立了全新的理赔模式，成效明显，赔付率、结案率和预估损失偏差率等各项指标良好。通过实时监控，加强流程管理和督察管理，以及对单方事故、高出险案件等重点案件采取措施，有效提高了理赔品质。

在财产险方面，2006年，永安北京分公司初步完成了财产险管理构建工作，成立了财产险管理部、银行业务部和公司业务部，明确了各部门的职能；建立了基础管理制度、流程、承保政策；积极开拓市场，业务规模逐步扩大；开展了多家银保合作。

在人身险方面，2006年，永安北京分公司成立了人身险事业部，制定了人身险事业部发展规划，确定了各岗位工作职责，制定并颁发各项管理制度，编制了人身险事业部预算；开展了市场调研，制定了各险种业务政策；开展了培训、宣传工作和业务竞赛，提前超额完成了全年任务。

理赔和服务工作 永安北京分公司将理赔服务工作作为确保完成各项任务和带动业务发展的一项重要工作来抓。在总公司的大力支持下，永安北京分公司建立并实施了AutoClaim车险理赔服务系统；经过招标建成了数十家车险理赔服务网点，形成了服务网络；重新建立了组织架构，制定了管理制度、流程、岗位职责和考核要求；实行全体车险理赔人员重新竞聘上岗；初步建立了分公司的报价体系、数据库和流程及试点远郊区县服务模式；95502全面落地，实施客户服务新模式。

在AutoClaim车险理赔服务系统基础上，通过上述工作，改变了过去效率低、差错多、服务差、管理难、成本高的情况。公司工作效率大大提高，差错率大幅下降，客户服务质量明显提高，理赔成本降低，提高了管理水平和风险防范能力，有力地促进了公司业务持续健康快速发展。

价值观和企业文化 2006年，在永安北京分公司总经理室的严格管理和言传身教下，公司新的企业文化、价值观、思想理念逐步形成，人员凝聚力和向心力显著增强，员工职业素质和个人工作能力大大提高。具体的主要措施包括：问责制的推行，使得执行力大大提高，责任意识、大局意识得到强化；强化了三个队伍建设，形成了一个团结专业有力的领导班子，一支高效专业服务的后援团队，一支锐意开拓管理的销售团队；深入推行人员上岗竞聘制度，强化了淘汰意识和进取意识，提高了队伍素质；举办了一系列集体活动，包括党员活动、员工体检、新年晚会、摄影比赛等，增强了企业凝聚力，激发了员工活力；参加了北京保险业创建文明行业规范化服务达标工作，促进了公司服务水平的提高。

（岳全化）

民生人寿保险股份有限公司北京分公司

总经理　张春平

2006年是民生人寿保险股份有限公司北京分公司（以下简称民生人寿北京分公司）面对新变化、落实新机制、执行新规定的第一年。在北京寿险市场竞争主体不断增多、市场格局不断变化和争夺日益激烈的严峻形势下，公司在年初就明确了“抓管理、强队伍、打基础、上台阶”的经营指导思想，继续深化各项改革，狠抓队伍建设，在发展中向专业化努力迈进。截至年底，实现保费收入15 874.75万元。其中个人业务规模保费收入2 019.81万元；银保业务规模保费收入825.44万元；团险业务保费收入12 123万元；中介业务保费收入906.5万元，各项业务均完成全年任务指标。到2006年底，公司共有员工2 473人，包括后线支持人员129人，前线销售人员1 165人。

个人营销业务 为确保达成年初的业务目标，民生人寿北京分公司确定了2006年营销业务“调整、稳定、充实、提高”的八字工作方针，以组织发展为核心，强化基础管理、培训、业务推动和督导，通过阶段方案推动营销新契约和续期业务发展。2005年10月，北京分公司在北京西山及时组织召开了230余名业务经理参加的工作会议（以下简称西山会议）。西山会议的召开与会议精神在团队中充分、全面、正确、深入的贯彻，达到了“启动发展意愿，坚定从业信心，做大做强团队，全面达标创优”的目的，初步形成了较好的业务环境和营销氛围，起到了稳定团队的作用。为实现团队在稳定基础上的全面增长，民生人寿北京分公司适时推出了“新人阳光计划”。该计划的目的是为了提高一线员工增员的积极性，引入高素质的新鲜血液，进一步提升个险营销团队的持证率、实动率、转正率、留存率等关键性业务指标，进行新的模式探索，树立团队信心，为落实西山会议精神，为公司个险营销顺利进入2006年搭建团队基础平台。

2006年，按照年初制订的总体战略，在充分调研的基础上，结合个险团队的现状，总经理室再次提出了团队发展的“三上”原则，即人员上规模、保费上台阶、管理上水平。突出培训，强化增员，稳扎稳打，健康发展，管理一步一个脚印，成绩一步一个台阶。个险部制定了一系列针对团队特点的激励和推动方案，适时把握营销节奏，顺利实现“首季开门红”后，又积极配合参与总公司开展的“四五”联动对抗赛活动，民生人寿北京分公司全体员工和广大营销员积极投入到了这场对抗赛中，取得良好的竞赛成绩，并受到了总公司总裁室的嘉奖。

团险业务 在市场非常艰难的情况下，民生人寿北京分公司抓住有力时机，大力开拓渠道业务，“年金险”、“短期险”、“航意险”等都已经走上了良性发展的轨道。2006年3月底成立多元销售部后，经过近一个半月的调整和磨合，分公司的多元销售能力有了明显提高，在总公司“四五”联动对抗赛中，从年初各分公司多元综合排名的第八位上升到第六位，尤其是经过六月冲刺后，民生人寿北京分公司的团险业务无论长险还是短险规模，都达到系统第一；截至9月底，分公司团险业务再创辉煌，提前三个月完成总公司下达的全年标保任务。

银行保险业务 面对竞争异常激烈的市场，民生人寿北京分公司在强化对银行客户经理综合素质培训的基础上，进一步加大了对渠道的管理和维护，并对其架构做出了调整，使渠道管理更专业化、规范化，民生人寿北京分公司推出的银行专卖产品金玉满堂险业务得到了健康发展。在银行渠道只有一条业务线的情况下，2006年1月至12月，银行保险渠道共计完成银行专卖产品金玉满堂趸缴保费817.3万元，完成全年任务的102%。

中介业务 2006年，民生人寿北京分公司建立健全了部门内各项规章管理制度（考勤管理制度、机构管理追踪制度、会议汇报制度、业务绩效管理与二次分配制度等）；全面完成了与嘉信、国民等十一家重点合作机构的补充协议的签署；在完成了客户经理职级套转工作的同时全面落实了合作机构的管理分配与目标任务分解（上半年与下半年各一次）；在全体中介工作人员中展开了执行力的培训与研讨，并依照总公司“优胜劣汰、业绩论英雄”的精神指导，严格按照基本法考核，把某些长期心态不好、不努力工作、消极负面的人清除出了队伍；并在重点合作机构举办了“民生月”活动，召开业务座谈会，收集整理并处理、回复了数十条意见和建议，为公司全面发展、稳健经营提供了保障。此外，为全面配合公司康泰产品停售策略，先后举办了十几场产品说明会，收效良好，为日后的经营发展积累了经验。

业务管理 2006年初，根据总公司下达的全年保费任务保费室对现有的续期工作人员进行了更合理的岗位划分，特别针对业务员在职保单的续期管理工作，增设了多项追踪、管控环节，从提升营销服务部对于自身的续期利益认识入手，强化他们对于在职保单的续期收取力度；与此同时针对民生人寿北京分公司2005年初的新契约承保质量较差等客观不可控因素给续期工作带来的不良影响，总经理室也加强了对2006年新契约承保质量的严格管控，截至12月底，民生人寿北京分公司完成续期保费2 217.2万元，与年初总公司下达的任务目标2 246.5万元缩小了差距，共完成了全年任务的98%。

思想政治工作和企业文化建设 2006年，企业文化建设摆上了公司发展的重要议事日程，企业文化建设不断加强，使得公司的凝聚力进一步增强。一年以来，民生人寿北京分公司高度重视企业文化建设，成功举办了庆祝“建党85周年知识竞赛”、“民生北分首届篮球比赛”以及各种政治业务学习活动。这些活动的成功举行一方面活跃、丰富了职工的文化生活；另一方面进一步增强了团队的凝聚力、向心力。提高了员工的经营理念和工作的自觉性。同时，公司还积极引导广大员工向党组织靠拢，2006年共有6名同志向党组织递交了入党申请书，从党内到党外，从领导干部到一般员工都坚持思想政治学习和业务学习，形成了上下一心、团结一致、齐心协力共谋公司大发展的良好氛围。2006年8月，民生人寿北京分公司与总公司在钓鱼台国宾馆联合举办了“民生首届客户嘉年华”活动，邀请了全国60余名在此次活动中获奖的客户代表参加。通过组织这次嘉年华活动，使民生人寿的社会责任感和企业的公民意识在回报社会中得以体现，大大提升了公司的知名度和美誉度。

（李　玥）

大公国际资信评估有限公司

董事长　关建中

大公国际资信评估有限公司（以下简称大公公司）成立于1994年，是我国唯一获得中国人民银行和原国家经贸委共同批准成立的全国与国际性信用评级机构。2006年，大公公司在民族品牌国际化发展战略的指导下，机构规模、评级业务、科研开发、信用体系建设等方面都取得了长足发展。全年受托各类评级与评估业务达2 440多项，比2005年增长了33.3%，其中短期融资券、企业债券、结构融资、金融债券等主要债务工具类评级业务的市场占有率名列前茅，并为我国第一只不良资产支持证券、BT项目资产证券化产品、可交换债券、分离交易可转换债券等进行了信用评级。

与2005年相比，2006年大公公司的机构规模成倍增长，员工总数从262人增长至390人，其中分析师由134人增至220人，硕士人员178人，博士及博士后人员32人；形成了“总公司——地区总部——分公司”三级管理体系，建立了北京、上海、华北、东北、西北、西南、华南7个区域总部，分公司从13家增加到35家。与此同时，大公公司加快了国际化发展步伐，在香港独资注册成立了香港分公司，开展国际信用评级业务；与日本和韩国的本土评级机构就推动亚洲评级标准统一和市场对等开放达成合作共识，促进了亚洲债券市场建设进程。

债务类信用评级业务

1. 企业债券信用评级18项，市场占有率达到42.9%。

2. 短期融资券信用评级104项，比2005年增长了73.3%，市场占有率从27%提高到32.34%。

3. 金融债券信用评级5项，其中包括银行和证券公司的金融债券和次级债券，市场占有率达到57.1%。

4. 结构型融资工具信用评级23项，其中包括4个不良资产证券化，16个专项资产管理计划受益凭证项目，在上市发行的项目中市场占有率达到44%。

5. 可转换债券信用评级包括可交换债券和分离交易可转换债券，均为国内此类评级业务的首例。

非债务类信用评级业务

1. 借款企业评级资格从2005年的8个省市扩大到12个，全年共完成借款企业信用评级近700家。

2. 中小企业和担保机构评级资格扩大到9个省市，共开展各类评级435家，其中北京中关村企业评级205家。

3. 企业信用评级共82项，对国内银行和保险公司进行了主动评级。

信贷风险管理咨询业务 作为国家开发银行独立的外部咨询机构，大公公司连续两年为其进行行业风险研究和银行客户信用评审报告审查，并与国家开发银行合作先后完成了行业风险相关性模型及行业风险指数、集团企业风险评价与管理及风险限额测算、国别风险评级、担保企业风险评级、新农村建设等研究项目。

1. 行业风险研究。与国家开发银行合作，2006年的行业风险研究由2005年的13大行业27个细分行业，增加到26个大行业42个细分行业；专题研究增至5项。在原有的单个行业风险分析与评级、建立可以动态预警并监控行业风险状况的行业风险指数、行业相关性模型及其在信贷风险管理中的应用研究的基础上，还进行了行业风险分析与评级在企业信用评级中的应用、行业风险限额研究。结合行业风险分析与评级结果，完成“行业/企业地位评价方法”和“开发银行主要信贷行业的行业/企业地位评价标准”，为开发银行制定更为科学的企业信用评级体系提供依据；建立行业风险限额度量体系，提出研究行业风险限额与行业信用空间的基本框架，初步确定主要信贷行业的行业风险限额，为信贷规模与行业配置等方面提供参考依据。

2. 银行客户信用评审报告审查咨询。2006年，大公公司完成国家开发银行客户信用外部审查报告审查项目1 200个，比2005年增长了近一倍。

3. 新农村建设分析研究。主要研究了新农村建设的背景和意义、新农村建设的投资需求、开发性金融如何支持新农村建设及新农村建设面临的机遇、风险和相关政策建议，并对有关案例进行了分析，以资借鉴。

技术研究 2006 年，大公公司创立了以总公司为中心、以分公司为基础的全新科研组织体系，全面开展各种基础性研究、评级方法研究和专题研究，已形成了集五十多种评级方法、数字化与模型化的操作系统、国际和国家权威机构数据系统为一体的信用评级技术体系。大公研究所、博士后科研工作站共推出各种研究 50 多项。

信用体系建设 2006 年，依托自身的研究与资源优势，大公公司为内蒙古、甘肃、陕西、安徽等地政府、企业提供运用最新金融工具，实现规模化融资，以及进行信用数据产品开发、地区与行业信用风险等研究。其中，与内蒙古自治区政府共建的“千户百亿”工程，被《中国企业导刊》誉为中小企业成长工程的动力火车，并选入“金融服务先锋榜”。与此同时，大公公司在评选中高票获得了山西、安徽等地区的借款企业评级资格；成为上海市借款企业评级、集团企业评级、担保机构评级等市场化运作的四家评级机构之一。

管理机制与制度创新 2006 年，大公公司结合中国资本市场信用风险的新变化，对管理体制进行了组织、机制和制度等多方面的改革与创新。

大公公司评审委员会设立债务类、借款和中小企业类、管理咨询与价值评估和研究项目类三个独立的评审委员会。其中，借款和中小企业类评审委员会统一评审地方性评级项目，保证大公公司各地同一类项目级别的全国一致性；设置独立的质量管理部，从总公司到各总部、分公司对评级、评审、研究等涉及各种质量要求的项目进行全程监督检查；创建了数据中心，把大公公司各地的评级与科研数据及时、准确地纳入数据库，保证了大公公司信用信息数据的标准化、系统化、产品化；建立了完整的信用产品与服务链，总公司市场以客户服务中心、评级以技术支持部、研究以博士后科研工作站为服务中枢，分支机构以七大总部为区域辐射点，三十多家分公司为服务网络，开通中国信用评级业第一部全国统一“客服电话”，实现由单纯市场管理向全员客户和投资者服务的转变。

此外，大公公司还改革了跟踪评级制度，坚持现场访谈，坚持自进场访谈之日起计算定期跟踪期限；强化了违约率统计检验制度，对各类相关数据进行动态的统计分析，指导信用评级工作；规范了评级项目人员的专业标准配置，确保以结构合理、专业匹配的标准配置评级项目团队，生产高品质的信用信息。

（贾　中）

中诚信国际信用评级有限责任公司

总裁 叶 敏

2006年，中诚信国际信用评级有限责任公司（以下简称中诚信国际）在我国债券市场日趋成熟及评级行业日益规范的背景下，各项业务快速增长。截至年底，中诚信国际全年共承接首次评级项目192项、国家开发银行外聘评级机构咨询项目478个、国家开发银行地区风险评级咨询项目1个、浦东新区债务风险咨询项目1个、中关村中小企业评级项目55个，完成跟踪评级项目76项。在各项业务发展的同时，中诚信国际也积极提高自身的专业水准，于2006年8月连续第三次发布银行业公开评级结果，并举办了投资者见面会，在加强与投资者交流的同时也扩大了评级行业的影响力。此外，在2006年和2007年银行间债券市场参与者对信用评级公司的评价中，中诚信国际的评级专业技术及服务获得了投资者的广泛认可，总得分连续两年位居五家评级机构之首。

2006年10月，中诚信国际股东与全球著名评级机构穆迪投资者服务公司完成合资，中诚信国际正式成为穆迪投资者服务公司成员。中诚信国际和穆迪的携手拉开了中国评级业的新一幕，将为中国投资者和境外投资者提供更加专业权威的信用服务和新型评级产品。

公司评级业务 中诚信国际的公司评级业务主要包括发行人主体评级与债项评级，其中债项评级包括企业债券评级、短期融资券评级、可转换（可交换）公司债券评级、分离交易的可转换公司债券评级等。2006年，在我国债券市场快速发展的背景下，中诚信国际的公司评级业务量保持高速增长，全年共运作公司评级项目248个，比2005年增长90.8%。2006年，国家批准企业债券计划发行总规模为1 113亿元，其中由中诚信国际评级的企业债券发行规模为803亿元，占总发债规模的72.1%；截至2006年12月31日，已经公开发行的短期融资券中，经中诚信国际评级的短期融资券规模占发行总规模的44.81%。

金融机构评级业务 中诚信国际的金融机构评级包括金融机构财务实力评级及金融机构债项评级。评级业务客户包括中国的国有商业银行和股份制银行、保险公司、证券公司、财务公司、基金管理公司以及新发行的货币市场基金。2006年，中诚信国际共完成5个金融机构评级项目，并于2006年8月对外发布《2006～2007年中国银行业展望》及18家主要银行公开评级结果。

结构融资评级业务 结构融资是中国金融市场的重要创新，近年来随着中国金融改革和金融产品的不断创新，结构融资业务从试点走向全面发展。目前中诚信国际的结构融资评级业务包括不良资产证券化（NPL）评级、按揭担保证券（MBS）评级、资产担保证券（ABS）评级、资产支持商业票据（ABCP）评级、债务抵押证券（CDOs）评级、贷款抵押证券（CLOs）评级、商业按揭担保证券（CMBS）评级、证券公司专项理财计划信用评级等。2006 年，中诚信国际共对 6 个银行信贷资产证券化项目进行评级，对 27 家证券公司专项资产管理计划进行评级。2006 年，在银行间市场公开发行的资产支持证券中，经中诚信国际评级的证券规模占总规模的 95.8%；在证券交易所公开交易的资产支持受益凭证中，经中诚信国际评级的受益凭证规模占总规模的 80%。

信贷评级业务 中诚信国际的信贷评级业务主要是作为独立外部评级机构对银行信贷产品的评级服务。随着《巴塞尔新资本协议》的实施，银行在风险资本计算和信贷风险管理方面对外部评级的需求不断扩大。2006 年，中诚信国际完成国家开发银行客户信用外部审查报告 478 份，完成国家开发银行《评审手册》修订工作中 11 个行业客户信用分析要点和打分卡的咨询意见；完成北京中关村企业信用评级 55 家及其他有关企业信用评级的业务。

研究咨询业务 中诚信国际的研究与咨询部除支持自身业务创新和发展外，还对外提供与信用评级、信用风险管理以及信用信息服务相关的各项咨询服务。2006 年，中诚信国际连续第三次承接并顺利完成国家开发银行地区风险评级的咨询项目，经过三年的积累和完善，中诚信国际的地区评级体系和方法逐渐成熟，风险预警、信贷配置模型及地区风险管理系统平台不断完善，研究范围也扩展到地方政府债务风险、地区信贷限额及资产配置、区域经济发展等多个方面。地区风险管理信息平台除可提供所有的报告及地区评级体系涉及的 80 多个指标近 10 年的基础数据外，还具有查询、表格输出、绘图、模型动态管理以及国家宏观经济政策、33 个地区经济和重大事件和政策、银行业动态等信息的及时上传系统。此外，中诚信国际的信用信息服务还包括为投资者和客户提供的各种类型的研究报告，定期或不定期地出版有关信用评级的出版物，为中诚信国际的客户提供有关最新的评级信息、评级方法修订，以及其他有关风险管理的报告，包括《中国银行业评级与展望》、《地区风险评级报告》、《行业风险评级报告》、《信用评级研究》、《中诚信国际特别评论》等。

（曹红丽）

北京资信评级有限公司

总经理　狄　刚

2006年是北京资信评级有限公司（以下简称北京资信）成立后的第一个完整经营年度，公司承继了北京信用管理有限公司原有与信用评级相关的所有评级业务和评级资质。北京资信不断学习借鉴国内外先进的评级方法和技术，积极开拓评级市场，进一步加大信用评级的宣传和服务力度，不断优化内部的管理体系，加强制度建设和员工队伍建设，在经营业绩、市场竞争力等方面得到了全面的改善和提升。

截至年底，北京资信共完成中关村园区企业信用评级222家、担保机构评级9家、工商企业评级22家；被中关村园区评为“优秀信用评级机构”；参与中关村园区组织的“中关村科技园区行业信用风险研究”课题项目，并担任总撰稿人。

中关村园区企业信用评级业务　北京资信在2005年被中关村园区评为“优秀信用评级机构”的基础上，2006年再创佳绩，全年为中关村“一区十一园”的222家高新技术企业提供了信用评级报告，进一步树立了行业知名度，在园区的信用服务机构市场占有率排名第一。同时，为配合中关村科技园区进一步加快信用体系建设，北京资信积极主动参与管委会和促进会在各个高新技术产业开发区开展的信用产品推广宣传工作，不仅加强了信用服务的市场推广力度，同时也为企业普及了信用评级相关知识，引导企业主动立信，增强了企业信用管理意识和风险防范意识，在提高自身运行效率和社会信誉方面初见成效。

北京市担保机构评级业务　2004年12月2日，北京市发改委下发《关于开展北京市中小企业信用担保机构评级工作的通知》。2005年和2006年，北京市共有超过40家担保机构开始主动使用信用评级服务，以享受相关信用激励政策。2006年，北京资信为北京市主动参与信用评级的21家担保机构中的9家提供了信用评级报告，成为北京市3家具备担保机构评级资质的服务机构中市场份额占有量最大的一家。

工商企业评级业务　工商企业评级主要是针对用于商务往来、招投标等目的的企业提供的一种服务。工商企业评级业务的市场环境于2006年受社会信用体系建设的影响，趋势进一步向好。北京资信2006年共为北京市22家具备此项需求的企业出具评级报告。

信用信息的采集、保存、加工、传播和利用 北京资信在开展评级业务的过程中，从信息的采集、保存、加工到传播、利用等方面都制定了严格的管理制度，利用各种现代工具，采取有效的安全保障措施，确保了客户所提供信息的安全性。北京资信和每个员工都签订保密协议，从源头上杜绝客户信息的随意传播和利用；公司制定了《业务信息保密制度》、《防火墙制度》，避免在信息采集、保存和加工过程中的人为操作；利用现代科技手段，对客户信息进行保存、备份，以防丢失。另外，北京资信出具的信用评级报告和评级结果目前只向客户和客户知悉的第三方使用者提供，从制度和流程等方面保障了客户信用信息使用的安全合法性。

注：以上“中关村园区企业信用评级业务”的相关统计数据来自中关村企业信用促进会；“北京市担保机构评级业务”的相关统计数据来自北京信用担保业协会。

（强　丽）

六、文件与规章

关于金融支持首都社会主义新农村建设的意见

中国人民银行营业管理部
银管发［2006］181号

各政策性银行总行营业部及北京市分行、各国有商业银行总行营业部及北京市分行、各股份制商业银行在京营业机构、北京银行、北京农村商业银行、各外资银行北京分行、北京邮政储汇局，各郊区（县）人民政府：

建设社会主义新农村是党的十六届五中全会提出的重大战略任务，事关全面建设小康社会和现代化进程全局。为全面贯彻《中共中央国务院关于推进社会主义新农村建设的若干意见》（中发［2006］1号）和《中共北京市委北京市人民政府关于统筹城乡社会经济发展推进社会主义新农村建设的意见》（京发［2006］3号）等文件精神，充分发挥金融在首都社会主义新农村建设过程中的积极作用，实现农村经济和农村金融的良性互动、共同发展，现提出如下意见：

一、坚持城乡统筹发展，准确把握金融支持社会主义新农村建设的方向

（一）金融支持社会主义新农村建设的指导思想。“十一五”期间，金融支持社会主义新农村建设要以邓小平理论和“三个代表”重要思想为指导，以科学发展观为统领，坚持城乡统筹发展方略，按照全市国民经济和社会发展规划纲要，积极增加农村信贷资金供给，合理规划信贷资金投向，促进郊区县产业结构升级，不断优化农村金融生态环境，努力提升农村金融服务水平。

（二）金融支持社会主义新农村建设的工作目标。针对首都农村金融需求特点，加快建立与农村多种融资需求相匹配，各类金融机构分工合理、功能完善、适度竞争的农村金融体系；因地制宜采取有效措施，加大农村信贷营销力度，适度提高远郊区县存贷比率，扩大农户贷款覆盖面，逐步解决农民贷款难的问题；健全“三农”信贷风险补偿机制，保障农村金融机构可持续发展。

（三）金融支持社会主义新农村建设的工作原则。坚持系统论原则，农村金融体系既是农村经济的内在范畴，也是整个金融体系的重要组成部分，农村金融体系改革要放在农村经济和整个金融体系的框架下，整体设计、系统推进。坚持功能导向原则，充分发挥现有农村金融机构的作用，增强支农金融服务功能，满足新农村建设的金融需求。坚持适度竞争原则，区县域内各种金融机构业务之间适度交叉，通过竞争提高经营效率和管理水平，扩大农村金融服务供给。

二、加强金融机构分工协作，完善金融支持社会主义新农村建设的体系架构

（四）政策性银行要在新农村建设中充分发挥政策性金融的作用。国家开发银行营业部在做好国家重点建设项目信贷支持的同时，还要进一步发挥开发性金融的作用，积极介入农村道路、水利、电力等基础设施建设，在远郊区县通过开发性金融培育农村有效资金需求。农业发展银行在京营业机构要继续扎实做好粮棉油收购、调销等政策性业务，根据拓宽业务范围的相关政策和规定，面向农、林、牧、副、渔业范围内的产业化龙头企业，围绕其种植养殖、流通或加工转化提供中长期信贷资金支持，逐步壮大在新农村建设中的生力军作用。

（五）北京农村商业银行要不断增强金融支农的各项功能。北京农村商业银行要以改革为契机，把增强农村金融服务功能作为改革的首要目标，积极化解历史包袱，切实转换经营机制，加快完善法人治理结构，不断提高经营效益，进一步巩固“服务三农”的差别化市场定位。在首都山区、半山区分支机构的涉农贷款比例要保持在70%以上，真正体现信贷资金取之于农，用之于农。要加快推进信用户、信用村、信用乡（镇）建设，扩大农户贷款覆盖面。同时要深入调查首都农村信贷需求的主体结构和期限结构，在严格控制信贷风险的前提下，合理确定贷款额度、期限，合理简化贷款手续，方便农民贷款，以更好地满足首都社会主义新农村建设进程中多元化、多层次的金融需求。

（六）辖内其他商业银行要敏锐把握新农村建设带来的发展机遇。首都农业和农村经济发展的多样性和多层次性客观上需要商业性金融服务。各国有商业银行、股份制商业银行、外资银行在京营业机构在按照商业化、市场化原则调整市场定位和业务布局的同时，要着眼长远，围绕农村信贷市场的深度开发，在有效控制风险的前提下，适度增加对特色农副产品基地、农业产业化龙头企业、农副产品流通企业和农村个体私营企业的信贷投入。

（七）辖内邮政储蓄机构要积极探索资金回流农村的渠道和方式。辖内邮政储蓄机构要顺应机构改革大局，把握社会主义新农村建设的有利时机，充分发挥机构和人员优势，积极主动开展服务“三农”的金融业务研究探索，在符合国家相关政策和规定的前提下，积极申请扩大邮政储蓄资金的运用范围，促进资金回流农村。

三、加快农村市场金融创新，发挥金融支持社会主义新农村建设的放大效应

（八）推进金融机构创新服务“三农”产品。辖内各银行要加强对首都农村金融市场的分析研究，在符合开办新业务相关政策和规定的前提下，积极开发具有针对性、个性化、专业化的金融产品，探索新的贷款形式，满足农村经济主体多元化的融资需求。努力开拓农村消费信贷业务，促进农村消费结构升级。北京农村商业银行要不断深入调查、总结农户小额信用贷款、农户联保贷款的功能作用和营销管理方式，适应形势发展变化，及时提出改进和完善建议。

（九）支持农村金融服务形式创新。伴随着首都农村产业结构升级，“龙头企业 + 基地 + 农户”和“农业专业合作组织 + 农户”等形式在农业经济发展中占据越来越重要的地位，预计“十一五”末，北京市参加农民专业合作组织的农户将占全部农户的60%以上。辖内各银行要及时适应农村经济组织形式变化，有效借助农民专业合作组织的桥梁作用，通过“农业专业合作组织 + 农户”、“基地 + 农户”等多种贷款形式加大远郊区县信贷投放力度。

四、密切银农、银企、银银合作，形成金融支持社会主义新农村建设的工作合力

（十）推动远郊区县“银农合作”长效机制建设。北京市“银农合作”实施三年来，推进了郊区信用体系建设，培育了农村金融市场，促进了农村经济发展和农民增收。辖内各银行要在认真总结过去“银农合作”经验的基础上，进一步加强贷后资产管理，规避信贷风险，充分发挥金融机构支农与政府政策支农联动机制的积极作用。各区县政府要按照《北京市农村工作委员会关于2006年银农合作工作的意见》（京政农发［2006］15号）文件精神，本着“稳定规模、规避风险、调整方向”的工作思路，完善“银农合作”工作机制，拓宽合作领域、细化合作环节、提高合作水平，充分发挥政府支农政策资金的放大作用，推动“银农合作”工作的进一步开展。

（十一）努力提高银行与涉农企业的合作效率。辖内各银行要积极探索银企合作长效机制，根据涉农企业生产经营周期长、季节性强的特点，灵活调整信贷资金供给，加强对签约信贷项目的跟踪监测，督促涉农企业及时落实配套资金，提高信贷资金使用效率。同时，要根据区县地方经济发展规划，重点支持农村产业结构升级和都市型现代农业发展。

（十二）加强辖内各银行在金融支农过程中的业务协作。新农村建设过程中，辖内各银行要避免走粗放型发展道路，要遵循功能导向原则，通过现有机构寻找可以实现具体功能的载体和形式。农业发展银行在京营业机构由于网点和人员有限，短时间内拓展贷款业务可能会受到限制，在国家相关政策和规定允许的前提下，可以考虑利用其他商业银行网点优势，在双方自愿互利的基础上，委托其他商业银行发放贷款。

五、健全金融风险补偿机制，确保金融支持社会主义新农村建设的可持续发展

（十三）健全农村担保体系。各区县可以设立农业担保基金或风险补偿基金，也可按市场化原则组建农村信用担保机构，为农村企业、农户贷款提供担保，以此分散信贷风险，为银行加大农村信贷投入创造良好的外部环境。还可以通过财政补贴和税收优惠方式引入民间资本，引导率先富裕起来的农民和农村企业自愿结合，发展农村互助担保组织，为农户生产经营提供贷款担保。

（十四）加快农业保险制度建设。农业保险是政府主导市场化运作的政策性保险。政府将鼓励农民参加农业保险，对参保农户给予一定的保费补贴。目前将按照北京地区的实际情况，积极开展农业保险试点，探索建立适合北京实际的政策性农业保险制度，有步骤地建立政策性农业保险体系，并将其纳入北京政策支农长效机制建设之中，逐步扩大农业保险覆盖面，使更多农民获益，成为政府支持农业发展、保护农民利益、改善贷款条件、促进农民增收的重要手段之一。

（十五）完善涉农贷款利率定价机制。适应社会主义新农村建设的需要，加强涉农贷款利率定价机制建设。制定切合实际的贷款利率定价办法，实施灵活的差别化定价策略。对于一般性涉农商业贷款，各银行可以按照利率市场化原则，根据每一笔贷款的预期风险进行差别定价；对于农户贷款，各银行可以按照中国人民银行公布的贷款基准利率和浮动范围给予适当优惠。

六、优化农村金融生态环境，形成金融支持社会主义新农村建设的良性互动

（十六）加大农村金融生态环境建设的政府推动力。各区县要以农村担保体系的建立与完善为突破口，切实采取有效措施，推动辖内农村信用环境、融资环境的不断改善，以此引导银行不断增加对新农村建设的信贷投入。同时提高各级政府建设地方金融生态环境的积极性，支持银行依法保护自身权益。

（十七）逐步建立健全地方金融服务业发展规划。各区县政府要把握北京市产业结构调整方向，加强对本区县金融服务业的发展规划。同时探索以适当方式，对区县及以下各级政府领导开展金融知识培训，进一步提高各级领导的金融意识，增强合理利用金融资源的能力。

（十八）进一步增强农村整体金融意识和诚信意识。以全社会大力开展社会主义荣辱观教育为契机，进一步推动“以诚实守信为荣，以见利忘义为耻”深入人心。通过创建信用乡（镇）、信用村、信用户、信用社区等活动，在首都农村地区积极开展金融法律法规和金融知识宣传，不断增强农民的金融意识和诚信意识。

二〇〇六年八月二十二日

关于印发《北京市空头支票处罚实施细则》的通知

中国人民银行营业管理部

银管发［2006］205号

各政策性银行北京市分行及总行营业部、各国有商业银行北京市分行及总行营业部、各股份制商业银行在京营业机构、北京银行、北京农村商业银行、已开办人民币业务的各外资银行北京分行：

根据《票据管理实施办法》的有关规定和《中国人民银行关于对签发空头支票行为实施行政处罚有关问题的通知》（银发［2005］114号）精神，为保护持票人的合法权益，净化首都支付环境，提升社会信用，我营业管理部研究制定了《北京市空头支票处罚实施细则》（以下简称《实施细则》），现印发给你们，并就有关事项通知如下：

一、《实施细则》自2006年10月8日起正式实施。自该日起，各行均应按《实施细则》的规定上报空头支票违规材料。原《关于对签发空头支票等行为进行处罚有关事项的通知》（银管发［2003］213号）停止执行。

二、报送具体要求

（一）报送主体。出票人开户行（以下简称报告行）为空头支票违规材料的报送主体。

（二）报送时间。报告行发现出票人有签发空头支票行为的，应在当日至迟第二个工作日按照《实施细则》有关要求将相关材料送达我营业管理部。

（三）报送材料要求。各行应按照《实施细则》有关规定向我营业管理部报送相关材料。对于存款不足的空头支票，为避免出现账户日间透支的纠纷，报告行除提供能显示记账时账户余额资料外，还应提供能反映当日日终账户余额的分户账、对账单或书面证明材料。

报告材料要求为 A4 纸型，并逐份加盖报告行业务公章。

（四）报送地址。北京市西城区恒华国际大厦 811 房间。

三、其他要求

（一）报告书号码编写。各报告银行要按照《实施细则》附式一的要求编制报告书号码，《空头支票报告书》的文号格式为“报字［ ］第××××××××××××××××（16 位）号”，［ ］内填写报告年度，号码的前 12 位是报告行的银行机构代码，后 4 位为顺序号。该顺序号由各报告行按照本年度报告业务量从“0001”开始顺序编制，不得出现重号、跳号现象。

（二）为提高空头支票行政处罚文书的投递送达率，在填写《空头支票报告书》时，报告行应先行对违规人的地址、邮编、联系电话等基本信息进行核实确认。

（三）报告行因自身工作差错而误报、错报《空头支票报告书》的，一经发现应立即提交相关书面材料，并由支行（含）以上单位加盖公章后送达我营业管理部。我营业管理部经审核确认后，尚未完成处罚程序的，终止处罚；已完成处罚程序并缴纳罚款的，按照相关规定办理退库手续。

对被撤销的《空头支票报告书》，不再计算协助执行手续费。

各行应对空头支票行政处罚工作予以高度重视，做好宣传工作，及时组织相关人员认真学习《实施细则》，及时准确报告，并加强对客户的咨询解释工作；各罚款代收机构应依据有关规定组织做好代收罚款的各项工作。

各行在《实施细则》实施过程中如遇问题，可及时以书面或电话方式向我营业管理部进行反馈。

联系人：董英超

联系电话：68559093、68559085，传真：68559105。

特此通知。

附件：北京市空头支票处罚实施细则

二〇〇六年九月二十日

附件：

北京市空头支票处罚实施细则

第一章 总 则

第一条 为加强北京市支付结算管理，依法对签发空头支票的行为实施行政处罚，保护持票人的合法权益，提升社会信用，根据《中华人民共和国票据法》、《中华人民共和国行政处罚法》、《票据管理实施办法》以及中国人民银行、财政部有关规定，制定本细则。

第二条 本细则适用于北京市经批准办理人民币支付结算业务的银行、签发支票的单位和个人（以下简称出票人）。

第三条 本细则所称空头支票包括出票人签发的空头支票和与预留银行签章不符的支票。

空头支票，是指出票人签发的支票金额超过其付款时在出票人开户银行（以下简称付款人）处实有的存款金额的支票。

与预留银行签章不符的支票，是指出票人签发支票时在支票上的签章与预留银行签章样式不相符合的支票。

第四条 出票人签发空头支票，不以骗取财物为目的的，中国人民银行营业管理部（以下简称人行营管部）应对出票人处以票面金额5%但不低于1 000元的罚款。

第五条 人行营管部负责对在北京市开立人民币银行结算账户的出票人签发空头支票的行为实施行政处罚。

第六条 北京市各国库经收机构为空头支票罚款的代收机构。各代收机构收缴的罚款应全额缴入中央国库。

第二章 取证及报告

第七条 付款人发现出票人有签发空头支票行为的，应在当日至迟次日逐笔向人行营管部报告。

第八条 付款人应向人行营管部报送以下资料：

（一）《空头支票报告书》（以下简称《报告书》，见附式一）；

（二）出票人的开户资料；

（三）该笔支票（正面）复印件；

（四）签发第三条第二款所称空头支票的，应提供能显示记账时账户余额的分户账、对账单或其他证明付款时存款不足的书面证明材料；

（五）签发第三条第三款所称与预留银行签章不符的支票的，应提供印鉴卡片复印件；

（六）人行营管部要求的其他材料。

第九条 付款人应对报告的出票人签发空头支票相关证据的真实性负责。付款人报告的空头支票罚款相关资料应逐页加盖业务公章。

第三章 处罚程序

第十条 人行营管部自收到《报告书》及相关资料之日起3个工作日内，应对报告的资料及相关事实进行核实。凡事实清楚、证据确凿的，应制作《中国人民银行营业管理部行政处罚意见告知书》（以下简称《告知书》，见附式二、三），送达出票人。凡事实不清、证据不足的，应提出纠正意见，将全部资料退回付款人。

第十一条 出票人对人行营管部拟做出的处罚决定有异议的，应在收到《告知书》之日起5个工作日内将陈述或申辩的书面材料提交人行营管部。

第十二条 出票人对重大拟处罚决定要求听证的，应在收到《告知书》之日起3个工作日内向人行营管部提出听证申请。人行营管部应按照规定程序组织听证。

第十三条 人行营管部在送达《告知书》之日起5个工作日内，未收到出票人陈述或书面申辩材料的，或在对出票人提出的陈述或申辩意见复核后不予采纳的，或听证后仍决定处罚的，应制作《中国人民银行营业管理部行政处罚决定书》（以下简称《决定书》，见附式四），填制《行政处罚缴款书》，一并送达出票人。

第十四条 出票人对处罚决定不服的，应在收到《决定书》之日起60日内向中国人民银行提出行政复议申请，或者在收到《决定书》之日起3个月内向人民法院提起行政诉讼。复议期间，处罚决定照常执行。

第十五条 《告知书》和《决定书》送达出票人时，出票人应签署《行政文书专递送达回证》（以下简称《送达回证》，见附式五），并在送达当日至迟次日交回人行营管部。

第十六条 《告知书》和《决定书》可由付款人直接送达，也可由人行营管部委托其他机构送达。

第十七条 出票人缴纳罚款时应向代收机构提交《行政处罚缴款书》和《决定书》。

第十八条 罚款代收机构收到出票人提交的《行政处罚缴款书》、《决定书》后，按照《北京市〈罚款代收代缴管理办法〉》有关规定处理。

第十九条 出票人未按规定到罚款代收机构缴纳罚款的，人行营管部可向人民法院申请强制执行。

第二十条 罚款代收机构只办理罚款的代收与缴库。凡错缴或多缴，以及经行政机关复议后不应处罚的罚款须办理退付的，一律按财政退库方式办理。罚款代收机构不得从当日罚款收入中冲减。

第四章 纪律与责任

第二十一条 人行营管部根据“黑名单”制度，定期向各银行通报出票人单位名称及法定代表人或出票人个人姓名、签发空头支票种类、出票日期、支票金额、支票号码、出票人账号、收款人名称、签发空头支票累计数量等有关情况。

“黑名单”制度由人行营管部另行制定。

第二十二条 出票人应在规定期限到指定的罚款代收机构缴纳罚款。出票人逾期不缴纳罚款的，人行营管部可采取下列措施：

（一）每日按罚款数额的3%加处罚款；

（二）要求银行停止其签发支票；

（三）申请人民法院强制执行。

第二十三条 出票人一年内发生2次以上（含2次）签发空头支票的，或连续2次以上（含2次）逾期不缴纳罚款的，人行营管部还可采取以下措施：

（一）要求开户银行停止向其出售支票，停止出售支票期限不少于6个月。

（二）要求银行停止为其办理全部支付结算业务。

本条款所称一年，指从出票人第一次签发空头支票之日起12个月内。

第二十四条 付款人在处理退票时，对存在其他退票理由的空头支票，应在退票理由书上同时记载全部退票理由。

第二十五条 收款单位开户行对于付款人以“空头或印不符”为由退回的支票，可向人行营管部进行查询或通过“黑名单”系统进行查询。发现付款人未报告的，可向人行营管部举报。

第二十六条 付款人不报、漏报或迟报出票人签发空头支票情况的，由人行营管部责令其纠正；逾期不改正、情节严重的，可以建议出票人开户行或其上级行按照规定对出票人开户银行的高级管理人员及直接责任人给予纪律处分。

第二十七条 罚款代收机构对空头支票罚款收入占压、挪用的，人行营管部按《金融违法行为处罚办法》第二十二条的规定给予警告，没收违法所得，并处违法所得1倍以上3倍以下的罚款；没有违法所得的，处5万元以上30万元以下的罚款；情节严重的，建议罚款代收机构或其上级行按规定对罚款代收机构的高级管理人员及直接责任人给予纪律处分。

第五章 附 则

第二十八条 罚款代收机构应于每季

末次月3日内，将上季度代收并缴入中央国库的各项罚款进行汇总，编制《中国人民银行营业管理部空头支票罚款收入汇总季报表》（见附式六）报人行营管部。

第二十九条 人行营管部按月与罚款代收机构核对罚款收入情况。罚款代收机构每月向人行营管部报送《中国人民银行营业管理部空头支票罚款收入汇总月报表》（见附式七），人行营管部按照有关规定定期支付相关的费用。

第三十条 人行营管部有关空头支票处罚规定与本细则有抵触的，以本细则为准。

第三十一条 本细则由人行营管部负责解释。

第三十二条 本细则自2006年10月8日起执行。

附式一、空头支票报告书（略）

附式二、中国人民银行营业管理部行政处罚意见告知书（略）

附式三、中国人民银行营业管理部行政处罚意见告知书（略）

附式四、中国人民银行营业管理部行政处罚决定书（略）

附式五、行政文书专递送达回证（略）

附式六、中国人民银行营业管理部空头支票罚款收入汇总季报表（略）

附式七、中国人民银行营业管理部空头支票罚款收入汇总月报表（略）

关于加强辖内中资商业银行合规管理工作的通知

中国银行业监督管理委员会北京监管局

京银监发［2006］90号

辖内各国有商业银行北京市分行、各股份制商业银行在京营业机构、北京银行、北京农村商业银行：

合规是银行的核心风险管理活动，合规风险是银行信用风险、市场风险，尤其是操作风险存在和表现的重要诱因。为加强辖内中资商业银行的合规管理工作，促进各机构健全内部控制体系，树立首都银行业合规经营和健康发展的良好声誉，根据中国银行业监督管理委员会《商业银行内部控制评价试行办法》的规定，参照巴塞尔银行监管委员会《合规与银行内部合规部门》有关指导原则，结合辖内中资商业银行实际，现将加强辖内中资商业银行合规管理工作的有关意见通知如下：

一、提高对合规工作的全面认识

银行的业务活动应当遵守国家的法律法规、监管部门的规章规则，以及一切适用于自身业务活动的行业准则。未能遵守法律法规、规章规则，以及行业准则的银行，将可能遭受法律制裁、监管处罚、财务损失或声誉损失等合规风险。辖内各中资商业银行从业人员应尽快提高对合规工作的全面认识，将合规作为银行机构企业文化建设的组成部分，从培养银行从业人员自觉遵守依法守规的执业准则和诚实守信的道德准则出发，建立有效管理合规风险的运行机制，促进全面风险管理体系的建立，确保银行机构安全稳健运行。

二、完善合规部门的设置

合规部门是银行内设的识别、评估、咨询、监测和报告合规风险的一个独立的职能部门，并且独立于银行的业务经营活动。各行应当在合规政策中对内部合规部门的地位、职责等予以明确。根据自身规模大小、经营的复杂程度等因素，选择适合的合规管理模式。如成立专门的合规部门的集中化合规管理模式，或指定分布在不同业务部门的人员负责合规工作的分散化合规管理模式。选择分散化模式的，要确保合规人员的合规职责与其承担的其他职责之间不产生利益冲突。

三、加强对合规部门工作人员的管理

合规部门的工作人员应当具备必要的资质、经验、专业水准和个人素质，能够有效地履行职责。各行应当通过专业培训等手段，使合规工作人员持续获得理解适用法律法规、规章规则和行业准则方面的技能。任命合规部门负责人或其离任时，应当告知监管部门。法人银行机构任命合规部门负责人，须经高级管理人员任职资格许可。

四、严格履行合规部门工作职责

合规部门应严格履行工作职责，确保银行安全稳健运行。具体内容包括：协助高级管理层制定、推动执行合规政策；识别和评估与业务经营活动相关的合规风险，包括新产品和新业务开发中的合规风险等；通过合规风险评估与测试，就合规事项向高级管理层报告；组织本机构有关部门制定内部规章制度和业务操作规程，编制并适时修订合规手册；对员工进行合规教育与培训，开展合规事项咨询；以及承担其他特定的职责等。合规部门或业务部门的合规人员应协助高级管理层履行合规管理职责。合规部门在履行职责时，有权独立调查内部可能违反合规政策的事件，以及获得其他必要的信息。其他部门应当在提供信息方面给予密切合作。

五、高度重视其他部门各自的合规职责

（一）董事会应履行的合规职责。董事会应负责核准本机构的合规政策，监督本机构的合规风险管理工作，每年应对合规政策及其执行情况至少评审一次，以及保证合规部门负责人能够独立与董事会或其下设委员会进行沟通等。

（二）监事会应履行的合规职责。监事会应监督董事会和高级管理层完善本机构的合规管理体系，以及履行合规职责的情况等。监事会应对合规政策的执行情况进行监督。

（三）高级管理层应履行的合规职责。高级管理层应（主要是指法人银行机构和分行级营业机构的行长、副行长、总经理、副总经理）负责制定合规政策，并确保合规政策得以遵守；每年至少一次对合规政策及其执行情况进行评审；每年至少一次向上级（董事会）或其下设委员会报告合规政策及其执行的有关情况；在发生任何重大违规情况时，及时向上级（董事会）或其下设委员会报告；负责在本机构内部建立适合自身情况的合规管理模式等。

（四）业务部门应履行的合规职责。银行的每一位员工都负有合规责任，各业务部门或业务条线对合规负有直接责任。具体包括：确保本业务条线合规经营，并就合规经营情况进行自查；以及向合规部门提供有关合规风险信息，支持配合合规部门的风险测试和评估等。

六、内部审计部门应负责各项业务经营活动的合规性检查

合规部门的工作范围和广度应当受到内部审计部门的定期复查。合规部门应与审计部门适当分离，以确保对合规部门复查工作的独立性。审计部门应当将与合规有关的任何审计调查结果及时通报合规部门。

七、明确合规风险报告路线

各行应在合规政策中明确合规风险报告路线，具体包括：合规工作人员向本部门负责人与合规部门的报告路线；其他部门向合规部门的报告路线；各级合规部门逐级上报的路线；合规部门向高级管理层、董事会（或其下设的委员会）的报告路线；高级管理层向董事会（或其下设的委员会）的报告路线等。各行的合规政策中应明确合规风险报告的要素、方式、频率等。

八、加大对合规工作的履职评价

一是要加大对合规工作的考核力度。各行的合规政策应当明确合规考核的内容、机制等。在考核银行各部门及其工作人员的合规风险管理能力时，应当征询合规部门的意见。合规部门的绩效应由上级合规部门或高级管理层直接考核。二是要加大对合规工作问责的处置力度。各行的合规政策应当明确违规的内部责任追究制度，落实合规问责制。监管部门将对各行的合规风险管理情况进行检查评价，评价报告将作为监管评级和分类监管的重要依据。

根据巴塞尔银行监管委员会《合规与银行内部合规部门》的指导原则，有效合规风险管理的单一原则框架并不限定各家银行都采用单一的组织方式或运作方式，但在应对银行独特的合规风险挑战方面，每家银行必须表明其所采用的方法是有效的。各行应将合规工作作为完善公司治理、提高综合竞争力、防范操作风险、减少金融案件、治理商业贿赂维护银行业声誉等工作的重要组成部分。在接此通知后，应立即转发辖属机构执行，结合自身实际确定合规管理模式和部署合规风险管理工作，并及时将本机构合规工作情况向上级行（董事会）报告以争取获得支持。2006年10月底前各行将贯彻执行本通知的情况、存在的问题及建议报告我局。

二〇〇六年八月十六日

关于进一步加强辖区证券营业部监管工作的通知

中国证券监督管理委员会北京监管局

京证机构发［2006］25号

在京各证券营业部：

为全面掌握北京地区证券营业部的经营情况，规范营业部的经营行为，促进营业部的持续稳定、健康发展，我局将进一步加强辖区内证券营业部的监管工作，并要求辖区内的营业部从人员、业务和资产等方面开展全面自查工作。现就相关情况通知如下：

一、监管要求

辖区各证券营业部应依照《关于加强证券公司营业部内部控制若干措施的意见》（证监机构字［2003］261号）的规定规范经营。各营业部应认真学习该文件，并对照自身实际情况纠正负责人无任职资格，负责人考核不报备，负责人离任不审计，营业部稽核报告不备案，重大突发事件不报告，数据报送不及时和不准确等行为。我局将严格依照文件要求实施检查，并在北京证券业协会建立高管人员诚信档案，加强对营业部高管人员的管理。

二、自查要求

（一）正常经营的营业部

1. 营业部要高度重视自查工作，营业部经理是本次自查工作的负责人。

2. 各营业部（含下设服务部）应如实填写《北京辖区营业部基本情况登记表》（见附件1），提交2005年度证券营业部的稽核报告。

3. 在自查的基础上，各营业部应提交自查报告，说明公司的真实、全面情况。自查报告应数据清楚，事实明确。营业部应在自查报告上加盖公章，负责人应在自查报告上签字，并对自查报告的真实性承担相应责任。

4. 各营业部要以此次自查为基础，对存在的问题制订整改计划，整改措施和整改期限要切实可行，整改工作要落实到人。

5. 我局将从6月份起，对部分营业部实施现场检查，核对营业部的自查情况和整改进展情况，并计划在一至二年内，完成所有在京营业部的现场检查。

（二）托管状态下的营业部

1. 各托管营业部（含下设服务部）应如实填写《北京辖区托管营业部基本情况登记表》（见附件2）。

2. 各托管营业部应比照正常经营营业部的自查内容，结合托管工作的实际情况做好自查工作，并提交托管营业部情况报告，具体说明营业部存在的历史问题、目前的托管状况及下一步的工作安排。

3. 营业部托管组负责人是本次自查工作的负责人，应在自查报告上签字，并承担相应责任。自查报告应加盖公章。

三、自查内容

（一）内控制度的完整性及执行情况

1. 制度建设的完整性。应对照《证券公司内部控制指引》和《关于加强证券公司营业部内部控制若干措施的意见》等文件要求检查自身制度建设情况。

2. 内控制度执行情况的合理性和有效性。

（二）客户交易结算资金的安全情况

包括但不限于客户交易结算资金总额；客户交易结算资金专用存款账户数量；客户交易结算资金上存公司总部比例；是否有受托资金，受托资金所占比例；营业部柜面系统客户交易结算资金汇总数据与财务数据是否存在差异，存在差异的原因；是否存在直接或变相挪用客户交易结算资金情况，如有，请具体说明方式、成因、金额、资金流向及风险情况。

（三）客户托管的国债、企业债等资产的安全情况

1. 国债回购余额、持有人明细、资金流向、风险状况。包括但不限于席位托管国债数量；托管账户分布、未到期回购账户分布；回购登记率、可用标准券数、标准券使用率；国债托管账户与回购账户

在股东代码、余额、清算席位的匹配性；不匹配账户即异账户回购情况及有关协议；回购资金去向、债券抵押来源、有无变相融资问题；大额回购客户的情况。

2. 挪用客户托管债券的行为以及挪用时间、金额、比例、用途、责任人、经办人。

3. 欠库扣款情况及原因。

（四）违规业务情况

1. 包括从事自营、受托投资管理、对外融资、担保等超范围经营情况。如有，请具体说明违规业务金额、形成时间和原因、债权人名称、到期日、兑付情况、涉及诉讼情况、风险情况、偿还计划、资金来源和保障等。

2. 是否存在直接或变相开立证券营业网点行为及未经批准搬迁营业网点行为等。

3. 是否存在私设小金库和账外经营情况。

（五）经纪业务规范运作情况

1. 经纪业务客户资料的完整性和不规范账户清理情况。包括但不限于资料是否齐全，手续是否合规，保存是否完备；是否存在同一资金账户下挂多个证券账户，为机构客户开设个人账户，个人开立多个股票或证券账户等行为；是否遵守“支票进、支票出”的规定；不规范账户清理进展情况。

2. 服务质量规范情况。包括但不限于《证券经营机构营业许可证》和《营业执照》是否悬挂在营业部显著位置；投诉电话等信息是否公示等。

3. 为客户融资、透支和三方监管等问题。如有，请具体说明金额、原因、到期日、可能引发的风险。

（六）信息技术的管理及安全性

包括但不限于信息系统数据的真实性；权限管理情况，是否授权明晰、不兼容；信息技术人员的人数；完整的计算机运行日志和操作记录；信息技术人员是否担任清算员从事结算记账工作；重要技术资料和交易业务数据是否备份并异地存放；是否制定紧急故障处理程序；是否配备不间断电源、可支持时间为多少；是否出现过技术故障导致交易中断；信息系统是否被非法入侵或遭病毒破坏。

（七）人员的管理

1. 高管人员的任职资格情况，目前在岗人员是否已取得高管资格或已提交申请。

2. 营业部负责人和电脑、财务负责人的轮岗情况、考核报备情况和强制休假制度执行情况。

3. 离职的营业部负责人和财务负责人的离任审计情况和报备情况。

（八）其他情况

1. 近二年的经营情况。

2. 涉及的重大诉讼、投诉情况。

3. 公司对营业部的稽核频率及稽核报告的报备情况。

4. 突发事件的报告情况及可能存在的潜在风险。

5. 向监管系统报送数据的及时性、真实性。

四、时间要求

各营业部的自查报告和整改报告应于2006年5月20日之前上报我局（书面及电子版各一份，邮箱地址：bjjigou@csrc. gov. cn）。

附件：1. 北京辖区营业部基本情况登记表（略）

2. 北京辖区托管营业部基本情况登记表（略）

二〇〇六年四月三日

关于加强管理预防非法证券投资咨询活动的紧急通知

中国证券监督管理委员会北京监管局

京证机构发［2006］94号

辖区各证券投资咨询机构：

近期，非法证券投资咨询活动有所抬头，严重破坏了部分证券投资咨询机构的正常经营秩序，影响了证券投资咨询行业的正常发展，同时也会给部分投资者造成损失。为进一步维护证券投资咨询行业发展秩序，认真保护广大投资者权益，切实防范类似事件的发生，现将有关情况通知如下：

一、非法证券投资咨询活动主要特征

非法证券投资咨询活动主要是指无证券投资咨询业务资格的机构（以下简称无资格机构）和无证券投资咨询执业资格的个人（以下简称无资格人员）提供的证券投资咨询活动。

1. 无资格机构的非法证券投资咨询活动主要具有以下特征：

（1）假冒证券投资咨询机构或其他证券经营机构的网站。其网址、网站内容和证券投资咨询机构的网址、网站内容非常类似；或在有关网站上提供假冒网站链接。

（2）不具备证券投资咨询业务资格，通过广播、电视、报纸、网站等媒体宣传或散发虚假广告、群发电子邮件、手机短信、QQ消息等方式以提供证券投资咨询服务为名进行市场宣传，极具欺骗性、诱惑性、煽动性和蛊惑性。

（3）无固定经营场所，经常更换经营场所；有可能通过个人银行账户、个人银行卡等方式收费。

2. 无资格人员的非法证券投资咨询活动主要具有以下特征：

（1）曾经在证券投资咨询机构工作过，掌握证券投资咨询机构部分客户资源。

（2）无证券投资咨询执业资格；无固定办公场所；联系电话一般为公用电话、小灵通、神州行、如意通等。

（3）一般联系异地会员，以提供证券投资咨询服务为名通过诱导会员升级骗取会费。

二、各证券投资咨询机构要高度重视，切实加强内部管理和员工管理，防范类似事件发生，并认真做好信息公示和投资者教育工作。

三、各证券投资咨询机构如发生此类事件，要及时协调有关单位和部门予以妥善处理，防止更多投资者受骗上当，维护证券市场正常秩序。

特此通知。

二〇〇六年九月四日

关于进一步做好2006年北京保险业诚信建设工作的通知

中国保险监督管理委员会北京监管局

京保监发［2006］62号

各保险公司在京分公司（营业部），瑞泰人寿保险有限公司、中美大都会保险有限公司、中法人寿保险有限责任公司、中航三星保险有限公司、昆仑健康保险股份有限公司、华农财产保险股份有限公司，北京保险行业协会：

诚信是保险业立身、兴业、行政之本，是实现保险业又快又好发展的根基。为加强北京保险业信用体系建设，规范各经营主体的经营行为，保障广大投保人的合法权益，改善保险行业的社会形象，北京保监局决定实施北京保险业诚信建设工程，力争在“十一五”期间实现创建诚信保险公司，培育一流保险市场的北京保险业发展目标。

北京保险业诚信建设工程在北京保监局的指导下，由北京保险行业协会负责实施工作。从2006年起，每年将确定一个主题，作为行业全年诚信建设的主线。现将2006年诚信建设重点工作及有关要求通知如下：

一、2006年北京保险行业诚信建设主题

2006年北京保险行业诚信建设主题为：建标准、夯基础。

二、重点工作

（一）建立行业标准

1. 研究建立意外险、健康险服务标准。针对意外险、健康险服务中存在的突出问题及薄弱环节，研究建立涵盖展业、承保、保全、理赔、纠纷处理等环节的意外险、健康险服务规范，形成统一的行业服务标准，规范意外险、健康险市场行为，提高客户满意度。

2. 进一步完善车险服务标准。完善承保、理赔、客服、投诉服务等环节的服务标准；全面总结车险服务承诺执行情况；建立车险服务标准定期更新制度；建立车险服务规范长效机制以及相应考核奖惩办法，提高保险公司车险服务水平。

（二）稳步推进信用信息平台建设

1. 健全、完善车险信息共享平台，防范保险理赔中的骗赔风险，提高保险公司的风险管控能力。

2. 建立健全重大理赔客户信息共享机制，探索建立健康险客户承保信息共享平台。

3. 继续推动寿险营销员警示信息库的建设工作，规范保险营销员展业行为，防范欺诈误导行为的发生。

4. 逐步整合、梳理营销员管理的有关信息数据，为建立系统的寿险营销员管理数据库奠定基础。

（三）开展现场检查和社会满意度调查工作

1. 以车险保费收入真实性、车险理

赔内控有效性、寿险营销员的持证情况及销售误导情况为重点开展现场检查及行业互查，严厉查处保险违法违规行为。在汇总检查、互查结果后，视情况向业内及社会披露。

2. 综合行政监管、社会舆论监督等多种力量，开展车险服务承诺执行情况社会满意度调查，发现和解决存在的突出问题。调查结果在业内通报。

（四）加强宣传教育工作

1. 新闻宣传工作。一是积极宣传北京保险业在“十五”期间服务首都经济社会发展和构建和谐社会建设方面所做的贡献，宣传“十一五”时期的发展重点。二是大力普及保险知识，提高消费者投保意识，引导消费者正确投保。三是及时向社会公开诚信建设工作的进展情况。

2. 教育培训工作。一是加强对保险公司高级管理人员教育、培训工作，提高高管人员的政治意识、责任意识和政策执行力。二是加强对保险从业人员的教育、培训，提高保险从业人员综合素质，建立诚信展业的理念。

三、有关要求

（一）北京保险行业协会要建立北京保险业诚信建设工作领导机构，研究制订诚信建设工作方案，明确各项工作完成的具体时间。北京保监局负责指导、推动、监督。

（二）由北京保险行业协会牵头成立行业标准制定小组，从各公司抽调专业人员开展标准制定工作，加快行业标准建立进程。

（三）各公司要充分认识到诚信建设工作的重要意义，要从促进保险业快速健康可持续发展的大局出发，积极配合北京保险行业协会的各项工作，在人员、经费上给予大力支持，确保北京保险业诚信建设工作的顺利开展，为实现北京保险业又快又好发展，营造良好的外部环境。

二〇〇六年三月二十三日

关于规范北京航空意外伤害保险市场经营秩序的通知

中国保险监督管理委员会北京监管局

京保监发［2006］64号

各保险公司在京分公司，瑞泰人寿保险有限公司、中美大都会人寿保险有限公司、中法人寿保险有限责任公司、中航三星人寿保险有限公司、昆仑健康保险股份有限公司、华农财产保险股份有限公司，各在京保险中介机构，北京保险行业协会：

2005年10月，我局对北京地区航空意外伤害保险（以下简称“航意险”）市场进行了重点检查。检查发现，航意险市场经营秩序不规范、恶性竞争问题严重，被查公司航意险业务管理混乱、数据不真实、内控不力等问题已影响市场健康发展。为规范北京航意险市场秩序，促进北京保险市场健康、持续、快速发展，现就有关要求通知如下：

一、各保险公司、保险中介机构必须严格执行中国保监会《关于加强航空意外保险规范管理有关问题的通知》（保监发［2002］134 号）、《关于加强航空意外保险规范管理的补充通知》（保监发［2003］23 号）和《关于加强航空意外保险市场监管的紧急通知》（保监寿险［2004］234 号）等文件规定，建立和完善航意险销售代理网点的资质管理制度；建立航意险单证动态管理制度，及时掌握和监控航意险保单的印制、领取、使用、留存和核销等情况；加强保单被保险人信息录入管理，保单中必须详细列明被保险人及受益人的各项信息，不得遗漏或随意更改。

二、凡在京经营航意险业务的保险公司，必须建立由分公司或总公司统一管理的航意险业务信息系统，与销售航意险产品的网点实现电脑联网、电脑出单和实时管理。

各保险公司应逐笔录入航意险业务信息，业务系统应与公司的财务系统对接，航意险业务系统中的原始数据必须完整、准确地导入财务系统中，财务系统中的数据必须全面、真实地反映航意险业务的经营情况。

三、各保险公司应严格执行保险企业会计和财务制度，真实、准确地反映航意险保费收入。保险公司与保险中介机构划转航意险保费收入及结算手续费时，应采取银行转账的方式，禁止以大额现金方式划转保费或支付手续费。严禁保费不入账和私设小金库。

四、保险公司向保险中介机构支付航意险手续费时，应向中介机构索取《保险中介服务统一发票》，并以此作为原始凭证登记入账。手续费必须在“手续费支出”科目中据实列支，严禁坐支手续费和账外支付手续费及其他费用。

保险中介机构收取保险公司支付的航意险业务手续费时，必须向保险公司开具《保险中介服务统一发票》。

五、凡在首都机场经营航意险业务的保险公司、保险中介机构，应严格执行国家的法律法规和中国保监会的有关规定，按照公开、公平、公正的市场化原则开展航意险业务。

保险中介机构应采取有效措施和提供必要的技术手段方便航意险消费者自主选择保险公司，不得通过额外收取保险公司费用补贴等不正当手段操控首都机场航意险市场份额。

保险公司不得采取不正当竞争手段争揽首都机场航意险业务。

六、北京保险行业协会有责任对首都机场的航意险经营管理情况进行监督。重点监督首都机场航意险单证的印制、核销管理和总体经营情况，包括保费收入、险种结构、费用成本等。

在首都机场经营航意险业务的保险中介机构，应积极主动配合北京保险行业协会的管理工作。

七、各保险公司应对航意险业务单独核算，并按照规定提取准备金、安排再保险。保险公司必须于每年 1 月 20 日和 7 月 20 日向我局报送航意险经营情况报告，包括航意险业务再保险、准备金提取以及经营效益情况等。

八、北京保险行业协会应于每季度后 10 日内向北京保监局报送首都机场航意险专项报告并向相关保险公司进行反馈。

在首都机场经营航意险业务的保险中介机构也应于每季度后10日内向北京保监局报送航意险经营情况报告。

九、我局将加大对各保险公司、保险中介机构航意险业务经营行为的监管力度，并依据《保险法》等规定对违法违规行为予以严肃查处。

十、本通知所指航意险包括单程或往返的短期定额航空意外伤害保险类产品，以及以航空意外保险责任为主的短期定额交通工具意外伤害保险类产品。

本通知自下发之日起施行。

二〇〇六年三月三十一日

北京市人民政府关于贯彻落实国务院保险业改革发展有关文件的实施意见

京政发［2006］43号

各区、县人民政府，市政府各委、办、局，各市属机构：

为贯彻落实《国务院关于保险业改革发展的若干意见》（国发［2006］23号）精神，发挥保险在构建社会主义和谐社会首善之区中的重要作用，现就加快本市保险业改革发展提出如下意见：

一、充分认识加快本市保险业改革发展的重要意义

保险是市场经济条件下风险管理的基本手段，是金融体系和社会保障体系的重要组成部分，具有经济补偿、资金融通和社会管理功能，在构建社会主义和谐社会首善之区中具有重要作用。

加快保险业改革发展，是全面建设小康社会、率先基本实现社会主义现代化的内在要求，是实现“新北京、新奥运”战略构想的客观需要。加快保险业改革发展，有利于解决人民群众最关心的就医、养老、安全和农业增效、农村进步、农民增收等重大问题，维护首都社会稳定；有利于促进资源优化配置，为本市高端、高效、高辐射力产业发展提供资金支持和保障，实现经济平稳较快增长；有利于完善城市灾害防范和救助体系，建立确保首都安全稳定的长效机制，提高城市管理和运行水平。

二、加快本市保险业改革发展的指导思想、发展目标和主要任务

（一）指导思想：以邓小平理论和“三个代表”重要思想为指导，坚持以人为本，全面贯彻落实科学发展观，立足首都经济社会发展全局，深化改革，加快发展，着力解决保险业与经济社会发展和人民生活需求不相适应的矛盾，积极发挥保险的经济“助推器”和社会“稳定器”作用，为构建社会主义和谐社会首善之区服务。

（二）发展目标：建设市场体系完善，服务领域广泛，经营诚信规范，偿付能力充足，综合竞争力较强，发展速度、质量和效益相统一，与首都经济社会发展水平相适应的现代保险业。到2010年，本市保费规模、保险密度明显提高，保险深度接近中等发达国家水平，保险、再保险和保险中介市场较为发达，保持在全国的领先地位。

（三）主要任务：积极发展财产保险、人身保险、再保险和保险中介市场，拓宽保险服务领域；加强保险行业建设，增强自主创新能力，满足社会全方位多层次的保险保障需求；充分发挥保险资金长期性、稳定性优势，引导资金合理运用，为首都经济建设提供资金支持；加强和改善监管，防范化解风险，保护投保人和被保险人合法权益；加强诚信建设，建立保险信用体系；营造有利于保险业发展的良好环境。

三、积极发展农业保险，服务社会主义新农村建设

重视发挥保险在社会主义新农村建设中的作用，运用保险机制完善支农、扶农、护农方式，积极引导农民投保，妥善协调各方关系，努力推动农业保险发展。

改变单一、事后财政补助的农业灾害救助模式，逐步建立政策性农业保险与财政补助相结合的农业风险防范与救助机制。总结大兴区等区县政策性农业保险试点经验，逐步在全市范围内建立政府推动、政策支持、市场运作、农民参与的政策性农业保险制度。财政部门对农户投保给予适当保费补贴，对保险机构经营政策性农业保险给予经营管理费补贴。

积极探索保险保障与农村金融支持相结合的新途径，缓解农户和农村中小企业贷款难问题。支持保险机构开发符合都市型现代农业发展要求、适合农村地区销售的农业保险产品。鼓励龙头企业资助农户参加农业保险，鼓励出口信用保险为农产品出口企业提供收汇保障。

鼓励保险机构在农村地区开展家庭财产保险、房屋保险等业务，支持保险机构开发保障适度、保费低廉、保单通俗的农村人身保险产品，建立适合农村地区的服务网络和销售渠道，不断提高服务水平。

四、大力发展责任保险，健全社会安全管理机制

充分发挥保险在防损减灾和灾害事故处置中的重要作用，将保险纳入灾害事故防范救助体系。利用保险事前防范与事后补偿相统一的机制，发挥保险费率杠杆的激励约束作用，促进安全生产和突发公共事件的应急管理。综合运用市场运作、政策引导、政府推动、立法强制等方式，大力发展各类责任保险，积极推动保险业参与“平安建设”，维护首都安全稳定。

大力发展公众责任保险，根据《北京市大型社会活动安全管理条例》，积极引导大型社会活动主办者投保。认真落实《北京市消防条例》，在营业性公共场所和易燃易爆物品生产、经营、仓储、运输等单位推行企业火灾险和公众责任保险。探索在部分行业开展强制火灾公众责任保险试点。

根据《北京市中小学生人身伤害事故预防与处理条例》，进一步扩大校方责任保险覆盖面，加强校园安全管理，保障学生和学校的合法权益。中小学校使用经营性车辆或自有车辆接送学生的，承运方应投保承运人责任险。

根据《机动车交通事故责任强制保险条例》，完善机动车交通事故责任强制保险信息库，建立道路交通违法行为、道路交通事故与保险费率信息联动机制，支持“畅通北京”工程建设。加大宣传力度，鼓励机动车所有人、管理人投保机动车第三者责任商业保险，提高保险保障水平。

加强医疗风险管理和教育，完善医疗

责任保险制度，鼓励各类医疗卫生机构参加医疗责任保险，进一步缓解医患纠纷，切实维护医患双方合法权益。

积极发展承运人责任、建筑工程责任、基础设施建设责任、矿山责任、安全生产责任、旅行社责任、环境污染责任等保险业务。积极探索利用保险手段转移高危行业安全生产风险，开展通过保险机构规范管理和运作高危行业风险抵押金的试点。积极支持发展产品责任保险，重点开发与人民群众生活密切相关的食品、医疗保健等行业的产品责任保险。探索发展上市公司董事责任、监事责任保险及医师、会计师、律师、评估师等各类职业责任保险，防范执业风险。

五、加快发展商业养老保险和健康保险，完善多层次社会保障体系

积极发展个人、团体商业养老保险业务。认真贯彻落实国家关于商业养老保险的各项财税优惠政策和配套支持政策，支持有条件的企业通过购买企业年金和商业补充养老保险建立养老保障计划。鼓励保险机构参与企业年金业务，积极拓展补充养老保险。

加强商业保险机构与劳动保障部门、卫生部门及医疗机构的信息沟通，研究建立信息共享平台和沟通反馈机制。大力推动健康保险发展，提高健康保险的专业化经营水平，探索发展管理式医疗及第三方管理医疗保险服务。

探索建立政府推动、市场运作的外来务工人员综合保险制度，为外来务工人员提供意外、健康和养老保险保障。选择部分行业或区县进行试点，取得经验后逐步推广。积极探索保险机构参与新型农村合作医疗管理的有效方式，推动新型农村合作医疗健康发展。

六、稳步开展保险资金运用，支持首都经济建设

深化本市投融资体制改革，营造有利于保险资金运用的政策环境，拓宽保险资金运用的渠道和范围，充分发挥保险在金融资源配置中的重要作用。

探索保险资金投资产业投资基金等市场化资金运作方式，引导保险资金参与本市重大基础设施建设、高端产业功能区建设和新城建设，发挥保险资金长期性和稳定性的优势。在风险可控的前提下，鼓励保险资金直接或间接投资资本市场，逐步提高投资比例，稳步扩大保险资金投资资产证券化产品的规模和品种，开展保险资金投资不动产和创业投资企业试点。支持保险资金参股商业银行。

深化保险资金运用体制改革，推进保险资金专业化、规范化、市场化运作，提高保险资金运用水平。建立有效的风险控制和预警机制，实行全面风险管理，确保资产安全。

七、加大自主创新力度，服务首都建设创新型城市

积极营造有利于保险业自主创新的良好环境，建立激励保险业创新发展的体制机制，保护保险机构的创新积极性和创新利益，不断增强保险业自主创新能力。充分发挥保险在促进创新中的积极作用，积极探索为本市各类创新活动提供保险保障和资金支持。

以市场需求为导向，大力开展保险产品创新。鼓励开发以奥运保险为重点的体育保险产品，为举办一届有特色、高水平的奥运会服务。支持保险机构为在京总部企业提供企业财产保险、责任保险和健康保险、养老保险等一揽子保险产品。围绕本市产业结构优化升级、发展高端产业的战略规划，积极探索文化创意产业、高新技术产业、现代物流业、现代制造业等重点发展领域保险业务，开发适合总部企业、民营企业及中小企业需求的保险产品。发挥出口信用保险作用，为“走出去”战略提供保险保障，促进对外贸易转型升级。稳步发展个人住房、汽车等消费信贷保证保险，促进消费增长。

大力推进保险条款通俗化和服务标准化工作。积极运用现代信息技术，发展网上保险等新的服务方式，拓宽服务领域。鼓励保险机构提供风险管理、投资理财、健康咨询等多种类、个性化服务。探索为创业投资企业研发、试制、生产及投融资等环节提供保险保障，服务首都创新战略。

八、加强保险行业建设和监管，不断提高服务水平和风险防范能力

进一步深化保险机构体制改革，完善公司治理结构，加强内部控制建设和风险管理，建立科学的考评体系，强化法人机构和高级管理人员管控责任，完善和落实保险经营责任追究制度。鼓励中外资保险机构加强沟通合作、协调发展，鼓励保险中介机构充分利用首都保险资源丰富的优势，在风险管理、产品开发、承保理赔等方面提供专业化服务。

保险机构要不断提高风险管理能力和水平，积极发挥保险在突发公共事件应急管理中的作用，探索建立保险与消防、气象、防震、防汛等相关部门的信息共享、协同配合的风险防控机制，加强灾害事故综合预防和救助工作。

加强保险信用体系建设，加强从业人员诚信教育，强化失信惩戒机制，切实解决误导消费、理赔难等问题。加强保险行业自律组织建设，发挥其自律、维权、协调、交流和宣传等方面的作用。加强保险行业标准和规则建设。加强保险人才资源开发与管理，建立科学的人才评价和选拔任用机制，建设一支高素质保险人才队伍。

建立完善以偿付能力监管、公司治理结构监管和市场行为监管为支柱的现代保险监管制度。利用现代科技手段提高保险监管水平，用3至5年时间，建立起基础工作扎实、监管手段科学、信息反应灵敏、预警系统有效的保险监管机制。本市保险监管部门要加强与银行、证券等金融监管部门及人民银行营业管理部的信息沟通与合作，建立金融监管协调机制，完善金融监管联席会议制度，防范金融风险跨行业传递。

九、加大政府支持力度，优化保险业发展环境

认真落实关于促进首都金融产业发展的政策措施，支持国内保险机构和国际知名保险机构、再保险机构、保险中介机构来京设立总部、开设分支机构；支持保险机构在京设立后援、研发、信息等职能中心；支持保险资产管理公司和保险机构资金运用部门落户北京。

在符合首都经济社会发展需要的保险领域，探索建立强制保险制度，研究制定鼓励人民群众和企业利用保险管理和转移风险的具体政策。配合国家税制改革，结合本市实际，研究制定促进保险业发展的具体办法。严厉打击保险诈骗和侵占、挪用保险资金以及销售“境外保单”等违法犯罪活动，严厉查处保险机构经营中的违法违规行为，维护市场秩序，保护投保人和被保险人的利益。

积极开展保险知识进社区、进农村、进学校活动，在本市中小学校开展保险知识教育，发挥新闻媒体的正面宣传和引导作用，进一步普及保险知识，提高全社会风险意识和保险意识。

各区县、各部门要将保险业纳入地方和行业的发展规划统筹考虑，研究解决保险业在改革发展中的困难，为保险业改革发展创造良好的政策环境，积极推动本市保险业又快又好地发展。

二〇〇六年十一月十六日

附：

2006年文件与规章目录选编

中国人民银行营业管理部

一、综合类

1. 关于印发《中国人民银行营业管理部信访工作管理办法》的通知

银管办［2006］33号

2. 关于印发《中国人民银行营业管理部行政执法岗位职责目录表》的通知

银管办［2006］59号

3. 关于印发《中国人民银行营业管理部行政许可操作流程》及相关格式文书的通知

银管办［2006］69号

二、货币信贷类

1. 中国人民银行关于进一步完善银行间即期外汇市场的公告

中国人民银行公告［2006］第1号

2. 中国人民银行公告［2006］第11号

3. 全国银行间债券市场债券借贷业务管理暂行规定

中国人民银行公告［2006］第15号

4. 转发中国人民银行办公厅关于调整信托投资公司存款准备金管理政策文件的通知

银管发［2006］8号

5. 关于调整部分银行存款准备金缴存范围的通知

银管发［2006］14号

6. 转发中国人民银行等四部委关于严禁政府投资项目使用带资承包方式进行建设文件的通知

银管发［2006］18号

7. 转发国家发展和改革委员会等七部委关于推进铁合金行业加快结构调整文件的通知

银管发［2006］84号

8. 转发国家发展和改革委员会等七部委关于加快煤炭行业结构调整、应对产能过剩的指导意见的通知

银管发［2006］87号

9. 转发中国人民银行关于调整金融机构人民币贷款利率文件的通知

银管发［2006］92号

10. 转发国家发展和改革委员会等九部委关于加快铝工业结构调整指导意见的通知

银管发［2006］93号

11. 转发国家发展和改革委员会等八部委关于加快水泥工业结构调整的若干意见的通知

银管发［2006］94号

12. 转发中国人民银行上海总部关于受权承办部分市场管理职能事宜文件的通知

银管发［2006］98号

13. 转发中国人民银行　中国银行业监督管理委员会关于印发农村信用社改革试点专项中央银行票据兑付考核指引文件的通知

银管发［2006］101 号

14. 关于重新修订北京地区金融机构利率监测内容的通知

银管发［2006］105 号

15. 转发中国人民银行关于调整住房信贷政策有关事宜文件的通知

银管发［2006］116 号

16. 转发国家发展和改革委员会等十部委关于加快纺织行业结构调整促进产业升级若干意见文件的通知

银管发［2006］119 号

17. 关于加强北京地区黄金市场管理工作的通知

银管发［2006］123 号

18. 转发中国人民银行关于提高人民币存款准备金率文件的通知

银管发［2006］132 号

19. 转发中国人民银行货币政策司关于规范农村金融机构存款准备金率调整文件的通知

银管发［2006］133 号

20. 转发关于延长扶持家禽业发展政策实施期限有关文件的通知

银管发［2006］148 号

21. 转发中国人民银行关于提高人民币存款准备金率文件的通知

银管发［2006］159 号

22. 转发中国人民银行货币政策司关于规范农村金融机构存款准备金率调整文件的通知

银管发［2006］160 号

23. 转发中国人民银行关于提高外汇存款准备金率文件的通知

银管发［2006］178 号

24. 转发中国人民银行关于调整金融机构人民币存贷款基准利率文件的通知

银管发［2006］179 号

25. 转发《中国人民银行关于改进和加强对农民工金融服务工作的指导意见》的通知

银管发［2006］180 号

26. 关于金融支持首都社会主义新农村建设的意见

银管发［2006］181 号

27. 转发中国人民银行关于进一步加强助学贷款工作文件的通知

银管发［2006］185 号

28. 转发中国人民银行关于“十一五”期间民族贸易和民族用品生产贷款利率文件的通知

银管发［2006］196 号

29. 转发国家发改委等九部委关于加快铅锌行业结构调整意见文件的通知

银管发［2006］211 号

30. 转发中国人民银行关于调整存款类金融机构同业拆借期限相关事宜文件的通知

银管发［2006］216 号

31. 转发国家发改委等六部委关于促进平板玻璃工业结构调整的若干意见文件的通知

银管发［2006］279 号

三、会计财务类

1. 关于印发《中国人民银行营业管理部发行基金业务操作规程》的通知

银管办［2006］51 号

2. 转发中国人民银行办公厅关于调整农村信用社准备金存款交存范围文件的通知

银管发［2006］54 号

3. 关于修订《中国人民银行营业管理部发行基金保管库存取款业务操作办法》的通知

银管发［2006］170 号

4. 转发中国人民银行会计财务司关于“国库定期存款”交存存款准备金有关文件的通知

银管发［2006］284 号

四、征信管理类

1. 转发中国人民银行关于落实《个人信用信息基础数据库管理暂行办法》有关问题文件的通知

银管发［2006］1 号

2. 转发中国人民银行关于企业信用信息基础数据库试运行有关文件的通知

银管发［2006］12 号

3. 关于进一步做好银行信贷登记咨询系统数据报送和升级工作的通知

银管发［2006］65 号

4. 转发中国人民银行信用评级管理指导意见的通知

银管发［2006］72 号

5. 转发《中国人民银行　信息产业部关于商业银行与电信企业共享企业和个人信用信息有关问题的指导意见》的通知

银管发［2006］85 号

6. 关于印发《中国人民银行营业管理部银行信贷登记咨询系统数据报送质询制度（试行）》的通知

银管发［2006］86 号

7. 转发中国人民银行关于征信宣传与借款人信息更新工作有关文件的通知

银管发［2006］103 号

8. 转发中国人民银行关于开展中小企业信用体系建设试点工作文件的通知

银管发［2006］155 号

五、支付结算类

1. 转发中国人民银行办公厅关于报送金融机构支付业务报表有关文件的通知

银管发［2006］22 号

2. 转发《中国人民银行办公厅关于印发〈小额支付系统质押业务管理暂行办法〉和〈小额支付系统质押业务主协议〉的通知》的通知

银管发［2006］25 号

3. 转发财政部　中国人民银行关于财政部门查询被调查检查单位存款有关文件的通知

银管发［2006］28 号

4. 转发中国人民银行办公厅关于规范银行汇票专用章事项有关文件的通知

银管发［2006］53 号

5. 转发中国人民银行办公厅关于办理大额支付系统自动质押融资业务文件的通知

银管发［2006］58 号

6. 转发中国人民银行关于规范人民币银行结算账户管理有关文件的通知

银管发［2006］71 号

7. 转发中国人民银行办公厅关于支付业务报表填报有关文件的通知

银管发［2006］73 号

8. 转发中国人民银行　中国银行业监督管理委员会关于防范信用卡风险有关文件的通知

银管发［2006］74 号

9. 关于加强北京市银行卡受理市场 POS 机具布放管理的通知

银管发［2006］135 号

10. 转发中共中央组织部办公厅　中国人民银行办公厅关于党费账户继续单独设立文件的通知

银管发［2006］138 号

11. 转发中国人民银行办公厅关于加强支付系统流动性风险管理及系统运行管理文件的通知

银管发［2006］139 号

12. 转发《中国人民银行关于做好农村地区支付结算工作的指导意见》的通知

银管发［2006］168 号

13. 关于印发《北京市空头支票处罚实施细则》的通知

银管发［2006］205 号

14. 关于建立假日银行卡刷卡高峰时段交易监测制度的通知

银管发［2006］207 号

15. 关于对工行北京分行集中处理同城票据提回业务相关事宜的批复

银管发［2006］208 号

16. 转发中国人民银行办公厅关于严格执行人民币银行结算账户管理制度有关事项文件的通知

银管发［2006］217 号

17. 转发中国人民银行办公厅关于全国支票影像交换系统业务处理及系统运行管理规定的通知

银管发［2006］249 号

18. 转发中国人民银行办公厅关于印发《全国支票影像交换系统数字证书管理办法（试行）》文件的通知

银管发［2006］260 号

19. 关于转发企业年金基金银行账户管理有关文件的通知

银管发［2006］265 号

20. 转发财政部　中国人民银行关于印发《〈中央预算单位银行账户管理暂行办法〉补充规定》有关文件的通知

银管发［2006］267 号

21. 关于北京市全国支票影像交换系统试点上线有关事项的通知

银管发［2006］270 号

22. 关于北京市全国支票影像交换系统试点上线补充事项的通知

银管发［2006］274 号

23. 转发审计署　人民银行　银监会　证监会关于审计机关查询被审计单位在金融机构账户和存款有关文件的通知

银管发［2006］276 号

24. 转发中国人民银行关于加强小额支付系统业务推广工作有关事宜文件的通知

银管发［2006］286 号

25. 转发中国人民银行办公厅关于进一步做好农民工银行卡特色服务工作文件的通知

银管发［2006］287 号

26. 转发中国人民银行办公厅关于农信银资金清算中心开办全国农村信用社银行汇票资金清算业务文件的通知

银管发［2006］288 号

27. 关于协助工商行政管理机关办理暂停结算有关事宜的批复

银管发［2006］12 号

六、国库类

1. 关于印发《北京市商业银行代理国库业务考核评比办法》的通知

银管发［2006］16 号

2. 转发中国人民银行关于印发《国库信息处理系统税收缴库业务处理暂行办法》的通知

银管发［2006］19 号

3. 转发中国人民银行办公厅关于国库信息处理系统（TIPS）上线试运行有关文件的通知

银管发［2006］20 号

4. 转发中国人民银行办公厅关于印发《国库资金风险管理办法》文件的通知

银管发［2006］39 号

5. 关于印发《北京市国库资金汇划报

解办法》的通知

银管发［2006］55 号

6. 关于补充《北京市商业银行代理国库业务考核评比办法》有关内容的通知

银管发［2006］64 号

7. 关于加强财税库行横向联网试点管理有关事项的通知

银管发［2006］100 号

8. 转发中国人民银行关于规范财税库横向联网工作有关文件的通知

银管发［2006］112 号

9. 关于国库信息处理系统（V1. 0. 5 版）上线有关业务问题的通知

银管发［2006］146 号

10. 转发中国人民银行办公厅关于 2006 年国库信息处理系统第一批推广上线运行有关文件的通知

银管发［2006］147 号

11. 转发中国人民银行　国家税务总局关于调整电子缴税付款凭证文件的通知

银管发［2006］173 号

12. 转发中国人民银行办公厅关于国库部门实施政府收支分类改革有关事项文件的通知

银管发［2006］223 号

13. 转发中国人民银行　财政部　国家税务总局《待缴库税款收缴管理办法》的通知

银管发［2006］232 号

14. 转发中国人民银行关于加强国库监管工作有关文件的通知

银管发［2006］245 号

15. 关于转发《2007 年政府收入分类科目》的通知

银管发［2006］273 号

16. 关于做好政府收支分类改革后收入缴库凭证审核的通知

银管发［2006］280 号

17. 关于印发《北京市国库业务系统突发事件应急处置工作指引（试行）》的通知

银管发［2006］281 号

18. 关于法院冻结和扣划商业银行代理国库资金有关问题的批复

银管复［2006］5 号

七、货币金银类

1. 关于印发《中国人民银行营业管理部发行基金业务操作规程》的通知

银管办［2006］51 号

2. 关于废止使用《经营黄金制品许可证》、《经营黄金制品核准登记证》和铜牌的通知

银管发［2006］2 号

3. 转发国务院反假货币工作联席会议办公室关于新版 10 美元防伪特征文件的通知

银管发［2006］43 号

4. 关于进一步加强金融机构上缴发行库钱捆质量管理的通知

银管发［2006］52 号

5. 关于印发《中国人民银行营业管理部发行基金保管库达标升级考核办法（试行）》的通知

银管发［2006］56 号

6. 转发中国人民银行关于加强商业银行现金收支分析工作文件的通知

银管发［2006］68 号

7. 转发中国人民银行关于进一步加强人民币收付业务管理文件的通知

银管发［2006］117 号

8. 关于印发《中国人民银行营业管理部货币金银管理信息系统管理实施细则（试行）》的通知

银管发［2006］127 号

9. 转发中国人民银行关于增强爱护人民币意识 维护人民币流通秩序有关文件的通知

银管发［2006］143 号

10. 关于印发《北京市金融机构残缺、污损人民币兑换实施细则（试行）》的通知

银管发［2006］156 号

11. 转发中国人民银行关于加强防范假美元工作文件的通知

银管发［2006］157 号

12. 关于印发《中国人民银行营业管理部发行基金保管库守卫工作管理规定》的通知

银管发［2006］162 号

13. 关于印发《中国人民银行营业管理部货币发行业务会计核算实施细则（试行）》的通知

银管发［2006］189 号

14. 关于做好第二套人民币纸分币停止流通工作的通知

银管发［2006］200 号

15. 关于印发《北京市金融机构反假货币工作考核办法（试行）》的通知

银管发［2006］218 号

16. 关于印发《中国人民银行营业管理部货币发行业务会计档案管理实施细则（试行）》的通知

银管发［2006］241 号

八、金融稳定类

转发中国人民银行等三部委关于国有商业银行股改过程中个人不良贷款处置有关文件的通知

银管发［2006］29 号

九、外汇管理类

1. 个人外汇管理办法 中国人民银行令［2006］第 3 号

2. 中国人民银行公告［2006］第 5 号

3. 转发中国人民银行 中国银行业监督管理委员会 国家外汇管理局关于发布《商业银行开办代客境外理财业务管理暂行办法》文件的通知

银管发［2006］106 号

十、反洗钱类

1. 金融机构反洗钱规定

中国人民银行令［2006］第 1 号

2. 金融机构大额交易和可疑交易报告管理办法

中国人民银行令［2006］第 2 号

3. 转发中国人民银行关于防范利用假美元洗钱文件的通知

银管发［2006］46 号

4. 转发中国人民银行关于执行中国反洗钱监测分析系统本外币数据报送标准有关文件的通知

银管发［2006］125 号

十一、科技类

1. 转发中国人民银行办公厅关于《信息安全等级保护管理办法（试行）》有关文件的通知

银管发［2006］49 号

2. 关于调整支付系统北京城市处理中心中间件定期重启工作的通知

银管发［2006］75 号

3. 转发《中国人民银行关于进一步加强银行业金融机构信息安全保障工作的指导意见》的通知

银管发［2006］96 号

4. 转发中国人民银行办公厅关于印发全国支票影像交换系统试点工程建设相关接口规范文件的通知

银管发［2006］175 号

5. 关于做好北京金融城域网同城异地备份网建设工作的通知

银管发［2006］195 号

6. 关于升级改造国库单一账户支付清算信息系统及相关系统的通知

银管发［2006］234 号

十二、调查统计类

1. 转发中国人民银行关于做好金融统计数据集中工作文件的通知

银管发［2006］221 号

2. 关于建立北京市城市居民购房需求情况专题调查制度的通知

银管发［2006］236 号

中国银行业监督管理委员会北京监管局

1. 关于加强和改进依法实施行政处罚工作的意见

京银监办［2006］10 号　3 月 15 日

2. 关于深入开展案件专项治理工作的监管意见

京银监发［2006］31 号　3 月 27 日

3. 关于印发《关于进一步加强北京银行信息披露工作的指导意见》的通知

京银监发［2006］46 号　4 月 18 日

4. 关于印发《北京辖内商业银行临柜业务服务质量评价工作实施方案》的通知

京银监办［2006］25 号　4 月 18 日

5. 关于加强辖内中资商业银行合规管理工作的通知

京银监发［2006］90 号　8 月 16 日

6. 关于进一步加强辖内企业集团财务公司内控管理水平和风险管控能力的监管意见

京银监发［2006］97 号　9 月 13 日

7. 关于北京农村商业银行进一步加强董事会建设　完善公司治理的监管意见

京银监发［2006］56 号　6 月 7 日

8. 关于规范辖内银行业机构行政许可事项申请工作的通知

京银监通［2006］197 号　12 月 13 日

9. 关于印发《北京银监局推进辖内银行机构小企业金融服务工作办法》的通知

京银监办［2006］82 号　12 月 30 日

中国证券监督管理委员会北京监管局

1. 关于进一步加强辖区证券营业部监管工作的通知

京证机构发［2006］25 号　4 月 3 日

2. 关于加强管理预防非法证券投资咨询活动的紧急通知

京证机构发［2006］94 号　9 月 4 日

中国保险监督管理委员会北京监管局

1. 关于规范北京保险业投标业务有关问题的通知

京保监发［2006］49 号　3 月 3 日

2. 关于 2006 年北京寿险监管和有关要求的通知

京保监发［2006］53 号　3 月 7 日

3. 关于 2006 年北京财产保险监管工作重点和有关要求的通知

京保监发［2006］58 号　3 月 15 日

4. 关于进一步做好 2006 年北京保险业诚信建设工作的通知

京保监发［2006］62 号　3 月 23 日

5. 关于规范北京航空意外伤害保险市场经营秩序的通知

京保监发［2006］64号 3月31日

6. 关于印发《北京保险业开展治理商业贿赂专项工作实施方案》的通知

京保监发［2006］80号 4月12日

7. 关于机动车交通事故责任强制保险实施过渡期有关问题的紧急通知

京保监发［2006］133号 6月28日

8. 关于落实机动车交通事故责任强制保险制度有关问题的通知

京保监发［2006］139号 7月4日

9. 关于在北京地区实行机动车交通事故责任强制保险投保提示制度的通知

京保监发［2006］152号 7月19日

10. 关于进一步加强贷款房屋保险管理有关问题的通知

京保监发［2006］174号 8月11日

11. 关于加强机动车辆交通事故责任强制保险管理的通知

京保监发［2006］177号 8月15日

12. 关于进一步加强保险代理从业人员资格考试管理有关事项的通知

京保监发［2006］192号 8月30日

13. 关于北京地区实行保险营销员持证上岗有关问题的通知

京保监发［2006］206号 9月21日

14. 关于落实交强险制度有关实务问题的通知

京保监发［2006］210号 9月26日

15. 关于印发《中国保险监督管理委员会北京监管局 北京市公安局公安交通管理局关于北京地区实施机动车交通事故责任强制保险有关问题的公告》及《会议纪要》的通知

京保监发［2006］221号 10月13日

16. 关于印发《北京保险业发展“十一五”规划》的通知

京保监发［2006］266号 12月1日

17. 关于开展北京财产保险市场自查自纠规范工作的通知

京保监发［2006］279号 12月22日

北京市政府及其有关部门

1. 北京市人民政府关于贯彻落实国务院保险改革发展有关文件的实施意见

京政发［2006］43号 11月16日

2. 北京市发展和改革委员会关于印发北京市“十一五”时期金融业发展规划的通知

京发改［2006］1215号 7月27日

七、专题与调研

中小企业金融服务成为外资银行与中资银行竞争的主要领域

中国人民银行营业管理部　金融研究处

背景：2006 年 12 月 11 日，我国金融业加入 WTO 的过渡期结束，金融业务完全对外资金融企业开放，截至 12 月底已有汇丰、花旗等八家外资银行分行向银监会申请将在华分行转变为法人机构，中资银行将在各个领域直接与外资银行展开激烈的竞争。

为进一步加强对北京市高新技术产业的金融支持，中国人民银行营业管理部就北京地区高新技术企业金融支持的现状进行了调查，通过调查发现中资银行对中小企业的金融服务意识普遍淡薄，而外资银行已对中小企业金融服务进行了全方位的业务开发，并将其作为与中资银行竞争的主要领域。

一、外资银行中小企业金融服务的特点

通过调研笔者了解到，北京市××石油科技公司意外获得了英国渣打银行北京分行主动提供的一笔贷款。在此之前，该企业通过渣打银行的宣传材料参加了渣打银行在上海举办的“最具有成长性中小企业创业奖”的评比，如果企业能够在几百家企业中脱颖而出，那么渣打银行将不再进行任何审核就可以满足企业的贷款需求。虽然该企业没有被评上十佳企业，但通过企业递交的材料，渣打银行认为该企业是具有潜力的客户，主动联系企业上门服务。从银行第一次与企业接触，到确定是否向企业发放贷款，仅需要七天时间。笔者发现外资银行愿意提供申请程序相对简单、用存款作为质押、费用也不比中资银行高的贷款。具体来说主要有以下几个特点：

1. 不用担保。外资银行不需要企业用有升值空间的易于变现的资产提供担保（比如房地产），也不用企业找担保公司进行担保。银行只去了企业两次，第一次去企业了解企业的具体情况，如财务状况，并进行审计，一周后告知企业是否能够贷款，第二次对企业的产品和市场销售等情况进行具体考察，最后根据企业的具体情况核定贷款额度，但贷款额度不能超过注册资本金。

2. 费用合理。外资银行在基准利率上上浮 30%，加上各种费用，最终的综合利率不到 10%，由于省去了担保费用，综合利率不高于中资银行提供的利率。

3. 审批时间短。由于省去了担保和反担保的时间，企业得到贷款的时间大大缩短。调研中笔者了解到，中小企业由于经营比较灵活，非常看重时间，贷款发放速度如能快点，在一定程度上甚至并不介意利率水平高一些。

4. 操作形式灵活。企业将账户开在外资银行，存入贷款额度的 1/3 的存款，在额度范围内进行贷款，并且随着与银行合作时间的延长，企业能获得更大额度和

更长时间的贷款，到期时将贷款偿还后可以续贷。如银行给企业的贷款额度为300万元，那么该企业在外资银行存入100万元就可以了。由于银行和企业是初次合作，期限最初定为4个月，到期后企业将所贷额度偿还后能够按同样期限和额度进行续贷，随着两者合作时间的延长，银行会将期限延长至6个月、1年，或者更长，同时如果企业能将资本金增加，银行会给予企业更高的贷款额度。

5. 服务人性化。外资银行在决定向企业发放贷款后，渣打银行中国地区负责人主动约见了企业负责人，就企业发展情况和企业金融需求情况进行面谈，进一步了解企业负责人的素质、品德等基本情况，并为企业提供更好的金融服务。

二、外资银行选择中小企业金融服务作为主要竞争领域的原因

（一）外资银行人民币资金来源与中资银行相比规模仍相对较小

虽然从1979年我国设立第一家外资银行分支机构起，外资银行在华开展业务已有近三十年的时间，但外国金融机构在华部分地区全方面经营人民币业务仅是最近几年的事情，外资金融机构人民币资金来源较中资银行相比仍然较小，受目前我国银行资产比例管理的限制，针对大企业与中资银行开展竞争很容易突破对单一客户贷款不得超过其资本余额10%的限制，而中小企业贷款则不存在这样的问题。

（二）国内中资大型企业客户市场结构基本稳定，外资银行很难与中资银行竞争

由于市场结构和产权结构的原因，国内一些具有垄断力量（无论是自然垄断，还是更主要的行政性垄断）的企业都是国有企业，这些企业与原具有国内垄断力量的国有商业银行的合作非常紧密，外资银行在短期内很难打破这种利益格局，因而外资银行也并不将大企业金融服务作为与中资银行竞争的主要领域。

（三）外资银行中小企业金融服务技术相当成熟

由于银行业服务具有规模效应，对中小企业贷款与对大企业贷款的成本几乎一样，而收益却远不如大企业贷款，这也是中资银行不愿开展中小企业金融服务的重要原因。相对于中资银行而言，外资银行中小企业贷款技术相当成熟，拥有比较完善的成本控制和风险分析系统，能够做到基于安全性的最高盈利性，这也是中资银行管理与外资银行的差距所在。

三、必须重视发展中小企业金融服务，扩展中资银行业务发展的空间

中小企业作为经济发展的主要力量，为社会提供了大量的就业机会，在一国或地区的经济增长中扮演着主要的角色。截至2006年10月，我国经工商部门注册的中小企业已达4 200万户，数量已占全国企业总数的99.8%。中小企业创造的最终产品与服务价值、出口总额和上缴税收，分别占全国的58%、68.3%和50.2%，吸纳了75%以上的城镇就业人员。目前，中小企业发明的专利和研发的新产品分别占到60%和80%以上。中小企业已经成为我国经济发展、市场繁荣和就业扩大的生力军。

然而，制约我国中小企业发展的首要“瓶颈”是融资难问题。近年来，国家出台了多项政策措施，但融资难问题未得到很好的解决。从全国的信贷融资形式看，资金资源配置向大型和超大型企业严重倾斜，中小企业普遍资金紧张，融资过程中遇到了以下难题。

一是“反担保”问题。高新技术企业向金融机构贷款必须提供有升值空间的易于变现的抵押物。如果企业没有足够的抵押物则需通过担保公司进行担保，但担保公司也要求企业提供抵押物，即所谓的“反担保”。

二是长期资金短缺。为降低经营风险，金融机构对风险较大的高新技术企业进行贷款时，不仅要求提供足够的抵押物，还尽量缩短贷款期限。因此，即使大多数企业满足“担保”和“反担保”条件，也很难获得用于研发和企业发展的长期资金。

三是信用评估体系不健全。当前信用评估系统中只存有发生过贷款行为的企业的信用评估；信用评估系统过多地注重企业法人情况和财务报表而忽略了法人代表及高级管理人员的信用、整个团队的管理经营能力、产品占有市场的潜力；担保公司为企业担保，需要企业请担保公司认可的外部信用评级机构进行评估，但当企业获得担保后去金融机构进行贷款时，金融机构仍要再对企业进行一次内部信用评级。

四是贷款形式单一。西方商业银行发展较为成熟的动产融资（如应收账款融资，其主要客户是中小企业）在我国尚未广泛开展。事实上，很多高新技术中小企业难以从其上游供应商处获得赊销，在正常业务中往往又被迫向其客户提供赊销，迫切需要应收账款融资来缓解资金周转紧张。随着外资银行对国内金融市场的全面进入，外资银行中小企业贷款规模迅速扩大，并把高新技术企业尤其是中小企业作为银行最主要的客户，这使得中资银行在与外资银行的竞争过程中处于不利地位。

四、中资银行发展中小企业金融服务的政策建议

（一）一定要重视中小企业金融服务，这可能是决定中外资银行竞争成败的关键

通过调研笔者发现，中资银行对中小企业贷款普遍不重视，甚至存在做秀的行为。例如，北京市某家股份制商业银行在2006年开展知识产权抵押贷款业务之初，通过媒体进行大力宣传，但目前只受理了14笔业务，其中仅1笔成功授信。

（二）切实改进中资银行中小企业金融服务技术

目前，中资银行对中小企业贷款仍然采用传统的授信技术，很多银行开设的所谓“中小企业贷款绿色通道”只是名义上的，在实际操作中仍然按照原有程序和原有标准进行审核。因此，中资银行必须借鉴外资银行风险管理经验，进一步改进中小企业金融服务技术，只有这样才能更好地为中小企业服务。

（三）相关监管部门要设计更好的制度，促进中资银行做好中小企业金融服务

由于信息不对称等原因，中小企业贷款的违约率较大企业贷款相对较高。通过笔者的了解，中资银行之所以不愿意发放中小企业贷款，一个重要的原因是对信贷人员贷款终身追究制度。虽然监管部门目前已经放松了这方面的管制，但各金融机构仍然实行相对保守的操作，这也是阻碍中资银行中小企业金融服务的重要原因。

（执笔人：李宏瑾、方悦平）

土地储备制度实施后房地产开发模式、资金循环和利润变化情况

中国人民银行营业管理部　货币信贷管理处

人行营业管理部于2006年8月上旬分别到北京市土地储备中心、华远地产、华凯投资等5家单位进行调研。调研表明，国家逐步推行土地储备制度（以下简称“制度”）改变了房地产开发模式，土地市场化出让使地方政府获得了高额的土地利润。同时调研显示九部委出台《关于调整住房供应结构、稳定住房价格的意见》（国办发［2006］37号，以下简称37号文件）之后，当前仍处于政策调整和观望时期，开发商由囤地待涨转变为暂时惜售，房地产业利润向拥有大户型房源的开发商倾斜。

一、房地产政策调整后房地产开发运作机制的变化特点

（一）土地储备制度促使全过程开发向承接开发转变

土地储备制度实施后，土地储备中心统一通过“招拍挂”市场化出让土地，进行土地一级开发的企业不一定能够竞得土地，从而改变了开发商从土地一级开发到完成商品房开发的全过程开发模式，开发商从储备中心直接取得土地进行商品房开发的承接开发模式变得更为普遍。

（二）土地市场化出让使得土地转让行为基本终结

土地储备制度实施前，协议地价相对较低，在土地一级开发过程中，土地在开发商之间转让时常发生；土地储备制度实施要求通过“招拍挂”出让经营性用地，市场化出让使土地价格被充分发现，土地转让很难取得差价利润，土地一级开发转让行为基本停止。

（三）储备中心主要委托开发公司进行土地一级开发

土地储备制度基本没有改变土地一级开发模式。由于土地一级开发资金需求量较大，土地储备中心没有足够实力进行统一开发，因而一般通过招标、协议方式委托开发商开发。据土地储备中心估计，委托开发的土地项目约占全市土地开发的90%，自己出资开发的项目约占10%。

（四）住房供应结构调整引致开发商盈利模式从蓄地待涨转向销售控制和政策观望

当前正处于国办发［2006］37号文件的调整和观望时期，房地产业逐渐从囤地模式转变为销售控制。在近期价格上涨较快的情况下，开发商会在一定程度上控制销售价格和销售进度，通常采用初期价格较低，然后不断提价的销售策略或拖延申请预售证，以观望北京落实37号文件的具体情况。

二、当前房地产开发的资金循环和利润分配的变化情况

（一）资金循环方面

1. 信贷资金支持土地开发受到政策

约束。制度实施前，一般预付40%的土地出让金就可以拿到临时土地使用证，然后就可以申请银行贷款进行土地一级开发。《关于进一步加强房地产信贷业务管理的通知》（银发［2003］121号，以下简称121号文件）实施后，土地贷款必须实行土地抵押，而储备中心委托开发的房地产企业不具备办理土地证的资格，难以申请土地抵押贷款；同时，土地拆迁补偿费不断上涨，土地一级开发费用一般占整个投资项目的40%以上，个别项目达到60%。在这种情况下，土地一级开发商不得不借助于股东借款和信托举债等方式，外资地产基金也频繁介入北京地产开发。2006年上半年，北京市土地一级贷款累放53.1亿元，主要是接手协议出让土地继续开发而产生的土地抵押贷款，约占土地开发投资的29%；一级开发企业的自有资金约占15%～20%；其他资金主要来自股东借款，据华凯项目投资集团介绍，股东借款中约有50%～60%来源于银行信贷。

2. 单项开发难度加大，开发企业利用“综合开发”规避自有资金约束。121号文件禁止土地出让金贷款，而土地储备制度要求开发商全额缴纳土地出让金后才能办理“土地使用证”。在这种情况下，受资金实力约束，就单个房地产项目成立开发项目公司很难取得土地使用权，增加了单个项目的开发难度，因此有一定资金实力的房地产开发企业一般将若干个开发项目组成项目束进行综合开发，将回款期项目的资金用于购置土地，满足全额支付土地出让金和35%自有资金的比例要求，以规避自有资金的束缚。

（二）利润方面

1. 土地一级开发商利润限制额度，土地纯收益流向地方政府。土地一级开发费用主要包括土地购置费用、拆迁或征用补偿和“七通一平”费用，其中土地购置或补偿费用约占85%～90%、土地开发费用占10%～15%。土地一级开发利润被限定在总投资额的8%以内，“招拍挂”的土地溢价全部上缴政府财政专户，用于市政设施建设。2006年1～6月，北京市通过“招拍挂”出让的住宅用地共38块，土地总价款90.6亿元，纯收益38亿元，土地收益率41.91%。

2. 开发商利润约占房价总额的1/3，开发费用中人工费用占比较小。商品房开发费用主要包括土地价款、工程款、周边设施和相关税费等。据华凯项目投资集团介绍，建筑面积售价在7 000元/平方米的住宅项目，土地楼面价（土地价款分摊在规划建筑面积上的单位价格）约在2 500～3 000元/平方米，占比为35%～43%；建安费用约在2 000～2 500元/平方米左右，占比为30%～35%左右；税费及配套设施约为500元/平方米左右，约占7%；开发商利润在15%～28%。目前住房价格上涨较快，如果开发商销售控制较为成功，销售利润率可提高到30%～40%，甚至更高。这与业界所传的“三三三”分成的说法基本相符，即土地价款、工程款及相关税费、开发商利润各占1/3。

另据该集团介绍，建筑工人工资约占工程款的10%，在房地产开发总投资中占比较低，对房价的影响较小；土地价格、品质改善、原材料价格和销售控制等是房价上涨的主要因素。

三、当前房地产开发存在的问题

（一）土地开发困难，未来土地供给受到较大限制当前土地中心资金实力和开发能力不足，受托土地一级开发企业融资渠道狭窄，且一级开发商的积极性受到较低利润率限额的影响，同时拆迁和征用土地越来越困难，土地开发难度加大，远期供给相对不足。

（二）土地储备中心职能尚没有充分发挥

北京市土地储备中心由于财政拨款有限而基本不具备独立一级开发土地的能力，约90%的储备土地通过委托一级开发商限定利润开发。相比土地储备中心的零利润开发，委托开发方式由于8%的利润加成，引致了土地招拍挂底价和土地交易价格上涨；同时由于一级开发无权行使土地抵押，限制了一级开发的资金来源渠道和规模。

（三）房地产前期开发的融资渠道亟须拓展

据参与调研的几位开发商反映，银行贷款对“四证”的要求限制了前期信贷融资，在前期资金占用量较大的情况下，开发商不得不借助于成本较高的信托融资、外资基金和公司借款，加大了房地产业的财务风险。

（四）土地收益分配和使用的公平性和可持续性受到质疑

土地储备制度使政府垄断土地出让权，当前房地产市场处于蓬勃发展时期，政府能够获得高额的土地收益，而土地受让者的使用期限在50～70年，土地收益应合理地分配于整个土地使用期限，但是现行的土地价款一次性支付使当前政府占用了未来的土地收益。这部分土地收益如何在各届政府间分配和使用值得思考。

四、政策建议

（一）利用股权、项目债、产业基金等多种渠道筹集资金，加大土地一级开发力度

建议尝试项目举债、股权融资及推出房地产业基金等方式，支持土地一级开发；同时，建议人民银行总行与国土管理部门协商解决土地贷款的抵押要件落实问题，加大信贷支持。

（二）实行土地价款年租制，合理分配土地增值收益

受土地有限性的制约，未来供地能力会受到限制，土地收益将逐步减少。在这种情况下，可以采用土地年租制合理分配当前土地收益，同时降低土地价款的一次性支付价格。价格方面，仍同于当前对廉租房、经济适用房用地采取限价，对商品房用地采取市场化价格。

（三）完善土地储备中心职能，发挥统一征用、开发、管理土地的作用

建议充实土地储备中心资本金，赋予其利用土地抵押的权利，充分发挥其土地一级开发和土地管理功能。

（四）保证住房有序供给，合理调节开发商利润，抑制开发商捂盘行为

建议土地、规划等相关管理部门严格贯彻落实九部委意见，加强对房地产开发用地的监管，保证开发商手中的储备土地有序地转化为住房供给，防止集中开发；当前开发商开发利润率较高，可以考虑采取累进所得税或营业税，调节其利润率，抑制捂盘行为。

（执笔人：李海辉）

北京市各商业银行支持社会主义新农村建设的现状、存在问题及政策建议

中国人民银行营业管理部 货币信贷管理处

2006 年 3 月上旬，人行营业管理部对北京市 8 家商业银行信贷支农工作情况进行了调查。调查发现：北京市各银行在思想上均比较重视金融支持社会主义新农村建设工作，并采取了一些切实改进“三农”服务的新举措。但各行由于自身定位、经营策略等方面存在的差异，在支农程度和工作力度方面有所不同。如何引导金融机构重视支持社会主义新农村建设，使之与自身可持续性发展有机结合，还需要各方进行不断探索。

一、各行信贷支农现状

（一）各行对于信贷服务“三农”工作均较为重视

一是注重制度建设。如北京农村商业银行在推出《支持北京社会主义新农村建设的十项金融服务措施》后又出台了《2006 年支持社会主义新农村建设的指导意见》。二是部分银行建立了专门服务“三农”的组织架构。如北京农村商业银行在总行设立了专门的支农服务部门——三农授信风险管理部，并将在支农需求较大的分支行设立相应内设机构；农行北京分行拟成立农业及中小企业信贷部；国家开发银行总行营业部客户三处的主要职责之一就是在 10 个远郊区县拓展开发性金融业务。三是既注重龙头项目也关注小规模项目。如农行北京分行准备结合对北京市农业产业化龙头企业的调查情况确定并实施重点项目营销计划；但一些大银行对于小的“三农”项目也给予了信贷支持，如中行通州支行向一家乌鸡养殖厂发放 10 万元小额贷款。

（二）“农业产业化重点龙头企业”为各行涉农信贷营销重点

近年来，北京市加快农产品加工、流通业发展，先后认定了两批共 74 家农业产业化重点龙头企业。由于这些龙头企业资质状况良好、盈利能力较强、发展前景广阔，纷纷成为各行信贷业务的营销重点。对北京锦绣大地农业股份有限公司、北京顺鑫农业股份有限公司等龙头企业的贷款是各行涉农信贷的重点，重点龙头企业贷款额在中行北京分行涉农贷款中的占比更是接近 100%。

（三）郊区县、农村的基础设施建设也是各行“三农”信贷着力点

在确保还款有来源的前提下，各行对于农村基础设施建设表现出了较高的积极性。国家开发银行总行营业部对密云等远郊区县的农村基础设施建设累计发放贷款 60 多亿元；建行北京分行将大量信贷资金投放于农村电网、通信、供水等基础设施建设上；工行北京分行对于通州、顺义新城区基础设施建设给予信贷倾斜，并重点扶持了一些垃圾、污水处理企业；北京银行对于乡村政府周边道路设施建设、符合新农村发展规划的农村住房建设等项目

给予信贷支持。

（四）各行创新“三农”金融服务的意识逐步增强

北京银行积极创新担保方式，试行农户联保贷款、仓单质押贷款和订单农业贷款等新的贷款品种；北京农村商业银行大力拓展涉农中间业务增值服务，陆续推出了为富裕农户量身定做的家庭理财产品和代理服务业务，并着力研究开办农村住房贷款等新业务；国家开发银行总行营业部对于以就业为导向的农民技能培训、职业教育给予信贷支持，并积极落实其总行与商务部、供销合作总社签订的金融合作协议，支持以连锁经营为主的乡镇超市、乡村便利店建设。

（五）差别化市场定位导致不同类别银行积极性存在差异

北京农村商业银行“立足城乡、服务三农、服务中小企业、服务市民百姓”的市场定位促使其成为农村金融服务的主力军，金融服务“三农”的积极性相对最高。相比之下，四大国有商业银行以及北京银行市场定位更倾向于为二、三产业发展提供金融服务，在银行自身效益和社会效益难以兼顾的情况下，对于发放涉农信贷的积极性相对较弱。伴随着业务范围逐步拓展，政策性银行对于提供“三农”金融服务的积极性正在逐步增强。

二、信贷支农工作目前面临的主要问题

（一）涉农贷款风险较高，对商业银行吸引力不足

由于我国农村经济基础薄弱，农业盈利能力不强，农村中小企业信用状况良莠不齐，农村总体金融生态环境不够理想，银行涉农贷款相对面临较高风险。以建行北京分行为例，截至2005年年末，该行农林牧副渔业贷款总余额85 070万元，不良贷款余额6 133万元，不良贷款比率为7.21%，明显高于该行同期4.62%的平均不良贷款比率。较高的风险使得商业银行发放涉农贷款顾虑较多。

（二）贫困地区政府存在一定程度上的财政资金依赖，对信贷融资的积极性不高

“三农”信贷大多为中长期信贷投放，经济效益一般在中短期内难以充分显现。据各行反映，区县、乡镇一级地方政府主要负责人在任期内一般遵循求稳发展的策略，主观上不愿为下届政府留下过多银行债务；特别是一些贫困区县、乡镇对于争取更多财政资金无偿转移支付所表现出的积极性远高于信贷融资。这在客观上也造成了信贷资金在服务“三农”上所获得的地方政府推动力不足。

（三）完善农村金融服务体系建设与商业银行信贷业务城区归集趋向存在错位

完善农村金融服务体系建设需要政策性金融、商业性金融、地方性金融等多方参与，协调配合，形成多种金融机构分工协作、平等竞争的有机体。而从目前北京辖内商业银行业务发展趋向来看，国有商业银行远郊区县信贷业务总体趋向萎缩，信贷投放逐步集中于城区优质客户，北京银行“城市银行”的定位倾向较重，对于发展郊区县和农村业务的积极性不强。中行北京分行已将其在密云、平谷、延庆等区县支行的贷款业务权限上收，截至2006年3月3日，该行在三地的人民币存款余额分别为8.06亿元、4.36亿元、8.45亿元，而人民币贷款余额依次为2.33亿元、222万元、2 536万元。2006年新增人民币贷款额分别为1 709万元、-1 418万元、-49万元。

（四）农发行“三农”信贷业务拓展空间较为狭窄

农发行目前主要职责是支持储备粮体系建设，通过信贷杠杆调控粮油市场，业务范围相对单一，行业风险和集中度风险较为突出。近年来，农发行北京分行的信贷业务范围有所拓宽，可以开办粮油加工、储备化肥、储备糖等项目贷款，但这类商业贷款仍具有较强的政策性，政策性银行开办此类贷款要自担风险、自负盈亏，因此银行极为慎重，至今农发行北京分行未发放一笔粮油加工企业商业贷款。

三、相关政策建议

（一）按照市场化原则引导商业银行提高涉农信贷的积极性

伴随着股份制改革的逐步推进，四大国有商业银行以及北京银行逐步建立健全现代商业银行体制，内部控制机制更趋完善，信贷风险防范意识明显增强。在此背景下，要提高商业银行涉农信贷的积极性就必须遵循市场化原则，一方面建议有关部门可以考虑健全涉农贷款风险补偿机制，解除银行“三农”信贷的后顾之忧；另一方面引导银行根据农村经济实际，突破以不动产抵押为核心的传统贷款抵押机制，尝试通过农户联保或投资项目未来收益等形式替代不动产抵押。

（二）加强对地方政府的正向激励，充分发挥金融支农的政策效用

人民银行可以鼓励各行采用国家开发银行的“银政合作”方式，即对地方区县政府进行信用评级并签订金融合作协议的方法，在金融支持乡村基础设施建设、扶持农业产业化方面充分调动地方政府银行融资的积极性。此外，与财政等部门联合积极落实市、区县两级的小额担保贷款工作机制，在城乡推广实施新的小额担保贷款办法，给农村转移劳动力自主创业以资金支持。

（三）人民银行应加强对商业银行的“窗口指导”，引导信贷资金寻找涉农切入点

一是鼓励政策性银行、商业银行与农村商业银行联手发放“银团三农贷款”，将前两者的资金优势与后者的机构优势相结合。二是巩固农商行服务三农的差别化市场定位，发挥其网点多、服务面广、农民认知度高等优势，继续发挥其支农工作主力军的作用。三是鼓励银行开展信贷质量较高的小额农户贷款，推广小额农贷人身险等保险项目。此外，应加强与相关政府管理部门间的协调沟通，采取多种方式向银行推荐地方政府重点扶持的乡镇中小企业。

（四）尽快拓宽农发行的业务范围，发挥其比较优势

建议在重新明确农发行职能定位的基础上，尽快拓宽其资金来源和业务范围，加大政策性银行的支农力度。最近，为了贯彻落实推进社会主义新农村建设工作，农发行提出了“农业发展银行，发展社会主义新农村的银行”的口号，由于该行长期从事粮棉油收购信贷业务，对于粮棉油产业拥有较为丰富的信息资源，因此同样作为以服务“三农”为本的银行，农发行应该在金融支持社会主义新农村建设工作中发挥更大作用。

（执笔人：魏海滨）

北京市农民工收入及使用金融服务情况

中国人民银行营业管理部　货币信贷管理处

2006年年初，人行营业管理部通过对工行、农行、建行的北京分行和北京邮政储汇局办理的农民工年末汇款业务进行专项调查，对建工集团、城建集团、浙江中天和韩建集团4家北京地区建筑施工企业进行电话调查，并结合北京劳动社会保障局2006年年初的相关抽样调查结果，分析了北京市农民工的收入情况及使用金融服务的情况。

2004年，北京市共有农民工（不包括北京市各郊区县农民，下同）286.5万人，占外来人口的66.2%，比1999年增长90.4%，年均增长13.7%。考虑到北京城市建设的加速进行和第三产业的迅速发展，劳务需求增加，2005年北京市农民工预计在300万~320万人。

一、北京农民工的基本现状

据北京市统计局数据显示，北京市农民工来源主要集中在河北、河南、安徽、山东、四川五省（2004年占全部农民工总数的64%）。年龄集中在15~49岁，农民工主要以青壮年为主，其中20~24岁年龄组的人数占比最高，占全部农民工总数的22.8%，25~29岁年龄组占18.4%，30~34岁年龄组占18.8%。主要从事建筑业、住宿和餐饮业、批发与零售业、制造业、居民服务和其他服务五大行业（2004年从业人数占全市农民工总数的84.4%）。北京劳动社会保障局于2006年年初选择125家用工单位对北京市农民工工作、收入情况进行的抽样调查结果显示：农民工进城务工主要通过五种途径，劳务市场是最为主要和便利的渠道，占比达40%；其次分别为广告招聘（29%）、老带新（18%）、劳务基地招聘（11%）及其他（2%）。北京农民工基本受过初等教育，受过初中文化程度教育的农民工占比接近70%。

二、北京市农民工收入状况分析

由于农民工所从事的工作主要为体力劳动和单位基层工作，收入提高相对较为缓慢。据北京市统计局数据显示，2003年北京市农民工月均收入875元，年均收入10 500元；2004年和2005年月均收入在900~1 000元。劳动社会保障局调查预测2006年北京市农民工月均收入为1 048.5元，其中，建筑业为1 360元，机械制造业为1 059.4元，住宿餐饮业为917.5元，商务服务业为1 052.5元，居民服务业为1 038.1元。

通过建筑施工企业进行的调查，建筑业农民工按工日计酬，一般壮工在35~45元/工日，技工在50~60元/工日。从几个施工企业了解看，建筑业农民工月收入平均在1 200~1 500元。刨去日常花费，1年下来，建筑业农民工年底能有8 000~10 000元的收入带回家。笔者对居民服务和其他服务行业中的保姆进行调查，通过对家政公司的走访，北京市外来保姆的收入在600~1 000元/月。

三、北京市农民工使用金融服务情况

北京金融机构网点众多，服务较为便

利，调查显示农民工能够享受到最基本的汇款服务。

（一）建筑业部分农民工收入由劳务公司统一汇回，该方式值得推广

调查发现：建筑业农民工的组织化程度总体较高，一般由外地劳务公司对施工企业进行劳务输送，所以农民工工资也多由劳务公司统一汇回。即劳务公司年底结账，统一汇回农民工老家并承担汇费，只发给农民工工资条；农民工返乡后，凭工资条领取当年工资。据河北驻京建管处反馈，2005 年，在京河北农民工 70% 的收入是采用这种方式汇回领取的。在加强对劳务公司的监管的前提下，这种方式值得在建筑业农民工中推广。

（二）银行卡汇款是农民工收入汇回的重要形式

2005 年 12 月和 2006 年 1 月，所调查各行农民工汇款量迅速增长。如建行北京分行两月的汇款接近 40 万笔，金额达 36.7 亿元，平均单笔金额多为 5 000 ~ 10 000 元。

在京农民工主要通过银行获得最基本的汇款金融服务，但在银行营业网点办理异地汇款业务较少，一般选择借记卡存现来办理此类业务。主要原因是选用借记卡不需填存款凭条，可以避免因填写错误而造成的不必要的麻烦，而且借记卡存现可以实现资金实时到账。

（三）北京邮政储汇局主要承担低收入农民工收入到家的任务

北京邮政储汇局在 2005 年 12 月和 2006 年 1 月前 20 天，办理农民工的收汇汇款约为 36.24 万笔，金额 3.72 亿元。平均单笔汇款只有 1 026.5 元，可见，收入相对较低的在京农民工仍选择传统的邮政汇款。此外，如果汇款目的地没有银行网点，或家人没有在银行开立账户，则农民工也多选择邮政汇款。

（执笔人：陆强华）

汇改后北京地区进出口贸易的变化及原因分析

中国人民银行营业管理部　经常项目管理处

人民币汇率形成机制改革后，北京地区进口增长率由 2005 年 7 月末的 26.4% 升至 2006 年 6 月末的 34.1%；出口增长率由 2005 年 7 月末的 62.2% 降至 2006 年 6 月末的 17.6%。2006 年 3 月至 5 月，北京外汇管理部对进出口贸易额占北京地区进出口总额一半以上的 30 家大型进出口企业进行了跟踪调查。

一、汇改对北京地区进出口贸易的影响

（一）对资源和劳动力密集型行业的出口有制约作用

2005 年以来，资源和劳动力密集、技术含量和附加值低的行业利润率下降，出口增幅下降。最明显的是纺织服装行业，据中国纺织品进出口商会统计，如果考虑行业出口依存度因素，人民币升值 1%，棉纺织、毛纺织、服装行业出口营业利润就会分别下降 3.19%、2.27%、6.18%。由于竞争加剧，不具备竞争优势的中小企业可能被挤出。如北京市服装进出口有限公司 2006 年 1 ~ 5 月的贸易出口

额为0.55亿美元，同比降低了25.6%。

（二）机电产品与高新技术产品出口的高速增长使北京地区2006年贸易出口继续保持增长态势

2006年1~5月，北京地区出口贸易总额133.7亿美元，比上年同期增长16.6%，其中机电产品出口额为76.4亿美元，同比增长49.5%。由于我国在部分机电产品（如船舶、部分大型成套机电设备等）上具有竞争优势，这种增长有望持续。但通常生产大型机械设备的企业（如中国机械设备进出口总公司、中国船舶工业贸易公司等）生产周期长，往往是远期收汇，如果不能采取有效的风险防范措施，人民币升值将使企业损失较大。

同期，北京地区高新技术产品出口额为46.9亿美元（高新技术产品与机电产品有交叉），同比增长47.5%。高新技术企业和具有竞争优势的企业因出口产品的附加值较高，有的企业（如北京哈勃工贸有限责任公司、清华同方威视技术股份有限公司等）还享有一定的出口产品定价权，抵御汇率风险的能力较强。

（三）跨国公司更加关注美元对其他主要货币汇率的变动

大型跨国公司进出口货物的贸易方式一般属于加工贸易类，人民币升值对其进、出口作用基本相抵，所以业务量和经营效益由于人民币升值未受到太大影响。以北京索爱普天移动通信有限公司为例，2006年1~5月，该公司出口收汇额为7.54亿美元，而贸易进口付汇额为9.78亿美元，其自身外汇收入基本可以满足用汇需求。而公司资金往来涉及欧元、日元等多个币种，这些货币之间的汇率波动幅度较人民币与美元之间的汇率波动幅度更大，因此公司更加关注前者的变化。据了解，该公司通过日元与美元的远期交易降低汇率风险。

（四）人民币升值使以进口业务为主的企业略有受益

以经营代理进口业务为主的企业，一般按照进口合同价款的一定比例收取代理费，收益所受影响不大；以自营进口业务为主的企业，人民币升值降低了境外采购成本，使其利润略有受益，而其中进口资源类产品企业，由于近期国际市场价格大幅上涨，人民币升值的幅度远低于产品价格上涨的幅度，因此人民币升值带来的影响可以忽略。

二、企业面对汇改所采取的措施

（一）通过技术改造，加强成本管理，提高效益

调查显示，约30%企业为降低出口成本，积极加强成本核算管理，控制各项费用开支，实行全面预算管理。其中生产性企业已采取降低原材料生产成本、提高生产效率等措施降低出口成本。

（二）具有竞争优势的企业重新谈判价格，转移人民币升值的压力

调查显示，部分企业普遍凭借自身技术优势、稀缺产品、比价优势等特点，提高出口价格，转嫁升值压力。如清华同方威视技术股份有限公司等企业利用其高技术含量的产品或产品具有较高的性价比在价格谈判中拥有一定的主动权。另如神华煤炭运销公司在签订2006年合同时已考虑规避汇率风险的问题，由于其利用煤炭行业属于卖方市场的有利时机，在签订订单时通过谈判提高产品价格，弥补了汇率波动造成的损失。

但应注意的是，中资企业除以上几种具有竞争优势的企业能够采取措施，规避

汇率风险外，多数企业面对人民币升值，感到压力较大。其中少数企业，如五矿钢铁公司，已开始增加内销比重。

（三）积极开拓亚非、拉美市场，实施“走出去”战略

为适应国际市场竞争环境，很多国有大型公司，尤其是进出口份额不断下降的专业外贸代理公司，纷纷开拓亚非、拉美市场，在开展对外承包工程等大型项目的同时，带动相关产品的出口，并积极进入资源开采领域。如北方国际合作股份有限公司2006年在非洲分别与埃塞俄比亚签订了水电站项目、与刚果（金）签订了铜钴冶炼厂工程项目，在亚洲与伊朗签订了机车车辆采购合同等；中油长城钻井有限责任公司积极开发、占领、拓宽国际石油钻井市场，承包工程主要分布在非洲的苏丹、埃及，亚洲的伊朗、巴基斯坦，以及南美洲的委内瑞拉。

（四）加强资金管理，合理规避外汇风险

部分公司已经关注到汇率波动风险，并运用金融衍生工具规避汇率风险。如五矿钢铁有限公司2005年进口额近30亿美元，该公司通过进口押汇的融资方式，取得近1亿元人民币的汇兑收益。另据国航集团进出口贸易公司反映，虽然目前人民币升值对该集团的进口业务没有影响，但该公司已经成立了金融风险科。

（五）拥有国际领先核心技术的生产企业，积极推动上游产业链在本土发展

如北京京东方光电科技有限公司投资建设的TFT－LCD第五代生产线，产品及技术均具有国际领先水平。当前，该企业为降低生产成本，计划大力推进上游产业链（多为高新技术产品）的本土化建设，预计2006年年末本土配套率可达85%，以实现减少进口、降低生产成本的目标。

三、政策建议

（一）加强汇率机制改革政策的宣传引导，深化外汇体制改革

通过各种渠道加强对企业外汇知识的宣传，提高企业决策层对汇率变动的敏感度，帮助企业逐步提高汇率风险管理意识和避险能力；鼓励银行为企业规避汇率风险进一步开发、使用金融衍生产品，活跃银行、企业间柜台交易市场，同时产品定价应更为合理。

（二）加快出口增长方式的转变，提高产品技术含量和附加值

充分利用加工贸易方式，进一步缩短我国与发达国家产业结构上的差距，加快运用高新技术改造传统出口产业，全面提升传统出口商品的技术含量和附加值。改变目前以数量扩张为主的出口贸易增长方式，支持和培育具有自主知识产权和自主品牌的高新技术产品出口，支持企业进行自主研发，形成以技术为核心的质量效益型增长模式。

（三）积极推动上、下游产业链本土化，带动现代制造业发展

北京地区拥有众多科研单位及高等院校，高科技人才储备充足，应积极推进高新技术产业的上、下游产业链，使产品价格大幅下降，突破外商技术壁垒，实现进口替代，扩大出口，推动本土现代制造业在较高水平发展。即使将来由于某种原因造成外资企业撤资，本土高新技术行业中具有核心竞争力的企业已崛起，将有效抵御由此对经济造成的冲击。

（四）对企业实行“分类管理”，在加强贸易外汇资金流入监管有效性的前提下，促进贸易便利化

由于船舶、大型成套设备等企业的产品生产周期长、合同金额大、预收货款占比重，因此对资金周转、外汇结汇的时限要求比较高，如果按照待结汇账户的相关管理规定，将使企业受到由人民币升值带来的汇率损失。因此建议对企业实行"分类管理"，对合法经营、有真实贸易背景的企业给予贸易便利，允许其将预收货款及时结汇，保证企业顺利开展贸易经营活动，同时对于无真实贸易背景的外汇资金流入，将予以严格控制。

（作者：王　珊、刘晓丹）

现金收支变动及其影响因素研究

——北京市1989～2005年现金收支情况分析

中国人民银行营业管理部　货币金银处

现金作为货币供应量中最活跃的因素，其收入支出变动既直接受到地区经济金融发展和货币流通状况的影响，同时也从一个侧面反映了地区经济发展和金融运行的状况。研究现金收支情况，分析预测其变化特点，将有助于货币管理当局提前采取措施应对现金供应中的不利状况，有效防范因现金供应问题引发的金融风险，支持地区经济发展。为此，本文对1989～2005年北京市金融机构人民币现金收支（以下简称现金收支）数据进行了深入研究，剖析了18年来北京市现金收支的特点，并将"十五"期间北京市现金收支情况与上海市、天津市进行了对比研究，认真分析了影响现金收支的各种因素，最后对北京市未来现金收支的整体走势做出了预测。

一、北京市现金收支总体情况

北京市是传统的现金回笼地区，自1989年以来，北京市金融机构人民币现金收入从361.35亿元增加到2005年的20 634.17亿元，增长了56倍；人民币现金支出从336.59亿元增加到2005年的20 455.59亿元，增长了60倍；现金净回笼从24.76亿元增加到2005年的178.57亿元，增长了7倍。

1989～2004年，北京市现金收支持续增长且逐渐加速，2004年出现拐点，2005年度增速有所减缓（见图1）。

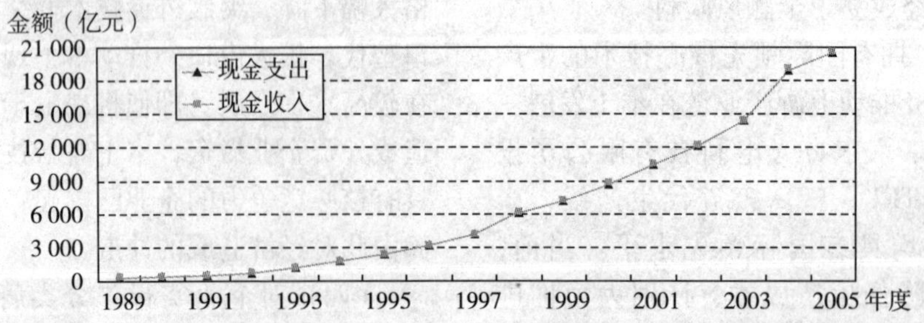

图1　1989年以来北京市人民币现金收支走势图

1989～2005年，北京市现金收支增长率出现三个高点，分别在1993年、1998年和2004年，现金收入增长率分别达到了63.35%、48.32%和31.66%；现金支出的增长率也分别达到了62.51%、47.29%和31.07%（见图2）。

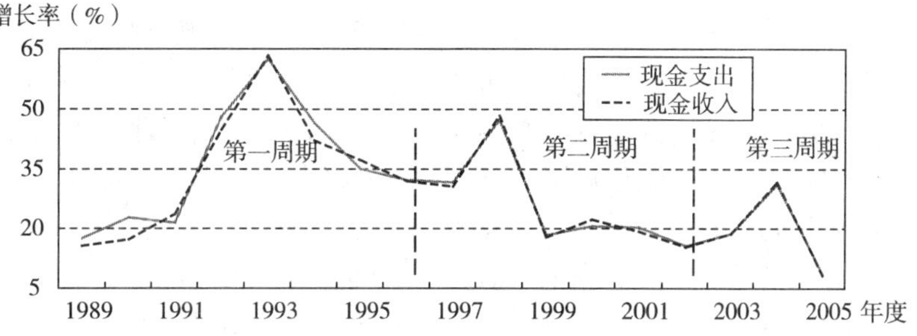

图2　1989年以来北京市人民币现金收支增长率变化图

1989～2005年北京市现金收支增长率的变化可以分为三个变化周期，每个变化周期都与我国所采取的货币政策紧密联系。

第一个周期为1989～1996年期间。1987～1989年间，北京市经济发展过热，投资需求和消费需求膨胀，社会总需求超过社会总供给，通货膨胀非常明显。为抑制全国性的通货膨胀，保障金融、经济的平稳运行，我国实行了紧缩银根的货币政策①。从1990年开始，我国的通货膨胀得到了控制，物价上涨幅度有所回落。但1989年北京市受市场疲软、压缩投资规模、原材料与资金不足、运力紧张和动乱、暴乱等因素影响，除指令性产品完成计划外，有60余种指导性计划产品没有达到计划要求或产量低于上年，致使工业生产增速未达计划水平，市场销售疲软，企业经济效益下滑，当年北京市现金收支增长率低于20%。全国情况也大致如此。为促进经济的发展，1990年我国实施由紧到松、适时调节的货币政策，1991年我国实施较为宽松的货币政策。1991年，我国银行各项存款比上年增长29%，贷款结构有较大的调整，中央银行贷款增长29.2%，货币供应量继续偏高，银行贷款和货币发行增长速度均超过了经济的增长速度，通货膨胀的潜在压力增大；1991年，北京市的货币流通量为39亿元，比上年增长了21.9%，高于当年经济增长和物价上升的幅度。从图2可以看出，1989～1991年北京市现金收支增长率在20%左右徘徊，1992～1993年增长率开始逐年加速攀升，1992年增长率接近50%，1993年竟达到了历史高点63%。所以从1992年起，我国开始实施紧缩的货币政策②，加强对货币供应量的调控，动用行政手段控制信贷总量，以控制通货膨胀。1992年，北京市金融工作的主要任务中，包括要巩固和发展治理整顿成果，控制货币、信贷总量，防止出现新的经济过热和通货膨胀。该政策实施

① 1987年实施的是紧中有活的货币政策，1988年实施的是从松到紧的货币政策，1989年实施的是紧缩银根的货币政策。

② 1992年我国实施从严控制，加强调控力度的货币政策。

所产生的在现金收支方面的效果从1993年[①]以后开始显现，北京市现金收支增长率逐年持续缓慢下降，至1996年[②]降至约30%。

第二个周期为1997～2002年期间。1997年初，我国经济继1996年成功实现“软着陆”后，继续呈现“低通胀、高增长”的良好态势。所以在宏观调控方面继续实施适度从紧的财政货币政策，保持投资和消费的合理增长。但随着东南亚金融危机以及1998年特大洪水对经济的不利影响逐渐加大，我国采取了积极的财政政策和适度放松的货币政策[③]。1998年，我国实施稳健的货币政策，加大对住房信贷的投入，支持住房建设与消费，改革存款准备金制度，分三次下调了金融机构和中央银行存贷款利率，扩大了对小企业贷款浮动幅度，扩大了外汇资金来源，增加了外汇贷款等。一系列扩张性的货币政策对我国经济金融发展产生了极大的促进作用。1998年，北京市金融机构各项人民币存款增长23.4%，贷款增长22.5%，现金收支增长47%。1999～2003年，我国继续实施反通货紧缩、稳健的货币政策，北京市现金收支增长率稳定在15%～22%，呈现较平稳增长态势。

第三个周期为2003～2005年期间（尚未结束）。2003年，北京市克服“非典”的不利影响，经济保持了较快增长速度。工业、固定资产投资和消费需求增长势头强劲，带动了新一轮经济的加速上升。2003年北京市全年经济增长率达到了10.5%，现金收支实现近20%的增长。经济的高速增长出现了一些“过热”行业和“瓶颈”制约，消费结构、供求结构的变化加大了通货膨胀的压力。2004年北京市经济增长13.2%，而现金收支增长率高达32%。为抑制过热投资，减轻通货膨胀压力，降低流动性风险，2004年，我国实施了反通货膨胀、稳健的货币政策，有效控制了货币供应量的增长，2005年北京市现金收支增长率迅速下降至8%。

从图2看出，北京市现金收支增长率变化的每个周期都可以分为四个阶段：第一阶段增长率小幅上升，第二阶段增长率大幅上升，第三阶段增长率大幅下降，第四阶段增长率平稳波动。据此类推，2006年度应属于1989年后北京市现金收支增长率变化的第三周期第四阶段，增长率应处于较平稳的波动之中。此外，从图2还可以看出，1989年以来北京市现金收支增长率在波动中走低，波幅逐渐减小，呈现出周期性，现金收支增长率相对于货币政策的滞后期越来越短，说明我国货币政策对现金收支的调控效能越来越明显，我国货币政策的传导渠道日益通畅。

1989年以来，北京市现金收支除1994年为小额净投放外，均为现金净回笼，且现金净回笼量逐年波动上升，已经逐渐形成一条上升通道（见图3）。

二、北京市现金收支结构性分析

在现金收入中，储蓄存款收入、服务业收入和商品销售收入占现金总收入的90%，其变化直接影响着现金收入总水平的变化。在计划经济时期，商品销售收入、服务业收入在现金收入中占较大的比重。进入20世纪90年代后，这一比重发

① 1993年我国实施反通货膨胀、适度从紧的货币政策。

② 1994年、1995年、1996年我国继续实施反通货膨胀、适度从紧的货币政策。

③ 1997年我国实施由适度从紧到适度放松的货币政策。

生了重大变化，在现金收入中占据主导地位的商品销售收入逐渐被储蓄存款收入所取代。自1989年以来，储蓄存款收入所占比重逐渐上升，由1989年的31.94%上升到2005年的70.67%，上升了38.73个百分点。而商品销售收入、服务业收入所占比重均在下降，其中商品销售收入比重下降幅度最大，从1989年的47.79%下降到2005年的12.45%，下降了35.34个百分点；服务业收入所占比重从1989年的9.38%下降到2005年的4.63%，下降了4.75个百分点（见图4）。

自1989年以来，北京市现金支出主要由储蓄存款支出、工资性支出和行政企事业管理费支出构成。1989年，这三项占现金总支出的72.14%，至2005年这一比重已经上升到了84.57%。储蓄存款支出所占比重明显扩大，由1989年的23.13%上升到2005年的70.34%，上升了47.21个百分点；工资性支出所占比重明显缩小，由1989年的41.19%减少到2005年的5.27%，减少了35.92个百分点（见图5）。

自1989年以来（见图6、图7），储蓄存款收入、支出的增长速度始终均分别高于现金总收入、现金总支出的增长速度，这直接导致了储蓄存款收支在现金收支中的比重不断上升；商品销售收入、工

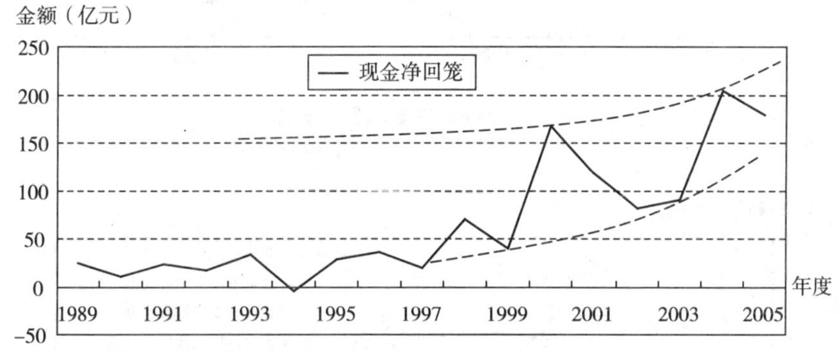

图3　1989年以来北京市现金净回笼走势图

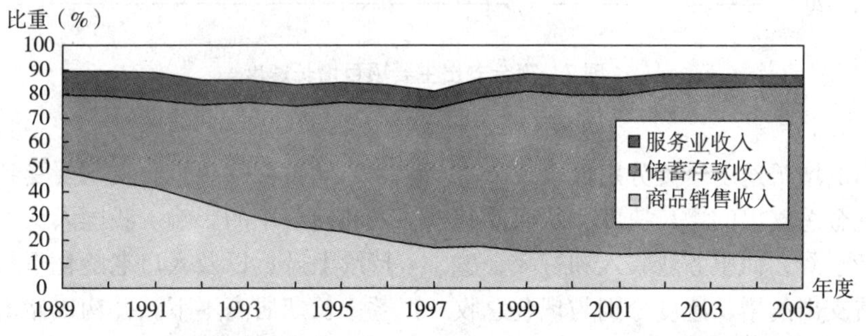

图4　现金收入主要项目比重

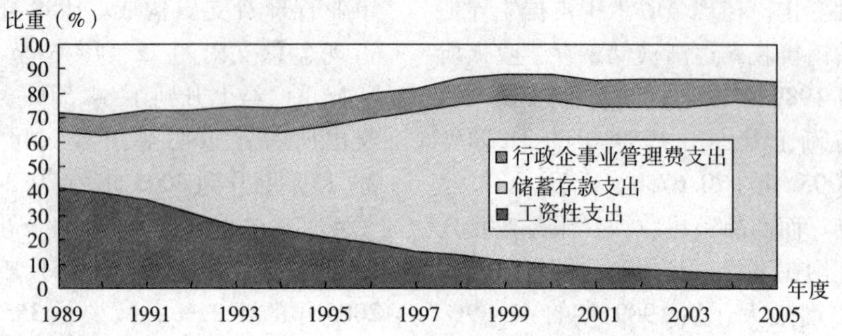

图5　现金支出主要项目比重

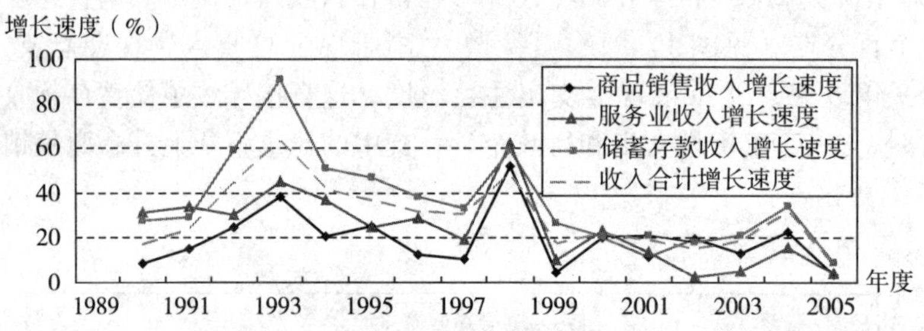

图6　现金收入主要项目增长速度

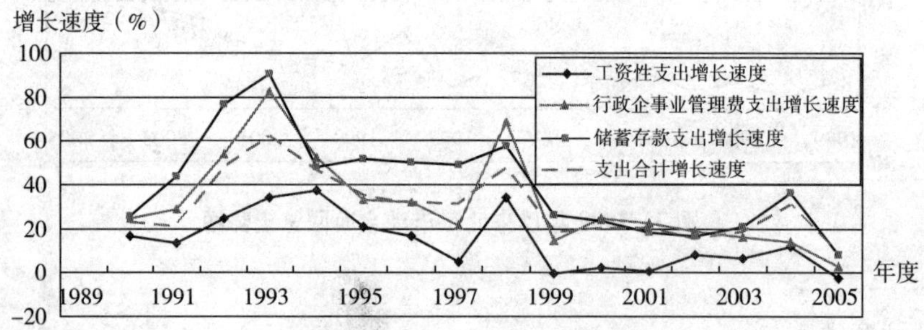

图7　现金支出主要项目增长速度

资性支出的增长速度一直分别低于现金总收入、现金总支出的增长速度，从而使其比重不断下降；而服务业收入和行政企事业管理费支出的增长速度分别与现金总收入和现金总支出增长速度相比时高时低，从而行政企事业管理费支出所占比重保持稳定，服务业收入所占比重下降不明显。

储蓄存款现金收支主要受到可支配收入和储蓄率的影响。我国人均可支配收入持续上升，以及人口老龄化不断加剧使储蓄率长期居高不下，并构成储蓄存款现金收支在现金总收支中比重不断上升的主要原因。1990 年，北京市城市居民人均可支配收入为 1 787.10 元，2004 年上升到

15 637.80 元，增长了 775.04%；自 1994 年以来 CPI 持续走低，1997 年以后年增长率均低于 5%，2002 年竟出现负增长，这些均为储蓄存款现金收支的迅速增长提供了坚实的基础。

三、北京市与天津市、上海市现金收支比较

北京市、上海市和天津市是我国设立较早的三个直辖市，在地理位置、周边经济环境、产业发展政策等诸多方面存在许多差异。通过对三城市现金收支状况及构成的对比分析，发现“十五”（2001～2005 年）期间北京市现金收支具有以下一些特点。

（一）总体规模方面

“十五”期间，北京市现金收支总体规模与上海市现金收支总体规模大致相当，但大大高于天津市，且差距有逐年扩大的趋势；2002～2003 年度，上海市现金收入、现金收支规模均超过北京市现金收支规模，至 2005 年一直保持略高于北京市收支水平状态。2005 年度，北京市现金收入为 20 634 亿元，比上海市低 526 亿元，比天津市高 10 959 亿元；北京市现金支出为 20 459 亿元，比上海市低 246 亿元，比天津市高 10 677 亿元（见图 8、图 9）。

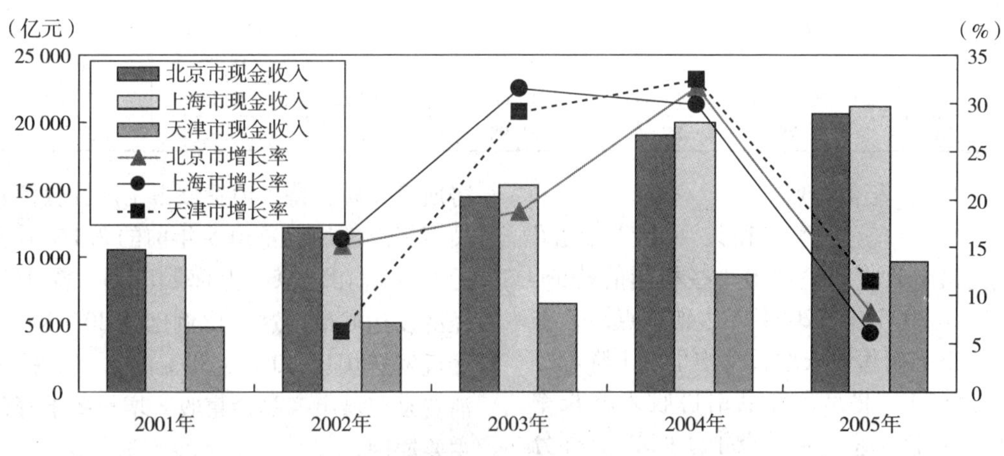

图 8　三城市现金收入及其增长率对比

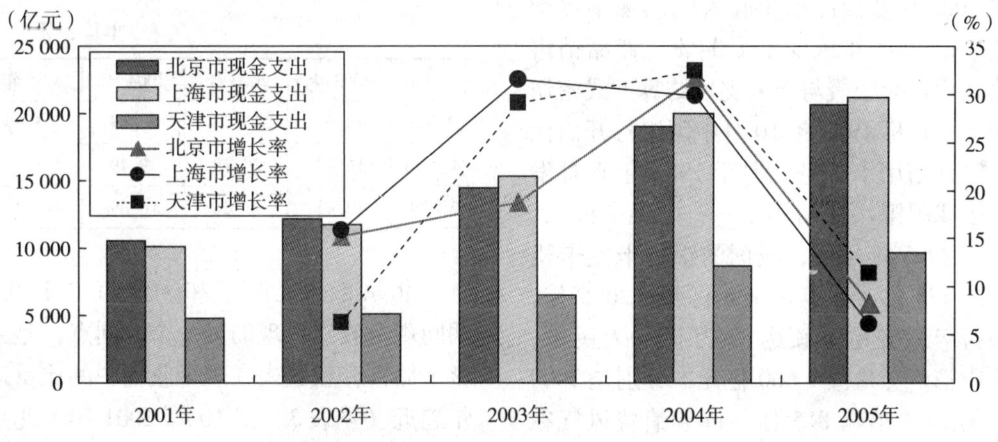

图 9　三城市现金支出及其增长率对比

除2003年度外，三城市现金收支增长速度基本相同。2003年度，北京市现金收支增幅变化明显与上海市、天津市现金收支变化情况背离，增长率约为19%，低于上海市、天津市十多个百分点。

（二）收支渠道方面

在现金收支表中，现金收入主要由商品销售收入、服务业收入和储蓄存款收入构成，现金支出主要由工资性支出、行政企事业管理费支出和储蓄存款支出构成。三项收入合计、三项支出合计均占现金收入、支出总额的近九成。表1给出了2003年度现金收支表中主要构成项目的增速情况。从表中可以看出，2003年度北京市现金收支主要构成项目增速均远低于上海市和天津市对应项目的增速。2003年，“非典型性肺炎”在北京的肆虐是形成当年现金收支总体及主要构成项目增速大幅降低的主要原因。

表1 2003年度现金收支主要构成项目增速一览表 单位：%

	2003年					
	商品销售收入	服务业收入	储蓄存款收入	工资性支出	行政企事业管理费支出	储蓄存款支出
北京市	13.34	5.00	21.44	6.62	15.89	20.75
上海市	20.19	12.44	40.66	30.37	27.12	36.68
天津市	27.28	15.65	31.98	33.77	20.82	31.36

（三）相似特点

北京市、上海市和天津市“十五”期间现金收支还呈现出一些相同的特征。其一是2003年、2004年达到顶点后，三城市商品销售收入增长率均呈现下降趋势（见表2）。北京市商品销售收入增长率2005年比2004年下降了19.29个百分点，天津市下降了3.67个百分点。上海市2005年度商品销售收入则出现了负增长，比2004年减少了1.34%。商品销售收入增长的减缓与个人支付结算方式密切相关。自从1979年10月中国银行开始代理国外信用卡业务，并于1985年6月发行了我国第一张信用卡——中银卡以来，截至2005年年底，我国的银行卡发卡机构为175家，发卡量9.6亿张；2005年，银行卡总交易金额达47万亿元人民币，其中消费交易额9 600亿元，分别是2000年的10.4倍与8.5倍。持卡消费风气在我国初步形成，剔除批发性的大宗交易和房地产交易，持卡消费额占全国社会消费品零售总额的比重由5年前的2.1%升至近10%。在北京、上海、广州、深圳等经济发达城市，这一比例已达30%以上，接近发达国家30%～50%的水平。持卡消费是三城市商品销售收入增长率下降的主要原因。

表2 三城市商品销售收入增长率一览表

单位：%

	2002年	2003年	2004年	2005年
北京市	19.69	13.34	22.63	3.34
上海市	16.42	20.19	9.49	-1.34
天津市	12.41	27.28	16.09	12.42

北京市、上海市和天津市“十五”期间现金收支呈现的另一个共同点，是三城市储蓄存款收入在现金收支中的比重逐年趋近（见表3、图10）。2001年，北京市现金收入中储蓄存款收入占65.72%，

表 3　三城市储蓄存款收入比重

单位：%

	2001 年	2002 年	2003 年	2004 年	2005 年
北京市	65.72	67.24	68.77	70.11	70.67
上海市	58.77	61.16	65.45	68.62	70.00
天津市	61.84	63.13	64.52	66.51	68.63

比上海市高 6.95 个百分点，比天津市高 3.88 个百分点。到了 2005 年，北京市现金收入中储蓄存款收入占 70.67%，比天津市高 2.04 个百分点，比上海市仅高 0.67 个百分点。

三城市储蓄存款收入所占比重均在逐步趋近于一个相同的值——70% 强（见图 10）。从图中走势可以看出，未来一段时期内三城市现金收入中储蓄存款收入比重将稳定在七成左右。

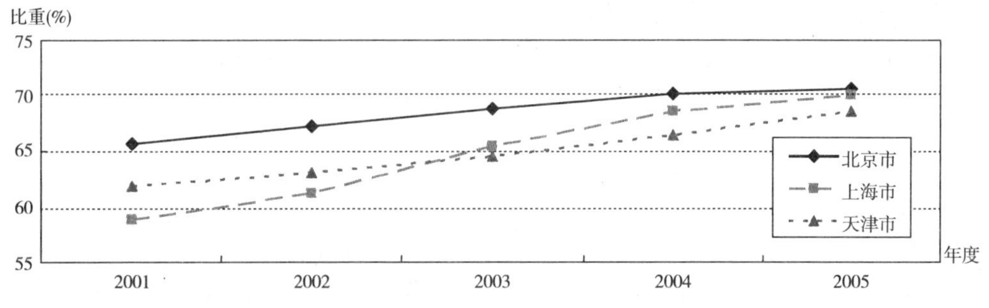

图 10　三城市储蓄存款收入比重变化趋势

四、影响北京市现金收支的因素

现金是货币供应量中最活跃的因素，分析现金收支的影响因素，首先要了解货币供应的特点。根据现代金融理论，货币供应具有内生性和外生性两种特性，其内生性是指货币供应取决于宏观经济关系中的各个经济变量和微观经济中各个经济主体的经济行为，也取决于整个金融体系，包括银行与非银行金融机构在内的社会经济各部门的共同活动。其外生性是指货币供应受中央银行的控制，由中央银行根据政府的金融政策和经济形势变化而供应现金，因此，现金收支的变化是上述各种因素综合作用的结果。

本文仅就影响北京市现金收支的内生性因素作了简要分析，并按作用对象与角度将其划分为影响总体的经济因素、影响组成部分的经济因素、季节性因素和偶然性因素四类，针对各因素对现金收支的影响方向及程度进行了分析。顾名思义，影响总体的经济因素主要对现金收支的总体产生影响，影响组成部分的经济因素主要对现金收支的组成部分产生影响，而季节性因素和偶然性因素既可能对总体产生影响，也可能对组成部分产生影响。

从图 1 还可以看出，相对于巨额的现金收入与现金支出而言，现金净投回极其微小，所以图中两条曲线几乎重合在一起。为了简化研究工作，在本部分假设每年的现金收入与现金支出相等，用二者的算术平均数来代替实际数，忽略了现金的净投回。

（一）影响总体的经济因素

1. 地区生产总值对现金收支的影响。北京市地区生产总值也即国内生产总值，反映了北京市经济发展的总体状况。现金收支所反映的现金使用量，应与本地区经济总体状况息息相关。当经济高涨时，现金的使用量应对应持续增大；当经济低迷时，现金的使用量也应随其缩减。图 11

显示出北京市地区生产总值与现金收支平均数呈现高度线性相关，OLS[①] 拟合直线显示，地区生产总值每变动1亿元，平均来说，便有4.78亿元的现金收支与其同方向变动；而 -3 062.3 并不代表任何意义，只是表明地区生产总值与现金收支平均数之间数量关系的一个常数项系数[②]。进一步的研究显示，地区生产总值的增长率与现金收支平均数增长率的相关性比较低，所以得出结论：地区生产总值与当期现金收支的同方向变动关系显著，而其增长率的同方向变动关系不显著。

2. 固定资产投资对现金收支的影响。固定资产投资的增加所引起的配套资金的增加，会引起现金收支的同方向变动。研究显示，北京市固定资产投资与同期北京市现金收支的相关性也很强，且二者同方向变动（见图12）。对1989～2005年数据进行OLS拟合后显示，北京市固定资产投资每增加1亿元，平均来说，现金收支平均数增加约7.93亿元，同样 -2 299.3 并不代表任何意义。

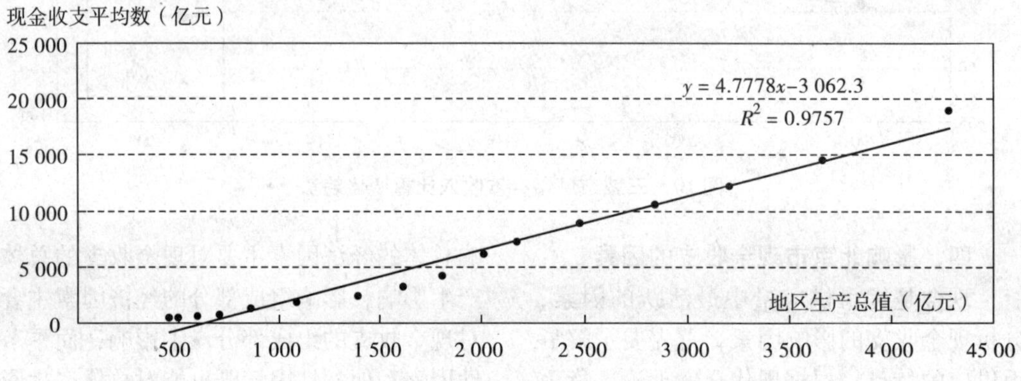

图11　地区生产总值——现金收支平均数散点图

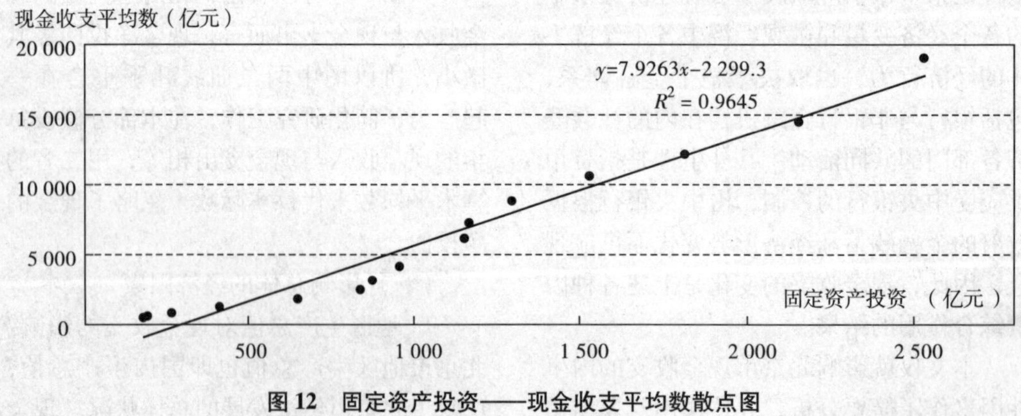

图12　固定资产投资——现金收支平均数散点图

---

① 最小二乘法（Ordinary Least Squares，OLS），一般称为普通最小二乘法。后同。

② 本文所研究的相关因素与被影响量之间为数量变动关系，即其变动方向、变动量之间存在的关系，而不一定为因果关系。是否存在因果关系尚需其他相关理论研究来确定，本文尚未涉及。后同。

3. 现金收支平均数增长率具有前导性特征。现金收支平均数增长率与地区生产总值增长率、全社会固定资产投资增长率的波动相似，且具有一定的前导性特征。如1989~2005年现金收支平均数增长率的第一次高峰出现在1993年，而固定资产投资增长率的高峰出现在1994年，地区生产总值增长率的高峰出现在1995年。现金收支平均数增长率和固定资产投资增长率的第二次高峰均出现于1998年，地区生产总值增长率仍滞后2年，出现于2000年（见图13）。除个别年度外，现金收支平均数增长率总高于固定资产投资增长率和地区生产总值增长率。由此可见，监测现金收支的增长可有助于预测固定资产投资情况以及经济运行状况。

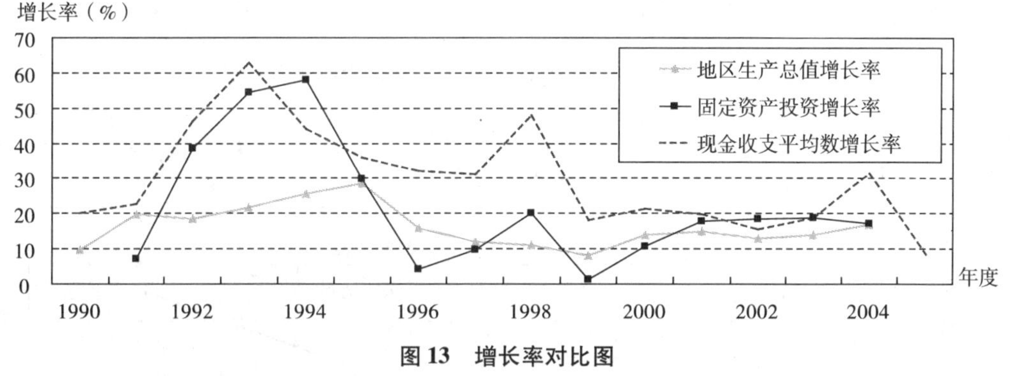

图13 增长率对比图

（二）影响组成部分的经济因素

1. 城乡居民储蓄存款对储蓄存款现金收支的影响。城乡居民储蓄存款余额与储蓄存款现金收支的关系密切。1995~2005年数据显示，城乡居民储蓄存款平均余额①与储蓄存款现金收支平均数②变化关系显著且呈同方向性（见图14）。OLS拟合后的数据显示，居民储蓄存款平均余额变动1元，平均来说，会有2.05元的储蓄存款现金收支同方向变动。另外，1995年储蓄存款现金收入是当年居民储蓄存款余额的1.02倍，2004年增加到了1.89倍，说明居民储蓄存取款平均次数在增加或居民储蓄存款逐渐趋向短期化。

2. 社会消费品零售额对商品销售现金收入的影响。北京市社会消费品零售额与北京市商品销售现金收入相关性强且变动方向相同（见图15）。用OLS对1989~2004年数据进行拟合显示，当北京市社会消费品零售额每变化1元，北京市的商品销售现金收入将同方向变化1.17元，也即北京市1.17元的现金流动对应着1元的消费品零售。

3. 平均工资对工资性现金支出的影响。平均工资水平的高低，直接关系到工资性现金支出的大小，其影响是正向的。对1989~2004年数据OLS拟合显示，二者之间并非线性关系，而是呈对数关系（见图16）。随着平均工资的增长，工资性现金支出的变化越来越缓慢③，说明工资性现金支出没有随着平均工资水平的提

① 居民储蓄存款平均余额 =（年初居民储蓄存款 + 年末居民储蓄存款）/2。

② 储蓄存款现金收支平均数 =（储蓄存款现金收入 + 储蓄存款现金支出）/2。

③ 因为 $y' = \frac{379.46}{x}$，所以 y' 随着 x 的增加逐渐减小，故 y 变化越来越小，曲线越来越平缓。

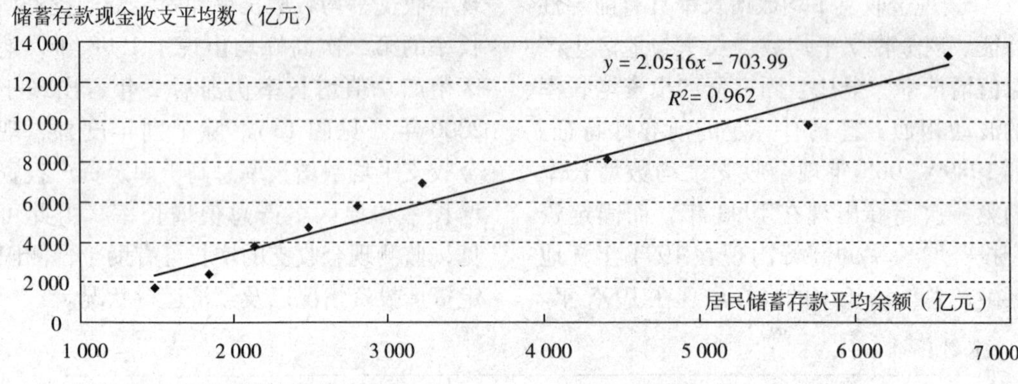

图 14　居民储蓄存款余额——储蓄存款现金收支散点图

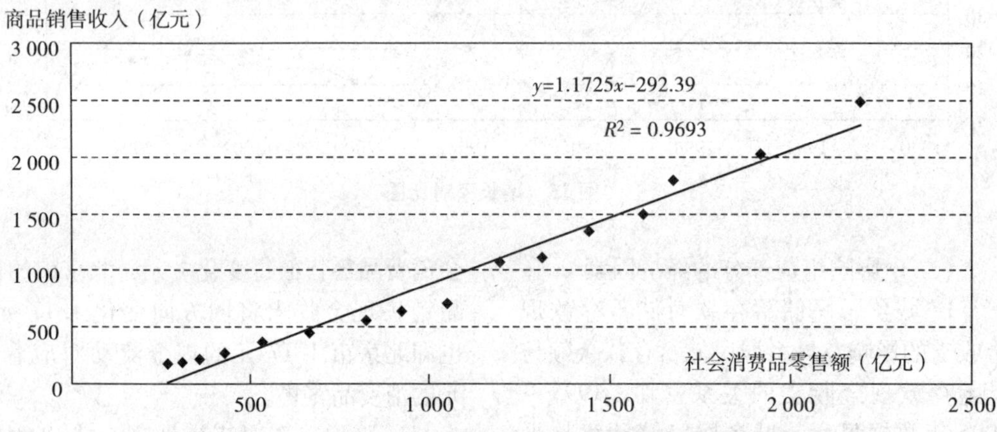

图 15　社会消费品零售额——商品销售现金收入散点图

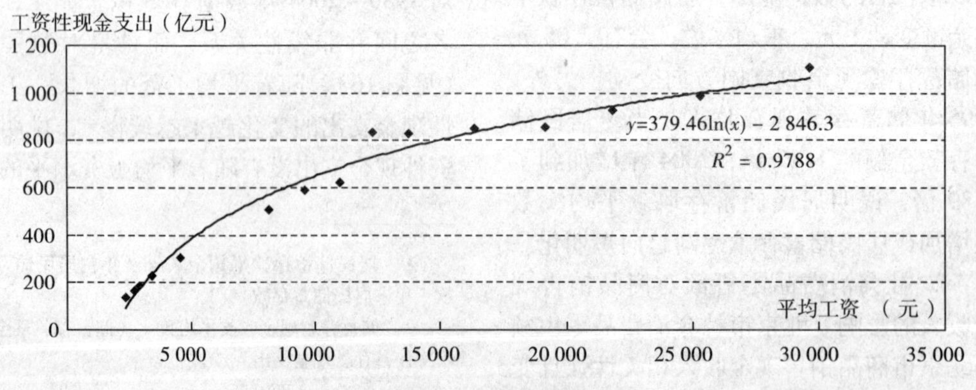

图 16　平均工资——工资性现金支出散点图

高而相应增加。这一方面是因为工资性现金支出还同时受到职工总人数等其他因素的影响，其中工资性现金支出与职工总人数也呈正向变动关系；另一方面随着平均工资的提高，恩格尔系数在降低，消费结算观念和方式均在改变，也影响了工资性现金支出的增长。

（三）季节性因素对现金收支的影响

从月度现金收支数据的分析可以看出，北京市现金收支受节假日的影响越来越大。据1999～2005年月度现金收支数据分析，1月、9月、12月为现金净投放的月份，且1月投放量最大，12月次之，9月份相对较小；除2月、4月外，其他月份均为现金净回笼月份。1月份、2月份现金支出主要为满足北京市春节前现金需求，12月份、9月份的现金投放则分别与元旦、国庆节对现金的需求息息相关。除因1999年、2002年的春节在2月中旬现金呈现净投放，2005年春节在2月9日使现金净回笼较少外，其他年度2月份的现金净回笼均大于其他月份的现金净回笼量。

一般企事业单位发放个人劳务报酬时，一部分按正常的工资薪金发放，其余的效益奖、津贴补助等的发放基本集中在年终结算后元旦、春节前。又因为我国传统习俗是既过阳历年又过阴历年，所以一般现金支出高峰出现在元旦、春节前。春节过后，居民受投资渠道所限，储蓄仍然是第一选择。所以元旦春节前因发放工资、奖金而大量投放的现金，节后迅速回笼。

（四）偶然性因素对现金收支的影响

另外，一些诸如自然灾难、战争、疾病等偶然性因素也会对现金收支产生重大的影响。如2003年我国突然爆发了“非典型性肺炎”。而北京市作为重灾区之一，在“非典”流行期间曾一度工厂停工、学校停课、市民减少外出购物，所以极大地减少了对现金的使用量的需求，故2003年度北京市现金收支增长率明显低于受“非典”影响较轻的上海市和天津市（见图8、图9）。正是在2003年度，上海市的现金收支额从此一跃超过了北京市。

以上这些因素并非影响北京市现金收支的全部主要因素，仅是部分拟合度较高的因素。对于其他某些可能同样对北京市现金收支产生重大影响的因素的研究，以及各个影响因素之间的相互影响等相关问题的研究，将列入下一步的研究计划中。本文旨在提供一种思路，即可以利用历史数据，把那些影响北京市现金收支的主要因素组合起来，建立联立方程或方程组，以解释这些因素对北京市现金收支的影响状况，并用于预测北京市现金收支情况。

五、对未来北京市现金收支运行情况的预测

通过以上的分析，根据北京市现金收支及其结构发展的趋势，并结合北京市经济金融发展的具体情况，预计在未来一段时期内北京市现金收支运行情况将呈现以下一些特点：

（一）现金收支总体规模增速将放缓

如果不出现政策、经济等层面的重大变动，根据北京市现金收支发展趋势，预计在未来几年内，北京市现金收支总体规模的增速将放缓（见图1）。现金收支增长率在2004年达到高点后，预计会出现2～4年的平稳期，将维持在10%以内（见图2），是北京市经济进入新一轮稳定增长的表现。北京市现金净回笼将在上升通道中波动发展（见图3）。

（二）继续进行结构性调整

储蓄存款现金收支的增长速度逐渐接近于现金收支总体的增长速度（见图6、图7），所占总体的比重将趋近并保持于70%左右（见图10）；商品销售收入、工资性支出的增长速度将持续低于现金收支总体的增长速度（见图6、图7），其比重将继续下降；其他收入、其他支出的增长速度2000年以来均高于现金收支总体的增长速度，使其在现金收支中的比重由2000年的4.58%（其他收入）、3.89%（其他支出）上升到2005年的8.88%（其他收入）、9.63%（其他支出），上升了4~6个百分点。预计近几年比重仍将缓慢上升。

（三）其他因素的影响越来越大

首先，节假日对现金收支的影响日益增大。自从1999年我国实行长假制度以来，“五一”、“十一”继春节、元旦之后也成为影响现金收支的主要节假日，突出表现为节前现金大量投放，节后现金大量回笼。其次，现代化的结算方式如信用卡结算方式对现金收支的抵消作用越来越明显。近几年个人信用卡的普及率越来越高，各家商业银行把其作为新的利润增长点，在该领域展开了激烈的竞争，截至2005年底，我国的银行卡发卡量达9.6亿张。个人刷卡消费急剧增长，2005年，银行卡总交易金额达47万亿元人民币，其中消费交易额为9 600亿元，分别是2000年的10.4倍与8.5倍，从而极大地抵消了全社会消费品零售总额中现金的使用量，降低了现金收支的总量。信用卡的使用也对季节性现金需求产生了较大的替代作用，根据中国银联公布的数据，2006年10月1日至7日，各类银行卡跨行交易总金额（除港澳地区）达到337.98亿元人民币，较2005年同期增长52.24%。最后，突发事件对现金收支的影响同样不容忽视，如2003年“非典”的爆发就严重影响了北京市现金收支的增长。

参考文献

[1] 孟建华：《中国货币政策的选择与发展》，中国金融出版社，2006。

[2] 焦春莲、刘治国：《北京市现金投放回笼历史和发展趋势的研究分析》，载《北京金融》，2003（9）。

[3] ［美］G. S. 马达拉 C. R. 拉奥编，王美今、芮萌、林嘉永译：《金融中的统计方法》，上海人民出版社，2004。

[4] 中国人民银行武汉分行课题组：《现金需求的规模及波动性研究——湖北省1995~2004年现金投放回笼情况的调查与分析》，载《武汉金融》，2005（12）。

[5] 中国人民银行荆州市中心支行课题组：《农业主产区现金投回与经济发展相关性实证分析》，载《武汉金融》，2004（12）。

[6] 《北京市金融年鉴》，中国金融出版社，1987~2005。

[7] 《北京市金融机构人民币现金收支统计表》，1998~2005。

[8] 《北京市银行现金收入》、《北京市银行现金支出》，1989~1997。

[9] 宋光辉：《现金回笼率与通货膨胀的关系》，载《数量经济技术经济研究》，1997（3）。

（执笔人：段云峰）

北京地区金融生态环境调查、评价与改善

中国人民银行营业管理部　调查统计处

在中国人民银行总行调查统计司的指导下，人行营业管理部调查统计处对2003～2005年北京地区金融生态状况进行了一次专项调查。围绕本次调查的目的，通过各种权威统计资料，辅以人民银行问卷调查系统，本次调查收集了涉及金融、经济、就业、工业、投资、社会中介和社会保障等方面143项指标的近三年数据。为了更全面地分析北京地区金融生态的发展状况和首都金融生态特点，本文还收集了体现北京地区经济、金融特色的其他相关指标数据。

金融生态环境指的是金融主体及金融主体赖以生存和发展的外部环境，具体到金融主体指银行、财务公司、汽车金融公司、证券、保险、信托等金融机构，外部环境则包括经济发展水平、法制、社会诚信、地方政府公共服务等。

一、北京地区金融生态环境素描

“十五”期间，北京地区金融业保持较快增长，增加值年均增长10.6%，2005年达到793亿元，占第三产业的17.2%。金融增长质量进一步提高，2005年辖内金融机构实现利润409亿元，比“九五”期末增长了2倍；2005年末北京辖内中资银行不良贷款比率3.28%，比2002年下降了5.58个百分点。

（一）金融组织体系更趋健全

北京地区汇集了众多不同类型的金融机构，各类金融主体的集聚有利于金融业务的创新与发展。截至2006年6月末，北京地区有银行类金融机构45家，财务公司、信托公司39家，汽车金融公司5家，保险机构51家，证券机构45家。数目众多的银行、保险、证券各类金融机构，一方面使得金融市场的潜在竞争更为激烈，另一方面也为银证、银保、证保的混业经营创造了条件，有利于三方相互结合，充分发挥各自优势，创新金融产品。

（二）金融市场不断发展

银行信贷市场规模增长迅猛。截至2005年年末，北京辖内金融机构本外币各项存款余额达28 970亿元，比“九五”增长了1.53倍，北京辖内金融机构本外币各项贷余额达15 335亿元，比“九五”增长了1.42倍。

货币市场交易活跃，银行同业市场成员逐步增加，交易金额有较大增长。2005年5月重新开启短期融资券市场，扩大了企业直接融资渠道，丰富了货币市场工具。截至2006年7月，北京已有39家企业发行61期短期融资券，累计融资金额达1 729亿元，其中市属企业6家，合计融资79亿元（朱睿，2006）。

股票和证券市场稳步发展。北京地区上市公司由“九五”末期的65家增加到2005年末的116家，截至2005年年末，累计上市融资3 331亿元，比“九五”末期增加2 374亿元；截至2005年末，地方企业累计发行企业债券110亿元，比“九五”末期增加85亿元。

保险市场发展迅猛。2005年，北京

地区累计实现保费收入 498 亿元，比“九五”末期增加 4.3 倍，年均增长 37.7%。

（三）国有商业银行改革深化，银行资产质量不断提高

不良率是一个存量指标，反映了银行瞬时资产状况，但却是历史因素造成的，是历史的沉淀。存贷款及其变化是一个流量指标，反映了一段时期银行的经营情况。透过存量与流量，可以洞察目前及未来金融生态的发展变化。

国有商业银行股份制改造提高了商业银行资产质量，北京地区主要金融机构信贷资产质量、非信贷资产质量不断得到改善，资产结构逐渐优化。2003 年、2004 年和 2005 年，北京地区主要金融机构[①]本外币各项贷款余额分别为 11 225.2 亿元、12 725.6 亿元、14 338.96 亿元，其中不良贷款分别为 754.78 亿元、561.33 亿元、466.47 亿元，不良率为 6.72%、4.41%、3.25%。主要金融机构不仅实现了不良贷款额、不良贷款率“双下降”的良好发展态势，而且不良贷款中次级贷款所占的比重逐年提高。2003 年、2004 年和 2005 年次级贷款的比重分别为 28.68%、30.69%、37.82%。

三年中非信贷资产余额不良率分别为 1.48%、0.98%、0.4%，不良资产预计损失额分别为 132.84 亿元、107.58 亿元、57.3 亿元。三年中表外业务余额累计增速超过 1 倍，平均每年增长 41.78%，远快于贷款 13% 的增长速度。

易纲（2004）指出银行有两种极端行为：一极是银行只重收益不重风险导致银行信贷的泛滥；一极是银行重风险不重收益使得银行不发贷款。随着国有商业银行的股份制改革，银行贷款行为日趋理性，更加重视信贷风险管理。2003 年至 2005 年，北京地区银行贷款新增额累计减少 433 亿元，两年内分别下降了 20.2%、5.32%。

（四）金融改革和创新步伐加快，对外开放取得积极进展

北京农村金融改革获得突破，改制设立了北京农村商业银行，实现了由合作制向股份制的历史转变。原北京商业银行引进境外战略投资者后更名为北京银行，改制重组后资本充足率明显提高。各金融机构规范落实国家金融改革政策，加强新形势下的金融创新，过度依赖存贷款利差的盈利模式有了很大改观，2005 年辖内商业银行中间业务收入比 2003 年增长了 60.3%。

2004 年 12 月 1 日，北京市对外资银行开放人民币业务，成为第 14 个准许外资银行开办人民币业务的城市。截至 2005 年 12 月末，共有 10 家外资银行北京分行正式开办了人民币业务。外资金融机构在京数量继续增加，截至 2005 年年末，外资银行类代表处 78 家；在京外商独资和中外合资保险公司达到 17 家，外资保险机构驻京代表处达到 87 家。

（五）北京地区经济发展水平较高，产业链条占据高端，市场化程度进一步提高

经济增长会加速金融的发展与深化，稳定的经济环境也有利于化解潜在的金融风险。北京地区经济增长较快，产业结构升级处于全国领先地位。2003 年至 2005 年，地区 GDP 增长速度分别为 11%、14.1%、11.1%，快于我国的平均增长速

① 包括国有商业银行、股份制银行和政策性银行。

度。从产业结构看，2006 年北京第一、第二、第三产业的比例为 1.4:30.9:67.7，全国的产业构成为 12.5:47.3:40.2，北京的第三产业份额比全国高 27.5 个百分点（姜再勇，2006）。

工业快速增长，市场化加速前进。工业改革的实践证明，非公有制经济的效率要比国有经济效率高，非公有制经济在经济中的比重已经成为市场化进程的标志之一。北京地区规模以上工业企业个数 2005 年较 2003 年增加了 2 282 个，相对增长 56.78%，工业增加值增加了 614.51 亿元，增长 60.69%。其中国有单位工业增加值下降较多，经济占比降至 8.02%，说明了非公有制经济在经济中的比重逐年在提高。

从信贷支持方面看，信贷对小型企业的支持力度不断增大，但非公有制经济获得的信贷支持仍很有限。统计数据显示，小型企业贷款余额占比由 11.8% 提高到 14.37%，2003 年至 2005 年三年新增贷款比重分别为 13.41%、24.79%、17.78%。从贷款的所有制分布上看，私营企业、个体企业所占的比重较小，私营贷款余额占比仅 1.3% 左右，个体户余额占比不到 1%。

（六）其他相关社会指标较快发展，为金融发展提供了较好的社会环境

地方财政收入快速增长，财政收支趋于平衡，用于社会公共服务的支出稳中有升。2003 年至 2005 年，地方财政预算收入几何平均增长速度 24.55%，预算外财政收入几何平均增长速度为 29.28%，占当年 GDP 的比重分别为 11.79%、12.28%、13.49%。财政支出几何平均增长 20.01%，用于科教、文卫、基本社会保障的费用占支出的比重稳中有升，分别为 28.75%、28.76% 和 29.14%。

经济政策能保持较好的一致性和连续性，行政管理、司法服务等得到企业、银行的认可度较高。问卷调查显示（其中经营企业样本 116 家，银行样本 53 家），在经济政策能否保持一致性和连续性方面，49.14% 的人认为很高，43.97% 的人认为较高，合计占比 93.11%。在银行信贷受行政的影响方面，银行认为其信贷受行政影响的程度一般、较轻、基本没有的占比分别为 25.49%、23.53%、41.18%，合计占比 90.20%。在司法方面，三年中合同纠纷平均结案率为 99.61%，涉及侵权纠纷案件的平均结案率为 99.33%。在司法公正性方面，企业认为司法比较公正和一般公正分别占比 52.59%、33.62%；其他 7.8% 认为司法很公正，6% 认为司法不太公正。

其他相配套的担保服务、会计、审计服务、法律服务及征信业发展较快。地区担保机构数量由 2003 年的 23 家发展到 2005 年的 63 家，据 2004 年的专项调查显示其中 16 家担保公司的注册资金超过 1 亿元人民币，最高为 10 亿元人民币（付喜国等，2004）。会计人员、律师人员都保持持续增长。2005 年注册会计师为 9 962 人，三年中平均每年增长 16.85%。2005 年有律师事务所 865 个，律师 11 373 人，较 2003 年分别增长 29.1%、44.16%，千人律师拥有数逐次达到 0.5、0.6、0.7。

二、首都金融生态特点透视

（一）总部经济充分体现金融资金融通特点，推动金融业加速发展

北京地区是国内金融机构总部、跨国金融集团区域总部的汇集地，同时也是中央企业集团、地方企业集团以及在京跨国

公司总部的集聚地。据统计，4 家国有商业银行、3 家政策性银行总部均设于北京，北京还拥有 27 家分行级外资银行，国资委监管下的161 家国有企业中，扣除兵工企业，有 137 家企业的总部设在北京。金融总部集聚，行使管理研发职能优势明显，对资金的控制与运用能力非常强。企业总部规模巨大，由总部对资金的控制和运用带来的巨大资金流以及对总部所在地金融企业在资金清算、电子银行、资金汇兑等方面产生强大需求，对金融的服务能力与水平提出更高要求，从而推动金融业快速发展。

同时总部经济也是造成银行大额存差的原因之一。2003 ~ 2005 年，北京地区存差分别为 7 096.72 亿元、8 900.27 亿元、12 392.3 亿元。2003 年的相关研究显示，中央在京企业在四大国有商业银行的存贷差占比达到近 50%（孙玉实，2004）。

总部经济的另一特点是一些大企业成立了自己的财务公司，财务公司负责日常的资金归集与调度，减少了对银行传统业务的依赖，造成“金融脱媒”。随着企业集团资金和财务管理日趋精细化，银行传统业务的利润会相应缩水，这对银行进行包括资产、负债、中间业务在内的各种产品创新、拓宽盈利渠道具有积极的促进作用。

（二）奥运经济为北京金融业的发展带来了机遇与挑战

奥运会在对经济产生巨大“溢出效应”的同时，也对北京金融业带来发展的机遇。首先奥运经济拉动了投资和消费，会增加对贷款的需求，这有助于解决银行业长期存在的流动性过剩问题，并有助于调整信贷结构。自 2002 年初至 2005 年 12 月底，奥运及相关项目累计贷款发放额达 339.11 亿元，约为北京金融机构年均贷款新增量的 20%，如果考虑到与奥运相关的基础设施贷款、其他相关行业贷款及消费信贷，奥运对北京金融业带来的资金需求会更大。其次由于奥运项目资金需求量大、周期长、风险也较大，除了政府投资、银行贷款外，还会积极地寻求其他类似资产证券化、项目融资、投资基金、新的保险产品等金融产品，有利于优化北京地区金融产品结构；最后有利于北京金融业进一步扩大开放程度、提高现代金融服务水平。

奥运经济也使金融业面临诸多挑战。奥运会带动更多外资银行入驻北京开办业务，参与市场竞争，随着大量外资金融机构进入且相继开办人民币业务，会对中资金融机构产生重大的冲击。外资银行管理先进、技术领先，且无须承担为劣质客户服务的责任，竞争力优势明显。北京丰富的金融资源和大量的优质客户，使北京地区成为各外资银行竞争的战略高地，这会使北京的中资金融机构面临更大的竞争压力。

奥运经济会加快北京基础设施建设，加大对交通、通信、教育等基础设施的投入，这为金融业自身进行技术改造，提升科技含量提供了较高的平台，金融业可充分利用先进的技术条件和设施，加快对信息管理、风险评估、外汇交易、支付清算等系统的升级改造（盛朝晖）。

（三）高新技术产业的快速发展需要金融创新产品的支持

北京是我国人力资源最丰富的城市，也是全国大专院校、科研场所的聚集地，具有发展高新技术的天然优势。发展高新技术产业，不仅有利于北京地区发展循环型经济，而且有利于产业结构的优化升级。近几年高新技术在经济中的地位得到提升，软件、光电显示、集成电路等附加值较高的产业逐渐成为新的增长点。《北京市“十一五”时期产业发展与空间布局调整规划》明确将高新技术定位于需要大力发展的行业。

而目前北京高新技术产业的融资对贷款的依赖度仍然较高，2003～2005 年，对高新技术的贷款余额分别为 567.98 亿元、600 亿元、536 亿元，2005 年高新技术增加值为 517 亿元，贷款相对于产出比重较高。由于高新技术是知识、技术密集型产业，研发市场风险大，资金靠自筹、银行贷款的融资方式不利于风险的分散，也不利于高新技术的发展。因此要加快高新技术的发展，就要大力推进金融产品创新，探索新的投融资体制，为高新技术产业的发展提供有力的保障。

（四）房地产业仍是北京地区的主导产业

伴随着消费升级，北京房地产业得到较快发展，2005 年，全市房地产业实现增加值 488.9 亿元，占地区生产总值的比重达到 7.2%，比 2000 年提高 2.6 个百分点。房地产开发投资在全社会固定资产投资中保持较大比重。三年中占比依次为 55.75%、58.27%、53.94%。财政税收增长对房地产的依赖程度依然较强，据最新统计资料显示，2006 年 1～8 月，房地产税增收额占营业税增收额的 38.6%。

三、北京地区金融生态环境存在主要问题分析

（一）金融发展相对滞后，与经济、社会发展的需要尚有一定差距

从总体上看，北京金融业仍处于传统金融业向现代金融业的转型期，金融业不能满足产业发展的需要，尤其是高新技术产业、中小企业的融资需求，一些国际型大项目诸如奥运会等特大项目的融资需求。金融服务不能满足国际化大都市的需求，金融基础设施、结算工具都有待于进一步提高。金融企业竞争力不强，相对于国外银行来说，金融创新尚停留在简单复制国外产品上；中间业务虽然取得较快发展，但与国外银行相比仍有较大差距，银行利润中传统存贷款利差的比重仍然较大，无法有效规避风险。

（二）房地产业在经济中占比较大，产业风险蕴含的金融风险不容忽视

由于高新技术、现代服务业等新型产业的发展需要假以时日，房地产业仍然是北京的主导产业。近几年受奥运会项目的影响，拆迁户住房需求、商务用房需求均较大，房地产业的升温加速了投资投机的需求，造成近期虽宏观调控政策不断，但北京房价仍呈现过快过高增长的情况。而目前房地产业融资还主要依赖于银行业，2003～2005 年房地产业贷款余额分别为 1 333.92 亿元、1 510.9 亿元、1 488.57 亿元，为房地产开发投资完成额的 1.11 倍、1.03 倍、0.98 倍。个人消费贷款余额在各项贷款的比重不断上升，且新增量中大部分为住房贷款。2005 年，住房贷款余额占各项贷款的比重达到 14.67%，占个人消费贷款的比重为 92.17%。2003～2005 年，个人住房贷款新增量占比分别为 71.23%、115.15%、150.56%①。如果不改变房地产企业银行贷款过高、风险过度集中的状况，奥运会后几年，房价一

① 由于其他部分如汽车、旅游贷款新增额等合计为负值，导致个人消费贷款小于住房贷款新增额，所以住房新增额占比超过 100%。

旦波动，大量的房地产贷款会影响银行资产质量，不利于银行稳健经营。

（三）信用、法律环境、中介服务对金融发展有一定影响，相配套的社会软环境需要进一步提高

诚信意识、守法观念还未成为社会的主流，社会还未形成对失信者、违法者受罚的机制，致使部分人的社会诚信意识不强、法律观念淡薄。问卷调查显示，银行对于诚信环境的反应主要集中在比较好与一般两个层次上，41.2%的银行认为比较好，51%的银行认为一般。

社会中介服务诸如会计、审计、法律、征信还不能公平高效地行使社会服务功能，不能完全满足金融发展的需要。这些对金融生态的发展具有基础性的作用，需要进一步完善与提高。

（四）行政体制、行政机制需要完善，公共管理与服务需要改善与加强

政府对微观经济领域干预过多，政企不分、政资不分的现象仍然存在，政事、政府和中介组织不分的现象普遍存在，调查显示在对企业经营活动限制方面，57.8%的人认为限制一般，32.76%的人认为限制较多。在经营受行政影响的程度上，50%的企业认为影响一般，41.38%的人认为影响较轻。其中3家企业认为其经营活动受到较为严重的行政影响。这些一方面制约了市场微观经济主体的发展，另一方面也影响了政府公共服务与公共管理职能的履行。调查还显示在对银行债权的保护积极性方面，47.1%的银行认为一般，31.4%的银行认为比较消极。9家银行认为对债权保护比较积极，占总体的17.6%。2家银行认为很消极。

现有的机构监管模式也不利于金融业的长期发展。随着竞争的加剧，新的金融产品不断涌现，银行、证券、保险之间的竞争与合作关系得到加强。逐渐出现的金融控股公司使得银行、证券、保险分业经营走向事实上的混业经营，但现在分业监管的模式尚不能适应混业经营的要求，即存在一些地方监管过严又存在某些地方的监管真空，监管方式需要改革。

四、地区金融生态环境的改进措施

（一）转变政府职能，提高地方政府的服务能力与服务水平

地方政府在金融生态环境的建设中发挥着基础性的作用。经验表明在政府过多地参与经济活动，存在严重的政企不分、政事不分的计划经济体制下，会造成严重的不良贷款。要建立良好的金融生态环境，首先是要政府逐步退出竞争性的经济领域，有所不为，从单纯行政管理型政府向服务型政府转变。同时政府应该维护社会公平、司法公正，协调社会诚信建设、引导各个相关经济领域的发展，努力为金融生态的和谐发展创造一个良好的环境。

（二）协调各监管主体，做到宽严有度、依法合规监管，加强对系统性金融风险的监测与防范

监管者具有立法权，依法制定金融业法规、条例、指引等，对金融机构的经营行为产生重要的影响。监管者具有行政管理权，对金融市场准入、竞争机制、风险防范、市场退出具有管理监督权，对金融环境产生重要的影响。而目前分业监管模式不利于金融业务的创新发展，也容易出现监管盲点，不利于金融风险的防范。费袁伍（2004）提出由央行主监管，负责对金融控股公司的监管；银证保三者进行功能监管，负责对各自业务进行监管的模式可供借鉴。总之，建立一个适应市场发展的监管体系，

有利于促进金融市场的长期发展，有助于防范系统性金融风险。

（三）完善金融市场结构，大力发展资本市场、保险市场，分散银行业风险

我国金融市场发展不平衡，银行业一枝独秀。资本市场不发达，一方面使得风险过度集中于银行业，另一方面银行业流动性过剩降低了资金的利用效率，不利于高科技等风险企业的发展。在未来的几年中，需要建立新的投融资体制与机制，包括创立小型企业风险投资基金、中小企业贷款风险担保基金，进一步推动高新技术产业、中小企业在二板市场直接融资等，建立与产业发展相适应的金融生态环境，努力构建机构合理、机制健全、自主创新的金融生态体系。

（四）整合社会信用资源，努力创建信用城市

良好的信用环境是推动金融发展与创新的基础。建立信用城市应该政府协调、各方努力，充分发挥各部门的优势。加强征信体系建设，建立守信受益、失信受惩的社会机制。人民银行在充分利用各商业银行信贷资料的基础上，建立更全的企业、个人信用数据库，依法提高信用数据库的利用率。工商管理局可以适时建立经理人信用数据库，加强对经理人信用的管理，提高对经理人失信行为的处罚力度。组织成立征信协会，积极引导征信企业、评级公司等机构健康发展。加大社会诚信宣传，形成社会合力推动信用社会的形成。

（五）推进金融企业改革，提高金融企业的运营能力

金融企业是金融生态环境的主体，是金融的核心。我国金融企业还不能完全适应市场经济的发展，竞争力需要提高。金融企业的改革是一个复杂的系统性工程，需要在国家注资、引进战略投资者进行产权改革的基础上，建立有效的公司治理结构、内控制度和科学合理的经理人激励机制，提高金融企业的运营能力。推动农村商业银行的改革，组织地方金融企业的改组改造，积极建立起一个多层次的银行体系、合理协调的金融体系，才能进一步提升金融生态环境，促进经济金融的良性循环。

（执笔人：刘前进）

银行担保介入房屋包租返利销售现象值得关注

中国银行业监督管理委员会北京监管局

一、基本情况

北京辖内一些商业银行以提供担保的形式介入房屋销售，基本做法是：开发商在与购房人签订房屋销售合同的同时，与购房人签订十年至二十年的长期租赁合同，包租其所购的房屋，并承诺以8% ~9% 的高收益率按月支付租金（投资回报），银行为开发商（或其关联公司）的支付租金承诺向购房人提供担保。银行提供担保的形式主要有两种：一是在开发商按应支付租金的100% 交足保证金之后，银行向购房人出具担保书，提供一般保证责任的保证担保；二是开发商与银行签订《开立保函合同》，按租金的75% 交付保证金后，银行向购房人出具履约保函。

二、存在的问题

对商业银行来讲，以担保的方式参与房屋售后包租返利活动存在诸多问题：

（一）推动房价上升

售后回租返利房地产项目的销售价格一般都处于较高水平，只有维持较高的销售价格，开发商才能向购房人支付高额租金。如位于北京西四环以外的某房地产项目，每平方米价格为1.5万～2.2万元，甚至达3万元。由于银行担保介入项目销售，刺激了购房人的投资需求，对房价上升可能产生一定的推动作用。

（二）滥用银行信用

在售后包租返利房地产项目销售过程中，银行担保无疑是开发商手中的一张王牌。从实际情况看，开发商在广告宣传中普遍存在夸大、滥用银行担保的现象。例如，银行对某房地产项目只提供三年的担保，而开发商在其广告材料《投资理财必读》中却宣称“20年租金收益由银行全程担保”，误导投资者。对此，担保银行未制止。

（三）涉嫌参与违法销售

国家工商总局《房地产广告发布暂行规定》第十六条规定，房地产广告中不得出现含有升值或者投资回报的承诺。建设部《商品房销售管理办法》第二十一条规定，房地产开发企业不得采用售后包租或者变相售后包租的方式销售未竣工商品房。开发商以售后包租返利的方式销售商品房涉嫌违法，相应提供担保的银行则涉嫌参与违法销售。

（四）可能承担民事责任

高收益的项目必然面临较高的经营风险，一旦房地产项目经营失败，购房人和开发商（或其关联公司）就会因租金支付产生经济纠纷。由于在项目销售过程中存在滥用银行信用现象，提供担保的银行可能被卷入经济纠纷。同时，由于银行涉嫌参与违法销售，在主观上存在一定过错，因此可能对购房人承担民事责任。

（五）存在经营风险

银行提供返利担保，其担保保证金来源于房屋销售收入，开发商不能及时足额存入保证金是银行担保业务的主要风险。对于开发商只提供租金75%的保证金的银行担保来讲，银行在制度设计方面就存在风险敞口。在包租返利项目销售过程中，商业银行还为购房人提供个人商业用房贷款。担保银行发放的个人商业用房贷款期限一般都高于其提供的担保期限，后期购房人租金收入的无保障性是银行面临的又一经营风险。

三、相关政策建议

（一）有关部门应当严肃查处违法销售行为

如前所述，以包租返利的方式销售房屋涉嫌违法销售。对此，工商行政管理部门、建设行政主管部门应当充分发挥职能作用，严厉打击违法广告和销售，从源头上制止包租返利销售行为。

（二）尽快明确包租返利销售行为的法律性质

目前，有关部门仅从规范销售行为的角度认定包租返利销售行为违规，并没有从法律上对此种行为的性质加以界定。即是说，包租返利销售行为在实质上是不是一种融资行为、是否涉嫌非法集资等在法律上尚不明确。由于包租返利销售行为直接关系到社会公众的利益和社会稳定，故建议相关部门对此进行认真研究，尽快从法律上明确其性质。

（三）加强对商业银行开展担保业务的监管

商业银行信用等级较高，由其对投资

项目提供担保，会对社会公众的投资意愿产生较大影响。因此，应当对商业银行开展项目投资领域的担保业务加强监管，以防止滥用银行信用和误导社会公众。2001年，中国人民银行制定的《商业银行中间业务暂行规定》将担保类业务列为适用审批制的业务品种，但2003年国务院取消了该行政审批项目。鉴于此，应当尽快研究对商业银行开展担保业务的监管措施。

（四）对商业银行的项目投资担保业务进行风险提示

商业银行从事房屋包租返利销售担保业务具有一定的经营风险和法律风险。但是，商业银行对此未予以足够的重视。随着时间的推移，这些风险将会逐步显现。为了控制风险，监管部门可及时对商业银行的担保业务进行风险提示。

（作者：王明立）

北京银行业小企业贷款“六项机制”创新特色鲜明

中国银行业监督管理委员会北京监管局

在北京银监局的大力推动下，北京辖内商业银行按照《银行开展小企业贷款业务指导意见》的要求，进一步加大了小企业贷款“六项机制”创新力度，取得了初步成效，为持续高效地开展小企业贷款业务提供了有力的制度保障。

一、多元结构的利率定价机制

利率风险定价机制的核心在于通过小企业贷款的差别利率来实现贷款风险成本与收益配比的市场原则，兴业银行北京分行与深圳发展银行北京分行在小企业贷款利率风险定价机制的创新过程中便充分把握了这个核心原则。

以兴业银行北京分行为例，该行在小企业贷款业务中积极运用其总行2006年年初建立的小企业贷款风险定价机制，根据北京市小企业贷款市场的实际情况，建立了以基准利率、指导利率及单笔贷款利率为主要内容的小企业贷款内部定价体系，初步构建了一个多层次的利率体系。如下表所示：

兴业银行北京分行小企业贷款利率结构表 单位：亿元，%

利率浮动范围	贷款余额	贷款余额占比	担保方式				不良余额	不良率
			信用	保证	质押	抵押		
-10	3.20	4.88	0.5	2.7	0	0	0	0
0	34.63	5.29	12.1	3.76	0.40	18.37	0	0
10	23.67	36.16	1.47	4.18	0	18.02	0	0
20	23.53	35.95	0.04	16.38	0	7.11	0.05	0.2
30	8.29	12.69	0	0.84	0	7.45	0	0
其他	3.29	5.03	1	0.79	0	1.5	0	0

二、自成体系的独立核算机制

对于小企业贷款已有一定规模的银行，独立核算机制的建立与完善有助于提高小企业贷款的专业化运作和管理水平、成本收益核算的准确性、贷款审批的效率、激励约束机制的有效性。北京银行、工行北京分行、民生银行总行营业部等银行在独立核算机制建设方面均做出了探索和实践。

以北京银行为例，该行的创新举措有：一是建立专门的小企业贷款管理部门。在总行成立了小企业信贷管理中心，并成立北京市东、西区小企业服务中心。二是实施“三独立”的管理模式。为保证专业化运作效率，小企业贷款管理部门实施独立核算、独立办公、独立考核。三是组建小企业信贷专业队伍。成立专门的小企业信贷业务研究专职队伍以及市场营销专业队伍，在专业化、标准化、规范化的基础上实现小企业信贷业务的快速健康发展。四是实现小企业信息独立化。在现有信息系统中设置小企业客户识别子系统，有效地分析统计小企业客户的存贷款、信用等信息资料，实现小企业信息的独立化。

三、快速便捷的贷款审批机制

小企业贷款审批机制建立的核心在于仅仅围绕小企业“小、频、急”的贷款需求特点，建立快速高效和充分授权的审批体系。建行北京分行的“双签”审批制和工行北京分行的“合并式”审批制便很好地抓住了高效贷款审批机制的关键所在。

1.“双签式”审批制。建行北京分行的“双签式”审批制以试点支行小企业经营中心为载体，根据小企业的信用风险状况以及授信风险限额，由中心主管和有权审批人进行双签审批即可发放贷款，从而使未贷过款的小企业也能非常简便快速地获得贷款。

2.“合并式”审批制。工行北京分行推出的“合并式”审批制将小企业的评级、授信、评估及首笔贷款审查等流程合一，审查人与调查人同时进行前期调查和贷款审查，一般3个工作日即可完成从贷款申请到贷款前期调查及贷款审批的全过程，大大提高了小企业贷款审批的效率。

四、简便易行的激励约束机制

小企业贷款激励约束机制建立的主要目标是充分调动银行信贷人员开展小企业贷款业务的主动性，通过免责机制保护其积极性，通过问责机制督促其勤勉尽责，从而促进商业银行小企业贷款业务的快速健康发展。工行北京分行、北京银行根据本行情况建立了特色激励约束机制。

1. 适当倾斜的激励约束机制。基于小企业信贷业务还处于起步阶段，工行北京分行于2006年年初推出了以正向激励为主导的适当倾斜政策，实施小企业新开户奖励措施，鼓励信贷人员积极开发小企业客户资源，建立小企业贷款客户储备库。

2. 利益一体化的激励约束机制。2006年6月，北京银行推出了《小企业信贷业务奖惩试行办法》。该办法最大的特点是在实施小企业贷款利率溢价分成奖励措施的同时，为小企业贷款经办行的调查人、审查人、签批人分别建立风险保证金专户，在共同分享小企业贷款质量优良时所获奖金的同时，共同承担小企业贷款发生不良后所处的罚金。该办法的推出为北京银行小企业贷款业务的快速健康发展提供了有效的激励约束。

五、形式多样的人员培训机制

小企业贷款专业化的人员培训机制的建立是为了打造一支训练有素、能有效开展小企业贷款业务的专业队伍，确保业务发展的同时，有关政策和程序得到有效执行。深圳发展银行北京分行、工行北京分行通过建立形式多样的培训机制，为培养一支高素质的小企业信贷专业队伍发挥着日益重要的作用。

1. 立体化的人员培训体系。深圳发展银行北京分行培训机制的主要特色：一是参与总行举办的小企业供应链融资视频培训会。二是借助贷款客户开展贸易融资业务实战培训。三是推行以老带新的导师制度，采取“干中学”战术。四是定期举办新产品开发及营销、小企业信用评级及信贷预警等系列业务培训。五是聘请外部专业培训公司进行理论与案例相结合的专项培训。

2. 分层次的人员培训机制。工行北京分行培训机制最大的特点是对小企业信贷款业务从业人员进行分层次的差别化培训：一是对中高级管理人员进行相关政策与理论为主的专题讲座式的培训。二是对支行客户经理采取政策培训与案例分析相结合的培训。三是对网点支行客户经理进行小企业信贷知识普及性的培训。

六、内外兼修的违约信息通报机制

小企业贷款违约信息通报机制的建立与完善对于缓解小企业信息不对称状况，防范小企业信用风险，改善小企业信用环境，提高小企业诚信意识具有十分重要的意义。深圳发展银行北京分行积极开拓信息来源并进行互动式通报的违约信息通报机制，对于缓解商业银行小企业信息不对称提供了一种新的思维方式。

深圳发展银行北京分行违约信息通报机制的主要内容有：一是拓宽信息来源与渠道。通过与行业信息公司合作获取行业相关信息，通过法院网获取客户及其关联方的涉诉信息，通过贷款卡检索发现风险分类及信用评级预警信息，通过银监会、人民银行不定期信息通报筛选重要风险信息。二是建立互动式的信息通报机制。在对小企业客户进行风险等级分类与及时监控的基础上，分行发现预警信号，及时向支行发送《风险预警提示函》；支行发现风险预警信号，在规定时间内报告分行。

（作者：刘瑞晗、肖云钢）

关于北京企业年金发展情况的调研报告

中国保险监督管理委员会北京监管局

北京作为全国政治文化中心，企事业单位总部云集，企业年金发展潜力巨大，北京企业年金制度运行顺利与否对全国企业年金制度成功运行具有至关重要的示范意义。

一、北京企业年金发展现状

目前，北京企业年金市场还处于培育期，各项政策逐步明朗，保险业积极参与并做了大量基础工作。

（一）北京企业年金政策

2004年，劳动和社会保障部《企业年金试行办法》(劳动和社会保障部令第20号)和《企业年金基金管理试行办法》(劳动和社会保障部令第23号)出台后，北京市即积极研究具体落实事宜。2005年年初，王岐山市长在《政府工作报告》中提出要在年内将在全市建立并实施企业年金制度。目前，北京市政府已经制定下发了《关于实施〈企业年金试行办法〉的通知》，根据该通知，北京市企业年金制度有望在以下方面取得突破：一是明确了税收优惠政策。单位缴费在本单位上年度职工工资总额4%以内部分准予在缴纳企业所得税前扣除。二是同意企业在经济条件允许的情况下制定离退休人员福利保障的有关政策。三是实施范围扩展到自收自支的事业单位、没有财政供款的社团和民办非企业等单位。

(二) 北京市企业补充养老保险的运作情况

北京市企业补充养老保险主要采取企业自我管理和购买商业保险两种运作模式，其中商业保险在补充养老保险领域扮演了较为重要的角色。

据北京市劳动和社会保障局统计，截至2005年年初，共有6家北京市属企业建立了自我管理模式的企业年金，覆盖人群5.2万人，基金资产约2.2亿元。据北京保监局统计，2002~2005年8月，北京在京各寿险公司承保的团体养老保险保费收入累计达310.4亿元，投保企业包括中国移动、中国联通、中粮、华北电力、北京铁路局、摩托罗拉、惠普、宝洁等国有大中型企业和外资企业。其中，中国石油天然气集团公司为其39万退休职工投保“中意阳光团体年金保险”，趸缴保费达193.21亿元。

(三) 北京保险业参与企业年金所做的主要工作

北京保监局对推动保险业参与企业年金工作非常重视，努力为保险业参与企业年金创造良好条件。一是积极开展养老保险、企业年金方面的调查研究工作。2005年年初，专门成立研究小组，专题开展了多次调研，向市政府专题报告保险业参与养老保险的有关情况，使地方政府重视商业保险在解决养老问题时的作用。二是积极推动出台北京企业年金实施办法。通过与北京市劳动和社会保障局的多次沟通，对建立北京企业年金制度提出了多条意见，为保险业争取良好的政策环境。三是及时转发中国保监会《关于印发〈加快发展养老保险的若干指导意见〉的通知》等有关文件，并通过开座谈会、邀请保监会专家为各保险公司作专题报告等多种形式，引导各在京寿险公司认清市场形势，积极参与企业年金的研究和准备工作。四是积极支持寿险公司、养老保险公司开展宣传普及企业年金知识、培育企业年金市场等方面的工作，取得了一定成效。

目前，北京保险业参与企业年金的政策环境不断改善，保险公司的重视程度不断提高。各公司在追踪市场动态、加强基础数据分析、创新组织架构、提高企业年金专业化经营水平等方面做了大量的工作。

二、北京企业年金发展中存在的困难和问题

在调研过程中发现，企业和保险公司虽然对企业年金寄予厚望，但由于税收政策不到位、各项配套细则不明朗等种种主、客观原因，大部分企业和保险公司仍处于观望状态。北京尚未开展规范意义上的企业年金，当前企业年金发展中主要存在以下困难：

（一）税收政策不到位

税收政策一直是企业年金发展的"瓶颈"。目前税收政策不到位主要表现在以下几个方面：一是北京市企业年金税收优惠政策尚未出台，企业和经办机构均处于等待状态；二是目前各地已出台的政策均没有考虑到个人缴费减免个人所得税，企业年金基金投资环节的利息税、资本利得税、印花税减免等问题；三是由于缺乏全国统一的企业年金税收优惠政策，因此全国性企业在参加企业年金过程中，其税收须适用分支机构所在地政策，由于各地税赋不一，既增加了企业建立企业年金的操作难度，又影响了企业参与的积极性。

（二）各种经办机构间合作难度较大

按照现行管理规定，企业年金采用信托方式运作管理，受托人、账户管理人、托管人和投资管理人角色分离，互相制衡，以保证年金资产的安全，防范关联交易和利益输送，保护委托人的利益。因此，在现行模式下具备不同资格的金融机构之间必须通过密切合作才能开展业务。但各类机构之间的合作难度较大。一是各经办机构之间因竞争关系，不愿意共享客户信息；二是多数金融机构虽自行开发了信息系统，但是短时期内难以实现各机构之间的系统对接；三是在现行制度下，经办机构之间一旦出现扯皮、推诿现象，则各家机构的利益很难平衡。

（三）理事会定位不清

《企业年金试行办法》第十五条规定：企业年金受托人可以是企业成立的企业年金理事会，也可以是符合国家规定的法人受托机构。据了解，成立理事会作为受托人的模式受到大中型企业的青睐，也得到了国资委《关于中央企业实行企业年金制度的指导意见》（国资发分配［2005］135号）的支持。但是企业年金理事会作为民间团体，如何履行受托人职责，如何承担法律责任，均缺乏制度规定。

（四）类型单一，没有调动多方主体的积极性

国际上大多数建立企业年金的国家均同时存在缴费确定型（DC）和给付确定型（DB）两种模式。但是现行两个《试行办法》仅对DC模式的企业年金制度做出规定。2004年7月，中国保监会与劳动和保障部在会谈中虽然明确提出了支持DB和DC模式共同发展的原则，但至今有关DB模式的管理规定尚未出台，不仅限制了企业的选择权，而且与目前保险业在补充养老保险领域扮演重要角色的现实相悖，使得长期以DB模式提供准企业年金服务的商业保险公司失去了制度保障，不利于企业年金的长远发展。

（五）保险公司重视力度不够

保险业有多年经营补充养老保险和企业年金的历史经验，开展企业年金具有独特的优势。但不少保险公司还存在"等政策、靠上级、要资格"的"等靠要"思想，总分公司均缺乏紧迫感，分公司普遍认为企业年金是总公司的事情，缺少发展企业年金的思想和技术准备。同时，大部分公司在团体养老保险运作中仍然比规模、冲速度，既没有积累企业年金的运作经验，又损害了保险业形象。与此同时，银行、证券公司和基金公司等其他金融机构正在抓紧学习研究保险公司的技术和经验，逐步在账户管理、市场营销方面赶超保险业。如果不加以重视，保险业在企业年金发展中的优势将会不断丧失。

（作者：宣　伟）

附：

2006年专题与调研目录选编

中国人民银行营业管理部 2006年优秀调研成果

一等奖

1.《中小企业金融服务成为外资银行与中资银行竞争的重要领域》（金融研究处）

2.《土地储备制度实施后房地产开发模式、资金循环和利润变化情况》（货币信贷管理处）

3.《完善人民银行再贷款管理与核算的建议及设想》（营业室）

二等奖

1.《基于决策树模型的北京市居民住房需求分析》（调查统计处）

2.《影响世界汇率水平变动的主要因素》（国际收支处）

3.《经济价值创造、投资效率与宏观经济增长》（金融研究处）

4.《北京市各商业银行支持社会主义新农村建设的现状、存在问题及政策建议》（货币信贷管理处）

5.《中国的铸币税与通货膨胀》（金融研究处）

6.《关于北京地区居民金融投资理财产品认知度和满意度的调查报告》（机关党办）

7.《北京市农民工收入及使用金融服务情况》（货币信贷管理处）

8.《人民银行与工商银行会计核算系统：比较与借鉴》（营业室）

9.《首都金融稳定评估体系研究》（金融稳定处）

10.《关于全面完成跨行政区划机械销毁残损人民币试点工作情况的报告》（货币金银处）

11.《我国民间融资的现状、问题及立法建议》（法律事务处）

12.《北京居民购房需求调查——商情调查方法得出的结论》（调查统计处）

13.《目前本外币衍生产品交易的银行业务供给与部分企业真实需求未能有效契合应引起重视》（经常项目管理处）

14.《关于改革票据贴现利率形成机制的政策建议》（货币信贷管理处）

15.《北京市部分奥运重点区域银行卡受理环境调研报告》（支付结算处）

16.《北京地区旅游外汇收支情况调查报告》（外汇检查处）

17.《“奥运·北京”银行卡受理环境发展思考》（支付结算处）

18.《亟待规范的外销房外汇收支管理》（资本项目处）

19.《关于搭建环渤海地区征信合作框架的几点思考》（征信管理处）

20.《探析非居民跨境资金的“来龙去脉”》（国际收支处）

三等奖

1.《建立“内外结合”信用评级制度的思考——兼对北京地区信用评级市场的评介》（征信管理处）

2.《对中央银行风险识别与评估工作的思考》（内审处）

3.《谁将引领北京地区的理性出口？——从出口预收货款看企业竞争力》（外汇检查处）

4.《农村集体土地使用权抵押问题研究》（法律事务处）

5.《从印尼巨港电站项目看我国对外“带资承包”工程存在的问题》（经常

项目管理处）

6.《欧洲中央银行货币政策传导机制研究及对我国的启示》（调查统计处）

7.《汇改后北京地区进出口贸易的变化及原因分析》（经常项目管理处）

8.《国有企业境外商品期货套期保值业务风险点应予关注》（资本项目处）

9.《“非居民企业”跨境资金流动需关注》（国际收支处）

10.《金融机构市场退出的法律规范研究》（金融稳定处）

11.《现金收支变动及其影响因素研究——北京市1989～2005年现金收支情况分析》（货币金银处）

12.《外资银行跨境资金流动特点及原因分析》（外汇检查处）

13.《北京城镇居民消费结构动态分析：基于ELES的定量研究》（金融研究处）

14.《银行个人理财业务探讨》（资本项目处）

15.《北京地区境外上市项下资金跨境流动状况调查》（资本项目处）

16.《我国金融衍生品市场发展问题研究》（办公室）

17.《北京地区金融生态环境调查、评价与改善》（调查统计处）

18.《北京地区金融控股公司调查报告》（金融稳定处）

19.《北京市农村商业银行加入凭证式国债承销团的可行性分析》（国库处）

20.《从“建元、开元”看资产证券化的制度建设》（外汇综合业务处）

21.《北京地区中外资银行结售汇业务价格竞争调研报告》（国际收支处）

22.《抓住四个机遇　优先发展两种产业——有效利用外资促进北京现代服务业的发展》（外汇综合业务处）

23.《对加强银行结算账户管理有关问题的思考》（支付结算处）

24.《关于国库资金风险评估评级的探讨》（国库处）

25.《辖内中资商业银行2005年度会计报表分析报告》（会计财务处）

26.《应收账款质押对我国金融业发展的利弊分析及相关建议》（法律事务处）

27.《人民银行职位分类研究初探》（人事处）

28.《〈会计基本制度〉中有关会计信息规定的解析及相关的工作》（会计财务处）

八、统计资料

北京市2006年国民经济和社会发展统计公报

北京市统计局　国家统计局北京调查总队

2007年1月25日

2006年是“十一五”开局之年，全市人民在市委、市政府的正确领导下，以邓小平理论和“三个代表”重要思想为指导，全面贯彻落实科学发展观，加快构建社会主义和谐社会，扎实推进各项工作，首都经济社会保持了又好又快的发展势头，实现了“十一五”时期的良好开局。

一、综合

初步核算，全市实现地区生产总值7 720.3亿元，比上年增加12%，连续第8年实现两位数增长。其中，第一产业增加值98亿元，增长0.6%；第二产业增加值2 217.2亿元，增长12.6%；第三产业增加值5 405.1亿元，增长11.9%，占地区生产总值的比重达到70%。按常住人口计算，当年全市人均GDP达到49 505元（折合6 210美元），比上年增长8.8%。三次产业结构由上年的1.4∶29.5∶69.1变化为1.3∶28.7∶70。

全市现代服务业实现增加值3 637.4亿元，比上年增长12.8%，占地区生产总值的比重为47.1%；高技术产业实现增加值603.6亿元，增长26.3%，所占比重为7.8%。

全市完成地方财政收入（一般预算）1 117.2亿元，比上年增长21.5%；其中实现增值税、营业税、企业所得税和个人所得税117.8亿元、461亿元、213.9亿元和102.3亿元，分别增长20.7%、20.1%、29.8%和21%。地方财政支出（一般预算，含中央追加支出）1 292.5亿元，增长22.1%。

表1　地区生产总值

单位：亿元

指　　标	2006年	比上年增长（%）
地区生产总值	7 720.3	12.0
其中：高技术产业	603.6	26.3
其中：现代服务业	3 637.4	12.8
第一产业	98.0	0.6
第二产业	2 217.2	12.6
工业	1 848.5	12.1
建筑业	368.7	15.8
第三产业	5 405.1	11.9
交通运输、仓储和邮政业	448.4	9.4
信息传输、计算机服务和软件业	680.7	14.3
批发和零售业	726.1	10.8
住宿和餐饮业	194.6	7.1
金融业	963.1	13.5
房地产业	478.8	2.0
其他服务业	1 913.4	14.5

全市居民消费价格指数100.9%，低于上年0.6个百分点；其中，低收入居民消费价格指数为101.2%，低于上年0.7个百分点。工业品出厂价格指数为

99.1%，原材料、燃料、动力购进价格指数为105.5%，分别低于上年2.2个和5.9个百分点。固定资产投资价格指数100.4%，低于上年0.3个百分点。房屋销售价格指数为108.8%，高于上年1.9个百分点；其中，商品住宅销售价格指数为109.6%，高于上年2.5个百分点。

表2 居民消费价格指数

单位：%

指　标	2006年	其中：低收入层	2005年
居民消费价格总指数	100.9	101.2	101.5
其中：服务项目价格指数	101.2	101.2	101.3
食　品	102.8	102.3	104.9
烟酒及用品	99.9	100.9	100.0
衣　着	99.7	100.9	100.1
家庭设备用品及维修服务	101.2	101.6	99.7
医疗保健和个人用品	101.1	99.2	98.0
交通和通信	99.3	101.5	97.5
娱乐教育文化用品及服务	98.7	99.3	99.7
居　住	101.4	101.5	105.9

表3 房地产价格指数

单位：%

指　标	2006年	2005年
房屋销售价格指数	108.8	106.9
商品房	108.6	106.6
其中：住宅	109.6	107.1
其中：普通住宅	111.2	108.2
高档住宅	106.5	106.3
二手房	109.8	109.4
其中：住宅	109.8	109.7
房屋租赁价格指数	102.9	102.4
其中：住宅	104.4	103.1
土地交易价格指数	105.2	103.8

年末城镇登记失业率为1.98%，比上年末下降0.13个百分点，低于计划调控目标0.52个百分点。当年全市共安排19.1万名城镇登记失业人员就业，8.7万台农村劳动力实现转移就业。

二、人口、人民生活和社会保障

人口　年末全市常住人口（在京居住半年以上人口）1 581万人，比上年末增加43万人。其中，户籍人口1 197.6万人，增加16.9万人；外来人口383.4万人，增加26.1万人，占常住人口的比重为24.3%。全市常住人口出生率6.26‰，死亡率4.97‰，自然增长率1.29‰。全市常住人口密度为963人/平方公里，每平方公里比上年末增加26人。

人民生活　全年城市居民人均可支配收入达到19 978元，比上年增长13.2%，扣除价格因素，实际增长12.2%。其中，20%低收入户人均可支配收入增长14.2%；20%高收入户人均可支配收入增长11.1%。城市居民恩格尔系数为30.8%，比上年降低1个百分点。城镇居民人均居住水平（人均住房使用面积）达到20.06平方米，比上年增加0.61平方米。

全年农村居民人均纯收入8 620元，比上年增长9.7%，扣除价格因素，实际增长8.7%。其中，20%低收入户人均纯收入增长7.3%；20%高收入户人均纯收入增长8.1%。农村居民恩格尔系数为32%，比上年下降0.8个百分点。农村居民人均住房面积39.1平方米，比上年增加2.2平方米。

社会保障　年末全市参加基本养老、基本医疗、失业、工伤保险人数分别为604.1万人、679.5万人、482.2万人和465.3万人，分别比上年末净增84.1万人、104.7 万人、87.6 万人和 136.4 万人。全市参加农村社会养老保险的人数为 44.8 万人，比上年末增加 4.2 万人；参加农村新型合作医疗的人数达到 261 万人，比上年末增加 10.6 万人，参合率为 86.9%，高于上年 5.6 个百分点。社会保障相关待遇标准有所提高。全市享受城市最低生活保障的居民为 15.2 万人，享受农村最低生活保障的农民 8.1 万人。

表 4　社会保障相关待遇标准变化情况

单位：元/月

指　　标	2006 年	2005 年
失业保险金最低标准	392	382
城市居民最低生活保障标准	310	300
职工最低工资标准	640	580
企业退休人员基本养老金最低标准（统筹范围内）	620	563

年末全市有各类收养性社会福利单位 337 家，床位 3.4 万张，收养各类人员 2.1 万人。城镇建立各种社区服务设施 1 365 个，其中社区服务中心 165 个。

三、资源、环境和安全生产

资源　全年土地供应总量 6 509 公顷，比上年增长 2%。其中基础设施用地 3 251 公顷，下降 9.4%；产业用地 1 311 公顷，增长 30.6%；住宅用地 1 318 公顷，增长 49.7%，其中经济适用房用地 532 公顷（含享受经济适用房政策保障性住房），规划建筑面积 887 万平方米，分别增长 80.3% 和 71.6%。

全年平均降水量 448 毫米，比上年减少 4.3%。全年总用水量 34.3 亿立方米，比上年下降 0.6%。其中，生活用水增长 2.2%，工业用水下降 8.1%，农业用水下降 3.3%。初步测算，全市万元 GDP 水耗为 44.4 立方米，比上年下降 11.2%。全年农业新增节水灌溉面积 11.3 千公顷，全市完成节水技改措施 389 项，其中工业节水技改措施 80 项。

环境　全市城八区处理污水 7.8 亿立方米，污水处理率达到 90%，比上年提高 19.9 个百分点；郊区污水处理率达到 42%。城八区生活垃圾无害化处理率达到 96.5%（按产生量计算），郊区生活垃圾无害化处理率达到 57.5%，分别比上年提高 1.3 个和 10.9 个百分点。市区空气质量达到二级和好于二级的天数为 241 天，比上年增加 7 天，占全年总天数的 66%，比上年提高 1.9 个百分点。全年二氧化硫排放总量削减 7.9%，化学需氧量排放总量削减 5.2%。城市绿化覆盖率达到 42.5%，比上年提高 0.5 个百分点。城市人均公园绿地面积 12 平方米。

全市共完成绿化造林 12 776.9 公顷，其中飞播造林 2 000 公顷。本年新增封山育林 933.3 公顷。全市林木绿化率达到 51%，比上年提高 0.5 个百分点。全市有自然保护区 20 个，面积为 13.6 万公顷，其中国家级自然保护区 1 个。

安全生产　全年共发生道路交通肇事、生产安全、火灾死亡事故 1 471 起，比上年下降 4.6%；死亡 1 618 人，比上年下降 7%。其中，道路交通事故 1 255 起，死亡 1 373 人；生产安全事故 172 起，死亡 196 人；火灾事故 44 起，死亡 49 人。亿元地区生产总值生产安全事故死亡率为 0.23，道路交通万车死亡率为 4.78，工矿商贸从业人员生产安全事故 10 万人死亡率为 2.4，煤矿百万吨死亡率为 3.12，均处于年度控制指标内。

四、农业和农村建设

全市农林牧渔业产值 269.6 亿元，按现价计算，比上年增加 0.3%。粮食播种面积22万公顷，比上年增长14.3%，粮食产量109.2万吨，比上年增产15%；肉类总产量57.2万吨，比上年下降14.2%；蔬菜产量394.2万吨，比上年下降7%。

全市实际经营的农业观光园为1 230个，比上年增加218个；观光园总收入10.5亿元，比上年增长33.1%，其中，采摘收入2.4亿元，增长31.9%。民俗旅游接待户8 726户，比上年增加1 458户，民俗旅游总收入3.7亿元，比上年增长16.4%。农业观光园和民俗旅游接待户从业人员7.1万人，比上年增加1.6万人；农业观光园和民俗旅游户接待人数达到2 193.1万人次，增长32.8%。

新农村建设以改善农民生产、生活条件为重点，解决了32万农民的饮水安全问题，完成自然村通油路471公里。实施"亮起来、暖起来、循环起来"工程，安装太阳能灯4万盏；普及吊炕4.6万铺；新建沼气工程38项，生物质气化工程42项。

五、工业和建筑业

工业 全市完成工业增加值1 848.5亿元，比上年增长12.1%。其中，规模以上工业企业完成增加值1 767.4亿元，增长14.1%。在规模以上工业企业中，高技术制造业、现代制造业分别完成增加值463.4亿元和731.3亿元，分别增长28.3%和22.1%，占规模以上工业增加值的比重分别为26.2%和41.4%（二者有交叉部分）。通信设备、计算机及其他电子设备制造业完成增加值330.2亿元，增长34.4%；交通运输设备制造业完成增加值163.4亿元，增长17.3%。产销衔接良好，产品销售率为98.7%，比上年提高0.4个百分点。

表5 规模以上工业企业增加值

单位：亿元

指　标	2006年	比上年增长（%）
工业增加值	1 767.4	14.1
轻工业	349.0	5.8
重工业	1 418.4	16.3
其中：高技术制造业	463.4	28.3
其中：现代制造业	731.3	22.1
其中：国有及国有控股企业	954.7	9.4
其中：通信设备、计算机及其他电子设备制造业	330.2	34.4
电力、热力的生产和供应业	234.7	11.9
交通运输设备制造业	163.4	17.3
黑色金属冶炼及压延加工业	165.7	8.9
化学原料及化学制品制造业	108.3	4.0
通用设备制造业	67.7	14.1
专用设备制造业	65.9	14.4
医药制造业	54.9	13.3
石油加工、炼焦及核燃料加工业	44.3	-4.2

全市生产汽车68.3万辆，比上年增长16.6%，其中轿车27万辆，增长21.8%；生产微型电子计算机735.6万台，增长28.7%；生产程控交换机4 765.5万线，增长67.4%；生产移动通信手持机（手机）14 143万台，增长56.4%。

表6 主要工业产品产量

产品名称	单位	2006年	比上年增长（%）
钢材	万吨	1 042.6	8.1
发电量	亿千瓦时	205.5	-1.7
原油加工量	万吨	828.9	-1.0
乙烯	万吨	99.1	0.1

续表

产品名称	单位	2006年	比上年增长（%）
汽车	万辆	68.3	16.6
其中：轿车	万辆	27.0	21.8
彩色显像管	万只	978.9	-0.7
显示器	万台	680.7	19.8
微型电子计算机	万台	735.6	28.7
程控交换机	万线	4 765.5	67.4
移动通信手持机（手机）	万台	14 143.0	56.4
啤酒	万千升	158.7	3.7
饮料酒	万千升	171.0	4.0
乳制品	万吨	64.0	14.2

建筑业 全市建筑业实现增加值368.7亿元，比上年增长15.8%。具有资质等级的总承包和专业承包建筑业企业实现利润73.5亿元，比上年增长9.2%；上缴税金71.6亿元，增长9.1%。

六、固定资产投资与房地产开发

固定资产投资 全年完成全社会固定资产投资3 371.5亿元，比上年增长19.3%，增幅比上年提高7.5个百分点。在全社会固定资产投资中，完成城镇投资3 086.3亿元，增长18.9%，增幅高于上年7.7个百分点；其中房地产开发投资1 719.9亿元，比上年增长12.8%，增幅提高9.3个百分点，占全社会固定资产投资的比重为51%，比上年下降2.9个百分点。完成农村投资285.2亿元，增长23%，增幅高于上年4.3个百分点；其中农村基础设施投资84.2亿元，增长89.6%。

表7 全社会固定资产投资

单位：亿元

指标	2006年	比上年增长（%）
全社会固定资产投资	3 371.5	19.3
其中：城市基础设施投资	935.3	53.2
按城乡划分		
城镇固定资产投资	3 086.3	18.9
其中：房地产开发投资	1 719.9	12.8
农村固定资产投资	285.2	23.0
按三次产业划分（含房地产开发投资）		
第一产业	14.5	21.8
第二产业	363.2	-11.4
其中：工业	358.0	-6.6
第三产业（含房地产开发投资）	2 993.8	24.5

在全社会固定资产投资中，第一产业投资增长21.8%，增幅低于上年61.3个百分点；第二产业投资由上年的增长21.8%转为下降11.4%，其中工业投资由增长19.1%转为下降6.6%；第三产业投资增长24.5%，增幅提高0.8个百分点，占全社会固定资产投资的比重为88.8%，比上年提高3.7个百分点。

全市完成基础设施投资935.3亿元，比上年增长53.2%，增幅比上年提高21.4个百分点；占全社会固定资产投资的比重为27.7%，比上年提高6.1个百分点。其中，交通运输、公共服务业分别完成投资439.6亿元和265.3亿元，分别增长92.2%和65.4%。

房地产开发 全市商品房施工面积10 483.5万平方米，比上年下降2.5%；其中商品住宅6 311.3万平方米，下降13.3%；商品房竣工面积3 193.9万平方米，下降15.3%；其中商品住宅2 193.3万平方米，下降22.8%。全市商品房（含现房和期房）销售面积2 607.6万平方米，其中商品住宅2 205万平方米；商品房（含现房和期房）销售额2 159亿元，其中商品住宅1 626.3亿元。商品房空置面积1 039.7万平方米，比上年末减少334.5万平方米，其中商品住宅空置494.1万平方米，减少305.6万平方米。

七、内外贸易

国内贸易 全市实现社会消费品零售额3 275.2亿元，比上年增长12.8%，扣除物价上涨因素，实际增长12.6%。在限额以上批发零售企业零售额中，通讯器材类增长21.2%，家用电器和音像器材类增长11.9%，家具类增长26.4%，汽车类增长17.3%，石油及制品类增长35.1%。

表8 社会消费品零售额

单位：亿元

指 标	2006年	比上年增长（%）
社会消费品零售额	3 275.2	12.8
按商品用途分		
吃的商品	813.8	8.7
穿的商品	312.8	11.1
用的商品	1 841.3	12.4
烧的商品	307.3	31.4
按行业分		
批发、零售贸易业	2 865.6	13.3
餐饮业	287.2	7.2
其他行业	122.4	16.1
按地区分		
城镇	2 857.5	13.4
郊区	417.7	8.9

全市销售机动车71.4万辆，比上年增长25.2%。其中，新车39.1万辆，增长5.1%，旧车32.3万辆，增长62.8%。

对外贸易 北京地区进出口总值1 581.8亿美元，比上年增长26%；其中出口379.8亿美元，增长23.1%。地方企业进出口总值552.8亿美元，比上年增长37.1%；其中出口232.1亿美元，增长35.7%。地方企业出口中，机电产品出口172.8亿美元，增长43.4%；高新技术产品出口129.1亿美元，增长43.6%；占地方出口的比重分别达到74.5%和55.6%（二者有交叉部分），分别比上年提高4个和3个百分点。

全年对外承包工程、劳务合作和设计咨询完成营业额8.4亿美元，比上年增长17%。

表9 全市进出口总值

单位：亿美元

指 标	2006年	比上年增长（%）
北京地区进出口总值	1 581.8	26.0
出口	379.8	23.1
进口	1 202.0	27.0
其中：地方企业进出口总值	552.8	37.1
出口	232.1	35.7
进口	320.7	38.1

八、利用外资和开发区

利用外资 全年新批外商投资项目2 106个，比上年下降1.4%。实际利用外资45.5亿美元，增长29.1%。在实际利用外资金额中，制造业10.6亿美元，下降6.8%；租赁和商务服务业17.4亿美元，增长40.3%；房地产业7.2亿美元，增长55.9%；批发零售业2.4亿美元，增长8.5倍。

开发区 年末全市19个开发区累计

入区企业 35 218 个，其中投产开业企业 27 982 个，分别比上年末增加 4 744 个和 1 073 个。全年各类开发区实现总收入 8 349.5 亿元，比上年增长 31.5%；实现利润 452.8 亿元，增长 17.7%；应缴税金 364.4 亿元，增长 29.9%。

中关村科技园区投产开业企业 23 869 个。实现总收入 6 448 亿元，比上年增长 31.7%；出口创汇 124.8 亿美元，增长 32.2%；实现利润 376.9 亿元，增长 17.1%；应缴税金 208.4 亿元，增长 14.9%。

北京经济技术开发区投产开业企业 1 031 个。实现总收入 2 000 亿元，比上年增长 58.7%；实现利润 125 亿元，增长 48.8%；应缴税金 90 亿元，增长 91.1%。

九、交通、邮电和旅游

交通 全年货物周转量 478.6 亿吨公里，比上年下降 2%。其中，铁路 262.6 亿吨公里，下降 15.5%；公路 88.6 亿吨公里，增长 3.6%；民航 33.6 亿吨公里，增长 19.3%；管道 93.8 亿吨公里，增长 46.6%。铁路、公路、民航、管道各种运输方式货物周转量比重分别为 54.9%、18.5%、7% 和 19.7%。与上年相比，公路、民航、管道比重分别上升 1 个、1.3 个和 6.5 个百分点，铁路比重下降 8.8 个百分点。

全年旅客周转量 825 亿人公里，比上年增长 16.2%。其中，铁路 89.1 亿人公里，增长 14.8%；公路 79.2 亿人公里，增长 33.2%；民航 656.7 亿人公里，增长 14.6%。铁路、公路、民航三种运输方式旅客周转量比重分别为 10.8%、9.6% 和 79.6%。与上年相比，公路比重上升 1.2 个百分点，铁路、民航比重分别下降 0.1 个和 1.1 个百分点。

表 10　各种运输方式周转量（北京地区）

指　标	单位	2006 年	比上年增长(%)
货物周转量	亿吨公里	478.6	-2.0
铁路	亿吨公里	262.6	-15.5
公路	亿吨公里	88.6	3.6
民航	亿吨公里	33.6	19.3
管道	亿吨公里	93.8	46.6
旅客周转量	亿人公里	825.0	16.2
铁路	亿人公里	89.1	14.8
公路	亿人公里	79.2	33.2
民航	亿人公里	656.7	14.6

年末全市民用汽车保有量达到 244.1 万辆，比上年末增长 13.8%，其中轿车 154.1 万辆，增长 17.8%。私人汽车保有量达到 181 万辆，比上年末增长 17.6%；其中轿车 121 万辆，增长 22%。

邮电 全市完成邮电业务总量 504.3 亿元（2000 年不变价），比上年增长 22.1%。其中，邮政业务总量 35.1 亿元，比上年增长 4.7%；电信业务总量 469.2 亿元，比上年增长 23.7%。年末固定电话用户达到 905.1 万户，其中城市电话用户 804.3 万户，农村电话用户 100.8 万户。固定电话主线普及率达到 57.2 线/百人。全年新增移动电话用户 81.2 万户，年末累计达到 1 541 万户。移动电话普及率达到 97.5 部/百人，每百人比上年增加 1.2 部。

旅游 全年接待入境旅游者 390.3 万人次，比上年增长 7.5%。其中，外国人 338.3 万人次，增长 8.6%；港、澳、台胞 52 万人次，增长 1.4%。全市旅游外汇收入 40.3 亿美元，增长 11.2%。全年出境旅游者达 79.2 万人次，增长 53.1%。全年接待国内旅游者 1.32 亿人次，增长 5.6%。国内旅游收入 1 482.7

亿元，增长14%。全市国内外旅游收入总计达到1 803.7亿元人民币，比上年增长13.2%。全年星级饭店客房出租率达到61.3%。

十、金融、证券和保险

金融 年末全市金融机构（含外资）本外币存款余额33 793.3亿元，比年初增加4 804.7亿元，同比少增286.8亿元；其中人民币存款余额31 313.8亿元，比年初增加4 511亿元，同比少增552.5亿元。金融机构（含外资）本外币贷款余额18 131.6亿元，比年初增加2 818亿元，同比多增1 034.4亿元；其中人民币贷款余额15 632.7亿元，比年初增加1 820亿元，同比多增561.6亿元。

表11 全市金融机构（含外资）本外币存贷款

单位：亿元

指标	2006年末数	比年初增加额	增加额同比增减
各项存款余额	33 793.3	4 804.7	-286.8
其中：企事业存款	19 177.4	2 890.7	-155.9
储蓄存款	9 515.0	1 214.2	52.7
各项贷款余额	18 131.6	2 818.0	1 034.4
其中：短期贷款	5 377.1	175.3	-60.8
中长期贷款	11 142.8	2 538.7	1 469.4
票据融资	1 072.7	-57.1	

证券 证券市场各类证券成交额19 557.1亿元，比上年增长1.1倍。其中股票成交额14 851.5亿元，增长2.4倍；国债成交额178.1亿元，下降41.7%；基金成交额298.3亿元，增长2.3倍。

保险 年末全市有各类保险公司55家，比上年增加11家；保险中介机构255家，增加30家。全年保费收入411.5亿元，比上年下降17.4%。其中，财产险保费收入84.4亿元，增长24.8%；寿险保费收入275.6亿元，下降29.2%；健康险和意外伤害险保费收入51.6亿元，增长24.8%。全年各类保险赔款给付支出84亿元，比上年增长11.4%；其中财产险赔款38.9亿元，寿险业务给付32.1亿元，健康险和意外伤害险赔款及给付13亿元，分别增长10.4%、10.8%和16.3%。

十一、教育和科学技术

教育 年末全市共有普通高等学校82所，比上年末增加3所；全年招收普通本专科学生15.5万人，普通本专科在校生达到55.5万人，毕业学生13.2万人。全市共有51所普通高校和115个科研机构培养研究生，全市在学研究生达到17.8万人。普通本专科在校生与在学研究生分别比上年末增加1.8万人和1.3万人。

年末全市有普通高中335所，全年招生7.6万人，在校生25.9万人，毕业生7.8万人。普通初中372所，全年招生9.1万人，在校生28.8万人，毕业生12.4万人。小学1 310所，招生7.3万人，在校生47.3万人，毕业生9.1万人。特殊教育学校24所，招生643人，在校生6 448人，毕业生1 152人。幼儿园1 361所，在园幼儿19.8万人。

年末全市民办学校数达到547所，在校生27.9万人，毕业生5.3万人。

科学技术 全市研究与试验发展（R&D）经费支出450亿元，比上年增长18.6%；相当于地区生产总值的比重为5.8%，比上年提高0.3个百分点。全市开展科技活动的单位7 500个，拥有科技活动人员45万人，分别比上年增长5.5%和17.5%。全市专利申请量与授权量分别为2.7万件和1.1万件，分别比上年增长17.6%和11.3%。全市成交技术合同5.2万项，成交总额697.3亿元，分别比上年增长37.5%和60.5%。

十二、文化、卫生和体育

文化 年末全市共有公共图书馆25个，总藏数3 719万册（件），比上年末增长2.6%。市属11个专业艺术剧团共举办演出6 412场，其中国内演出5 512场，国内演出观众人数为338.8万人次，演出收入8 574万元。年末有线电视用户达到318.7万户，比上年末增长13%；有线电视入户率为70.6%，比上年末提高6.5个百分点。北京地区出版的报纸（不含校报）、期刊和图书分别达到255种、2 809种和12.5万种，报纸和期刊种类数与上年末持平，图书比上年末增加1.7万种。全市各类电影放映单位（含二级市场）全年放映电影28万场，比上年增长23.9%；观众达到1 221万人次，比上年增长39.7%；票款收入达到3亿元，比上年增长31%。全市拥有全国重点文物保护单位98处，市级文物保护单位224处。北京地区注册登记的博物馆达到133座，馆藏文物323.8万件。

卫生 年末全市共有卫生机构4 810个。其中，医院536个，卫生院152个。医疗卫生机构共有床位8.1万张，其中医院7.5万张。平均每千人拥有医院床位6.3张。全市卫生技术人员达到12.3万人，比上年末增长2.8%。其中执业医师5.2万人，注册护士4.4万人。平均每千人拥有执业医师4.39人，平均每千人拥有注册护士3.72人。全市医疗机构共诊疗8 107.2万人次，健康检查518.8万人次。

体育 年末全市共有体育场馆6 113个，比上年末增加1个。全民健身工程总面积达到390.2万平方米，总投资6.68亿元。全市共有专业体育运动员约900人，年内共获得国际和全国性比赛奖牌365枚，其中金牌156枚，银牌107枚。

公报注释：

1. 本公报数据为初步统计数。

2. 本公报中增加值为现价，增长速度均按可比价计算。

3. 低收入层居民消费价格指数是反映低收入层居民家庭购买的消费品及服务价格变动情况的相对数。北京市从2005年开始编制分收入层居民消费价格指数，分组标志以城镇住户调查资料为依据，按照人均可支配收入排队，最低的10%划为低收入层。

4. 恩格尔系数是指居民食品消费支出占生活消费支出的比重。

5. 本公报中万元GDP水耗按现价计算，下降速度按可比价计算。

6. 城市、农村20%高、低收入户人均收入增速未扣除价格因素。

7. 规模以上工业企业是指全部国有和年主营业务收入500万元及以上的非国有工业企业；限额以上批发零售企业是指年销售额2 000万元及以上的批发企业和年销售额500万元及以上的零售企业。

8. 根据国家统计局相关规定，自2006年度初步统计数据开始，北京市按三次产业划分投资时，将房地产开发投资计入第三产业投资。

9. 利用外资数据均为客商直接投资口径。

10. 2006年开发区个数由原来的28个整合为经国务院批准的19个，相关数据增长速度均为可比口径。

11. 2006年铁路货物周转量中不含大秦线相关数据，故与2005年比较时出现下降。

（一）北京市主要经济社会指标

表 1.1　主要年份国民经济和社会发展总量与速度指标

项　　目	总　量　指　标					速　度　指　标（%）			
						指数（2006 年比以下各年）			
	1990 年	1995 年	2000 年	2005 年	2006 年	1990 年	1995 年	2000 年	2005 年
人口与就业									
人　口									
年末全市常住人口（万人）	1 086	1 251.1	1 363.6	1 538.0	1 581.0	145.6	126.4	115.9	102.8
男性人口	545	627.0	710.9	778.7	807.4	148.1	128.8	113.6	103.7
女性人口	541	624.1	652.7	759.3	773.6	143.0	124.0	118.5	101.9
年末户籍人口（万人）	1 032.2	1 070.3	1 107.5	1 180.7	1 197.6	116.0	111.9	108.1	101.4
就　业									
从业人员（万人）	627.1	665.3	619.3	878.0	919.7	146.7	138.2	148.5	104.7
#在岗职工人数	454.9	470.9	434.2	448.4	453.1	99.6	96.2	104.4	101.0
城镇登记失业人数（万人）	1.67	2.19	3.32	10.57	10.40	622.8	474.8	313.3	98.4
宏观经济									
国民经济核算									
地区生产总值（亿元）	500.8	1 507.7	3 161.0	6 886.3	7 870.3	566.9	324.1	198.9	112.8
第一产业	43.9	73.5	78.6	98.0	98.0	127.6	122.3	115.2	100.6
第二产业	262.4	645.8	1 033.3	2 026.5	2 191.5	497.6	297.1	189.2	110.5
第三产业	194.5	788.4	2 049.1	4 761.8	5 580.8	733.7	365.4	207.0	114.1
人均生产总值（元）	4 635	12 690	24 122	45 444	50 467	392.6	247.0	167.2	109.6
固定资产投资									
全社会固定资产投资（亿元）	179.2	841.5	1 297.4	2 827.2	3 371.5	1 881.4	400.7	259.9	119.3
#房地产开发投资	22.5	352.8	522.1	1 525.0	1 719.9	7 644.0	487.5	329.4	112.8
#国有单位	154.2	514.2	765.8	897.7	1 207.2	782.9	234.8	157.6	134.5
商品房施工面积（亿平方米）	774.0	2 810.2	4 455.0	10 748.5	10 483.5	1 354.5	373.1	235.3	97.5
商品房竣工面积（亿平方米）	271.6	653.0	1 365.6	3 770.9	3 193.9	1 176.0	489.1	233.9	84.7
财　政									
地方财政收入（亿元）	74.0	115.3	398.4	1 007.4	1 235.8				122.7

续表

项　　目	总量指标					速度指标（%）			
						指数（2006年比以下各年）			
	1990年	1995年	2000年	2005年	2006年	1990年	1995年	2000年	2005年
#一般预算			345.0	919.2	1 117.2				121.5
地方财政支出　（亿元）	66.5	154.4	490.3	1 137.3	1 411.6	2 122.0	914.2	287.9	124.1
#一般预算			443.0	1 058.3	1 296.8			292.7	122.5
价格指数									
居民消费价格指数　（%）	105.4	117.3	103.5	101.5	100.9				
商品零售价格指数　（%）	104.1	112.6	98.9	99.7	100.2				
农产品生产价格指数（%）				102.9	98.9				
工业品出厂价格指数（%）	107.9	107.3	102.5	101.3	99.1				
原材料、燃料、动力购进价格指数　（%）	114.8	106.7	100.0	111.4	105.5				
固定资产投资价格指数　（%）		113.9	101.0	100.7	100.4				
能源消费总量　（万吨标煤）	**2 719.3**	**3 533.3**	**4 144.0**	**5 521.9**	**5 904.1**	**217.1**	**167.1**	**142.5**	**106.9**
产　业									
农村经济									
耕地面积　（万公顷）	41.3	39.9	32.9	23.3	23.3	56.4	58.4	70.8	100.0
农林牧渔业总产值（现价）　（亿元）	70.2	164.4	195.2	268.8	270.0	384.6	164.2	138.3	100.4
主要农产品产量　（万吨）									
粮　食	264.6	259.8	144.2	94.9	109.2	41.3	42.0	75.7	115.1
蔬　菜	356.1	397.3	489.1	423.9	394.2	110.7	99.2	80.6	93.0
鲜　蛋	25.8	28.5	16.0	16.0	15.2	58.9	53.3	95.0	95.0
牛　奶	21.7	20.6	30.3	64.2	61.9	285.3	300.5	204.3	96.4
猪牛羊肉	20.4	27.0	34.0	39.7	33.8	165.7	125.2	99.4	85.1
工　业									
工业增加值（规模以上）　（亿元）			745.2	1 627.0	1 740.8				
工业总产值（现价，规模以上）　（亿元）	625.9	1 493.3	2 842.0	6 946.2	8 210.0	1 311.7	549.8	288.9	118.2
轻工业	262.2	472.2	719.3	1 164.9	1 258.2	479.9	266.5	174.9	108.0

续表

项目	总量指标					速度指标（%）			
						指数（2006年比以下各年）			
	1990年	1995年	2000年	2005年	2006年	1990年	1995年	2000年	2005年
重工业	363.7	1 021.1	2 122.7	5 781.3	6 951.8	1 911.4	680.8	327.5	120.2
工业企业主要经济指标（规模以上）									
资产总计（亿元）	498.3	2 582.6	4 612.7	12 829.8	14 244.4	2 858.6	551.6	308.8	111.0
负债总额（亿元）		1 528.8	2 676.4	4 706.7	5 542.3		362.5	207.1	117.8
主营业务收入（亿元）	610.5	1 590.4	2 821.4	7 279.1	8 914.2	1 460.1	560.5	315.9	122.5
利润总额（亿元）	48.9	85.3	127.1	413.5	531.1	1 086.1	622.6	417.9	128.4
建筑									
建筑业施工企业总产值（亿元）	94.7	426.6	812.5	2 025.4	2 316.4	2 446.0	543.0	285.1	114.4
建筑业施工企业从业人员（万人）	60.2	82.6	56.6	67.2	66.9	111.1	81.0	118.2	99.6
运输									
货物周转量（亿吨公里）	268.8	323.1	299.6	488.5	478.6	178.1	148.1	159.7	98.0
铁路（亿吨公里）	206.7	239.3	200.2	310.8	262.6	127.0	109.7	131.2	84.5
公路（亿吨公里）	57.5	76.2	82.6	85.5	88.6	154.1	116.3	107.3	103.6
民航（亿吨公里）	4.5	7.5	16.8	28.2	33.6	746.7	448.0	200.0	119.1
管道（亿吨公里）	0.2	0.07	0.04	64.0	93.9				146.7
旅客周转量（亿人公里）	119.8	207.7	314.0	838.1	825.5	689.1	397.4	262.9	98.5
邮电									
邮电业务总量（亿元）	7.7	56.1	214.7	413.0	504.6	6 553.2	899.5	235.0	122.2
年末全市移动电话用户（万户）			347.2	1 459.8	1 571.1			452.5	107.6
百人拥有移动电话（部）			26.5	96.3	99.4			375.1	103.2
商业									
社会消费品零售额（亿元）	307.7	950.4	1 658.7	2 902.8	3 275.2	1 064.4	344.6	197.5	112.8
批发零售贸易业	247.7	672.2	1 178.6	2 529.4	2 865.6	1 156.9	426.3	243.1	113.3
餐饮业	19.3	72.4	99.3	268.0	287.2	1 488.1	396.7	289.2	107.2
其他	40.7	205.8	380.8	105.4	122.4	300.7	59.5	32.1	116.1
对外经济贸易和旅游									
海关进出口总额（亿美元）		370.3	496.2	1 255.7	1 581.8		427.2	318.8	126.0
进口额		267.8	376.5	947.0	1 202.0		448.8	319.3	126.9
出口额		102.5	119.7	308.7	379.8		370.5	317.3	123.0

续表

项目	总量指标					速度指标（%）			
						指数（2006年比以下各年）			
	1990年	1995年	2000年	2005年	2006年	1990年	1995年	2000年	2005年
地方企业进出口									
总额（亿美元）	21.5	53.1	116.5	403.2	552.8	2 571.2	1 041.1	474.5	137.1
进口额	10.3	30.4	70.2	232.2	320.8	3 114.6	1 055.3	457.0	138.2
出口额	11.2	22.7	46.3	171.0	232.0	2 071.4	1 022.0	501.1	135.7
批准合同外商									
直接投资（亿美元）	1.2	27.4	43.3	65.2	73.0	6 083.3	266.4	168.6	112.0
实际使用外资									
金额（亿美元）	4.1	19.8	30.1	35.3	45.5	1 109.8	229.8	151.2	128.9
接待海外旅游人数（万人次）	100	207	282	363	390	390.0	188.5	138.2	107.5
旅游外汇收入（亿美元）	6.6	21.8	27.7	36.2	40.3	610.6	184.9	145.5	111.3
金融保险									
金融机构（含外资）									
本外币存款余额（亿元）			11 526.0	28 970.0	33 793.3			293.2	116.6
金融机构（含外资）									
本外币贷款余额（亿元）			6 407.9	15 335.5	18 131.6			283.0	118.2
保险费收入（亿元）	5.2	27.3	93.4	498.2	411.5	7 913.5	1 507.3	440.6	82.6
教育、文化、科技、卫生									
教育									
在校学生数（万人）	219.8	238.0	229.9	226.4	291.0	132.4	122.3	126.6	128.5
专任教师数（万人）	14.6	17.7	16.7	18.9	19.1	130.8	107.9	114.4	101.1
文化									
公共图书馆总藏数									
（万册、件）	2 205.4	2 629.0	3 020.0	3 626.3	3 776.0	171.2	143.6	125.0	104.1
专业艺术剧团国内									
演出场次（场）	7 527	6 728	7 610	8 934	9 790	130.1	145.5	128.6	109.6
科技									
专业技术人员（万人）	91.9	112.7	119.2	143.5	149.7	162.9	132.8	125.6	104.3
研究与发展经费									
支出（亿元）				379.5	433.0				114.1
技术合同成交总额（亿元）				434.4	697.3				160.5
专利授权量（件）	2 268	4 025	5 905	10 100	11 238	495.5	279.2	190.3	111.3

续表

项　　目	总量指标					速度指标（%） 指数（2006年比以下各年）			
	1990年	1995年	2000年	2005年	2006年	1990年	1995年	2000年	2005年
卫　生									
卫生机构病床数　（万张）	5.9	6.7	7.1	7.9	8.1	137.3	120.9	114.1	102.5
卫生技术人员数　（万人）	11.2	11.6	11.6	12.0	12.7	113.4	109.5	109.5	105.8
#执业医师　（万人）	5.1	5.4	5.2	5.1	5.3	103.9	98.1	101.9	103.9
注册护师（士）　（万人）	3.5	3.7	4.0	4.3	4.6	131.4	124.3	115.0	107.0
生活与环境									
婚　姻									
结婚登记人数　（万人）	9.3	8.5	8.0	19.3	34.3	368.8	403.5	428.8	177.7
离婚对数　（万对）	1.5	2.0	2.7	2.4	2.5	166.7	125.0	92.6	104.2
居　住									
城镇居民人均住宅使用面积　（平方米）	11.17	13.34	16.75	19.45	20.00	179.1	149.9	119.4	102.8
农村居民人均住房面积　（平方米）	20.62	24.74	28.91	36.94	39.10	189.6	158.0	135.2	105.8
生　活									
城市居民人均可支配收入　（元）	1 787.1	5 868.4	10 349.7	17 653	19 978	1 117.9	340.4	193.0	113.2
农村居民人均纯收入　（元）	1 297.1	3 208.5	4 687.0	7 860	8 620	664.6	268.7	183.9	109.7
金融机构（含外资）储蓄									
存款余额　（亿元）				8 315.8	9 515.0				114.4
定　期				5 586.8	6 265.0				112.1
活　期				2 729.0	3 250.0				119.1
工　资									
在岗职工工资总额（亿元）	118.9	382.0	695.5	1 520.1	1 805.5	1 518.5	472.6	259.6	118.8
在岗职工平均工资　（元）	2 653	8 144	15 726	34 191	40 117	1 512.1	492.6	255.1	117.3
市政建设									
用电量　（亿千瓦时）	174.1	261.7	376.9	567.0	619.0	355.5	236.5	164.2	109.2
自来水销售量　（亿吨）	5.3	6.8	7.5	7.2	7.5	141.5	110.3	100.0	104.2
居民燃气用户　（万户）	176.1	219.8	291.9	458.5	540.2	306.8	245.8	185.1	117.8

续表

项目	总量指标					速度指标（%）			
						指数（2006年比以下各年）			
	1990年	1995年	2000年	2005年	2006年	1990年	1995年	2000年	2005年
城市公共交通客运量（亿人次）	33.5	37.2	40.7	51.9	46.8	139.7	125.8	115.0	90.2
环境									
城市绿化覆盖率（%）	28.0	32.7	36.54	42.00	42.50				
污水处理率（%）	7.3	19.4	39.4	62.4	73.8				
空气质量二级及好于二级的天数（天）			177	234	241				

注：1. 地区生产总值绝对值按现价计算，发展速度按可比价格计算。工业增加值是规模以上现价数据，发展速度按可比价格计算。

2. 从2004年开始，北京市民政局将“结婚登记”的指标单位改为“万人”，以前年份的数据单位为“万对”。

3. 从2005年开始，用电量统计包括用电损失量。

4. 从2001年开始，有关职工的指标调整为在岗职工的指标。

表1.2 地方财政收入

项目	绝对数（万元）		2006年为2005年%	构成（%）	
	2006年	2005年		2006年	2005年
合计	**12 357 845**	**10 073 460**	**122.7**	**100.0**	**100.0**
一般预算收入	**11 171 514**	**9 192 098**	**121.5**	**90.4**	**91.3**
#增值税	1 177 984	975 976	120.7	9.5	9.7
营业税	4 609 912	3 837 623	120.1	37.3	38.1
个人所得税	1 022 754	845 232	121.0	8.3	8.4
城市维护建设税	451 704	388 336	116.3	3.7	3.9
固定资产投资方向调节税	15	6	250.0		
农牧业税和耕地占用税类	15 204	7 405	205.3	0.1	0.1
企业所得税	2 138 573	1 647 615	129.8	17.3	16.4
国有资产经营收益	23 342	15 442	151.2	0.2	0.2
国有企业计划亏损补贴类	-484 220	-502 900	96.3		
企业所得税退税					
罚没收入、行政性收费	436 097	433 655	100.6	3.5	4.3
基金预算收入	**1 186 331**	**881 362**	**134.6**	**9.6**	**8.7**

注：增速为可比增速。

资料来源：北京市财政局。

表1.3　地方财政支出

项　目	绝对数（万元）		2006年为2005年%	构成（%）	
	2006年	2005年		2006年	2005年
合　计	**14 115 810**	**11 372 789**	**124.1**	**100.0**	**100.0**
一般预算财政支出	**12 968 389**	**10 583 114**	**122.5**	**91.9**	**93.1**
#基本建设支出	993 036	844 269	117.6	7.0	7.4
企业挖潜改造资金	516 313	443 307	116.5	3.7	3.9
科技三项费用	112 209	96 094	116.8	0.8	0.8
农林水支出	609 114	426 420	142.8	4.3	3.7
城市维护费	759 902	527 159	144.2	5.4	4.6
工业交通等部门的事业费	94 307	73 253	128.7	0.7	0.6
文体广播事业费	310 411	250 827	123.8	2.2	2.2
教育事业费	1 751 755	1 458 723	120.1	12.4	12.8
卫生经费	870 575	656 229	132.7	6.2	5.8
科学事业费	193 238	157 439	122.7	1.4	1.4
行政管理费	839 533	691 634	121.4	5.9	6.1
公检法司支出	1 015 621	843 905	120.3	7.2	7.4
抚恤和社会福利救济费	382 210	320 515	119.2	2.7	2.8
政策性补贴支出	77 333	46 158	167.5	0.5	0.4
基金支出	**1 147 421**	**789 675**	**145.3**	**8.1**	**6.9**

资料来源：北京市财政局。

表 1.4 地区生产总值指数（上年=100）（1978~2006年）

单位:%

年份	地区生产总值	第一产业	第二产业			第三产业	人均地区生产总值
				工业	建筑业		
1978	100.0	100.0	100.0	100.0	100.0	100.0	100.0
1979	109.7	105.0	109.2	110.1	108.4	113.2	107.4
1980	111.8	109.3	110.1	110.1	110.3	118.5	109.8
1985	108.7	106.3	111.0	109.1	124.7	104.4	106.9
1986	108.0	100.1	104.8	105.0	103.7	115.7	104.6
1987	109.6	113.4	105.6	105.5	106.3	116.7	106.1
1988	112.8	111.2	112.1	113.0	106.5	114.1	111.0
1989	104.4	101.1	108.9	108.4	112.2	97.3	103.1
1990	105.2	103.3	101.1	101.9	95.6	113.3	104.0
1991	109.9	103.7	107.5	112.6	81.6	114.5	108.9
1992	111.3	103.1	112.2	110.3	125.7	111.9	110.5
1993	112.3	103.2	113.0	110.5	128.5	113.1	111.4
1994	113.7	102.8	114.1	113.5	117.0	115.0	112.5
1995	112.0	92.0	107.7	107.7	107.6	120.5	105.4
1996	109.0	97.2	106.2	106.1	107.0	113.4	103.1
1997	110.1	100.9	108.1	108.7	105.1	113.2	110.6
1998	109.5	101.5	109.6	108.7	114.2	110.1	110.1
1999	110.9	102.7	112.0	112.8	108.0	110.6	110.2
2000	111.8	103.9	111.4	113.2	102.1	112.9	106.8
2001	111.7	104.6	109.5	110.2	106.6	113.1	106.5
2002	111.5	104.6	108.4	107.8	110.9	113.3	109.2
2003	111.0	103.6	112.0	112.2	110.7	110.8	108.2
2004	114.1	101.8	117.0	119.3	106.3	113.1	111.4
2005	111.8	99.2	110.1	110.9	106.3	113.0	108.8
2006	112.8	100.6	110.5	109.5	116.0	114.1	109.6

注：本表按可比价格计算。

表1.5　地区生产总值指数（2000年=100）（2000～2006年）

单位:%

年　份	地区生产总值	第一产业	第二产业	工业	建筑业	第三产业	人均地区生产总值
2000	100.0	100.0	100.0	100.0	100.0	100.0	100.0
2001	111.7	104.6	109.5	110.2	106.6	113.1	106.5
2002	124.5	109.4	118.7	118.8	118.2	128.1	116.3
2003	138.2	113.4	132.9	133.3	130.9	142.0	125.8
2004	157.7	115.4	155.5	159.0	139.1	160.6	140.2
2005	176.4	114.5	171.3	176.3	147.9	181.5	152.5
2006	198.9	115.2	189.2	193.1	171.5	207.0	167.2

注：本表按可比价格计算。

表1.6　地区生产总值

单位：亿元

项　目	2006年	2005年	2006年为2005年%	构成（%） 2006年	2005年
地区生产总值	**7 870.3**	**6 886.3**	**112.8**	**100.0**	**100.0**
第一产业	**98.0**	**98.0**	**100.6**	**1.3**	**1.4**
第二产业	**2 191.5**	**2 026.5**	**110.5**	**27.8**	**29.5**
工　业	1 821.9	1 707.0	109.5	23.1	24.8
建筑业	369.6	319.5	116.0	4.7	4.7
第三产业	**5 580.8**	**4 761.8**	**114.1**	**70.9**	**69.1**
交通运输、仓储和邮政业	458.3	404.7	110.6	5.8	5.9
信息传输、计算机服务和软件业	688.5	583.2	115.2	8.7	8.5
批发和零售业	751.9	654.1	112.6	9.6	9.5
住宿和餐饮业	219.6	182.8	118.6	2.8	2.6
金融业	974.1	836.6	113.6	12.4	12.1
房地产业	559.8	455.3	115.2	7.1	6.6
租赁和商务服务业	413.4	346.8	115.5	5.3	5.0
科学研究、技术服务和地质勘察业	424.5	341.8	120.4	5.4	5.0
水利、环境和公共设施管理业	46.2	40.1	112.1	0.6	0.6
居民服务和其他服务业	94.5	84.5	108.4	1.2	1.2
教　育	355.2	315.2	110.8	4.5	4.6
卫生、社会保障和社会福利业	135.7	116.2	114.0	1.7	1.7
文化、体育和娱乐业	191.4	171.3	111.1	2.4	2.5
公共管理和社会组织	267.7	229.2	115.4	3.4	3.3
人均地区生产总值　（元）	**50 467**	**45 444**	**109.6**		

注：本表总量按当年价格计算，增速按可比价计算；人均GDP按常住人口计算；行业按国家2002年国民经济行业分类标准核算。

表 1.7 固定资产投资按资金来源分（1985～2006 年）

单位：亿元

年 份	上年末结余资金	本年资金来源小计	国家预算内资金	国内贷款	利用外资	自筹资金	其他资金
1985		77.8	30.4	11.5	5.1	26.4	4.4
1986～1990		**629.4**	**184.9**	**90.3**	**69.1**	**245.6**	**39.5**
1986		94.5	33.0	17.0	4.6	37.4	2.5
1987		126.2	43.1	19.5	8.8	49.1	5.7
1988		149.4	37.4	18.2	22.3	62.3	9.2
1989	25.1	123.1	35.6	12.8	18.2	44.5	12.0
1990	21.6	136.2	35.8	22.8	15.2	52.3	10.1
1991～1995		**1 734.6**	**254.5**	**274.8**	**189.6**	**888.4**	**127.3**
1991	27.7	151.1	35.5	28.2	13.9	65.5	8.0
1992	29.7	216.7	42.2	40.1	14.9	109.9	9.6
1993	36.4	350.2	46.4	71.0	28.0	168.9	35.9
1994	46.8	549.7	62.5	70.9	87.8	283.7	44.8
1995	74.7	466.9	67.9	64.6	45.0	260.4	29.0
1996～2000		**3 075.9**	**492.2**	**501.1**	**195.2**	**1 705.0**	**182.4**
1996	79.0	503.5	73.1	71.1	53.8	265.7	39.8
1997	72.9	587.5	82.8	89.7	51.3	322.4	41.3
1998	87.0	669.4	93.9	108.4	41.2	382.9	43.0
1999	101.5	657.6	135.7	96.9	34.5	359.1	31.4
2000	156.8	657.9	106.7	135.0	14.4	374.9	26.9
2001～2005		**4 344.8**	**555.5**	**1 006.4**	**158.0**	**2 455.9**	**169.0**
2001	132.5	645.4	135.0	89.0	15.4	372.5	33.5
2002	154.8	706.9	108.5	161.1	24.7	386.0	26.6
2003	204.5	802.6	78.4	168.4	19.4	511.9	24.5
2004	183.7	961.3	110.6	220.2	68.0	530.4	32.1
2005	235.5	1 228.6	123.0	367.7	30.5	655.1	52.3
2006	271.7	1 495.9	126.0	468.7	36.7	762.6	101.9

注：本表固定资产投资按资金来源划分不含房地产开发投资及农村投资。

表1.8 房地产开发经营（1990~2006年）

年份	投资总额（亿元）	商品房施工面积（万平方米）	#本年新开工面积	商品房竣工面积（万平方米）	商品房销售面积（万平方米）
1990	22.5	774.0	249.1	271.6	142.2
1991~1995	**568.4**		**3 022.6**	**2 061.7**	**855.6**
1991	24.0	815.1	317.6	275.2	154.0
1992	33.7	1 021.1	508.6	331.4	159.1
1993	58.4	1 262.0	524.8	356.4	182.0
1994	99.5	1 593.2	659.4	445.7	168.6
1995	352.8	2 810.2	1 012.2	653.0	191.9
1996~2000	**1 979.5**		**5 359.2**	**4 762.6**	**2 416.7**
1996	328.2	2 824.6	578.7	663.4	215.3
1997	330.3	2 869.6	848.4	682.3	290.9
1998	377.4	3 499.1	1 193.4	842.8	409.2
1999	421.5	3 784.0	1 061.8	1 208.5	544.4
2000	522.1	4 455.0	1 676.9	1 365.6	956.9
2001~2005	**5 974.0**		**15 449.8**	**13 523.4**	**10 084.3**
2001	783.8	5 966.7	2 789.8	1 707.4	1 205.0
2002	989.4	7 510.7	3 206.0	2 384.4	1 708.3
2003	1 202.5	9 070.7	3 433.8	2 593.7	1 895.8
2004	1 473.3	9 931.3	3 054.3	3 067.0	2 472.0
2005	1 525.0	10 748.5	2 965.9	3 770.9	2 803.2
2006	1 719.9	10 483.5	3 179.4	3 193.9	2 607.6

注：2005年及以前的商品房销售面积为竣工后的全部商品房销售面积。

表 1.9　全社会固定资产投资

单位：亿元

项　　目	2006 年	2005 年
全社会固定资产投资	**3 371.5**	**2 827.2**
#地方投资	2 875.6	2 462.9
#基础设施投资	935.3	610.7
#住宅建设投资	936.9	853.8
#建筑安装工程投资	1 836.0	1 569.5
按城乡划分		
城镇固定资产投资	3 086.3	2 595.4
#房地产开发投资	1 719.9	1 525.0
农村投资	285.2	231.8
按经济类型分		
国有经济投资	1 207.2	897.7
民间投资	1 667.5	1 491.3
外商及港澳台投资	496.8	438.2

注：1. 根据国家统计局有关规定，从 2004 年年报起，全社会固定资产投资中不包括零星购置投资。
2. 民间投资为非国有投资扣除外商及港澳台企业投资。

表 1.10　房屋建筑施工及竣工面积

单位：万平方米

项　　目	2006 年	2005 年	占竣工面积（%）	
			2006 年	2005 年
施工总面积	**14 069.2**	**14 096.2**		
竣工总面积	**4 191.0**	**4 679.2**	**100.0**	**100.0**
按隶属关系分				
中　央	388.6	256.6	9.3	5.5
地　方	3 802.4	4 422.6	90.7	94.5
#国　有	722.8	963.4	17.2	20.6
集　体	156.6	159.0	3.7	3.4
按功能区分				
首都功能核心区	402.1	667.3	9.6	14.3
城市功能拓展区	2 504.0	2 443.5	59.7	52.2
城市发展新区	993.3	1 303.7	23.7	27.8
生态涵养发展区	291.6	264.7	7.0	5.7

表 1.11　商品房

项　　目		2006 年	2005 年
施工面积	**（万平方米）**	**10 483.5**	**10 748.5**
#本年新开工面积		3 179.4	2 965.9
#住　宅		6 311.3	7 283.4
竣工面积	**（万平方米）**	**3 193.9**	**3 770.9**
#住　宅		2 193.3	2 841.4
销售面积	**（万平方米）**	**2 607.6**	**2 803.2**
#住　宅		2 205.0	2 566.0
空置面积	**（万平方米）**	**1 039.7**	**1 374.2**

注：2005 年及以前的商品房销售面积为竣工后的全部商品房销售面积。

表 1.12　经济适用房

项　　目		合　　计		#住　宅	
		2006 年	2005 年	2006 年	2005 年
完成投资	（万元）	811 390	658 204	446 758	447 648
施工面积	（万平方米）	806.5	890.9	551.9	783.4
竣工面积	（万平方米）	323.0	355.8	270.1	325.6
竣工套数	（套）	25 422	29 409	25 422	29 409
销售面积	（万平方米）	176.3	304.0	176.3	304.0
销售套数	（套）	16 311	28 821	16 311	28 821

注：2005 年及以前的经济适用房销售面积为竣工后的全部经济适用房销售面积。

表 1.13　多基期居民消费价格指数

项　　目	1978 = 100	1980 = 100	1990 = 100	2000 = 100
居民消费价格指数	**653.6**	**605.6**	**281.7**	**104.8**
#服务项目价格指数	**2 636.4**	**2 629.8**	**1 132.1**	**121.0**
食　品	**751.2**	**680.2**	**272.4**	**116.1**
#粮　食	764.6	764.6	518.2	118.9
油　脂	561.2	561.2	220.4	110.1
肉禽及其制品	727.2	588.5	252.6	116.3
水产品	1 717.0	1 219.7	191.6	108.5
菜	1 636.1	1 447.4	398.2	142.3
鲜　菜	1 795.8	1 571.9	390.6	147.9
干菜及菜制品	506.0	487.5	234.3	98.3
调味品	735.7	757.5	373.1	106.5
干鲜瓜果	827.1	772.8	212.1	130.7
烟酒及用品	**387.3**	**387.3**	**176.9**	**103.4**
衣　着	**349.9**	**357.9**	**214.1**	**92.3**
#服　装	360.6	372.0	218.1	91.8
衣着材料	244.7	245.6	173.0	93.6
鞋袜帽	384.6	390.2	228.0	92.0
家庭设备用品及维修服务	**265.1**	**263.6**	**138.9**	**89.9**
医疗保健和个人用品	**617.8**	**568.1**	**251.8**	**97.3**
交通和通信	**117.1**	**117.1**	**98.7**	**91.0**
娱乐教育文化用品及服务	**227.5**	**221.5**	**117.2**	**108.3**
居　住	**601.7**	**809.1**	**592.9**	**117.5**
#租　房	1 426.7	2 255.9	2 238.0	114.4
水、电、燃料	679.8	679.8	560.6	149.1

表 1.14　八大类居民消费价格指数（2000 年 = 100）（2000 ~ 2006 年）

项　　目	2000 年	2001 年	2002 年	2003 年	2004 年	2005 年	2006 年
总指数	**100.0**	**103.1**	**101.2**	**101.4**	**102.4**	**103.9**	**104.8**
食　品	100.0	101.5	99.5	102.7	107.6	112.9	116.1
烟酒及用品	100.0	101.5	102.1	102.3	103.5	103.5	103.4
衣　着	100.0	100.4	96.3	93.5	92.5	92.6	92.3
家庭设备用品及维修服务	100.0	97.0	94.1	91.9	89.1	88.8	89.9
医疗保健和个人用品	100.0	98.7	98.9	99.0	98.2	96.2	97.3
交通和通信	100.0	100.8	100.3	98.1	93.9	91.6	91.0
娱乐教育文化用品及服务	100.0	114.2	110.3	108.4	110.0	109.7	108.3
居　住	100.0	104.2	106.2	107.9	109.4	115.9	117.5

表1.15　居民消费价格分类指数（2006年）

项　目	2005=100	项　目	2005=100
居民消费价格指数	**100.9**	室内装饰品	98.1
#非食品价格指数	**100.0**	床上用品	99.8
#服务项目价格指数	**101.2**	家庭日用杂品	100.4
#消费品价格指数	**100.8**	家庭服务及加工维修服务	111.7
食　品	**102.8**	**医疗保健和个人用品**	**101.1**
粮　食	101.6	医疗保健	99.8
淀　粉	101.5	#中药材及中成药	98.7
干豆类及豆制品	99.6	西　药	100.1
油　脂	101.5	保健器具及用品	99.8
肉禽及其制品	99.4	医疗保健服务	100.0
蛋	99.7	个人用品及服务	105.6
水产品	101.9	#化妆美容用品	99.9
菜	112.2	**交通和通信**	**99.3**
调味品	101.2	交　通	103.0
糖	103.9	交通工具	95.9
茶及饮料	101.5	车用燃料及零配件	117.8
干鲜瓜果	110.2	车辆使用及维修	99.8
糕点饼干面包	102.3	市内公共交通	110.2
液体乳及乳制品	101.5	城市间交通	101.4
在外用膳食品	101.5	通　信	94.9
其他食品	102.3	通信工具	74.3
烟酒及用品	**99.9**	通信服务	100.0
烟　草	98.6	**娱乐教育文化用品及服务**	**98.7**
酒	101.5	文娱用耐用消费品及服务	93.1
吸烟、饮酒用品	100.9	教　育	99.8
衣　着	**99.7**	文化娱乐	100.4
服　装	99.0	旅　游	99.1
衣着材料	99.8	**居　住**	**101.4**
鞋袜帽	101.5	建房及装修材料	100.4
衣着加工服务费	99.6	租　房	100.1
家庭设备用品及维修服务	**101.2**	自有住房	103.2
耐用消费品	100.4	水、电、燃料	100.8

表 1.16　农产品生产价格指数

（上年=100）

项　　目	2006 年	2005 年
总指数	**98.9**	**102.9**
农业产品	100.8	105.7
#粮　食	102.0	92.0
蔬　菜	99.2	109.0
林业产品	103.1	108.3
牧业（畜产品）	96.9	100.8
#肉　牛	101.8	107.0
肉　羊	102.9	101.5
奶产品	103.5	98.2
猪	87.6	93.6
肉禽（毛重）	100.7	99.4
禽　蛋	94.6	103.8
渔　业	100.0	95.9

表 1.17　工业品出厂价格指数

（上年=100）

项　　目	2006 年	2005 年
总指数	**99.1**	**101.3**
轻工业	97.9	98.7
以农产品为原料	100.2	100.6
以非农产品为原料	97.2	98.1
重工业	99.6	103.3
采　掘	100.5	139.6
原　料	108.1	112.2
加　工	94.3	97.8
生产资料	99.0	101.9
采　掘	100.5	148.0
原　料	108.1	110.4
加　工	94.7	97.9
生活资料	99.3	99.1
食　品	100.0	101.0
衣　着	100.7	101.7
一般日用品	99.6	101.5
耐用消费品	98.3	95.0

表 1.18 原材料、燃料、动力购进价格指数

（上年 = 100）

项 目	2006 年	2005 年
总指数	**105.5**	**111.4**
燃料、动力类	113.1	117.1
黑色金属材料类	96.7	108.3
#钢 材	92.2	105.9
其 他	100.6	117.9
有色金属材料类	138.3	123.3
化工原料类	104.1	114.9
木材及纸浆类	100.3	103.6
建筑材料及非金属类	99.4	101.8
其他工业原材料及半成品类	98.0	102.8
农副产品类	101.3	96.3
纺织原料类	100.9	106.2

表 1.19 房地产价格指数

（上年 = 100）

项 目	2006 年	2005 年
土地交易价格指数	**105.2**	**103.8**
居住用地	106.3	103.7
工业仓储用地	105.3	105.0
商业旅游娱乐用地	103.8	104.4
其他用地	102.2	103.2
房屋销售价格指数	**108.8**	**106.9**
商品房	108.6	106.6
住 宅	109.6	107.1
#经济适用房	100.0	100.0
普通住宅	111.2	108.2
高档住宅	106.5	106.3
非住宅	103.8	102.4
二手房	109.8	109.4
房屋租赁价格指数	**102.9**	**102.4**
住 宅	104.4	103.1
办公楼	98.6	97.8
商业娱乐用房	100.1	102.7
工业仓储用房	102.4	100.0
其 他	100.1	105.5
物业管理价格指数	**100.8**	**100.5**
#住 宅	101.2	100.6
办公楼	99.0	100.1
商业娱乐用房	100.0	100.0

表 1.20　2 000 户城市居民家庭每人每年现金收入（2006 年）

单位：元

项　　目	全市平均	低收入户 20%	中低收入户 20%	中等收入户 20%	中高收入户 20%	高收入户 20%	2006 年为 2005 年%
家庭总收入	**22 417**	**11 130**	**16 318**	**20 566**	**25 823**	**40 941**	**114.8**
#可支配收入	19 978	9 798	14 439	18 369	23 095	36 616	113.2
工薪收入	16 284	8 035	11 760	14 801	18 862	29 944	119.2
工资及补贴收入	15 730	7 758	11 343	14 408	18 295	28 753	119.5
其他劳动收入	554	277	417	393	567	1 191	109.9
经营净收入	236	123	95	97	190	727	110.3
财产性收入	271	56	123	167	348	718	142.6
利息收入	40	9	19	23	71	87	114.3
股息与红利收入	87	17	19	33	66	325	543.8
保险收益	3	1	…	…	5	8	100.0
其他投资收入	…	…					1.4
出租房屋收入	137	28	85	109	190	298	102.2
知识产权收入							
其他财产性收入	4	1		2	16	…	400.0
转移性收入	5 626	2 916	4 340	5 501	6 423	9 552	103.0
#养老金或离退休金	4 909	2 612	3 912	5 129	5 826	7 528	105.3
社会救济收入	11	49	…	1	2	2	110.0
辞退金	36			7	2	186	105.9
保险收入	22	24	29	30	5	18	110.0
#失业保险金	17	21	24	25	2	8	113.3
赡养收入	167	32	97	85	184	471	102.5
赠送收入	170	79	169	97	133	394	77.6
亲友搭伙费	12		6	8	28	20	171.4
提取住房公积金	161			7	88	775	91.5
记账补贴	122	109	118	123	126	137	102.5
出售财物收入	**653**	**4**	**454**	**300**	**445**	**2 229**	**102.7**
借贷收入	**5 369**	**1 721**	**2 796**	**4 655**	**5 560**	**13 138**	**138.1**

注：人均可支配收入实际增长 12.2%。

表1.21　2 000户城市居民家庭每人每年现金支出（2006年）

单位：元

项　目	全市平均	低收入户20%	中低收入户20%	中等收入户20%	中高收入户20%	高收入户20%	2006年为2005年%
家庭总支出	**20 240**	**10 815**	**15 371**	**19 231**	**22 487**	**35 510**	**117.9**
消费支出	14 825	8 911	12 436	14 080	16 452	23 520	111.9
#服务性消费支出	4 654	2 654	3 860	4 308	5 170	7 715	113.7
#通过互联网购买商品或服务支出	1					5	2.6
购房与建房支出	1 903	246	374	2 097	1 948	5 351	172.2
购　房	1 865	225	326	2 097	1 827	5 351	169.2
建　房	38	21	48		121		1 266.7
转移性支出	1 551	494	946	1 228	1 907	3 446	116.5
交纳的个人收入税	367	60	148	252	425	1 037	128.8
捐赠支出	708	259	472	602	848	1 464	129.0
购买彩票	12	7	12	16	7	19	80.0
赡养支出	314	123	209	238	427	621	92.4
各种非储蓄性保险支出	112	34	76	96	164	208	114.3
#车辆保险支出	46	2	12	38	64	128	170.4
其他转移性支出	38	11	29	24	36	97	86.4
财产性支出	10	1	1	4	2	43	58.8
社会保障支出	1 951	1 163	1 614	1 822	2 178	3 150	132.1
个人交纳的养老基金	669	491	637	671	715	861	124.3
个人交纳的住房公基金	950	402	674	832	1 132	1 840	140.1
个人交纳的医疗基金	266	226	250	257	264	344	126.7
个人交纳的失业基金	63	43	52	60	61	104	128.6
其他社会保障支出	3	1	1	2	6	1	150.0
借贷支出	**6 719**	**1 267**	**2 945**	**4 942**	**7 424**	**18 554**	**113.9**
#存入储蓄款	5 425	1 133	2 493	4 140	6 013	14 543	115.2
归还借款	300	11	134	149	340	945	83.8
储蓄性保险支出	265	66	158	234	385	526	134.5
购买有价证券	142		13	64	116	564	100.0
归还住房贷款	304	32	75	193	257	1 053	98.4
归还汽车贷款	28		5	33	34	75	90.3
归还教育贷款							

表1.22　2 000户城市居民家庭平均每人年消费支出（2006年）

单位：元

项　　目	全市平均	低收入户20%	中低收入户20%	中等收入户20%	中高收入户20%	高收入户20%	2006年为2005年%
消费支出	14 825	8 911	12 436	14 080	16 452	23 520	111.9
食　品	4 561	3 467	4 196	4 611	4 960	5 774	108.2
衣　着	1 442	741	1 153	1 377	1 680	2 409	121.8
家庭设备用品及服务	977	455	783	1 048	1 085	1 621	114.7
医疗保健	1 322	1 007	1 241	1 320	1 367	1 738	102.0
交通和通讯	2 173	927	1 552	1 709	2 420	4 569	111.8
#汽　车	384	27	152	50	373	1 430	83.8
教育文化娱乐服务	2 515	1 356	2 100	2 442	2 862	4 048	115.0
居　住	1 213	678	939	1 005	1 421	2 150	116.6
杂项商品与服务	622	280	472	568	657	1 211	118.0
#服　务	194	78	152	163	221	381	101.0

注：人均消费支出实际增长10.9%。

表1.23　2 000户城市居民家庭消费支出构成（2006年）

单位:%

项　　目	全市平均	低收入户20%	中低收入户20%	中等收入户20%	中高收入户20%	高收入户20%	2006年比2005年增、减百分点
消费支出	**100.0**	**100.0**	**100.0**	**100.0**	**100.0**	**100.0**	**100.0**
食　品（恩格尔系数）	30.8	38.9	33.7	32.8	30.2	24.6	-1.0
衣　着	9.7	8.3	9.3	9.8	10.2	10.2	0.8
家庭设备用品及服务	6.6	5.1	6.3	7.5	6.6	6.9	0.2
医疗保健	8.9	11.3	10.0	9.4	8.3	7.4	-0.9
交通和通讯	14.7	10.4	12.5	12.1	14.7	19.4	
教育文化娱乐服务	17.0	15.2	16.9	17.3	17.4	17.2	0.5
居　住	8.2	7.6	7.5	7.1	8.6	9.1	0.3
杂项商品与服务	4.1	3.2	3.8	4.0	4.0	5.2	0.1

表 1.24　3 000 户农民家庭平均每人年纯收入（2006 年）

单位：元

项　目	全市平均	低收入户20%	中低收入户20%	中等收入户20%	中高收入户20%	高收入户20%	2006 年为2005 年%
合　计	**8 620**	**3 275**	**5 706**	**7 770**	**10 350**	**17 513**	**109.7**
生产性收入	7 216	2 805	4 968	6 476	8 777	14 279	107.1
工资性收入	5 224	2 101	3 579	4 822	6 746	9 710	109.4
在非企业组织中劳动的报酬	1 162	287	660	836	1 564	2 727	101.1
在企业劳动得到的报酬	2 374	880	1 426	2 268	3 191	4 510	106.2
在其他单位劳动得到的报酬	1 688	934	1 493	1 718	1 991	2 473	121.5
家庭经营纯收入	1 992	704	1 389	1 654	2 031	4 569	101.6
从第一产业得到	877	410	770	757	882	1 695	97.6
#牧业收入	303	48	177	183	189	1 008	116.5
从第二产业得到	172	21	39	35	162	668	102.4
从第三产业得到	943	273	580	862	987	2 206	105.5
#交通运输业收入	510	151	310	534	585	1 068	100
非生产性收入	**1 404**	**470**	**738**	**1 294**	**1 573**	**3 234**	**124.8**
转移性收入	631	254	430	713	694	1 159	124.2
财产性收入	773	216	308	581	879	2 075	125.3

表 1.25　3 000 户农民家庭平均每人年生活费支出（2006 年）

单位：元

项　　目	全市平均	低收入户 20%	中低收入户 20%	中等收入户 20%	中高收入户 20%	高收入户 20%	2006 年为 2005 年%
合　　计	**6 061**	**3 435**	**4 654**	**5 521**	**7 157**	**10 277**	**109.9**
食品支出	**1 937**	**1 282**	**1 613**	**1 842**	**2 226**	**2 898**	**107.2**
#谷　物	195	179	193	206	188	213	94.2
蔬菜及制品	142	99	124	143	161	195	106.0
肉、禽、蛋、奶及制品	444	297	379	445	521	613	98.4
衣着支出	**477**	**229**	**339**	**428**	**579**	**880**	**111.4**
#服装支出	295	133	196	264	363	566	111.3
居住支出	**948**	**482**	**711**	**880**	**1 126**	**1 668**	**106.0**
#住　房	366	148	269	308	397	773	94.2
燃　料	325	199	272	327	402	455	108.3
家庭设备用品及服务支出	**370**	**186**	**229**	**355**	**426**	**709**	**108.5**
#耐用消费品	216	105	117	211	263	417	105.4
家庭日用杂品	104	59	81	101	117	176	107.2
医疗保健支出	**596**	**364**	**463**	**617**	**653**	**942**	**119.4**
交通和通讯支出	**746**	**357**	**480**	**528**	**958**	**1 535**	**123.1**
#交通工具	150	73	46	45	215	409	161.3
通讯工具	87	31	68	70	115	165	120.8
通讯费	295	148	224	250	379	513	118.0
文教娱乐用品及服务支出	**864**	**493**	**731**	**753**	**1 047**	**1 396**	**103.5**
#文娱用机电消费品	121	33	65	123	152	256	92.4
书报杂志	17	10	14	17	19	27	100.0
学杂费	477	362	501	404	540	605	99.6
文娱费	92	24	44	80	120	212	124.3
其他商品及服务支出	**123**	**42**	**88**	**118**	**142**	**249**	**117.1**
#服务性支出	49	15	31	48	55	104	111.4

表1.26 规模以上工业总产值（1984~2006年）

单位：亿元

年 份	合 计	轻工业	重工业	#大中型工业
1984	276.2	118.0	158.2	178.7
1985	324.2	135.8	188.4	213.7
1986~1990	**2 448.3**	**1 039.7**	**1 408.6**	**1 691.2**
1986	336.5	140.8	195.7	231.6
1987	387.6	160.1	227.5	272.1
1988	495.6	212.5	283.1	345.4
1989	602.7	264.1	338.6	408.3
1990	625.9	262.2	363.7	433.8
1991~1995	**5 826.7**	**1 936.6**	**3 890.1**	**3 770.8**
1991	730.2	298.1	432.1	507.4
1992	860.0	306.5	553.5	587.4
1993	1 166.6	361.9	804.7	747.6
1994	1 576.6	497.9	1 078.7	990.7
1995	1 493.3	472.2	1 021.1	937.7
1996~2000	**10 382.8**	**3 026.2**	**7 356.6**	**5 765.7**
1996	1 590.6	509.1	1 081.5	962.3
1997	1 819.7	577.8	1 241.9	999.6
1998	1 947.0	598.2	1 348.8	1 059.8
1999	2 183.5	621.8	1 561.7	1 090.9
2000	2 842.0	719.3	2 122.7	1 653.1
2001~2005	**23 980.6**	**4 911.1**	**19 069.5**	**16 858.4**
2001	3 270.1	842.4	2 427.7	2 298.4
2002	3 620.2	882.4	2 737.8	2 434.7
2003	4 410.8	936.7	3 474.1	3 183.9
2004	5 733.3	1 084.7	4 648.6	3 699.3
2005	6 946.2	1 164.9	5 781.3	5 242.1
2006	8 210.0	1 258.2	6 951.8	6 237.9

注：工业总产值按现价计算。规模以上工业：2000年以前各年为乡及乡以上工业口径；2000年起调整为全部国有及年主营业务收入在500万元及以上非国有工业口径。

表 1.27　高技术制造业总产值（2006）

单位：亿元

项　　目	2006 年
合　　计	**2 665.7**
按登记注册类型分	
国有	40.4
集体	5.5
外资及港澳台	2 184.5
股份制及其他	435.1
按高新技术领域分	
核燃料加工	
信息化学品制造	5.8
医药制造业	150.1
航空航天器制造	54.5
电子及通信设备制造业	1 792.7
电子计算机及办公设备制造业	461.3
医疗设备及仪器仪表制造业	201.3

表1.28 社会消费品

年 份	社会消费品零售额	按地区分			按经济类型分			
		市	县	县以下	国有经济	集体经济	个体经济	其他经济
1978	44.2	34.5	5.3	4.4	37.2	7.0		
1979	52.2	41.6	5.8	4.8	44.2	7.9	0.1	
1980	61.3	49.3	6.6	5.4	49.1	11.8	0.4	
1981～1985	**455.3**	**364.0**	**48.3**	**43.0**	**301.7**	**143.5**	**9.1**	**1.0**
1986～1990	**1 131.8**	**943.0**	**103.4**	**85.4**	**617.7**	**401.1**	**106.7**	**6.3**
1986	146.5	121.7	12.1	12.7	84.5	51.0	10.6	0.4
1987	176.6	145.7	16.2	14.7	97.1	64.5	14.5	0.5
1988	234.3	195.0	21.2	18.1	129.4	84.5	19.7	0.7
1989	266.7	221.5	25.0	20.2	143.8	92.2	28.2	2.5
1990	307.7	259.1	28.9	19.7	162.9	108.9	33.7	2.2
1991～1995	**3 116.0**	**2 448.0**	**418.2**	**249.8**	**1 468.5**	**871.8**	**595.1**	**180.6**
1991	357.8	301.2	33.4	23.2	191.8	122.9	40.5	2.6
1992	430.0	360.2	41.1	28.7	230.6	139.6	56.5	3.3
1993	611.2	495.3	69.6	46.3	313.7	186.8	101.4	9.3
1994	766.6	603.5	104.1	59.0	344.0	196.8	175.1	50.7
1995	950.4	687.8	170.0	92.6	388.4	225.7	221.6	114.7
1996～2000	**6 811.7**	**5 288.4**	**502.7**	**1 020.6**	**2 207.3**	**1 277.5**	**1 453.8**	**1 873.1**
1996	1 061.6	763.7	109.9	188.0	361.8	249.7	277.8	172.3
1997	1 208.5	929.0	101.4	178.1	423.9	284.9	271.7	228.0
1998	1 373.6	1 094.7	88.5	190.4	396.2	266.0	279.3	432.1
1999	1 509.3	1 192.6	96.5	220.2	501.2	230.8	296.5	480.8
2000	1 658.7	1 308.4	106.4	243.9	524.2	246.1	328.5	559.9
2001～2005	**11 662.9**	**9 590.3**	**432.8**	**1 639.8**	**2 017.3**	**898.5**	**2 178.0**	**6 569.1**
2001	1 831.4	1 438.8	117.2	275.4	517.1	190.0	385.5	738.8
2002	2 005.2	1 564.7	127.6	312.9	491.4	179.7	397.3	936.8
2003	2 296.9	1 840.3	106.4	350.2	538.7	242.1	408.0	1 108.1
2004	2 626.6	2 286.8	22.2	317.6	236.6	142.8	459.4	1 787.8
2005	2 902.8	2 459.7	21.7	383.7	233.5	143.9	527.8	1 997.6
2006	3 275.2	2 831.3	26.2	417.7	243.5	136.6	661.8	2 233.3

注：1. 1993～2003年社会消费品零售额按经济普查口径进行了调整，2004年使用经济普查数据。

2. 国有经济包括国有、国有联营、国有独资公司。

3. 集体经济包括集体、集体联营、股份合作公司。

零售额（1978～2006 年）

单位：亿元

年　　份	按行业分			按类别分			
	批发零售贸易业	餐饮业	其他行业	食品类	衣着类	日用品类	燃料类
1978	40.7	1.7	1.8	18.0	8.9	16.0	1.3
1979	47.3	2.1	2.8	20.4	11.1	19.2	1.5
1980	53.5	2.7	5.1	24.4	12.9	22.4	1.6
1981～1985	**381.7**	**21.9**	**51.7**	**174.3**	**82.0**	**188.7**	**10.3**
1986～1990	**906.7**	**70.7**	**154.4**	**451.8**	**152.4**	**503.5**	**24.1**
1986	119.3	8.1	19.1	57.4	21.6	64.2	3.3
1987	140.2	10.7	25.7	72.4	25.6	74.9	3.7
1988	186.4	16.1	31.8	92.0	33.0	105.2	4.1
1989	213.1	16.5	37.1	108.0	31.6	121.3	5.8
1990	247.7	19.3	40.7	122.0	40.6	137.9	7.2
1991～1995	**2 297.2**	**239.7**	**579.1**	**1 213.7**	**465.0**	**1 365.5**	**71.8**
1991	286.2	22.9	48.7	138.6	47.1	164.4	7.7
1992	333.7	30.8	65.5	165.5	57.2	197.0	10.3
1993	451.7	51.3	108.2	220.7	96.5	277.6	16.4
1994	553.4	62.3	150.9	283.2	125.3	338.6	19.5
1995	672.2	72.4	205.8	405.7	138.9	387.9	17.9
1996～2000	**4 808.5**	**448.6**	**1 554.6**	**2 177.0**	**858.9**	**3 576.5**	**199.3**
1996	755.2	78.6	227.8	427.5	152.5	461.8	19.8
1997	815.3	83.3	309.9	447.9	161.6	565.6	33.4
1998	994.9	94.0	284.7	399.8	167.2	764.2	42.4
1999	1 064.5	93.4	351.4	430.4	178.8	852.9	47.2
2000	1 178.6	99.3	380.8	471.4	198.8	932.0	56.5
2001～2005	**9 430.7**	**903.9**	**1 328.3**	**3 058.9**	**1 217.7**	**6 717.7**	**668.6**
2001	1 296.7	111.0	423.7	528.7	221.9	1 016.9	63.9
2002	1 446.8	129.2	429.2	540.2	219.9	1 167.4	77.7
2003	1 930.8	145.5	220.6	596.4	252.3	1 356.4	91.8
2004	2 227.0	250.2	149.4	644.9	242.1	1 538.3	201.3
2005	2 529.4	268.0	105.4	748.7	281.5	1 638.7	233.9
2006	2 865.6	287.2	122.4	813.8	312.8	1 841.3	307.3

表1.29 海关进出口贸易总额（地方）

项 目	金额（万美元）		2006年为2005年%	构 成（%）	
	2006年	2005年		2006年	2005年
地方出口	**2 320 475**	**1 709 603**	**135.7**	**100.0**	**100.0**
按登记注册类型分					
内资企业	638 438	514 048	124.2	27.5	30.1
国有企业	451 887	379 814	119.0	19.5	22.2
集体企业	13 972	12 156	114.9	0.6	0.7
其 他	172 579	122 078	141.4	7.4	7.2
外商投资企业	1 682 037	1 195 555	140.7	72.5	69.9
中外合资	1 229 641	911 445	134.9	53.0	53.3
中外合作	9 287	9 654	96.2	0.4	0.6
外商独资	443 109	274 456	161.4	19.1	16.0
按构成分					
#一般贸易	1 080 125	715 689	150.9	46.5	41.9
来料加工装配贸易	53 502	51 469	103.9	2.3	3.0
进料加工贸易	1 115 472	904 126	123.4	48.1	52.9
对外承包工程货物	48 694	20 519	237.3	2.1	1.2
出料加工贸易	58	56	103.0		
地方进口	**3 207 182**	**2 322 136**	**138.1**	**100.0**	**100.0**
按登记注册类型分					
内资企业	966 591	804 477	120.2	30.1	34.6
国有企业	709 810	632 443	112.2	22.1	27.2
集体企业	24 447	14 864	164.5	0.8	0.6
其 他	232 334	157 170	147.8	7.2	6.8
外商投资企业	2 240 591	1 517 659	147.6	69.9	65.4
中外合资	1 050 195	883 498	118.9	32.8	38.0
中外合作	31 997	24 366	131.3	1.0	1.1
外商独资	1 158 399	609 795	190.0	36.1	26.3
按构成分					
#一般贸易	2 265 615	1 520 106	149.0	70.6	65.5
来料加工装配贸易	40 578	39 585	102.5	1.3	1.7
进料加工贸易	630 614	527 106	119.6	19.7	22.7
外商投资企业进口设备、物品	165 904	168 751	98.3	5.2	7.3
租赁贸易	7 761	1 733	447.8	0.2	0.1

资料来源：中华人民共和国北京海关。

表 1.30　海关进出口贸易总额（按国别、地区分）

项　　目	金额（万美元）		2006 年为 2005 年%	构　　成（%）	
	2006 年	2005 年		2006 年	2005 年
地方出口按国别（地区）分	**2 320 475**	**1 709 603**	**135. 7**	**100. 0**	**100. 0**
#中国香港	215 655	248 575	86. 8	9. 3	14. 5
中国澳门	1 812	887	204. 3	…	…
日　本	227 395	203 414	111. 8	9. 8	11. 9
新加坡	74 620	39 271	190. 0	3. 2	2. 3
英　国	82 443	54 115	152. 3	3. 6	3. 2
德　国	183 299	104 043	176. 2	7. 9	6. 1
法　国	32 737	29 672	110. 3	1. 4	1. 7
意大利	33 595	18 876	178. 0	1. 4	1. 1
瑞　士	9 412	9 024	104. 3	0. 4	0. 5
波　兰	7 538	5 948	126. 7	0. 3	0. 3
俄罗斯联邦	40 979	55 958	73. 2	1. 8	3. 3
埃　及	3 656	1 757	208. 1	0. 2	0. 1
加拿大	19 777	14 243	138. 9	0. 9	0. 8
美　国	240 841	195 259	123. 3	10. 4	11. 4
澳大利亚	53 572	34 604	154. 8	2. 3	2. 0
地方进口按国别（地区）分	**3 207 182**	**2 322 136**	**138. 1**	**100. 0**	**100. 0**
#中国香港	50 955	42 788	119. 1	1. 6	1. 8
日　本	640 336	426 898	150. 0	20. 0	18. 4
新加坡	55 024	57 807	95. 2	1. 7	2. 5
英　国	51 803	34 360	150. 8	1. 6	1. 5
德　国	379 802	179 575	211. 5	11. 8	7. 7
法　国	47 225	38 171	123. 7	1. 5	1. 6
意大利	38 823	27 219	142. 6	1. 2	1. 2
瑞　士	29 413	23 903	123. 1	0. 9	1. 0
比利时	14 318	10 306	138. 9	0. 4	0. 4
俄罗斯联邦	7 544	15 325	49. 2	0. 2	0. 7
加拿大	19 646	16 144	121. 7	0. 6	0. 7
美　国	309 294	244 073	126. 7	9. 6	10. 5
澳大利亚	90 104	67 807	132. 9	2. 8	2. 9

资料来源：中华人民共和国北京海关。

表1.31 外商投资企业实际使用外资情况

单位：万美元

项　　目	2006年	2005年	2006年为2005年%
实际使用外资	**455 191**	**352 638**	**129.1**
按登记注册类型分			
合资经营	80 570	69 447	116.0
合作经营	33 039	23 609	139.9
独资经营	341 367	259 463	131.6
外商投资股份制	215	119	180.7
按行业分			
农、林、牧、渔业	544	354	153.7
制造业	105 590	113 246	93.2
建筑业	1 254	870	144.1
信息传输、计算机服务和软件业	44 341	24 250	182.8
批发和零售业	24 378	2 560	952.3
住宿和餐饮业	1 882	647	290.9
房地产业	72 242	46 326	155.9
租赁和商务服务业	174 342	124 272	140.3
其他行业	30 618	40 113	76.3
按客商国别（地区）分			
中国香港	86 600	57 170	151.5
中国台湾	1 598	1 108	144.2
日　本	67 580	79 877	84.6
新加坡	17 616	15 899	110.8
法　国	3 578	9 511	37.6
美　国	20 043	15 753	127.2
德　国	47 797	24 896	192.0
韩　国	35 357	25 790	137.1
英　国	2 977	905	329.0
奥地利	3 331	227	1 467.4
加拿大	863	333	259.2
其　他	167 851	121 169	138.5

资料来源：北京市商务局。

表 1.32　外商投资企业投产开业情况

项　　目	企业单位数（个）		企业职工人数（人）	
	2006 年	2005 年	2006 年	2005 年
合　　计	**3 437**	**3 110**	**805 425**	**704 657**
按登记注册类型分				
港澳台商投资企业	1 134	1 052	245 730	217 827
与港澳台商合资	613	592	127 320	120 690
与港澳台商合作	177	170	25 215	18 509
港澳台商独资	334	283	81 164	60 858
港澳台商投资股份有限公司	10	7	12 031	17 770
外商投资企业	2 302	2 058	559 695	486 830
中外合资	1 003	981	266 644	246 602
中外合作	172	185	23 795	23 689
外商独资	1 108	867	244 932	194 194
外商投资股份有限公司	20	25	24 324	22 345
按行业分				
农、林、牧、渔业		2		59
制造业	1 387	1 309	336 725	306 223
建筑业	100	106	46 674	37 327
信息传输、计算机服务和软件业	461	368	94 262	72 798
批发和零售业	126	102	54 574	54 587
住宿和餐饮业	176	168	73 016	63 601
房地产业	433	434	43 535	39 022
租赁和商务服务业	282	217	42 669	34 963
其他行业	472	404	113 970	96 077

注：1. 统计范围为限额以上法人企业。
2. 本表 2006 年为限额以上单位。
3. （一）北京市主要经济社会指标选自《北京统计年鉴（2007）》。
4. 本年鉴使用的符号说明，“…”表示数据不足该表最小单位数；“空格”表示该项指标数据不详或没有数据；“#”表示其中部分项目。

（二）金融业务综合统计

表2.1 北京市金融机构（含外资）本外币信贷收支统计

单位：亿元

资金来源项目	2006年		2005年	
	余额	比年初	余额	比年初
一、各项存款	33 793.3	4 804.7	28 969.9	5 091.5
1. 企事业单位存款	19 177.4	2 890.7	16 340.0	3 046.6
（1）活期存款	9 267.5	1 107.9	8 130.9	823.0
（2）定期存款	9 909.9	1 782.8	8 209.1	2 223.6
2. 储蓄存款	9 515.0	1 214.2	8 315.8	1 161.5
（1）活期储蓄	3 250.0	521.0	2 729.0	333.1
（2）定期储蓄	6 265.0	693.2	5 586.8	828.4
3. 信托存款	0.0	0.0	10.0	5.8
4. 委托存款	78.5	23.9	12.0	-13.1
5. 其他存款	5 022.4	675.9	4 292.1	890.5
二、所有者权益	555.4	11.8	543.5	141.4
其中：实收资本	219.6	31.1	188.5	79.9
当年结益	408.2	408.2	411.4	411.4
三、其他	-15 495.4	-2 030.8	-13 423.9	-3 520.8
资金来源总计	18 853.3	2 785.7	16 089.5	1 712.0

资金运用项目	2006年		2005年	
	余额	比年初	余额	比年初
一、各项贷款	18 131.6	2 818.0	15 335.5	1 783.6
1. 短期贷款	5 377.1	175.3	5 167.2	236.1
2. 中长期贷款	11 142.8	2 538.7	8 632.4	1 069.3
3. 信托贷款	0.0	0.0	18.2	8.6
4. 委托贷款	48.9	45.3	3.6	-9.2
5. 其他贷款	480.2	113.9	366.2	121.2
6. 票据融资	1 072.7	-57.1	1 140.0	354.7
7. 各项垫款	9.9	1.9	8.0	2.9
二、有价证券及投资	721.8	-32.3	754.0	-71.6
资金运用总计	18 853.3	2 785.7	16 089.5	1 712.0

表 2.2　北京市中资金融机构本外币信贷收支统计

单位：亿元

资金来源项目	2006 年		2005 年	
	余额	比年初	余额	比年初
一、各项存款	33 484.1	4 664.6	28 800.8	5 024.8
1. 企事业单位存款	18 968.0	2 787.0	16 234.3	3 000.3
（1）活期存款	9 173.8	1 076.5	8 068.6	789.9
（2）定期存款	9 794.3	1 710.5	8 165.7	2 210.4
2. 储蓄存款	9 472.0	1 189.7	8 297.4	1 159.5
（1）活期储蓄	3 232.5	512.3	2 720.2	330.5
（2）定期储蓄	6 239.4	677.4	5 577.2	829.1
3. 信托存款	0.0	0.0	10.0	5.8
4. 委托存款	78.5	23.9	12.0	-13.1
5. 其他存款	4 965.6	664.0	4 247.1	872.2
二、所有者权益	473.7	-10.5	484.1	123.2
其中：实收资本	141.7	12.0	129.7	60.8
当年结益	403.2	403.2	409.3	409.3
三、其他	-15 605.7	-2 030.6	-13 534.5	-3 511.4
资金来源总计	18 352.0	2 623.6	15 750.3	1 636.5

资金运用项目	2006 年		2005 年	
	余额	比年初	余额	比年初
一、各项贷款	17 631.7	2 657.0	14 996.6	1 708.4
1. 短期贷款	5 202.4	128.1	5 039.6	214.9
2. 中长期贷款	10 929.9	2 484.8	8 473.4	1 028.7
3. 信托贷款	0.0	0.0	18.2	8.6
4. 委托贷款	48.9	45.3	3.6	-9.2
5. 其他贷款	424.7	90.3	334.3	107.4
6. 票据融资	1 015.9	-93.4	1 119.4	355.1
7. 各项垫款	9.9	1.9	8.0	2.9
二、有价证券及投资	720.3	-33.4	753.7	-71.9
资金运用总计	18 352.0	2 623.6	15 750.3	1 636.5

表 2.3　北京市金融机构（含外资）人民币信贷收支统计

单位：万元

资金来源项目	2006 年		2005 年	
	余额	比年初	余额	比年初
一、各项存款	313 137 655	45 110 492	267 857 628	50 635 376
1. 企业存款	178 432 792	26 896 346	152 068 580	28 467 226
（1）活期存款	86 905 722	10 054 018	76 564 835	5 939 588
（2）定期存款	91 527 070	16 842 328	75 503 745	22 527 638
2. 财政存款	3 321 889	792 081	2 514 776	106 186
3. 机关团体存款	10 306 524	1 089 520	9 228 365	2 361 984
4. 储蓄存款	87 050 998	12 314 198	74 777 402	13 553 848
（1）活期储蓄	29 993 395	4 787 492	25 205 902	3 643 922
（2）定期储蓄	57 057 603	7 526 706	49 571 500	9 909 926
5. 农业存款	5 787 280	910 839	5 091 820	532 225
6. 信托存款	0	0	99 879	99 879
7. 委托存款	788 498	244 601	249 796	110 635
8. 其他存款	27 449 674	2 862 907	23 827 010	5 403 393
二、金融债券	350 290	188	350 103	349 991
三、应付及暂收款	3 889 368	569 103	3 326 532	832 034
其中：应付及预收利息	1 875 298	192 334	1 683 212	394 479
四、同业往来	18 319 495	9 851 367	9 777 896	3 581 984
五、行内资金往来	0	0	0	0
六、各项准备	2 048 738	398 962	1 654 379	-121 789
其中：贷款损失准备金	1 795 922	331 329	1 477 598	-95 927
七、所有者权益	4 602 406	20 690	4 578 852	1 250 199
其中：实收资本	1 594 226	220 486	1 373 740	709 099
当年结益	3 674 566	3 674 566	3 711 844	3 711 844
八、其他	-6 865 834	-28 750 307	20 884 789	10 612 826
资金来源总计	335 482 118	27 200 495	308 430 179	67 140 621

续表

资金运用项目	2006年		2005年	
	余额	比年初	余额	比年初
一、各项贷款	156 326 959	18 200 120	138 344 559	12 584 250
1. 短期贷款	50 955 196	2 548 713	48 058 214	1 580 043
（1）工业贷款	11 506 828	-46 262	11 369 699	-1 488 752
（2）商业贷款	8 879 171	309 718	8 481 073	656 164
其中：农副产品贷款	0	0	697 688	29 672
（3）建筑业贷款	5 256 456	925 306	4 225 854	595 052
（4）农业贷款	697 110	-16 029	752 157	90 812
（5）乡镇企业贷款	2 173 458	-640 952	3 056 779	128 299
（6）三资企业贷款	898 522	-74 769	938 874	48 175
（7）私营企业及个体贷款	1 537 329	47 352	1 488 342	224 020
（8）其他短期贷款	20 006 322	2 044 349	17 745 436	1 326 273
其中：个人短期消费贷款	156 071	11 818	144 300	-41 178
2. 中长期贷款	94 487 661	15 938 831	78 844 689	7 367 377
（1）基本建设贷款	34 963 105	6 923 349	27 723 015	1 768 285
（2）技术改造贷款	1 587 795	-287 058	2 108 749	-7 279
（3）其他中长期贷款	57 936 761	9 302 540	49 012 925	5 606 371
其中：个人中长期消费贷款	22 282 732	458 842	21 823 921	1 608 885
3. 信托贷款	0	0	170 990	96 083
4. 融资租赁	0	0	0	0
5. 委托贷款	489 320	453 200	36 120	-92 369
6. 票据融资	10 329 111	-742 351	11 170 602	3 605 530
其中：贴现	10 329 111	-742 351	11 170 602	3 608 380
7. 各项垫款	65 671	1 727	63 944	27 586
二、有价证券及投资	20 867 536	5 109 904	15 836 434	741 060
三、应收及预付款	1 529 080	130 022	1 290 146	99 645
其中：应收利息	541 769	52 799	490 585	203 517
四、同业往来	609 190	42 888	502 927	-60 397
五、二级准备金	18 187 991	-16 450 940	34 638 931	13 122 004
六、行内资金往来	134 658 748	19 993 470	114 674 807	40 441 021
七、委托投资	0	0	0	0
八、金银占款	-174 751	-76 228	-100 377	-188 436
九、外汇占款	2 486 877	164 969	2 338 553	274 868
十、固定资产	990 488	86 290	904 199	126 606
十一、库存现金				
资金运用总计	335 482 118	27 200 495	308 430 179	67 140 621

表 2.4　北京市中资金融机构人民币信贷收支统计

单位：万元

资金来源项目	2006 年		2005 年	
	余额	比年初	余额	比年初
一、各项存款	311 792 304	44 311 215	267 311 554	50 089 302
1. 企业存款	177 206 188	26 049 971	151 688 351	28 086 997
（1）活期存款	86 420 287	9 826 079	76 307 339	5 682 092
（2）定期存款	90 785 901	16 223 892	75 381 012	22 404 905
2. 财政存款	3 321 889	792 081	2 514 776	106 186
3. 机关团体存款	10 306 524	1 089 520	9 228 365	2 361 984
4. 储蓄存款	87 032 897	12 297 610	74 775 889	13 552 335
（1）活期储蓄	29 993 394	4 787 975	25 205 418	3 643 438
（2）定期储蓄	57 039 503	7 509 635	49 570 471	9 908 897
5. 农业存款	5 787 280	910 839	5 091 820	532 225
6. 信托存款			99 879	99 879
7. 委托存款	788 498	244 601	249 796	110 635
8. 其他存款	27 349 028	2 926 593	23 662 678	5 239 061
二、金融债券	350 290	188	350 103	349 991
三、应付及暂收款	3 874 375	596 200	3 284 442	789 944
其中：应付及预收利息	1 868 678	186 680	1 682 246	393 513
四、同业往来	18 399 024	9 782 129	9 924 526	3 695 275
五、行内资金往来				
六、各项准备	2 035 751	388 998	1 651 356	-124 812
其中：贷款损失准备金	1 783 147	321 555	1 474 597	-98 928
七、所有者权益	4 397 938	-84 520	4 479 595	1 150 942
其中：实收资本	1 394 212	120 480	1 273 732	609 091
当年结益	3 669 806	3 669 806	3 712 434	3 712 434
八、其他	-6 470 913	-28 514 614	21 093 641	10 855 017
资金来源总计	334 378 769	26 479 596	308 095 217	66 805 659

续表

资金运用项目	2006 年		2005 年	
	余额	比年初	余额	比年初
一、各项贷款	154 869 009	17 164 842	137 921 887	12 161 578
1. 短期贷款	50 162 309	2 063 702	47 750 338	1 272 167
(1) 工业贷款	11 506 828	-46 262	11 369 699	-1 488 752
(2) 商业贷款	8 879 171	309 718	8 481 073	656 164
其中：农副产品贷款			697 688	29 672
(3) 建筑业贷款	5 256 456	925 306	4 225 854	595 052
(4) 农业贷款	697 110	-16 029	752 157	90 812
(5) 乡镇企业贷款	2 173 458	-640 952	3 056 779	128 299
(6) 三资企业贷款	898 522	-74 769	938 874	48 175
(7) 私营企业及个体贷款	1 537 329	47 352	1 488 342	224 020
(8) 其他短期贷款	19 213 435	1 559 338	17 437 560	1 018 397
其中：个人短期消费贷款	155 492	11 421	144 118	-41 360
2. 中长期贷款	94 090 063	15 614 178	78 771 744	7 294 432
(1) 基本建设贷款	34 963 105	6 923 349	27 723 015	1 768 285
(2) 技术改造贷款	1 587 795	-287 058	2 108 749	-7 279
(3) 其他中长期贷款	57 539 163	8 977 887	48 939 980	5 533 426
其中：个人中长期消费贷款	22 260 778	438 287	21 822 522	1 607 486
3. 信托贷款			170 990	96 083
4. 融资租赁				
5. 委托贷款	489 320	453 200	36 120	-92 369
6. 票据融资	10 061 646	-967 965	11 128 751	3 563 679
其中：贴现	10 061 646	-967 965	11 128 751	3 566 529
7. 各项垫款	65 671	1 727	63 944	27 586
二、有价证券及投资	20 853 340	5 098 868	15 833 274	737 900
三、应收及预付款	1 523 330	126 609	1 287 809	97 308
其中：应收利息	535 150	47 752	489 013	201 945
四、同业往来	984 490	371 588	597 015	33 691
五、二级准备金	18 187 991	-16 450 940	34 638 931	13 122 004
六、行内资金往来	134 658 748	19 993 470	114 674 807	40 441 021
七、委托投资				
八、金银占款	-174 751	-76 228	-100 377	-188 436
九、外汇占款	2 486 784	164 937	2 338 492	274 807
十、固定资产	989 828	86 450	903 379	125 786
十一、库存现金				
资金运用总计	334 378 769	26 479 596	308 095 217	66 805 659

表 2.5 北京市外资银行人民币信贷收支统计

单位：万元

资金来源项目	2006年		2005年	
	余额	比年初	余额	比年初
一、各项存款	1 345 351	799 276	546 074	546 074
1. 企业存款	1 226 604	846 376	380 229	380 229
（1）活期存款	485 435	227 938	257 496	257 496
（2）定期存款	741 170	618 437	122 732	122 732
2. 机关团体存款	0	0	0	0
3. 储蓄存款	18 101	16 588	1 513	1 513
（1）活期储蓄	1	－483	484	484
（2）定期储蓄	18 100	17 071	1 029	1 029
4. 农业存款	0	0	0	0
5. 其他存款	100 645	－63 688	164 333	164 333
二、代理财政性存款	0	0	0	0
三、金融债券	0	0	0	0
其中：政策性金融债券	0	0	0	0
四、应付及暂收款	14 992	－27 098	42 090	42 090
其中：应付及预提利息	6 620	5 653	966	966
五、卖出回购资产	0	0	0	0
六、向中央银行借款	0	0	0	0
七、同业往来	746 404	641 224	105 181	105 181
1. 同业存放	521 604	449 924	71 681	71 681
2. 同业拆借	224 800	191 300	33 500	33 500
八、委托存款及委托投资基金（净）	0	0	0	0
1. 委托存款及委托投资基金	0	0	0	0
2. 减：委托贷款及委托投资	0	0	0	0
九、代理金融机构委托贷款基金	0	0	0	0
其中：中央银行委托贷款基金	0	0	0	0
十、各项准备	12 987	9 964	3 023	3 023
其中：贷款损失准备	12 775	9 775	3 001	3 001
十一、所有者权益	204 468	105 211	99 257	99 257
其中：实收资本	200 014	100 006	100 008	100 008
当年结益	4 760	4 760	－590	－590
十二、其他	－362 718	－383 317	20 600	20 600
资金来源总计	1 961 485	1 145 259	816 226	816 226

续表

资金运用项目	2006 年		2005 年	
	余额	比年初	余额	比年初
一、各项贷款	1 457 950	1 035 277	422 673	422 673
1. 短期贷款	792 887	485 010	307 877	307 877
（1）工业贷款	0	0	0	0
（2）商业贷款	0	0	0	0
其中：收购贷款	0	0	0	0
（3）建筑业贷款	0	0	0	0
（4）农业贷款	0	0	0	0
（5）乡镇企业贷款	0	0	0	0
（6）三资企业贷款	0	0	0	0
（7）私营企业及个体贷款	0	0	0	0
（8）其他短期贷款	792 887	485 010	307 877	307 877
其中：个人短期贷款	579	397	182	182
2. 中期流动资金贷款	0	0	0	0
3. 中长期贷款	397 598	324 654	72 945	72 945
（1）基本建设贷款	0	0	0	0
（2）技术改造贷款	0	0	0	0
（3）其他中长期贷款	397 598	324 654	72 945	72 945
其中：个人中长期贷款	21 954	20 556	1 399	1 399
4. 票据融资	267 465	225 614	41 851	41 851
其中：贴现	267 465	225 614	41 851	41 851
5. 各项垫款	0	0	0	0
二、有价证券及投资	14 196	11 036	3 160	3 160
三、应收及预付款	5 749	3 412	2 337	2 337
其中：应收利息	6 619	5 047	1 572	1 572
四、买入返售资产	0	0	0	0
五、存放中央银行准备金存款	393 269	60 386	332 884	332 884
六、存放中央银行特种存款	0	0	0	0
七、缴存中央银行财政性存款	0	0	0	0
八、同业往来	89 661	35 308	54 353	54 353
1. 存放同业	88 161	33 808	54 353	54 353
2. 拆放同业	1 500	1 500	0	0
九、代理金融机构贷款	0	0	0	0
其中：代理人行专项贷款	0	0	0	0
十、库存现金	660	−160	820	820
十一、外汇占款	0	0	0	0
资金运用总计	1 961 485	1 145 259	816 226	816 226

表 2.6 北京市金融机构（含外资）外汇信贷收支统计

单位：万美元

资金来源项目	2006 年		2005 年	
	余额	比年初	余额	比年初
一、各项存款	3 175 369	466 705	2 706 433	101 192
1. 单位活期存款	738 797	150 994	587 839	291 362
其中：中资企业存款	325 720	178 053	166 868	34 627
外商投资企业存款	153 751	31 650	113 273	1 354
2. 单位定期存款	969 727	153 501	816 220	－14 852
其中：中资企业存款	594 095	64 011	530 083	－129 752
外商投资企业存款	106 875	44 188	62 687	－6 185
3. 储蓄存款	1 037 188	12 231	1 038 499	－208 354
其中：定期存款	716 145	－50 547	780 234	－176 989
4. 信托存款	0	0	0	－5 006
5. 委托存款	－437	－711	－16 106	－29 555
6. 其他类存款	313 263	86 321	227 330	53 249
7. 境外存款	116 831	64 369	52 651	14 348
二、境外筹资	23 781	11 946	11 835	5 853
三、同业存放	30 020	309	54 460	16 597
其中：境外同业存放	464	174	290	－49
四、应付及暂收款	118 011	49 764	68 224	12 173
其中：应付及预提利息	34 646	13 793	20 849	7 517
五、同业拆入	56 984	19 259	37 725	14 294
其中：境外同业拆入	56 984	19 259	37 725	14 294
六、外汇买卖	－42 231	－15 532	－10 813	－15 539
其中：结售汇	－20 580	－5 472	－15 111	－20 073
七、境内联行存放	0	0	0	0
八、境外联行存放	412 926	37 932	375 194	58 470
九、证券业务款项	0	0	0	0
十、各项准备	18 135	－1 800	19 934	7 394
其中：贷款损失准备	15 714	－3 492	19 205	7 322
十一、所有者权益	121 783	15 931	106 040	22 397
其中：实收资本	77 053	13 668	63 385	12 387
当年结益	52 123	52 123	49 886	49 886
十二、其他	－129 789	－133 859	－20 721	43 312
资金来源总计	3 784 989	450 655	3 348 311	266 143

续表

资金运用项目	2006年		2005年	
	余额	比年初	余额	比年初
一、各项贷款	3 200 140	1 340 331	1 859 938	680 894
1. 短期贷款	360 837	-86 840	447 930	105 745
（1）境内短期贷款	345 828	-89 401	435 482	112 231
其中：中资企业贷款	208 558	-96 698	304 078	118 482
外商投资企业贷款	109 491	3 597	105 535	-24 637
（2）境外短期贷款	15 009	2 561	12 448	-6 486
2. 中长期贷款	2 169 395	1 241 056	926 724	424 888
（1）境内中长期贷款	2 031 752	1 184 054	847 445	405 023
其中：中资企业贷款	1 461 694	878 225	583 408	393 797
外商投资贷款	121 472	-2 088	123 560	22 858
（2）境外中长期贷款	137 643	57 002	79 279	19 865
3. 进出口贸易融资	523 872	156 215	367 372	118 261
4. 票据融资	50 974	22 873	28 386	-6 400
其中：贴现	46 537	23 705	23 118	-5 688
5. 融资租赁	0	0	0	0
6. 信托贷款	0	0	1 362	-1 149
7. 委托贷款	0	0	0	0
8. 各项垫款	4 274	2 286	1 988	187
9. 境外筹资转贷款	90 788	4 741	86 176	39 362
二、有价证券及投资	88 896	18 418	84 201	38 329
三、应收及预付款	77 244	26 822	50 356	27 911
其中：应收及预付利息	30 116	11 211	19 000	8 422
四、存放同业	23 030	-16 701	39 731	19 714
其中：存放境外同业	23 030	-16 701	39 731	19 714
五、拆放同业	60 939	50 818	10 121	-21 413
其中：拆放境外同业	60 939	50 818	10 121	-21 413
六、存放境内联行	196 708	-983 812	1 180 719	-465 952
七、存放境外联行	104 884	10 822	94 054	-5 008
八、证券业务占款	0	0	0	0
九、库存现金	33 148	3 957	29 191	-8 332
资金运用总计	3 784 989	450 655	3 348 311	266 143

表 2.7　北京市中资金融机构外汇信贷收支统计

单位：万美元

资金来源项目	2006 年		2005 年	
	余额	比年初	余额	比年初
一、各项存款	2 951 685	384 957	2 564 497	83 122
1. 单位活期存款	680 936	138 436	542 536	281 416
其中：中资企业存款	324 419	179 400	164 220	33 087
外商投资企业存款	97 226	17 772	70 626	－7 078
2. 单位定期存款	916 551	138 849	777 702	－17 014
其中：中资企业存款	593 940	63 856	530 083	－129 752
外商投资企业存款	53 853	29 684	24 169	－8 347
3. 储蓄存款	984 376	－17 794	1 015 898	－211 114
其中：定期存款	685 749	－68 993	768 470	－176 355
4. 信托存款				－5 006
5. 委托存款	－437	－711	－16 106	－29 555
6. 其他类存款	313 263	86 321	227 330	53 249
7. 境外存款	56 996	39 856	17 137	11 146
二、境外筹资	23 781	11 946	11 835	5 854
三、向中央银行借款				
四、中央银行存款				
五、同业存放	96 784	11 860	84 859	38 379
其中：境外同业存放	135	－155	290	－49
六、应付及暂收款	91 743	36 838	54 903	9 019
其中：应付及预提利息	29 448	12 557	16 887	5 012
七、同业拆入				－111
其中：境外同业拆入				－111
八、外汇买卖	－42 231	－15 532	－10 813	－15 539
其中：结售汇	－20 580	－5 472	－15 111	－20 073
九、境内联行存放				
十、境外联行存放	36	36		
十一、证券业务款项				
十二、各项准备				
其中：贷款损失准备				
十三、所有者权益	43 403	－1 108	44 735	10 874
其中：实收资本	2 932		2 932	
当年结益	46 341	46 341	47 154	47 154
十四、其他	14 040	－110 194	126 273	72 223
资金来源总计	3 179 241	318 803	2 876 289	203 821

续表

资金运用项目	2006年		2005年	
	余额	比年初	余额	比年初
一、各项贷款	2 746 689	1 254 418	1 492 400	632 003
1. 短期贷款	238 401	-89 225	327 879	114 158
（1）境内短期贷款	233 401	-94 225	327 879	114 158
其中：中资企业贷款	184 332	-106 347	289 501	120 008
外商投资企业贷款	22 841	9 973	12 509	-24 236
（2）境外短期贷款	5 000	5 000		
2. 中长期贷款	1 947 711	1 207 278	738 818	380 030
（1）境内中长期贷款	1 874 902	1 169 538	705 111	369 917
其中：中资企业贷款	1 417 482	874 007	543 414	364 649
外商投资贷款	10 973	-12 886	23 859	16 311
（2）境外中长期贷款	72 809	37 740	33 707	10 113
3. 进出口贸易融资	453 090	124 767	328 038	100 756
4. 票据融资	12 425	4 571	8 139	-1 341
其中：贴现	7 988	5 403	2 871	-629
5. 融资租赁				
6. 信托贷款			1 362	-1 149
其中：境外		-1 218	1 218	
7. 委托贷款				
8. 各项垫款	4 274	2 286	1 988	187
9. 境外筹资转贷款	90 788	4 741	86 176	39 362
二、有价证券及投资	66 596	13 418	66 901	21 029
其中：境外	25 274	-4 715	29 989	-7 726
三、应收及预付款	67 211	24 668	42 551	23 016
其中：应收及预付利息	23 543	9 491	14 147	5 674
四、存放中央银行	12 629	-829	13 458	8 714
其中：缴存准备金	5 501	2 502	2 999	2 465
五、存放同业	15 563	-6 536	24 099	5 916
存放境外同业	14 836	-2 193	17 029	7 170
六、拆放同业	6 767	3 451	3 316	-13 184
拆放境外同业	6 767	3 951	2 816	-13 684
七、存放境内联行	232 136	-971 539	1 203 666	-457 747
八、存放境外联行	246	-1 313	1 559	-7 061
九、证券业务占款				
十、库存现金	31 404	3 065	28 339	-8 865
资金运用总计	3 179 241	318 803	2 876 289	203 821

表 2.8　北京市外资银行外汇信贷收支统计

单位：万美元

资金来源项目	2006年		2005年	
	余额	比年初	余额	比年初
一、各项存款	223 685	81 749	141 936	18 072
1. 单位活期存款	57 861	12 558	45 303	9 947
其中：中资企业存款	1 301	－1 347	2 648	1 540
外商投资企业存款	56 525	13 878	42 647	8 432
2. 单位定期存款	53 177	14 654	38 518	2 162
其中：中资企业存款	155	155		
外商投资企业存款	53 022	14 504	38 518	2 162
3. 储蓄存款	52 812	30 025	22 601	2 760
其中：定期存款	30 396	18 446	11 764	－633
4. 其他类存款	640	275	364	－387
5. 境外存款	59 195	24 237	35 149	3 589
二、境内中长期借款	0	0	0	0
三、卖出回购资产	0	0	0	0
四、境外筹资	0	0	0	－1
五、向中央银行借款	0	0	0	0
六、中央银行存款	0	0	0	0
七、应付及暂收款	26 269	12 927	13 322	3 154
其中：应付及预提利息	5 198	1 236	3 962	2 505
八、同业存放	11 983	－617	12 600	3 832
1. 境内同业存放	11 654	－946	12 600	3 832
2. 境外同业存放	329	329	0	0
九、同业拆入	78 984	32 758	46 226	13 406
1. 境内同业拆入	22 000	13 500	8 500	－1 000
2. 境外同业拆入	56 984	19 258	37 726	14 406
十、委托基金存款	0	0	0	0
十一、外汇买卖	0	0	0	0
其中：结售汇	0	0	0	0
十二、境内联行存放	35 628	9 773	25 647	9 505
十三、境外联行存放	412 890	37 895	375 194	58 471
十四、各项准备	5 018	473	4 545	2 416
其中：贷款损失准备	4 985	444	4 541	2 414
十五、所有者权益	78 380	17 039	61 305	11 523
其中：实收资本	74 121	13 668	60 453	12 387
当年结益	5 782	5 782	2 732	2 732
十六、其他	－14 173	－8 241	－5 951	－1 879
资金来源总计	858 661	183 756	674 824	118 500

续表

资金运用项目	2006 年		2005 年	
	余额	比年初	余额	比年初
一、各项贷款	453 451	85 914	367 537	48 889
1. 短期贷款	122 437	2 386	120 051	-8 413
（1）境内短期贷款	112 428	4 825	107 603	-1 927
其中：中资企业贷款	24 226	9 649	14 577	-1 526
外商投资企业贷款	86 650	-6 375	93 026	-401
（2）境外短期贷款	10 009	-2 439	12 448	-6 486
2. 中长期贷款	221 684	33 778	187 906	44 856
（1）境内中长期贷款	156 850	14 516	142 334	35 105
其中：中资企业贷款	44 212	4 218	39 994	29 148
外商投资企业贷款	110 499	10 798	99 701	6 547
（2）境外中长期贷款	64 834	19 262	45 572	9 751
3. 进出口贸易融资	70 782	31 448	39 334	17 504
4. 票据融资	38 549	18 302	20 247	-5 059
其中：贴现	38 549	18 302	20 247	-5 059
5. 各项垫款	0	0	0	0
6. 境外筹资转贷款	0	0	0	0
二、投资	22 300	5 000	17 300	17 300
1. 购买有价证券	22 300	5 000	17 300	17 300
其中：购买境外有价证券	0	0	0	0
2. 其他投资	0	0	0	0
其中：投资境外	0	0	0	0
三、应收及预付款	10 033	2 154	7 805	4 895
其中：应收及预付利息	6 573	1 720	4 853	2 748
四、买入返售证券	0	0	0	0
五、存放中央银行	10 079	2 381	7 698	-1 587
其中：缴存准备金	9 006	4 029	4 979	-1 232
六、存放同业	109 048	15 516	93 532	28 938
1. 存放境内同业	100 855	30 024	70 830	16 394
2. 存放境外同业	8 194	-14 508	22 702	12 544
七、拆放同业	147 367	59 763	87 604	17 478
1. 拆放境内同业	93 195	12 895	80 300	25 208
2. 拆放境外同业	54 172	46 868	7 305	-7 730
八、存放境外联行	104 638	12 136	92 495	2 053
九、库存现金	1 744	892	852	533
资金运用总计	858 661	183 756	674 824	118 500

表 2.9　2002～2006 年北京市金融机构存贷款情况

单位：亿元

项　目　名　称	2006 年	2005 年	2004 年	2003 年	2002 年
一、存款总量					
金融机构（含外资）本外币	33 793.3	28 970.0	23 781.3	20 476.0	17 438.4
中资金融机构本外币	33 484.1	28 800.9	23 679.3	20 398.2	17 369.9
中资金融机构本币	31 179.2	26 731.3	21 625.9	18 321.9	15 392.7
外资银行本外币	309.2	169.0	102.0	78.0	68.0
附一：企业存款本外币	19 177.0	16 340.0	13 243.1	10 887.6	9 383.5
附二：储蓄存款本外币	9 515.0	8 315.8	7 154.3	6 441.4	5 559.5
储蓄存款本币	8 705.1	7 477.7	6 122.3	5 293.5	4 389.7
二、贷款总量					
金融机构（含外资）本外币	18 131.6	15 335.5	13 577.7	12 057.8	9 704.3
中资金融机构本外币	17 631.7	14 996.6	13 312.3	11 884.4	9 602.6
中资金融机构本币	15 486.9	13 792.2	12 600.2	11 314.7	9 230.8
外资银行本外币	499.9	339.0	265.0	173.0	100.0
附三：短期贷款本外币	5 377.1	5 167.2	5 012.6	4 580.3	3 801.4
短期贷款本币	5 016.2	4 805.8	4 721.6	4 350.3	3 639.7
附四：中长期贷款本外币	11 142.8	8 632.4	7 506.4	6 352.0	5 026.9
中长期贷款本币	9 409.0	7 884.5	7 098.0	6 056.0	4 836.0

表 2.10　北京市中资银行人民币存贷款情况

单位：亿元

项　　目	2006 年	2005 年	2004 年	2003 年	2002 年
存款总计	**29 447.9**	**25 332.6**	**20 441.1**	**17 331.6**	**14 591.3**
一、企业存款	17 566.7	15 058.4	12 245.6	9 932.2	8 522.1
1. 活期存款	8 622.1	7 608.3	7 061.5	5 806.7	5 057.6
（1）工业存款	982.0	757.0	649.4	700.1	633.6
（2）商业存款	1 151.2	1 303.8	1 270.2	911.5	741.4
（3）建筑企业存款	462.5	391.5	361.7	339.7	378.0
（4）城镇集体企业存款	341.1	299.0	298.1	270.3	251.4
（5）乡镇企业存款	0.1	73.6	72.9	64.8	55.4
（6）三资企业存款	212.1	175.1	158.6	148.9	113.5
（7）私营企业及个体户存款	309.5	245.2	219.9	187.1	152.2
（8）其他企业存款	5 163.7	4 363.0	4 030.6	3 184.3	2 732.2
2. 定期存款	8 944.6	7 450.2	5 184.1	4 125.5	3 464.6
二、储蓄存款	8 104.9	6 968.9	5 692.8	4 926.5	4 073.1
其中：定期储蓄	5 277.4	4 595.9	3 657.4	3 146.0	2 634.7

续表

项　　目	2006 年	2005 年	2004 年	2003 年	2002 年
三、农业存款	3.9	23.6	23.2	25.5	28.1
四、其他存款	3 772.4	3 281.7	2 479.5	2 447.5	1 968.0
贷款总计	**14 682.0**	**13 183.2**	**12 092.2**	**10 798.9**	**8 858.8**
一、短期贷款	4 652.4	4 341.5	4 274.1	3 979.5	3 324.5
1. 工业贷款	1 142.1	1 126.9	1 216.8	1 234.6	1 069.6
2. 商业贷款	885.4	848.1	787.9	782.4	674.0
3. 建筑业贷款	525.6	422.6	357.1	394.1	353.9
4. 农业贷款	31.9	34.3	33.6	34.2	33.7
5. 乡镇企业贷款	2.7	25.4	25.0	27.8	25.9
6. 三资企业贷款	89.9	93.9	93.7	112.1	135.9
7. 私营及个体贷款	153.7	148.8	126.5	94.8	59.7
8. 其他类短期贷款	1 821.0	1 641.5	1 633.5	1 299.4	971.9
二、中长期贷款	9 115.7	7 735.4	7 060.3	5 457.9	4 297.1
1. 技术改造贷款	3 479.1	2 752.5	2 634.2	2 617.9	291.0
2. 基本建设贷款	158.8	210.9	227.2	245.4	2 178.0
3. 其他中长期贷款	5 477.8	4 772.0	4 198.9	2 594.6	1 828.1
三、其他类贷款	914.0	1 106.2	757.9	1 361.5	1 237.2

本表机构范围为：人民银行、邮政储汇局、政策性银行、国有商业银行、其他商业银行（不含北京农村商业银行）。

表 2.11　北京市中资银行外汇存贷款情况

单位：亿美元

项　　目	2006 年	2005 年	2004 年	2003 年	2002 年
一、各项存款	**295.2**	**258.1**	**246.8**	**250.8**	**238.8**
1. 境内外汇存款	289.5	256.3	246.2	250.7	238.7
（1）企业存款	159.7	132.0	105.5	102.4	92.4
（2）储蓄存款	98.4	101.6	122.7	137.7	140.8
其中：定期	68.6	76.8	94.5	113.9	121.5
（3）其他存款	31.3	22.7	17.9	10.6	5.5
2. 境外存款	5.7	1.7	0.6	0.2	0.1
二、各项贷款	**274.5**	**149.1**	**85.8**	**68.6**	**44.1**
1. 短期贷款	23.8	32.8	22.3	19.3	14.6
其中：外商投资企业	2.3	1.3	3.8	2.4	2.1
2. 中长期贷款	194.6	73.9	35.0	27.2	18.0
3. 其他贷款	56.1	42.4	28.5	22.1	11.5

本表机构范围为：人民银行、邮政储汇局、政策性银行、国有商业银行、其他商业银行。

表 2.12　北京市中资银行人民币存款区县表

2006 年 12 月　　　　　　　　　　　　　　　　　　　　　　　　　单位：亿元

区县名称	各项存款				
		企业存款	储蓄存款	农业存款	其他存款
全市合计	30 776.9	17 699.3	8 703.3	578.7	3 795.6
首都功能核心区	14 088.3	9 161.8	2 545.2	4.1	2 377.3
东城区	2 975.5	1 987.6	678.2	1.7	308.1
西城区	8 765.8	5 924.3	1 111.0	2.4	1 728.2
崇文区	901.9	478.4	365.6	0.0	57.8
宣武区	1 445.1	771.4	390.4	0.0	283.2
城市功能拓展区	13 789.3	7 544.7	4 680.5	286.4	1 277.7
朝阳区	5 601.0	3 440.2	1 715.2	99.3	346.3
海淀区	6 001.6	3 291.7	1 872.3	96.6	741.0
丰台区	1 731.1	649.1	867.1	75.8	139.1
石景山区	455.6	163.6	226.0	14.7	51.3
城市发展新区	2 285.7	803.6	1 142.2	228.7	111.2
昌平区	458.7	151.5	234.3	45.6	27.4
通州区	445.4	133.6	234.1	50.5	27.3
顺义区	485.6	233.0	197.3	43.9	11.4
大兴区	571.0	207.2	272.6	61.4	29.8
房山区	324.9	78.4	203.9	27.2	15.4
生态涵养发展区	613.6	189.2	335.5	59.6	29.4
门头沟区	103.2	28.3	56.9	8.1	10.0
平谷区	130.4	44.3	68.9	12.4	4.7
密云县	134.1	36.5	79.6	14.0	4.0
怀柔区	153.3	50.9	77.2	19.0	6.2
延庆县	92.7	29.3	52.9	6.0	4.4

续表

区县名称	各项贷款	短期贷款	中长期贷款	其他贷款
全市合计	15 406.7	5 002.9	9 391.7	1 012.0
首都功能核心区	8 655.1	2 198.8	5 654.2	802.2
东城区	1 648.8	536.5	1 061.2	51.2
西城区	5 887.7	1 243.3	4 020.6	623.8
崇文区	409.0	182.6	218.2	8.2
宣武区	709.6	236.4	354.2	119.0
城市功能拓展区	5 433.4	2 317.7	2 945.6	170.0
朝阳区	2 299.1	1 022.1	1 189.3	87.7
海淀区	2 140.1	1 027.1	1 057.6	55.4
丰台区	823.2	177.8	633.0	12.4
石景山区	171.0	90.7	65.7	14.5
城市发展新区	1 024.5	350.8	644.6	29.1
昌平区	210.2	67.0	136.5	6.8
通州区	184.9	61.1	121.1	2.7
顺义区	226.8	92.4	126.7	7.8
大兴区	272.2	69.8	194.2	8.2
房山区	130.4	60.6	66.2	3.6
生态涵养发展区	293.7	135.6	147.4	10.8
门头沟区	22.2	7.4	13.3	1.5
平谷区	75.8	38.7	35.0	2.1
密云县	75.3	31.6	39.1	4.5
怀柔区	71.0	29.1	40.0	1.9
延庆县	49.5	28.7	20.0	0.8

注：本表机构包括：人民银行、邮政储汇局、政策性银行、国有商业银行、股份制商业银行、农村商业银行。

表2.13　北京市金融机构人民币现金收支统计

单位：亿元

项　目　名　称	2006年	2005年	2004年	2003年	2002年
现金收入合计	**23 484.4**	**20 634.2**	**19 064.7**	**14 480.4**	**12 193.9**
商品销售收入	2 468.4	2 569.5	2 486.4	2 027.6	1 788.9
服务业收入	1 020.0	955.9	919.9	795.1	757.3
税款收入	37.5	42.6	56.6	17.7	16.3
城乡个体经营收入	144.0	200.3	236.7	161.4	117.9
储蓄存款收入	17 236.7	14 582.5	13 367.0	9 957.5	8 199.2
其他金融机构收入	133.2	106.5	80.4	59.7	65.4
汇兑收入	203.9	237.7	242.8	241.1	318.5
有价证券收入	55.8	63.0	111.3	126.4	73.9
其他收入	2 135.4	1 876.2	1 563.7	1 093.9	856.4
其中：兑换外币收入	49.4	20.4	17.2	15.6	9.8
现金支出合计	**23 301.0**	**20 455.6**	**18 860.9**	**14 389.8**	**12 111.7**
工资性支出	1 150.1	1 077.2	1 105.5	987.0	925.8
农副产品采购支出	161.4	237.0	203.6	129.0	102.8
工矿及其他产品采购支出	174.7	172.7	141.4	132.9	84.4
行政企事业管理费支出	1 830.7	1 832.1	1 783.9	1 562.6	1 348.3
城乡个体经营支出	347.7	497.4	521.0	431.2	347.2
储蓄存款支出	16 924.1	14 388.0	13 302.9	9 764.9	8 086.9
其他金融机构支出	136.1	148.5	99.2	83.2	44.2
汇兑支出	59.8	65.4	97.7	144.4	219.2
有价证券支出	42.2	39.5	59.6	67.9	57.1
其他支出	2 250.7	1 997.8	1 546.1	1 086.8	895.9
其中：兑换外币支出	223.4	217.2	190.9	153.3	100.3

以上统计表制表单位：人行营业管理部调查统计处。

表 2.14　北京市利用外资情况

项目单位：个；金额单位：万美元

年　份	外商直接投资		外方利润再投资	
	项　目	金　额	项　目	金　额
2004	1 623	254 786.64	169	52 876.93
2005	1 822	254 002.19	172	104 840.21
2006	1 988	410 788.29	199	147 165.69

表 2.15　北京辖区直接外债余额

单位：亿美元

年份	总计	为上年（%）	中长期债务	占总计（%）	短期债务	占总计（%）
2004	943.60	109.16	856.67	90.79	86.92	9.21
2005	936.93	99.29	845.27	90.22	91.66	9.78
2006	1 047.44	111.79	791.66	75.58	255.78	24.42

以上统计表制表单位：国家外汇管理局北京外汇管理部。

表 2.16　2006 年北京市银行系统发行国家债券统计
（凭证式国债）

单位：亿元

期　　数	发 行 数 量
一期	104.88
二期	62.44
三期	63.41
四期	63.82
五期	23.61
合计	318.16

制表单位：人行营业管理部国库处。

表2.17　金融市场交易量

单位：万元

项　　目	2006年	2005年	2006年为2005年%
合计	**195 570 580**	**93 224 933**	**209.8**
国家债券	1 780 681	3 053 550	58.3
股票交易	148 515 468	43 436 512	341.9
国债回购	18 971 365	42 619 230	44.5
基金	2 982 697	913 003	326.7
其他	23 320 369	3 202 638	728.2

注：该统计表选自《北京市统计年鉴（2007）》。

表2.18　2006年证券市场基金一览表

基金代码	基金简称	成立日期	基金管理人	基金托管人	基金份额（亿元）	基金资产净值（亿元）
184702	基金同智	1992-03-13	长盛基金公司	中国银行	5.00	7.7495
184708	基金兴科	1992-05-31	华夏基金公司	交通银行	5.00	10.85
500039	基金同德	1992-12-01	长盛基金公司	农业银行	5.00	10.4905
184718	基金兴安	1992-12-29	华夏基金公司	中国银行	5.00	10.839
500008	基金兴华	1998-04-28	华夏基金公司	建设银行	20.00	43.724
184690	基金同益	1999-04-08	长盛基金公司	工商银行	20.00	39.19
500002	基金泰和	1999-04-08	嘉实基金公司	建设银行	20.00	43.39
500018	基金兴和	1999-07-14	华夏基金公司	建设银行	30.00	55.953
184699	基金同盛	1999-11-05	长盛基金公司	中国银行	30.00	54.57
184721	基金丰和	2002-03-22	嘉实基金公司	农业银行	30.00	62.19
000001	华夏成长	2001-12-18	华夏基金公司	建设银行	13.21	23.16
080001	长盛成长价值	2002-09-18	长盛基金公司	农业银行	2.41	4.56
001001	华夏债券	2002-10-23	华夏基金公司	交通银行	12.17	12.64
070001	嘉实成长收益	2002-11-05	嘉实基金公司	中国银行	7.38	14.52
162201	泰达荷银成长	2003-04-25	泰达荷银基金公司	交通银行	3.33	6.32
162202	泰达荷银周期	2003-04-25	泰达荷银基金公司	交通银行	1.10	2.53
162203	泰达荷银稳定	2003-04-25	泰达荷银基金公司	交通银行	1.40	3.24
070002	嘉实理财增长	2003-07-09	嘉实基金公司	中国银行	10.71	24.35
070003	嘉实理财稳健	2003-07-09	嘉实基金公司	中国银行	46.09	60.57

续表

基金代码	基金简称	成立日期	基金管理人	基金托管人	基金份额（亿元）	基金资产净值（亿元）
070005	嘉实理财债券	2003－07－09	嘉实基金公司	中国银行	3.34	3.56
002001	华夏回报	2003－09－05	华夏基金公司	中国银行	20.20	29.63
510080	长盛债券基金	2003－10－25	长盛基金公司	农业银行	1.26	1.44
288001	中信经典配置	2004－03－15	中信基金公司	招商银行	15.94	29.02
070006	嘉实服务增值行业	2004－04－01	嘉实基金公司	中国银行	21.30	41.17
003003	华夏现金增利	2004－04－07	华夏基金公司	建设银行	123.34	123.34
510081	长盛动态精选	2004－05－21	长盛基金公司	农业银行	4.79	8.47
162204	泰达荷银精选	2004－07－09	泰达荷银基金公司	中国银行	11.04	28.12
000011	华夏大盘精选	2004－08－11	华夏基金公司	中国银行	8.84	19.80
400001	东方龙混合型基金	2004－11－25	东方基金公司	建设银行	2.14	2.78
070007	浦安保本	2004－12－01	嘉实基金公司	浦发银行	2.87	3.73
510050	50ETF	2004－12－30	华夏基金公司	工商银行	31.14	54.91
070008	嘉实货币	2005－03－18	嘉实基金公司	中国银行	54.70	54.70
162205	泰达荷银风险预算	2005－04－05	泰达荷银基金公司	交通银行	0.50	0.73
288101	中信现金优势	2005－04－20	中信基金公司	招商银行	6.27	6.27
002011	华夏红利	2005－06－30	华夏基金公司	建设银行	41.82	48.55
160706	嘉实 300	2005－08－29	嘉实基金公司	中国银行	3.24	5.60
481001	工银瑞信核心价值	2005－08－31	工银瑞信基金公司	中国银行	14.43	30.98
162206	泰达荷银货币	2005－11－10	泰达荷银基金公司	农业银行	5.91	5.91
288002	中信红利精选	2005－11－17	中信基金公司	建设银行	2.29	5.09
530001	建信恒久价值	2005－12－01	建信基金公司	中信银行	10.54	16.33
080011	长盛货币	2005－12－12	长盛基金公司	兴业银行	4.28	4.28
400003	东方精选混合	2006－01－11	东方基金公司	民生银行	2.81	3.50
482002	工银瑞信货币	2006－03－20	工银瑞信基金公司	建设银行	40.52	40.52
530002	建信货币	2006－04－25	建信基金公司	工商银行	37.94	37.94
070009	嘉实超短债	2006－04－26	嘉实基金公司	中国银行	8.32	8.33
162207	泰达荷银效率	2006－05－12	泰达荷银基金公司	建设银行	28.79	39.66
159902	中小板 ETF	2006－06－08	华夏基金公司	建设银行	19.65	23.47
483003	工银瑞信精选平衡	2006－07－13	工银瑞信基金公司	建设银行	64.93	86.44
560001	益民货币	2006－07－17	益民基金公司	农业银行	5.88	5.88

续表

基金代码	基金简称	成立日期	基金管理人	基金托管人	基金份额（亿元）	基金资产净值（亿元）
288102	中信稳定双利	2006-07-20	中信基金公司	建设银行	17.80	18.38
070010	嘉实主题	2006-07-21	嘉实基金公司	中国银行	54.50	84.93
400005	东方金账簿	2006-08-02	东方基金公司	民生银行	3.44	3.44
519029	华夏平稳增长	2006-08-09	华夏基金公司	农业银行	17.50	23.33
002021	华夏回报二号	2006-08-14	华夏基金公司	中国银行	51.19	71.27
530003	建信优选成长	2006-09-08	建信基金公司	工商银行	45.61	61.20
590001	中邮核心优选	2006-09-28	中邮创业基金公司	农业银行	16.34	21.48
560002	益民红利成长	2006-11-21	益民基金公司	华夏银行	8.75	9.79
519100	长盛中证100	2006-11-22	长盛基金公司	农业银行	40.31	44.12
000021	华夏优势增长	2006-11-24	华夏基金公司	建设银行	154.07	172.09
162208	泰达荷银首选企业	2006-12-01	泰达荷银基金公司	农业银行	95.72	104.19
481004	工银瑞信稳健成长	2006-12-06	工银瑞信基金公司	建设银行	135.54	138.48
070011	嘉实策略增长	2006-12-12	嘉实基金公司	工商银行	419.17	423.86

制表单位：北京证监局。

表2.19　北京市保险业务统计

单位：万元

指标项目	2006年	2005年	增长率（%）
一、保费收入	4 115 322.86	4 982 390.5	-17.40
1. 财产险	843 561.59	675 729.85	24.84
其中：机动车辆保险	618 380.51	479 926.44	28.85
2. 人身意外伤害险	79 804.60	65 277.00	22.26
3. 健康险	435 701.73	347 790.15	25.28
4. 寿险	2 756 254.94	3 893 593.51	-29.21
二、各项赔款和给付	839 862.1	753 884.89	11.40
1. 财产保险	388 942.11	352 388.28	10.37
其中：机动车辆保险	338 232.04	301 431.36	12.21
2. 人身意外伤害险	13 712.09	12 634.90	8.53
3. 健康险	115 916.31	98 861.22	17.25
4. 寿险	321 291.60	290 000.49	10.79

注：（1）数据来源于保险公司财务报表。

（2）以上均为月报数字。

表 2.20 北京市各财产保险公司业务统计

单位：万元

	公司名称	本年累计			
		保费收入	同比增长（%）	赔款支出	同比增长（%）
中资	人保北分	354 158.32	16.35	175 439.00	-1.52
	大地北分	21 269.70	-23.06	13 548.92	-17.81
	出口信用北分	16 564.58	118.74	220.69	-47.69
	中华联合北分	70 945.39	19.97	42 884.48	40.40
	太保北分	140 619.02	29.80	55 229.54	20.24
	平安北分	126 116.94	26.06	58 628.85	33.37
	华泰北分	52 677.20	25.27	16 579.42	-7.59
	天安北分	7 808.56	9.84	3 960.04	65.93
	华安北分	12 733.55	-10.21	10 444.96	-2.93
	永安北分	10 347.67	25.30	4 568.19	-20.22
	太平北分	9 801.78	2.83	6 162.58	81.31
	永诚北分	3 856.77	476.43	255.13	29 502.43
	安邦北分	9 939.63	500.03	2 468.68	2 000.88
	安华农业北分	3 017.82	—	119.10	—
	天平北分	5 647.85	—	1 075.43	—
	阳光北分	14 093.39	4 930.30	2 485.24	362 497.02
	都邦北分	4 498.56	—	1 020.36	—
	渤海北分	1 895.96	—	60.49	—
	华农保险	0.00	—	0.00	—
小计		**865 992.71**	**25.35**	**395 151.11**	**11.05**
外资	中银保险	1 453.37	—	0.08	—
	苏黎世北分	11.79	—	0.00	—
小计		**1 465.17**	**—**	**0.08**	**—**
合计		**867 457.88**	**25.56**	**395 151.19**	**11.05**

表2.21　北京市各人身保险公司业务统计

单位：万元

公司名称	保费收入			退保金			赔款支出			死伤医疗给付	满期给付	年金给付
	2006年	2005年	增长率（%）	2006年	2005年	增长率（%）	2006年	2005年	增长率（%）			
国寿	515 604.29	454 485.03	13.67	72 422.10	55 818.18	45.80	26 120.53	34 207.70	-23.37	12 275.76	7 815.59	33 062.91
太保寿	201 339.13	621 601.39	-2.75	29 848.82	55 990.33	-46.69	3 136.94	2 897.07	8.28	2 179.98	35 467.33	3 298.73
平安寿	665 420.02	207 042.57	7.05	98 330.51	82 738.09	18.85	31 828.08	25 334.20	25.63	11 304.08	35 469.89	27 417.2
新华	425 254.65	374 006.03	13.70	96 655.39	114 278.75	-15.42	10 580.13	8 712.53	21.44	4 215.89	825.88	10 065.63
泰康	282 207.11	255 821.84	10.31	32 068.86	19 720.72	62.62	14 901.34	19 412.41	-23.24	3 553.69	3 307.29	3 471.54
太平人寿	142 248.02	100 896.09	40.98	15 392.28	10 447.18	47.33	5 790.51	2 280.01	153.97	690.17	218.65	1 155.08
友邦	138 520.99	145 338.09	-4.69	5 089.69	1 517.52	235.39	1 031.66	775.08	33.10	506.33	0.00	108.16
民生	19 395.64	9 669.21	100.59	13 661.41	9 310.34	50.47	591.96	549.19	7.79	89.24	0.00	511.49
信诚	30 738.30	20 956.41	46.68	3 411.02	2 020.45	68.82	395.79	235.94	67.75	382.88	45.02	0.00
瑞泰	25 801.52	6 764.71	281.41	2 799.66	98.64	2 738.30	0.00	0.00	—	0.00	0.00	0.00
中意	472 663.35	1 971 688.02	-76.03	3 497.58	479.56	629.33	1 643.41	60.87	2 599.87	42.79	0.00	142 709.77
大都会	27 970.21	30 626.07	179.72	443.33	11 143.31	137.02	30.49	15.95	12.51	299.37	0.00	0.00
生命	32 799.31	1350.70	7.10	7 054.59	30.25	232.21	59.96	4.74	275.92	17.69	0.00	0.00
光大永明	10 124.87	4 344.45	133.05	528.98	82.75	539.28	8.48	17.21	-50.73	35.40	0.00	25.8
中宏	2 513.67	9 999.26	86.10	93.40	187.04	208.82	16.73	27.10	252.95	50.66	0.00	0.00

续表

公司名称	保费收入			退保金			赔款支出			死伤医疗给付	满期给付	年金给付
	2006 年	2005 年	增长率（%）	2006 年	2005 年	增长率（%）	2006 年	2005 年	增长率（%）			
中英	36 332.48	41 046.25	-11.48	306.23	114.64	167.12	254.06	51.45	393.80	85.17	0.00	748.8
首创安泰	17 719.56	618.29	147.66	273.87	0.00	16 799.17	9.23	0.10	361.50	0.58	0.00	0.07
金盛	15 298.26	7 154.80	107.56	411.95	1.62	6 363.20	7.23	2.00	351.88	12.54	0.00	0.00
招商信诺	2 372.68	8 767.85	283.75	0.00	0.00	—	47.97	0.54	47 870.00	0.00	0.00	0.00
海康	15 491.11	2 696.29	75.68	93.21	14.03	—	4.72	0.63	774.07	76.01	0.00	0.00
华泰人寿	11 232.47	710.72	315.59	57.03	0.00	306.57	1.99	48.80	215.87	0.00	0.00	0.00
中航三星	683.18	7 370.65	323.97	8.73	6.37	—	3.28	1.60	8 100.00	0.00	0.00	0.00
合众	22 050.69	3 470.21	535.43	1 082.33	0.89	121 319.03	3 236.26	0.15	2 157 406.67	5.00	0.00	0.00
人保健康	16 025.64	161.14	2 154.85	0.23	0.00	—	2 920.51	0.04	5 884.65	42.17	0.00	0.00
长城	34 980.36	4 822.90	625.30	48.50	0.00	—	345.20	0.32	107 775.00	6.00	0.00	0.00
人保寿	65 659.18	126.01	52 006.32	747.05	0.00	—	8.86	0.00	—	0.41	0.00	0.00
昆仑健康	0.00	0.00	—	0.00	0.00	—	0.00	0.00	—	0.00	0.00	0.00
恒安标准	7 627.14	0.00	—	15.19	0.00	—	2.77	0.00	—	0.00	0.00	0.00
中法	1 905.10	0.00	—	0.00	0.00	—	0.00	0.00	—	8.00	0.00	0.00
国民	6 685.04	0.00	—	37.21	0.00	—	1.28	0.00	—	1.75	0.00	0.00
正德	1 201.03	0.00	—	-2.00	0.00	—	0.00	0.00	—	0.00	0.00	0.00
合计	3 247 864.99	4 291 534.98	-24.32	386 885.05	364 000.66	6.35	103 104.53	94 635.63	8.95	35 881.55	83 149.65	222 575.18

表2.22　北京市财产保险市场各险种保费收入与赔款支出统计

单位：万元

险种名称	保费收入累计		赔款支出累计	
	金额	同比增长（%）	金额	同比增长（%）
1. 企业财产保险	63 123.54	15.71	10 114.5	11.33
2. 家庭财产保险	8 605.28	10.42	935.74	120.88
3. 机动车辆保险	618 380.51	28.85	338 232	12.21
4. 工程保险	11 971.33	-33.07	1 447.6	-3.11
5. 责任保险	27 101.45	24.12	5 742.05	30.51
6. 信用保险	17 943.07	116.12	675.34	1 098.90
7. 保证保险	6 114.16	-57.79	13 337	-21.62
其中：分期付款购车险	15.47	216.65	12 413	-19.76
抵押贷款住房综合险	5 820.15	-59.45	913.51	-18.42
8. 船舶保险	824.37	-10.17	388.65	569.51
9. 货运险	56 348.05	29.36	14 103.6	-5.19
10. 特殊风险保险	29 703.43	16.01	3 577.18	21.09
11. 农业保险	411.85	124.22	316.55	129.07
12. 健康险	3 946.72	119.32	2 798.95	104.12
13. 意外伤害保险	19 949.56	49.70	3 410.13	64.99

表2.23　北京市人身保险公司各险种保费收入与赔付支出统计

单位：万元

险种名称	保费收入	退保金	赔款支出	死伤医疗给付	满期给付	年金给付
一、人寿保险小计	2 756 254.93	347 878.44	0.00	15 666.6	83 049.82	222 574.37
1. 普通寿险小计	333 393.53	38 734.2	0.00	8 632.96	32 330.08	61 625.14
（1）定期寿险	6 637.38	354.13	0.00	1 113.29	0.67	0.00
（2）两全寿险	150 014.97	8 706.75	0.00	2 691.55	24 955.64	21 831.26
（3）终身寿险	77 001.4	3 233.59	0.00	3 746.37	1.41	0.00
（4）年金	99 739.78	26 439.73	0.00	1 081.75	7 372.36	39 793.88
2. 分红寿险小计	1 776 674.15	251 124.19	0.00	5 559.23	43 389.74	156 447.61
（1）定期寿险	66.9	0.00	0.00	0.00	0.00	0.00
（2）两全寿险	915 331.18	147 360.99	0.00	4 290.42	16 189.83	3 975.89
（3）终身寿险	71 429.03	1 666.54	0.00	739.41	0.00	0.00
（4）年金	789 847.04	102 096.66	0.00	529.4	27 199.91	152 471.72
3. 投资连接产品小计	85 960.61	28 463.09	0.00	986.93	0.00	4 414.89
4. 万能产品小计	560 226.64	29 556.96	0.00	487.48	7 330	86.73
二、意外伤害保险小计	59 855.03	0.00	10 301.96	0.00	0.00	0.00
一年期以内	8 312.82	0.00	572.97	0.00	0.00	0.00
一年期	51 542.21	0.00	9 728.99	0.00	0.00	0.00
三、健康保险小计	431 755.01	39 142.35	92 802.57	20 214.95	99.83	0.00
一年期及以内	125 022.93	0.00	92 802.57	0.00	0.00	0.00
一年期以上	306 732.08	39 142.35	0.00	20 214.95	99.83	0.00
合计	3 247 864.97	387 020.79	103 104.53	35 881.55	83 149.65	222 574.37

以上统计表制表单位：北京保监局。

表 2.24 中国人民银行对金融机构存款利率表

单位：年利率%

	2002－02－21	2003－12－21	2005－03－17	2006－04－28	2006－08－19
一、金融机构存款					
准备金存款	1.89	1.89	1.89	1.89	1.89
超额准备金	1.89	1.62	0.99	0.99	0.99
欠交准备金	按日利率万分之六计收利息	同前		同前	
二、保险公司存款	1.89	1.89		1.89	1.89
三、邮政储蓄转存款①	4.347	4.131			

注：①2002 年 12 月 31 日银发［2002］393 号文，规定从 2003 年 1 月 1 日起邮政储蓄转存款利率暂调整为 4.131%。2003 年 9 月 1 日银发［2003］177 号，规定自 2003 年 8 月 1 日起，邮政储蓄新增存款转存人民银行的部分，按照金融机构准备金存款利率（年利率为 1.89%）计息；此前的邮政储蓄在人民银行的转存款暂按现行转存款利率计息（年利率为 4.131%）。

表 2.25 中国人民银行对金融机构贷款利率表

单位：年利率%

	2002－02－21	2004－03－25	2005－01－01	2006－04－28	2006－08－19
一、对金融机构贷款					
（一）再贷款(不含农村信用社)	①				
二十天以内	2.70	3.33			
三个月以内	2.97	3.60			
六个月以内	3.15	3.78			
一年	3.24	3.87			
（二）再贴现	2.97	3.24			
（三）逾期贷款	按日利率万分之五计收利息	同前			
二、对农村信用社再贷款	②				
二十天以内	1.71	1.71	2.70	3.015	3.015
三个月以内	1.98	1.98	2.97	3.285	3.285
六个月以内	2.16	2.16	3.15	3.465	3.465
一年	2.25	2.25	3.24	3.555	3.555

注：①2004 年 3 月 24 日银发［2004］59 号文，决定从 2004 年 3 月 25 日起，用于金融机构头寸调节和短期流动性支持的各档次再贷款利率，在现行再贷款基准利率基础上加 0.63 个百分点。其中，20 天以内再贷款利率为 3.33%，3 个月以内为 3.6%，6 个月以内为 3.78%，1 年以内为 3.87%。

②2004 年 3 月 24 日银发［2004］59 号文，农村信用社再贷款（不含紧急贷款）浮息采取逐步到位的政策。2004 年，保持现行农村信用社再贷款利率政策不变，即在再贷款基准利率基础上下浮 0.99 个百分点；2005 年 1 月 1 日起，农村信用社再贷款利率执行再贷款基准利率；2006 年 1 月 1 日起，农村信用社再贷款利率在再贷款基准利率基础上加点，加点幅度按同期人民银行确定的流动性再贷款利率加点幅度减半执行。农村信用社再贷款按合同利率执行到期，合同期内不分段计息。

表2.26 金融机构存款利率表

单位：年利率%

项目	2002－02－21	2004－10－29	2006－04－28	2006－08－19
一、活期存款	0.72	0.72	0.72	0.72
二、定期存款				
1. 整存整取				
三个月	1.71	1.71	1.71	1.80
半年	1.89	2.07	2.07	2.25
一年	1.98	2.25	2.25	2.52
二年	2.25	2.70	2.70	3.06
三年	2.52	3.24	3.24	3.69
五年	2.79	3.60	3.60	4.14
2. 零存整取、整存零取、存本取息				
一年	1.71	1.71	1.71	1.80
三年	1.89	2.07	2.07	2.25
五年	1.98	2.25	2.25	2.52
3. 定活两便	按一年以内定期整存整取同档次利率60%执行	按一年以内定期整存整取同档次利率60%执行	同前	同前
三、协定存款	1.44	1.44	1.44	1.44
四、通知存款				
一天	1.08	1.08	1.08	1.08
七天	1.62	1.62	1.62	1.62

表 2.27 金融机构贷款利率表 单位：年利率%

项　　目	2002－02－21	2004－10－29	2005－03－17	2006－04－28	2006－08－19
一、短期贷款					
六个月以内（含六个月）	5.04	5.22	5.22	5.40	5.58
六个月至一年（含一年）	5.31	5.58	5.58	5.85	6.12
二、中长期贷款					
一至三年（含三年）	5.49	5.76	5.76	6.03	6.3
三至五年（含五年）	5.58	5.85	5.85	6.12	6.48
五年以上	5.76	6.12	6.12	6.39	6.84
三、贴现	在再贴现利率基础上，按不超过同期贷款利率（含浮动）加点	在再贴现利率基础上，按不超过同期贷款利率（含浮动）加点			
四、个人住房贷款					
1. 个人住房公积金贷款					
五年以下（含五年）	3.60	3.78	3.96	4.14	4.14
五年以上	4.05	4.23	4.41	4.59	4.59
2. 自营性个人住房贷款①					
五年以下（含五年）	4.77	4.95	取消优惠利率，改按商业性贷款利率执行	同前	同前
五年以上	5.04	5.31			

注：①从2005年3月17日起，自营性个人住房贷款利率改按商业性贷款利率执行，上限放开，实行下限管理，下限利率水平为相应期限档次贷款基准利率的0.9倍。

（三）金融机构业务统计

表 3.1 国家开发银行营业部人民币信贷收支统计

单位：万元

资金来源项目	2006 年		2005 年	
	余额	比年初	余额	比年初
一、各项存款	1 356 094	-6 228	1 362 322	564 319
1. 企业存款	1 354 210	-6 788	1 360 998	563 395
（1）活期存款	535 179	-260 246	795 425	533 695
（2）定期存款	819 031	253 458	565 573	29 700
2. 机关团体存款				
3. 储蓄存款				
（1）活期储蓄				
（2）定期储蓄				
4. 农业存款				
5. 其他存款	1 884	560	1 324	924
二、代理财政性存款				
三、金融债券				
其中：政策性金融债券				
四、应付及暂收款	30 364	7 865	22 499	5 734
其中：应付及预提利息	1 408	499	909	53
五、卖出回购资产				
六、向中央银行借款				
七、同业往来	226 132	63 984	162 148	148 007
1. 同业存放	226 132	63 984	162 148	148 007
2. 同业拆借				
八、行内资金往来				
九、委托存款及委托投资基金（净）				
1. 委托存款及委托投资基金				
2. 减：委托贷款及委托投资				
十、代理金融机构委托贷款基金				
其中：中央银行委托贷款基金				
十一、各项准备				
其中：贷款损失准备				
十二、所有者权益	378 643	-44 932	423 575	-45 451
其中：实收资本				
当年结益	385 573	385 573	416 152	416 152
十三、其他	23 456 594	2 066 134	21 390 460	2 472 046
资金来源总计	25 447 827	2 086 823	23 361 004	3 144 655

续表

资金运用项目	2006年		2005年	
	余额	比年初	余额	比年初
一、各项贷款	24 092 139	2 078 494	22 013 645	3 170 297
1. 短期贷款	790 300	-78 200	868 500	422 250
（1）工业贷款				
（2）商业贷款				
其中：收购贷款				
（3）建筑业贷款				
（4）农业贷款				
（5）乡镇企业贷款				
（6）三资企业贷款				
（7）私营企业及个体贷款				
（8）其他短期贷款	790 300	-78 200	868 500	422 250
其中：个人短期贷款				
2. 中长期贷款	23 301 839	2 156 694	21 145 145	2 748 047
（1）基本建设贷款	15 118 989	621 258	14 343 768	440 724
（2）技术改造贷款			153 963	16 692
（3）其他中长期贷款	8 182 850	1 535 436	6 647 414	2 290 631
其中：个人中长期贷款				
3. 票据融资				
其中：贴现				
4. 各项垫款				
二、有价证券及投资	69 084	-98 417	167 501	-311 140
三、应收及预付款	47 608	8 297	39 311	38 838
其中：应收利息	16 650	-22 057	38 707	38 707
四、买入返售资产				
五、存放中央银行准备金存款	481 060	302 431	178 629	-89 573
六、存放中央银行特种存款				
七、缴存中央银行财政性存款				
八、同业往来				
1. 存放同业				
2. 拆放同业				
九、二级准备金				
十、行内资金往来	758 412	-203 624	962 036	336 351
十一、代理金融机构贷款				
其中：代理人行专项贷款				
十二、库存现金				
十三、外汇占款	-476	-358	-118	-118
资金运用总计	25 447 827	2 086 823	23 361 004	3 144 655

表3.2　中国进出口银行总行营业部人民币信贷收支统计

单位：万元

资金来源项目	2006年		2005年	
	余额	比年初	余额	比年初
一、各项存款	470 141	358 699	111 442	75 823
1. 企业存款	468 243	360 505	107 738	76 307
（1）活期存款	51 243	11 505	39 738	8 307
（2）定期存款	417 000	349 000	68 000	68 000
2. 机关团体存款				
3. 储蓄存款				
（1）活期储蓄				
（2）定期储蓄				
4. 农业存款				
5. 其他存款	1 898	-1 806	3 704	-484
二、代理财政性存款				
三、金融债券				
其中：政策性金融债券				
四、应付及暂收款	10 657	4 729	5 928	517
其中：应付及预提利息	7 248	3 488	3 760	761
五、卖出回购资产				
六、向中央银行借款				
七、同业往来				
1. 同业存放				
2. 同业拆借				
八、行内资金往来	3 985 559	257 315	3 728 244	277 723
九、委托存款及委托投资基金（净）				
1. 委托存款及委托投资基金				
2. 减：委托贷款及委托投资				
十、代理金融机构委托贷款基金				
其中：中央银行委托贷款基金				
十一、各项准备				
其中：贷款损失准备				
十二、所有者权益	19 426	10 506	8 920	-8 057
其中：实收资本				
当年结益	19 426	19 426	8 920	8 920
十三、其他	30 188	5 044	25 144	10 729
资金来源总计	4 515 971	636 293	3 879 678	356 735

续表

资金运用项目	2006年		2005年	
	余额	比年初	余额	比年初
一、各项贷款	4 461 672	760 737	3 700 935	210 925
1. 短期贷款	412 141	171 787	240 354	95 272
（1）工业贷款				
（2）商业贷款				
其中：收购贷款				
（3）建筑业贷款				
（4）农业贷款				
（5）乡镇企业贷款				
（6）三资企业贷款				
（7）私营企业及个体贷款				
（8）其他短期贷款	412 141	171 787	240 354	95 272
其中：个人短期贷款				
2. 中长期贷款	4 049 531	588 950	3 460 581	115 653
（1）基本建设贷款				
（2）技术改造贷款				
（3）其他中长期贷款	4 049 531	588 950	3 460 581	115 653
其中：个人中长期贷款				
3. 票据融资				
其中：贴现				
4. 各项垫款				
二、有价证券及投资				
三、应收及预付款	6 394	1 951	4 443	780
其中：应收利息	5 830	1 575	4 255	633
四、买入返售资产				
五、存放中央银行准备金存款	47 375	-126 390	173 765	145 069
六、存放中央银行特种存款				
七、缴存中央银行财政性存款				
八、同业往来	529	5	524	-48
1. 存放同业	529	5	524	-48
2. 拆放同业				
九、二级准备金				
十、行内资金往来				
十一、代理金融机构贷款				
其中：代理人行专项贷款				
十二、库存现金	1	-10	11	9
十三、外汇占款				
资金运用总计	4 515 971	636 293	3 879 678	356 735

表 3.3　中国农业发展银行北京市分行人民币信贷收支统计

单位：万元

资金来源项目	2006 年		2005 年	
	余额	比年初	余额	比年初
一、各项存款	110 313	37 924	72 390	39 533
1. 企业存款	103 300	30 911	72 390	39 533
（1）活期存款	99 200	26 857	72 344	39 535
（2）定期存款	4 100	4 054	46	-2
2. 机关团体存款				
3. 储蓄存款				
（1）活期储蓄				
（2）定期储蓄				
4. 农业存款				
5. 其他存款	7 013	7 013		
二、代理财政性存款	63 076	1 151	61 924	-49 383
三、金融债券				
其中：政策性金融债券				
四、应付及暂收款	1 830	436	1 395	291
其中：应付及预提利息				
五、卖出回购资产				
六、向中央银行借款				
七、同业往来	703	119	584	584
1. 同业存放	703	119	584	584
2. 同业拆借				
八、行内资金往来	590 633	43 736	546 897	67 047
九、委托存款及委托投资基金（净）				
1. 委托存款及委托投资基金				
2. 减：委托贷款及委托投资				
十、代理金融机构委托贷款基金				
其中：中央银行委托贷款基金				
十一、各项准备				
其中：贷款损失准备				
十二、所有者权益	39 675	3 561	36 113	1 056
其中：实收资本	27 745		27 745	
当年结益	11 774	11 774	8 212	8 212
十三、其他	-25 832	479	-26 311	1 220
资金来源总计	780 398	87 406	692 992	60 348

续表

资金运用项目	2006 年		2005 年	
	余额	比年初	余额	比年初
一、各项贷款	759 906	89 170	670 736	48 157
1. 短期贷款	759 706	89 458	670 248	49 139
（1）工业贷款				
（2）商业贷款	731 862	80 946	650 916	52 944
其中：收购贷款			650 916	52 944
（3）建筑业贷款				
（4）农业贷款				
（5）乡镇企业贷款				
（6）三资企业贷款				
（7）私营企业及个体贷款				
（8）其他短期贷款	27 844	8 512	19 332	-3 805
其中：个人短期贷款				
2. 中长期贷款	200	-288	488	-982
（1）基本建设贷款				
（2）技术改造贷款				
（3）其他中长期贷款	200	-288	488	-982
其中：个人中长期贷款				
3. 票据融资				
其中：贴现				
4. 各项垫款				
二、有价证券及投资				
三、应收及预付款	192	134	58	-25
其中：应收利息	104	104		-51
四、买入返售资产				
五、存放中央银行准备金存款	17 140	-2 707	19 847	11 214
六、存放中央银行特种存款				
七、缴存中央银行财政性存款				
八、同业往来	3 147	822	2 325	995
1. 存放同业	3 147	822	2 325	995
2. 拆放同业				
九、二级准备金				
十、行内资金往来				
十一、代理金融机构贷款				
其中：代理人行专项贷款				
十二、库存现金	13	-13	26	7
十三、外汇占款				
资金运用总计	780 398	87 406	692 992	60 348

表3.4　中国工商银行北京市分行人民币信贷收支统计

单位：万元

资金来源项目	2006年		2005年	
	余额	比年初	余额	比年初
一、各项存款	100 992 537	10 849 719	90 142 818	18 034 875
1. 企业存款	50 969 150	7 474 232	44 396 282	11 501 292
（1）活期存款	17 566 928	1 250 996	16 315 932	1 436 046
（2）定期存款	33 402 222	6 223 236	28 080 350	10 065 246
2. 机关团体存款	6 122 796	415 915	5 717 317	256 160
3. 储蓄存款	33 131 036	2 579 899	30 551 137	4 281 505
（1）活期储蓄	9 935 187	884 392	9 050 795	1 009 621
（2）定期储蓄	23 195 849	1 695 507	21 500 342	3 271 884
4. 农业存款	2 798	2 245	553	-464
5. 其他存款	10 766 757	377 428	9 477 529	1 996 382
二、代理财政性存款	815 674	97 338	718 336	359 382
三、金融债券	85	-1	86	-9
其中：政策性金融债券	85	-1	86	-9
四、应付及暂收款	1 234 646	249 911	984 735	309 459
其中：应付及预提利息	681 319	151 958	529 361	92 307
五、卖出回购资产				
六、向中央银行借款				
七、同业往来	10 393 387	4 776 797	5 616 591	1 360 983
1. 同业存放	10 393 387	4 776 797	5 616 591	1 360 983
2. 同业拆借				
八、行内资金往来				
九、委托存款及委托投资基金（净）	3 736	1 646	2 090	1 950
1. 委托存款及委托投资基金	1 376 488	-218 506	1 594 994	-729 786
2. 减：委托贷款及委托投资	1 372 752	-220 152	1 592 904	-731 736
十、代理金融机构委托贷款基金				
其中：中央银行委托贷款基金				
十一、各项准备	351 702	89 753	261 916	-159 463
其中：贷款损失准备	276 505	14 556	261 949	-159 430
十二、所有者权益	1 021 306	56 478	964 861	176 049
其中：实收资本				
当年结益	1 050 019	1 050 019	1 005 690	1 005 690
十三、其他	-15 282 956	-22 182 489	6 899 532	7 113 717
资金来源总计	99 530 117	-6 060 848	105 590 965	27 196 943

续表

资金运用项目	2006年		2005年	
	余额	比年初	余额	比年初
一、各项贷款	19 336 413	1 678 996	17 657 417	-1 539 008
1. 短期贷款	4 036 131	-118 934	4 155 065	-2 607 932
（1）工业贷款	1 976 952	-118 806	2 095 758	-2 426 605
（2）商业贷款	269 673	-143 917	413 590	-441 035
其中：收购贷款				
（3）建筑业贷款	114 675	74 600	40 075	14 170
（4）农业贷款				
（5）乡镇企业贷款				
（6）三资企业贷款				
（7）私营企业及个体贷款	493	493		
（8）其他短期贷款	1 674 338	68 696	1 605 642	245 538
其中：个人短期贷款	3 929	-2 835	6 764	-9 777
2. 中长期贷款	12 360 577	1 608 193	10 752 384	123 066
（1）基本建设贷款	6 019 758	1 447 027	4 572 731	11 729
（2）技术改造贷款				
（3）其他中长期贷款	6 340 819	161 166	6 179 653	111 337
其中：个人中长期贷款	3 544 275	-255 556	3 799 831	-452 384
3. 票据融资	2 939 705	189 737	2 749 968	953 445
其中：贴现	2 939 705	189 737	2 749 968	953 445
4. 各项垫款				-7 587
二、有价证券及投资	3 132 641	182 599	2 950 042	-843 556
三、应收及预付款	125 688	57 876	67 812	13 736
其中：应收利息	2 327	-773	3 100	146
四、买入返售资产	1 197 017	1 168 017	29 000	29 000
五、存放中央银行准备金存款	697 531	483 382	214 149	-141 257
六、存放中央银行特种存款				
七、缴存中央银行财政性存款	1 167 528	227 887	939 641	-55 069
八、同业往来	188 719	40 203	148 516	-134 738
1. 存放同业	17 339	-103 387	120 726	120 089
2. 拆放同业	171 380	143 590	27 790	-254 827
九、二级准备金	73 477 616	10 081 748	63 395 868	19 465 552
十、行内资金往来				
十一、代理金融机构贷款				
其中：代理人行专项贷款	206 964	-4 377	211 341	11 905
十二、库存现金				
十三、外汇占款				
资金运用总计	99 530 117	-6 060 848	105 590 965	27 196 943

表3.5　中国农业银行北京市分行人民币信贷收支统计

单位：万元

资金来源项目	2006年		2005年	
	余额	比年初	余额	比年初
一、各项存款	18 266 953	3 400 038	14 886 662	2 509 279
1. 企业存款	10 332 887	2 242 839	7 814 585	1 227 114
（1）活期存款	6 612 889	1 366 878	4 970 547	539 383
（2）定期存款	3 719 998	875 961	2 844 038	687 731
2. 机关团体存款	375 606	94 456	266 352	59 624
3. 储蓄存款	6 674 147	1 061 244	5 639 987	1 060 673
（1）活期储蓄	2 985 333	524 217	2 461 115	415 539
（2）定期储蓄	3 688 814	537 027	3 178 872	645 134
4. 农业存款			216 071	－1 459
5. 其他存款	884 313	1 499	949 667	163 327
二、代理财政性存款	1 611	－4 367	5 978	－2 296
三、金融债券	15	－1	17	
其中：政策性金融债券	15	－1	17	
四、应付及暂收款	190 801	44 611	150 643	－26 059
其中：应付及预提利息	109 786	43 238	66 539	24 265
五、卖出回购资产				
六、向中央银行借款				
七、同业往来	199 183	－823 492	1 096 879	394 989
1. 同业存放	199 183	－823 492	1 096 879	394 989
2. 同业拆借				
八、行内资金往来				
九、委托存款及委托投资基金（净）	10 617	－86 850	3 521	3 495
1. 委托存款及委托投资基金	1 541 276	356 818	1 091 836	641 721
2. 减：委托贷款及委托投资	1 530 659	443 668	1 088 315	638 226
十、代理金融机构委托贷款基金	1 325			
其中：中央银行委托贷款基金				
十一、各项准备	96 334	9 762	86 572	3 893
其中：贷款损失准备	95 107	8 535	86 572	3 893
十二、所有者权益	134 164	－120 885	255 049	37 399
其中：实收资本				
当年结益	126 866	126 866	178 472	178 472
十三、其他	－359 237	－29 132	－364 766	659 201
资金来源总计	18 541 766	2 389 684	16 120 555	3 579 901

续表

资金运用项目	2006 年		2005 年	
	余额	比年初	余额	比年初
一、各项贷款	9 443 284	879 693	8 563 345	679 214
1. 短期贷款	4 276 070	-425 468	4 673 794	753 386
（1）工业贷款	1 629 117	226 082	1 279 593	413 675
（2）商业贷款	1 405 053	-434 150	1 981 480	249 636
其中：收购贷款			46 772	-23 272
（3）建筑业贷款	152 827	-29 789	60 620	-35 194
（4）农业贷款	262 742	-1 078	307 235	-10 096
（5）乡镇企业贷款			221 154	-1 503
（6）三资企业贷款			153	-1 952
（7）私营企业及个体贷款	160	-70	10 422	1 232
（8）其他短期贷款	826 171	-186 463	813 137	137 588
其中：个人短期贷款	7 017	-2 015	9 019	-1 145
2. 中长期贷款	5 087 549	1 340 396	3 774 652	403 068
（1）基本建设贷款	2 383 911	888 446	1 349 387	255 080
（2）技术改造贷款			79 933	13 279
（3）其他中长期贷款	2 703 638	451 950	2 345 332	134 709
其中：个人中长期贷款	1 671 116	-189 104	1 860 232	263 471
3. 票据融资	31 623	-40 295	71 917	-502 633
其中：贴现	31 623	-40 295	71 917	-502 633
4. 各项垫款	48 042	5 060	42 982	25 393
二、有价证券及投资	186 478	38 192	146 583	49 873
三、应收及预付款	47 932	-54 812	104 551	-34 205
其中：应收利息	1 738	-1 450	4 895	2 816
四、买入返售资产	33 889	-1 554	35 443	-260 260
五、存放中央银行准备金存款	123 470	-86 089	209 559	935
六、存放中央银行特种存款				
七、缴存中央银行财政性存款	1 749	-23 709	25 458	20 544
八、同业往来	101 859	53 190	48 909	-30
1. 存放同业	33 000	12 975	20 025	20 000
2. 拆放同业	68 859	40 215	28 884	-20 030
九、二级准备金				
十、行内资金往来	8 524 205	1 578 458	6 915 449	3 099 792
十一、代理金融机构贷款	1 325			
其中：代理人行专项贷款				
十二、库存现金	73 714	8 458	65 255	18 672
十三、外汇占款	3 861	-2 143	6 003	5 366
资金运用总计	18 541 766	2 389 684	16 120 555	3 579 901

表 3.6　中国银行北京市分行人民币信贷收支统计

单位：万元

资金来源项目	2006 年		2005 年	
	余额	比年初	余额	比年初
一、各项存款	25 292 479	3 677 119	21 615 360	5 106 451
1. 企业存款	15 979 636	1 794 747	14 184 889	3 404 812
（1）活期存款	5 910 363	1 046 311	4 864 052	741 464
（2）定期存款	10 069 273	748 436	9 320 837	2 663 348
2. 机关团体存款				
3. 储蓄存款	8 169 788	1 147 764	7 022 024	1 609 180
（1）活期储蓄	2 348 232	442 083	1 906 149	343 311
（2）定期储蓄	5 821 556	705 681	5 115 875	1 265 869
4. 农业存款				
5. 其他存款	1 143 055	734 608	408 447	92 459
二、代理财政性存款	24	−21	45	18
三、金融债券				
其中：政策性金融债券				
四、应付及暂收款	523 115	100 424	422 691	126 215
其中：应付及预提利息	365 867	38 005	327 862	97 842
五、卖出回购资产		−80 410	80 410	80 410
六、向中央银行借款				
七、同业往来	342 889	−674 948	1 017 837	635 991
1. 同业存放	342 889	−674 948	851 837	469 991
2. 同业拆借			166 000	166 000
八、行内资金往来				
九、委托存款及委托投资基金（净）				
1. 委托存款及委托投资基金	1 007 997	312 431	627 857	144 275
2. 减：委托贷款及委托投资	1 007 997	312 431	627 857	144 275
十、代理金融机构委托贷款基金				
其中：中央银行委托贷款基金				
十一、各项准备	233 088	−25 932	259 020	−104 376
其中：贷款损失准备	190 441	−26 067	216 508	−78 224
十二、所有者权益	105 598	−45 042	150 640	169 661
其中：实收资本				
当年结益	232 024	232 024	269 986	269 986
十三、其他	−2 095 469	−868 239	−1 227 230	−1 186 636
资金来源总计	24 401 724	2 082 951	22 318 773	4 827 734

续表

资金运用项目	2006年		2005年	
	余额	比年初	余额	比年初
一、各项贷款	7 595 699	895 156	6 700 543	439 537
1. 短期贷款	1 848 996	316 392	1532 604	60 512
（1）工业贷款	737 085	-256 356	993 441	141 752
（2）商业贷款	125 166	50 253	74 913	-54 138
其中：收购贷款				
（3）建筑业贷款	20 277	-59 938	80 215	-34 251
（4）农业贷款				
（5）乡镇企业贷款				
（6）三资企业贷款	45 281	-69 622	114 903	970
（7）私营企业及个体贷款				
（8）其他短期贷款	921 187	652 055	269 132	6 179
其中：个人短期贷款	21 254	3 268	17 986	-12 723
2. 中长期贷款	5 156 093	577 056	4 579 037	186 503
（1）基本建设贷款	648 850	247 099	401 751	58 074
（2）技术改造贷款	371 525	215 263	156 262	91 930
（3）其他中长期贷款	4 135 718	114 694	4 021 024	36 499
其中：个人中长期贷款	2 594 206	117 676	2 476 530	61 872
3. 票据融资	590 610	1 708	588 902	192 522
其中：贴现	590 610	1 708	588 902	192 522
4. 各项垫款				
二、有价证券及投资	106 748	36 147	70 601	13 766
三、应收及预付款	413 690	24 069	389 621	128 511
其中：应收利息	346 465	54 323	292 142	102 967
四、买入返售资产	20 698	-346 409	367 107	325 184
五、存放中央银行准备金存款	299 420	233 230	66 190	-38 456
六、存放中央银行特种存款				
七、缴存中央银行财政性存款	11 813	-9 047	20 860	3 317
八、同业往来	143 395	121 850	21 545	-6 269
1. 存放同业	121 895	104 850	17 045	10 800
2. 拆放同业	21 500	17 000	4 500	-17 069
九、二级准备金	2 242 176	654 530	1 587 646	-563 396
十、行内资金往来	13 465 688	383 973	13 081 715	4 591 507
十一、代理金融机构贷款				
其中：代理人行专项贷款				
十二、库存现金	99 717	7 136	92 581	19 259
十三、外汇占款	2 680	82 316	-79 636	-85 226
资金运用总计	24 401 724	2 082 951	22 318 773	4 827 734

表3.7 中国建设银行北京市分行人民币信贷收支统计

单位：万元

资金来源项目	2006年		2005年	
	余额	比年初	余额	比年初
一、各项存款	40 326 549	6 481 322	33 845 226	5 283 532
1. 企业存款	23 370 617	3 498 500	19 872 117	1 656 573
（1）活期存款	15 306 145	2 486 390	12 819 755	-662 558
（2）定期存款	8 064 472	1 012 110	7 052 362	2 319 131
2. 机关团体存款	2 046 893	391 804	1 655 089	1 600 140
3. 储蓄存款	12 181 781	2 238 548	9 943 232	1 695 756
（1）活期储蓄	4 254 596	761 263	3 493 333	346 833
（2）定期储蓄	7 927 185	1 477 285	6 449 899	1 348 923
4. 农业存款	4 869	834	4 035	1 588
5. 其他存款	2 722 389	351 636	2 370 753	329 475
二、代理财政性存款	2 654	-13 882	16 536	-10 928
三、金融债券				
其中：政策性金融债券				
四、应付及暂收款	166 253	2 950	165 051	31 964
其中：应付及预提利息	4 085	4 085	257	-15
五、卖出回购资产				
六、向中央银行借款				
七、同业往来	4 843 681	2 867 558	1 976 123	-193 047
1. 同业存放	4 843 681	2 867 558	1 976 123	-193 047
2. 同业拆借				
八、行内资金往来				
九、委托存款及委托投资基金（净）	35	-358	-140 418	-683
1. 委托存款及委托投资基金	3 317 245	-195 096	3 752 450	612 189
2. 减：委托贷款及委托投资	3 317 210	-194 738	3 892 868	612 872
十、代理金融机构委托贷款基金				
其中：中央银行委托贷款基金				
十一、各项准备	103 770	-4 683	113 089	-5 863
其中：贷款损失准备				
十二、所有者权益	-202 557	-298 051	95 490	-5 220
其中：实收资本				
当年结益	376 827	376 827	693 126	693 126
十三、其他	47 270	125 294	60 670	-54 204
资金来源总计	45 287 655	9 160 150	36 131 767	5 045 551

续表

资金运用项目	2006年		2005年	
	余额	比年初	余额	比年初
一、各项贷款	19 175 289	606 184	18 569 105	524 467
1. 短期贷款	5 945 292	549 622	5 395 670	-80 749
（1）工业贷款	1 871 946	-14 280	1 886 226	-218 659
（2）商业贷款	1 707 462	-50 866	1 758 328	224 854
其中：收购贷款				
（3）建筑业贷款	1 223 281	-71 202	1 294 483	69 454
（4）农业贷款	1 000	1 000		
（5）乡镇企业贷款				
（6）三资企业贷款				
（7）私营企业及个体贷款	2 899	632	2 267	-1 260
（8）其他短期贷款	1 138 704	684 338	454 366	-155 138
其中：个人短期贷款	21 379	18 801	2 578	-2 216
2. 中长期贷款	12 234 509	503 374	11 731 135	-221 778
（1）基本建设贷款	5 029 481	1 003 028	4 026 453	538 316
（2）技术改造贷款	1 092 357	-479 516	1 571 873	-76 148
（3）其他中长期贷款	6 112 671	-20 138	6 132 809	-683 946
其中：个人中长期贷款	4 309 419	124 073	4 185 346	-257 390
3. 票据融资	995 488	-443 962	1 439 450	826 994
其中：贴现	995 488	-443 962	1 439 450	826 994
4. 各项垫款		-2 850	2 850	
二、有价证券及投资	226 596	24 033	203 013	17 403
三、应收及预付款	62 670	-1 462	64 132	4 161
其中：应收利息	31 923	12 789	19 134	6 463
四、买入返售资产	234 022	234 022		
五、存放中央银行准备金存款	552 694	-75 808	628 502	-35 782
六、存放中央银行特种存款				
七、缴存中央银行财政性存款	8 841	-10 814	19 655	2 314
八、同业往来	571	-1 789	6 172	460
1. 存放同业	71	-6	77	-2
2. 拆放同业	500	-1 783	6 095	462
九、二级准备金	3 711 455	1 060 554	2 650 901	496 929
十、行内资金往来	21 173 516	7 320 426	13 853 090	4 018 417
十一、代理金融机构贷款				
其中：代理人行专项贷款				
十二、库存现金	142 001	4 804	137 197	17 182
十三、外汇占款				
资金运用总计	45 287 655	9 160 150	36 131 767	5 045 551

表3.8 交通银行北京分行人民币信贷收支统计

单位：万元

资金来源项目	2006年		2005年	
	余额	比年初	余额	比年初
一、各项存款	15 731 339	2 670 337	13 061 002	2 233 935
1. 企业存款	12 015 388	2 053 965	9 961 423	1 269 531
（1）活期存款	5 105 791	-911 479	6 017 270	-945 673
（2）定期存款	6 909 597	2 965 444	3 944 153	2 215 204
2. 机关团体存款	60 169	17 355	42 814	17 020
3. 储蓄存款	2 860 723	419 776	2 440 947	557 653
（1）活期储蓄	1 190 986	161 775	1 029 211	155 569
（2）定期储蓄	1 669 737	258 001	1 411 736	402 084
4. 农业存款	523	161	362	360
5. 其他存款	794 536	179 080	615 456	389 371
二、代理财政性存款	637	637		
三、金融债券				
其中：政策性金融债券				
四、应付及暂收款	470 020	235 706	234 314	88 698
其中：应付及预提利息	83 482	35 436	48 046	16 260
五、卖出回购资产				
六、向中央银行借款				
七、同业往来	5 426 659	2 882 955	2 543 696	2 406 766
1. 同业存放	5 426 659	2 882 955	2 543 696	2 406 766
2. 同业拆借				
八、行内资金往来				
九、委托存款及委托投资基金（净）	106 225	96 314	9 911	5 170
1. 委托存款及委托投资基金	3 657 780	681 390	2 976 390	1 513 394
2. 减：委托贷款及委托投资	3 551 555	585 076	2 966 479	1 508 224
十、代理金融机构委托贷款基金				
其中：中央银行委托贷款基金				
十一、各项准备	84 105	10 661	73 444	5 528
其中：贷款损失准备	84 105	10 661	73 444	5 528
十二、所有者权益	173 038	22 989	150 049	38 142
其中：实收资本				
当年结益	263 408	263 408	228 126	228 126
十三、其他	-117 146	112 389	-109 529	21 919
资金来源总计	21 874 877	6 031 988	15 962 887	4 800 158

续表

资金运用项目	2006 年		2005 年	
	余额	比年初	余额	比年初
一、各项贷款	8 975 034	1 525 725	7 449 309	1 425 405
1. 短期贷款	4 609 679	420 248	3 907 344	848 449
（1）工业贷款	1 076 242	23 440	1 052 802	226 722
（2）商业贷款	877 921	217 031	660 890	196 661
其中：收购贷款				
（3）建筑业贷款	1 245 586	404 449	841 137	472 397
（4）农业贷款	5 900	881	5 019	5 019
（5）乡镇企业贷款				
（6）三资企业贷款				-179 675
（7）私营企业及个体贷款	292	-214	506	-495
（8）其他短期贷款	1 403 738	-225 339	1 346 990	127 820
其中：个人短期贷款	2 111	-3 782	5 893	-492
2. 中长期贷款	4 262 976	1 764 395	2 780 668	510 765
（1）基本建设贷款	1 192 643	725 386	467 257	73 895
（2）技术改造贷款	38 520	-19 163	57 683	22 313
（3）其他中长期贷款	3 031 813	1 058 172	2 255 728	414 557
其中：个人中长期贷款	785 502	-46 780	832 282	31 232
3. 票据融资	102 110	-658 218	760 328	68 173
其中：贴现	102 110	-658 218	760 328	68 173
4. 各项垫款	269	-700	969	-1 982
二、有价证券及投资	2 631 962	778 459	1 853 503	387 427
三、应收及预付款	196 972	130 014	66 958	54 594
其中：应收利息	672	-1 108	1 780	656
四、买入返售资产	720 315	-512 176	1 232 491	555 983
五、存放中央银行准备金存款	4 779 911	4 128 817	651 094	210 497
六、存放中央银行特种存款				
七、缴存中央银行财政性存款				
八、同业往来	1 335 529	544 452	791 077	493 694
1. 存放同业	1 055 529	270 652	784 877	557 694
2. 拆放同业	280 000	273 800	6 200	-64 000
九、二级准备金	1 449 090	117 511	1 331 579	368 753
十、行内资金往来	1 741 008	-684 793	2 545 799	1 295 682
十一、代理金融机构贷款				
其中：代理人行专项贷款				
十二、库存现金	45 056	3 979	41 077	7 944
十三、外汇占款				179
资金运用总计	21 874 877	6 031 988	15 962 887	4 800 158

表 3.9 招商银行北京分行人民币信贷收支统计

单位：万元

资金来源项目	2006 年		2005 年	
	余额	比年初	余额	比年初
一、各项存款	9 155 593	1 506 225	7 649 368	1 531 329
1. 企业存款	4 302 721	555 597	3 747 756	576 438
（1）活期存款	2 551 157	481 756	2 070 033	-26 412
（2）定期存款	1 751 564	73 841	1 677 723	602 850
2. 机关团体存款	100 710	19 696	81 014	1 755
3. 储蓄存款	3 932 252	864 177	3 068 075	914 326
（1）活期储蓄	2 048 117	589 080	1 459 037	366 412
（2）定期储蓄	1 884 135	275 097	1 609 038	547 914
4. 农业存款				
5. 其他存款	819 910	66 755	752 523	38 810
二、代理财政性存款		-12	12	9
三、金融债券				
其中：政策性金融债券				
四、应付及暂收款	87 200	-1 345	88 545	25 555
其中：应付及预提利息	44 773	4 569	40 204	10 699
五、卖出回购资产				
六、向中央银行借款				
七、同业往来	1 104 307	612 209	492 098	262 361
1. 同业存放	1 104 307	612 209	492 098	262 361
2. 同业拆借				
八、行内资金往来				
九、委托存款及委托投资基金（净）				
1. 委托存款及委托投资基金	523 876	87 572	436 304	172 443
2. 减：委托贷款及委托投资	523 876	87 572	436 304	172 443
十、代理金融机构委托贷款基金				
其中：中央银行委托贷款基金				
十一、各项准备	81 988	18 257	63 731	1 892
其中：贷款损失准备	81 752	18 141	63 611	1 952
十二、所有者权益	76 963	7 090	69 873	20 375
其中：实收资本				
当年结益	126 979	126 979	110 758	110 758
十三、其他	-3 194 734	-3 235 086	40 352	89 893
资金来源总计	7 311 317	-1 092 662	8 403 979	1 931 414

续表

资金运用项目	2006年		2005年	
	余额	比年初	余额	比年初
一、各项贷款	5 065 294	996 945	4 068 349	300 559
1. 短期贷款	2 420 126	312 519	2 107 607	-74 282
（1）工业贷款	432 791	188 252	244 539	-71 131
（2）商业贷款	266 834	-10 901	277 735	-56 014
其中：收购贷款				
（3）建筑业贷款	448 526	61 672	386 854	59 239
（4）农业贷款				
（5）乡镇企业贷款				
（6）三资企业贷款	143 570	-5 361	148 931	91 696
（7）私营企业及个体贷款	17 119	12 767	4 352	-528
（8）其他短期贷款	1 111 286	66 090	1 045 196	-97 544
其中：个人短期贷款	13 397	-1 674	15 071	-15 670
2. 中长期贷款	2 429 357	708 045	1 721 312	373 496
（1）基本建设贷款	359 207	223 297	135 910	16 910
（2）技术改造贷款	5 000	2 000	3 000	3 000
（3）其他中长期贷款	2 065 150	482 748	1 582 402	353 586
其中：个人中长期贷款	1 040 705	-88 559	1 129 264	149 416
3. 票据融资	215 811	-23 619	239 430	1 345
其中：贴现	215 811	-23 619	239 430	1 345
4. 各项垫款				
二、有价证券及投资	95 954	5 225	90 729	-51 740
三、应收及预付款	11 948	-10 402	22 350	6 150
其中：应收利息	9 704	-10 220	19 924	5 470
四、买入返售资产	327 000	-29 900	356 900	-3 978
五、存放中央银行准备金存款	108 886	-43 026	151 912	51 783
六、存放中央银行特种存款				
七、缴存中央银行财政性存款	1 465	800	665	665
八、同业往来	29 133	-283 929	313 062	310 145
1. 存放同业	29 133	-283 929	313 062	310 145
2. 拆放同业				
九、二级准备金	1 639 545	225 906	1 413 639	417 814
十、行内资金往来		-1 958 621	1 958 621	899 621
十一、代理金融机构贷款				
其中：代理人行专项贷款				
十二、库存现金	32 092	4 340	27 752	395
十三、外汇占款				
资金运用总计	7 311 317	-1 092 662	8 403 979	1 931 414

表 3.10　上海浦东发展银行北京分行人民币信贷收支统计

单位：万元

资金来源项目	2006 年		2005 年	
	余额	比年初	余额	比年初
一、各项存款	6 066 268	948 155	5 118 113	1 696 036
1. 企业存款	4 789 311	657 014	4 132 297	1 321 604
（1）活期存款	1 717 231	389 609	1 327 622	216 313
（2）定期存款	3 072 080	267 405	2 804 675	1 105 291
2. 机关团体存款	264 961	64 115	200 846	42 831
3. 储蓄存款	583 179	130 342	452 837	162 624
（1）活期储蓄	229 258	54 552	174 706	66 453
（2）定期储蓄	353 921	75 790	278 131	96 171
4. 农业存款				
5. 其他存款	428 817	96 684	332 133	168 977
二、代理财政性存款	10 326	-474	10 800	-1 301
三、金融债券				
其中：政策性金融债券				
四、应付及暂收款	51 027	12 799	38 228	9 471
其中：应付及预提利息	36 815	10 004	26 811	10 731
五、卖出回购资产				-6 000
六、向中央银行借款				
七、同业往来	1 041 664	641 791	399 873	181 889
1. 同业存放	1 041 664	641 791	399 873	181 889
2. 同业拆借				
八、行内资金往来				
九、委托存款及委托投资基金（净）				
1. 委托存款及委托投资基金				
2. 减：委托贷款及委托投资				
十、代理金融机构委托贷款基金				
其中：中央银行委托贷款基金				
十一、各项准备	80 457	6 836	73 621	10 834
其中：贷款损失准备	67 930	3 070	64 860	10 432
十二、所有者权益	70 789	21 266	49 523	652
其中：实收资本				
当年结益	70 789	70 789	49 523	49 523
十三、其他	349 779	-411 254	761 033	391 513
资金来源总计	7 670 310	1 219 119	6 451 191	2 283 094

续表

资金运用项目	2006年		2005年	
	余额	比年初	余额	比年初
一、各项贷款	3 024 665	618 832	2 405 833	213 589
1. 短期贷款	1 569 600	42 470	1 527 190	74 234
（1）工业贷款	392 642	-93 381	486 023	136 344
（2）商业贷款	87 001	-67 699	154 700	39 747
其中：收购贷款				
（3）建筑业贷款	74 796	-97 233	172 029	-74 548
（4）农业贷款				
（5）乡镇企业贷款				
（6）三资企业贷款	799	-95	894	-969
（7）私营企业及个体贷款		-10 000	10 000	
（8）其他短期贷款	1 014 362	310 878	703 544	-26 340
其中：个人短期贷款	9 780	2 446	7 394	-5 693
2. 中长期贷款	1 352 425	609 472	742 893	77 509
（1）基本建设贷款	137 007	78 707	58 300	-27 500
（2）技术改造贷款	2 800	-2 680	5 480	-5 400
（3）其他中长期贷款	1 212 618	533 445	679 113	110 409
其中：个人中长期贷款	430 745	34 186	396 499	111 289
3. 票据融资	102 640	-33 110	135 750	64 266
其中：贴现	102 640	-33 110	135 750	64 266
4. 各项垫款				-2 420
二、有价证券及投资	87 325	-67 098	154 423	37 453
三、应收及预付款	36 414	13 623	22 791	4 438
其中：应收利息	12 348	4 831	7 517	4 606
四、买入返售资产	195 400	-17 700	213 100	106 100
五、存放中央银行准备金存款	821 925	330 372	491 553	219 539
六、存放中央银行特种存款				
七、缴存中央银行财政性存款				
八、同业往来	2 459	-2 282	4 741	2 994
1. 存放同业	2 459	-2 282	4 741	2 994
2. 拆放同业				
九、二级准备金	1 028 992	-291 542	1 320 534	408 383
十、行内资金往来	2 449 745	635 914	1 813 831	1 286 267
十一、代理金融机构贷款				
其中：代理人行专项贷款				
十二、库存现金	21 742	-953	22 695	4 368
十三、外汇占款	1 643	-47	1 690	-37
资金运用总计	7 670 310	1 219 119	6 451 191	2 283 094

表 3.11 广东发展银行北京分行人民币信贷收支统计

单位：万元

资金来源项目	2006 年		2005 年	
	余额	比年初	余额	比年初
一、各项存款	3 273 143	124 937	3 148 206	158 922
1. 企业存款	2 371 677	-45 555	2 417 232	20 161
（1）活期存款	1 168 220	-71 653	1 239 873	-39 324
（2）定期存款	1 203 457	26 098	1 177 359	59 485
2. 机关团体存款				
3. 储蓄存款	312 233	21 314	290 919	108 689
（1）活期储蓄	158 909	19 180	139 729	47 850
（2）定期储蓄	153 324	2 134	151 190	60 839
4. 农业存款				
5. 其他存款	589 233	149 178	440 055	30 072
二、代理财政性存款	67	67		-10 000
三、金融债券				
其中：政策性金融债券				
四、应付及暂收款	18 382	-20 306	38 688	7 322
其中：应付及预提利息	14 999	-19 342	34 341	21 289
五、卖出回购资产	50 000	-28 490	78 490	73 490
六、向中央银行借款				
七、同业往来	401 292	260 373	140 919	-60 481
1. 同业存放	401 292	260 373	140 919	-60 481
2. 同业拆借				
八、行内资金往来				
九、委托存款及委托投资基金（净）	122	54	68	67
1. 委托存款及委托投资基金	110 268	60 166	50 102	27 151
2. 减：委托贷款及委托投资	110 146	60 112	50 034	27 084
十、代理金融机构委托贷款基金				
其中：中央银行委托贷款基金				
十一、各项准备	28 453	-10 130	38 583	6 938
其中：贷款损失准备	21 793	-11 852	33 645	4 593
十二、所有者权益	25 265	3 937	21 328	5 883
其中：实收资本				
当年结益	22 780	22 780	21 328	21 328
十三、其他	239 366	756	238 610	42 550
资金来源总计	4 036 090	331 198	3 704 892	224 691

续表

资金运用项目	2006 年		2005 年	
	余额	比年初	余额	比年初
一、各项贷款	2 071 888	260 112	1 811 776	-152 685
1. 短期贷款	1 357 927	413 917	944 010	-61 996
(1) 工业贷款	40 677	-18 156	58 833	-50 467
(2) 商业贷款	174 831	119 441	55 390	-36 068
其中：收购贷款				
(3) 建筑业贷款	86 086	64 586	21 500	-36 300
(4) 农业贷款				
(5) 乡镇企业贷款				
(6) 三资企业贷款		-25 500	25 500	-1 200
(7) 私营企业及个体贷款	2 385	-1 820	4 205	-2 261
(8) 其他短期贷款	1 053 948	275 366	778 582	64 300
其中：个人短期贷款	1 508	-18 654	20 162	7 097
2. 中长期贷款	648 798	-173 394	822 192	-36 347
(1) 基本建设贷款	210 100	210 100		
(2) 技术改造贷款				
(3) 其他中长期贷款	438 698	-383 494	822 192	-36 347
其中：个人中长期贷款	228 981	-33 524	262 584	41 895
3. 票据融资	64 736	20 041	44 695	-54 691
其中：贴现	64 736	20 041	44 695	-54 691
4. 各项垫款	427	-452	879	349
二、有价证券及投资				
三、应收及预付款	19 067	-12 154	31 221	-8 003
其中：应收利息	5 748	-2 221	7 969	5 727
四、买入返售资产	31 404	-56 881	88 285	-41 840
五、存放中央银行准备金存款	179 169	40 990	138 179	-200 188
六、存放中央银行特种存款				
七、缴存中央银行财政性存款				
八、同业往来	127 234	65 419	61 815	17 832
1. 存放同业	127 234	71 419	55 815	11 832
2. 拆放同业		-6 000	6 000	6 000
九、二级准备金	721 829	31 469	690 360	136 190
十、行内资金往来	875 710	13 357	862 353	464 332
十一、代理金融机构贷款				
其中：代理人行专项贷款				
十二、库存现金	9 907	-607	10 514	3 629
十三、外汇占款	-118	-10 507	10 389	5 424
资金运用总计	4 036 090	331 198	3 704 892	224 691

表3.12 兴业银行北京分行人民币信贷收支统计

单位：万元

资金来源项目	2006年		2005年	
	余额	比年初	余额	比年初
一、各项存款	4 677 645	901 596	3 776 049	988 737
1. 企业存款	3 998 284	756 211	3 242 073	920 304
（1）活期存款	2 339 334	760 386	1 578 948	268 057
（2）定期存款	1 658 950	－4 175	1 663 125	652 247
2. 机关团体存款				
3. 储蓄存款	334 060	98 431	235 629	61 020
（1）活期储蓄	176 068	51 266	124 802	27 044
（2）定期储蓄	157 992	47 165	110 827	33 976
4. 农业存款	30 026	20 437	9 589	2 158
5. 其他存款	315 275	26 517	288 758	5 255
二、代理财政性存款				
三、金融债券				
其中：政策性金融债券				
四、应付及暂收款	25 606	－2 315	27 921	13 059
其中：应付及预提利息	14 842	－2 842	17 684	10 375
五、卖出回购资产				－51 747
六、向中央银行借款				
七、同业往来	1 404 159	68 942	1 335 217	941 851
1. 同业存放	1 404 159	68 942	1 335 217	941 851
2. 同业拆借				
八、行内资金往来				
九、委托存款及委托投资基金（净）	1 257	－3 932	5 189	4 756
1. 委托存款及委托投资基金	148 063	59 974	88 089	38 066
2. 减：委托贷款及委托投资	146 806	63 906	82 900	33 310
十、代理金融机构委托贷款基金				
其中：中央银行委托贷款基金				
十一、各项准备	2 177	2 755	－578	－375
其中：贷款损失准备	2 187	2 728	－541	－274
十二、所有者权益	72 915	16 231	56 684	13 848
其中：实收资本				
当年结益	72 915	72 915	56 684	56 684
十三、其他	319 226	62 854	256 372	254 328
资金来源总计	6 502 985	1 046 131	5 456 854	2 164 457

续表

资金运用项目	2006 年		2005 年	
	余额	比年初	余额	比年初
一、各项贷款	2 744 379	488 186	2 256 193	349 084
1. 短期贷款	1 333 225	-65 060	1 398 285	220 947
（1）工业贷款	580 224	-215 476	795 700	320 375
（2）商业贷款	134 300	-5 278	139 578	-29 534
其中：收购贷款				
（3）建筑业贷款	363 872	89 800	274 072	18 496
（4）农业贷款	32 000	4 600	27 400	11 400
（5）乡镇企业贷款				
（6）三资企业贷款				
（7）私营企业及个体贷款				
（8）其他短期贷款	222 829	61 294	161 535	-99 790
其中：个人短期贷款	5 087	109	4 978	213
2. 中长期贷款	1 392 720	618 971	773 749	64 998
（1）基本建设贷款	617 094	388 294	228 800	-56 000
（2）技术改造贷款	35 878	-3 122	39 000	
（3）其他中长期贷款	739 748	233 799	505 949	120 998
其中：个人中长期贷款	307 755	69 006	238 749	84 998
3. 票据融资	18 434	-62 772	81 206	60 186
其中：贴现	18 434	-62 772	81 206	60 186
4. 各项垫款		-2 953	2 953	2 953
二、有价证券及投资	362 570	95 843	266 727	182 071
三、应收及预付款	9 661	4 110	5 551	1 237
其中：应收利息	4 798	1 733	3 065	3 065
四、买入返售资产	147 500	60 000	87 500	-54 248
五、存放中央银行准备金存款	76 225	-73 694	149 919	69 737
六、存放中央银行特种存款				
七、缴存中央银行财政性存款				
八、同业往来	75 547	22 959	52 588	4 957
1. 存放同业	20 847	-10 141	30 988	24 757
2. 拆放同业	54 700	33 100	21 600	-19 800
九、二级准备金	594 772	-48 574	643 346	643 346
十、行内资金往来	2 477 283	494 328	1 982 955	964 575
十一、代理金融机构贷款				
其中：代理人行专项贷款				
十二、库存现金	15 048	2 973	12 075	3 698
十三、外汇占款				
资金运用总计	6 502 985	1 046 131	5 456 854	2 164 457

表3.13 深圳发展银行北京分行人民币信贷收支统计

单位：万元

资金来源项目	2005年		2004年	
	余额	比年初	余额	比年初
一、各项存款	2 408 090	244 395	2 163 695	737 535
1. 企业存款	1 374 634	42 846	1 331 788	253 003
（1）活期存款	752 359	43 108	709 251	186 615
（2）定期存款	622 275	−262	622 537	66 388
2. 机关团体存款				
3. 储蓄存款	141 801	52 370	89 431	32 989
（1）活期储蓄	66 998	25 327	41 671	13 643
（2）定期储蓄	74 803	27 043	47 760	19 346
4. 农业存款	981	−4 464	5 445	1 726
5. 其他存款	890 674	153 643	737 031	449 817
二、代理财政性存款				
三、金融债券				
其中：政策性金融债券				
四、应付及暂收款	23 318	2 015	21 303	7 239
其中：应付及预提利息	15 539	127	15 412	7 115
五、卖出回购资产				
六、向中央银行借款				
七、同业往来	578 233	96 896	481 337	139 760
1. 同业存放	578 233	96 896	481 337	139 760
2. 同业拆借				
八、行内资金往来				
九、委托存款及委托投资基金（净）				
1. 委托存款及委托投资基金	24 432	3 204	21 228	10 582
2. 减：委托贷款及委托投资	24 432	3 204	21 228	10 582
十、代理金融机构委托贷款基金				
其中：中央银行委托贷款基金				
十一、各项准备	1 784	864	920	−14 163
其中：贷款损失准备	1 759	847	912	−14 163
十二、所有者权益	33 185	9 644	23 541	5 103
其中：实收资本				
当年结益	33 185	33 185	23 541	23 541
十三、其他	−30 767	−9 072	−21 695	−13 087
资金来源总计	3 013 843	344 742	2 669 101	862 387

续表

资金运用项目	2006 年		2005 年	
	余额	比年初	余额	比年初
一、各项贷款	2 061 297	465 919	1 595 378	379 561
1. 短期贷款	1 247 065	349 549	897 516	141 300
（1）工业贷款	168 761	93 061	75 700	26 200
（2）商业贷款	258 299	92 203	166 096	10 769
其中：收购贷款				
（3）建筑业贷款	178 500	34 381	144 119	11 724
（4）农业贷款	7 000	7 000		-3 000
（5）乡镇企业贷款				
（6）三资企业贷款	32 504	27 134	5 370	20
（7）私营企业及个体贷款	2 946	2 371	575	191
（8）其他短期贷款	599 055	93 399	505 656	95 396
其中：个人短期贷款	1 225	487	738	-750
2. 中长期贷款	541 620	322 448	219 172	-14 516
（1）基本建设贷款	11 300	-5 600	16 900	-48 400
（2）技术改造贷款				
（3）其他中长期贷款	530 320	328 048	202 272	33 884
其中：个人中长期贷款	462 568	286 273	176 295	98 448
3. 票据融资	272 612	-206 078	478 690	252 777
其中：贴现	272 612	-206 078	478 690	252 777
4. 各项垫款				
二、有价证券及投资	2 098	-5 129	7 227	5 261
三、应收及预付款	11 309	-4 484	15 793	10 185
其中：应收利息	3 540	1 971	1 569	1 557
四、买入返售资产	364 344	283 844	80 500	-8 807
五、存放中央银行准备金存款	129 024	-77 180	206 204	131 475
六、存放中央银行特种存款				
七、缴存中央银行财政性存款				
八、同业往来	808	-2 522	3 330	-94 012
1. 存放同业	808	-2 522	3 330	-94 012
2. 拆放同业				
九、二级准备金	439 668	101 905	337 763	95 049
十、行内资金往来	857	-418 096	418 953	342 584
十一、代理金融机构贷款				
其中：代理人行专项贷款				
十二、库存现金	4 438	485	3 953	1 091
十三、外汇占款				
资金运用总计	3 013 843	344 742	2 669 101	862 387

表 3.14　中信银行总行营业部人民币信贷收支统计

单位：万元

资金来源项目	2006 年		2005 年	
	余额	比年初	余额	比年初
一、各项存款	10 508 131	1 986 769	8 521 362	1 228 245
1. 企业存款	7 546 714	913 170	6 633 544	937 768
（1）活期存款	4 177 398	591 141	3 586 257	867 401
（2）定期存款	3 369 316	322 029	3 047 287	70 367
2. 机关团体存款	42 469	4 291	38 178	－39 690
3. 储蓄存款	1 015 723	389 095	626 628	285 972
（1）活期储蓄	309 626	181 347	128 279	43 546
（2）定期储蓄	706 097	207 748	498 349	242 426
4. 农业存款				
5. 其他存款	1 903 225	680 213	1 223 012	44 195
二、代理财政性存款				
三、金融债券				
其中：政策性金融债券				
四、应付及暂收款	156 236	－29 471	185 707	90 284
其中：应付及预提利息	46 299	9 804	36 495	4 129
五、卖出回购资产		－10 041	10 041	－59 138
六、向中央银行借款				
七、同业往来	1 497 800	777 982	719 818	－140 135
1. 同业存放	1 497 800	777 982	719 818	－140 135
2. 同业拆借				
八、行内资金往来				
九、委托存款及委托投资基金（净）	36 252	467	35 785	－25 796
1. 委托存款及委托投资基金	637 158	146 091	491 067	62 615
2. 减：委托贷款及委托投资	600 906	145 624	455 282	88 411
十、代理金融机构委托贷款基金				
其中：中央银行委托贷款基金				
十一、各项准备	75 957	37 954	38 003	－13 946
其中：贷款损失准备	70 622	36 259	34 363	－17 586
十二、所有者权益	55 572	－15 668	71 240	－4 831
其中：实收资本				
当年结益	175 206	175 206	124 152	124 152
十三、其他	10 685	－687 873	698 558	753 119
资金来源总计	12 340 633	2 060 119	10 280 514	1 827 802

续表

资金运用项目	2006 年		2005 年	
	余额	比年初	余额	比年初
一、各项贷款	7 065 228	1 049 689	6 015 539	1 440 084
1. 短期贷款	2 641 413	473 289	2 184 824	453 644
（1）工业贷款	534 750	196 545	338 205	76 386
（2）商业贷款	281 872	-62 342	344 214	68 105
其中：收购贷款				
（3）建筑业贷款	346 396	99 850	263 246	-33 640
（4）农业贷款				
（5）乡镇企业贷款				
（6）三资企业贷款	61 278	-71 291	132 569	76 015
（7）私营企业及个体贷款	25	-780	805	-3 115
（8）其他短期贷款	1 417 092	311 307	1 105 785	269 893
其中：个人短期贷款	9 632	-230	9 862	3 286
2. 中长期贷款	3 738 425	938 456	2 783 269	251 360
（1）基本建设贷款	528 082	222 411	288 971	-153 527
（2）技术改造贷款	9 000	-4 000	13 000	13 000
（3）其他中长期贷款	3 201 343	720 045	2 481 298	391 887
其中：个人中长期贷款	1 215 691	42 623	1 173 068	340 321
3. 票据融资	682 341	-362 760	1 045 101	733 235
其中：贴现	682 341	-362 760	1 045 101	733 235
4. 各项垫款	3 049	704	2 345	1 845
二、有价证券及投资	165 191	-22 622	187 813	37 957
三、应收及预付款	26 298	6 843	19 455	-33 374
其中：应收利息	19 862	5 138	14 724	863
四、买入返售资产	103 665	-147 380	251 045	-370 587
五、存放中央银行准备金存款	58 313	-213 177	271 490	-253 966
六、存放中央银行特种存款				
七、缴存中央银行财政性存款	14	14		
八、同业往来	210 518	-102 623	313 141	132 004
1. 存放同业	210 518	-102 623	313 141	132 004
2. 拆放同业				
九、二级准备金	1 377 094	708 299	668 795	67 025
十、行内资金往来	3 459 825	870 255	2 589 570	857 683
十一、代理金融机构贷款				
其中：代理人行专项贷款				
十二、库存现金	29 007	5 659	23 348	7 808
十三、外汇占款	-154 520	-94 838	-59 682	-56 832
资金运用总计	12 340 633	2 060 119	10 280 514	1 827 802

表 3.15 中国光大银行营业部人民币信贷收支统计

单位：万元

资金来源项目	2006 年		2005 年	
	余额	比年初	余额	比年初
一、各项存款	10 047 396	1 766 359	8 281 039	2 194 369
1. 企业存款	6 442 219	975 579	5 380 820	842 366
（1）活期存款	2 242 394	-573 338	2 803 694	642 057
（2）定期存款	4 199 825	1 548 917	2 577 126	200 309
2. 机关团体存款	354 236	-97 247	451 483	164 754
3. 储蓄存款	917 355	160 094	757 261	275 072
（1）活期储蓄	312 818	76 921	235 897	41 461
（2）定期储蓄	604 537	83 173	521 364	233 611
4. 农业存款				
5. 其他存款	2 333 586	727 933	1 691 475	912 177
二、代理财政性存款				
三、金融债券				
其中：政策性金融债券				
四、应付及暂收款	186 724	79 161	107 563	17 337
其中：应付及预提利息	80 357	35 982	44 375	100
五、卖出回购资产	2 000	-8 000	10 000	4 830
六、向中央银行借款				
七、同业往来	1 062 214	-194 846	1 257 060	958 889
1. 同业存放	1 062 214	-194 846	1 257 060	958 889
2. 同业拆借				
八、行内资金往来				
九、委托存款及委托投资基金（净）	78 791	-3 496	82 287	-3 426
1. 委托存款及委托投资基金	316 342	65 716	250 626	24 396
2. 减：委托贷款及委托投资	237 551	69 212	168 339	27 822
十、代理金融机构委托贷款基金				
其中：中央银行委托贷款基金				
十一、各项准备		-35 730	35 730	5 170
其中：贷款损失准备		-35 730	35 730	5 170
十二、所有者权益	52 006	12 120	39 881	18 662
其中：实收资本				
当年结益	107 323	107 323	86 080	86 080
十三、其他	15 178	-2 272	17 450	73 406
资金来源总计	11 444 309	1 613 296	9 831 010	3 269 237

续表

资金运用项目	2006年		2005年	
	余额	比年初	余额	比年初
一、各项贷款	4 284 875	711 788	3 573 087	517 468
1. 短期贷款	1 432 825	-70 082	1 502 907	13 781
（1）工业贷款	342 850	-177 940	460 841	56 535
（2）商业贷款	431 041	7 763	191 641	104 204
其中：收购贷款				
（3）建筑业贷款				
（4）农业贷款				
（5）乡镇企业贷款				
（6）三资企业贷款	88 610	54 040		
（7）私营企业及个体贷款	3 766	-8 508	447	-2 712
（8）其他短期贷款	566 558	54 563	849 978	-144 246
其中：个人短期贷款	3 392	-1 358	4 750	-2 637
2. 中长期贷款	2 781 856	817 973	1 963 883	580 347
（1）基本建设贷款	168 184	-17 845	186 029	5 043
（2）技术改造贷款				
（3）其他中长期贷款	2 613 672	835 818	1 777 854	575 304
其中：个人中长期贷款	864 201	87 664	776 537	196 899
3. 票据融资	70 194	-36 103	106 297	-76 660
其中：贴现	70 194	-36 103	106 297	-76 660
4. 各项垫款				
二、有价证券及投资	49 420	7 021	42 399	-55 427
三、应收及预付款	69 144	-1 528	70 672	-22 726
其中：应收利息	9 395	-1 233	10 628	3 630
四、买入返售资产	155 807	95 598	60 209	-64 291
五、存放中央银行准备金存款	263 062	-121 628	384 690	202 150
六、存放中央银行特种存款				
七、缴存中央银行财政性存款	381	201	180	124
八、同业往来	159 655	-500 215	659 870	642 916
1. 存放同业	152 839	-500 215	655 941	638 987
2. 拆放同业	6 816		3 929	3 929
九、二级准备金	726 711	185 061	541 650	541 650
十、行内资金往来	5 716 188	1 229 799	4 486 384	1 506 911
十一、代理金融机构贷款				
其中：代理人行专项贷款				
十二、库存现金	19 066	7 199	11 869	621
十三、外汇占款				-159
资金运用总计	11 444 309	1 613 296	9 831 010	3 269 237

表 3.16 华夏银行总行营业部人民币信贷收支统计

单位：万元

资金来源项目	2006 年		2005 年	
	余额	比年初	余额	比年初
一、各项存款	8 005 747	753 873	7 265 393	667 931
1. 企业存款	4 722 812	789 763	3 933 049	584 900
（1）活期存款	2 752 447	586 320	2 166 127	211 827
（2）定期存款	1 970 365	203 443	1 766 922	373 073
2. 机关团体存款	16 137	-9 419	25 556	20 921
3. 储蓄存款	585 783	172 111	427 191	64 766
（1）活期储蓄	318 298	115 135	203 163	55 112
（2）定期储蓄	267 485	56 976	224 028	9 654
4. 农业存款				
5. 其他存款	2 681 015	-198 582	2 879 597	-2 656
二、代理财政性存款				
三、金融债券				
其中：政策性金融债券				
四、应付及暂收款	82 758	17 093	65 665	-2 083
其中：应付及预提利息	40 504	900	39 604	5 557
五、卖出回购资产				
六、向中央银行借款				
七、同业往来	447 695	-73 666	521 361	343 613
1. 同业存放	447 695	-73 666	521 361	343 613
2. 同业拆借				
八、行内资金往来				
九、委托存款及委托投资基金（净）	22 276	-34 484		
1. 委托存款及委托投资基金	22 276	-34 484		-96 987
2. 减：委托贷款及委托投资				-96 987
十、代理金融机构委托贷款基金				
其中：中央银行委托贷款基金				
十一、各项准备	98 708	12 597	86 111	-25 060
其中：贷款损失准备	96 725	12 618	84 107	-24 962
十二、所有者权益	43 103	-9 656	52 759	9 092
其中：实收资本				
当年结益	76 973	76 973	55 089	55 089
十三、其他	-197 576	-170 458	16 123	29 279
资金来源总计	8 502 711	495 299	8 007 412	1 022 772

续表

资金运用项目	2006 年		2005 年	
	余额	比年初	余额	比年初
一、各项贷款	4 068 143	-67 159	4 135 302	692 722
1. 短期贷款	2 204 274	18 384	2 185 890	-112 728
(1) 工业贷款	593 551	83 380	510 171	-69 387
(2) 商业贷款	324 217	15 947	308 270	-16 392
其中：收购贷款				
(3) 建筑业贷款	285 703	34 245	251 458	26 517
(4) 农业贷款				
(5) 乡镇企业贷款				
(6) 三资企业贷款	153 897	-20 707	174 604	11 849
(7) 私营企业及个体贷款	9 748	7 693	2 055	55
(8) 其他短期贷款	837 158	-102 174	939 332	-65 370
其中：个人短期贷款	14 240	-2 278	16 518	2 249
2. 中长期贷款	1 746 260	577 531	1 168 729	116 002
(1) 基本建设贷款	163 569	21 475	142 094	99 138
(2) 技术改造贷款		-1 000	1 000	1 000
(3) 其他中长期贷款	1 582 691	557 056	1 025 635	15 864
其中：个人中长期贷款	851 461	265 269	586 192	265 890
3. 票据融资	106 297	-664 661	770 958	681 654
其中：贴现	106 297	-664 661	770 958	681 654
4. 各项垫款	11 312	1 587	9 725	7 794
二、有价证券及投资	264 691	-103 599	368 290	-85 988
三、应收及预付款	15 975	-740	16 715	-33 047
其中：应收利息	424	-234	658	589
四、买入返售资产				
五、存放中央银行准备金存款	559 080	229 557	329 523	-124 641
六、存放中央银行特种存款				
七、缴存中央银行财政性存款	58	58		
八、同业往来	23 715	9 474	14 241	3 543
1. 存放同业	23 715	9 474	14 241	3 543
2. 拆放同业				
九、二级准备金	353 074	18 857	334 217	61 336
十、行内资金往来	3 189 846	367 411	2 822 435	543 652
十一、代理金融机构贷款				
其中：代理人行专项贷款				
十二、库存现金	29 127	8 665	20 462	1 943
十三、外汇占款	-998	32 775	-33 773	-36 748
资金运用总计	8 502 711	495 299	8 007 412	1 022 772

表 3.17　中国民生银行总行营业部人民币信贷收支统计

单位：万元

资金来源项目	2006 年		2005 年	
	余额	比年初	余额	比年初
一、各项存款	13 915 087	2 637 957	11 277 130	2 285 937
1. 企业存款	9 612 823	1 564 988	8 047 835	1 287 178
（1）活期存款	4 956 216	777 766	4 178 450	538 745
（2）定期存款	4 656 607	787 222	3 869 385	748 433
2. 机关团体存款	373 869	192 445	181 424	151 586
3. 储蓄存款	1 835 524	525 916	1 309 608	504 885
（1）活期储蓄	638 924	140 557	498 367	146 453
（2）定期储蓄	1 196 600	385 359	811 241	358 432
4. 农业存款				
5. 其他存款	2 092 871	354 608	1 738 263	342 288
二、代理财政性存款	16	16		−2 558
三、金融债券				
其中：政策性金融债券				
四、应付及暂收款	165 888	−1 042	166 930	68 748
其中：应付及预提利息	128 077	12 998	115 079	53 586
五、卖出回购资产	50 000		50 000	−181 336
六、向中央银行借款				
七、同业往来	943 291	−212 971	1 156 262	142 382
1. 同业存放	943 291	−212 971	1 156 262	172 382
2. 同业拆借				−30 000
八、行内资金往来				
九、委托存款及委托投资基金（净）	13 610	−48 961		
1. 委托存款及委托投资基金	664 296	161 728	439 997	94 167
2. 减：委托贷款及委托投资	650 686	210 689	439 997	94 167
十、代理金融机构委托贷款基金				
其中：中央银行委托贷款基金				
十一、各项准备	109 518	18 858	90 660	−2 355
其中：贷款损失准备	109 338	18 858	90 480	−2 355
十二、所有者权益	209 738	30 991	178 745	64 668
其中：实收资本				
当年结益	209 738	209 738	178 745	178 745
十三、其他	77 194	−261 338	401 103	−234 672
资金来源总计	15 484 342	2 163 510	13 320 830	2 140 814

续表

资金运用项目	2006 年		2005 年	
	余额	比年初	余额	比年初
一、各项贷款	9 795 103	1 102 531	8 692 572	1 161 755
1. 短期贷款	4 484 968	722 731	3 762 237	-77 419
（1）工业贷款	412 750	63 154	349 596	-350 245
（2）商业贷款	1 301 183	396 483	904 700	346 485
其中：收购贷款				
（3）建筑业贷款	212 000	134 000	78 000	73 000
（4）农业贷款				
（5）乡镇企业贷款				
（6）三资企业贷款	313 997	11 282	302 715	64 309
（7）私营企业及个体贷款	1 480 998	62 118	1 418 880	209 337
（8）其他短期贷款	764 040	55 694	708 346	-420 305
其中：个人短期贷款	12 831	-5 074	17 905	-1 254
2. 中长期贷款	4 590 302	569 329	4 020 973	670 495
（1）基本建设贷款	363 857	290 137	73 720	-28 747
（2）技术改造贷款		-1 400	1 400	-10 600
（3）其他中长期贷款	4 226 445	280 592	3 945 853	709 842
其中：个人中长期贷款	2 007 664	106 972	1 900 692	518 414
3. 票据融资	719 833	-189 529	909 362	568 679
其中：贴现	719 833	-189 529	909 362	568 679
4. 各项垫款				
二、有价证券及投资	328 576	-144 725	473 301	27 331
三、应收及预付款	135 589	-19 966	155 555	69 559
其中：应收利息	18 464	2 010	16 454	6 983
四、买入返售资产	266 600	94 008	172 592	-198 408
五、存放中央银行准备金存款	346 742	-43 691	390 433	238 051
六、存放中央银行特种存款				
七、缴存中央银行财政性存款	37	37		
八、同业往来	472 017	70 140	401 877	-11 389
1. 存放同业	132 017	-93 060	225 077	-20 189
2. 拆放同业	340 000	163 200	176 800	8 800
九、二级准备金	2 253 871	522 817	1 731 054	-81 971
十、行内资金往来	1 849 650	573 996	1 275 654	929 700
十一、代理金融机构贷款				
其中：代理人行专项贷款				
十二、库存现金	35 788	9 587	26 201	5 284
十三、外汇占款	369	-1 224	1 591	902
资金运用总计	15 484 342	2 163 510	13 320 830	2 140 814

表3.18　北京银行人民币信贷收支统计

单位：万元

资金来源项目	2006年		2005年	
	余额	比年初	余额	比年初
一、各项存款	22 477 523	3 185 673	19 291 850	2 310 418
1. 企业存款	15 912 487	1 964 986	13 947 501	1 146 229
（1）活期存款	12 376 573	1 849 390	10 527 183	911 781
（2）定期存款	3 535 914	115 596	3 420 318	234 448
2. 机关团体存款	510 965	-27 872	538 837	74 761
3. 储蓄存款	3 863 514	832 253	3 031 261	528 662
（1）活期储蓄	1 290 943	168 913	1 122 030	30 069
（2）定期储蓄	2 572 571	663 340	1 909 231	498 593
4. 农业存款	1	1		-1
5. 其他存款	2 190 556	416 305	1 774 251	560 767
二、代理财政性存款		-1	1	-6
三、金融债券	350 153	153	350 000	350 000
其中：政策性金融债券				
四、应付及暂收款	175 858	29 254	146 604	5 855
其中：应付及预提利息	96 041	34 467	61 574	16 542
五、卖出回购资产	328 218	228 218	100 000	-984 352
六、向中央银行借款				
七、同业往来	1 035 678	-82 085	1 117 763	178 282
1. 同业存放	1 035 678	-82 085	1 117 763	178 282
2. 同业拆借				
八、行内资金往来			631	287
九、委托存款及委托投资基金（净）	26 753	-190 868	217 621	217 621
1. 委托存款及委托投资基金	732 004	172 086	479 918	243 719
2. 减：委托贷款及委托投资	705 251	362 954	262 297	26 098
十、代理金融机构委托贷款基金				
其中：中央银行委托贷款基金				
十一、各项准备	420 865	150 575	270 290	94 020
其中：贷款损失准备	420 865	150 639	270 226	94 020
十二、所有者权益	1 023 022	77 341	945 682	208 758
其中：实收资本	502 756		502 756	148 870
当年结益	196 242	196 242	105 690	105 690
十三、其他	1 301 096	290 536	1 010 560	37 375
资金来源总计	27 139 166	3 688 796	23 451 002	2 418 258

续表

资金运用项目	2006年		2005年	
	余额	比年初	余额	比年初
一、各项贷款	12 681 932	919 024	11 762 908	1 048 876
1. 短期贷款	5 154 308	-309 264	5 461 091	572 431
（1）工业贷款	630 890	-11 180	642 070	199 552
（2）商业贷款	477 356	79 705	398 631	-4 061
其中：收购贷款				
（3）建筑业贷款	503 931	185 885	318 046	63 988
（4）农业贷款	10 320	7 140	3 180	3 140
（5）乡镇企业贷款	27 319	-5 614	32 933	12 265
（6）三资企业贷款	58 586	25 351	33 235	-12 888
（7）私营企业及个体贷款	16 498	-17 330	33 828	23 576
（8）其他短期贷款	3 429 408	-573 221	3 999 168	286 859
其中：个人短期贷款	28 711	24 210	4 501	-1 847
2. 中长期贷款	5 363 571	641 942	4 724 110	788 303
（1）基本建设贷款	1 838 502	605 738	1 232 764	385 370
（2）技术改造贷款	32 715	6 560	26 155	-76 345
（3）其他中长期贷款	3 492 354	29 644	3 465 191	479 278
其中：个人中长期贷款	1 094 868	-106 971	1 201 839	-176 891
3. 票据融资	2 162 253	584 865	1 577 388	-312 177
其中：贴现	2 162 253	584 865	1 577 388	-309 327
4. 各项垫款	1 800	1 481	319	319
二、有价证券及投资	7 130 103	1 586 170	5 623 933	1 576 148
三、应收及预付款	69 855	17 273	52 583	-149 000
其中：应收利息	28 013	23 402	4 611	3 093
四、买入返售资产	1 065 982	464 492	601 490	-133 036
五、存放中央银行准备金存款	3 404 151	927 684	2 476 467	-639 481
六、存放中央银行特种存款				
七、缴存中央银行财政性存款	473	-316	789	-84
八、同业往来	951 472	-463 517	1 414 989	564 991
1. 存放同业	745 285	-595 023	1 340 308	536 734
2. 拆放同业	206 187	131 506	74 681	28 257
九、二级准备金	1 649 714	239 446	1 410 268	140 518
十、行内资金往来	122 372	43 003		
十一、代理金融机构贷款				
其中：代理人行专项贷款				
十二、库存现金	90 001	5 337	84 664	8 341
十三、外汇占款	-26 889	-49 800	22 911	985
资金运用总计	27 139 166	3 688 796	23 451 002	2 418 258

表3.19 北京农村商业银行人民币信贷收支统计

单位：万元

资金来源项目	2006年		2005年	
	余额	比年初	余额	比年初
一、各项存款	13 429 510	2 532 735	10 891 806	1 584 349
1. 企业存款	1 325 854	451 078	874 776	241 655
（1）活期存款				
（2）定期存款	1 325 854	451 078	874 776	241 655
2. 机关团体存款			15 723	5 151
3. 储蓄存款	5 983 551	896 709	5 086 842	791 320
（1）活期储蓄	1 718 427	242 924	1 475 503	267 964
（2）定期储蓄	4 265 124	653 785	3 611 339	523 356
4. 农业存款	5 748 081	891 624	4 855 765	528 317
5. 其他存款	372 023	293 323	58 700	17 906
二、代理财政性存款	26 703	11 671	1	1
三、金融债券				
其中：政策性金融债券				
四、应付及暂收款	285 583	-33 579	319 162	33 635
其中：应付及预提利息	140 198	-78 731	218 929	28 086
五、卖出回购资产	640 000		640 000	640 000
六、向中央银行借款				-20 000
七、同业往来	81 717	-596 415	698 132	-315 058
1. 同业存放	81 717	-596 415	698 132	604 942
2. 同业拆借				-920 000
八、委托存款及委托投资基金（净）	4	-38	42	-36
1. 委托存款及委托投资基金	20 574	19 952	622	-166
2. 减：委托贷款及委托投资	20 570	19 990	580	-130
九、代理金融机构委托贷款基金				-194
其中：中央银行委托贷款基金				
十、各项准备	262 591	105 565	157 026	72 727
其中：贷款损失准备	262 591	118 570	157 026	72 727
十一、所有者权益	676 623	35 295	641 162	343 915
其中：实收资本	507 505	0	507 505	355 221
当年结益	83 585	83 585	74 922	74 922
十二、其他	-677 384	1 657	-678 632	-181 084
资金来源总计	14 725 347	2 056 890	12 668 699	2 158 255

续表

资金运用项目	2006年		2005年	
	余额	比年初	余额	比年初
一、各项贷款	7 246 392	1 774 343	5 571 187	949 725
1. 短期贷款	3 504 998	-718 490	4 222 934	482 837
（1）工业贷款				
（2）商业贷款				
其中：收购贷款				
（3）建筑业贷款				
（4）农业贷款	378 148	-35 572	409 323	84 349
（5）乡镇企业贷款	2 146 139	-635 339	2 802 692	117 537
（6）三资企业贷款				
（7）私营企业及个体贷款				
（8）其他短期贷款	980 711	-47 579	1 010 919	280 952
其中：个人短期消费贷款				
2. 中长期贷款	2 760 884	1 541 924	1 219 512	360 892
（1）基本建设贷款				
（2）技术改造贷款				
（3）其他中长期贷款	2 760 884	1 541 924	1 219 512	360 892
其中：个人中长期消费贷款	851 621	25 039	826 582	330 006
3. 票据融资	979 738	951 060	127 819	105 074
其中：贴现	979 738	951 060	127 819	105 074
4. 各项垫款	772	-150	922	922
二、有价证券及投资	5 836 564	2 748 170	3 088 394	-247 136
三、应收及预付款	137 770	-16 699	43 749	15 317
其中：应收利息	7 771	-20 667	28 438	16 260
四、买入返售资产	82 258	-16 883		-594 101
五、存放中央银行准备金存款	1 192 180	23 344	1 168 836	87 773
六、存放中央银行特种存款				
七、缴存中央银行财政性存款				
八、同业往来	133 831	-2 474 407	2 719 203	1 930 545
1. 存放同业	133 831	-2 472 175	2 716 971	1 930 545
2. 拆放同业		-2 232	2 232	
九、代理金融机构贷款				
其中：代理人行专项贷款				
十、库存现金	96 352	19 022	77 330	16 132
十一、外汇占款				
资金运用总计	14 725 347	2 056 890	12 668 699	2 158 255

表 3.20　北京市邮政储汇局储蓄存款统计

单位：万元

项目名称	2006年		2005年	
	余额	比年初	余额	比年初
一、活期储蓄存款	2 010 674	349 042	1 661 632	266 559
二、定期储蓄存款	2 499 773	358 523	2 141 250	350 686
合　计	4 510 447	707 565	3 802 882	617 245

以上制表单位：人行营业管理部调查统计处。

表 3.21　1986～2006 年北京市邮政储蓄发展情况

年份	净增额（万元）	余额（万元）	网点（个）	用户（万户）	发卡（万张）	市场占有率（%）
1986	1 867	1 867	50	3.7		
1987	11 947	13 814	120	24.5		
1988	36 112	49 926	131	293.6		
1989	11 105	61 031	144	697.4		
1990	13 199	74 230	158	73.5		
1991	50 696	124 926	171	89.7		
1992	86 513	211 439	191	108.5		
1993	88 625	300 064	209	118.7		

续表

年份	净增额（万元）	余 额（万元）	网 点（个）	用 户（万户）	发 卡（万张）	市场占有率（%）
1994	133 366	433 430	252	132.5		
1995	268 183	701 613	449	164	1	
1996	244 499	946 112	477	195.4	3	
1997	210 939	1 157 051	477	226.3	14.3	5.86
1998	243 659	1 400 710	465	255	29.6	6.13
1999	198 363	1 599 073	452	286.1	55.8	5.97
2000	103 967	1 703 040	452	329.6	78.6	5.83
2001	342 101	2 045 141	452	416.5	78.4	5.78
2002	461 434	2 506 581	452	540.5	68.8	5.71
2003	321 854.3	2 828 435	452	579.5	67.24	5.34
2004	357 918	3 186 353	452	699.9	77.48	5.20
2005	616 658.8	3 802 295.8	470	863.5	95.57	5.09
2006	707 931.8	4 510 227.6	497	1 039.5		5.18

制表单位：北京邮政储汇局。

表3.22　北京市信托投资公司人民币信贷收支统计

单位：万元

资金来源项目	2006年		2005年	
	余额	比年初	余额	比年初
一、各项存款	176	176	99 879	-27 588
1. 信托存款			99 879	99 879
2. 委托存款				-127 467
（1）委托存款				-126 183
（2）委托投资基金				-1 284
3. 保证金存款				
4. 其他存款	176	176		
二、金融债券	37	37		
三、应付及暂收款	12 060	-7 631	19 756	-18 786
其中：应付及预提利息	93		93	-1 061
四、长期借款				
五、证券业务款项	3	3		
六、卖出回购资产	20 000	-25 000	45 000	-5 000
七、向中央银行借款				
八、同业往来	56 000	-11 000	67 000	-5 600
1. 同业存放				
2. 同业拆借	56 000	-11 000	67 000	-5 600
九、代理金融机构贷款基金				
其中：中央银行委托贷款基金				
十、各项准备	3 844	928	2 916	-213
其中：贷款损失准备	1 125	-278	1 403	-249
十一、所有者权益	315 976	132 392	180 865	40 674
其中：实收资本	291 206	120 480	170 726	45 000
当年结益	16 672	16 672	11 303	11 303
十二、其他	-105 102	-81 838	-3 264	-19 439
资金来源总计	302 994	8 067	412 152	-35 952

续表

资金运用项目	2006年		2005年	
	余额	比年初	余额	比年初
一、各项贷款	35 600	-16 564	170 990	-29 986
1. 信托贷款			170 990	96 083
其中：中长期贷款			20 000	
2. 委托贷款				-126 069
3. 抵押贷款				
4. 票据融资				
其中：贴现				
5. 融资租赁				
6. 各项垫款				
7. 其他贷款	35 600	-16 564		
二、委托投资			55	-1 229
三、投　　资	177 339	38 600	138 739	-1 859
1. 短期投资	48 653	18 653	30 000	-27 355
2. 长期投资	128 686	19 947	108 739	25 496
四、应收及预付款	42 621	-20 373	62 994	30 246
其中：应收利息	195	22	173	-2 049
五、证券业务占款				
六、经营租赁				
七、买入返售资产				
八、缴存中央银行准备金存款		-14	14	-9
九、存放中央银行特种存款				
十、同业往来	47 732	38 820	9 107	-10 939
1. 存放同业	47 732	38 820	9 107	-10 939
2. 拆放同业				
十一、代理金融机构贷款				
其中：代理人行专项贷款				
十二、库存现金	5		5	-4
十三、外币占款	-303	-32 402	30 248	-22 172
资金运用总计	302 994	8 067	412 152	-35 952

表3.23 北京市财务公司人民币信贷收支统计

单位：万元

资金来源项目	2006年		2005年	
	余额	比年初	余额	比年初
一、各项存款	702 362	428 404	262 958	250 533
1. 企业存款	213 042	-24 796	229 258	216 833
（1）活期存款	199 042	-25 796	224 838	214 833
（2）定期存款	14 000	1 000	4 420	2 000
2. 机关团体存款				
3. 委托存款及投资基金	489 320	453 200	33 700	33 700
（1）委托存款	489 320	453 200	33 700	33 700
（2）委托投资基金				
4. 信托存款				
5. 保证金存款				
6. 其他存款				
二、金融债券				
三、应付及暂收款	18 211	1 989	16 222	615
其中：应付及预提利息	53	35	18	18
四、长期借款				
五、证券业务占款				
六、卖出回购资产	30 001	-22 800	52 801	52 800
七、向中央银行借款	810		810	
八、同业往来	15 252		15 252	
1. 同业存放	2 450		2 450	
2. 同业拆借	12 802		12 802	
九、代理金融机构贷款基金				
其中：中央银行委托贷款基金				
十、各项准备	302		302	
其中：贷款损失准备	302		302	
十一、所有者权益	71 940	8 325	63 615	60 564
其中：实收资本	65 000		65 000	60 000
当年结益	9 070	9 070	5 934	5 934
十二、其他	-989	-196	10 207	9 865
资金来源总计	837 889	415 722	422 167	374 377

续表

资金运用项目	2006 年		2005 年	
	余额	比年初	余额	比年初
一、各项贷款	766 777	418 721	348 056	332 458
1. 短期贷款	97 666	-14 600	112 266	99 088
（1）工业贷款	85 600	-14 600	100 200	100 200
（2）商业贷款				
（3）其他短期贷款	12 066		12 066	-1 112
2. 中长期贷款	172 570	-25 610	198 180	198 180
3. 委托贷款	489 320	453 200	36 120	33 700
4. 信托贷款				
其中：中长期信托贷款				
5. 抵押贷款				
6. 票据融资	7 221	5 731	1 490	1 490
其中：贴现	7 221	5 731	1 490	1 490
7. 融资租赁				
8. 各项垫款				
二、委托投资				
三、投资				
1. 短期投资				
2. 长期投资				
四、应收及预付款	33 951	2 548	31 403	122
其中：应收利息	9 179	-92	9 179	
五、证券业务占款				
六、经营租赁				
七、买入返售资产				
八、存放中央银行准备金存款	24 093	-1 420	25 513	24 629
九、存放中央银行特种存款				
十、同业往来	13 066	-4 126	17 192	17 168
1. 存放同业	13 066	-4 126	17 192	17 168
2. 拆放同业				
十一、代理金融机构贷款				
其中：代理人行专项贷款				
十二、现金				
十三、外汇占款				
资金运用总计	837 889	415 722	422 167	374 377

表3.24　2006年北京市中资银行外汇信贷收支情况统计（一）

单位：万美元

资金来源项目	工商银行	农业银行	中国银行	建设银行
一、各项存款	453 989	102 828	547 329	212 397
1. 单位活期存款	40 876	6 817	90 020	63 943
其中：中资企业存款	32 900		90 020	10 648
外商投资企业存款	6 526			52 865
2. 单位定期存款	80 557	75 840	53 726	39 127
其中：中资企业存款	44 480		52 694	25 733
外商投资企业存款				12 351
3. 储蓄存款	255 848	11 003	391 764	53 337
其中：定期存款	204 243	7 266	271 622	37 800
4. 其他类存款	76 708	9 168	11 819	55 725
5. 境外存款				265
二、境内中长期筹资				
三、卖出回购资产				
四、境外筹资	12 609			9 062
五、向中央银行借款				
六、中央银行存款				
七、应付及暂收款	5 376	15 351	12 567	2 356
其中：应付及预提利息	3 375	870	10 903	635
八、同业存放	31 415	28 817	50 255	16 132
1. 境内同业存放	31 415	28 817	50 202	16 132
2. 境外同业存放			53	
九、同业拆入				
1. 境内同业拆入				
2. 境外同业拆入				
十、委托基金存款（净）		-451		
十一、外汇买卖	-7 400	490	637	
其中：结售汇		490	337	
十二、境内联行存放				
十三、境外联行存放			36	
十四、各项准备	85	191	4 564	3
其中：贷款呆账准备金	85	187	4 425	
十五、所有者权益	6 718	770	16 779	372
其中：实收资本				
当年结益	6 566	770	16 779	372
十六、其他	9 821	6 680	8 724	2 086
资金来源总计	512 613	154 676	640 891	242 408

续表

资金运用项目	工商银行	农业银行	中国银行	建设银行
一、各项贷款	180 729	14 807	190 008	124 455
1. 短期贷款	8 438	3 608	87 421	13 992
（1）境内短期贷款	8 438	3 608	87 421	13 992
其中：中资企业贷款	8 438	3 107	77 836	12 392
外商投资企业贷款		359	9 585	1 600
（2）境外短期贷款				
2. 中长期贷款	152 876	657	92 981	100 567
（1）境内中长期贷款	152 876	657	92 981	100 567
其中：中资企业贷款	143 742	108	33 195	96 862
外商投资企业贷款		400	6 464	1 995
（2）境外中长期贷款				
3. 进出口贸易融资	6 738	7 488	2 471	864
4. 票据融资	127	29		19
其中：贴现				
5. 各项垫款		3 025		101
6. 境外筹资转贷款	12 550		7 135	8 912
二、投资	16 505		203	
1. 购买有价证券	16 505			
其中：购买境外有价证券	16 505			
2. 其他投资			203	
其中：投资境外				
三、应收及预付款	102	7 956	12 486	945
其中：应收及预付利息			11 823	723
四、买入返售资产				
五、存放中央银行	1 480	194	1 386	498
其中：缴存准备金				498
六、存放同业	14 710	240		650
1. 存放境内同业	13 148	240		650
2. 存放境外同业	1 562			
七、拆放同业	4 144	3 761		
1. 拆放境内同业		3 761		
2. 拆放境外同业	4 144			
八、存放境内联行	290 181	125 796	426 575	111 440
九、存放境外联行			15	
十、库存现金	4 762	1 922	10 218	4 420
资金运用总计	512 613	154 676	640 891	242 408

表3.25　2006年北京市中资银行外汇信贷收支情况统计（二）

单位：万美元

资金来源项目	开发银行	进出口银行	交通银行	招商银行
一、各项存款	147 307	190 281	222 715	135 745
1. 单位活期存款	147 307	132 865	23 300	10 909
其中：中资企业存款	147 307		4 385	10 425
外商投资企业存款			2 370	465
2. 单位定期存款		832	62 125	29 069
其中：中资企业存款			61 700	10 735
外商投资企业存款			425	75
3. 储蓄存款			57 842	78 462
其中：定期存款			21 286	34 196
4. 其他类存款		593	79 442	17 305
5. 境外存款		55 991	6	
二、境内中长期筹资				
三、卖出回购资产				
四、境外筹资				
五、向中央银行借款				
六、中央银行存款				
七、应付及暂收款	419	731	38 481	935
其中：应付及预提利息	262	730	1 557	529
八、同业存放	16	63	3 563	2 847
1. 境内同业存放			3 563	2 847
2. 境外同业存放	16	63		
九、同业拆入				
1. 境内同业拆入				
2. 境外同业拆入				
十、委托基金存款（净）			14	
十一、外汇买卖	25			-12 924
其中：结售汇				
十二、境内联行存放	1 374 340	239 979		
十三、境外联行存放				
十四、各项准备			850	575
其中：贷款呆账准备金			850	527
十五、所有者权益	4 133	2 404	3 111	3 443
其中：实收资本				
当年结益	3 284	2 404	3 111	3 443
十六、其他	1	5 550	3 973	23
资金来源总计	1 526 241	439 008	272 707	130 644

续表

资金运用项目	开发银行	进出口银行	交通银行	招商银行
一、各项贷款	1 518 702	429 538	63 126	35 119
1. 短期贷款	36 675		20 409	8 764
（1）境内短期贷款	31 675		20 409	8 764
其中：中资企业贷款	31 675		20 409	8 764
外商投资企业贷款				
（2）境外短期贷款	5 000			
2. 中长期贷款	1 425 053	73 748	17 682	6 000
（1）境内中长期贷款	1 425 053	13 885	17 682	6 000
其中：中资企业贷款	1 122 917		13 966	500
外商投资企业贷款				500
（2）境外中长期贷款		59 863		
3. 进出口贸易融资		355 790	19 651	20 348
4. 票据融资			189	1
其中：贴现			122	
5. 各项垫款				6
6. 境外筹资转贷款	56 974		5 195	
二、投资				
1. 购买有价证券				
其中：购买境外有价证券				
2. 其他投资				
其中：投资境外				
三、应收及预付款	7 539	688	32 602	217
其中：应收及预付利息	7 539	684		217
四、买入返售资产				
五、存放中央银行		6	345	1 455
其中：缴存准备金				
六、存放同业		8 776	3 675	52 113
1. 存放境内同业		8 776	1 495	50 379
2. 存放境外同业			2 180	1 734
七、拆放同业				9 000
1. 拆放境内同业				9 000
2. 拆放境外同业				
八、存放境内联行			171 277	31 502
九、存放境外联行			231	
十、库存现金			1 451	1 238
资金运用总计	1 526 241	439 008	272 707	130 644

表3.26　2006年北京市中资银行外汇信贷收支情况统计（三）

单位：万美元

资金来源项目	浦发银行	广发银行	深发银行	兴业银行
一、各项存款	47 266	44 804	16 682	10 410
1. 单位活期存款	2 981	7 248	2 880	1 678
其中：中资企业存款	1 986	3 887	1 458	803
外商投资企业存款	913	2 852	1 422	575
2. 单位定期存款	35 397	22 766	9 830	4 979
其中：中资企业存款			9 830	3 725
外商投资企业存款		22 763		146
3. 储蓄存款	7 111	3 633	808	2 817
其中：定期存款	4 121	2 987	423	1 082
4. 其他类存款	1 774	11 157	3 164	936
5. 境外存款	3			
二、境内中长期筹资				
三、卖出回购资产				
四、境外筹资				
五、向中央银行借款				
六、中央银行存款				
七、应付及暂收款	259	648	425	238
其中：应付及预提利息	113	643	401	238
八、同业存放	1 075	37	10 440	10 907
1. 境内同业存放	1 075	37	10 440	10 907
2. 境外同业存放				
九、同业拆入				
1. 境内同业拆入				
2. 境外同业拆入				
十、委托基金存款（净）				
十一、外汇买卖	210	-15		
其中：结售汇	209	-15		
十二、境内联行存放				
十三、境外联行存放				
十四、各项准备				
其中：贷款呆账准备金				
十五、所有者权益	461	520	-214	-363
其中：实收资本				
当年结益	461	520	-214	-363
十六、其他	1 022	556		
资金来源总计	50 293	46 550	27 333	21 192

续表

资金运用项目	浦发银行	广发银行	深发银行	兴业银行
一、各项贷款	2 485	6 626	8 380	
1. 短期贷款	300	2 083	5 896	
（1）境内短期贷款	300	2 083	5 896	
其中：中资企业贷款	100		5 896	
外商投资企业贷款				
（2）境外短期贷款				
2. 中长期贷款	2 185			
（1）境内中长期贷款	2 185			
其中：中资企业贷款	2 185			
外商投资企业贷款				
（2）境外中长期贷款				
3. 进出口贸易融资		4 543	2 484	
4. 票据融资				
其中：贴现				
5. 各项垫款				
6. 境外筹资转贷款				
二、投资			3 357	
1. 购买有价证券			3 357	
其中：购买境外有价证券			3 357	
2. 其他投资				
其中：投资境外				
三、应收及预付款	247	670	297	
其中：应收及预付利息	51	663	42	
四、买入返售资产				
五、存放中央银行	471		323	410
其中：缴存准备金	471		323	
六、存放同业	459	712	2 864	643
1. 存放境内同业	459	478	2 501	643
2. 存放境外同业		234	363	
七、拆放同业				
1. 拆放境内同业				
2. 拆放境外同业				
八、存放境内联行	45 499	38 117	11 988	19 850
九、存放境外联行				
十、库存现金	1 132	425	124	289
资金运用总计	50 293	46 550	27 333	21 192

表3.27　2006年北京市中资银行外汇信贷收支情况统计（四）

单位：万美元

资金来源项目	中信银行	光大银行	华夏银行	民生银行
一、各项存款	436 367	61 538	66 337	146 428
1. 单位活期存款	109 961	8 849	7 407	10 764
其中：中资企业存款	8 114	4 477	786	2 713
外商投资企业存款	16 842		2 296	3 132
2. 单位定期存款	270 906	21 084	53 049	95 291
其中：中资企业存款	187 009	1 472	44 138	95 291
外商投资企业存款	8 373		8 419	
3. 储蓄存款	24 974	24 566	4 058	36 693
其中：定期存款	19 209	22 466	2 833	28 460
4. 其他类存款	29 803	7 039	1 815	3 680
5. 境外存款	723		8	
二、境内中长期筹资				
三、卖出回购资产				
四、境外筹资			2 110	
五、向中央银行借款				
六、中央银行存款				
七、应付及暂收款	5 993	1 338	1 049	3 095
其中：应付及预提利息	3 842	1 205	308	3 079
八、同业存放	13 547	14 486	2 414	19 510
1. 境内同业存放	13 544	14 486	2 414	19 510
2. 境外同业存放	3			
九、同业拆入				541
1. 境内同业拆入				541
2. 境外同业拆入				
十、委托基金存款（净）				
十一、外汇买卖	－19 787		－52	49
其中：结售汇	－18 067		－128	39
十二、境内联行存放				
十三、境外联行存放				
十四、各项准备	4 675		1 070	463
其中：贷款呆账准备金	2 481		1 070	463
十五、所有者权益	－2 845	725	1 016	1 437
其中：实收资本				
当年结益	4 222	725	1 016	1 437
十六、其他	－1 374	242	576	－2 445
资金来源总计	436 576	78 329	74 520	169 078

续表

资金运用项目	中信银行	光大银行	华夏银行	民生银行
一、各项贷款	62 245	11 723	16 922	49 911
1. 短期贷款	24 984	2 714	3 055	8 779
（1）境内短期贷款	24 984	2 714	3 055	8 779
其中：中资企业贷款	1 898	2 714	2 398	3 422
外商投资企业贷款	2 297			3 000
（2）境外短期贷款				
2. 中长期贷款	24 329	4 060	13 541	20 657
（1）境内中长期贷款	12 602	4 060	13 541	20 657
其中：中资企业贷款	471			
外商投资企业贷款				
（2）境外中长期贷款	11 727			
3. 进出口贸易融资	5 917	4 948	326	19 076
4. 票据融资	6 262			1 399
其中：贴现	6 236			1 399
5. 各项垫款	730	1		
6. 境外筹资转贷款	23			
二、投资	1 033	121		
1. 购买有价证券	791			
其中：购买境外有价证券	791			
2. 其他投资	242	121		
其中：投资境外	242			
三、应收及预付款	505	364	499	396
其中：应收及预付利息	442	154	84	381
四、买入返售资产	10 658			
五、存放中央银行	254	1 188	409	
其中：缴存准备金				
六、存放同业	7 557	12 968	758	2 126
1. 存放境内同业	3 371	12 968	758	2 126
2. 存放境外同业	4 186			
七、拆放同业	100	600		
1. 拆放境内同业	100	600		
2. 拆放境外同业				
八、存放境内联行	353 070	50 921	55 224	115 019
九、存放境外联行				
十、库存现金	1 154	444	708	1 626
资金运用总计	436 576	78 329	74 520	169 078

表 3.28　北京银行外汇信贷收支统计

单位：万美元

资金来源项目	2006年		2005年	
	余额	比年初	余额	比年初
一、各项存款	109 620	50 006	73 337	5 669
1. 单位活期存款	13 053	5 006	8 047	-1 804
其中：中资企业存款	4 511	923	3 588	-2 781
外商投资企业存款	6 889	3 895	2 994	797
2. 单位定期存款	61 972	27 182	34 790	5 652
其中：中资企业存款	57 132	35 254	21 878	20 145
外商投资企业存款	1 301	-2 947	4 248	1 558
3. 储蓄存款	31 460	17 208	27 975	6 024
其中：定期存款	27 755	16 325	25 153	5 095
4. 其他类存款	3 135	610	2 525	-4 203
5. 境外存款				
二、境内中长期筹资				
三、卖出回购资产				
四、境外筹资				
五、向中央银行借款				
六、中央银行存款				
七、应付及暂收款	2 154	1 526	628	-70
其中：应付及预提利息	758	553	205	74
八、同业存放	793	-28 785	29 578	9 504
1. 境内同业存放	793	-28 785	29 578	9 504
2. 境外同业存放				
九、同业拆入	11 049	8 643	2 406	-1 991
1. 境内同业拆入	11 049	8 643	2 406	-1 991
2. 境外同业拆入				
十、委托基金存款（净）				
十一、外汇买卖	-3 424	-6 289	2 865	52
其中：结售汇	-3 445	-6 284	2 839	84
十二、境内联行存放	4	4		
十三、境外联行存放				
十四、各项准备	616		616	-1
其中：贷款呆账准备金	616		616	-1
十五、所有者权益	1 572	-279	1 851	1 341
其中：实收资本				
当年结益	1 572	1 572	1 851	1 851
十六、其他	6 994	-7 782	14 776	7 816
资金来源总计	129 378	17 044	126 057	22 320

续表

资金运用项目	2006年		2005年	
	余额	比年初	余额	比年初
一、各项贷款	30 551	1 100	29 451	-328
1. 短期贷款	11 283	3 237	8 046	2 160
（1）境内短期贷款	11 283	3 237	8 046	2 160
其中：中资企业贷款	5 283	-2 763	8 046	2 160
外商投资企业贷款	6 000	6 000		
（2）境外短期贷款				
2. 中长期贷款	12 012	757	11 255	-1 579
（1）境内中长期贷款	12 012	757	11 255	-1 579
其中：中资企业贷款	3 536	-2 332	5 868	-906
外商投资企业贷款	1 614	1 614		
（2）境外中长期贷款				
3. 进出口贸易融资	2 446	-2 218	4 664	-342
4. 票据融资	4 399	-639	5 038	-562
其中：贴现	231	231		
5. 各项垫款	411	-37	448	-5
6. 境外筹资转贷款				
二、投资	44 863	18 572	40 014	22 752
1. 购买有价证券	44 863	18 572	40 014	22 752
其中：购买境外有价证券	4 063	-3 951	8 014	-6 048
2. 其他投资				
其中：投资境外				
三、应收及预付款	659	261	398	396
其中：应收及预付利息	659	261	398	396
四、买入返售资产				
五、存放中央银行	4 209	2 356	1 853	1 853
其中：缴存准备金	4 209	2 356	1 853	1 853
六、存放同业	39 482	-12 289	51 771	21 279
1. 存放境内同业	34 904	-13 750	48 654	20 145
2. 存放境外同业	4 578	1 461	3 117	1 134
七、拆放同业	8 123	6 623	1 500	-23 703
1. 拆放境内同业	5 500	4 000	1 500	-7 203
2. 拆放境外同业	2 623	2 623		-16 500
八、存放境内联行		-1	1	1
九、存放境外联行				
十、库存现金	1 491	422	1 069	70
资金运用总计	129 378	17 044	126 057	22 320

以上统计表制表单位：人行营业管理部调查统计处。

表 3.29　2006 年 12 月 31 日北京市银行卡

单位名称	发卡量	借记卡	准贷记卡	贷记卡	其中，银联标识卡	其中，银联标准卡6字头	银行网点数	自助银行数	自助缴费终端		自助存款机数
									总数	其中，开通跨行转账	
邮储	6 913 162	6 913 162			3 421 741	1 983 375	497		74		1
工行	16 130 097	15 914 880	202 119	13 098	16 130 097		530				
农行	6 632 113	6 544 063	69 815	18 235	5 624 499	1 146 807	362	7	131		
中行	4 352 747	3 607 632	511 071	234 044	3 179 086	33 536	230	44	179		
建行	9 030 936	8 238 525	218 805	573 606	5 797 421	898 086	355	80			70
交行	2 738 266	2 738 200	66		2 567 831		87	80	160	160	
中信	1 312 629	1 171 995		140 634	1 200 567		31	28	29		28
光大	1 774 197	1 774 197					36	37	404		
华夏	558 585	558 585				278 397	34	37			29
民生	3 907 756	3 907 756			2 790 000		42	91	40	40	27
广发	922 175	352 433		569 742			24	28			
深发	310 474	279 741		30 733	242 829	6 225	17				1
招行	2 885 797	2 885 797			575 220	1 530 651	34	39	124		2
兴业	1 061 675	1 061 675			1 061 675		23	4			
浦发	916 630	625 242	254 730	36 658	346 412	222 530	24	2			2
北京银行	3 751 563	3 751 563			28 871	3 722 692	125	43	500		29
廊坊商行	90 004	90 004				90 004	21	1			1
北京农村商行	2 086 128	2 086 128			2 086 128	2 086 128	696	1	161		
合计	65 374 934	62 501 578	1 256 606	1 616 750	45 052 377	11 998 431	3 168	522	1 802	200	190

注：1. ATM 取款机合计总数、入网数、开通跨行转账数中包括直联 ATM 总数 108 台。

2. 以上数据由各成员机构上报数据汇总而成，截至 2006 年 12 月底的累计数据。

3. 直联商户数和直联 POS 数由专业化服务公司提供。

发卡量和机具的时点统计

单位：张/个/台

自助存取款机			ATM 取款机情况				本行商户情况				直联商户情况	本行 POS 情况			直联POS 数
总数	其中，开通跨行转账	其中，受理外卡	总数	其中，入网数	其中，开通跨行转账	其中，受理外卡	总数	入网数	其中，受理外卡	其中，MIS 商户	直联结算商户	总数	其中，入网数	其中，受理外卡	
			300	300		300					7	199			7
291			1 456	1 456		1 456	5 270	5 270	3 581	22	1 940	10 924	10 924	6 445	2 364
35		35	599	599		599	475	475	3 237	2	5 310	473	473	4 087	7 582
			436	436		436	10 012	10 012	7 941	9	1 032	13 021	13 021	13 021	1 171
44	44	44	647	647		647	6 843	6 843	3 781	22	264	9 272	9 272	9 272	378
82	82	82	352	352	352	351	1 646	1 646	776	1	685	2 559	2 559	2 559	1 160
7	7	7	87	87	87	87	1 592	1 385	439	6	299	488	429	352	379
35	35		198	198	198						701				832
15	15		230	230	230		5	5			1 882	12	12		2 069
55	55	55	178	178	178	178					1 441				1 571
25	25	25	28	28	28	28	2	2			485	2			605
			46	46	46						416				481
148	148	148	205	205		205	307	307			2 338	1 268	1 268		3 433
3			135	135	135						377				651
3	3	3	75	75	75	75	338	338	3		221	420	420	11	283
			323	323	323	255	80	80		1	779	199	199		1 122
			28	28	28						49				69
			428	428	428						2 612				3 230
743	414	399	5 751	5 751	2 108	4 617	26 570	26 363	19 758	63	20 838	38 837	38 577	35 747	27 387

制表单位：中国银联北京分公司。

表3.30　2006年中国人民银行发行普通纪念币一览表

序号	名称	发行日期	材质	直径（mm）	面值（元）	图案		铸造数量（万枚）
						正面	背面	
1	2006年贺岁普通纪念币	2006-01-06	黄铜合金	25	1	“中国人民银行”行名、“1元”和汉语拼音字母“YIYUAN”字样及“2006”年号	主景图案为小女孩和小狗在雪地嬉戏。左上角为飞舞的雪花，下方刊“丙戌”字样	1000
2	第29届奥林匹克运动会普通纪念币（1套2枚）	2006-09-20	黄铜合金	25	1	主景为北京2008年奥林匹克运动会会徽、北京2008年奥林匹克运动会主会场——国家体育场和跑道俯视图景，内缘上方刊“中华人民共和国”国名，内缘下方刊“2008”年号	主景为北京2008年奥林匹克运动会吉祥物福娃举重运动的造型，内缘左上方刊面值“1元”字样，内缘下方刊“第29届奥林匹克运动会”字样	1000
				25	1	主景为北京2008年奥林匹克运动会会徽、北京2008年奥林匹克运动会主会场——国家体育场和跑道俯视图景，内缘上方刊“中华人民共和国”国名，内缘下方刊“2008”年号	主景为北京2008年奥林匹克运动会吉祥物福娃游泳运动的造型，内缘左上方刊面值“1元”字样，内缘下方刊“第29届奥林匹克运动会”字样	1000
3	世界文化遗产——颐和园普通纪念币	2006-11-28	黄铜合金	30	5	主景为国徽，内缘下方刊“中华人民共和国”国名和“2006”年号	主景图案为颐和园万寿山和佛香阁，其前景为昆明湖和湖上的石舫，内缘上方刊“世界文化遗产颐和园”字样，内缘右下方刊“5元”字样	1000
4	世界文化遗产——龙门石窟普通纪念币	2006-11-28	黄铜合金	30	5	主景为国徽，内缘下方刊“中华人民共和国”国名和“2006”年号	主景图案为龙门石窟中最大的佛像——卢舍那大佛，其背景为奉先寺中的天王、力士，内缘上方刊“世界文化遗产龙门石窟”字样，内缘右下方刊“5元”字样	1000

制表单位：北京市钱币学会。

（四）机构、人员统计

表 4.1 北京辖区内金融管理机构数量与从业人员数量统计

2006 年 12 月 31 日

单位：人/机构（个）

机构名称	机构数量	职工人数
金融管理机构合计	4	821
人行营业管理部	1	508
北京银监局	1	201
北京证监局	1	75
北京保监局	1	37

表 4.2 北京辖区内银行及其他金融机构数量与从业人员数量统计

2006 年 12 月 31 日

单位：人/机构（个）

机构名称	合计	分行级（含总行营业部）	支行级（含分行营业部）	分理处	储蓄所	职工人数
金融机构合计	3 331	175	1 256	857	1 043	65 082
政策性银行	18	5	13	0	0	667
国家开发银行	2	2	0	0	0	219
进出口银行	1	1	0	0	0	95
农业发展银行	15	2	13	0	0	353
大型商业银行	1 566	5	687	328	546	36 749
工商银行	563	1	158	165	239	13 320
农业银行	329	1	101	137	90	5 917
中国银行	231	1	218	1	11	4 551
建设银行	355	1	139	9	206	10 340
交通银行	88	1	71	16	0	2 621
中小型商业银行	267	9	258	0	0	8 981
中信银行	31	1	30	0	0	1 148
光大银行	36	1	35	0	0	1 040
华夏银行	34	1	33	0	0	950
广发银行	24	1	23	0	0	726
深发银行	18	1	17	0	0	552
招商银行	34	1	33	0	0	1 632

续表

机构名称	合计	分行级（含总行营业部）	支行级（含分行营业部）	分理处	储蓄所	职工人数
浦发银行	24	1	23	0	0	878
兴业银行	24	1	23	0	0	555
民生银行	42	1	41	0	0	1 500
北京银行	125	1	124	0	0	3 731
农商行	694	1	164	529		7 097
北京邮政储汇局	497				497	3 803
信托公司	3	3	0	0	0	208
财务公司	19	19	0	0	0	784
资产管理公司	4	4	0	0	0	167
外资银行	37	27	10	0	0	2 120
外资银行代表处	81	81	0	0	0	300
外资非银行代表处	15	15	0	0	0	100
汽车金融公司	5	5	0	0	0	375

注：① 储蓄所含邮政储蓄网点。

② 本表根据北京银监局“2006 年 12 月 31 日”北京辖内银行及其他金融机构数量与从业人员数量统计，并参考各金融机构业务综述整理。

表 4.3 北京辖区内证券机构数量与从业人员数量统计

2006 年 12 月 31 日

单位：人/机构（个）

机构类别	机构数量	从业人员数量	投资者数量
证券公司	16（正常运营 12 家）		
证券营业部	172		
证券服务部	14		
基金管理公司	11		
基金分公司	29		
投资咨询机构	20		
外资代表处	47		
期货经纪公司	20		
期货经纪公司营业部	33		
上市公司	92		
合计		约 7 000	近 1 800 000

注：本表数字由北京证监局提供。

表 4.4 北京辖区内保险机构数量与从业人员数量统计

2006 年 12 月 31 日

单位：人/机构（个）

机构名称	总公司	分公司	支公司	营业部	营销服务部	公司职工	保险营销员
中资产险公司北京分公司		19	78	34	35		
中资寿险公司北京分公司		25	47	8	206		
中资寿险公司总公司	3						
外资寿险公司总公司	4						
外资寿险公司北京分公司		12			38		
外资再保险公司北京分公司		2					
政策性保险公司营业部		1					
合　　计	7	59	125	42	279		
中介法人机构	255		98				
其中：代理公司	113		73				
经纪公司	112		20				
公估公司	30		5				
总　　计						约 12 300	约 51 000

注：本表数字由北京保监局提供。

九、大 事 记

1月

1月1日　《北京保险行业寿险营销员警示信息管理规定（试行）》正式实施。

1月5日　建行北京市分行人民币个人存款余额突破1 000亿元，达1 000.4亿元，成为建行系统内首家人民币个人存款余额突破千亿元大关的中心城市行。

1月8日　北京银行在人民大会堂隆重举行十周年行庆招待会。

1月9日　全国性的农信社资金清算中心有限责任公司创立暨第一次股东大会在北京召开。

1月12日　谭运财任长城资产管理公司北京办事处党委副书记，主持长城北京办事处工作。

1月16日　农行北京市分行给予首钢总公司公开统一授信150亿元，期限1年，用于首钢总公司及其所属子公司流动资金贷款、银行承兑汇票贴现等，当日放款8亿元。

1月19日　加拿大皇家银行有限公司将北京代表处升格为北京分行。

1月23日　根据交通银行决定，免去王滨交通银行北京分行行长职务，由孙德顺任交通银行北京分行行长。

市公安局、工行北京市分行、建行北京市分行、农行北京市分行、北京移动通信公司、中国联通北京分公司、中国铁通北京分公司召开联席会议，商讨控制银行卡短信诈骗类警情再度蔓延的对策，建立应急机制。

北京银行在北京饭店举行仪式，正式发布了全新的个人金融服务体系和贵宾卡，推出贵宾白金卡和彩蝶白金卡。

1月24日　华农财产保险股份有限公司成立，总部设在北京。

1月27日　法国兴业银行有限公司将北京代表处升格为北京分行。

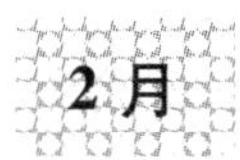

2月

2月5日　建行北京市分行成为建行系统内首家本外币全口径存款超4 000亿元的中心城市行，余额达4 005亿元，较上年末增长254亿元。

2月10日　长城人寿保险股份有限公司北京分公司设立。

2月16日　渤海银行正式开业。

建行北京市分行获建行总行批准向首都公路发展有限责任公司提供124.60亿元额度授信。

2月20日　中国人民银行小额支付系统在北京成功上线运行，标志着首都支付清算体系建设工作全部完成。

恒安标准人寿保险有限公司北京分公司设立。

2月21日　兴业银行北京分行正式开通代收北京电信电话费和小灵通预存话费业务。

2月22日　兴业银行北京分行正式成立放款中心。

北京地铁十号线一期工程借款签约仪式在北京饭店举行。此前，中行北京市分行在参与该项目贷款的四家银行竞标中成功中标，成为此项目80亿元贷款的唯一提供行。

2月23日至25日　中国人民银行在北京组织召开全国和区域票据交换中心建设方案会议。会议决定立即启动两级票据交换中心建设工作，并选择北京、天津、河北、上海、广东等进行试点，争取在

2006年年底前完成试点工作。

2月26日 建行北京市分行个人外汇期权交易系统（二期）上线，成为国内首家拥有个人外汇期权电话交易系统的银行。

2月末 《北京商务中心区落实〈关于促进首都金融产业发展的意见〉的实施意见》发布。新迁入北京CBD的金融企业将获得最高达1 000万元的资金补助。

3月

3月1日 2006年凭证式（一期）国债在京发行。本期凭证式国债分为3年期和5年期两种，年利率分别为3.14%和3.49%。

人行营业管理部、北京银监局、北京证监局、北京保监局共同召开北京金融管理机构主要领导碰头会第三次会议。会议就建立反洗钱协调机制；建立金融机构风险通报制度；探索建立联合调研机制及加大四方之间日常工作信息交流形成了多项决议。

3月3日 国家开发银行营业部“加大开发性金融支农力度”被列为北京市2006年新农村建设折子工程。

《国家开发银行营业部、中国光大银行总行营业部业务合作协议》签订。

北京农村商业银行正式发行首个全新个人金融产品——凤凰卡（借记卡）。8月，由北京市农委支持，北京农村商业银行和北京观光休闲农业行业协会共同主办的“凤凰乡村游，体验新农村”活动启动仪式在怀柔举行。

3月5日 中国人民银行营业管理部、北京银监局、北京证监局、北京保监局四家机构共同签订《北京市金融管理机构反洗钱合作协议》。

3月6日 王克悦任华融资产管理公司北京办事处总经理。

3月8日至4月8日 招商银行北京分行积极响应招商银行总行开展“招商银行第二届企业文化节”的号召，扎实深入推动企业文化建设，举办了“北京招行杯”员工摄影、书法、绘画大赛、首届英文演讲比赛、“五人足球赛”和“男女混合篮球赛”等活动。

3月9日 北京银行获得短期融资券主承销商资格，成为首家获此资格的城市商业银行。

3月10日 石兴华任东方资产管理公司北京办事处总经理。

宋汉石被免去中国银联北京分公司总经理职务，孙衍琪任中国银联北京分公司总经理。

3月17日 国民人寿保险股份有限公司北京分公司设立。

3月18日 广东发展银行天通苑支行成立，至此，广东发展银行在北京已经设立了24家营业网点。

3月23日 北京保监局印发《关于进一步做好2006年北京保险业诚信建设工作的通知》（京保监［2006］62号）。

中国人保寿险有限公司北京分公司设立。

3月27日 财政部发行340亿元记账式国债。本期国债为固定利率附息债，期限10年，每半年付息一次，通过全国银行间债券市场和证券交易所市场发行，票面利率为2.8%。

北京银监局印发《关于深入开展案件专项治理工作的监管意见》（京银监发［2006］31号）。

3 月 29 日 根据招商银行总行决定，总行行长助理尹凤兰不再兼任北京分行行长职务，副行长王良主持北京分行工作。

北京邮政储蓄 ATM 开通外卡收单功能，目前提供的卡种分别为 Visa、Jcb、American Express 和 Master。

3 月 31 日 北京保监局印发《关于规范北京航空意外伤害保险市场经营秩序的通知》（京保监发［2006］64 号）。

3 月 原日本东京三菱银行股份有限公司北京分行和原日本日联银行股份有限公司北京分行合并，原日本东京三菱银行北京分行更名为日本三菱东京日联股份有限公司北京分行，原日本日联银行北京分行在清算后将于 8 月关闭。

4 月

4 月 1 日 2006 年凭证式国债（二期）在北京发行。本期国债分为 3 年期和 5 年期两种，票面年利率与第一期凭证式国债相同。

4 月 3 日 北京证监局印发《关于进一步加强辖区证券营业部监管工作的通知》（京证机构发［2006］25 号）。

4 月 5 日 人行营业管理部与北京市公安局共同签署了《可疑交易线索核查工作合作备忘录》。

4 月 6 日 北京证监局召开了“北京辖区证券营业部监管工作会议”。北京辖区 172 家营业部和 14 家服务部的负责人近 200 人参加了此次会议。

4 月 10 日 北京市公安局经济犯罪侦查处组织有关部门在全市范围内展开为期三个月的打击黑中介“迅雷 1 号”专项行动。至 8 月底，该项行动连破投融资新型诈骗案。据警方介绍，从 2005 年开始，以办理信用卡、生产加盟、专利孵化为名实施诈骗已成为一些黑中介的经济犯罪新手段。

4 月 11 日 农发行北京市分行与北京市工商联签署《合作框架协议》，进一步加大政策金融对“三农”的支持力度。

北京市各金融机构均纷纷采取措施服务“三农”。

4 月 12 日 北京保监局印发《北京保险业开展治理商业贿赂专项工作实施方案》的通知（京保监发［2006］80 号）。

4 月 13 日 经国务院批准，人民银行发布公告调整六项外汇管理政策，其中有三项经常项目外汇管理政策：即：“取消经常项目外汇账户开户事前审批并提高经常项目外汇账户限额”；“简化服务贸易售付汇凭证并放宽审核权限”；“放宽境内居民个人购汇政策，实行年度总额管理”。

4 月 18 日 北京银监局印发《北京辖内商业银行临柜业务服务质量评价工作实施方案》（京银监办［2006］25 号）。

北京保险中介行业协会成立。

4 月 19 日 北京邮政储蓄举办恢复开办 20 周年庆祝活动。

4 月 20 日 根据中信银行决定，免去张强中信银行总行营业部总经理职务，由赵小凡任中信银行总行营业部总经理。

4 月 22 日 为展示奥运银行合作伙伴的风采，中国银行组织的“携手北京市民迎奥运长走活动”在奥体中心举行。中行总行、北京市分行领导、北京奥组委、奥运冠军代表及总分行员工 1 500 人参加。

4 月 27 日 人行营业管理部组织召开北京市银行系统反洗钱工作会议。

4 月 28 日 中国人民银行上调金融

机构贷款基准利率。金融机构1年期贷款基准利率上调0.27个百分点，由现行的5.58%提高到5.85%。其他各档次贷款利率也相应调整。金融机构存款利率保持不变。

4月 人行营业管理部与北京市劳动和社会保障局、市财政局联合出台了《关于完善小额担保贷款办法促进创业工作的实施意见》、《北京市小额担保贷款管理实施暂行办法》以及《北京市信用社区小额担保贷款工作办法》，进一步健全和完善下岗失业人员小额担保贷款工作长效机制。

招商银行北京分行成功代销某贷款项目资金信托计划，共销售信托计划5.36亿元，实现中间业务收入653万元，是近期北京地区首支以上市公司股权质押为担保条件的信托计划。

5月

5月12日 北京证监局下发《关于规范证券经营机构证券经纪业务有关行为的通知》，限期终止"银证通"业务。

工行北京市分行在同业中率先推出电话支付业务（电话B2C）。

中信银行总行营业部成功中标国家税务总局税务代保管资金代理银行。

5月13日 北京邮政储蓄存款余额突破400亿元，达到400.39亿元。

5月15日至6月14日 由人行营业管理部牵头，全市18家银行参加了一年一度的反假货币宣传活动，共设立宣传点345个，发放宣传手册40万册。

5月16日 北京市财政局、北京市劳动和社会保障局、人行营业管理部联合印发了《北京市失业人员从事微利项目小额担保贷款财政贴息管理办法》。

国内首次保安押运工作论坛开幕。作为北京唯一提供武装押运的国有企业——北京振远护卫中心是在1996年前后本市连续发生金融抢劫案的历史背景下，由原北京经济民警总队改制组建的。中心现有600余辆运钞车，16 000余名护卫队员，负责全市18个银行7 200多个营业网点的运钞任务。振远护卫中心实现了金融押运10年无盗抢的工作目标。

5月17日 中国银行股份有限公司在香港举行新闻发布会，宣布将于5月18日至23日在香港公开招股，并于6月1日在香港联交所挂牌上市。

华夏银行总行营业部与长城人寿保险股份有限公司北京分公司签订了《保险业务合作协议》。

5月17~19日 中行北京市分行首次举办了金融超市活动，活动期间行内公司业务部、国际结算部、银行卡部、资金业务部、会计结算部等7个部门先后为近300家企业客户提供了一站式服务。这是中行推出全新服务模式的有益尝试。

5月18日 农行北京市分行在钓鱼台国宾馆成功举办第一届环渤海22城市农行合作发展联席会议。

交行北京分行首家沃德财富服务中心在金融街隆重开业，作为交行高端财富品牌，"沃德财富"为高端客户提供全面的专享金融服务。

浦发银行轻松理财金卡首发式在北京举行。该卡是国内首张将借记卡理财功能和信用卡免息消费功能合二为一的银行卡。

5月20日 北京银行获得财政部储蓄国债代销业务资格，成为首家获此资格的城市商业银行。

5月23日 北京银行与北京首都开

发控股（集团）有限公司签署30亿元人民币贷款合作协议。

5月29日　建设部等九部委出台了《关于调整住房供应结构稳定住房价格的意见》，当日北京市召开规范房地产市场秩序新闻发布会，公布了一系列规范房地产市场秩序的新举措。

中国人民银行营业管理部和北京农村商业银行签署《农村信用社改革试点专项中央银行票据协议书》。至此，北京农商行成功取得了人民银行发行的24.2亿元的专项中央银行票据。

5月31日　经过长达8年的艰苦努力，中创公司资产处置完毕，清算工作基本结束。

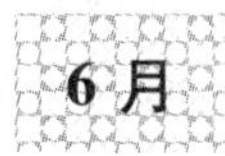

6月

6月1日　2006年第三期凭证式国债开始发行。本期国债3年期票面年利率为3.14%；5年期票面年利率为3.49%。

北京在全国率先实现了出口退税免于提供纸质出口收汇核销单，结束了10年来企业需要凭纸质核销单办理出口退税的历史。

中国银行股份有限公司成功在香港联合交易所挂牌上市。

农发行北京市分行参加“北京市政策支农与金融支农联动机制座谈会暨签约仪式”，并与北京市农村工作委员会正式签订了金融合作备忘录，搭建起银政支农合作平台。

工行北京市分行海淀西区支行正式成立，成为该行第37家经营管理支行。

中国进出口银行总行营业部为中国企业境外资源开发项目提供贷款128亿元人民币，创造了中国进出口银行单笔海外投资贷款金额新纪录。

6月5日　中国证监会核准中金公司设立中金股票精选集合资产管理计划。

6月6日　华夏银行完成股权分置改革工作。

6月7日　北京银监局印发《关于北京农村商业银行进一步加强董事会建设完善公司治理的监管意见》（京银监发［2006］56号）。

6月9日　北京农商行与北京首创投资担保有限公司签署协议，就小企业担保贷款问题达成合作意向。北京农商行将为小企业贷款开辟“绿色通道”。

6月14日　经过中华人民共和国人事部审批，北京银行获准设立博士后科研工作站，成为全国第一家设立博士后工作站的城市商业银行。

6月18日　中信银行“出国全程通”在“2005~2006年度中国杰出营销奖服务业决赛”中荣获银奖。

6月26日　《国务院关于保险业改革发展的若干意见》正式公布。

6月28日　华夏银行与中国银联联合在北京举行了战略合作协议签订暨“绽放华夏　魅力丽人”活动启动仪式。

北京保监局印发《关于机动车交通事故责任强制保险实施过渡期有关问题的紧急通知》（京保监发［2006］133号）。

6月29日　广发银行北京分行成功运作了由国家开发银行担保的联合贷款5亿元，这是该行运作的第一笔由国开行担保的联合贷款业务，也是该行首笔系统内信贷资产买断业务。

7月

7月1日　2006年第一期储蓄国债

（电子式）在北京发行。期限 3 年，年利率为 3.14%。

《机动车交通事故责任强制保险条例》正式实施，同日，全国第一家交强险信息库在北京地区上线试运行。

7 月 3 日 香港证监会向中国国际金融有限公司的孙公司——中国国际金融香港资产管理有限公司颁发了牌照，允许该公司提供资产管理服务。

7 月 4 日 北京保监局印发《关于落实机动车交通事故责任强制保险制度有关问题的通知》。

7 月 5 日 中国人民银行决定从即日起，上调存款类金融机构人民币存款准备金率 0.5 个百分点。农村信用社（含农村合作银行）的存款准备金率暂不上调。

中国银行股份有限公司首次公开发行的 A 股股票在上海证券交易所成功挂牌上市。

7 月 6 日 由北京市信息化工作办公室牵头组织，银联北京分公司、北京银联商务有限公司和北京市各社会化公共事业服务费代收单位（业务和终端提供商）共同参与的"北京市公共服务缴费联盟"正式宣告成立。在举行联盟成立新闻发布会的同时，首批会员单位现场签署了《会员服务承诺书》，其中约定"资金清算以银联为渠道，中国银联北京分公司有责任为各会员企业及服务商提供及时、安全的资金清算服务"。

7 月 7 日 招商银行北京分行与国内唯一一家外资财务公司——西门子财务服务有限责任公司正式签署现金管理全面合作协议。

7 月 10 日 华夏银行与国务院台湾事务办公室在人民大会堂举行《支持台资企业发展合作协议》签约仪式。

7 月 12 日 招商银行北京分行成功为某制造业集团客户签发了第一笔网上票据，金额为 1 000 万元，并办理贴现。截至年末，该行网上票据累计签发 2.25 亿元。

7 月 20 日 中国证监会颁布了《证券公司风险控制指标管理办法》（第 34 号令），标志着以净资本为核心的风险监控和预警制度逐步建立。

7 月 21 日 经国务院批准，中国人民银行决定从 2006 年 8 月 15 日起，上调存款类金融机构存款准备金率 0.5 个百分点，农村信用社（含农村合作银行）存款准备金率暂不上调，继续执行现行存款准备金率。

7 月 27 日 北京市发展和改革委员会印发《北京市"十一五"时期金融业发展规划》（京发改［2006］1215 号）。

中国银监会批准中国农业发展银行产业化龙头企业贷款业务范围由原来的粮棉油扩大到农、林、牧、副、渔业整个农业领域，并同意农发行开办农业科技贷款。

7 月 28 日 在北京市创业工作推进大会上，北京银行发放了北京市首笔信用社区小额担保贷款。

8 月

8 月 1 日 中国银监会发布《关于禁止银行与商业机构发放联名储值卡的通知》。代币券（卡）被禁已经多年。2001 年国家有关部门曾发出紧急通知，严禁发放使用各种代币券（卡），但各种券卡还是禁而不绝。

北京外汇管理部以电子签章为技术支持的"北京同城外币清算系统"正式投入运行。新系统实现了由手工操作向电子化传输、纸质凭证向电子信息的转换，大大提高了外币清算效率。

8月3日 国家发改委、国土资源部、环保总局、安监总局、银监会五部委联合发布《新开工项目清理工作指导意见》，要求各地在产业政策、项目审核、土地审批、环境评价、信贷政策等方面，对2006年上半年总投资1亿元及以上的新开工项目逐项进行全面清理。

8月11日 北京保监局印发《关于进一步加强贷款房屋保险管理有关问题的通知》（京保监发［2006］174号）。

8月12日 以“放心用卡，安全支付”为主题的“迎奥运，北京银行卡宣传活动”在北京王府井百货大楼门前广场隆重启动。本次活动由人行营管部和市公安局内保局主办，银联北京分公司承办，全市17家发卡机构和2家专业化服务公司协办。

8月14日 北京邮政储蓄首次代理基金业务，共代销大成2020生命周期证券投资基金和东方金账簿货币市场基金。

8月15日 北京保监局印发《关于加强机动车辆交通事故责任强制保险管理的通知》（京保监发［2006］177号）。

8月16日 北京银监局印发《关于加强辖内中资商业银行合规管理工作的通知》（京银监发［2006］90号）。

中国人民银行发布《关于改进和加强农民工金融服务工作的指导意见》。

8月18日 中国人民银行决定，自2006年8月19日起上调金融机构人民币存贷款基准利率。金融机构一年期存款基准利率上调0.27个百分点，由现行的2.25%提高到2.52%；一年期贷款基准利率上调0.27个百分点，由现行的5.58%提高到6.12%；其他各档次存贷款基准利率也相应调整，长期利率上调幅度大于短期利率上调幅度。

8月21日 据《北京日报》报道：近日，中国人民银行营业管理部与中关村科技园区管理委员会签署了中关村科技园区中小企业信用体系建设全面合作协议。到2006年年底前，首批2 000家中关村中小企业将进入央行企业征信系统。

8月24日 人行营业管理部印发《关于金融支持首都社会主义新农村建设的意见》（银管发［2006］181号）。

8月28日 中国银行业协会银团贷款与交易专业委员会成立大会举行，交行北京分行作为牵头行，与北京奔驰—戴姆戴·克莱斯勒汽车有限公司正式签订36亿元银团贷款合同。

光大银行总行营业部与北京银建投资公司在京举行企业年金合作协议签字仪式，光大银行正式成为银建公司企业年金业务的账户管理人和基金托管人，此举标志着企业年金业务自2004年推出以来，北京市属企业最大的一笔企业年金业务正式启动。

中国人保北京分公司等5家公司共同发起建立北京地区交强险无责赔付简化处理机制，并就全面启动各项建设工作签署了合作协议。

8月 北京保监局编著出版了《北京保险业发展研究（2001～2005）》。该书系统记录了北京保险业“十五”期间的发展轨迹，深刻剖析了保险市场体系、保险监管体系等方面面临的机遇与挑战，提出了“十一五”期间的目标和措施。

9月1日 2006年凭证式国债（四

期）发行，发行期至9月30日。3年期国债票面利率为3.39%；5年期国债票面利率为3.81%。

经中国建设银行研究，并报经中国银监会党委同意，解聘张民同志建行北京市分行行长职务，另行安排工作。

中信嘉华银行有限公司将北京代表处升格为分行。

9月4日 北京市银监局公布“商业银行临柜业务服务质量全市评比”结果。招商银行北京分行在服务质量评分中荣获综合评比第一名。

北京证监局印发《关于加强管理预防非法证券投资咨询活动的紧急通知》（京证机构发［2006］94号）。

9月6日 银联北京分公司联合北京市商业联合会和北京市总工会，在北京16家成员机构和2家专业化服务公司的支持配合下，联合举办了“2006年‘银联杯’北京市商业服务业收银员银行卡知识、技能竞赛”，120名参赛选手进行了紧张的90分钟笔试和10分钟现场POS机操作角逐，决出了“优秀个人”、“优秀商户”和“优秀组织单位”等多个奖项。

北京银行总行乔迁新址，由复兴门内大街迁入金融大街。

在京17家财产险公司签订《北京保险行业机动车交通事故责任强制保险自律公约》，按照《自律公约》规定，各公司要引导投保人正确投保，严格执行全国统一的条款费率，严格遵守手续费每单不高于4%的规定，保证24小时不间断接报案和查勘定损。

9月8日 中国金融期货交易所在上海挂牌成立，成为中国内地首家金融衍生品交易所，及首家采用公司制为组织形式的交易所。中国金融期货交易所是经国务院同意，由上海期货交易所、郑州商品交易所、大连商品交易所、大连证券交易所和深圳证券交易所共同发起设立的。

9月11日 北京国际信托投资有限公司举行公司重组市属股权转让揭标仪式。在北京市国资委代表及其委托律师、财务顾问及北京市国有资产经营公司、北京京能集团、北京银监局的见证下开标，英国Ashmore投资管理公司中标。

汇丰银行北京分行在京开设第4个网点——燕莎支行。此前渣打银行刚设立了中关村支行。燕莎和中关村成为继建国门之后，新的外资银行聚集地。

9月13日 北京银监局印发《关于进一步加强辖内企业集团财务公司内控管理水平和风险管理能力的监管意见》（京银监发［2006］97号）。

北京邮政储蓄定期存单小额质押贷款业务正式开办，改变了邮政储蓄多年“只存不贷”的局面。这一业务的开办标志着北京邮储深入农村、立足社区的金融服务能力进一步加强。

9月17～20日 第十四届中国国际金融（银行）技术暨设备展在北京开幕，展会的主题是“构建和谐金融生态、丰富社会金融元素”。

9月18日 据《北京日报》报道：北京市公安局会同国家外汇管理局北京外汇管理部，经过半年的秘密侦查，一举端掉三个盘踞在雅宝路地区的炒汇地下钱庄，该案涉案金额折合人民币达数亿元，已冻结银行账户214个。

9月21日 中国人民银行营业管理部印发《北京市空头支票处罚实施细则》（银管发［2006］205号）。

9月21日 北京保监局印发《关于

北京地区实行保险营销员持证上岗有关问题的通知》。截至2006年年底，北京地区营销员已经100%持证上岗。

9月25日 经国务院批准，中国人民银行决定从2007年4月1日起停止第二套人民币纸分币在市场上流通。

9月28日 历时一年多，北京邮政储汇局新增网点工程取得圆满成功。共新增网点45个。

9月29日 中国光大银行总行营业部一般时点存款达到1 058亿元，率先突破1 000亿元大关，成为光大银行第一家存款超过1 000亿元的分行。

北京国际信托投资有限公司与北京市国有资产经营公司、北京京能集团、香港威益投资管理公司（代表英国 Ashmore 公司）签署了北京国际信托投资有限公司《股权转让框架协议》、《资产转让框架协议》。

9月 中信银行总行营业部与北京电力公司签订代理售电和代收电费合作协议；11月，与北京热力集团签订代收热费协议，此后市民可在该行缴纳包括水、燃气、电话和热费等各项费用。

10月

10月1~7日 “十一黄金周”北京地区银行卡系统运行平稳，刷卡交易再创新高。在此期间，北京地区共实现银行卡交易892.1万笔，交易金额80.75亿元，分别是上年同期的1.51倍和2.02倍。7天内全市通过POS机具的刷卡消费金额高达41.02亿元，同比增长90.5%。

10月9日 中国银行业协会、中国证券业协会、中国保险业协会、中国国债协会、中国期货业协会、中国信托业协会和中国财务公司协会在北京共同签署合作备忘录，宣布建立全国金融行业协会联席会议制度。

10月10日 经中国建设银行研究，决定罗哲夫同志兼任北京市分行行长。

10月13日 北京保监局印发《中国保险监督管理委员会北京监管局 北京市公安局公安交通管理局关于北京地区实施机动车交通事故责任强制保险有关问题的公告》及《会议纪要》 （京保监发［2006］221号）。

10月15日 北京农村商业银行与北京科技职业学院联合举办“北京农村商业银行职业培训学院”和“北京科技职业学院金融学院”揭牌仪式。

10月16日 2006年第二期储蓄国债（电子式）于即日起在京发行，发行期为10月16日至10月31日。本期国债投资群体仍以中、老年人为主，销售情况平稳。

10月17日 农行北京市分行与中国国电集团公司签署战略合作协议，为集团及其所属企业提供总额为350亿元的意向性信用额度，并将在信用、结算、代理、现金管理、财务顾问等领域开展全面合作。

10月18日 交行北京分行下属顺义仁和支行正式开业，这是该行在北京郊区设立的首家支行。

10月20日 华泰保险北京分公司签订《车险反骗赔服务协议书》，正式加入北京保险行业反骗赔合作联合体，华泰北分与人保北分、太保北分、平安北分、中华联合北分、大地北分、永安北分共同携手打击车险骗赔。

10月25日 中国人民银行决定，任命易纲（中国人民银行行长助理）兼中国人民银行营业管理部主任、国家外汇管理局北京外汇管理部主任；免去韩平的中国人民银行营业管理部主任、国家外汇管理局北京外汇管理部主任职务。

10月31日 交行北京分行与北京资和信担保有限公司、北京市经纬律师事务所和连城资产评估有限公司“‘展业通’小企业知识产权质押贷款合作协议签字仪式暨产品发布会”在京都信苑饭店隆重举行。

10月 中信银行与中国银联合作，推出金融创新产品“中信旅游卡”。

11月

11月1日 北京市基本完成在地方税务机关、各级国库和中资商业银行间的横向联网试点推广工作。

11月7日 北京举办第二届国际金融博览会。

北京邮政金融国际业务整合工程成功上线，北京邮政储汇局外币储蓄网点达到86个，国际汇兑网点达到367个，增加了账户汇款等新功能。

11月8日 北京银行天津分行正式对外营业，标志着北京银行实现了由地方银行向区域性银行的转变。

华泰保险北京分公司与人保北分、太保北分、平安北分、中华联合北分、大地北分、太平北分公司共同签订《交强险无责赔付简化处理机制》，执行统一的理赔简化处理程序，成为率先加入该机制的7家在京产险公司之一。

11月10日 2006年凭证式（五期）国债在北京首日发行。本期国债北京市发行任务共计23.62亿元，较上期下降39.98亿元。北京市农村商业银行首次承销1.2亿元财政部凭证式国债，取得圆满成功。

11月13日 根据中国光大银行决定，免去张华宇光大银行总行营业部主任职务，另有任用。由邱火发任光大银行总行营业部主任。

兴业银行北京分行与国家开发银行总行营业部签署《业务合作协议》。

11月16日 根据中国太平洋人寿保险公司决定，免去李洪林中国太平洋人寿保险公司北京分公司总经理职务，由杨晓灵任该公司北京分公司总经理。

北京市政府出台《北京市人民政府关于贯彻落实国务院保险业改革发展有关文件的实施意见》（京政发［2006］43号）。

第十届京港洽谈会“CEPA框架下的京港金融服务合作论坛”成功举办。来自京港两地金融监管部门以及银行、保险、证券业的高层管理人员参加了该次论坛。

11月24日 经北京市政府批准，人民银行营业管理部组织召开了北京市反洗钱联席会议第一次全体会议。共有22个成员单位参加会议，标志着北京市反洗钱协调合作工作机制正式启动。

11月28日 为配合国务院颁布的《中华人民共和国外资银行管理条例》施行，中国银监会发布《中华人民共和国外资银行管理条例实施细则》，于2006年12月11日起施行，全面体现了履行加入世贸组织的承诺、取消非审慎性规定、对外资银行实行国民待遇的原则。

从即日起，北京票据清算中心在国内首家利用清分机系统采集彩色支票影像，并提供给商业银行用于批量验印及业务处理。

12 月

12 月 1 日 海淀成立北京首个区域资本中心，专门为自主创新的中小科技企业提供覆盖发展全过程的一体化综合金融服务。

北京保监局印发《北京保险业发展“十一五”规划》（京保监发［2006］266号）。

12 月 5 日 北京市第二中级人民法院裁定，宣告北京中兴信托投资有限责任公司破产，同时，法院成立中兴信托破产清算组，清算组由人行营业管理部、北京市国家税务局等有关单位及中介机构有关人员组成。

12 月 6 日 工行北京市分行与北京市发展和改革委员会签署《支持中小企业发展合作协议》，未来 3 年内将向北京地区中小企业提供 600 亿元资金支持。

人行营业管理部发布《关于开展北京市反洗钱法制宣传年活动的通知》（银管发［2006］266 号）将 2007 年定为“北京市反洗钱法制宣传年”。

12 月 8 日 北京银行与微软（中国）有限公司正式签署战略合作协议。

北京证券公司重组成功，重组后新设的瑞银证券有限责任公司正式获准开业。

12 月 11 日 《外资银行管理条例实施细则》开始实施。

中国中小企业协会成立大会暨首届中小企业融资论坛在京西宾馆举办，北京银行“小巨人”中小企业成长融资方案获得“中佳中小企业融资方案”奖项。

北京银行召开新闻发布会，推出针对在京韩国企业与个人的“韩情脉脉”专项服务，成为国内首家为外国人提供专项金融服务的银行。

12 月 14 日 北京理工大学与广东发展银行股份有限公司北京分行正式签署战略合作协议。

根据中国人寿保险公司决定，免去黄俊光中国人寿保险公司北京分公司总经理职务，由徐海峰任该北京分公司总经理。

12 月 16 日 中国人寿财产保险股份有限公司成立，总部设在北京。

12 月 18 日 全国支票影像交换系统在北京等六省市成功试点上线运行，为支票最终实现全国通用奠定了基础。

12 月 20 日 交行北京分行国际结算业务量突破 250 亿美元，再次实现历史性突破。

12 月 23 日 左志同志任农发行北京市分行党委书记、行长。

12 月 24 日 中行北京市分行叙做了总金额为 50 亿元的保理融资业务。这是该行保理业务开办以来金额最大的一笔。

12 月 27 日 中国人民银行北京重点库奠基仪式举行。北京重点库是人民银行迄今为止规模最大，自动化程度最高的钞票处理中心和金库项目。

12 月 28 日 农行北京市分行第一批金钥匙理财中心——海淀中关村、海东科院南路、定福庄金钥匙理财中心开业。

12 月 29 日 中国人民银行发布《个人外汇管理办法》，对个人外汇管理政策进行了调整和改进。该办法对个人外汇收支活动按交易主体区分境内个人和境外个人，按交易性质区分经常项目和资本项目进行管理。对个人经常项下外汇收支贯彻可兑换原则，对资本项下外汇收支进行必要的管理。该办法自 2007 年 2 月 1 日起施行。

中国人民银行在总结农民工银行卡特

色服务在12个省市推广工作的基础上，发布了《关于进一步做好农民工银行卡特色服务工作的通知》。

12月30日 北京银监局印发《北京银监局推进辖内银行机构小企业金融服务工作办法》（京银监办［2006］82号）。

12月31日 人行营业管理部圆满完成年终决算工作。人民银行总行行长周小川、北京市政府常务副市长翟鸿祥慰问了参加年终决算工作的干部职工。

经国务院同意，中国银监会正式批准中国邮政储蓄银行开业，同意中国邮政集团公司以全资方式出资组建中国邮政储蓄银行有限责任公司。

十、附　　录

（一）北京市中资银行、证券、保险及其他金融机构名录
（截至2006年12月31日）

1. 金融管理机构

中国人民银行营业管理部

主　任： 韩　平（女，10月25日免，另有任用）
易　纲（10月25日任）
巡视员： 刘春明（12月7日任）
纪委书记、监察专员： 温克勤
副主任： 刘春明（12月7日免）
韩世群（2月7日免）
杨伟中（2月10日任）
蒋万进（9月6日任）
蔡洪波（2月10日任）
姜再勇（2月10日任）
监管专员： 杨伟中（2月10日免）
助理巡视员： 单　强
地　址：西城区月坛南街79号
邮　编：100045
电　话：68559027
传　真：68559023

国家外汇管理局北京外汇管理部

主　任： 韩　平（女，10月25日免）
易　纲（10月25日任）
副主任： 刘春明（12月7日免）
地　址：海淀区莲花池东路39号西金大厦
邮　编：100036
电　话：63988081
传　真：68559914

中国银行业监督管理委员会北京监管局

局　长： 王兆星
副局长： 于丛林
任永光
杨丽萍（女）
向世文
纪委书记： 张中奇
地　址：西城区金融大街26号金阳大厦
邮　编：100032
电　话：58391816
传　真：58391602

中国证券监督管理委员会北京监管局

局　长： 张新文
副局长： 孙才仁
王佰川
局长助理： 杨　琳（女）
安青松（3月18日免）
刘　燕（女，3月18日任）
地　址：西城区金融大街33号B座10层
邮　编：100032
电　话：88088060
传　真：88088012

中国保险监督管理委员会北京监管局

局　长： 丁小燕（女）
副局长： 朱　艺（女，7月28日免）
刘　峰（7月28日任）
刘跃林（7月28日任）
地　址：西城区金融大街15号鑫茂大厦北楼10层
邮　编：100032
电　话：66553635
传　真：66060531

2. 银行

国家开发银行营业部

总经理： 朱裕峰
副总经理： 贾庭仁
赵洪贵
贾晓军（女）
周伟东
蒋道振
高级客户经理： 范　慧（女）
地　址：西城区复兴门内大街158号
邮　编：100031
电　话：66412212
传　真：66492282

中国进出口银行总行营业部

总经理： 戴春宁（12月30日免）
负责人： 李济臣（12月30日主持工作）
副总经理： 刘汉杰
徐建华（女）
副行级巡视员： 师　芳（女，12月30日任）
张安琴（女，12月30日任）
地　址：西城区金融大街7号英蓝国际金融大厦10层
邮　编：100034
电　话：58365188、58369188
传　真：58369100

中国农业发展银行北京市分行

行　长： 左　志
副行长： 龚　超（9月25日免）
刘定华（10月13日任）
陈小强
焦基亮
纪委书记： 龚　超（兼，9月25日免）
副行级巡视员： 邓建平（1月19日免）
地　址：西城区月坛北街甲2号
邮　编：100045
电　话：68081842
传　真：68081036

中国工商银行股份有限公司北京市分行

行　长： 易会满
副行长： 阎小平（11月24日免）
龚　萍（女）
沈如军
季爱东（8月8日任）
王金山
张皓若（女，4月13日任）
冀光恒（11月24日任）
纪委书记兼工会主任： 张友芬（女）

地　址：西城区复兴门南大街2号（天银大厦B座）
邮　编：100031
电　话：66410055
传　真：66410579

中国农业银行北京市分行

行　长：朱洪波
副行长：董福海
姜瑞斌（11月1日免）
孙学文（3月8日任）
陈英顺（女，3月8日任）
纪委书记：李占才（3月8日免）
孙学文（3月8日任）
行长助理：孙学文（3月8日免）
陈英顺（女，3月8日免）
宗少俊（9月5日任）
地　址：西城区展览馆路5号
邮　编：100037
电　话：68358266
传　真：68350495

中国银行股份有限公司北京市分行

行　长：赵世刚
副行长：赵　濛
肖　伟
梅非奇
蒋月宝（3月8日任）
总稽核：尤志山（3月8日任）
许金锹（3月8日免）
地　址：朝阳区雅宝路8号
邮　编：100020
电　话：65199988
传　真：65199368

中国建设银行股份有限公司北京市分行

行　长：张　民（9月1日免）
罗哲夫（10月10日任）
党委书记：李卫平（10月10日任）
党委副书记：章更生（10月10日任）
方秋月（10月10日任）
副行长：李卫平
章更生（10月10日任）
方秋月
秦仁文
梁　军
龚　毅
纪委书记：董建恒
风险总监：邓艾兵（6月21日任）
工会主任：王若梅（女，5月23日免）
梁继生（9月7日任）
行长助理：刘步其（8月18日免）
朗理英（女，7月24日任）
北京总审计室总审计师兼主任：赵克义
地　址：宣武区宣武门西大街28号楼4门
邮　编：100053
电　话：63603664
传　真：63603656

交通银行股份有限公司北京分行

行　长：王　滨（1月23日免）
孙德顺（1月23日任）
副行长：果雪英（女）
刘建军
纪委书记：果雪英（女，兼，4月10日免）

王　燕（女，4月10日任）
行长助理：尹兆君（9月1日免）
杨　丽（女）
果志刚（4月10日任）
地　址：西城区金融街33号通泰大厦A座
邮　编：100032
电　话：66101616
传　真：88086008

更正：《北京市金融年鉴》（2006年）记载："党委副书记、行长：孙德顺（11月28日任）"，更正为："党委副书记：孙德顺（11月28日任）"。

招商银行股份有限公司北京分行

行　长：尹凤兰（女，3月29日免）
副行长：王　良（3月29日主持工作）
倪　纯
李　锋（3月21日任）
刘加隆（3月21日任）
李铁生
高级专员：郭海霞（女）
行长助理：李　锋（3月21日免）
刘加隆（3月21日免）
地　址：西城区复兴门内大街156号A座
邮　编：100031
电　话：66426889
传　真：66426889

上海浦东发展银行股份有限公司北京分行

行　长：刘　柳（女）
副行长：李永昌
颜东明
行长助理：杨式雷
郑　榕（女）
地　址：东城区东四十条68号
邮　编：100007
电　话：84085556、84085557
传　真：84086499

广东发展银行股份有限公司北京分行

行　长：张庆修
副行长：江友青
刘福泉
赵　勇
蔡红兵
纪委书记：刘晓林（2005年11月30日免）
郝同林（1月13日任）
行长助理：徐兆胜
张荣森
地　址：东城区东单大华路2号
邮　编：100005
电　话：65269966
传　真：65266728

兴业银行股份有限公司北京分行

行　长：蒋云明
副行长：王国庆
罗施毅
俞　松
纪委书记：王国庆（兼）
地　址：朝阳区安贞西里三区11号
邮　编：100029
电　话：64429988
传　真：88392519

深圳发展银行北京分行

行　长：赵文杰
副行长：吴正章
　　王　玮
　　李上河
财务执行官：孙安琴（女）
信贷执行官：王哲华（7月8日任）
行长助理：赵　建
　　黄洪博
地　址：西城区复兴门内大街158号远洋大厦F5
邮　编：100031
电　话：66421666
传　真：66421688

中信银行总行营业部

总经理：张　强（4月20日免）
　　赵小凡（4月20日任）
副总经理：孙建林
　　李　冬
总经理助理：沈国勇
　　杨　晓（女）
　　刘红华（4月10日任）
　　于　蓉（女）
总经济师：徐聿璠（女）
地　址：西城区金融大街甲27号投资广场A座
邮　编：100032
电　话：66219988
传　真：66211770

中国光大银行股份有限公司营业部

主　任：张华宇（11月13日免）
　　邱火发（11月13日任）
副主任：陈金良
　　王　琳
　　袁临江
主任助理：韩学智
　　陈　昱（女，1月6日任）
地　址：宣武区宣武门内大街1号
邮　编：100031
电　话：68567688
传　真：68567411

中国民生银行股份有限公司总行营业部

总经理：梁玉堂
副总经理：杨　毓
　　张金顺
　　肖瑞彦
总经理高级助理：刘娅玲（女）
　　师黎明
地　址：西城区复兴门内大街2号
邮　编：100031
电　话：58560088
传　真：58560001

华夏银行股份有限公司

董事长：刘海燕
行　长：吴　建
监事长：成燕红（女）
副行长：乔　瑞
　　刘熙凤（女）
　　李国鹏
地　址：东城区建国门内大街22号华夏银行大厦
邮　编：100005
电　话：85239938、85238570

传　真：85239605

华夏银行股份有限公司
总行营业部

总经理：叶望春
副总经理：李学平
　　李印波
　　郭占彬
　　刘小莉
地　址：西城区金融大街11号
邮　编：100034
电　话：58598600
传　真：58598603

北京银行股份有限公司

董事长：阎冰竹
副董事长：史　元
行　长：严晓燕（女）
副行长：赵瑞安
　　刘建民
　　许宁跃
　　侯德民
地　址：西城区金融大街17号北京银行大厦（2006年9月6日迁入）
邮　编：100032
电　话：96169、66426500
传　真：66426519

北京农村商业银行股份有限公司

董事长、党委书记：赵济堃
行长、副董事长、党委副书记：金维虹
监事长：陈翰林
纪委书记、党委副书记：任俊峰
副行长：付东升
　　姜　朝
　　辛全龙（2月24日任）
　　朱晓峰（9月22日任）
行长助理：王耀辉（10月11日免）
　　张　斌（2月13日免）
　　崔　钧
　　姜应祥（6月29日任）
地　址：西城区阜成门内大街410号
邮　编：100034
电　话：66506238
传　真：66051709

3. 非银行金融机构

北京国际信托投资有限公司

董事长：刘建华
副董事长、总经理：王晓龙
董事、纪检委书记：殷　捷（9月18日免，保留董事职务）
副董事长：杨　实
董　事：吕凤春
　　栾京亮
董事、副总经理：肖　伟（3月24日免，保留董事职务）
副总经理：周瑞明
总经济师：时宝东
总会计师：吴　剑（女）
地　址：朝阳区安定路5号北京金融信托大厦C座
邮　编：100029
电　话：64436553
传　真：64436551

中国银联股份有限公司北京分公司

总经理：宋汉石（3月10日免）

孙衍琪（3月10日任）
副总经理： 韩　平（6月12日免）
吴颖秋（女）
刘屹岱（女，6月11日任）
地　址：西城区闹市口大街1号院长安兴融中心2号楼4层
邮　编：100031
电　话：66275394
传　真：66275395

北京邮政储汇局

局　长： 周毅明
党委书记： 戴　成（7月26日病故）
副局长： 刘志军（女）
总稽查： 潘　虹（女）
地　址：丰台区莲花池东路126号邮政信息大厦9层
邮　编：100055
电　话：63986666
传　真：63986805

中国华融资产管理公司北京办事处

总经理： 徐肇宏（3月6日免）
王克悦（3月6日任）
副总经理： 付　颀（8月16日免）
郭京华（8月16日免）
纪委书记： 刘士宏（8月16日任）
总经理助理： 肖艳玲（5月10日任）
地　址：西城区阜成门内大街293号
邮　编：100034
电　话：66511186
传　真：66511257

中国长城资产管理公司北京办事处

总经理： 张记山（1月13日免）
谭运财（1月13日任）
副总经理： 赵振江（1月26日免）
毛墨堂
朱丽华（女）
地　址：朝阳区朝外工体路东2号
邮　编：100020
电　话：65530318
传　真：65528808

中国东方资产管理公司北京办事处

总经理： 张晓昌（3月10日免）
石兴华（女，3月10日任）
副总经理： 丁　源（女）
孙军建
总经理助理： 傅琼子（3月20日任）
地　址：崇文区崇文门外大街44号
邮　编：100062
电　话：67165566
传　真：67177515

中国信达资产管理公司北京办事处

主　任： 左凤高
副主任： 林冬元（12月28日任）
刘圣和（12月28日任）
张长意（9月29日免）
地　址：朝阳区安华西里二区18号楼
邮　编：100011
电　话：64269951

传　真：64269951

4. 证券及基金管理公司

中国银河证券有限责任公司北京管理部

总经理：霍肖宇（女）
副总经理：朱跃辉
地　址：西城区月坛南街丙一号
邮　编：100045
电　话：68033583
传　真：68033570

首创证券有限责任公司

董事长：俞昌建
副董事长：刘曙光
总经理：吴　涛
副总经理：曹　均
余丽萍
刘建勋
毕劲松
地　址：朝阳区北辰东路8号辰运大厦3层
邮　编：100101
电　话：84975885
传　真：84976055

中信建投证券有限责任公司

董事长：张佑君
总　裁：王常青
监事长：程炳仁
副董事长：杨金龙
副总裁：周志钢
殷荣彦
齐　亮
袁建民
地　址：东城区朝内大街188号
邮　编：100010
电　话：85130588
传　真：65186588

高盛高华证券有限责任公司

董事长：方风雷
总经理：查向阳
地　址：西城区金融大街7号英蓝国际中心18层
邮　编：100034
电　话：66273000
传　真：66273001

中国国际金融有限公司

董事长：汪建熙
总经理：朱云来
副总经理：黄晓衡
韩巍强
地　址：朝阳区建外大街1号国贸大厦2座28层
邮　编：100004
电　话：65051166
传　真：65058151

民生证券有限责任公司

董事长：岳献春
副董事长：朱崇利
王文新
郭予琦
常务副总裁：钟金龙
副总裁：苏　刚

陈基建
王培荣
地　址：朝阳区朝阳门外大街16号中国人寿大厦1901室
邮　编：100031
电　话：85252626
传　真：85252629

中国民族证券有限责任公司

董事长：赵大建
副董事长兼总裁：鲁钟男
副总裁：李　哲
高俊清
戴尔光
尹明柱
徐　丽
地　址：朝阳区西坝河南里22号
邮　编：100028
电　话：64105022
传　真：64105088

新时代证券有限公司

董事长：马金声
总　裁：孟立坤
副总裁：季喜花
地　址：西城区月坛北街2号月坛大厦15层
邮　编：100045
电　话：68083609
传　真：68083601

航空证券有限责任公司

董事长：池耀宗
副董事长：顾惠忠
总　裁：张　宪
副总裁：郝力平
刘年才
地　址：朝阳区安华里外馆斜街甲1号泰利明苑A座二区4层
邮　编：100011
电　话：85285221
传　真：85285251

北京高华证券有限公司

董事长：方风雷
首席执行官：章　星
地　址：西城区金融大街7号英蓝国际中心18层
邮　编：100034
电　话：66273000
传　真：66273001

瑞银证券有限责任公司

董事长：李　一
总经理：刘　弘
地　址：西城区金融大街7号英蓝国际中心15层
邮　编：100034
电　话：58328888
传　真：58328541

工银瑞信基金管理有限公司

董事长：杨凯生
监事长：陈克儒
总经理：郭特华（女）
督察长：朱碧艳（女）
副总经理：戴勇毅（3月1日任）

夏洪彬（1月14日任）
邵光华（3月1日任）
地　址：东城区朝阳门内大街188号鸿安国际商务大厦
邮　编：100010
电　话：85159333
传　真：85159158

5. 保险公司

中国人民财产保险股份有限公司北京市分公司

总经理： 王德地
副总经理： 李　莎（女）
谷　伟
杨　斌（3月23日任）
郭少军（3月23日任）
蒙士洪（3月23日任）
纪委书记： 李　莎（女）
地　址：东城区朝阳门北大街17号
邮　编：100010
电　话：58195001
传　真：58195008

中国人寿保险股份有限公司北京市分公司

总经理： 黄俊光（12月14日免）
徐海峰（12月14日任）
副总经理： 徐海峰（12月14日免）
杨爱萍（女）
林守道（9月1日任）
车安兰（女，12月14日任）
阎陆军（12月14日任）
总经理助理： 王南生（12月14日免）
车安兰（女，12月14日免）
方茂林（12月14日免）
纪委书记： 徐海峰（12月14日免）
杨爱萍（女，12月14日任）
总审计师： 王南生（12月14日任）
督导员： 孙　宁（女）
韩象奎（6月1日任）
地　址：朝阳区朝外市场街20号中保大厦
邮　编：100020
电　话：85615141
传　真：85615140

中国太平洋财产保险股份有限公司北京分公司

总经理： 李宝利
副总经理： 张世萍（女）
杨德晔
陈　辉（3月18日任）
方　向（3月18日任）
总经理助理： 陈　辉（3月18日免）
方　向（3月18日免）
刘　荣（3月20日任）
地　址：西城区复兴门内大街158号远洋大厦F6层
邮　编：100031
电　话：66428888
传　真：66414788

中国太平洋人寿保险股份有限公司北京分公司

总经理： 李洪林（11月16日免）
杨晓灵（11月16日任）
副总经理： 关海涛
方雪梅（女）

助理总经理： 彭继延
于卫红（女）
地　址：西城区复兴门内大街158号远洋大厦F6层
邮　编：100031
电　话：66418855（总机）
传　真：66416141

中国平安财产保险股份有限公司北京分公司

总经理： 刘　铮
副总经理： 李志静（女）
王小兵
张　明
地　址：西城区金融街23号
邮　编：100032
电　话：66210437
传　真：59700330

中国平安人寿保险股份有限公司北京分公司

总经理： 罗春风
副总经理： 张毅红（女）
周爱工（8月9日免）
总经理助理： 谢爱华（女）
郭志勇
卢振宇
顾　昕
王海涛
袁晓光（5月18日任）
刘铁岭（12月4日任）
地　址：西城区金融街23号平安大厦
邮　编：100032
电　话：4008866338
传　真：59730019

新华人寿保险股份有限公司北京分公司

总经理： 刘亦工
副总经理： 王佰玲（女）
李志宣
曲延文
地　址：丰台区莲花池西里8号新华保险大厦
邮　编：100073
电　话：63903190
传　真：63958906

泰康人寿保险股份有限公司北京分公司

总经理： 苗　力（女）
副总经理： 王丽莉（女）
傅　华
王　洋
李　军
助理总经理： 李建宁（女）
贺　莉（女）
地　址：西城区复兴门内大街156号泰康人寿大厦
邮　编：100031
电　话：66428866
传　真：66426406

华泰财产保险股份有限公司北京分公司

总经理： 张爱民
副总经理： 李　巍（1月23日任）
总经理助理： 齐小兵
李建军

袁　军
地　址：宣武区南滨河路1号高新大厦
邮　编：100055
电　话：63370088
传　真：63370081

太平保险有限公司北京分公司

总经理：边　勇
副总经理：孙一鹤（女，8月11日免）
徐　瑛（女，7月20日免）
助理总经理：彭　力
地　址：西城区太平桥大街丰汇时代大厦东翼9层
邮　编：100032
电　话：66532288
传　真：66187599

太平人寿保险有限公司北京分公司

总经理：谢　忠
资深副总经理：郑庆红（女）
副总经理：白　平（女）
助理总经理：周永政
地　址：东城区东长安街1号东方广场东方经贸城E3座5层
邮　编：100738
电　话：85185665
传　真：85180169

注：太平人寿北京分公司2007年3月迁至太平金融大厦
地　址：海淀区西直门北大街52号太平金融大厦
邮　编：100081
电　话：82299500
传　真：82299600

中国大地财产保险股份有限公司北京分公司

总经理：张淮利（女）
副总经理：刁粤生（8月31日免）
毕　欣（7月31日免）
彭　钊
雷小红（女）
地　址：海淀区中关村南大街2号数码大厦B座16层
邮　编：100086
电　话：82515533
传　真：82512100

中华联合财产保险股份有限公司北京分公司

总经理：刘显龙
副总经理：王　钢
总经理助理：林　斌
纪委书记：林　斌
地　址：东城区安外西滨河路18号首府大厦3号楼
邮　编：100011
电　话：64519988
传　真：64519994

天安保险股份有限公司北京分公司

总经理：袁定国
总经理助理：段　钢
万　晓
地　址：海淀区西三环北路100号金玉大厦22层
邮　编：100037
电　话：68423636

传　真：68423700

华安财产保险股份有限公司北京分公司

总经理：梅雪松
党委书记：李吉宁
副总经理：李德新
乔　晟（6月6日免）
总经理助理：王　忠（3月3日任）
胡　毅（女，7月14日免）
李　山（8月21日任）
地　址：海淀区紫竹院路81号院北方地产大厦12A
邮　编：100089
电　话：88829888
传　真：88580492

永安财产保险股份有限公司北京分公司

总经理：潘　凯（1月10日任）
副总经理：梁欣鑫
卓　颖（女，3月24日任）
刘　洁（女，3月24日任）
地　址：东城区海运仓1号海运仓国际大厦7层
邮　编：100007
电　话：64405558、95502
传　真：51239297

民生人寿保险股份有限公司北京分公司

负责人：吕林祥（11月1日免）
张春平（11月6日主持工作）
副总经理：苏　敏（女）
总经理助理：梁万江（11月9日免）
刘长标（11月22日免）
地　址：西城区宣武门西大街129号金隅大厦20层
邮　编：100031
电　话：66411199、66418835
传　真：66415844

附：北京辖区内其他保险公司名录

机构名称	地址	负责人
安邦财产保险股份有限公司北京分公司	朝阳区东三环北路东方东路9号东方国际大厦4层	沈发鸿
永诚财产保险股份有限公司北京分公司	西城区车公庄大街12号核建大厦3楼	臧党生
阳光财产保险股份有限公司北京分公司	朝阳区东三环中路7号北京财富中心写字楼A座501室	冯建新
都邦财产保险股份有限公司北京分公司	朝阳区和平里13区35号煤炭大厦10层	关耀勇
天平汽车保险股份有限公司北京分公司	东城区东直门外大街46号天恒大厦7层01~03室	崔玲生

安华农业保险股份有限公司北京分公司	海淀区紫竹院路81号院3号楼北方地产大厦1512室	孙玉祥
渤海财产保险股份有限公司北京分公司	海淀区西直门北大街60号首钢国际大厦14层	常盛钧
生命人寿保险股份有限公司北京分公司	西城区百万庄北街6号经易大厦2层	王连宏
华泰人寿保险股份有限公司北京分公司	东城区安定门东大街28号立骏（雍和）大厦西楼8层	孔佑杰
合众人寿保险股份有限公司北京分公司	朝阳区朝外大街乙12号昆泰国际大厦20层	姜　燕
中国人民健康保险股份有限公司北京分公司	朝阳区朝外大街乙12号昆泰国际大厦12层	李　毅
长城人寿保险股份有限公司北京分公司	西城区西直门外大街112号阳光大厦7~8层	焦益宽
国民人寿保险股份有限公司北京分公司	海淀区苏州街3号大恒科技大厦	陈国正
中国人保寿险有限公司北京分公司	海淀区首体南路38号创景大厦6层北区和北配楼第1层	王　文
中国出口信用保险公司营业部	西城区阜成门北大街5号融金大厦	朱荆安
华农财产保险股份有限公司	西城区金融大街35号国企大厦C座15层	刘身利
昆仑健康保险股份有限公司	西城区金融大街15号鑫茂大厦北楼5层	何界生
中银保险有限公司	西城区复兴门内大街1号中国银行股份有限公司大厦12层	段求平
正德人寿保险股份有限公司	海淀区万寿路甲15号7区颐寿园2号楼	曹建范
中国人寿财产保险股份有限公司	西城区金融大街33号通泰大厦A座15层	刘　健
中国人寿养老保险股份有限公司	朝阳区朝外市场街20号中保大厦17层	林岱仁

6. 保险中介机构

在京保险代理公司

机构名称	地址	负责人
北京安邦保险代理有限责任公司	西城区六铺炕街1号1层119室	吴昌侠

北京国民保险代理有限责任公司	海淀区苏州街31号	陈建国
北京国泰保险代理有限责任公司	朝阳区工体北路幸福一村甲55号	李蓓玲
北京恒信保险代理有限公司	朝阳区芍药居北里305楼203~204室	黄敏清
北京安平保险代理有限公司	西城区南草厂街甲11号长城写字楼四层402A	侯少林
北京君安保险代理有限公司	朝阳区大屯安慧北里逸园甲16#世纪龙都国际公寓26层	周　铃
北京万和保险代理有限公司	朝阳区北小营欧陆经典万兴苑（公寓）楼11座16层C室	周　严
北京信安保险代理有限公司	朝阳区北辰西路69号峻峰华亭C座5层516室	季　成
北京阳光三泰保险代理有限公司	海淀区复兴路乙24号豪轩商务会馆209室	李春燕
北京达富保险代理有限公司	朝阳区东三环中路39号建外SOHO南办公楼B座2804室	萧茱迪
北京银华同邦保险代理有限公司	宣武区宣武门西大街28号大成广场9门19层	杨晓斌
北京泛联保险代理有限公司	朝阳区呼家楼向军南里二巷甲5号（雨霖大厦7层）	吴云涛
北京嘉信保险代理有限公司	东城区东四北大街107号天海商务大厦A座2层211~219室	陈　嘉
北京开诚保险代理有限公司	丰台区东大街66号309室	周　伟
北京诚信保险代理有限公司	朝阳区东三环南路58号富对中心A座606室	张海荣
北京太和瑞安保险代理有限公司	朝阳区东三环中路39号建外SOHO 13号楼1804室	肖建中
北京信安诚保险代理有限公司	崇文区崇文门外大街44号801~802室	王虹梅
北京诚成保险代理有限公司	宣武区宣武门外大街6号庄胜广场北办公楼907室	焦瑞杰
北京中安保险代理有限公司	西城区金融街19号富凯大厦B座802室	唐国维
北京中邦保险代理有限公司	海淀区烟树园2号楼1门A2室	韩　勇
北京国人保险代理有限公司	朝阳区安外胜古庄2号618室	王玉平
北京宏安信保险代理有限公司	海淀区中关村东路18号财智国际大厦A座1201室	邹燕花

北京京安保险代理有限公司	西城区西直门南小街国英1号427室	王会军
北京阳光保险代理有限公司	朝阳区惠新西街18号罗马花园D－1601室	喻　晖
北京安康加业保险代理有限公司	丰台区南三环东路6号嘉业大厦B座1803室	安庆民
北京格林保险代理有限公司	西城区北礼士路甲98号阜成大厦6层	苏玉华
北京富邦保险代理有限公司	朝阳区平乐园201楼三门103室	李向兵
北京国恒保险代理有限公司	西城区德外大街73号北楼2层	陈德清
北京恒泰保险代理有限公司	朝阳区秀水街1号建国门外外交公寓8－2－43	吴建斌
北京华盛保险代理有限公司	海淀区西三环北路72号院世纪经贸大厦B座708室	殷宏梅
北京平和保险代理有限公司	西城区阜外大街7号国投大厦529室	白　滨
北京泰洋保险代理有限公司	朝阳区吉庆里6号楼佳汇中心B座407号	马　驰
北京九州康达保险代理有限公司	朝阳区东三环南路17号京瑞大厦B座9A	张文志
北京维嘉德保险代理有限公司	朝阳区东三环中路39号建外SOHO 14号楼2906室	周春发
北京信泰保险代理有限公司	海淀区昌运宫4号豪柏公寓B1－701室	唐在洪
北京益远保险代理有限公司	西城区阜外北营房东里13号今儒大厦B座416室	王晓慧
北京成达保险代理有限公司	西城区南礼士路3号B座写字楼211室	洪健荣
北京德缘保险代理有限公司	经济技术开发区宏达北路10号万源商务中心一层C区101~102室	王　媛
北京东方华安保险代理有限公司	西城区月坛北街2号月坛大厦A座15层1508室	杨国范
北京旭日保险代理有限公司	海淀区翠微路4号颐源居6号楼108室	史镇镛
北京康泰保险代理有限公司	东城区鼓楼外大街52楼212房	乔淑月
北京国济保险代理有限公司	西城区黄寺大街24号明湖大厦A215室	薛春华
北京民众保险代理有限公司	石景山区阜石路166号泽洋科贸大厦1006室	邱忠毅
北京华诚保险代理有限公司	海淀区北三环西路32号恒润国际大厦809室	陈再华
北京世纪隆盛保险代理有限公司	海淀区板井路69号世纪金源国际公寓东区10H	方贤明
北京德信保险代理有限公司	朝阳区安慧里四区16号化工大厦916室	张奇颍
北京联众保险代理有限公司	海淀区新街口外大街19号1区3号楼9307~9309单元	李　彬

北京国诚国际保险代理有限公司	宣武区右安门内大街65号三楼	程如光
北京建安保险代理有限公司	宣武区广莲路甲5号（建设大厦10层1004室）	蔡金辉
北京金康保险代理有限公司	海淀区畅茜园兰德华庭3号楼5单元101室	李　萍
北京京恒福保险代理有限公司	海淀区学院南路76号钢研北门平房	张　慧
北京三众保险代理有限公司	海淀区北三环中路57号远望楼6313室	李天利
北京一和保险代理有限公司	东城区五道营胡同68号	李　星
北京桂隆保险代理有限公司	朝阳区东三环南路54号院7－301	李　伟
北京中逸保险代理有限公司	海淀区中关村大街27号中关村大厦11层1116～1117室	兰　冰
北京广安保险代理有限责任公司	平谷区平谷镇古丰东路8号	王春光
北京亿都川保险代理有限公司	朝阳区金台路甜水园东街2号甜水园商务中心A座2层207室	何博远
北京未然保险代理有限公司	朝阳区来广营西路518号创诚永信2层	穆赵军
北京天地保险代理有限公司	海淀区中关村北二条13号北京中科科仪技术发展有限责任公司309室	史秀珍
北京新民安保险代理有限公司	海淀区学清路16号学知轩1407室	庚　坚
北京开元保险代理有限公司	海淀区阜成路115号2号楼722室	钱晓青
北京万家保险代理有限公司	海淀区阜成路115号北京印象1号楼205室	陈　朔
北京泛华保险代理有限公司	朝阳区向军南里2巷甲5号雨霖大厦7层	吴云涛
北京天泽安泰保险代理有限公司	宣武区儒福里40号402室	王　珏
北京迪卡保险代理有限公司	海淀区清华东路2号农大科贸楼D座202室	林　林
北京海亚保险代理有限公司	朝阳区亚运村安慧北里秀园15号6层	范玉荣
北京泰鑫保险代理有限公司	丰台区南三环中路70号南曦大厦D座2305室	王　楠
北京恒信伟业保险代理有限公司	丰台区马家堡东路71号立业大厦1009室	林力飞
北京华晨保险代理有限公司	海淀区中关村南大街5号683号楼理工科技大厦1805室	刘克鸣
北京煜堡钧保险代理有限公司	朝阳区安定门外安华西里一区12号楼436室	曲维玲
北京双诚保险代理有限公司	崇文区忠实里南街6号楼3单元603室	程伟红

北京市金诚华夏保险代理有限公司	丰台区科技园区 3A 地块工商联科技大厦 09B 04~06 室	王亚军
北京富民保险代理有限公司	朝阳区酒仙桥南路 4 号院 3 号楼 305 室	吴云涛
北京顺安保险代理有限公司	平谷区平谷镇新平北路 67 号	唐泽光
北京江南世纪保险代理有限公司	海淀区西三环北路 72 号世纪经贸大厦 A 座 1702 室	李国强
北京福通保险代理有限责任公司	西城区二七剧场路 19 号楼 2 层 206、207 室	丁蒙生
北京卓越保险代理有限公司	朝阳区小关北里 45 号世纪嘉园 5 号楼 3 层	刘　勇
北京致用保险代理有限公司	宣武区广安门南滨河路 25 号 403 室	许宝欣
北京万里安保险代理有限公司	朝阳区北四环中路 6 号华亭嘉园 F 座 1005 室	万　莉
北京信德诚保险代理有限公司	朝阳区北苑路 168 号中安盛业大厦 15 层 1505 室	赵　伟
北京利信保险代理有限公司	朝阳区安贞西里四区 23 号楼深房大厦 12 层 A 房间	杨　飞
北京新月保险代理有限责任公司	昌平区府学路 15 号岳华大厦东侧 1 层	刘建新
北京惠通保险代理有限公司	朝阳区广渠门外大街 8 号优士阁 A 座 1903 室	姚久荣
北京普顺保险代理有限公司	崇文区法华南里 17 号 2 层 205 室	吴振佳
北京申根保险代理有限公司	朝阳区三里屯北街 81 号凤凰宾馆 102 室	张慕鸿
北京安惠保险代理有限公司	朝阳区通惠家园惠民园 7 号楼 1406 室	滕　旭
北京润昌保险代理有限公司	海淀区花园路 2 号中城写字楼 502A 室	狄　明
北京中佳保险代理有限公司	宣武区广安门南滨河路 31 号华亨大厦 707 室	毛同卫
北京阳光干线保险代理有限公司	海淀区祁家豁子甲 2 号建德商务楼 222 室	李子录
北京汇龙森保险代理有限公司	经济技术开发区西环南路 18 号	宁丽珍
北京瑞丰民安保险代理有限公司	朝阳区德胜门外黄寺大街 28 号	何　萍
北京神舟保险代理有限公司	海淀区知春路锦秋知春 9 号楼 1301 室	谷惠芬
北京有信保险代理有限公司	东城区安德里北街 21 号奥星大厦 3 层	吴立军
中际保险代理（北京）有限公司	朝阳区管庄杨闸环岛西侧北角京通新城 13 号楼 12－E 室（朝阳区管庄杨闸环岛东卫城 B 座 1203 室）	毛　强

北京亿霖汇迦保险代理有限公司	朝阳区日坛路6号安琪商务中心421室	刘自琴
北京和谐保险代理有限公司	北三环中路甲29号华尊大厦A－703室	李锐力
北京丞泰保险代理有限公司	东城区藏经馆胡同17号北2楼107室	于　津
北京瑞安鸿泰保险代理有限公司	怀柔区青春路26号四层407、409室	李仲新
中大保险代理（北京）有限公司	朝阳区霞光里66号院A座10单元1005室	李大川
北京嘉恒保险代理有限责任公司	丰台区永外果园43号珠江骏景中区17单元303室	张　歆
北京众恒保险代理有限责任公司	昌平区鼓楼东街33号金宇大厦1层105室	宋广林
北京红枫鑫保险代理有限公司	朝阳区东三环南路21号北侧翌景嘉园1号楼15G室	徐红枫
北京恒太安保险代理有限公司	朝阳区东三环南路25号北京汽车大厦508室	袁　芳
北京泰登兴业保险代理有限公司	丰台区西三环南路甲66号	刘国浩
中企民生保险代理有限公司	东城区安定门东大街28号雍和大厦东楼C座6层608室	李小俐
北京利亚保险代理有限公司	宣武区白广路4~6号8幢501室	汪洪波
北京碧升保险代理有限公司	丰台区北京西站东附楼A310室	李长建
北京义邦保险代理有限公司	密云县百世城商业街7幢109号	刘建伟
北京市玉林保险代理有限责任公司	房山区良乡拱辰北大街33号	李玉林
北京金门保险代理有限公司	东城区东交民巷28号C205室	陈治家
北京佰盈保险代理有限公司	海淀区西直门北大街32号枫蓝国际中心B座409~410号	朱　敏

在京保险经纪公司

机构名称	地址	负责人
华泰保险经纪有限公司	西城区金融大街11号中国再保险大厦14层	刘建英
达信（北京）保险经纪有限公司	东城区建国门外大街1号国贸大厦1座35层3518室	韦　朴
江泰保险经纪有限公司	海淀区新街口外大街19号北京师范大学国际学术交流中心京师大厦7层	沈开涛

长安保险经纪有限公司	宣武区广安门内大街338号港中旅大厦7层	王风华
北京联合保险经纪有限公司	朝阳区东土城路12号怡和阳光大厦C座19层1906室	陈小平
民生保险经纪有限公司	朝阳区工体西路18号光彩国际公寓1号楼3层	吴汝江
新时代保险经纪有限公司	海淀区花园路7号新时代大厦	李　杰
华盛保险经纪有限公司	建国门外大街21号北京国际俱乐部109室、122室	申英伟
北京天和保险经纪有限公司	朝阳区北土城西路7号国恒基业大厦F座802室	李　燕
北京格林保险经纪有限公司	西城区金融街27号投资广场B座2006室	王拴红
北京世纪保险经纪有限公司	西城区金融大街33号通泰大厦B座419室	欧阳文安
北京中鼎保险经纪有限公司	宣武区大安澜营胡同31号4号楼218室	冯立国
康桥保险经纪有限公司	朝阳区首图东路5号御景园2号楼7G	杨金岭
北京隆泰保险经纪有限公司	东城区建国门外大街24号华侨村4门11层1室	王茂勇
北京康信保险经纪有限公司	朝阳区八里庄西里远洋天地61号楼2501室	李宇钢
北京安鼎龙保险经纪有限公司	朝阳区裕民路12号中国国际科技会展中心C座901室	王厚杰
北京环球保险经纪有限公司	西城区西直门内南小街国英1号516、518室	李　硕
五洲（北京）保险经纪有限公司	东城区东长安街1号东方广场东二座1704～1705A	戴　询
北京新世界保险经纪有限公司	崇文区崇文门外大街11号新成文化大厦B座915室	王　僖
新华保险经纪有限公司	丰台区莲花池西里8号新华保险大厦21层	周景林
北京德圣保险经纪有限公司	朝阳区广渠门外大街8号优士阁A座1108室	唐　诚
北京天道保险经纪有限责任公司	海淀区车道沟一号青东商务区C座10层	谢一平
华信保险经纪有限公司	海淀区中关村南大街乙56号方圆大厦写字楼6层	王怀书
金安保险经纪有限公司	海淀区板井路69号世纪金源大饭店写字楼7层	王劲松
竞盛保险经纪股份有限公司	宣武区庄胜广场西翼写字楼901、938室	周明春
北京汇丰保险经纪有限公司	东城区东长安街1号东方广场C2楼202室	秦祥东

华旅（北京）保险经纪有限公司	朝阳区延静里中街3号院5号楼308室	荣乐乐
扬子江保险经纪有限公司	朝阳区慧忠北里109号楼1607室	杨素梅
北京信德保险经纪有限公司	海淀区西三环北路50号豪柏国际公寓A1座2402~2403室	王家明
北京安和保险经纪有限公司	海淀区苏州街12号西屋国际E座2202室	顾云飞
北京长润保险经纪有限公司	朝阳区安立路56号九台2000家园1号楼802室	黄文彬
北京华融保险经纪有限公司	西城区阜外大街国宾大厦808室	苗　君
北京中体保险经纪有限公司	崇文区天坛东路50号国家体育总局训练局院内	魏纪中
方胜保险经纪有限公司	朝阳区朝阳门南大街14号外企办公楼330室	韩敬民
宏达通泰保险经纪（北京）有限公司	海淀区车公庄西路甲19号华通大厦8层828房间	徐　虹
北京华夏保险经纪有限公司	东城区鼓楼外大街45号中国工人出版社综合楼一层北面	薛文平
北京东方华信保险经纪有限公司	西城区月坛北街2号月坛大厦A座1509~1510室	张　玲
北京安华保险经纪有限公司	朝阳区朝外大街昆泰大厦2309室	岳治伟
天勤保险经纪（北京）有限公司	朝阳区东三环南路17号京瑞大厦B座公寓9层E、F单元	薛宪总
北京金永泰保险经纪有限公司	海淀区西八里庄北里56号院西钓鱼台庄园3号楼4门401室	陈　平
希尔曼（北京）国际保险经纪有限公司	朝阳区京顺路四元桥1号	曲　龙
北京百合保险经纪有限公司	朝阳区东三环北路霞光里18号佳程大厦A座21层F单元	庞　涛
百科联保险经纪（北京）有限公司	朝阳区东环南路2号南朗家园18号楼恋日国际811室	刘建民
北京国中保险经纪有限公司	朝阳区建外大街16号东方瑞景1号楼1601室	王　滕
北京华育保险经纪有限公司	西城区复兴门内大街158号远洋大厦F102室	李　非
北京亚泰胜达保险经纪有限公司	西城区金融街通泰大厦C座703室	李时峰

北京永诚保险经纪有限公司	海淀区中关村南大街2号北京科技会展中心银座803、903室	王银荣
北京中金保险经纪有限公司	海淀区蓝靛厂南路25号牛顿办公区北区1124号	卓　华
华富（北京）保险经纪有限公司	西城区金融大街35号国际企业大厦B座1122号	贾　红
银河保险经纪（北京）有限责任公司	西城区金融大街35号国际企业大厦C座12层	谢　军
北京东方时代保险经纪有限公司	宣武区广安门外南滨河路1号高新大厦1413室	冯　武
北京富诚保险经纪有限公司	西城区鱼雁胡同甲6号院	李长山
北京润得保险经纪有限公司	朝阳区北苑路172号（公寓楼）11楼4层A室	徐佩涵
北京东方保险经纪有限公司	宣武区南横西街甲1号京源大厦7层	高琪平
北京盛邦保险经纪有限公司	海淀区复兴路65号电信实业大厦8层804、806、807、808、810、812室	曾万辉
航联保险经纪有限公司	朝阳区东三环南路17号京瑞公寓B座12B、12C单元	谭星禄
中桥（北京）国际保险经纪有限公司	朝阳区永安里灵通观5号院万豪国际公寓B座6C	陈金秋
中铁保险经纪有限责任公司	西城区金融大街35号国际企业大厦11层	周玉成
北京鑫恒保险经纪有限公司	西城区金融大街27号投资广场A1802	李仉军
国联（北京）保险经纪有限公司	朝阳区北苑路170号凯旋城D座1203室	高国宗
宜安（北京）保险经纪有限公司	东城区东直门大街48号东方银座C座22G，D座20D	裴漫玉
中青（北京）保险经纪有限公司	丰台区科学城帝京路1号帝京花园1—21	孙大江
北京润盛保险经纪有限公司	朝阳区霄云路18号京润水上花园别墅E51号	李京生
北京中旭保险经纪有限公司	朝阳区大屯路科学园南里枫林绿洲06－21B	潘　杰
阜康国际保险经纪（北京）有限公司	朝阳区建国路98号盛世嘉园D座603室	周　伟
北京金州高华保险经纪有限公司	朝阳区安立路68号阳光广场B343	张本汉
北京明亚保险经纪有限公司	朝阳区朝阳门外大街22号泛利大厦605室	杨　臣
北京天易保险经纪有限公司	海淀区永定路15号中电兴发大厦	刘　昭

北京中海保险经纪有限公司	丰台区西局西街 300 号北京万丰世纪国际酒店北楼 521 室	陈树群
北京中天保险经纪有限公司	西城区月坛北街 26 号恒华国际商务中心 A 座 803 室	潘建忠
远通（北京）保险经纪有限公司	海淀区北三环西路 48 号北京科技会展中心 3 号楼 22B	谷　军
北京大润保险经纪有限责任公司	丰台区草桥欣园一区 5 号楼 1 单元 1401 室	王教生
北京中富邦保险经纪有限公司	海淀区阜成路 2 号钓鱼台国宾馆 6 号楼 0620 室	王丽萍
北京金甲保险经纪有限公司	西城区西直门内南小街国英园 1 号楼 707 室	张振江
领航国际保险经纪（北京）有限公司	西城区太平桥大街丰汇园 11 号楼丰汇时代大厦东翼 607A	陈　辉
北京中泰鑫海保险经纪有限公司	海淀区中关村东路 18 号财智大厦 C 座 2002 室	陈俊启
金联安保险经纪（北京）有限公司	昌平区立汤路 188 号北方明珠大厦 1 号楼 2310 室	方　伟
宏孚保险经纪（北京）有限公司	朝阳区西坝河南路甲 1 号新天第大厦 B 座 1007 室	路景生
北京新城保险经纪有限公司	朝阳区北土城西路 7 号国恒基业大厦 D 座 804 室	庞虹南
北京远安保险经纪有限责任公司	崇文区崇外大街 44 号 808 室	郑　志
北京安康保险经纪有限公司	朝阳区建国门外大街 4 号建外 SOHO 南办公楼 16 单元 1906 室	杜　晖
中盛国际保险经纪有限责任公司	东城区安定门东大街 28 号雍和大厦 A 座 11 层	乔卫兵
北京天时国际保险经纪有限公司	海淀区西三环北路 72 号世纪经贸大厦 A 座 1707 室	严克强
北京盛安国际保险经纪有限公司	海淀区中关村东路 18 号财智国际大厦 A 座 1105 室	邹晓红
北京金诚国际保险经纪有限公司	海淀区紫竹院路 69 号中国兵器大厦 18 层 1805 ~ 1807 室	王　进
北京木易保险经纪有限责任公司	海淀区上河村一区 1 号楼 3 单元 702 室	李青明
北京中汇国际保险经纪有限公司	朝阳区东三环中路 39 号建外 SOHO 11 号楼 2801 室	牟宝喜

金丰（北京）保险经纪有限公司	西城区佟麟阁路95号尚信大厦401室	陈洪伟
北京昌和宏保险经纪有限责任公司	朝阳区建国门外大街甲24号东海中心905室	刘金荣
北京智天保险经纪有限公司	朝阳区建国门外大街22号赛特大厦1111室	李林芝
北京美邦保险经纪有限公司	东城区新中街18号4号楼2205室	肖金鹏
北京嘉信保险经纪有限公司	东城区东四北大街107号（天海商务大厦）A座207室	陈　嘉
北京富达保险经纪有限公司	朝阳区吉庆里9号10号楼蓝筹名座B座1单元502室	梁东兵
九州联合（北京）保险经纪有限公司	海淀区车道沟1号鑫正大厦办公楼9层西侧1~7号	栾盛元
北京光华保险经纪有限公司	朝阳区西坝河南路1号金泰大厦2606室	金学章
标准（北京）保险经纪有限公司	朝阳区朝外大街乙12号1号昆泰国际大厦29层	袁　涛
北京恒丰保险经纪有限公司	西城区复兴门内大街158号远洋大厦F1307A2	张志强
华安（北京）国际保险经纪有限公司	西城区富国街2号富国饭店写字楼1601室	杨智中
北京中教保险经纪有限公司	西城区大木仓胡同35号	李毅辉
北京百川保险经纪有限公司	海淀区万柳中路新纪元家园4号楼1门101室	杨颖洁
正丰国际保险经纪（北京）有限公司	西城区宣武门西大街甲129号金隅大厦0918~0920室	江　涛
北京物融保险经纪有限公司	西城区阜成门外大街甲9号国宾酒店9层	王天怡
北京秦华保险经纪有限公司	宣武区广莲路甲5号建设大厦902室	刘　芳
海盟国际保险经纪（北京）有限公司	朝阳区西坝河西里23号红都阳光商务会馆398室	刘　萌
海峡联合保险经纪（北京）有限责任公司	海淀区半壁店64号运通行商务大厦419、315室	林善贵
全景保险经纪（北京）有限责任公司	朝阳区西坝河东里三元大厦702~703室	付艳平
北京乾泰保险经纪有限公司	海淀区大柳树路17号富海大厦2号1207室	陈之瑶
北京和政保险经纪有限公司	朝阳区和平里东土城路12号怡和阳光大厦19层	陈小平
北京瑞信保险经纪有限公司	朝阳区北四环东路108号（千鹤家园）3号楼504室	杨啸雷

五矿保险经纪（北京）有限责任公司	海淀区三里河路5号五矿大厦B座410室	李　平
北京财富亿家保险经纪有限公司	朝阳区建国路93号万达广场9号楼大厦4层	杨正宏

在京保险公估公司

机构名称	地址	负责人
北京大陆保险公估有限公司	西城区车公庄大街6号3号楼469室	张绍文
北京合信保险公估有限公司	海淀区复兴路83号九州大厦612室	刘　文
北京正和保险公估有限公司	经济技术开发区东区科创三街富士普拉斯卡有限公司208室	牟　斌
北京益中保险公估有限公司	西城区新文化街84号13楼302室	张学德
北京格林保险公估有限公司	西城区金融街27号投资广场B座2007室	王永智
北京天诺嘉福保险公估有限公司	朝阳区东三环中路39号建外SOHO 16号楼2008室	理查德·马丁
北京安泰恒达保险公估有限公司	海淀区民族大学西路58号	王　进
北京华大保险公估有限公司	西城区白云路1号白云大厦1303室	刘　若
北京华信保险公估有限公司	海淀区中关村南大街乙56号方圆大厦6层607室	彭兴宇
竞胜保险公估有限公司	宣武区庄胜广场写字楼西翼9层919~920室	周明春
北京思博兴业保险公估有限公司	朝阳区建华南路11号东方瑞景C座1810室	杨　敏
北京首证保险公估有限公司	西城区南草场11号长城写字楼4层402A	侯少林
北京天鼎衡保险公估有限公司	东城区创业文化交流中心写字楼304~308室	丁明义
北京安诚保险公估有限公司	朝阳区芍药居北里305号楼204室	黄敏清
北京中达信保险公估有限公司	西城区西直门南小街国英1号723室	单康军
北京君恒保险公估有限公司	崇文区东花市北里东区1号楼3段7层	郭波
仁祥保险公估（北京）有限公司	海淀区车公庄西路甲19号华通大厦7层716室	张旭波
北京天恒保险公估有限公司	海淀区北小马厂6号华天大厦2216室	李志华
北京仁济和保险公估有限公司	西城区富国街2号富国饭店1305室	薛　蓓
北京永昌保险公估有限公司	宣武区右安门内大街65号3楼313室	程如光

民爱保险公估（北京）有限公司	安定门外北辰东路8号K座1322室	陈建中
北京国信行保险公估有限公司	丰台区丰管路16号（永同昌集团科技孵化广场）9号楼4033室	刘国浩
金联安保险公估（北京）有限公司	昌平区立汤路188号北方明珠大厦1号楼2310室	方　伟
北京中咨保险公估有限公司	海淀区东北旺西路8号中关村软件园5号汉王大厦1E精友时代A1A2	冯彦成
北京安恒信保险公估有限公司	宣武区南滨河路1号高新大厦10层	周　延
中桥（北京）国际保险公估有限公司	朝阳区永安里灵通观5号院万豪国际公寓B座6G	赵　悦
北京京都保险公估有限公司	建国门外大街22号赛特广场3层30302室	蒋建英
北京康信恒润保险公估有限公司	朝阳区八里庄西里远洋天地61号楼2502室	刘银聚
北京一清行保险公估有限公司	海淀区北土城西路147号201室	徐远征
北京华泰保险公估有限公司	西城区金融大街11号中国再保险大厦14层1407室	刘建英

7. 征信机构

大公国际资信评估有限公司

董事长、总裁：关建中
地　址：朝阳区霄云路鹏润大厦B座20层
邮　编：100016
电　话：64606677
传　真：84583355

中诚信国际信用评级有限责任公司

董事长：毛振华
总　裁：叶　敏（10月1日任）
执行副总裁：何敏华（女）
阎　衍
范军波
地　址：西城区复兴门内大街156号北京招商国际金融中心D座12层
邮　编：100031
电　话：66428877
传　真：66426100

北京资信评级有限公司

总经理：狄　刚
地　址：西城区西直门外大街德宝新园11号精美商务楼3层
邮　编：100044
电　话：88366253
传　真：88366252－801

附：北京辖区内征信机构名录

机构名录	地址	负责人
中国诚信信用管理有限公司	朝阳区东方东路8号	毛振华
联合资信评估有限公司	朝阳区建国门外大街甲6号中环世贸中心D座7层	王少波
长城资信评估有限公司	海淀区板井路69号世纪金源大厦西区6单元16C	杜　平
金诚国际信用评估公司	朝阳区建国门外大街甲6号中环世贸中心D座20层	王　艺
金诚国际信用管理有限公司	朝阳区建国门外大街甲6号中环世贸中心D座32层	王　艺
银通投资咨询公司	西城区车公庄大街丙3号	丛　林
北京银建资信评估事务所	宣武区广安门南滨河路7号	单永先
北京市银拓资信评估事务所	宣武区广内大街6号枫桦豪景A座6单元801室	石幼文
北京君维诚信用评估有限公司	海淀区苏州街49号盈智大厦301室	沈　军
东方国际保理中心	朝阳区慧忠北里311栋天创世缘B1座24层	谢　旭
北京新华信商业信息咨询有限公司	朝阳区西坝河东里18号三元大厦16层	赵　民
华夏国际企业信用咨询有限公司	朝阳区建国门外东三环南路2号瑞赛大厦8层	曹小宁
北京信用管理有限公司	海淀区西四环北路116号	徐　哲
北京穆迪投资者服务有限公司	朝阳区东三环北路8号亮马河大厦B座1304室	叶　敏
标准普尔信息服务（北京）有限公司	东城区朝阳门北大街8号富华大厦F座4层401－A－17	汤姆·希乐

8. 财务公司

机构名称	地址	电话
航天科工财务有限责任公司	宣武区广安门外大街248号机械大厦17层	63423731
航天科技财务有限责任公司	海淀区阜成路8号西配楼	68768800－3096
兵器财务有限责任公司	东城区安定门外青年湖南街19号	84125158

兵器装备集团财务有限责任公司	海淀区紫竹院路69号中国兵器大厦17层	58830070
国机财务有限责任公司	海淀区丹棱街3号A座8层	82606800
京能集团财务有限公司	朝阳区建国门外大街19号国际大厦A座2003室	85262636－1006
神华财务有限公司	安定门西滨河路22号神华大厦14层	58131420
国电财务有限公司	西城区阜成门北大街6～8号	58682620
中电投财务有限公司	西城区金融大街28号3号楼6层	66298610
中国大唐集团财务有限公司	西城区广宁伯街1号14层	66586819
中国华电集团财务有限公司	海淀区首体南路22号国兴大厦21层	88355723
华联财务有限责任公司	西城区金融大街33号通泰大厦C座8层	88086592
中粮财务有限责任公司	东城区建国门内大街8号中粮广场A座1207室	65268888－1717
中国电子财务有限责任公司	海淀区中关村东路62号23、25层	62672030
海航集团财务有限公司	朝阳区霄云路26号鹏润大厦B座33层	84517777－8846
中国航空集团财务有限责任公司	朝阳区霄云路36号国航大厦19层	84475959－203
中海石油财务有限责任公司	东城区东直门外小街6号4705信箱	84521106
中核财务有限责任公司	西城区月坛北街乙1号	68027073
中远财务有限责任公司	西城区月坛北街2号月坛大厦A座19层	68083165

9. 信托投资公司

机构名称	地址	电话
北京国际信托投资有限公司	朝阳区安定路5号北京金融信托大厦C座	64436509
国民信托投资有限公司	东城区安外西滨河路18号院1号	64519095
国投信托投资有限公司	西城区阜外大街7号国投大厦11层	65096518

10. 咨询公司

机构名称	地址	电话
北京首放投资顾问有限公司	朝阳区北四环中路6号华亭B座16层	82840830
北京首证投资顾问有限公司	东城区东四十条甲22号南新仓商务大厦B座1021室	51690109

和讯信息科技有限公司	朝阳门外大街22号泛利大厦10层	85650802
北京金美林投资顾问有限公司	海淀区苏州街12号西屋国际D座16层	82871056
北京京放投资管理顾问有限责任公司	朝阳区亚运村慧忠里221号楼	64920429
北京清华紫光投资顾问有限责任公司	朝阳区西坝河南路芳馨园东2203室	84497361
北京和君创业投资咨询有限公司	朝阳区慧忠路5号远大中心B座10层	84891053
北京盛世华商投资顾问有限公司	海淀区中关村南大街6号中电信息大厦15层1509室	62501530
北京海问咨询有限公司	朝阳区东大桥路8号尚都国际中心A座1101	58700055
北京金昌投资咨询有限公司	东城区朝阳门北大街8号富华大厦F座18层	65541326－511
天相投资顾问有限公司	西城区金融大街5号北京新盛大厦B座4层	66045566
北京中咨北方投资顾问有限公司	北四环中路华严北里8号北京外国专家大厦1204室	82846645
北京新兰德证券投资咨询有限公司	宣武区广安门广华轩3幢503室	63464187
北京中和应泰管理顾问有限公司	海淀区首体南路20号国兴家园3号楼4单元601室	88354297
北京东方高圣投资顾问有限公司	朝阳区君王府饭店	51658181
北京博星投资顾问有限公司	西城区西直门内南小街国英1号大厦1012室	58561111－137
北京中方信富投资管理咨询有限公司	朝阳区安立路60号润枫德尚大厦B座1702室	64820553
北京君之创证券投资咨询有限责任公司	朝阳区华严北里甲1号健翔山庄C8座	62078002－814
北京群丰证券投资咨询有限公司	海淀区蓝靛厂东路2号院2号楼金源时代商务中心C座10层	88864208
黑龙江荣维投资顾问有限责任公司北京分公司	宣武区南滨河路23号立恒名苑2座0305室	63390617

（二）北京市中资银行、证券、保险机构分支机构名录

1. 银行分支机构

中国农业发展银行北京市分行

机构名称	地址	电话
中国农业发展银行北京市分行	西城区月坛北街甲2号	68081842
分行营业部	西城区月坛北街甲2号	68081050
天坛支行	崇文区光明路13号	67125462
西三环支行	海淀区西三环北路乙25号	88568455
门头沟支行	门头沟区滨河路87号	69828640
房山区支行	房山区良乡西路乙28号	69373003
通州区支行	通州区新华北街33号	69521324
昌平区支行	昌平区北环路4号	89784518
顺义区支行	顺义区宜馨家园27号	69449488
大兴区支行	大兴区兴华中里14号楼	69209352
平谷区支行	平谷区金乡路5号	89980049
怀柔区支行	怀柔区后横街15号	69684840
密云县支行	密云县新南路73号	69040079
延庆县支行	延庆县东外大街109号	69188337

中国工商银行股份有限公司北京市分行

机构名称	地址	电话
中国工商银行股份有限公司北京市分行	西城区复兴门南大街2号	68081842
东城支行	东城区东四十条24号	84038538
王府井支行	东城区王府井大街237号	65278278
和平里支行	东城区和平里北街14号	64284458
长安支行	西城区宣内大街乙6号	66056108
南礼士路支行	西城区阜外大街8号	62218008
新街口支行	西城区西直门内大街273号	68039621

地安门支行	朝阳区裕民路 12 号	82251116
金融街支行	西城区金融大街 29 号	58362271
崇文支行	崇文区永定门外大街 86 号	87205462
宣武支行	宣武区广外南滨河路 3 号楼	63480656
珠市口支行	崇文区珠市口东大街 15 号	67020807
西客站支行	海淀区什坊院 3 号	63955342
朝阳支行	朝阳区朝外大街 1 号	65993578
九龙山支行	朝阳区广渠路甲 40 号	67710822
亚运村支行	朝阳区慧忠北里 407 号	64863543
望京支行	朝阳区酒仙桥路 10 号	64372346
商务中心区支行	朝阳区东环南路 2 号	65669958
海淀支行	海淀区中关村东路 100 号	82625799
海淀西区支行	海淀区北四环西路 65 号	82886358
中关村支行	海淀区上地信息路 2 号	82896273
翠微路支行	海淀区阜成路 79 号	88131790
丰台支行	丰台区文体路 19 号	63815968
方庄支行	丰台区芳城园三区 18 号楼	67666116
经济技术开发区支行	经济技术开发区宏达北路 12 号 A 楼	67863557
石景山支行	石景山区石景山路 63 号	88708619
门头沟支行	门头沟区新桥大街 12 号	69844598
燕山支行	房山区燕山迎风街 21 号	69341074
房山支行	房山良乡西潞北大街 32 号	89350798
顺义支行	顺义区石园西路	69466580
通州支行	通州区新华大街 155 号	69547015
昌平支行	昌平区科技园区综合办公楼	69744966
大兴支行	大兴区兴政街 24 号	69269131
怀柔支行	怀柔区商业街 23 号	69648426
平谷支行	平谷区府前西街 14 号	69962941
密云支行	密云县鼓楼南大街	69042424
延庆支行	延庆县延庆镇东大街 37 号	69141243
营业部	西城区复兴门南大街 2 号(天银大厦 B 座)	66411138

中国农业银行北京市分行

机构名称	地址	电话
中国农业银行北京市分行	西城区展览馆路 5 号	68358266
分行营业部	西城区展览馆路 5 号	68353756

东城支行	东城区金宝街58号华丽大厦	65281871
西城支行	西城区西直门内大街118－3号	66001260
崇文支行	崇文区珠市口东大街1号新阳商务楼A座	67089993
宣武支行	宣武区西大街28号	63602266
朝阳支行	朝阳区朝外工体路东2号	65522914
海淀支行	海淀区海淀大街37号	62533660
丰台支行	丰台区东大街9号	63812148
石景山支行	石景山区八角南路18号	68865115
万寿路支行	海淀区万寿路西街6号	68277251
开发区支行	经济技术开发区中和街3号	67882470
亚运村支行	朝阳区安定路33号化信大厦	64411376
海东支行	海淀区学院路丁11号	82377410
盈科支行	朝阳区东三环北路17号恒安大厦4层	65392198
通州支行	通州区新华大街61号	69542656
顺义支行	顺义区府前西街甲2号	69444435
昌平支行	昌平区南大街	69742829
大兴支行	大兴区兴丰南大街128号	69244717
房山支行	房山区良乡拱辰北大街19号	81389576
怀柔支行	怀柔区青春路5号	69644982
平谷支行	平谷区府前街23号	69961393
密云支行	密云县滨河路24号	69041923
延庆支行	延庆县东外大街46号	69144474

中国银行股份有限公司北京市分行

机构名称	地址	电话
中国银行股份有限公司北京市分行	朝阳区雅宝路8号	65199988
东城支行	东城区交道口东大街81号	64063155
西城支行	西城区阜成门外大街5号	68001368
崇文支行	崇文区天坛路55号	67032450
宣武支行	宣武区南新华街1号	63048168
朝阳支行	朝阳区东三环北路霞光里18号佳程大厦A座	64108145
商务区支行	朝阳区北三环东路8号	64689551
海淀支行	海淀区北四环西路58号	82607301
丰台支行	丰台区右安门外大街2号	83555080
昌平支行	昌平区南环路57号	89704340

顺义支行	顺义区府前西街 4 号	69445330
通州支行	通州区车站路 22 号	69558124
经济技术开发区支行	经济技术开发区荣京东街 3 号 1～2 层 2－201 号	69244735
平谷支行	平谷区林荫北街 11 号	69961798
怀柔支行	怀柔区开放路 33 号	69644815
密云支行	密云县鼓楼南大街	69043884
延庆支行	延庆县延庆镇庆园街 12 号	69141843
首都机场支行	首都机场公安路	64560563
王府井支行	东城区东长安街 1 号	85186106
奥运村支行	朝阳区安立路安慧里 3 区 6 号楼	64970380
(以上为管辖支行)		
三里屯支行	朝阳区三里屯西六街 6 号乾坤大厦 1 层	64665308
长安支行	东城区建国门内大街 19 号	65135030
建国门外支行	朝阳区建国门外大街京华公寓 1 层	65150155
国际贸易中心支行	朝阳区建国门外大街 1 号	65052294
中银大厦支行	西城区复兴门内大街 1 号	66591051
阜成门支行	西城区阜成门内大街 410 号	66014039
知春路支行	海淀区知春路 100 号	62543011
上地支行	海淀区上地信息中路 19 号 1 层 104	62974860
芳星园支行	丰台区方庄小区芳星园 1 区 10 号楼	67617919
(以上为直属支行)		
东安门支行	东城区东安门大街 19 号	65132238
新东安市场支行	东城区王府井大街 130 号	65281170
金宝街支行	东城区金宝街 89 号金宝大厦首层 1 号单元	85221586
东四十条支行	东城区北门仓 6 号	84074978
安定门外支行	东城区安定门外大街 191 号	64400495
崇文门支行	东城区东交民巷 2 号	65242514
恒基中心支行	东城区建国门大街 18 号	65186856
港澳中心支行	东城区港澳中心有限公司 2 层	65012529
东直门外支行	东城区东直门外香河园路 1 号当代万国城 1 层	84408525
和平里支行	东城区和平里北街 16 号	84214458
前门支行	西城区西交民巷 17 号	66036020
西长安街支行	西城区复兴门内大街 158 号远洋大厦内	66413448
平安里支行	西城区西四北大街 83 号	66160528
西单支行	西城区西单北大街 130 号	66024352
金融街支行	西城区金融街 27 号投资广场	66210392

缸瓦市支行	西城区西四南大街乙62号	66071962
复兴门支行	西城区西便门外大街1号	68036593
大成大厦支行	西城区宣武门西大街127号	66422092
宣武门支行	西城区宣武门西大街乙97号	66415636
工会大楼支行	西城区真武庙路1号	68560587
三里河支行	西城区月坛南街丙71号	68536340
月坛支行	西城区月坛南街新华大厦1层	88653148
百万庄支行	西城区百万庄大街中里10号楼1层	68353948
安德路支行	西城区德胜门外安德路118－1号	82259407
德外支行	西城区德外大街11号1层	82027960
北太平庄支行	西城区新街口外大街19号	62202906
黄寺支行	西城区黄寺大街甲24号	82284639
西直门支行	西城区国英园1号楼1层	58562080
车公庄支行	西城区车公庄北里5栋大楼A座A05号	88395741
劲松支行	崇文区劲松5区518号楼	67761272
龙潭湖支行	崇文区龙潭路乙3号	67164401
崇外大街支行	崇文区崇外大街44号	67194909
东花市支行	崇文区东花市大街98号	67133151
幸福大街支行	崇文区广渠门内大街80号	51696565
庄胜广场支行	宣武区宣武门外大街甲8号	63102706
广安门支行	宣武区广安门内南线阁8号	63203660
莲花河支行	宣武区广安门外大街178号	63268092
陶然亭支行	宣武区白纸坊东街平渊里小区18号底商1~2单元	63567675
东经路支行	宣武区东经路42号	63041881
天缘公寓支行	宣武区广安门南街36号	63527249
安贞桥支行	朝阳区北三环东路36号北京环球贸易中心B栋1层	58256578
丰联广场大厦支行	朝阳区朝阳门外大街18号	65883071
现代城支行	朝阳区建国路88号现代城A区S栋2201、2202号	85806312
朝阳门外支行	朝阳区吉庆里9号、10号	65535795
建国路支行	朝阳区建国门外大街乙12号	65123654
东长安街支行	朝阳区建国门外大街甲6号C座大堂	65630308
永安里支行	朝阳区建国门外大街永安东里8号	85288031
东直门支行	朝阳区东直门外大街46号	64601007
金台路支行	朝阳区朝阳北路177号	65005423

光华路支行	朝阳区光华路甲 10 号	65831545
四方新区支行	朝阳区南磨房乡楼梓庄世纪东方嘉园 212 号楼	65043714
白家庄支行	朝阳区白家庄西里 2 号	65042603
亚运村支行	朝阳区安立路甲 56 号	84802131
安苑路支行	朝阳区安苑路甲 17 号	64935245
北辰西路支行	朝阳区北土城西路 7 号	82275001
松榆里支行	朝阳区松榆里 37 号	67321785
针织路支行	朝阳区建国 93 号院万达广场西区 8 号楼	58206450
安立路支行	朝阳区安立路 68 号	64955316
京广中心支行	朝阳区京广中心内	65974547
五路居支行	朝阳区安贞西里 2 区 21 号楼	64440547
三元桥支行	朝阳区曙光西里甲 1 号	58221403
长虹桥支行	朝阳区工体北路 4 号	85236960
丽都饭店支行	朝阳区将台路丽都饭店内	64369865
工体东路支行	朝阳区工体东路甲 15 号	65076051
发展大厦支行	朝阳区东三环北路西侧	65908304
亮马河大厦支行	朝阳区东三环北路 8 号	65906471
双井支行	朝阳区东三环中路大路园 20 号	87720845
东三环中路支行	朝阳区东三环中路 9 号	85910321
大北窑支行	朝阳区东三环中路 39 号	58894868
潘家园支行	朝阳区东三环南路 25 号	87665492
劲松东口支行	朝阳区南磨房 37 号	51909101
花家地支行	朝阳区花家地南里 1 号楼	64731770
燕莎中心支行	朝阳区亮马桥路 50 号	64651529
将台路支行	朝阳区酒仙桥路 12 号	64369832
柳芳北里支行	朝阳区柳芳北里 12 号楼	84481908
望京支行	朝阳区望京北路 9 号	64392608
望京园支行	朝阳区望京小区 B25 区 1 号楼	64731792
望京科技园支行	朝阳区望京湖光中街 1 号	64741007
霄云路支行	朝阳区麦子店西路 3 号	64630899
樱花东街支行	朝阳区樱花园东街 1 号	64442810
西坝河东里支行	朝阳区西坝河东里 77 号楼	64622930
西坝河南路支行	朝阳区西坝河南路 1 号	64402901
光华东路支行	朝阳区西大望路 1 号	65388082
朝外大街支行	朝阳区朝外大街乙 12 号	58790411
和平东街支行	朝阳区和平街 13 区 35 号楼	84264707
逸园支行	朝阳区安慧北里小区逸园 28 号楼	64893328

东大桥路支行	朝阳区东大桥路 8 号尚都国际 A 幢 102、103 号	58700436
西奥中心支行	朝阳区大屯路科学园南里风林绿洲 18 号 B 幢 1 层	64844652
大望路支行	朝阳区广渠路 28 号	58632970
广渠路支行	朝阳区广渠路 21 号	58200476
广渠门支行	朝阳区天力街 1 号楼	58764960
青年路支行	朝阳区朝阳路 69 号	51388550
北苑支行	朝阳区北苑家园秋实街 1 号	84958560
潘家园南里支行	朝阳区潘家园南里 17 号	67711329
朝阳北路支行	朝阳区朝阳北路 103 号	85519148
奥运大厦支行	海淀区北四环中路 267 号	66699960
中航科技大厦支行	海淀区知春路 58 号	82133896
新世纪饭店支行	海淀区首都体育馆南路 6 号	68357237
木樨地支行	海淀区复兴路茂林居小区 2 号商业楼	68523319
皂君庙支行	海淀区大柳树富海中心 2 号楼 1 层	62122390
车道沟支行	海淀区紫竹园路 88 号	88552792
航天桥支行	海淀区阜成路 73 号裕惠大厦 1 层	68422122
高粱桥支行	海淀区高粱桥北下关 51 号	62266685
文慧园支行	海淀区学院南路红联东村 13－24 院首层	62276864
万寿路支行	海淀区复兴路 22 号 75 号楼	66887406
永定路支行	海淀区复兴路甲 38 号	88203014
中关村南大街支行	海淀区中关村南大街 34 号	62140799
中关村支行	海淀区中关村大街 18 号	82535402
中关村科技园区支行	海淀区王庄路 15 号清华同方科技广场 B 座 1 层	82379686
苏州桥支行	海淀区万泉河路 115 号新起点嘉园 C 座 1 层	82564046
长远天地支行	海淀区苏州街 18 号 2－101 号	82618581
万泉河支行	海淀区万泉河路 68 号	82659296
北极寺支行	海淀区花园东路 10 号高德大厦 A 段 1 层 103 号	82033357
科学城支行	海淀区科学院南路 6 号	82861921
清华园支行	海淀区清华大学东门创新大厦 1 层	62770949
清华东路支行	海淀区清华东路 17 号	82838160
北大支行	海淀区颐和园路 1 号	62756223
塔院支行	海淀区花园路 2 号	62022868
世纪城支行	海淀区远大路世纪城商务中心 C 区 1 层	88461466

远大路支行	海淀区远大路1号－J－1013号	88873298
科技会展中心支行	海淀区四通桥东南角	82511398
西翠路支行	海淀区万寿路西街甲11号院7号楼	68234520
北京西站北支行	海淀区羊坊店路6号	63954283
学清路支行	海淀区学清路8号	82737332
增光路支行	海淀区增光路35号	51797660
万柳支行	海淀区万柳中路15号	82566470
大运村支行	海淀区知春路锦秋国际大厦A区首层01号	82899276
太平路支行	海淀区西翠路5号	88285023
银谷大厦支行	海淀区中关村路10号银谷大厦首层	62800275
翠微支行	海淀区翠微路甲10号建筑大厦1层	68254473
玉泉路支行	海淀区复兴路83号东9楼33号房	88258395
军科支行	海淀区军事科学院南大门西楼1～2层	62868635
人大支行	海淀区中关村大街59号文化大厦1层	82509785
科大支行	海淀区学院路30号北京科技大学院内外语学院	62395265
四季青支行	海淀区紫竹园路116号嘉豪国际中心大厦B座	51709385
石景山支行	石景山区八角西街229号	68864969
鲁谷支行	石景山区鲁谷小区七星园1号楼1层	68627531
方庄支行	丰台区方庄芳城园1区16号楼	67656766
西罗园支行	丰台区马家堡东路36号	87293423
北京西站支行	丰台区西客站南路7号	63406746
万客隆支行	丰台区大红门西路19号	67217581
科技园区支行	丰台区科学城恒富街2号院5号楼	63797041
丰台东大街支行	丰台区东大街19号	63832009
东铁营支行	丰台区东铁营顺一条6号	67644258
丰台路支行	丰台区西四环南路46号国润商务大厦B座首层	83659782
草桥支行	丰台区草桥东路8号院7号楼	87888669
东高地支行	丰台区东高地斜街6号	67975764
角门支行	丰台区角门北路8号院1号楼	51186286
成寿寺支行	丰台区成寿寺四方景园(世纪风景)2区1号楼商铺	87647994
科技大道支行	丰台区南四环西路188号6区9号楼	51189968
大兴支行	大兴区兴丰南大街21号	67880157
大兴开发区支行	大兴区工业开发区广茂大街9号	60213232

天华支行	大兴北京经济技术开发区天华园二里2区大雄商业中心F1B4	67891885
黄村兴业路支行	大兴区兴业路中段三合南里22号楼1层	69246749
宏达北路支行	大兴北京经济技术开发区宏达北路10号	67860971
天宝支行	大兴北京市经济技术开发区天宝园5里2区	67804418
西红门支行	大兴区西红门镇红旭路219~221号	60250554
天河西路支行	大兴区黄村镇天河西路	61252722
空港支行	顺义区空港工业区天柱路10号	80489198
空港万科支行	顺义区天竺空港工业区B区裕民大街4号	80493466
新航站楼支行	顺义区首都机场新航站楼2层	64590392
机场南路支行	顺义区机场南路7号	64568341
林河开发区支行	顺义区林河开发区顺运路东侧	89491851
马坡支行	顺义区马坡向阳西街11号乡村乐园院内东侧	69404701
天竺支行	顺义区天竺镇府前一街38号	64582752
顺义东兴支行	顺义区府前东街9号	69444993
顺义汽车城支行	顺义区双河大街61号	89401890
新华大街支行	通州区新华大街157号	69546059
通州滨河支行	通州区新华北街67号	69554877
光机电支行	通州区光机电一体化产业基地光联工业园联东商务中心	81501066
通州果园支行	通州运河西大街南	81562068
房山支行	房山区良乡拱辰北大街	89356347
燕山迎风街支行	房山区燕山向阳路13号	81338848
城关北街支行	房山区北大街17号	69311684
门头沟支行	门头沟区新桥大街63号	69843926
沙河支行	昌平区沙河巩华城大街76号	69736977
回龙观支行	昌平区回龙观镇风雅园2区8号楼	81718352
昌平东环路支行	昌平区府学路5号	69743645
西三旗支行	昌平区回龙观西三旗西路41号	82929184
天通苑支行	昌平区东小镇天通苑5区14号楼2门	84845092
立汤南路支行	昌平区东小口镇中滩1号北方明珠大厦1层	59607168
回龙观东区支行	昌平区回龙观龙跃苑2区36号楼南段(F0136号)	80752971
密云鼓楼东大街支行	密云县鼓楼东大街	69028874
密云城西支行	密云县西门外大街6号	69044857
怀柔雁栖支行	怀柔区雁栖工业区内	61667814
怀柔府前街支行	怀柔区府前街5号	69629984
怀柔府西支行	怀柔区西大街12号	69641777

怀柔南大街支行	怀柔区南大街25号楼	69643251
怀柔北大街支行	怀柔区北大街49号	89685997
延庆高塔街支行	延庆县高塔街64号	69140547
(以上为经营性支行)		

中国建设银行股份有限公司北京市分行

机构名称	地址	电话
中国建设银行股份有限公司北京市分行	宣武区宣武门西大街28号楼4门	63603656
东四支行	东城区美术馆后街8号	64070221
西四支行	西城区阜外大街甲26号	68041601
前门支行	崇文区西打磨厂1号楼	67083877
城市建设开发专业支行	丰台区方庄蒲芳路28号	67628707
宣武支行	宣武区广安门内大街314号	63268357
铁道专业支行	丰台区莲花池东路114－1号	63989566
朝阳支行	朝阳区朝阳门外大街乙10号楼	65994828
海淀支行	海淀区知春路96号	51998000
丰台支行	丰台区西四环南路54号	63811316
石景山支行	石景山区石景山路22号	68668982
长安支行	海淀区复兴路33号西楼	68279271
经济技术开发区支行	经济技术开发区隆庆街18号	67881040
安华支行	朝阳区安定路35号	64442585
西单支行	西城区西单北大街34号	66011802
建国支行	朝阳区建国门内大街8号中粮广场B座	65263454
安慧支行	朝阳区北辰东路8号汇欣大厦1～2层	84970049
上地支行	海淀区上地信息路28号	62967187
光华支行	朝阳区光华路7号	65614009
月坛支行	西城区金融大街19号富凯大厦B座1层B102室	66573123
金安支行	海淀区复兴路戊12号	63955887
鼎昆支行	西城区黄寺大街23号阳光丽景商业配套楼	82235670
保利支行	东城区新中西里13号巨石大厦	64160606
苏州桥支行	海淀区西三环北路5号	68431720
中关村支行	海淀区中关村大街27号	82856370
金源支行	海淀区远大路一号金源时代购物中心1层	88872137
房山支行	房山区良乡拱辰北大街1号	81389597

门头沟支行	门头沟区双峪路 22 号	69843278
通州支行	通州区玉带河大街 151 号	69546921
顺义支行	顺义区府前中街	69443295
昌平支行	昌平区城区镇东环中路	69742953
延庆支行	延庆县东外大街 20 号	69101571
怀柔支行	怀柔区城南大街 22 号	69644594
密云支行	密云县新中街 85 号	69043383
平谷支行	平谷区文化南街 19 号	69961565
大兴支行	大兴区黄村镇兴政西街 25 号	69244497

交通银行股份有限公司北京分行

机构名称	地址	电话
交通银行股份有限公司北京分行	西城区金融街 33 号	66101616
分行营业部	西城区金融街 33 号	66101190
东单支行	东城区大雅宝胡同 8 号	65125510
东单北大街支行	东城区东单北大街乙 112 号	65136079
东单支行光华路分理处	朝阳区光华路甲 8 号	65832082
顺源街支行	朝阳区顺源里 2 号楼	64667167
东单支行国土房管局大厦分理处	东城区和平里北街 6 号	64409439
赛特支行	朝阳区建国门外大街 22 号	65120445
王府井支行	东城区王府井大街 200 号	65289470
春秀路支行	朝阳区春秀路甲 1 号	64152845
广渠路支行	朝阳区双井 1 号优仕阁大厦 B 座和 C 座首层	58614205
建国门支行	朝阳区雅宝路 8 号南华声国际大厦首层	51201605
亚运村支行	朝阳区北四环路安惠里二区 4 号楼	64912507
亚运村支行马甸分理处	西城区德胜门外大街 5 号	62381989
亚运村支行安翔里分理处	朝阳区安翔里 1 号	64853142
亚运村支行慧忠里分理处	朝阳区慧忠里 228 号	64924239
惠新支行	朝阳区惠新东街 5 号	64980664
慧忠北里支行	朝阳区慧忠北里 111 号	64800897
育惠东路支行	朝阳区小营路 12 号亚运花园 1 层	84624402
天通苑支行	昌平区天通苑小区 203B－4 单元	84826489
科技会展中心支行	朝阳区裕民路 12 号中国国际科技会展中心	82251033
亚北支行	朝阳区安立路 60 号院润丰花园 6 号楼 X 座西段	64820724

和平里支行	朝阳区外馆东街51号柳清居裙房	64408101
北太平庄支行	海淀区花园路7号	62376181
惠新西街支行	朝阳区惠新西街33号	64914354
和平里支行胜古园分理处	朝阳区胜古西庄胜古家园3号楼	64426223
和平里支行和平里东街分理处	东城区和平里东街16号	84252418
和平里支行兴化路分理处	东城区和平里兴化路11号	64283109
中轴路支行	东城区安德里北街21号	64244538
西坝河支行	朝阳区西坝河西里28号英特公寓首层及3层南侧	64476002
阜外支行	西城区车公庄大街9号院1号楼	88395765
西直门支行	西城区西直门内玉桃园3区13号	62239949
百万庄支行	西城区百万庄大街6号	68342237
阜外支行西便门分理处	西城区宣武门西大街甲129号	66412659
阜外支行平安大街分理处	西城区平安大街6号	66139447
阜外支行社会路分理处	西城区二七剧场路南里商业楼首层北侧	68028553
阜外支行车公庄西路分理处	海淀区车公庄西路20号	68415660
西直门北大街支行	西城区阜外大街7号国投大厦首层	68095528
阜成路支行	海淀区阜成路14号1号楼1层	68768148
阜成门支行	西城区阜外大街7号国投大厦首层	68095528
海淀支行	海淀区苏州街16号	82608327
海淀支行双榆树分理处	海淀区双榆树都市网景E座1层	62142620
中关村支行	海淀区成府路蓝旗营高校楼	62768691
万寿寺支行	海淀区西三环北路25号	68433504
上地支行	海淀区上地科技路甲2号	62964297
北航科技园支行	海淀区北四环中路238号柏彦大厦	82319630
万柳支行	海淀区长春桥路11号万柳亿城大厦B座北侧1~2层	58816761
公主坟支行	海淀区复兴路甲14号	63969606
羊坊店支行	海淀区羊坊店路11号	51891352
公主坟支行永定路分理处	海淀区永定路66号	68230979
翠微路支行	海淀区翠微路翠微东里甲2号	68250872
石景山支行	石景山区古城南里甲5号	68863551
定慧寺支行	海淀区恩济庄二区北三号楼新洲商务大厦1层	88119443
马连道支行	宣武区广外大街248号（机械大厦）	63327912
三元支行	朝阳区东三环北路甲2号	84493901

三元支行团结湖东里分理处	朝阳区团结湖东里6号楼	85986508
红庙支行	朝阳区红庙柴家湾1号	65914350
麦子店支行	朝阳区枣营路甲4号（永安宾馆）	65935314
工体北路支行	东城区新中街68号	65521157
国安支行	朝阳区关东店北街1号（国安宾馆内）	65023030
大望路支行	朝阳区西大望路3号蓝堡北区写字楼101~103号	85997420
水碓子支行	朝阳区水碓子北里19号楼	85960974
酒仙桥支行	朝阳区酒仙桥路10号星城国际大厦C座	64354445
永安里支行	朝阳区建外永安东里甲3号通用时代国际中心首层	65665277
天坛支行	崇文区天坛东里北区12号	67016535
天坛支行华威路分理处	朝阳区华威北里20号	67784962
崇文门支行	崇文门西大街2号	65231661
右安门支行	宣武区白纸坊东街10号	63513258
芳群园支行	丰台区方庄芳群园4区23号	67672630
木樨园支行	丰台区东木樨园9号	87206594
松榆里支行	朝阳区松榆东里23号	67357136
朝外支行	北京市朝阳区朝阳门外大街16号	85251075
南滨河路支行	宣武区南滨河路乙25号	83491202
望京支行	朝阳区望京街9号	59203656
望京中环路支行	朝阳区望京西园304号楼	64751171
望京南湖中园支行	朝阳区望京南湖中园K3-301号楼	64748541
望京西园支行	朝阳区望京西园4区416号楼	64713564
北京经济技术开发区支行	经济技术开发区隆庆街3号	67883548
东高地支行	丰台区南大红门路15号	88522786
西单支行	西城区西长安街甲17号	66078436
安德里支行	西城区德外六铺炕一区	62385400
农科院支行	海淀区学院南路57号	62174430
世纪城支行	海淀区蓝靛厂世纪城小区金夕园甲1号楼4段	88462240
建国路支行	朝阳区建国路90号	85891257
东直门支行	东城区东直门外大街48号东方银座大厦	84476267
紫竹桥支行	海淀区紫竹院路1号人济山庄D座裙房103、203号	84526487
顺义仁和支行	顺义区仓上街AMB大厦B区1层	89448051
东区支行	朝阳区广渠路21号	58202982

注：现西直门北大街支行与阜成门支行合署办公。

招商银行股份有限公司北京分行

机构名称	地址	电话
招商银行股份有限公司北京分行	西城区复兴门内大街156号北京招商国际金融中心A座	66426889
分行营业部	西城区复兴门内大街156号北京招商国际金融中心A座	66427121
长安街支行	东城区建国门内大街11号	65292026
东三环支行	朝阳区东三环北路1号	84510583
展览路支行	西城区展览路乙3号	68365433
亚运村支行	朝阳区北辰东路8号北京国际会议中心地下1层	84977506
万寿路支行	海淀区复兴路乙20号	68286580
双榆树支行	海淀区中关村南大街9号理工科技大厦1层	68467183
大运村支行	海淀区知春路27号	82357648-8006
王府井支行	东城区灯市口大街75号	65272073
宣武门支行	宣武区宣外大街30号	63164380-8035
西三环支行	海淀区阜石路67号	68718147
北三环支行	朝阳区樱花西街18号	64446258
朝阳门支行	东城区朝阳门北大街6号首创大厦1层	85282352
建国路支行	朝阳区建国路116号	65660168
崇文门支行	崇文区崇外大街5号北京新世界商场二期首层	67089468
首体支行	西城区西直门外大街143号凯旋大厦A座首层	88016694
清华园支行	海淀区双清路清华紫光大厦1~2层	62793655
方庄支行	丰台区方庄芳古园一区29号通润商务会馆B区首层	67611702
中关村支行	海淀区中关村大街42号	62544815
小关支行	朝阳区北四环东路115号	64822450
光华路支行	朝阳区光华路1号嘉里中心内	85296379
东方广场支行	东城区东方广场PE3（03~07）	85150201
北四环支行	海淀区北四环中路229号	82884290
万泉河支行	海淀区万柳阳春光华家园甲5号	82571483
金融街支行	西城区金融大街35号国际企业大厦C座首层	88091258
静安里支行	东三环北路8号静安中心首层	64666006

安定门支行	东城区安定门外大街208号	64217769
海淀支行	海淀区北四环西路56号辉煌时代大厦1层	62695363
世纪城支行	海淀区蓝靛厂垂虹园甲1号	88876703
望京支行	朝阳区南湖南路15号院甲1号金隅丽港东南角	64799886
朝外大街支行	朝阳区朝外大街26号	85653362 -218
万达广场支行	朝阳区建国路93号万达广场7号楼	58206783
东直门支行	东直门外大街46号天恒大厦1层	84608093
慧忠北里支行	朝阳区慧忠北里305号楼	64880995

上海浦东发展银行股份有限公司北京分行

机构名称	地址	电话
上海浦东发展银行股份有限公司北京分行	东城区东四十条68号	84085556
营业部	东城区东四十条68号	84085830
金融街支行	西城区金融大街35号国企大厦A座	88091855
宣武支行	宣武区广安门内大街316号	63515446
黄寺支行	东城区安德里北街21号	84138684
中关村支行	海淀区海淀南路15号	62550716
朝阳支行	朝阳区朝阳门外大街19号	65802606
建国路支行	朝阳区建外大街99号	65812275
万寿路支行	海淀区万寿路西街2号（文博大厦）	68233323
安外支行	东城区安外大街甲88号	64264830
阜成支行	西城区南礼士路3号	68311547
雅宝路支行	东城区建国门北大街8号	85192332
海淀园支行	中关村大街1号	82664290
首体支行	海淀区白石桥路54号	88026239
东三环支行	朝阳区霄云路26号鹏润大厦	84584706
亚运村支行	朝阳区慧忠路5号远大中心	84891011
知春路支行	海淀区知春路9号蓟门坤讯大厦	82320666
安华桥支行	朝阳区安贞西里3区15号	64417537
灯市口支行	东城区东四南大街143号	85116767
电子城支行	朝阳区酒仙桥路10号	64350556
经济技术开发区支行	经济技术开发区天华园二里二区19号楼	67890819
永定路支行	海淀区永定路甲51号	68150581
西客站支行	海淀区北蜂窝中路15号	63978033

花园路支行	海淀区花园东路10号高德大厦C座	82030630

广东发展银行股份有限公司北京分行

机构名称	地址	电话
广东发展银行股份有限公司北京分行	东城区东单大华路2号	65269966
月坛支行	西城区月坛北街2号	68083556
中关村支行	海淀区中关村大街45号	62510783
亚运村支行	朝阳区安定门外安立路8号	64993863
建国路支行	朝阳区建国路112号	65667647
国展支行	朝阳区西坝河东里18号	84603165
朝阳门支行	东城区朝阳门内大街168号	65255322
航天桥支行	海淀区西三环北路105号	88415097
新外支行	海淀区新街口外大街19号	62202585
西客站支行	宣武区广莲路1号	63954853
甘家口支行	西城区阜外大街34号	68510355
东直门支行	东城区东中街9号	64182989
翠微路支行	海淀区复兴路乙20号	66803719
车公庄支行	海淀区车公庄西路乙19号	88018701
方庄支行	丰台区方庄路5号	87681090
安贞支行	朝阳区安定路39号	64445660
蒋宅口支行	东城区安外大街蒋宅口3号	64253052
宣武门支行	宣武区宣武门外大街8号	63105701
十里堡支行	朝阳区十里堡甲3号	65574312
知春路支行	海淀区知春路49号	88099482
王府井支行	东城区王府井大街218－2号	65271175
北沙滩支行(2月17日更名奥运村支行)	朝阳区北沙滩甲1号	64836760
黄寺支行	西城区德外大街12号	62039133
天通苑支行	昌平区天通苑北苑一区甲6号楼	81758219

兴业银行股份有限公司北京分行

机构名称	地址	电话
兴业银行股份有限公司北京分行	朝阳区安贞西里三区11号	64429988

甘家口支行	海淀区三里河路 19 号甘家口大厦	88392548
中轴路支行	东城区鼓楼外大街甲 28 号	84131495
朝外支行	朝阳区朝外大街 77 号曼哈顿大厦	65522234
广安门支行	宣武区广安门内大街 315 号信息大厦	63691584
亚运村支行	朝阳区亚运村安慧里四区 16 楼	84885210
西单支行	西城区宣内大街 86 号西单东南大厦	66033101
中关村支行	海淀区中关村南大街 32 号中关村科技发展大厦	62140576
东外支行	朝阳区东直门外大街 23 号	64688194
上地支行	海淀区上地信息中路 19 号	62960275
西客站支行	海淀区复兴路 12 号恩菲科技大厦	63959953
东单支行	东城区东单三条 8－2 号青艺大厦	65212364
长安支行	海淀区复兴路 65 号	68134894
国贸支行	朝阳区东三环中路甲 10 号赢嘉中心	65661615
安华支行	朝阳区安贞西里三区 11 号	64450943
月坛支行	西城区车公庄大街 9 号五栋大楼	88395826
三元桥支行	朝阳区东三环霄云路 21 号大通大厦	84540826
西直门支行	海淀区西直门北大街 42 号华星贸易大厦	62272378
知春路支行	海淀区知春路 59 号中关村海关大厦	62616086
大钟寺支行	海淀区北三环西路 23 号	82113671
空港支行	顺义区天竺镇府前二街 1 号宏远天竺物流中心 A 楼	64583310
世纪坛支行	海淀区复兴路甲 1 号	68525271
海淀支行	海淀区中关村西区丹棱街 3 号	82607710
金源支行	海淀区蓝靛厂东路 2 号院 2 号楼	88891472
永定门支行	崇文区永定门外大街 101 号	87804898

深圳发展银行北京分行

机构名称	地址	电话
深圳发展银行北京分行	西城区复兴门内大街 158 号远洋大厦 F5	66421666
分行营业部	西城区复兴门内大街 158 号远洋大厦 F1	66421666
神华支行	东城区安定门西滨河路 22 号神华大厦	64485661
安华支行	朝阳区安贞西里 3 区 10 号楼 1 层	51961923
西三环支行	海淀区西三环中路甲 21 号	63983622
中关村支行	海淀区苏州街 1 号绿创大厦	62547455
三元桥支行	朝阳区霄云路 38 号现代汽车大厦	84538668

朝阳门支行	朝阳区关东店北街1号国安宾馆	65061188
官园支行	西城区车公庄大街乙1号富通大厦	88370055
建国门支行	东城区建国门内大街18号恒基中心大厦	65188100
知春路支行	海淀区知春路113号银网中心	62635420
海淀支行	海淀区中关村南大街甲32号	62187508
东直门支行	东城区东直门外大街48号东方银座首层	84477761
东城支行	东城区金宝街58号北京华丽大厦	65127997
和平支行	东城区和平里9区甲4号安信大厦	64464976
宣武支行	宣武区南新华街甲1号瑞驰大酒店	63153329
亚运村支行	朝阳区安立路66号安立花园1号楼	64907572
万柳支行	海淀区万柳中路35号万柳蜂鸟家园2号楼	82871700

中信银行总行营业部

机构名称	地址	电话
中信银行总行营业部	西城区金融大街甲27号投资广场A座	66219988
国际大厦支行	朝阳区建国门外大街19号国际大厦	65122233
京城大厦支行	朝阳区新源里南路6号京城大厦	84865387
富华大厦支行	东城区朝阳门外北大街8号富华大厦C座	65543647
朝阳支行	朝阳区农展馆南里12号	65389585
中关村支行	海淀区中关村南大街6号	62187402
招商大厦支行	朝阳区建国路118号招商局大厦	65687850
广安门支行	宣武区广安门外南滨河路1号高新大厦	63288394
海淀支行	海淀北一街2号首创拓展大厦	62613870
东大桥支行	朝阳区工体东路18号	65944950
知春路支行	海淀区知春路14号	62369737
新兴支行	海淀区西三环中路17号新兴宾馆北楼	68212510
奥运村支行	朝阳区慧忠北里309楼天创世缘D1	64802827
阜成门支行	西城区阜成门北大街6号-6国际投资大厦A座	66579713
酒仙桥支行	朝阳区酒仙桥路14号兆维大厦	64319780
崇文支行	崇文区光明路13号	67151791
西单支行	西城区复兴门内大街45号主楼东配楼	66035426
万达广场支行	朝阳区建国路朗家园11号万达广场东区商业B座	58208406
首体南路支行	海淀区首体南路16号国兴大厦E座	88354581
中粮广场支行	东城区建国门内大街8号中粮广场A座	65228710

金运大厦支行	海淀区西直门北大街甲43号1号楼101	62294402
上地支行	海淀区上地东里一区4号楼科贸大厦	62969970
经济技术开发区支行	经济技术开发区宏达北路10号万源商务大厦	67875909
安贞支行	朝阳区北三环中路安贞里浙江大厦	64417162
广渠路支行	朝阳区东三环外广渠路31号九龙商厦	87768422
望京支行	朝阳区望京利泽中园工业区众运大厦	64391220
清华科技园支行	海淀区中关村东路一号院威新国际大厦	58722193
三元桥支行	朝阳区三元桥第三置业大厦D座	58221129
世纪城支行	海淀区蓝靛厂居住区（世纪城3期）甲2号	88862208
尚都国际中心支行	朝阳区东大桥甲8号尚都国际中心	58700920
紫竹桥支行	海淀区北洼路9号世纪新景园7号楼	88583990

中国光大银行股份有限公司营业部

机构名称	地址	电话
中国光大银行股份有限公司营业部	西城区宣武门内大街1号	66567690
营业室	西城区宣武门内大街1号	65279082
王府井支行	东城区王府井大街121号	63263651
宣武支行	西城区广安门外大街1号	82236900
德胜门支行	西城区黄寺大街23号	82538076
海淀支行	海淀区海淀路171号	85252558
朝阳支行	朝阳区朝外大街16号	65926247
建国门支行	朝阳区建国门外大街16号	51921020
复兴路支行	海淀区复兴路47号	63019060
和平门支行	宣武区前门西大街甲10号	63467024
天宁寺支行	西城区莲花池东路1号	68002203
西城支行	西城区车公庄大街甲4号	68747778
中关村支行	海淀区知春路63号	64079358
东四支行	东城区东四北大街337号	64648241
新源支行	朝阳区新源西里中街12号	64283375
安定门支行	东城区安定门外大街208号	68042459
礼士路支行	西城区南礼士路66号	64928942
亚运村支行	朝阳区惠忠东路5号	68335760
首体支行	海淀区西直门外大街168号	68727490
阜成路支行	海淀区西三环中路100号	82038453
花园路支行	海淀区花园东路8号	68519708

三里河支行	西城区月坛南街71号	64171771
工体路支行	东城区东中街46号	83988155
西单支行	西城区华远北街2号	68332338
西直门支行	西城区德宝新园22号	87673407
方庄支行	丰台区芳古园1区31号B楼	68561246
长安支行	西城区复兴门外大街6号	65066984
长虹桥支行	朝阳区东三环北路15号	88508844
世纪城支行	海淀区板井路59号	82564640
远大路支行	海淀区长椿桥路5号3号楼	82255033
北太平庄支行	海淀区北太平庄路18号城建大厦B座	64414913
安贞支行	朝阳区安定路39号	84726279
望京支行	朝阳区望京中环南路花家地街花家地商业1号楼	88878901
金源支行	海淀区远大路垂虹园甲5号	65851510
光华路支行	朝阳区光华路2号阳光100	67820435
经济技术开发区支行	北京经济技术开发区天宝园5里2区1－C2号	67820463

中国民生银行股份有限公司总行营业部

机构名称	地址	电话
中国民生银行股份有限公司总行营业部	西城区复兴门内大街2号	58560088
营业部	海淀区复兴路甲3号	68579345
阜成门支行	西城区阜外大街2号万通新世界广场B座首层	68588458
建国门支行	朝阳区建国门外大街21号国际俱乐部首层	65325937
中关村支行	海淀区知春路113号银网中心首层	62619096
西坝河支行	朝阳区西坝河西里甲18号	64295659
工体北路支行	朝阳区工体北路9号	64155280
安定门支行	朝阳区安外大街1号信义大厦	58295809
万寿路支行	海淀区复兴路甲65号－A	68169096
西客站支行	丰台区西客站南广场中色大厦首层	63485530
正义路支行	东城区正义路3号共青团中央综合楼	65262023
上地支行	海淀区上地东里一区4号楼科贸大厦首层	62971228
国贸支行	朝阳区建国路128号一航大厦	65676300
首体支行	西城区西直门外大街甲143号凯旋大厦	68310386
金融街支行	西城区金融大街33号通泰大厦B座首层	88087334

平安里支行	西城区地安门西大街141号	66519577
北太平庄支行	西城区新街口外大街2号金辉科技楼	62382766
广安门支行	宣武区广内大街338号港中旅大厦	63574207
方庄支行	丰台区芳古园通润会馆首层	67670406
朝阳门支行	朝阳区朝外大街22号泛利大厦首层	65884529
紫竹支行	海淀区紫竹院路31号华澳中心嘉慧苑首层	88510826
魏公村支行	海淀区中关村南大街27号中扬科技大厦首层	68937489
东单支行	东城区东单大街甘雨胡同甲2号大万商务中心	85110682
亚运村支行	朝阳区惠新西街3号	64916092
苏州街支行	海淀区苏州街33号	62529236
西直门支行	海淀区西直门大街43号时代之光名苑首层	62266015
和平里支行	东城区和平里东街12号华文宾馆首层	64212490
崇文门支行	崇文区崇外大街9号正仁大厦首层	67089851
奥运村支行	朝阳区安立路66号安立花园首层	64906563
三元支行	朝阳区东三环北路甲2号京信大厦西南配楼首层	84489519
西单支行	西城区西单北大街107号北京电信首层	58533911
劲松支行	朝阳区劲松三区甲302号华腾大厦1层	87730408
成府路支行	海淀区成府路298号中关村方正大厦首层南侧	82529409
德胜门支行	西城区德外大街新风街2号天成科技大厦首层	82271439
电子城支行	朝阳区酒仙桥路14号兆维大厦首层	58671027
首都机场支行	朝阳区航安路首都机场“职工之家”综合楼	64595916
西二环支行	西城区阜成门北大街6号国际投资大厦首层	66579958
空港支行	首都机场候机楼8号离港厅	64592006
西长安街支行	西城区复兴门内大街2号民生银行大厦首层	58560383
南二环支行	崇文区永定门外大街101号百荣世贸商城	87804382
建国门外支行	朝阳区建国门外大街甲12号	65693075
京广支行	朝阳区呼家楼京广商务楼首层	65974217
航天桥支行	海淀区阜成门外马神庙1号核能大厦裙楼1层	59711157

华夏银行股份有限公司

机构名称	地址	电话
华夏银行股份有限公司	东城区建国门内大街22号	85239938
华夏银行股份有限公司总行营业部	西城区金融大街11号北京国际金融中心	58598600

注：华夏银行股份有限公司在全国各地共有22家分行，并在北京有一家营业部。

石景山支行	石景山区石景山路66号	68830860
和平门支行	宣武区前门西大街14号	63163293
紫竹桥支行	海淀区广源闸5号广源大厦首层	68713229
东四支行	东城区东四十条21－2号	64051787
长安支行	西城区三里河东路5号中商大厦	68535125
中关村支行	海淀区北四环西路56号辉煌时代大厦	62695272
知春支行	海淀区知春路111号	82670200－824
灯市口支行	东城区灯市口大街33号国中商业大厦首层	65260221
平安支行	西城区平安里西大街16号	66150176
安定门支行	东城区安定门外大街甲68号	84270927
建国门支行	东城区建国门内大街5号	65125467
朝阳门支行	朝阳区朝外吉祥里103号工艺大厦附楼1层	65531051
京广支行	朝阳区东三环中路7号财富中心一期商铺E106号	65309568
首体支行	海淀区西直门外大街168号腾达大厦	88576050
公主坟支行	海淀区复兴路14号华鹰大厦G座	63984504
亮马河支行	朝阳区东三环北路3号B座首层	64688004
东直门支行	朝阳区东土城路14号建达大厦首层	85271101
中轴路支行	东城区鼓楼外大街45号	82086134
亚运村支行	朝阳区北辰东路8号汇宾大厦首层	64993446
万柳支行	海淀区万柳中路29号院	82579070
两广支行	崇文区珠市口东1号新阳商务楼	67081582
国贸支行	朝阳区东三环南路赢嘉中心	65669746
光华支行	朝阳区光华路甲8号和乔大厦C座	65832034
魏公村支行	海淀区中关村南大街甲12号寰太大厦首层	62109311
阜外支行	西城区阜外大街甲34号泰阳大厦	68530671
东单支行	东城区建国门内大街22号华夏大厦	85237924
北沙滩支行	朝阳区德外北沙滩1号	64848665
德外支行	西城区德外大街3号	62009388
西直门支行	海淀区西直门北大街60号首钢国际大厦	82292499
望京支行	朝阳区望京广顺北大街222号星源国际公寓首层	84725981
世纪城支行	海淀区蓝靛厂东路2号金源时代商务中心2号A座首层	88861768
车公庄支行	西城区车公庄大街12号核建大厦首层	88306394
秀水支行	朝阳区建外秀水东街8号秀水街市场2楼	65930783

北京银行股份有限公司

机构名称	地址	电话
北京银行股份有限公司	西城区金融大街17号北京银行大厦	66426500
总行营业部	西城区金融大街17号	66225025
车公庄支行	西城区车公庄大街乙8号	68314275
德外支行	西城区德胜门外大街8号	62373099
西四支行	西城区西单北大街30号	66072541
阜成支行	西城区阜外大街2号	68031735
复兴支行	西城区月坛南街14号	68570283
展览路支行	西城区西直门外南路8号	68317661
三里河支行	西城区月坛南街85号	68577228
月坛支行	西城区阜外大街27号	68031735
华安支行	西城区西黄城根北街甲2号	66112958
西直门支行	西城区赵登禹路冠英园西区31号楼	66184768
燕京支行	西城区复外大街19号	68518694
金融街支行	西城区金融大街26号	88087434
官园支行	西城区育教胡同33号	66158522
慧园支行	西城区教场口街9号院7号楼及9号楼	82061217
西单支行	西城区复兴门内大街156号	67642778
紫竹支行	海淀区车道沟10号院	58830099
新街口北大街支行	德胜门西大街15号远洋风景C1单元8楼102号	82295903
新华支行	海淀区万柳中路15号	82565339
上地支行	海淀区上地信息路1号国际科技创业园	82895597
清华大学支行	海淀区清华大学照澜院商业楼1层1号	62770466
双榆树支行	海淀区双榆树东里甲22号	82120149
翠微路支行	海淀区复兴路33号（翠微大厦东南角1层）	68286863
中关村支行	海淀区中关村南路甲2号	62626289
魏公村支行	海淀区中关村南大街25号	68937786
大钟寺支行	海淀区皂君庙路5号	62169408
学院路支行	海淀区学院路30号	62313296
西苑支行	海淀区颐和园路39号	62881816
燕园支行	海淀区西草场1号	82852397
清华园支行	海淀区双清路西王庄同方大厦	62770467
万寿路支行	海淀区万寿路17号天天假日饭店B座	68162761
西客站支行	海淀区羊坊店路3号	63964855

永定路支行	海淀区复兴路 81 号 G 座	68281039
白石桥支行	海淀区白石桥路 48 号	62196712
北太平庄支行	海淀区北三环中路戊 40 号	62062407
北洼路支行	海淀区北洼路 26 号	68489951
四道口支行	海淀区学院南路 54 号	62232026
航天支行	海淀区海淀南路 30 号	82671126
学知支行	海淀区北土城西路 197 号	62382510
双秀支行	海淀区北三环中路 31 号	82005320
阜裕支行	海淀区阜成路甲 28 号	68451887
甘家口支行	海淀区三里河路 39 号	68349787
金运支行	海淀区西直门北大街甲 43 号	62295217
北京大学支行	海淀区成府路 298 号方正大厦	82529719
国兴家园支行	海淀区首体南路 20 号国兴家园 5 号楼 1 层	88355436
海淀路支行	海淀区中关村大街 22 号中科大厦 B 座	82533036
友谊支行	海淀区中关村南大街 3 号	82533036
中关村科技园区支行	海淀区中关村大街甲 28 号	82533036
世纪城支行	海淀区板井路 69 号世纪金源国际公寓东区首层	88462512
北航支行	海淀区学院路 35 号世宁大厦	62382510
中关村广场支行	海淀区海淀北一街 2 号首创拓展大厦	82533036
四季青支行	海淀区蓝靛厂世纪城三期时雨园甲 1－1 号	88462512
工体北路支行	东城区新中西里 13 号巨石大厦	51909891
和平里支行	东城区和平里东街 1 号	84232274
建国支行	东城区建内大街乙 18 号	65245132
东四支行	东城区东四北大街 H303 号	64071885
长城支行	东城区王府井金鱼胡同 18 号	65258088
灯市口支行	东城区灯市口大街 72 号	65230530
景山支行	东城区美术馆东街 20 号	64018151
中轴路支行	东城区安德路 16 号	84882477
沙滩支行	东城区北河沿大街 97 号	65253520
东单支行	东城区建国门内大街 19 号	65245132
安定门支行	东城区交道口南大街 16 号	64074851
东直门支行	东城区东直门南大街 9 号	84098610
海运支行	东城区东直门南大街 5 号	58156081
朝外支行	朝阳区朝阳门外大街 12 号	65881586
望京支行	朝阳区望京广顺南大街 19 号	64775421
东大桥支行	朝阳区东直门外大街 22 号楼东侧	64167517
酒仙桥支行	朝阳区酒仙桥路 3 号	64376762

九龙山支行	朝阳区农光里 117 号	67342095
芳草地支行	朝阳区东大桥路 10 号	85952968
金台路支行	朝阳区团结湖路 52 号	85984045
亚运村支行	朝阳区慧忠北里 309 号	64800007
八里庄支行	朝阳区朝外延静西里 2 号	65072533
新源支行	朝阳区北三环东路 6 号	64643177
安华路支行	朝阳区外馆东街 51 号	64408273
北三环东路支行	朝阳区北三环东路 26 号	84284121
樱花支行	朝阳区北三环东路 15 号	64419057
关东店支行	朝阳区东大桥三角地	65865737
北辰路支行	朝阳区北辰东路 8 号汇珍楼	84977488
现代城支行	朝阳区建国路 88 号	85803047
商务中心区支行	朝阳区光华路丙 12 号	65045223
雅宝路支行	朝阳区雅宝路 2 号（天雅大厦）	51362663
红星支行	朝阳区朝外大街 20 号	65881586
北苑路支行	朝阳区北苑路 172 号万兴苑公寓楼 11 号	84854738
首都机场支行	北京首都国际机场 1 号航站楼 2 层 E211－212	81482660
东长安街支行	朝阳区建国门外大街乙 12 号	65683696
三元桥支行	朝阳区东三环北路 2 号	64109255
经济技术开发区支行	朝阳区经济技术开发区宏达北路 12 号	67873394
健翔支行	朝阳区安翔北里甲 11 号	82005320
惠新支行	朝阳区惠新东街 4 号	64250975
建外支行	朝阳区东三环中路 39 号建外 SOHO 9 号楼	58692971
右安门支行	宣武区右安门内大街 65 号	62586349
前门支行	宣武区前门西大街正阳市场 1 号楼	63019067
琉璃厂支行	宣武区南新华街 48 号	63012317
广安支行	宣武区广安门外白菜湾 5 号楼 1 层	63486028
报国寺支行	宣武区广安门内大街白广路甲 1 号	63563991
珠市口支行	宣武区骡马市大街 14 号	83523449
天宁支行	宣武区核桃园西街 36 号	63035403
滨河路支行	宣武区枣林前街 119 号	63041901
白云支行	宣武区小马厂西里 2 号	63408267
陶然支行	宣武区永定门内西街 5 号	83162553
宣武门支行	宣武区广安门内大街 6 号	83529066
天桥支行	崇文区大都市街南 8 楼	67075134
天坛支行	崇文区天坛东路 76 号	67144822
花市支行	崇文区东花市北里中区甲 27 楼	67189320

光明支行	崇文区光明路11号	67129142
广渠门支行	崇文区夕照寺街2号	63184615
永外支行	崇文区永外东革新里5号	67239132
丰台支行	丰台区丰台镇东安街1号	63897452
西罗园支行	丰台区海户西里甲30号	67253444
两桥支行	丰台区西四环南路31号	63855517
方庄支行	丰台区方庄芳星园2区甲3号	67144822
成寿寺支行	丰台区南三环四方景园二区配套商业1~5号	87647377
总部基地支行	丰台区南四环西路188号三区5号楼	68162761
京源路支行	石景山区石景山路23号中础大厦	88706585
石景山支行	石景山区石景山路42号	68878226
昌平支行	昌平区政府街2号	80103801
顺义支行	顺义区站前街粮食局商办楼	81482660
燕山支行	房山区燕山迎风街17号	89341973
通州支行	通州区新华大街171号	89501005
天竺支行	顺义区天竺镇府前一街38号天韵阁103号	81482660
大兴支行	大兴区黄村镇兴政街29号	69261010
天通苑支行	昌平区东小口镇立汤路188号北方明珠大厦	58608620
天津分行	天津市和平区承德道21号	022-58186886

北京农村商业银行股份有限公司

机构名称	地址	电话
北京农村商业银行股份有限公司	西城区阜成门内大街410号	66506238
朝阳支行	朝阳区北苑路90号	64945304
将台支行	朝阳区酒仙桥村甲3号	64386861
金盏支行	朝阳区金盏乡金盏大街中路	84392962
来广营支行	朝阳区望京北路18号	64390398
太阳宫支行	朝阳区西坝河北里15号楼	64275265
高碑店支行	朝阳区建国路29号兴隆家园9号楼101、201室	85777820
和平支行	朝阳区来广营东路5号东郊农场综合服务楼	84701569
商务中心区支行	朝阳区十八里店乡大洋路周家庄村居然之家家具城东侧	67356601
十八里店支行	朝阳区十八里店乡十八里店村19号	67474048

小红门支行	朝阳区小红门乡宋家楼4号	67632186
南磨房支行	朝阳区大望路平乐园路口南300米	67308538
王四营支行	朝阳区王四营乡官庄大队陶庄个体公园南侧	67382040
双桥支行	朝阳区朝阳路管庄路口西20米	65764454
亚运村支行	朝阳区安外安立路甲56号	84802802
丰台支行	丰台区丰台北路45号	63812153
南苑支行	丰台区方庄路3号	67686260
成寿寺支行	丰台区成寿寺“世纪·风景”住宅小区A区商铺03号1~2层	67625112
花乡支行	丰台区看丹路甲15号	63712293
太居寺支行	丰台区西三环南路16号	63334778
卢沟桥支行	丰台区丰台体育中心北路1号	63804184
小屯支行	丰台区小屯双林苑8号楼西侧	83695238
王佐支行	丰台区云岗南宫路3号	83318645
长辛店支行	丰台区长辛店杜家坎南路甲6号	83871301
石景山支行	石景山区杨庄东路78号	68841937
八角支行	石景山区八角南路7号	68872063
西山支行	石景山区西黄新村东里2号楼01~03号	88701303
京源支行	石景山区京源路展龙写字楼1层	68628405
海淀支行	海淀区苏州街77号	82518252
西苑支行	海淀区西苑草场2号乙	62881232
玉渊潭支行	海淀区万寿路17号A座	68157924
东升支行	海淀区清华东路甲1号	62313172
中关村支行	海淀区海淀南路11号	62555748
海淀新区支行	海淀区中关村永丰高新技术产业基地IV区4号永丰商业中心2号楼B座	62473687
东北旺支行	海淀区上地信息路7号	62983467
上庄支行	海淀区上庄镇上庄路72号	62471621
温泉支行	海淀区温泉镇温泉路59号	62456901
苏家坨支行	海淀区苏家坨镇温阳路18号	62454903
北安河支行	海淀区苏家坨镇北安河路5号	62455843
四季青支行	海淀区板井路81号	88432571
门头沟支行	门头沟区滨河路龙泉花园D座一单元	60857878
雁翅支行	门头沟区雁翅镇雁翅车站往东200米	61830809
潭柘寺支行	门头沟区潭柘寺镇鲁家滩大街46号	60862863
妙峰山支行	门头沟区妙峰山镇镇政府对面	61881067
斋堂支行	门头沟区斋堂镇斋堂大街43号	69816834

永定支行	门头沟区石龙北路52号	69809828
清水支行	门头沟区清水镇上清水村上清水车站50米	60855847
龙泉支行	门头沟区门头沟路21号	69844518
昌平支行	昌平区东环路中医院路口往西20米少年宫对面	89700425
兴昌支行	昌平区昌平镇东环路中医院对面	69744890
南口支行	昌平区南口镇东大街保温瓶厂南侧	69771873
小汤山支行	昌平区小汤山镇地税所西院	61786800
兴寿支行	昌平区兴寿镇兴寿村709号	61726547
阳坊支行	昌平区阳坊镇南阳路大都饭店北侧	69767890
长陵支行	昌平区长陵镇政府南侧	60762846
流村支行	昌平区流村镇北流村西科技园环岛西500米	89773022
沙河支行	昌平区沙河镇展思门路29号	69731328
马池口支行	昌平区马池口镇马池口村新街347号	60775518
崔村支行	昌平区崔村镇西崔村11号	60721650
南邵支行	昌平区南邵镇南邵村镇政府对面	60731612
十三陵支行	昌平区十三陵镇胡庄	89761722
百善支行	昌平区百善镇政府西侧	61739208
天通苑支行	昌平区东小口镇中滩村东镇政府后面	84811956
回龙观支行	昌平区回龙观镇政府北100米	62713142
北七家支行	昌平区北七家镇政府街八仙别墅北	69757469
通州支行	通州区新华大街59号	69526485
永顺支行	通州区新华北街31号	69544516
宋庄支行	通州区宋庄镇102国道北侧	69595718
潞城支行	通州区潞城镇政府东侧	89581155
西集支行	通州区西集镇国防路39号	61576221
漷县支行	通州区漷县镇漷兴一街北侧	80586191
永乐店支行	通州区永乐店镇永乐大街54号	69568495
张家湾支行	通州区张家湾镇光华路西侧	69571386
台湖支行	通州区台湖镇政府西200米	61532735
梨园支行	通州区梨园镇九棵树大街17号	81512455
顺义支行	顺义区新顺南大街15号	69443744
仁和支行	顺义区政府西1700米顺榆路路南顺义区供销社大厦	69448105
平各庄支行	顺义区顺通路20号	69492041
马坡支行	顺义区马坡地区西马坡村西	69402009
牛栏山支行	顺义区牛栏山镇牛板路牛山段邮局东侧	69411241
赵全营支行	顺义区赵全营镇政府西300米	60432619

杨镇支行	顺义区杨镇顺平路杨镇段 53 号	61451286
南彩支行	顺义区南彩镇顺平路南彩段 45 号	89469253
北小营支行	顺义区北小营府前街 11 号	60483974
张各庄支行	顺义区张各庄镇大街 7 号	61480761
高丽营支行	顺义区高丽营镇顺沙路高丽营段 7 号	69455929
光明街支行	顺义区光明北街 9 号	69429097
空港支行	顺义区天竺镇府前街 37 号	64589798
南法信支行	顺义区南法信镇京顺路南法信段 7 号	69472328
李家桥支行	顺义区李桥中心街 53 号	81473831
后沙峪支行	顺义区后沙峪镇双裕街 15 号	84081018
大兴支行	大兴区黄村东大街 9 号	69295434
旧宫支行	大兴区旧宫镇旧宫东路 90 号	87962463
西红门支行	大兴区西红门镇政府西侧 1 米	60253046
北臧村支行	大兴区北臧村镇政府西侧 50 米	60276034
庞各庄支行	大兴区庞各庄镇农行分理处南 1 米	89287419
榆垡支行	大兴区榆垡镇卫生院东侧 5 米	89216785
安定支行	大兴区安定镇农行分理处西侧 1 米	80231261
魏善庄支行	大兴区魏善庄镇车站村东 20 米	89201977
青云店支行	大兴区青云店镇国税所北侧 5 米	80285780
清澄支行	大兴区黄村镇清澄名苑南区 31 号楼政府综合服务大厅内	81296801
采育支行	大兴区采育镇电管站西侧 2 米	80271469
亦庄支行	大兴区亦庄镇政府内	67881973
瀛海支行	大兴区瀛海镇政府北侧 20 米	69271925
马驹桥支行	通州区马驹桥镇兴华大街 1 号	60509385
黄村支行	大兴区黄村清源路 6 号	69244961
房山支行	房山区良乡长虹东路 1 号	69374707
燕房支行	房山区城关镇南大街 16 号	89337649
阎村支行	房山区阎村镇紫园路 115 号	89318563
佛子庄支行	房山区佛子庄乡政府西侧	60365953
大石窝支行	房山区大石窝镇石窝大队东侧	61323077
青龙湖支行	房山区青龙湖镇豆各庄村下四区 43 号	60322343
琉璃河支行	房山区琉璃河镇东街 28 号	89381453
韩村河支行	房山区韩村河镇西东村岳李路 29 号	80387740
十渡支行	房山区十渡镇十渡大街 91 号	61340742
河北镇支行	房山区河北镇李各庄村	60377146
史家营支行	房山区史家营乡政府左侧	60397806

长阳支行	房山区长阳镇阳城环路19号	80351557
窦店支行	房山区窦店镇窦店村	69391813
张坊支行	房山区张坊镇张坊村中二区61号	61338351
周口店支行	房山区周口店镇周口店村派出所对面	69306784
长沟支行	房山区长沟镇长沟大街48号	61365265
良乡支行	房山区良乡中路34号	69351701
平谷支行	平谷区平谷镇新平北路平乐街8号	69972390
东高村支行	平谷区东高村镇兴业路6号	69900792
王辛庄支行	平谷区王辛庄镇齐各庄前街75号	89990798
马坊支行	平谷区马坊镇西大街17号	60995562
马昌营支行	平谷区马昌营镇马昌营古槐大街53号	61982975
金海湖支行	平谷区金海湖镇韩庄北街160号	60992097
南独乐河支行	平谷区南独乐河镇同乐路128号	60920737
大华山支行	平谷区大华山镇大华山大街136号	61948597
峪口支行	平谷区峪口镇峪口村西大街2号	61906024
大兴庄支行	平谷区大兴庄镇大兴庄村东	89932423
绿谷支行	平谷区光明西小区5号	69961228
密云支行	密云县鼓楼南大街25号	69049131
穆家峪支行	密云县穆家峪镇南穆家峪村南侧	61051835
河南寨支行	密云县河南寨镇河南寨村北路西	61086583
十里堡支行	密云县十里堡镇政府东侧	69054735
溪翁庄支行	密云县溪翁庄镇溪翁庄村委会北楼	69012347
巨各庄支行	密云县巨各庄镇巨各庄村南侧	61031467
高岭支行	密云县高岭镇高岭村政府路东侧	81081281
檀州支行	密云县鼓楼东大街世豪大酒店对面	69043475
怀柔支行	怀柔区迎宾北路18号	69686060
泉河支行	怀柔区迎宾北路32号	69646145
北房支行	怀柔区北房镇北房村幸福西街17号	61681807
杨宋支行	怀柔区杨宋镇凤翔科技开发区四园1号	61679451
雁栖支行	怀柔区雁栖镇下庄村435号	61641348
怀北支行	怀柔区怀北镇西庄村317号	69661182
渤海支行	怀柔区渤海镇沙峪村350号	61631741
庙城支行	怀柔区庙城镇庙城村派出所对面	60693356
桥梓支行	怀柔区桥梓镇桥梓村村北	69675747
汤河口支行	怀柔区汤河口镇汤河口村16号	89671173
青春路支行	怀柔区青春路8号	69642910
延庆支行	延庆县东外大街109号	69661182

夏都支行	延庆县高塔路62号	89696281
张山营支行	延庆县张山营镇张山营村南	60671824
永宁支行	延庆县永宁镇北门口	61651179
八达岭支行	延庆县八达岭镇政府院内	60623467
旧县支行	延庆县旧县镇村北侧	61616534
南菜园支行	延庆县延庆镇南菜园开发区17号	60693356
军博支行	海淀区会城门北口路东	63442060
西城支行	西城区复兴门外大街4号	68562988
鼓楼支行	西城区旧鼓楼外大街甲1号	63442060
东长安支行	东城区东长安街12号	85229652
西单支行	西城区华远街11－1号	52603096

2. 非银行金融机构分支机构

北京邮政储汇局

机构名称	地址	电话
北京邮政储汇局	丰台区莲花池东路126号	63986813
东区邮政储汇分局	朝阳区望京西园一区120楼	64716183
西区邮政储汇分局	阜成门北大街19号	68337798
南区邮政储汇分局	丰台区西罗园一区15号楼	67220499
海淀邮政储汇分局	海淀区圆明园西路51号院	62878473
国际邮政局储汇科	东城区建国门北大街东侧	65239968
通州区邮政局储汇科	通州区运河西大街64号	81588541
密云县邮政局储汇科	密云县古楼东大街36号	69053302
顺义区邮政局储汇科	顺义区新顺南大街	69423020
房山区邮政局储汇科	良乡西路11号	89352415
门头沟区邮政局储汇科	门头沟区河滩路2号	69828272
大兴区邮政局储汇科	大兴区兴丰大街	69242219
昌平区邮政局储汇科	昌平区政府街	69725124
平谷县邮政局储汇科	平谷县旧城街16号	69961428
延庆县邮政局储汇科	延庆县庆园街16号	69141897
怀柔县邮政局储汇科	怀柔县北大街16号	69623352

3. 证券公司分支机构

中国银河证券有限责任公司北京管理部

机构名称	地址	电话
中国银河证券有限责任公司北京管理部	西城区月坛南街丙1号	68033583
月坛证券营业部	西城区月坛南街丙1号	68029151
天坛东里证券营业部	崇文区天坛东里5号	67035819
双榆树营业部	海淀区双榆树科学院南路44号	82129672
和平里营业部	东城区和平里九区甲4号（安信大厦A座1层）	64464778
学院南路营业部	海淀区学院南路34号	62276483
黄寺大街营业部	西城区黄寺大街21号	62351979
阜城路营业部	海淀区阜城路67号银都大厦	88411327
百万庄营业部	西城区百万庄大街甲2号	68362044
望京西园营业部	朝阳区望京西园四区乙410楼	64756688
望京西园营业部马家堡服务部	丰台区马家堡东路94号	67228663

中信建投证券有限责任公司

机构名称	地址	电话
中信建投证券有限责任公司	东城区朝内大街188号	85130588
安立路证券营业部	朝阳区安立路66号4号楼	64906221
三里河路证券营业部	海淀区三里河路39号	88381545
东直门南大街证券营业部	东城区东直门南大街6号	64159999
海淀南路证券营业部	海淀区海淀南路19号时代网络大厦3层	82666914

4. 证券公司营业部

机构名称	地址	邮政编码
长财证券东三环中路证券营业部	朝阳区东三环中路18号东环国际大厦3层	100022
东北（新华）证券朝外大街证券营业部	朝阳区朝外大街38号	100020
东北证券三里河东路证券营业部	西城区三里河东路5号	100045

东方证券安苑路营业部	朝阳区小关北里45号世纪嘉园5号楼	100029
东方证券北京霄云路证券营业部	朝阳区东三环北路霄云路21号大通大厦南楼3层	100027
方正证券和平里东街证券营业部	东城区和平里东街6区8号	100013
国泰君安证券德外大街营业部	西城区德外大街3号	100088
国泰君安证券方庄路营业部	丰台区方庄路1号	100078
国泰君安证券西黄城根证券营业部（通州服务部）	西城区西黄城根北街21号	100034
国泰君安证券知春路营业部（怀柔服务部）	海淀区知春路17号	100083
海通证券光华路证券营业部	朝阳区光华路甲8-1号C座和乔大厦	100026
海通证券柳芳北里证券营业部	朝阳区左家庄柳芳北里综合楼	100028
海通证券中关村南大街证券营业部	海淀区中关村南大街甲56号	100044
华创证券复兴门外大街证券营业部	西城区复兴门外大街甲一号国家海洋局东配楼2~5层	100045
金通证券北京紫竹院路证券营业部	海淀区紫竹院路69号中国兵器大厦9层	100089
金信证券朝阳门北大街证券营业部（浙商）	东城区朝阳门北大街8号富华大厦E座3层	100027
金元证券方庄芳古园证券营业部	丰台区方庄芳群园一区29-4第3层	100078
金元证券新外大街证券营业部	海淀区新外大街19号京师大厦6层	100875
巨田证券北太平庄路证券营业部（招商证券托管）	海淀区北太平庄路2号	100088
巨田证券东三环北路证券营业部（招商证券托管）	朝阳区东三环北路15号恒安大厦12层	100027
民生证券北京西三环北路证券营业部	西三环北路91号国图文化大厦南门3楼	100044
闽发证券北四环中路营业部	海淀区北四环中路229号海泰大厦2层	100083
闽发证券翠微路证券营业部	复兴路20号翠微商业楼2段	100036
上海远东证券南礼士路证券营业部	西城区南礼士路3号海通大厦A座3~4层	100037
西北证券惠新西街证券营业部（南京）	朝阳区惠新西街9号	100029
西南证券北三环中路营业部（昌平服务部）	西城区北三环中路2号	100011

兴安证券北京知春路证券营业部（海通托管）	海淀区知春路甲63号卫星大厦7层	100080
兴业证券北京马甸南路证券营业部	海淀区冠海大厦12层	100088
招商证券北京建国路证券营业部	朝阳区建国路118号招商局大厦8层	100022
招商证券北三环东路证券营业部	朝阳区北三环东路西坝河东里18号三元大厦2层	100028
招商证券车公庄西大街证券营业部	海淀区车公庄西路甲19号	100044
招商证券德胜门东滨河路证券营业部	西城区德胜门外东滨河路11号	100011
招商证券光明路证券营业部	崇文区光明路11号天玉大厦501室	100061
招商证券西直门北大街营业部	海淀区西直门北大街60号首钢国际大厦6层	100088
招商证券新街口外大街证券营业部	西城区新街口外大街12号	100088
招商证券颐和园路证券营业部	海淀区颐和园路1号北大资源宾馆	100080
招商证券知春里证券营业部	海淀区知春东里15号楼	100086
中创证券东单证券营业部	东城区东单北大街3号	100005
中信建投证券安立路证券营业部（东高地服务部）	朝阳区安立路66号安立花园C座	100101
中信建投证券东直门南大街证券营业部（燕山服务部）	东城区东直门南大街6号	100027
中信建投证券海淀南路证券营业部	海淀区海淀南路19号北京时代网络大厦3层	100080
中信建投证券三里河路证券营业部	海淀区三里河路39号	100037
财富证券阜外大街证券营业部	西城区阜外大街甲7号	100037
财富证券知春路证券营业部	海淀区知春路59号	100080
长城证券阜成门北大街证券营业部（首都机场服务部）	西城区阜成门北大街17号	100037
长城证券中关村大街证券营业部	海淀区中关村大街甲28号海淀文化艺术大厦B座11层	100086
第一创业证券月坛南街证券营业部	西城区月坛南街甲一号东方亿通大厦	100045
高华证券金融大街证券营业部	西城区金融大街7号英蓝国际中心18层	100034

广东证券长春桥路证券营业部（安信）	海淀区远大路1号	100089
国金证券北京金融街证券营业部	西城区金融街投资广场B座11层	100034
国元证券北京西坝河南路营业部	朝阳区西坝河南路1号金泰大厦	100028
和兴证券百万庄证券营业部	西城区百万庄大街19号和兴证券	100037
恒泰南滨河路证券营业部	宣武区广安门外南滨河路1号高新大厦	100055
恒泰证券安德路证券营业部	东城区安德路大街16号洲际大厦B座	100011
恒信证券北京文慧园证券营业部	海淀区文慧园北路9号空间蒙太奇大厦A座2层	100088
红塔证券板井路证券营业部	海淀区板井路69号	100089
华安证券慧忠北里证券营业部	朝阳区慧忠北里305号楼	100012
华西证券紫竹院路证券营业部	海淀区紫竹院路31号华澳中心	100089
建银（南方）安立路证券营业部	朝阳区安外安立路8号	100101
建银（南方）北京朝阳路证券营业部	朝阳区朝阳路延静里中街3号长信大厦3楼	100025
建银（南方）证券方庄芳群园证券营业部	丰台区方庄芳群园4区21楼南方证券大厦	100078
建银（南方）证券复兴路证券营业部	海淀区复兴路乙20号	100036
平安证券东花市证券营业部	崇文区东花市北里西区B座23号楼	100062
日信证券北京北四环西路52号	海淀区北四环西路52号	100080
山东省齐鲁证券北京北四环西路证券营业部	海淀区北四环西路67号	100080
太平洋证券海淀大街证券营业部	海淀区海淀大街38号银科大厦6楼616号	100080
泰阳证券阜外大街营业部	西城区阜外大街甲34号	100037
天勤证券东直门外大街证券营业部（国元证券托管）	东城区东直门外大街46号天恒大厦906室	100027
天同证券朝外大街营业部	朝外大街20号联合大厦2层	100020
江海证券广渠门外大街证券营业部（天元）	朝阳区东三环南路58号富顿中心A座2层	100022
湘财证券朝外大街营业部	朝阳区朝外大街12号4层	100020
湘财证券惠新东街营业部（八里庄服务部）	朝阳区惠新东街2号	100029
湘财证券顺义府前西街营业部	顺义区府前西街10号	101300
湘财证券苏州街证券营业部	海淀区苏州街79号金洲大厦3层	100089

中关村证券中关村南大街证券营业部	海淀区中关村南大街甲32号中关村科技发展大厦B座	100081
中国科技证券阜成路证券营业部	海淀区阜成路101号	100036
中信证券安外大街证券营业部(天通苑服务部)	东城区安外大街甲57号	100011
中信证券白家庄东里证券营业部(良乡服务部)	朝阳区白家庄东里1号建宏大厦	100026
中信证券北三环中路营业部	海淀区北三环中路40号莹虹商厦4层	100088
中信证券复外大街营业部	西城区白云路1号白云大厦3层	100045
中信证券花园东路证券营业部	海淀区花园东路高德大厦7层	100083
中信证券张自忠路证券营业部	东城区张自忠路7号	100007
渤海证券慧忠里证券营业部	朝阳区慧忠里417号	100101
渤海证券西外大街证券营业部	西城区西直门外大街甲143号	100044
长江证券万泉河路证券营业部	海淀区万泉河路68号紫金大厦4层	100086
长江证券新源西里营业部	朝阳区新源西里东街6号	100027
长江证券展览路证券营业部	西城区展览路丙3号	100037
大通证券阜城门外大街证券营业部	中关村南大街韦伯时代中心C座1111室	100037
德邦证券宣武门西大街证券营业部	西城区宣武门西大街甲127号	100031
东海证券慧忠路证券营业部	朝阳区慧忠路5号远大中心C座7层	100101
东吴证券北京安德里北街证券营业部	东城区鼓楼外大街27号	100011
富成证券北京崇文门外大街证券营业部	崇文门外大街9号正仁大厦4层	100062
光大证券东中街营业部	东城区东中街29号东环广场	100027
光大证券樱花西街证券营业部	朝阳区樱花西街18号贵州大厦3层B座2层	100029
光大证券月坛北街证券营业部	西城区月坛北街2号月坛大厦东配楼2~5层	100045
国联证券北京宣武门东大街证券营业部	宣武门东大街24号越秀饭店南配楼6层	100051
国盛证券知春路证券营业部	海淀区知春路113号银网中心B座18层	100086
华龙证券安外大街证券营业部	东城区安外大街191号	100011
华泰证券北京莲花池东路证券营业部	丰台区西客站南广场中色建设大厦3层	100055
华泰证券和平里证券营业部	东城区和平里小黄庄二区1号楼	100013

华泰证券月坛南街营业部	西城区月坛南街甲12号怡和商务会馆3层	100045
江南证券安立路证券营业部	朝阳区安立路甲56号	100012
金谷信托翠微路证券交易营业部	海淀区翠微路甲10号建筑大厦内	100036
金谷信托古城路证券营业部	石景山区八角西街68号	100043
昆仑证券长春桥路证券营业部	海淀区长春桥路5号新起点嘉园12号楼21层	100089
上海证券万寿路营业部	海淀区万寿路翠微中里14号楼	100036
申银万国证券安定路证券营业部	朝阳区安定路39号长新大厦3层	100029
申银万国证券劲松九区证券营业部	朝阳区劲松九区909楼	100021
首创证券北辰东路证券营业部(五道口服务部)	朝阳区北辰东路8号辰运大厦3层	100101
天一证券北京东四北大街证券营业部（光大托管)	东城区东四北大街107号天海商务大厦B座2层	100007
西藏证券陶然亭路证券营业部	宣武区陶然亭路16号	100054
厦门证券北京远大路证券营业部	海淀区远大路22号11－101	100097
信泰证券苏州街营业部（中期、恒远)	海淀区苏州街72号银丰大厦2层	100080
银河证券安外证券营业部	东城区安外大街66号	100011
银河证券百万庄大街证券营业部	西城北百万庄大街甲2号	100037
银河证券阜成路证券营业部	海淀区阜成路67号银都大厦1~5层	100036
银河证券黄寺大街证券营业部	西城区黄寺大街21号	100011
银河证券双榆树证券营业部	海淀区双榆树科学院南路44号	100086
银河证券天坛东里证券营业部	崇文区天坛东里5号东普写字楼	100061
银河证券望京西园证券营业部(马家堡服务部)	朝阳区望京西园四区乙410楼	100102
银河证券学院南路证券营业部	海淀区学院南路34号	100088
银河证券月坛证券营业部	西城区月坛南街丙一号	100045
中富证券北京东四十条证券营业部（上海证券托管)	东城区东四十条68号	100007
中国国际金融有限公司建国门外大街证券营业部	建国门外大街1号国贸大厦2座6层	100004
中兴信托证券安立路证券营业部(泛亚)(东海)	朝阳区安外安立路8号汇园公寓一号厅	100101
中银国际证券北京宣武门外大街证券营业部	宣武门外大街10号庄胜广场中央办公楼北翼13A层	100052

中原证券酒仙桥路证券营业部	朝阳区酒仙桥路14号兆维大厦3层	100016
广发证券朝阳门北大街营业部	朝阳区北大街6号首创大厦3层	100027
广发证券东三环北路证券营业部(原北方)	朝阳区东三环北路3号幸福大厦A座1608室	100027
广发证券阜成门南大街证券营业部	西城区阜成门南大街甲3号	100037
广发证券北京建外大街证券营业部	朝阳建外大街24号京泰大厦5层	100022
广发证券中关村东路证券营业部	海淀区中关村东路8号东升大厦A座601室	100083
广州证券三里河东路证券营业部	西城区三里河东路39号燕京大厦2层	100045
国都证券安外大街安苑里营业部	朝阳区安外大街安苑里1号（龙强大酒店北写字楼）	100029
国都证券阜外大街证券营业部	西城区阜外大街43号	100037
国都证券复兴路证券营业部	海淀区复兴路32号	100039
国都证券新中街证券营业部	东城区新中街68号聚龙花园七号楼2层	100027
国都证券中关村南大街证券营业部	海淀区中关村南大街9号理工科技大厦303室	100081
国海证券和平街证券营业部	朝阳区和平街11区38号	100013
国信证券北京亚运村证券营业部	朝阳区大屯路风林西奥中心A座5层	100101
国信证券呼家楼营业部	朝阳区呼家楼北街7号楼	100026
国信证券三里河路营业部	海淀区三里河路13号	100037
汉唐证券丰汇园证券营业部	西城区丰汇园21号楼	100032
汉唐证券前门证券营业部	东城区东交民巷28号红都商务会馆B座	100006
汉唐证券裕民路证券营业部	朝阳区裕民路12号中国国际科技会展中心C座4层	100029
航空证券中关村南大街证券营业部	海淀区中关村南大街6号中电信息大厦5层	100086
航天证券北京万柳中路营业部	海淀区万柳中路35号蜂鸟社区商业楼2楼CD区	100089
河北财达证券北京花园路证券营业部	海淀区花园路2号	100083
河北证券首体南路证券营业部	海淀首体南路20号国兴家园D座河北证券	100044
宏源证券北洼路证券营业部	海淀区北洼路26号	100089
华林证券北三环东路证券营业部	朝阳区北三环东路28号易亨大厦2层	100013

华鑫证券车公庄大街证券营业部	西城区车公庄大街12号中核建设集团大厦西侧2层	100037
健桥证券北京学院南路证券营业部	海淀区学院南路49号	100081
联合证券北三环东路营业部	朝阳区北三环东路8号静安中心6072室	100028
联合证券南草场街营业部	西城区西内南草场街11号	100035
联合证券西三环北路证券营业部	西三环北路72号世界经贸大厦	100037
联讯证券北京外馆东街证券营业部	朝阳区外馆东街51号柳清居大厦	100011
联讯证券西直门北大街证券营业部	海淀区西直门北大街42号节能大厦2层	100088
山西证券太平庄营业部	海淀区高粱桥斜街13号	100081
世纪证券北京西坝河证券营业部	朝阳区西坝河168号	100028
世纪证券光华路证券营业部	朝阳区光华路丙12号数码01大厦6层	100020
万联证券西单营业部	西城区西单横二条3号	100031
武汉证券广安门南街证券营业部（广发托管）	宣武区广安门南街2号	100053
西部证券新街口外大街证券营业部	西城区新街口外大街2~5号	100081
新疆证券裕民东路证券营业部	西城区裕民东路3号	100029
新时代证券成府路证券营业部	海淀区成府路298号方正大厦2层	100871
中国民族证券和平里证券营业部（云岗服务部）	朝阳区和平里14区青年沟东路华表大厦3层	100013
中国民族证券太平桥大街证券营业部（丰台服务部）	西城区佟麟阁路95号尚信大厦6层	100031
中国民族证券知春路证券营业部	海淀区知春路106号太平洋国际大厦7层	100086
中山证券公司北京车公庄大街证券营业部	西城区车公庄大街乙1号	100044
招商证券北京金融街证券营业部	西城区金融大街33号通泰大厦C座6层605室	100032
瑞银证券北京金融大街证券营业部	西城区金融大街7号英蓝中心15层	100034
英大证券有限责任公司北京东直门证券营业部	东城区东直门海运仓国际大厦首层和10层	100007
瑞银证券有限责任公司北京建外大街证券营业部	朝阳区建国门外大街乙12号双子座大厦东塔18层	100022

5. 保险公司分支机构

中国人民财产保险股份有限公司北京市分公司

机构名称	地址	电话
中国人民财产保险股份有限公司北京市分公司	东城区朝阳门北大街17号	58195001
东城支公司	东城区和平里东街20号	84254315
西城支公司	西城区德外大街73号	62375048
崇文支公司	崇文区培新街6号	67133784
宣武支公司	宣武区菜市口南大街平原里小区20号楼	63559270
朝阳支公司	朝阳区霄云里4号	84485276
海淀支公司	海淀区阜成路81号	88130258
丰台支公司	丰台区丰台镇东大街11号	63812311
石景山支公司	石景山区杨庄东路80号	68834344
门头沟支公司	门头沟区新桥大街18号楼	68943284
房山支公司	房山区良乡政通路6号	89366688
通州支公司	通州区玉带河大街22号	60560602
大兴支公司	大兴区黄村兴政街26号	69244765
昌平支公司	昌平区昌平城区镇北环路21号	69723366
顺义支公司	顺义区新顺南大街	69441191
怀柔支公司	怀柔区青春路21号（慧友大厦）	69655445
密云支公司	密云县密云鼓楼南大街41号	69051830
平谷支公司	平谷区城关镇府前西街16号	69962161
延庆支公司	延庆县东外大街59号	69144641
分公司营业部	东城区朝阳门北大街17号1~3层	58195689
直属支公司	西城区西直门南大街2号成铭大厦3A层	66124746
燕山支公司	燕山迎风街三里金融综合楼	69342767
开发区支公司	北京经济技术开发区宏达北路10号	67785012
责任险营销服务部	西城区富国街2号（富国饭店写字楼）1405室	66161833
商务中心区营销服务部	朝阳区建外SOHO第一大道B座2205室	58691436
金融街营销服务部	西城区宣武门西大街129号金隅大厦19层1918~1920室	66410024
奥运村营业部	朝阳区北辰东路8号汇欣大厦A603	84981988
中关村营业部	海淀区学院南路乙68号	62166899
电子商务营销服务部	海淀区学院南路乙68号	62133025

95518 营销服务部	海淀区学院南路乙68号	62133025

中国人寿保险股份有限公司北京市分公司

机构名称	地址	电话
中国人寿保险股份有限公司北京市分公司	朝阳区朝外市场街20号	85615141
东城支公司	东城区东直门外中街32号	64175723
西城支公司	西城区后广平36号	66168779
崇文支公司	崇文区沙子口路76号富莱茵花园7号楼	83160052
宣武支公司	宣武区北纬路1号	83160052
朝阳支公司	朝阳区金台路北街7号	85996979
海淀支公司	海淀区知春路20号	62056697
丰台支公司	丰台区西四环南路72号	83160052
石景山支公司	石景山区玉泉路玉泉大厦	69855044
门头沟支公司	门头沟区滨河路64号	69855044
房山支公司	房山区良乡西潞北大街26号	89350159
大兴支公司	大兴区黄村镇兴政西街34号	69295427
通州支公司	通州区玉带河大街22号	80883969
昌平支公司	昌平区昌平镇创新路5号	69746402
顺义支公司	顺义区新顺南大街1号	81481249
平谷支公司	平谷新开街25号	69984204
密云支公司	密云县滨河路22号	69025757
怀柔支公司	怀柔区商业街2号	69641944
延庆支公司	延庆县东外大街62号	69180493
经济技术开发区支公司	经济技术开发区宏达北路18号	67868675
东城支公司东四营业部	东直门外中街32号	85996979
西城支公司西单营业部	西城区后广平36号	66168779
海淀支公司图书城营业部	海淀区知春路20号	62056697
房山支公司房山营业部	房山区良乡西潞北大街26号	89350159
房山支公司燕山营业部	房山区迎风三里金融综合楼	89350159
东城东中街营销服务部	东城区东中街32号	64175705
朝阳金台北街营销服务部	朝阳区金台北街7号	64175705
西城后广平营销服务部	西城区后广平胡同36号	66168576
海淀学院路营销服务部	海淀区学院路甲9号	62356705
宣武北纬路营销服务部	宣武区北纬路1号	63188904
丰台方庄营销服务部	丰台区方庄芳星园3区乙10号	63188904

丰台西四环南路营销服务部	丰台区西四环南路72号	63849603
崇文沙子口营销服务部	崇文区沙子口斜街富莱茵花园7号	63188904
西城南大安营销服务部	西城区南大安胡同六号中宏大厦	66117760
朝阳裕民路营销服务部	朝阳区裕民路3号	62050336
石景山营销服务部	石景山区石景山路22A座	88255987
丰台云岗营销服务部	丰台区王佐镇福官路8号	83315147
门头沟斋堂营销服务部	门头沟区斋堂镇	69852034
门头沟滨河营销服务部	门头沟区滨河路64号	69852034
海淀中关村南大街营销服务部	中关村大街40号当代商城第7层	62573185
昌平鼓楼营销服务部	昌平区昌平镇创新路5号	69746402
海淀西三旗营销服务部	海淀区西三旗风机二厂办公楼3层	89702143
昌平政府街营销服务部	昌平区政府街18号保险招待所1楼	69723494
朝阳安贞营销服务部	朝阳区安华西里一区13号楼	69746402
顺义站前街营销服务部	顺义区站前街商用楼	81481249
通州车站路营销服务部	光机电一体化产业基地2号	69516371
通州漷县营销服务部	通州区漷县镇	69516371
通州马驹桥营销服务部	通州区马驹桥镇	69516371
通州西集营销服务部	通州区西集镇中心街	69516371
通州永乐店营销服务部	通州区永乐店镇	69516371
通州徐辛庄营销服务部	通州区宋庄镇草寺村413号	69516371
通州大杜社营销服务部	通州区马驹桥镇大杜社	69516371
通州台湖营销服务部	通州区台湖镇台湖街	69516371
大兴红星营销服务部	大兴区旧宫镇旧宫东路49号	69295427
大兴黄村营销服务部	大兴区黄村镇兴政西街34号B楼	69268621
房山良乡营销服务部	房山区良乡西潞北大街26号	89366242
房山新镇营销服务部	房山区阎村镇南坊村丁字路口西2号楼	89366242
房山兴房营销服务部	房山区房山兴房大街2号院	89366242
房山燕山营销服务部	房山区燕山迎风大街2号	89366242
平谷府前大街营销服务部	平谷区新开街25号	89980552
怀柔商业街营销服务部	怀柔区商业街2号	69641944
密云行宫街营销服务部	密云县行宫街普特福商贸有限公司3层	69041890
密云滨河路营销服务部	密云滨河路22号	69041890
延庆东外大街营销服务部	延庆县东外大街53号	69180493
西城阜成门营销服务部	西城区阜外大街3号东润时代大厦	68001517
海淀花园路营销服务部	海淀区花园路B3号南楼	62356705

海淀西大街营销服务部	海淀区海淀大街38号	62356705
顺义后沙峪营销服务部	顺义区后沙峪镇双裕街47号	81481249
密云古北口营销服务部	密云县古北口南菜园村	69041890
昌平南口营销服务部	昌平区南口镇道北小红楼208房间	69746402
密云太师屯营销服务部	密云县太师屯镇太师屯村工业开发区	69041890
平谷金海湖营销服务部	平谷区金海湖镇胡庄村东300米	89980552
怀柔汤河口营销服务部	怀柔区汤河口镇汤河口街十字路口南	69641944
平谷峪口营销服务部	平谷峪口镇峪阳路21－27号商业楼2层	89980552
通州于家务营销服务部	通州于家务乡政府街	69516371
平谷华山镇营销服务部	平谷区大华山镇大华山村	89980552
通州潞城镇营销服务部	通州潞城水务一所院内营销服务部	69516371
昌平小汤山营销服务部	昌平小汤山村委会1号楼底商	69746402
昌平十三陵营销服务部	昌平区十三陵镇涧头村	89702143
昌平天通苑营销服务部	昌平区天通苑北二区甲35号－1	69723494
昌平东小口营销服务部	昌平区东小口镇天通苑10号楼	62356705

中国太平洋财产保险股份有限公司北京分公司

机构名称	地址	电话
中国太平洋财产保险股份有限公司北京分公司	西城区复兴门内大街158号远洋大厦F6层	66428888
东城支公司	朝阳区东土城路13号	64229788
西城支公司	西城区展览馆路3号	68361774
海淀支公司	西城区新外大街2号	62034108
丰台支公司	宣武区广安门外大街87号	63465943
朝阳支公司	朝阳区霄云路霄云里6号楼城宝饭店	64619254
昌平支公司	昌平区科技园区创新路6号	69743292
通州支公司	通州区通惠北路25号	60511695
顺义支公司	顺义区顺通路27号	89495092

中国太平洋人寿保险股份有限公司北京分公司

机构名称	地址	电话
中国太平洋人寿保险股份有限公司北京分公司	西城区复兴门内大街158号远洋大厦F6层	66418855
东城支公司	东城区东四十条113号	84021767
西城支公司	西城区西直门外大街新兴东巷甲15号	66414849

海淀支公司	海淀区复兴路47号天行健商务大厦	51922918
昌平支公司	昌平区鼓楼东街33号	89784826
通州支公司	通州区新华大街169号	69555302
朝阳支公司	朝阳区安贞里二区1号楼	64450228
顺义支公司	顺义区石幢综合商业楼	69431572
海淀区中关村营销服务部	海淀区中关村南大街甲10号银海大厦5层	68910665
大兴黄村营销服务部	大兴区黄村镇兴丰大街9号	69233196
密云鼓楼营业服务部	密云县新中街42号	69555712

中国平安财产保险股份有限公司北京分公司

机构名称	地址	电话
中国平安财产保险股份有限公司北京分公司	西城区金融街23号平安大厦15层	66210437
分公司营业部	西城区金融街23号平安大厦8层	66213993
朝阳支公司	朝阳区小关北里45号世纪嘉园5号2层	84896575
丰台支公司	丰北路甲45号鼎恒中心3层	63821942
房山支公司	良乡月华大街2号	89363579
西城支公司	西城区阜外大街271号C座	68327802
宣武支公司	广安门内大街338号港中旅大厦	63574146
海淀支公司	海淀区四环西路67号大地科技大厦4层	82888007
东城支公司	安定门外大街2号安贞大厦	64482688
崇文支公司	崇文区广渠门白石桥大街22号北京工商联大厦2层	67166067

中国平安人寿保险股份有限公司北京分公司

机构名称	地址	电话
中国平安人寿保险股份有限公司北京分公司	西城区金融街23号平安大厦14层	59730008
海淀北太平庄营销服务部	海淀区北太平庄路2号	62372099
海淀阜成路营销服务部	海淀区阜成路58号新洲商务大厦6层	88129893
海淀魏公村营销服务部	海淀区中关村南大街11号光大国信大厦	68460689
海淀西三环中路营销服务部	西三环中路18号万发大厦	63963996
海淀甘家口营销服务部	海淀区三里河路21号13层	88392194
海淀区寰太营销服务部	海淀区中关村南大街甲12号寰太大厦	62109618

海淀学院路营销服务部	海淀区学院路甲38号长城电脑大厦	63600966
东城东方广场营销服务部	东城区东单三条8号东方广场东配楼7~8层	65595480
东城雍和宫营销服务部	东城区藏经馆路11号	84047561
东城建国门营销服务部	东城区北京站东街10号	65590090
东城东四营销服务部	东城区东直门南大街甲10号中航大厦	63600966
东城东直门营销服务部	东城区东中街9号东环广场A座首层RA1D-E号	64185318
西城六部口营销服务部	西城区西长安街15号中国民航实业总公司大厦5层	66071910
西城西单营销服务部	西城区灵境胡同42号惠能大厦	66058634
西城鹰冠营销服务部	西城区新街口外大街8号金丰和写字楼	62020078
东城安定门营销服务部	东城区安外大街208号三利大厦3层	64218807
宣武长椿街营销服务部	宣武门西大街28号7门9层	63600966
崇文陶然亭营销服务部	崇文区南二环陶然桥马家堡路1号	63600966
通州西海子营销服务部	通州区新华大街71号	69510448
平谷金乡路营销服务部	平谷区金乡路1号雅美奇商厦2层	89991511
顺义龙府营销服务部	顺义区西辛北区甲18号龙府花园11号楼	69438163
房山城关营销服务部	房山区房山南大街6号	89361738
房山良乡营销服务部	房山区良乡拱辰北大街1号西侧	89361546
大兴兴政营销服务部	大兴区兴政街16号亚特商城2~3层	69206377
昌平永安营销服务部	昌平区永安路32号楼	89740948
怀柔梅苑营销服务部	怀柔区青春路梅苑小区8号楼3门北间	69644751
密云鑫盛营销服务部	密云县新东路40号	69029644
延庆板泉路营销服务部	延庆县板泉路26号鑫妫川购物中心	69173765
石景山玉泉路营销服务部	石景山路3号玉泉大厦8层	63600966
门头沟营销服务部	门头沟区滨河西区皓月园5号楼	69829355

新华人寿保险股份有限公司北京分公司

机构名称	地址	电话
新华人寿保险股份有限公司北京分公司	丰台区莲花池西里8号新华保险大厦	63903190
西城支公司	西城区赵登禹路277号先锋商务写字楼2层	66513028
崇文支公司	崇文区崇外大街新怡家园甲3号楼7层	67087388
海淀支公司	海淀区花园路2号牡丹科技大厦2层	62079903
朝阳支公司	朝阳区团结湖南里15号恒祥大厦写字楼6层	51399522
丰台支公司	丰台区莲花池西里29号公交大厦10层	63905710

通州支公司	通州区新华大街157号	69544778
石景山支公司	石景山路22号A座长城大厦	68684604
大兴支公司	大兴区市场路京南大厦	69299932
房山支公司	房山区良乡西路大街11号	89369406
顺义支公司	顺义区幸福东区丁18号楼2层	69424945
西城新外大街营销服务部	西城区新外大街12号	62079912
丰台南苑营销服务部	丰台区南苑北里二区六号楼	67942803
昌平北环营销服务部	昌平区西环路78号利阳大厦	80107796
怀柔营销服务部	怀柔区迎宾北路1号4层	69643122
平谷旧城街营销服务部	平谷区府前西街2号渔阳大厦	89991882
密云鼓楼营销服务部	密云县鼓楼东大街87号院粮贸大厦9层	69068746
延庆营销服务部	延庆县湖南东路1号	69148752

泰康人寿保险股份有限公司北京分公司

机构名称	地址	电话
泰康人寿保险股份有限公司北京分公司	西城区复兴门内大街156号泰康人寿大厦	66428866
西城支公司	西城区西外大街6号中仪大厦	68330411
东城支公司	东城区安德里北街21号奥星大厦3层	84120592
海淀支公司	海淀区中关村南大街2号数码大厦B座805室	51626811
长安支公司	白云路1号白云大厦4层	63283349
朝阳支公司	永安东里1号院B座2层	52023009
宣武支公司	宣外大街6号庄胜广场E3A28－31室	63109729
密云营销服务部	密云山水大厦3层	69087833
通州支公司	通州区新华大街100号	69530529
房山支公司	房山区良乡月华1号	89362945
昌平支公司	昌平区西环路24号	69724975
顺义支公司	顺义站前东街二商局2号楼东侧4层	81484491
大兴支公司	大兴区兴政街科技大厦9层	69236471
丰台支公司	丰台区西客站南广场融信大厦2006室	83993322
延庆妫水北街营销服务部	延庆县妫水北街县工会南侧	69184964
平谷文化南街营销服务部	平谷区文化南街3号楼	69985771
怀柔支公司	怀柔区青春路26号3层	69650141

华泰财产保险股份有限公司北京分公司

机构名称	地址	电话
华泰财产保险股份有限公司北京分公司	宣武区广安门高新大厦一层	63370088
西城支公司	西城区富国街2号南通永峰建筑工程公司办公楼2层	66186919
崇文支公司	朝阳区潘家园路7号空军招待所9层	87776635
朝阳支公司	朝阳区霞光里8号鑫泰大厦1层	64624466
通州支公司	通州区梨园路23号	81573879
顺义支公司	顺义区石园南大街37号（城乡大厦东侧）	89441566
房山支公司	房山区良乡拱辰北大街甲38号	89362879 89363055

太平保险有限公司北京分公司

机构名称	地址	电话
太平保险有限公司北京分公司	西城区太平桥大街丰汇时代大厦东翼9层	66532288
宣武支公司	宣武区南滨河路31号华亨大厦9层	63322225
海淀学院路营销服务部	海淀区北四环中路238号柏彦大厦6层	82326060

太平人寿保险有限公司北京分公司

机构名称	地址	电话
太平人寿保险有限公司北京分公司	东城区东长安街1号东方广场东方经贸城E3座5层501~506	85185665
朝阳建国门营销服务部	朝阳区建外大街建华南路17号北京佰联大厦5层	65663998
房山城关营销服务部	房山区北关大街23号2楼	89335846
平谷营销服务部	平谷区新平北路56号祥和宾馆办公楼5层北半层	69989013
顺义营销服务部	顺义区石园西路南侧（圣元公司）	81494166
海淀营销服务部	海淀区西直门北大街60号首钢大厦	58810338
昌平营销服务部	昌平镇鼓楼大街12号	69721296
密云营销服务部	密云县鼓楼东区1号楼	69040150

大兴营销服务部	大兴区黄村西大街38号	69243253
良乡营销服务部	良乡拱辰南大街2号商业楼5层	89335848

中国大地财产保险股份有限公司北京分公司

机构名称	地址	电话
中国大地财产保险股份有限公司北京分公司	海淀区中关村南大街2号数码大厦B座16层	82515533
第一营销服务部	崇文区珠市口东大街16号	82512120

中华联合财产保险股份有限公司北京分公司

机构名称	地址	电话
中华联合财产保险股份有限公司北京分公司	东城区安外西滨河路18号首府大厦3号楼	64519988
崇文支公司	崇文区夕照寺中街4号星海宏昌大厦A座1层	67100878
西城支公司	西城区赵登禹路277号先锋写字楼3层	66533618
宣武支公司	宣武区广安门外马连道11号1001号	63342601
朝阳支公司	朝阳区安外胜古庄2号企发大厦5层	64410595
海淀支公司	海淀区昆明湖南路9号云航大厦3层	88471116
丰台支公司	丰台区东大街53号	63899121
怀柔支公司	怀柔区富乐北里25号正楼1层	69632691
通州支公司	通州区运河东大街3号2号楼1－1	60549180
顺义支公司	顺义区中山西街4号	69466176
昌平支公司	昌平区昌平科技园区振兴路9号	69749500
房山支公司	房山区良乡拱辰北大街甲33号	89354866
石景山支公司	石景山区古城北路5号	68888002
大兴黄村营销部	大兴区黄村镇兴丰大街89号	69258091
经济技术开发区营销部	北京经济技术开发区宏达北路12号	67868370

天安保险股份有限公司北京分公司

机构名称	地址	电话
天安保险股份有限公司北京分公司	海淀区西三环北路100号金玉大厦22层	68423636
昌平支公司	昌平区南环东路28－3号	89716800

朝阳营销服务部	朝阳区和平西桥樱花西街18号北京贵州大厦1201~1203室	64413018
丰台营销服务部	丰台区丰北路6号	63854212
大兴营销服务部	大兴区工业开发区金辅路甲2号凯驰大厦A座6层602/603/605单元	60216937
海淀营销服务部	海淀区万泉河路56号	62546512
通州营销服务部	通州区玉带河东街111号、113号	60562505

华安财产保险股份有限公司北京分公司

机构名称	地址	电话
华安财产保险股份有限公司北京分公司	海淀区紫竹院路81号院北方地产大厦12A	88829888
海淀支公司	海淀区北太平庄路2号德恒商务会馆B座208室	62075627
朝阳支公司	朝阳区慧忠北里219号华秦大厦301室	64845343
通州支公司	通州区通惠南路4-3号	89502835
昌平支公司	昌平区科技园区白浮泉路10号2号楼北控科技大厦405~408室	89760300
丰台支公司	丰台区南方庄1号安富大厦2层	67689369

永安财产保险股份有限公司北京分公司

机构名称	地址	电话
永安财产保险股份有限公司北京分公司	东城区海运仓1号海运仓国际大厦7层	64405558
丰台太平桥营销服务部	丰台区椰子井甲18号5号房	63332640
朝阳营销服务部	朝阳区光华路12号院B座西区1层	65831265
宣武广安门营销服务部	宣武区珠市口西大街120号太丰惠中大厦12层	83168009
崇文体育馆路营销服务部	崇文区体育馆路9号	67131449
大兴黄村营销服务部	大兴区黄村镇饮马井南里	61217978
海淀营销服务部	海淀区西郊板井北京农科大厦A座620~621室	51507771
西城营销服务部	西城区裕民东路1号1层	82031106

民生人寿保险股份有限公司北京分公司

机构名称	地址	电话
民生人寿保险股份有限公司北京分公司	西城区宣武门西大街129号金隅大厦20层	66411199
崇文营销服务部	崇文区天坛东路74号	67115568
朝阳营销服务部	朝阳区安外胜古庄2号企发大厦4层	64429223
东城营销服务部	东城区和平里东街民旺乙19号中粮凯达大厦3层	64483070
平谷营销服务部	平谷区新平北路51号	69986013
密云营销服务部	密云县鼓楼东大街花园小区综合楼5层	69080173
怀柔营销服务部	怀柔区迎宾中路1号瑞特沃斯机电建材家具大厦6层	69698459
通州营销服务部	通州区新华大街157号博飞大楼3层东大厅	80886735
昌平营销服务部	昌平区昌平镇西环路24号楼3层	80117027
房山营销服务部	房山区良乡拱辰大街拱辰家园1号楼	69363879
丰台营销服务部	广外机械大厦1611室	51938112

附：北京辖区内其他保险公司分支机构名录

机构名称	地址	负责人
安邦财产保险股份有限公司北京分公司	朝阳区东三环北路东方东路9号东方国际大厦4层	沈发鸿
丰台支公司	丰台区马家堡东路71号立业大厦5003室	丁　毅
海淀支公司	东城区安定门外大街185号京宝大厦512B～514室	程　斌
东城支公司	安外大街185号京宝大厦512B、513、514室	耿晓军
宣武支公司	宣武区广安门外大街248号机械大厦1607～1609号	谢建华
崇文支公司	崇文区珠市口东大街5号1层	徐　滢
西城支公司	西城区德胜门内西顺城街46号锦胜华安写字楼北101室、东102室、东201室、东202室	齐　明
石景山支公司	石景山区石景山路40号信安大厦6层E－G	任　伟
朝阳支公司	朝阳区安定门外安定路12号1号楼2层202～205室	魏新安
经济技术开发区支公司	经济开发区宏达北麓10号万源商务中心2层	李彦平

平谷支公司	平谷区新平北路 32 号	刘全顺
顺义支公司	顺义区府前东街 9 号	赵 阁
房山支公司	房山区良乡政通路 8 号	纪增军
昌平支公司	昌平区永安路 32 号	吴艳玲
密云支公司	密云县新城南路 47 号	张彦兵
通州支公司	通州区运河东大街 3 号 1－2 柳岸景园商用房	曹 阳
怀柔支公司	怀柔区怀柔镇于家园三区	卞洪涛
大兴支公司	大兴区工业开发区金辅路甲 2 号凯驰大厦 A415	孙光庚
天通苑营销服务部	昌平区东小口镇天通苑一区 9 号楼 4 单元 2 层	吴艳玲
永诚财产保险股份有限公司北京分公司	西城区车公庄大街 12 号核建大厦 3 楼	臧党生
海淀营销服务部	海淀区阜成路 28 号	刘荣清
阳光财产保险股份有限公司北京分公司	朝阳区东三环中路 7 号北京财富中心写字楼 A 座 501 室	冯建新
大兴营销服务部	大兴区黄村富强路 7 号、9 号	孟 磊
北京经济技术开发区营销服务部	经济技术开发区宏达北路 10 号万源商务中心 101、401 室	陈秋泽
崇文营销服务部	崇文区珠市口东大街 5 号光明日报办公楼一层	任宁宝
中关村营销服务部	海淀区中关村海淀镇丹棱街 18 号 1101 室	刘 华
房山营销服务部	房山区良乡嘉瑞通小区 3 号楼 3－4 号、3－5 号	赵连红
东城营销服务部	东城区安德里北街 21 号万网大厦 1 层	汪立明
通州营销服务部	通州区梨园镇大马庄村口南 27 号	赵 鹏
都邦财产保险股份有限公司北京分公司	朝阳区和平里 13 区 35 号煤炭大厦 10 层	关耀勇
天通苑营销服务部	昌平区东小口镇天通苑 4 区 16 楼 3 单元 1/2 层 101 室	秦 伟
回龙观营销服务部	昌平区回龙观凤雅园一区 20 号首层	张连亚
安华农业保险股份有限公司北京分公司	海淀区紫竹院路 81 号院 3 号楼北方地产大厦 1512 室	孙玉祥
营业部	丰台区方庄芳群园四区 21 号楼 302 室	郭 强
顺义支公司	顺义区府前东街 2 号 1 层	徐占栓
海淀支公司	海淀区紫竹院路 81 号北方地产大厦 1511 室	徐 海
密云支公司	密云县新南路 21 号楼 1 层	马玉福
朝阳支公司	朝阳区安定路 1 号奥体西门北侧	王 洪

渤海财产保险股份有限公司北京分公司	海淀区西直门北大街60号首钢国际大厦14层	常盛钧
顺义支公司	顺义高丽营金马工业园区3号	赵　阁
美国友邦保险有限公司北京分公司（美国）	朝阳区建国路乙118号京汇大厦	徐水俊
海淀营销服务部	海淀区紫竹院路69号兵器大厦	王　戈
朝阳亚运村营销服务部	朝阳区安定路35号安华发展大厦	马龙骅
朝阳建国路营销服务部	朝阳区东三环中路甲10号赢嘉中心	李永坤
东城长安营销服务部	东城区长安街10号长安大厦2层	郭东燊
通州营销服务部	通州区云景东路西侧园景阁小区西区3号楼	张　蓓
大兴营销服务部	大兴区旧宫镇小红门路136－9号	许凡丁
顺义营销服务部	顺义区新顺南大街18号博联时代商业广场西五楼南侧	李志强
昌平营销服务部	昌平区回龙观镇龙泽苑小区东门商业楼北楼3层	谢祎炜
信诚人寿保险有限公司北京分公司（中英合资）	东城区东长安街1号东方广场东方经贸城东一办公楼10层1～12室	朱加麟
朝阳区丰联营销服务部	朝阳区朝阳门外大街18号丰联广场大厦A座6层	刘　震
中关村大街营销服务部	海淀区中关村大街甲28号	时　洁
燕京营销服务部	西城区三里河东路39号燕京大厦	甄瑞安
平谷营销服务部	平谷区平谷镇新开街33号楼18－3号	江明月
昌平营销服务部	昌平区政府街23号院社区服务中心大楼2层西南区域	谢　华
通州营销服务部	通州区通惠南路6号8号楼4层	朱　斌
中意人寿保险有限公司北京分公司（中意合资）	西城区复兴门内大街28号凯晨世贸中心东楼F6层	黄　楠
大成营销服务部	西城区宣武门西大街127号大成大厦	贾惊涛
国贸营销服务部	朝阳区永安东里甲3号通用国际中心A座21层	汤志强
生命人寿保险股份有限公司北京分公司	西城区百万庄北街6号经易大厦2层	王连宏
昌平营销服务部	昌平区昌平镇西环路24号楼	安　伟
顺义营销服务部	顺义区仓上街南侧智能大厦A区2层	耿　捷
房山区燕山营销服务部	房山区燕山迎风街11号燕化物业管理分公司办公楼1层5号	李秀云
平谷向阳北街营销服务部	平谷区向阳北路4号紫翔商城	张　跃

门头沟营销服务部	门头沟区科技馆	田丽萍
房山长沟营销服务部	房山区长沟镇白云路南侧1号	鞠　辉
通州宋庄营销服务部	通州区宋庄镇后夏公庄	姜海峰
通州张家湾营销服务部	通州区太玉园小区31号	姜海峰
大兴营销服务部	大兴区黄村镇康庄路28号	刘　静
通州区通胡大街营销服务部	通州区通胡大街23号	姜海峰
崇文区光明路营销服务部	崇文区光明路13号崇光大厦2层201、208房间	吴　鑫
光大永明人寿保险有限公司北京分公司(中加合资)	东城区建国门内大街22号华夏银行大厦7层	林雨顺
海淀营销服务部	海淀区中关村南大街甲27号中扬大厦3层	李　飞
顺义营销服务部	顺义区府前西街10号湘财证券3层	任　剑
昌平营销服务部	昌平区府学路26号锦祥秋实综合楼西侧配楼	冯　远
通州营销服务部	通州区通胡大街23号	张　京
大兴营销服务部	大兴区黄村镇兴丰大街62号	熊自勇
天通苑营销服务部	昌平区东小口镇中滩1号北方明珠大厦1号楼	李广宇
东城营销服务部	东城区东中街29号东环广场B座	金喜良
宣武营销服务部	宣武区宣外大街28号富卓大厦A座04层	周施杰
中英人寿保险有限公司北京分公司（中英合资）	朝阳区永安东里16号CBD国际大厦8层	曾　钢
西城区营销服务部	西城区宣武门西大街127号大成大厦	孙　湛
首创安泰人寿保险有限公司北京分公司(中荷合资)	东城区朝阳门北大街6号首创大厦10层	叶斯纬
第一营销服务部	朝阳区建国路93号万达广场9号楼	李德裕
第二营销服务部	朝阳区建外大街永安东里甲3号通用时代国际中心1号楼2层	于善鹏
金盛人寿保险有限公司北京分公司（中法合资）	朝阳区建国路116号招商局大厦R2层	赵根荣
东城区营销服务部	东城区安定门东大街28号雍和大厦C座9层	罗珍时
海康人寿保险有限公司北京分公司（中荷合资）	东城区东长安街1号东方广场东方经贸城中一办公楼10层8－11A室	于弘元
朝外大街营销服务部	朝阳区朝外大街乙12号昆泰国际大厦6层	陈　喆
华泰人寿保险股份有限公司北京分公司	东城区安定门东大街28号立骏（雍和）大厦西楼8层	孔佑杰
北太平庄营销服务部	海淀区北太平庄路18号城建大厦B305～306室	王浩然

昌平营销服务部	昌平区北环路6号物资总公司办公楼东侧1～2层	蔡宏清
东城营销服务部	东城区东中街9号北京东环广场A座写字楼4层	孙勇军
合众人寿保险股份有限公司北京分公司	朝阳区朝外大街乙12号昆泰国际大厦20层	姜　燕
朝阳门营销服务部	朝阳区朝外大街10号昆泰大厦	邹福磊
阜成门营销服务部	西城区阜成门北大街17号中国大百科全书出版社大厦	乔　军
通州营销服务部	通州区新华北街65号	白小军
顺义营销服务部	顺义区府前东街9号	张贵财
平谷营销服务部	平谷区平谷镇新平东路7号	田淑芳
大兴营销服务部	大兴区兴华大街59号	万艳荣
海淀营销服务部	海淀区北太平庄路18号城建大厦6层	黄晓波
西北营销服务部	西城区高粱桥路6号西环广场A座办公楼8A2单元	王家巍
中国人民健康保险股份有限公司北京分公司	朝阳区朝外大街乙12号昆泰国际大厦12层	李　毅
海淀营业部	海淀区海淀南路30号北京航天精密大厦12层	齐维珊
第一营销服务部	西城区西直门外大街6号中仪大厦9层	鲁东起
第二营销服务部	平谷区平谷镇旧城街8号	马长宏
第三营销服务部	通州区新华大街157号	赵士红
知春路营销服务部	海淀区知春路25号	邢雪林
长城人寿保险股份有限公司北京分公司	西城区西直门外大街112号阳光大厦7～8层	焦益宽
良乡营销服务部	房山区良乡拱辰大街47号拱辰大厦6层	夏劲松
顺义营销服务部	顺义区府前东街2号顺建大厦5层	张朝渠
恒安标准人寿保险有限公司北京分公司（中英合资）	朝阳区东三环北路霞光里18号佳程广场A座22层	张　见
国贸营销服务部	朝阳区建国门外大街甲6号中环世贸中心D座17层	刘云飞
国民人寿保险股份有限公司北京分公司	海淀区苏州街3号大恒科技大厦	陈国正
昌平营销服务部	昌平科技园区白浮泉路10号	郭志江
密云营销服务部	密云县鼓楼北大街10号楼	姚龙官

中国人保寿险有限公司北京分公司	海淀区首体南路38号创景大厦第6层北区和北配楼第1层	王　文
通州营销服务部	通州区通惠南路8号	鄂　庭
怀柔营销服务部	怀柔区迎宾中路36号	邢小东
东城营销服务部	东城区东四十条甲22号南新仓国际大厦	陈书明
密云营销服务部	密云县鼓楼东大街27号信远大厦写字楼4层	安　晶
中美大都会人寿保险有限公司（中美合资）	东城区东长安街1号东方广场东方经贸城E2座12层	齐莱平
第三营销服务部	东城区东长安街1号东方广场东方经贸城东二办公楼15层	刘仁祥
第二营销服务部	朝阳区朝外大街乙12号昆泰国际大厦	谢玉伟
第一营销服务部	西城区华远北街2号通港大厦	李春晖
宣武营销服务部	宣武区宣武门外大街6号庄胜广场中央办公楼	王　巍
中航三星人寿保险有限公司（中韩合资）	朝阳区建国路118号招商局大厦15层	徐彦东
朝阳区大北窑营销服务部	朝阳区建国路93号万达广场9号楼大厦第7~8层	王　波

（三）外资银行及其他金融机构北京分支机构名录

外资银行北京分支机构名录

国家或地区	机构名称	地　址	电　话
奥地利	奥地利中央合作银行股份有限公司北京分行	朝阳区建国门外大街21号北京国际俱乐部200室 邮编：100020	65323388
澳大利亚	澳大利亚和新西兰银行集团有限公司北京分行	东城区建国门内大街7号光华长安大厦2座1717~1719室 邮编：100005	65102929
德国	德国德累斯登银行股份公司北京分行	朝阳区麦子店街37号盛福大厦1700室 邮编：100016	85275688

德国	德国德意志银行股份有限公司北京分行	朝阳区建国门外大街1号国贸大厦2座3606室 邮编：100004	65050906/2305
法国	法国巴黎银行有限公司北京分行	朝阳区建国门外大街1号国贸大厦19楼 邮编：100004	65350851
法国	法国东方汇理银行股份有限公司北京分行	朝阳区建国门外大街1号中国国际贸易中心2座3506室 邮编：100004	65004562
瑞士	瑞士银行有限公司北京分行	朝阳区建国门外大街1号国贸大厦1座2905～2907室和2910～2917室 邮编：100004	65050088/8802
韩国	韩国外换银行股份有限公司北京分行	东城区建国门内大街18号恒基中心办公楼第二座5层8～13号 邮编：100005	65183105/3124
韩国	韩国友利银行股份有限公司北京分行	朝阳区霄云路38号现代汽车大厦7层702室 邮编：100027	84538880
荷兰	荷兰银行有限公司北京分行	朝阳区光华路1号北京嘉里中心北楼2801、2811、2812、2815A室及嘉里中心1层大堂第02单元 邮编：100020	59279000/65617766
加拿大	加拿大蒙特利尔银行有限公司北京分行	东城区东长安街1号东方经贸城E1楼1502室 邮编：100005	85188166
美国	美国摩根大通银行有限公司北京分行	西城区金融街7号北京英蓝国际金融中心20层2002B、2003、2010～2020单元 邮编：100034	59318855
美国	美国花旗银行有限公司北京分行	东城区建国门内大街7号光华长安大厦1层、16层 邮编：100005	65102933/7382
美国	美国银行有限公司北京分行	朝阳区建国门外大街1号中国国际贸易中心国贸大厦1座26层2607～2619室 邮编：100004	65053508

日本	日本瑞穗实业银行股份有限公司北京分行	朝阳区建国门外大街甲26号长富宫办公楼8层 邮编：100022	65251888
中国香港	南洋商业银行有限公司北京分行	朝阳区建国门外大街乙8号 邮编：100022	65684728
中国香港	香港上海汇丰银行有限公司北京分行	东城区建国门内大街8号中粮广场A座101～109、121～128、135、201～226、301～305、315～322、416～418室及B座305～306室 邮编：100005	65260668/0750
中国香港	东亚银行有限公司北京分行	东城区朝阳门北大街8号富华大厦A座首层 邮编：100027	65543110
新加坡	新加坡星展银行有限公司北京分行	朝阳区建国门外大街1号国贸大厦1009～1018室 邮编：100004	65051216
英国	英国渣打银行有限责任公司北京分行	东城区东长安街1号东方广场东方经贸城西二办公楼12层1～5、7～12室，11层1～6室和平台层PW2（16～17）号店铺 邮编：100738	85188838
新加坡	新加坡大华银行有限公司北京分行	朝阳区建国门外大街1号国贸大厦2座2513室 邮编：100004	65051863/6275
中国香港	恒生银行有限公司北京分行	朝阳区光华路1号嘉里中心首层8号、写字楼南楼2317～2318、2330和2421～2422室 邮编：100020	85299882
泰国	泰国盘谷银行（大众有限公司）北京分行	朝阳区建国门外大街甲12号新华保险大厦一层东区 邮编：100022	65690059
加拿大	加拿大皇家银行有限公司北京分行	西城区金融大街7号英蓝国际金融中心9层921～925单元 邮编：100034	58399231
日本	日本三菱东京日联银行股份有限公司北京分行	朝阳区东三环北路5号北京发展大厦2层 邮编：100004	65908888

中国香港	中信嘉华银行有限公司北京分行	朝阳区东三环中路9号富尔大厦3201～3205室 邮编：100020	85911161
法国	法国兴业银行有限公司北京分行	东城区建国门北大街8号华润大厦1701、1706～1708室 邮编：100005	85192810

（韩舒苏）

非银行外资金融机构北京分支机构名录

国家或地区	机构名称	地　址	电　话
日本	丰田汽车金融（中国）有限公司	朝阳区建国门外大街1号国贸大厦1座8层818单元 邮编：100004	65058877
德国	戴姆勒·克莱斯勒汽车金融（中国）有限公司	朝阳区东三环北路8号亮马河大厦办公楼1号楼 邮编：100004	65906668－3133
瑞典	沃尔沃集团汽车金融（中国）有限公司	朝阳区三里屯西五街5号北信京谊大厦B座1层 邮编：100027	84518898－2305
德国	大众汽车金融（中国）有限公司	朝阳区建国门外大街1号中国国际贸易中心国贸大厦1座7层 邮编：100004	65056699
法国	东风标致雪铁龙汽车金融有限公司	西城区金融街A7号英蓝国际金融中心大厦F8－828号 邮编：100034	66592219/2220

（四）外资银行及其他金融机构北京代表处名录

外资银行北京代表处名录

国家或地区	机构名称	地址	电话
德国	德国西德银行股份有限公司北京代表处	朝阳区亮马桥路50号燕莎中心C613B 邮编：100016	64651936－204
德国	德国北德意志州银行北京代表处	朝阳区亮马桥路50号燕莎中心办公楼C406 邮编：100016	64651046/1047
德国	德国商业银行股份有限公司北京代表处	朝阳区建国门外大街19号国际大厦2502室 邮编：100004	85262808
德国	德国巴登—符腾堡州银行北京代表处	朝阳区东三环北路8号亮马大厦2座1130室 邮编：100004	65900166/0167
德国	德国裕宝联合银行股份有限公司北京代表处	朝阳区亮马桥路50号燕莎中心C305室 邮编：100016	64651923/1924
德国	德国巴伐利亚州银行北京代表处	朝阳区亮马桥路50号燕莎中心C703 邮编：100016	64651071/1072
德国	德国施威比豪尔住房储蓄银行股份有限公司北京代表处	朝阳区建国门外大街19号国际大厦23－D 邮编：100004	65006530
德国	德国中央合作银行股份有限公司北京代表处	朝阳区建国门外大街19号国际大厦22－1B室 邮编：100004	85261162
意大利	意大利联合银行股份有限公司北京代表处	朝阳区新源南路6号京城大厦2108室 邮编：100004	84862108

意大利	意大利圣保罗意米银行股份有限公司北京代表处	朝阳区建国门外大街1号国贸大厦1座2626室 邮编：100004	65053090/3091
意大利	意大利罗马银行股份有限公司北京代表处	朝阳区建国门外大街19号国际大厦2604室 邮编：100004	65003716/4539
意大利	意大利西雅那银行股份有限公司北京代表处	朝阳区建国门外大街1号国贸大厦1座1602～1605 邮编：100004	65053136/3137
意大利	意大利国民劳动银行股份有限公司北京代表处	朝阳区建国门外大街19号国际大厦1002室 邮编：100004	65004212/6412
意大利	意大利联合信贷银行股份有限公司北京代表处	朝阳区建国门外大街22号赛特大厦1209室 邮编：100004	65127183/6968
法国	法国外贸银行股份有限公司北京代表处	朝阳区建国门外大街1号国贸大厦1座0630室 邮编：100004	85185115
法国	法国工商银行有限公司北京代表处	朝阳区建国门内大街7号光华长安大厦1座310室 邮编：100005	65102167
法国	法国标致雪铁龙融资银行有限公司北京代表处	朝阳区光华路12号科伦大厦409房 邮编：100020	65814021
俄罗斯	俄罗斯工业通讯银行（股份有限公司）北京代表处	朝阳区建国门外大街22号赛特大厦1308室 邮编：100004	85120068－51308
俄罗斯	俄罗斯联邦对外贸易银行公开股份公司北京代表处	朝阳区建国门外大街19号国际大厦18BC室 邮编：100004	85262800
俄罗斯	俄罗斯信贷商业银行北京代表处	朝阳区建国门外大街24号京泰大厦1703室 邮编：100022	65159517
俄罗斯	俄罗斯苏联对外经济银行北京代表处	朝阳区建国门外大街19号国际大厦20A室 邮编：100004	65928905

俄罗斯	俄罗斯天然气工业银行股份公司北京代表处	朝阳区建国门外大街甲6号中环世贸中心D座1801室 邮编：100022	65630516/0051
瑞士	欧洲金融集团银行瑞士有限责任公司北京代表处	朝阳区建国门外大街1号国贸大厦2座813～815室 邮编：100004	65056908/6906
瑞士	瑞士苏黎世州银行北京代表处	朝阳区麦子店西路新恒基国际大厦718室 邮编：100016	64672539
瑞士	瑞士信贷银行有限公司北京代表处	朝阳区东三环北路2号南银大厦31层 邮编：100027	64106866
瑞典	北欧银行瑞典有限公司北京代表处	朝阳区东三环北路5号发展大厦818室 邮编：100004	65909070/71/72
瑞典	瑞典商业银行公共有限公司北京代表处	朝阳区建国门外大街19号国际大厦22D室 邮编：100004	65004310
瑞典	瑞典北欧斯安银行有限公司北京代表处	朝阳区东三环北路8号亮马大厦1座603室 邮编：100004	65900120
芬兰	荷兰安智银行股份有限公司北京代表处	朝阳区东三环北路8号亮马大厦1座1510室 邮编：100004	65906606/0955
芬兰	荷兰合作银行有限公司北京代表处	西城区金融街7号英蓝国际金融中心F928室 邮编：100034	64615552
西班牙	西班牙对外银行有限公司北京代表处	东城区建国门内大街7号光华长安大厦2座618室 邮编：100005	65170937/9166
西班牙	西班牙国际银行有限公司北京代表处	朝阳区东三环北路8号亮马大厦1座1601室 邮编：100004	65900020/0021
西班牙	西班牙萨瓦德尔银行股份有限公司北京代表处	东城区东直门外大街46号天恒大厦8层805室 邮编：100027	84608366/77/88

比利时	比利时富通银行有限公司北京代表处	朝阳区新源南路6号京城大厦2302室 邮编：100004	84862701
英国	英国苏格兰皇家银行公众有限公司北京代表处	东城区东长安街1号东方广场中2办公楼5层504～506室、510室 邮编：100738	85151133
英国	英国巴克莱银行有限公司北京代表处	东城区建国门北大街8号华润大厦2108室 邮编：100004	58165023
英国	英国莫斯科人民银行北京代表处	朝阳区东直门外大街35号东湖别墅6D 邮编：100027	64674091
英国	英国摩根士丹利国际银行有限公司北京代表处	朝阳区建国门外大街21号北京国际俱乐部800室 邮编：100020	
奥地利	奥地利银行股份有限公司北京代表处	朝阳区东三环北路8号亮马大厦1座1605室 邮编：100004	65900546
澳大利亚	澳大利亚国民银行有限公司北京代表处	朝阳区建国门外大街1号国贸大厦1座2326室 邮编：100004	65052255
澳大利亚	澳大利亚西太平洋银行有限公司北京代表处	西城区金融大街19号富凯大厦B座611室 邮编：100032	66574380
澳大利亚	澳大利亚澳洲联邦银行公众股份有限公司北京代表处	朝阳区建国门外大街1号国贸大厦1座2909室 邮编：100004	65055350/5351
巴基斯坦	巴基斯坦国民银行股份有限公司北京代表处	朝阳区新源南路2号昆仑饭店435室 邮编：100004	65903388－435
巴基斯坦	巴基斯坦哈比银行有限责任公司北京代表处	东城区东长安街1号东方广场中1楼10层1003室 邮编：100738	85151500－103
菲律宾	菲律宾首都银行及信托有限公司北京代表处	东城区建国门内大街18号恒基中心办公一楼1座1410室 邮编：100005	65183359/3358

哈萨克斯坦	哈萨克斯坦人民储蓄银行公开股份公司北京代表处	东城区建国门内大街8号中粮广场A座420室 邮编：100005	65221244
韩国	韩国产业银行北京代表处	朝阳区建国门外大街1号国贸中心1座1601室 邮编：100004	65054901/4902
韩国	韩国输出入银行北京代表处	朝阳区亮马桥路50号燕莎中心办公楼C716室 邮编：100016	64653371/3379
马来西亚	马来西亚马来亚银行有限公司北京代表处	朝阳区建国门外大街1号国贸大厦1座6层0621室 邮编：100004	65054982/4983
日本	日本三井住友银行股份有限公司北京代表处	朝阳区呼家楼京广中心2902室 邮编：100020	65978351
日本	日本三菱日联信托银行股份有限公司北京代表处	朝阳区建国门外大街甲26号长富宫办公楼304室 邮编：100022	65139016/9017
日本	日本住友信托银行股份有限公司北京代表处	朝阳区建国门外大街甲26号长富宫办公楼501室 邮编：100022	65139020/9228
日本	日本农林中央金库有限公司北京代表处	朝阳区建国门外大街甲26号长富宫办公楼601室 邮编：100022	65130858
泰国	泰国泰华农民银行（大众）有限公司北京代表处	朝阳区建国门外大街19号国际大厦22层C室 邮编：100004	65008333/85262226
泰国	德富泰银行有限公司北京代表处	朝阳区建国路118号招商局大厦29层H2室 邮编：100022	65660056
中国香港	中信嘉华银行有限公司北京代表处	朝阳区东三环中路9号富尔大厦32层01～03室、05室 邮编：100020	85911161
中国香港	永亨银行有限公司北京代表处	东城区东直门外大街48号东方银座写字楼15A室 邮编：100027	84476328

朝鲜	朝鲜华丽银行有限公司北京代表处	崇文区东打磨厂街7号宝鼎中心1069室、539室 邮编：100062	67081380
中国台湾	合作金库银行股份有限公司北京代表处	东城区建国门内大街18号恒基中心办公室1座1805室 邮编：100005	65188175
中国台湾	中国信托商业银行股份有限公司北京代表处	朝阳区光华路甲8号和乔大厦B座111室 邮编：100026	65813700
新加坡	新加坡华侨银行有限公司北京代表处	东城区建国门内大街7号光华长安大厦2座920室 邮编：100005	65101920/1921/1922
印度	印度银行北京代表处	朝阳区光华路12A号科伦大厦B座302室 邮编：100020	65813962
印度尼西亚	宁波国际银行北京代表处	西城区阜外大街2号万通新世界广场B座1710室 邮编：100037	68573148
伊朗	伊朗德佳拉特银行北京代表处	朝阳区亮马桥路50号燕莎中心写字楼C208室 邮编：100016	84551116
蒙古	蒙古国郭勒穆特银行有限公司北京代表处	朝阳区日坛路6号新族大厦附楼103室 邮编：100020	65033876
蒙古	蒙古阿诺德银行有限责任公司北京代表处	朝阳区日坛路6号北京安琪商务中心B座418室 邮编：100020	85634007
古巴	古巴国民银行北京代表处	朝阳区建国门外大街24号京泰大厦710室 邮编：100022	65156586
加拿大	加拿大帝国商业银行有限公司北京代表处	朝阳区建国门外大街乙12号双子座大厦西塔11层1106~1107室 邮编：100022	65667071
加拿大	加拿大丰业银行有限公司北京代表处	东城区建国门北大街8号华润大厦503室 邮编：100005	85192050

美国	美国运通银行有限公司北京代表处	朝阳区建国门外大街1号国贸大厦2313室 邮编：100004	65052838/4307
美国	美国美联银行有限公司北京代表处	东城区建国门北大街8号华润大厦2302室 邮编：100005	65179022
美国	美国汇丰银行有限公司北京代表处	东城区建内大街8号中粮广场A座516室 邮编：100005	65225214/5215
美国	美国远东国民银行有限公司北京代表处	朝阳区建国门外大街22号赛特大厦9层911房间 邮编：100004	65159115/9118
美国	美国华美银行股份有限公司北京代表处	东城区建国门内大街7号光华长安大厦6楼609室 邮编：100005	65101551
美国	美国纽约银行有限公司北京代表处	西城区金融大街35号国际企业大厦B座1129室 邮编：100032	88091210
美国	美国北美信托银行有限公司北京代表处	东城区东长安街1号东方广场东方经贸城西二办公楼6层601单元15～16室 邮编：100738	85200060
美国	美国道富银行有限公司北京代表处	西城区金融大街19号富凯大厦6楼B602A室 邮编：100032	66574500
智利	智利银行股份有限公司北京代表处	朝阳区建国门外大街乙12号双子座大厦西塔606室 邮编：100022	58794301
摩洛哥	摩洛哥外贸银行股份有限公司北京代表处	东城区建国门内大街18号恒基中心1座1203室 邮编：100005	65182363
喀麦隆	喀麦隆非洲第一银行有限公司北京代表处	朝阳区左家庄1号国门大厦4K室 邮编：100028	64640029

法国	法国德夏银行股份有限公司北京代表处	尚未迁入正式办公地址	

（刘　述）

非银行外资金融机构北京代表处名录

国家或地区	机构名称	地　址	电　话
美国	万事达卡国际组织北京代表处	东城区建国门内大街7号光华长安大厦1座809～812室 邮编：100005	65101090
美国	威士国际组织（亚太）有限公司北京代表处	西城区国际企业大厦B座1528室 邮编：100032	88091018－5129
美国	西联金融服务公司北京代表处	朝阳区麦子店街37号盛福大厦2360室 邮编：100027	85165900
日本	日本国际信用卡公司北京代表处	朝阳区建国门外大街甲26号长富宫办公楼406室 邮编：100022	65227981
日本	日本爱科梦株式会社北京代表处	海淀区中关村北大街151号燕园资源大楼10层1013号 邮编：100080	65681188－416
英国	CMC公共有限公司北京代表处	东城区东方广场东方经贸城中一办公楼1206室 邮编：100738	58163122
英国	通济隆全球及金融服务有限公司北京代表处	西城区阜外大街2号万通新世界广场B座2115室 邮编：100037	68587992
英国	毅联汇业有限公司北京代表处	朝阳区建国门外大街1号国贸大厦1座1913室 邮编：100004	65381903/65051718
韩国	现代金融株式会社北京代表处	朝阳区霄云路38号现代汽车大厦407室 邮编：100027	64677455/7457

瑞士	瑞士利顺金融公司北京代表处	东城区建国门内大街18号恒基中心1座1907室 邮编：100020	65182776
泰国	正大国际财务有限公司北京代表处	东城区建国门内大街7号光华长安大厦1座12层 邮编：100005	65101210
中国香港	大来信用证国际（香港）有限公司北京代表处	东城区建国门内大街7号光华长安大厦1座16层1603A室 邮编：100005	65101833
中国香港	宝捷思资本市场（香港）有限公司北京代表处	东城区东长安街1号东方广场东方经贸城西2办公楼6层 邮编：100738	13801386321
中国香港	中银信用卡（国际）有限公司北京代表处	朝阳区建国门外大街乙8号丽晶苑一层 邮编：100022	65681788－202
新西兰	KVB Kunlun 国际（新西兰）有限公司北京代表处	朝阳区东三环北路霞光里18号佳程广场A16C 邮编：100027	59222088

（李　昌）

（五）外资、合资保险公司北京分公司名录

类别国别	机构名称	地　址	负责人
瑞　士	苏黎世保险公司北京分公司	朝阳区东三环北路霞光里18号北京佳程广场A座21层 邮编：100027	张学江
瑞　士	瑞士再保险公司北京分公司	东城区东长安街一号东方广场写字楼东二座1701室 邮编：100738	高　璁
韩　国	三星火灾海上保险（中国）有限公司北京分公司	朝阳区建国路118号招商局大厦25层05~06室 邮编：100022	郑贤俊

美　　国	美国友邦保险有限公司北京分公司	朝阳区东环南路2号京汇大厦3楼 邮编：100022	徐水俊
美　　国	瑞泰人寿保险有限公司	朝阳区麦子店街37号盛福大厦21层 邮编：100026	欧海龙
中国香港	中银保险有限公司	西城区复兴门内大街1号中国银行大厦12层 邮编：100818	段求平
德　　国	慕尼黑再保险公司北京分公司	朝阳区建国门内大街1号国贸大厦1座701室 邮编：100004	王　真
中英合资	信诚人寿保险有限公司北京分公司	东城区东长安街1号东方广场东方经贸城东一办公楼10层1～12室 邮编：100738	朱加麟
中英合资	中英人寿保险有限公司北京分公司	东城区东长安街1号东方广场东方经贸城东一办公楼18层1～3室 邮编：100738	曾　钢
中英合资	恒安标准人寿保险有限公司北京分公司	朝阳区东三环北路霞光里18号佳程广场A座22层 邮编：100027	张　见
中意合资	中意人寿保险有限公司北京分公司	东城区东长安街1号东方广场东方经贸城中二办公楼6层1～11室 邮编：100738	谢树锦
中加合资	中宏人寿保险有限公司北京分公司	朝阳区建国门外大街1号国贸大厦2座501室 邮编：100004	林卫国
中加合资	光大永明人寿保险有限公司北京分公司	东城区建国门内大街22号华夏银行大厦7层 邮编：100045	林雨顺
中法合资	金盛人寿保险有限公司北京分公司	朝阳区建国路116号招商局大厦R2层 邮编：100022	赵根荣

中法合资	中法人寿保险有限责任公司	朝阳区建国门外大街永安东里8号华彬大厦1202B~1207室 邮编：100022	比肖普
中荷合资	首创安泰人寿保险有限公司北京分公司	东城区朝阳门北大街6号万泰北海大厦3层和10层 邮编：100027	叶斯韦
中荷合资	海康人寿保险有限公司北京分公司	东城区东长安街1号东方广场东方经贸城中一办公楼10层8~11A室 邮编：100738	马思琰
中美合资	招商信诺人寿保险有限公司北京分公司	东城区建国门内大街7号光华长安大厦711室 邮编：100005	赖　军
中美合资	中美大都会人寿保险有限公司	东城区东长安街1号东方广场东方经贸城E2座12层 邮编：100738	齐莱平
中韩合资	中航三星人寿保险有限公司	朝阳区建国路118号招商局大厦15层 邮编：100022	徐彦东
中日泰合资	中国人保寿险保险有限北京分公司	海淀区首体南路38号创景大厦第六层北区和北配楼第一层 邮编：100037	王　文

（李晓明、邹　婧）

（六）外资保险机构北京代表处名录

国别或地区	机构名称	地　　址	负责人
澳大利亚	安保集团北京代表处	东城区建国门内大街7号光华长安大厦2座1726室 邮编：100005	叶　蕾
澳大利亚	康联保险集团北京代表处	朝阳区建国门外大街1号国贸大厦1座2908室 邮编：100004	高骏骅
澳大利亚	万诚保险有限公司北京代表处	朝阳区建国门外大街1号国贸大厦1座23层 邮编：100004	卢泰宏

加拿大	加拿大永明人寿保险公司北京代表处	建国门北大街 8 号华润大厦 1207 室 邮编：100005	胡　砚
加拿大	加拿大人寿保险公司北京代表处	东城区建国门内大街 8 号中粮广场 B 座 1223 室 邮编：100005	张海燕
加拿大	加拿大皇家银行人寿保险公司北京代表处	西城区金融街 7 号英蓝国际金融中心 邮编：100034	陈友平
法国	安盛公司北京代表处	朝阳区建国路乙 118 号北京京汇大厦 2102 室 邮编：100022	杨　柳
法国	安盟保险公司驻中国总代表处	东城区建国门内大街 7 号光华长安大厦 2 座 1022 室 邮编：100005	张　宏
法国	高仕华保险经纪公司北京代表处	朝阳区安立路 68 号阳光广场 B 座 346 室 邮编：100101	Richard Terzan
法国	法国国家人寿保险公司北京代表处	朝阳区建外大街永安东里 8 号华彬国际大厦 2101 室 邮编：100022	克里斯蒂安·比肖普
法国	法国再保险公司北京代表处	朝阳区建国门外大街 1 号国贸大厦 1 座 3712 室 邮编：100004	吴　敏
法国	科法斯信用保险公司北京代表处	朝阳区建国门外大街 1 号国贸中心写字楼 1 座 2925 室 邮编：100004	王青青
法国	法国佳迪福非寿险有限公司北京代表处	朝阳区东三环中路 9 号富尔大厦 3003 室 邮编：100020	崔传波
法国	法国兴业保险股份有限公司北京代表处		毕夏桐
德国	安联保险集团驻中国总代表处	朝阳区亮马桥路 50 号燕莎中心办公楼 C211 室 邮编：100016	陆明轩(Joerg-Michael Luther)

德国	德国科隆再保险公司北京代表处	东城区建国门内大街7号光华长安大厦1座808室 邮编：100005	陈海飞
德国	德国利富世再保险北京代表处	东城区东长安街1号东方广场西2办公楼601室 邮编：100738	陈永忠
中国香港	盈科保险有限公司北京代表处	东城区建国门内大街7号光华长安大厦610室 邮编：100005	郭 杨
中国香港	中华保险顾问有限公司北京代表处	宣武区南滨河路31号华亨大厦210室 邮编：100055	张宪文
中国香港	海达远东保险顾问有限公司北京代表处	朝阳区马甸裕民路12号元辰鑫大厦506~518室 邮编：100029	庞虹南
中国香港	新世界保险服务有限公司北京代表处	崇文区崇文门外大街11号新成文化大厦B座913A 邮编：100062	梁炽强
中国香港	香港中国保险（集团）有限公司北京办事处	宣武区宣武门西大街28号大成广场一门9层 邮编：100053	曹 杰
中国香港	其士保险有限公司北京代表处	西城区阜外大街2号万通新世界广场707B室 邮编：100037	王 兴
中国香港	中银集团人寿保险有限公司北京代表处	西城区复兴门内大街1号中国银行总行大厦 邮编：100818	王冬英
中国香港	汇丰人寿保险（国际）有限公司北京代表处	东城区建国门内大街8号中粮广场A座508室 邮编：100005	郑海湧
中国香港	汇丰保险（亚洲）有限公司北京代表处	东城区建国门内大街8号中粮广场A座509室 邮编：100005	梁婉芬
中国香港	中国国际再保险有限公司北京代表处	宣武区宣武门西大街28号大成广场一门9层931室 邮编：100053	李 丽

荷兰	安智保险有限公司北京代表处	朝阳区东三环北路8号亮马大厦1508室 邮编：100004	杨丽君
荷兰	全球人寿保险国际公司北京代表处	东城区东长安街1号东方经贸城中一办公楼10层11B 邮编：100738	毕静媛
印度尼西亚	金光集团保险私人有限公司北京代表处	东三环南路2号航华科贸中心招商局大厦25层 邮编：100022	宋建平
意大利	忠利保险有限公司北京代表处	东城区东长安街东方广场C2座6层7A室 邮编：100738	王怡群
日本	日本财产保险公司驻中国总代表处	朝阳区东三环北路5号发展大厦2006室 邮编：100004	泽田正士
日本	第一生命保险公司北京代表处	朝阳区建外大街甲26号长富宫办公楼3层3005室 邮编：100022	赵克非
日本	日本东京海上日动火灾保险株式会社北京代表处	朝阳区建国门外大街甲6号凯德大厦1105室 邮编：100020	常田顺介
日本	明治安田生命保险公司北京代表处	朝阳区建外大街26号长富宫办公楼6003室 邮编：100022	桥本万里
日本	爱和谊保险公司驻中国总代表处	朝阳区建外大街1号国贸中心1座410～412室 邮编：100004	内海直之
日本	生命保险公司北京代表处	朝阳区建外大街甲26号长富宫办公楼4007室 邮编：100022	李永梅
日本	三井住友海上火灾保险公司驻中国总代表处	朝阳区东三环北路5号发展大厦1605～1608室 邮编：100004	小岛信之
日本	住友生命保险公司北京代表处	建国门北大街甲8号华润大厦12层1205室 邮编：100005	松本晓洋

日本	兴亚损害保险公司北京代表处	朝阳区东三环北路5号发展大厦505室 邮编：100004	畑　彻
韩国	乐金财产保险有限公司北京代表处	朝阳区建国门外大街乙12号双子座大厦EF层03室 邮编：100022	具　滋俊、金佑珍
韩国	三星火灾海上保险公司北京代表处	朝阳区东环南路2号招商局大厦21层 邮编：100022	尹南镇
韩国	三星生命保险公司北京代表处	朝阳区东环南路2号招商局大厦28层 邮编：100022	朴雄浚
韩国	输出保险公社北京代表处	朝阳区东三环北路2号南银大厦915号 邮编：100027	金井源
韩国	现代海上火灾保险有限公司北京代表处	朝阳区霄云路38号现代汽车大厦1603室 邮编：100027	方仁彪
韩国	大韩再保险公司北京代表处	朝阳区东三环北路8号亮马大厦1座1607室 邮编：100004	南宗旭
韩国	大韩生命保险有限公司北京代表处	朝阳区建国门外大街1号国贸大厦1座2703室 邮编：100004	丘暾完
韩国	教保生命保险公司北京代表处	朝阳区建国门外大街1号国贸大厦1座2302室 邮编：100004	许锦珠
韩国	东部火灾海上保险公司北京代表处	西城区金融大街15号 邮编：100032	卞相皓
俄罗斯	嬴国斯达保险有限公司北京代表处	朝阳区亮马桥路光明大厦1604室 邮编：100016	V. A. Uryadov
新加坡	职总英康合作社北京代表处	西城区金融大街27号投资广场B座1008室 邮编：100032	刘　越
新加坡	亚洲人寿保险有限公司北京代表处	朝阳区北辰东路8号汇宾大厦A0904室 邮编：100101	林　丽

新加坡	新加坡再保险有限公司北京代表处	崇文区崇文门外大街北京新世界太华公寓B座513室 邮编：100062	冯　骞
新加坡	新加坡亚瑟J. 盖勒格亚洲私人有限公司	朝阳区建国门外大街19号国际大厦A座23B 邮编：100005	陈岚兰
瑞士	丰泰保险公司北京代表处	朝阳区建国路乙118号京汇大厦1804室 邮编：100022	宁　安
瑞士	苏黎世保险公司北京代表处	朝阳区东三环北路霞光里18号佳程大厦A座21层B单元 邮编：100027	陈　骏
中国台湾	富邦产物保险股份有限公司北京代表处	朝阳区光华路甲8号和乔大厦北座502室 邮编：100026	萧明仁
中国台湾	国泰人寿保险股份有限公司北京代表处	西城区长安街88号北京时代广场1008室 邮编：100031	王健源
中国台湾	新光人寿保险股份有限公司北京代表处	东城区建国门内大街7号2座1822室 邮编：100005	谢文龙
中国台湾	友联产物保险股份有限公司北京代表处	朝阳区建国门外大街3号京伦饭店2052房间 邮编：100020	姜贺伦
中国台湾	富邦人寿保险股份有限公司北京代表处	朝阳区光华路甲8号和乔大厦B座502A室 邮编：100026	粘清木
中国台湾	台湾人寿保险股份有限公司北京代表处	建国门北大街8号华润大厦703室 邮编：100005	简衍宏
中国台湾	中国人寿保险股份有限公司（台湾）代表处	朝阳区光华路甲8号和乔大厦C座9层908室 邮编：100026	姬国枬
美国	大都会人寿保险公司北京代表处	东城区东长安街东方广场经贸城东二办公楼12层 邮编：100738	马思中

美国	大陆保险公司北京代表处	朝阳区亮马桥路 50 号燕莎中心 C609B 邮编：100016	戴泽军
美国	美国国际集团北京代表处	朝阳区东环南路 2 号京汇大厦 3 层 邮编：100022	林　唯
美国	美国联邦保险股份有限公司北京代表处	朝阳区建国门外大街 1 号国贸中心办公楼 2 座 2402 室 邮编：100005	黄小治
美国	纽约人寿国际公司北京代表处	东城区建内大街 7 号光华长安大厦 2 座 6 层 1621 室 邮编：100005	朱　航
美国	信安人寿保险公司北京代表处	朝阳区亮马桥路 50 号燕莎中心 C614 室 邮编：100016	崔素芳
美国	信诺保险公司北京代表处	东城区建内大街 18 号恒基中心办公楼 1 座 803 室 邮编：100005	匡榕榕
美国	怡安保险（集团）公司北京代表处	朝阳区北三环东路 2 号中旅大厦 1803 室 邮编：100028	董自力
美国	保德信保险公司北京代表处	朝阳区建国路 118 号招商局大厦 29 层 190B 单元 邮编：100022	吴　妍
美国	信合保险公司北京代表处	西城区阜成门外大街 1 号四川大厦东楼 1902 室 邮编：100037	许秋红
美国	利宝互助保险公司北京代表处	朝阳区建国门外大街乙 12 号双子座大厦东塔 11 层 邮编：100022	施德望（Eric Stephanus）
美国	苏立文·克迪斯保险经纪人公司北京代表处	海淀区知春路 76 号翠宫饭店 1101 室 邮编：100086	弗兰克·刘
美国	康涅狄格大都会保险公司北京代表处	东城区建国门内大街光华长安大厦 2 座 1622 室 邮编：100005	张海东（Donald R. Forest）

美国	霍顿保险经纪有限公司北京代表处	海淀区阜成路77号名仕花园1－201室 邮编：100036	赵立强
美国	第一美国产权保险公司北京代表处	朝阳区西大望路1号温特莱中心B座1510室 邮编：100026	崔彤岳 窦英姝
美国	RGA美国再保险公司北京代表处	东城区东长安街1号东方广场东方经贸城西一办公楼11层1103室 邮编：100738	欧　浩
美国	美国通用电气住房抵押贷款保险公司北京代表处	朝阳区光华路7号汉威大厦6层 邮编：100004	刘伟业
美国	佳达再保险经纪有限公司北京代表处	东城区东长安街1号东方广场东方经贸城东三办公楼1810室 邮编：1000738	张　丽
美国	开曼群岛信利金融公司北京代表处	朝阳区建国门外大街甲12号新华保险大厦1515室 邮编：100022	庄少君
美国	美国联合保险公司北京代表处		高　静
美国	美国联合健康保险公司北京代表处		崔亦威
英国	保诚保险有限公司北京代表处	朝阳区亮马桥路50号燕莎中心C503A室 邮编：100016	李晓力
英国	标准人寿保险公司北京代表处	朝阳区东三环路8号亮马大厦办公楼B座2层223A室 邮编：100004	董定康
英国	皇家太阳联合保险集团北京代表处	海淀区花园东路10号高德大厦B412室 邮编：100083	王伟红
英国	汇丰保险顾问集团有限公司北京代表处	东城区建内大街8号中粮广场A座302室 邮编：100005	白尚志

英国	英杰华保险有限公司驻中国总代表处	朝阳区东三环北路 8 号亮马大厦办公楼 A 座 1010 室 邮编：100004	武晓梅
英国	希斯—兰伯特保险经纪集团公司北京代表处	朝阳区建外大街 8 号中粮广场 B 座 10 层 1002 室 邮编：100005	张庆平
英国	劳合社北京代表处	朝阳区建外大街 1 号国贸大厦 1 座 1229 室 邮编：100004	谢哲强
英国	GAB 罗便士国际保险公估有限公司北京代表处	西城区西长安街 88 号首都时代广场办公大楼 405 室 邮编：100031	李全英
英国	麦理伦国际集团有限公司	朝阳区呼家楼京广中心 4 层商务中心 405 室 邮编：100020	刘亚勤
英国	耆卫公共有限公司北京代表处	朝阳区燕莎中心办公楼 C507 室 邮编：100016	赵　红
英国	英国保柏金融公众有限公司北京代表处	东城区建国门北大街 8 号华润大厦 504A 室 邮编：100005	保罗·葛雷格森
南非	安博保险集团北京代表处	西城区南礼士路 66 号建威大厦 715 室 邮编：100045	隋　军

（胡　杨）

（七）机构简介

中信嘉华银行有限公司北京分行

中信嘉华银行有限公司（以下简称中信嘉华银行）于 1922 年在香港成立，1982 年在香港联合交易所上市，1998 年更名为中信嘉华银行。该银行由中信国际金融控股有限公司全资拥有，截至 2006 年年末，中信集团持有中信国际金融控股有限公司 66% 的股权。

中信嘉华银行的核心业务主要分为三大板块：企业银行部、零售银行部及财资部。其中，企业银行部包括香港、内地及跨国企业贷款、银团贷款、商业地产贷款及结构融资、金融机构和保险业务等；零售银行部包括财富管理、楼宇按揭、零售信贷和信用卡业务等；财资部包括流动资金管理、投资管理和财资市场推广等。

截至2006年年末，中信嘉华银行除在香港设有31家分行外，还在澳门、上海和北京设有分行，在海外设有纽约和洛杉矶分行。此外，该行还在深圳设有全资附属的中国国际财务有限公司。

中信嘉华银行于2000年在北京设立代表处，并于2006年9月1日经银监会批准将代表处升格为分行，行长为吴保禄，营运资金为2亿元人民币等值美元。根据《外资银行管理条例实施细则》第四十九条规定，在下列范围内经营外汇业务：吸收公众存款；发放短期、中期和长期贷款；办理票据承兑与贴现；买卖政府债券、金融债券，买卖股票以外的其他外币有价证券；提供信用证服务及担保；办理国内外结算；买卖、代理买卖外汇；代理保险；从事同业拆借；提供保管箱服务；提供资信调查和咨询服务；经中国银行业监督管理委员会批准的其他业务。2006年10月16日，中信嘉华银行北京分行正式开业。

中信嘉华银行北京分行下设7个部门，分别是金融机构部、资金管理部、企业银行部、零售服务部、营运合规部、人力资源部、财务管理及行政部，共有员工23人。

地址：朝阳区东三环中路9号富尔大厦3201～3205室

邮编：100020

电话：85911161

传真：85911668

（韩舒苏）

加拿大皇家银行有限公司北京分行

加拿大皇家银行金融集团（以下简称加拿大皇家银行）于1864年在加拿大成立，并于1901年更名为加拿大皇家银行，2001年正式使用加拿大皇家银行金融集团名称。加拿大皇家银行是加拿大市值最高、资产最大的银行，也是北美领先的多元化金融服务公司之一。其业务领域主要集中在六个方面，包括：公司借贷及个人银行服务；资本市场业务；经纪业务；保险业务；理财业务；在机构投资者的现金管理、支付交易等全球服务领域较擅长。截至2006年年末，加拿大皇家银行已在六大洲设有1 432家分支机构，其中，在中国设有1家分行，即加拿大皇家银行北京分行。此外，加拿大皇家银行还宣布将与中国民生银行合资成立一家中国基金管理公司。

加拿大皇家银行于1981年在北京设立代表处，并于2006年1月19日经银监会批准将代表处升格为分行，全称为加拿大皇家银行有限公司北京分行，行长为陈林龙。该分行营运资金为2亿元人民币等值美元，根据《外资银行管理条例实施细则》第四十九条规定，在下列范围内经营外汇业务：吸收公众存款；发放短期、中期和长期贷款；办理票据承兑与贴现；买卖政府债券、金融债券，买卖股票以外的其他外币有价证券；提供信用证服务及担保；办理国内外结算；买卖、代理买卖外汇；代理保险；从事同业拆借；提供保管箱服务；提供资信调查和咨询服务；经中国银行业监督管理委员会批准的其他业务。加拿大皇家银行北京分行于2006年2月28日正式开业。

加拿大皇家银行北京分行主要由业务部门及营运部门组成。其中，业务部门下设4个团队，分别是资本市场部、个人业务部、金融业务部、业务发展公共关系部；营运部门下设3个团队，分别是营运部、合规部、人事财务部。该行共有员工14人。

地址：西城区金融大街7号英蓝国际金融中心9层921~925单元

邮编：100034

电话：58399388

传真：58399339

（韩舒苏）

法国兴业银行有限公司北京分行

法国兴业银行有限公司（以下简称法国兴业银行）于1864年在法国成立，主要从事工业投资及基础建设项目业务。1997年，法国兴业银行收购了北方信贷银行及一家法国地区零售银行，并开始在法国开展零售银行业务。截至2006年年末，法国兴业银行的核心业务主要集中在三大板块，分别是企业与投资银行、零售银行和全球投资管理。其海外分行遍布6大洲，在全球76个国家开设分行，员工总数达10.3万人，来自114个国家。法国兴业银行在亚洲设有92家分支机构、欧洲1 186家、北美洲8家、南美洲5家、非洲564家、大洋洲3家。该行在北京、上海、广州、武汉、天津分别设有分行。

法国兴业银行于1981年在北京设立代表处，并于2006年1月27日经银监会批准将代表处升格为分行，行长为郭坚，营运资金为1亿元人民币等值美元。根据《外资银行管理条例实施细则》规定，法国兴业银行北京分行在下列范围内经营对境外机构、外商投资企业、外国驻华机构、香港、澳门、台湾在内地代表机构、外国人及香港、澳门、台湾同胞的外汇业务和非外商投资企业的部分外汇业务，包括：吸收公众存款；发放短期、中期和长期贷款；办理票据承兑与贴现；买卖政府债券、金融债券，买卖股票以外的其他外币有价证券；提供信用证服务及担保；办理国内外结算；买卖、代理买卖外汇；代理保险；从事同业拆借；提供保管箱服务；提供资信调查和咨询服务；经中国银行业监督管理委员会批准的其他业务等。2006年4月26日，法国兴业银行北京分行正式开业。

法国兴业银行北京分行下设8个部门，分别是企业与金融机构部、现金清算部、业务开发部、债务融资部、法律与合规部、运营管理部、人力资源部、信息技术部，共有员工28人。

地址：东城区建国门北大街8号华润大厦1701室、1706~1708室

邮编：100005

电话：85192810

传真：85192819

（韩舒苏）

京能集团财务有限公司

基本情况　京能集团财务有限公司在原东北制药集团财务公司的基础上成立。在获得中国银监会的迁址、开业批复和工商注册后，该公司迁至北京，并于2006年5月19日正式开业。

该公司法定代表人为刘国忱，注册资本金为人民币5亿元，注册地址为北京市朝阳区建国门外大街19号国际大厦。目前，公司股权结构较简单，有两家股东，分别为北京能源投资（集团）有限公司和北京市能源投资公司。其中北京能源投

资（集团）有限公司出资占98%；北京市能源投资公司占2%。

经营状况　由于正式经营时间较短，该公司不能从事投资业务，贷款业务占很大比重。各项贷款（含贴现）在资产总额中的占比为85.26%。

（张　卫）

东风标致雪铁龙汽车金融有限公司

基本情况　东风标致雪铁龙汽车金融有限公司（英文名称：Dongfeng Peugeot Citroen Auto Finance Company Ltd.）是由中银集团保险有限公司、神龙汽车有限公司和标致雪铁龙荷兰财务公司共同出资成立的非银行金融机构，于2006年5月获中国银行业监督管理委员会批准开业。注册资本为5亿元人民币，注册地为北京。

业务范围　接受境内股东单位3个月以上期限的存款；提供购车贷款；办理汽车经销商采购车辆贷款和营运设备贷款；转让和出售汽车贷款应收款业务；向金融机构借款；与贷款购车融资活动相关的代理业务；经中国银行业监督管理委员会批准的其他信贷业务。

机构设置　公司内设风险管理、商务、市场、财务信息等5个部门。截至2006年年末，在册员工为35人。

公司法定代表人：张予东

地址：西城区金融大街A7号英蓝国际金融中心大厦F8—828号

邮编：100034

电话：66555588

传真：66555598

（李　昌）

沃尔沃汽车金融（中国）有限公司

基本情况　沃尔沃汽车金融（中国）有限公司是北京地区成立的第五家汽车金融公司，是由沃尔沃集团公司独资设立的非银行金融机构，于2006年9月获中国银行业监督管理委员会批准开业。注册资本为5亿元人民币，注册地为北京。

业务范围　接受境内股东单位3个月以上期限的存款；提供购车贷款；办理汽车经销商采购车辆贷款和营运设备贷款；转让和出售汽车贷款应收款业务；向金融机构借款；与贷款购车融资活动相关的代理业务；经中国银行业监督管理委员会批准的其他信贷业务。

机构设置　公司内设业务发展部、区域销售部、风险管理部、营运部、财务会计部等共10个部门。截至2006年末，在册员工为22人。

公司法定代表人：Goran Albertson

地址：朝阳区三里屯西五街五号B座3层

邮编：100027

电话：64667588

传真：64625387

（李　昌）

中银保险有限公司

基本情况　中银保险有限公司于2005年1月正式成立，总部位于北京。

股东情况　公司是中银集团保险有限公司（香港）的全资子公司，注册资本金为5亿港币。

业务范围 主要经营除法定保险业务以外的下列保险业务：（1）财产损失保险、责任保险、信用保险等财产保险业务；（2）短期健康保险、意外伤害保险；（3）上述业务的再保险业务。

机构设置 公司内设办公室、人力资源部、财会部、合规及稽核部、工商保险部、个人保险部、理赔部、战略规划部、信息科技部、再保部、董事会秘书部、水险部、中介业务部、中行系统业务部、营业部等部门，总部现有员工119人。

负责人：段求平

地址：西城区复兴门内大街1号中国银行大厦12层

邮编：100818

电话：66596288

传真：66596301

华农财产保险股份有限公司

基本情况 华农财产保险股份有限公司于2006年1月24日正式成立，总部位于北京。

股东情况 华农财产保险股份有限公司的主要股东包括：中水集团远洋股份有限公司、中牧实业股份有限公司、北京华牧家禽育种中心、大洋商贸有限责任公司、北京海丰船务运输公司、中国渔船船东互保协会、广东渔船船东互保协会、乌鲁木齐金牛投资有限公司。注册资本为2.1亿元人民币。

业务范围 经营财产损失保险、责任保险、法定责任保险、信用保险和保证保险、农业保险、其他财产保险业务、短期健康保险和意外伤害保险，上述保险业务的再保险业务、与公司业务相关的投资业务。中国保险监督管理委员会核准的其他业务。

机构设置 公司共设有综合管理部、人力资源部、财务管理部、信息技术部、企划部、承保部、理赔部、产品开发部、销售管理部、农险事业部、营业部和资金运用部等11个部门，现有员工43人。

负责人：刘身利

地 址：西城区金融街国际企业大厦C座15层

邮编：100032

电话：88092510

传真：88092511

长城人寿保险股份有限公司北京分公司

基本情况 长城人寿保险股份有限公司于2005年9月正式成立，总部设在北京。2006年2月10日，北京分公司成立。

股东情况 长城人寿保险股份有限公司由北京华融综合投资公司、香港大新人寿保险有限公司、北京金融街建设集团、南昌市政公用投资控股有限责任公司和北京江河幕墙装饰工程有限公司等共同创立，注册资本金为3亿元人民币（2007年1月18日中国保监会批准增至4.8亿元）。

业务范围 人寿保险、健康保险和意外伤害保险的保险业务（法定保险业务除外）及上述业务的再保险业务。

机构设置 北京分公司内设个险部、团险部、多元行销部、教育训练部、运营服务部和公共资源部，现有员工49人。

负责人：焦益宽

地址：西城区西直门外大街112号阳光大厦7~8层

邮编：100044

电话：88362266

传真：88362266—8280

国民人寿保险股份有限公司北京分公司

基本情况　国民人寿保险股份有限公司于2005年12月正式成立，总部设在北京。2006年3月17日，北京分公司成立。

股东情况　国民人寿保险股份有限公司由北京中关村科学城建设股份有限公司、重庆国际信托投资有限公司、中国新纪元有限公司、北京东方太阳城房地产开发有限责任公司和联想控股有限公司共同创立，注册资本为5亿元人民币。

业务范围　人寿保险、健康保险和意外伤害保险的保险业务（法定保险业务除外）及上述业务的再保险业务。

机构设置　北京分公司内设个人业务部、银行保险部、团体保险部、中介业务部、综合管理部、培训部、业务管理部、计划财务部，现有员工84人。

负责人：陈国正

地址：海淀区苏州街3号大恒科技大厦北座5层

邮编：100080

电话：82827788、82828899

传真：82827996

中国人保寿险有限公司北京分公司

基本情况　中国人保寿险有限公司于2005年11月正式成立，总部设在北京。2006年3月23日，北京分公司成立。

股东情况　中国人保寿险有限公司由中国人保控股和日本住友生命保险公司、亚洲金融集团（控股）有限公司、泰国盘谷银行共同创立，注册资本为10亿元人民币。

业务范围　人寿保险、健康保险和意外伤害保险的保险业务（法定保险业务除外）及上述业务的再保险业务。

机构设置　北京分公司内设人事行政部、计划财务部、客户服务部、营销培训部、团体保险部、银行保险部和职场保险部，现有员工240人。

负责人：王　文

地址：海淀区首体南路38号创景大厦6层北区及北配楼1层

邮编：100037

电话：58503737

传真：58892760

渤海财产保险股份有限公司北京分公司

基本情况　渤海财产保险股份有限公司于2005年10月18日正式成立，总部设在天津。2006年6月29日，北京分公司成立。

股东情况　渤海财产保险股份有限公司股东包括：天津泰达投资控股有限公司、天津联津投资有限公司、天津泰达集团有限公司、天津保税区投资有限公司、北方国际信托投资股份有限公司，注册资本为5.5亿元人民币。

业务范围　财产损失保险；责任保险；信用保险和保证保险；短期健康保险和意外伤害保险；经中国保险监督管理委员会批准的其他业务。

机构设置　北京分公司内设综合管理部、财务部、业务管理部、销售管理部、客户服务部，现有员工63人。

负责人：曹庭文

地址：海淀区西直门北大街60号首钢国际大厦15层

邮编：100088

电话：82292277

传真：82295830

正德人寿保险股份有限公司

基本情况 正德人寿保险有限公司于2006年11月正式成立，总部设在北京。

股东情况 正德人寿保险股份有限公司由浙江凌达实业有限公司、浙江美好控股集团有限公司、五环氨纶实业集团有限公司、福州开发区泰孚实业有限公司和新冠投资集团有限公司共同创立，注册资本为5亿元人民币。

业务范围 人寿保险、健康保险和意外伤害保险等各类人身保险业务（法定保险业务除外）及上述业务的再保险业务；国家法律法规允许的保险资金运用业务；经中国保监会批准的其他业务。

负责人：张洪涛

地址：海淀区万寿路甲15号7区颐寿园2号楼

邮编：100036

电话：68179696

传真：68165601

安华农业保险股份有限公司北京分公司

基本情况 安华农业保险股份有限公司于2004年12月正式成立，总部位于吉林省长春市。2006年9月，北京分公司成立。

股东情况 安华农业保险股份有限公司的主要股东包括：吉林粮食集团有限公司、通化钢铁集团有限责任公司、吉林物华集团股份有限公司、吉林市鑫投信用担保有限责任公司、长春市融兴经济发展有限公司、吉林省公主岭市正氏企业有限公司，注册资本为2亿元人民币。

业务范围 农业保险、财产损失保险、责任保险、法定责任保险、信用保险和保险证明、短期健康保险和意外伤害保险；其他涉及农村、农民的财产保险业务；上述业务的再保险业务。

机构设置 北京分公司内设综合管理部、财务会计部、业务管理部、营销管理部及政策性业务部，其中业务管理部下分理赔中心和承保中心，现有员工142人。

负责人：孙玉祥

地址：丰台区莱户营东街甲88号鹏润家园豪苑大厦6层

邮编：100054

电话：63332905

传真：63332242

中国人寿财产保险股份有限公司

基本情况 中国人寿财产保险股份有限公司于2006年12月16日成立，总部设在北京。

股东情况 中国人寿财产保险股份有限公司由中国人寿保险（集团）公司和中国人寿保险股份有限公司共同发起设立，注册资本为10亿元人民币。

业务范围 （1）财产损失保险、责任保险、法定责任保险、信用保险和保证保险、农业保险，其他财产保险业务；（2）短期健康保险、意外伤害保险；（3）上述业务的再保险业务；（4）中国法律允许的其他资金运用业务，及经中国保监会批准的其他业务。

负责人：刘　健

地址：西城区金融大街 33 号通泰大厦 A 座 15 层
邮编：100032
电话：88088326
传真：88086237

中国人寿养老保险股份有限公司

基本情况　中国人寿养老保险股份有限公司于 2006 年 12 月正式成立，总部设在北京。

股东情况　中国人寿养老保险股份有限公司由中国人寿保险（集团）公司、中国人寿保险股份有限公司、中国人寿资产管理有限公司共同创立，注册资本为 6 亿元人民币。

业务范围　团体养老保险及年金业务；个人养老保险及年金业务；国家法律法规允许的保险资金运用业务；经中国保监会批准的其他业务。

机构设置　公司内设办公室、人力资源部、财务会计部、审计与内控合规部、产品研发部、市场拓展部、受托管理部、资产管理部、信息技术部 9 个部门，现有员工 36 人。

负责人：林岱仁
地址：朝阳区朝外市场街 20 号中保大厦 17 层
邮编：100020
电话：85623566
传真：85626199

恒安标准人寿保险有限公司北京分公司

基本情况　恒安标准人寿保险有限公司于 2003 年 12 月正式成立，总部设在天津。2006 年 2 月 20 日，北京分公司成立。

股东情况　恒安标准人寿保险有限公司由英国标准人寿保险公司和天津泰达投资控股有限公司共同创立，注册资本为 13.02 亿元人民币。

业务范围　人寿保险、健康保险和意外伤害保险的保险业务（法定保险业务除外）及上述业务的再保险业务。

机构设置　北京分公司内设个险渠道部、银保渠道部、团险渠道部、多元行销渠道部、客户服务部、合规与运营风险部、信息技术部、人力资源部、机构服务部、市场部、财务部，现有员工 265 人，其中内勤 77 人。

负责人：张　见
地址：朝阳区东三环北路霞光里 18 号佳程广场 A 座 22 层
邮编：100027
电话：59235577
传真：59235500

三星火灾海上保险（中国）有限公司北京分公司

基本情况　三星火灾海上保险（中国）有限公司于 2005 年 4 月经中国保险监督管理委员会批准设立，总部设在上海。2006 年 8 月，北京分公司成立。

股东情况　三星火灾海上保险（中国）有限公司由韩国三星火灾海上保险公司出资设立，注册资本为 2.4 亿元人民币。

业务范围　经总公司授权，北京分公司在北京市行政辖区内经营除法定保险业务以外的下列保险业务：（一）财产损失保险、责任保险、信用保险等财产保险业务；（二）短期健康保险、意外伤害保险；（三）上述业务的再保险业务。

机构设置　三星火灾海上保险（中国）有限公司北京分公司内设营业部、财务部，现有员工6人。

负责人：郑贤俊

地址：朝阳区建国路118号招商局大厦25层2506～2507室

邮编：100022

电话：65668100

传真：65668149

苏黎世保险公司北京分公司

基本情况　苏黎世保险公司北京分公司于2006年5月正式成立，公司地址设在北京。

股东情况　苏黎世保险公司北京分公司隶属于苏黎世金融服务集团。注册资本为2亿元人民币。

业务范围　苏黎世保险公司北京分公司的经营范围包括：财产损失保险、责任保险、信用保险等财产保险业务；短期健康保险、意外伤害保险；以及上述业务的再保险业务。

机构设置　苏黎世保险公司北京分公司内设业务发展部、业务管理部和行政管理部。现有员工34人。

负责人：张学江

地址：朝阳区东三环北路霞光里18号北京佳程广场A座21层C室

邮编：100027

电话：84547799

传真：84547766

北京君维诚信用评估有限公司

北京君维诚信用评估有限公司（以下简称君维诚）是依据北京市政府《北京市社会信用体系建设方案》（京政办发［2005］68号）的相关精神，于2006年由一批致力于为中国信用评级行业健康发展作出新的努力的企业和人士共同组建。

君维诚是中国人民银行列入统计监管范围的信用评级机构，为中关村管委会特许参与园区信用服务的中介机构。君维诚的骨干人员近年来承担了北京市发展与改革委员会《北京市中小企业信用状况及对策研究》课题的研究；是中关村园区广泛应用的信用评级产品、征信产品的主要设计者，是《中关村园区高新技术企业征信工作方案研究》课题的执笔人，也是《中关村企业信用评级报告》与国际接轨方案的主要倡导者和设计者；协助中国人民银行开展了对高新技术企业融资难问题的相关调研工作。

在开展中小企业信用服务中，君维诚的专业评级人员负责或参与了500余家企业信用评级，并通过评级使得约60%的企业获得了担保贷款，且到期无一违约情况发生，为有效缓解中小企业融资难的情况贡献了力量。这些专业评级人员的业务能力受到担保机构、商业银行等信用产品使用者的初步认同，其周到的服务也得到中小企业及相关单位的好评。

君维诚凭借其专业人员的丰富经验，在参照国内外评级业最新评级理念和技术的基础上，已建立了较为适合中国现状的中小企业信用评级、借款企业信用评级、担保机构信用评级、资金信托计划信用评级、企业长期债券信用评级、短期融资券信用评级、可转换债券信用评级、资产支持证券信用评级、证券公司债券信用评级、商业银行次级债券信用评级、投标企业信用评级、特许经销资质评级等评级方法及指标体系，满足了相关监管部门、投资者和被评对象的评级需要。

信用评级是智力密集型行业，评级团队的知识结构、从业经历、专业经验是评级机构核心竞争力所在。君维诚的专家委员会由一批中外中青年学者、评级专家组成，为君维诚在宏观经济分析及预测、金融风险研究、风险模型设计、评级方法创新等方面提供了理论和技术支持。经过发展，公司已拥有一批从事信用评估多年的专业人员，专业涉及经济、法律、金融学、管理学、会计学、统计学、技术经济、产业经济和世界经济等学科，同时君维诚信用注重专业人才的延揽，已拥有若干名具有注册会计师、律师资格的信用分析人员，为保证自身的业务质量，更好地为社会服务奠定了较为坚实的基础。

君维诚是中国人民大学经济学院、中央财经大学财金学院确定的毕业生实习基地。

“自我立信为本，服务社会为重”是君维诚不变的宗旨；“以人为本，追求卓越”是君维诚永恒的理念。

总经理：沈　军

地址：海淀区苏州街 49 号盈智大厦 301 室

邮编：100080

电话：82622979

网址：www. junweichengratings. com

（八）协会、学会、商会活动简介

北京市银行业协会

组织机构与负责人

理事长：朱洪波（中国农业银行北京市分行行长）

副理事长：秦仁文（中国建设银行股份有限公司北京市分行副行长）

李　锋（招商银行股份有限公司北京分行副行长）

丁国良（汇丰银行北京分行行长）

监事长：杜志红（北京银行股份有限公司行长助理、财务总监）

秘书长：唐　路

会员单位

截至目前，正式会员单位有 52 家，准会员 15 家，其内资商业银行 17 家，政策性银行 3 家，非银行金融机构 2 家，资产管理公司 3 家，外资银行 25 家，外资非银行金融机构 2 家，15 家准会员均为外资银行和外资非银行金融机构的北京代表处。

联系方式

地址：海淀区车公庄西路乙 19 号华通大厦 B 座北塔 10 层 1021 房间

邮编：100044

电话：88018052、88018053

传真：88018015

电子邮箱：bba@ bbanet. org　office@ bbanet. org

重要活动

（1）1 月 14 日，协会与北京市总工会联合举办首都金融系统迎新春文艺演出，北京市国资委、人行营业管理部、北京银监局及 10 余家参赛单位的领导应邀出席。

（2）2月13日，秘书长会见农行北京市分行电子银行部、个人业务部有关负责人，就网银风险防控、个人理财产品进行调研。

（3）2月28日，协会向各会员、准会员单位分别就个人理财印发调研通知、就办公用房固定化印发调研问卷。

（4）3月22日，秘书长、副秘书长、自律部主任会见北京市消费者协会副秘书长，商谈有关合作事宜。

（5）3月29日，副秘书长、自律部主任出席人行中国金融电子化公司举办的“中国国际金融（银行）技术暨设备展览会”推介会。

（6）4月3日，秘书长、副秘书长、自律部主任拜会加拿大帝国商业银行首席代表，商讨开展外资银行驻京代表处活动事宜。

（7）4月15日，北京银监局监察室主任、北京辖内银行业治理商业贿赂领导小组办公室主任李茂宏与办公室副主任万玉增视察协会开展治理商业贿赂工作开展情况，秘书长、副秘书长接待。

（8）4月19～22日，组织会员单位有关人员一行20人，由自律部主任带队赴云南参加中国银行业协会举办的“外汇市场监管法规培训班”。

（9）5月16日，秘书长会见亚洲资本论坛首席执行官李俊一行，并于5月27日由双方共同举办了“中部崛起战略咨询与投资机遇”招待晚宴。

（10）5月18日，协会在秘书处召开北京市银行业协会准会员联席会议，宣布成立北京市银行业协会准会员工作联络组。秘书长主持，副秘书长、自律部主任出席，协会14家准会员代表参加。

（11）5月22日，协会出台《加强行业自律，弘扬诚信服务，坚决杜绝商业贿赂倡议书》、《北京市银行业反不正当竞争公约》和《北京市银行业职业道德规范》，并行文下发到各会员、准会员单位。

（12）5月25日，协会在工行北京市分行东城招待所召开银团贷款合作委员会第一次会议，宣布银团贷款合作委员会工作正式启动，正式接纳国家开发银行营业部为成员单位。

（13）6月8～10日，秘书长、副秘书长与北京银监局办公室副主任及科长赴上海考察上海市银行同业公会秘书处建设及工作开展情况。

（14）7月19日，邀请北京市民政局社团办王杰处长举办了“协会的地位与作用”培训班，来自北京银监局和协会会员、准会员等有关人员30余人参加培训。

（15）7月21日，协会举办外汇新业务讲座，来自建行北京市分行和招商银行北京分行的专家分别介绍了远期外汇买卖、网上期权交易等业务品种。

（16）8月3日，协会召开23家中资银行治理商业贿赂、落实《北京市银行业反不正当竞争公约》签约座谈会，北京银监局监察室主任、北京辖内银行业治理商业贿赂领导小组办公室主任李茂宏与办公室副主任万玉增到会。

（17）8月11日，协会聘请中国华融资产管理公司北京办事处有关专家举办“不良资产打包处置流程讲座”，来自各会员、准会员有关人员50余人参加培训。

（18）9月7日，协会召开北京市银行业协会三届二次监事会，通过监事报告，秘书处通报了《关于北京市银行业协会秘书处办公场所固定化的提案》、

《北京市银行业协会关于增加部分会员年费的提案》。

（19）9月12～18日，协会由自律部主任带队，组织北京银监局及会员单位有关人员10人组成"协会工作联系人考察团"，赴新疆考察了当地协会工作开展情况。

（20）9月21日，协会召开中国银行业从业人员资格认证（试点）考试北京地区报考工作紧急会议，向有关会员行通报情况，布置报考事宜。

（21）9月22日，秘书处与北京市金融工作协调小组办公室共同主办了"外资银行中秋交流酒会"，北京市副市长翟鸿祥及北京银监局副局长杨丽平等领导到会，协会各外资会员、准会员领导出席。

（22）10月11日，协会在新大都酒店召开北京市银行业协会第五次会员大会，通过了《北京市银行业协会工作报告》、《北京市银行业协会监事报告》以及《关于北京市银行业协会秘书处办公场所固定化的提案》、《北京市银行业协会关于增加部分会员年费的提案》。

（23）10月16日，协会召开"中国银行业协会优质文明规范服务示范单位"评比活动检查预备会。17日，受中国银行业协会委托，北京市银行业协会一行赴天津检查评比活动开展情况。18～27日，接待中国银行业协会优质文明规范服务示范单位辽宁检查组，走访了各会员单位推荐的示范单位。

（24）10月27～28日，协会与北京市总工会联合举办了"首都金融系统迎奥运职工英语大赛"，首都17家金融单位参赛，人行营业管理部、北京银监局、北京市总工会等单位领导出席了颁奖典礼。

（25）11月17日，召开北京市银行业协会银行卡业务联席会议第一次会议，会上通过了《北京市银行业协会银行卡业务联席会议工作规则》。

（26）11月18日，协助中国银行业协会组织中国银行业从业人员资格认证（试点）考试北京地区考试。

（27）11月20日，北京市银行业协会与北京保险行业协会、北京证券业协会召开"首都金融行业协会联席会议"第一次会议。

（28）12月8日，协会在秘书处召开中国银行业从业人员资格认证（试点）考试北京考区座谈会，副秘书长主持，自律部主任及中国银行业协会有关人士参加。

（29）12月11日，秘书长、副秘书长会见市总工会曾副主席和金融工委张兆群主任，商谈合作事宜。

（30）12月13日、21日，协会秘书处与市消费者协会和律师协会两次就银行个人按揭贷款律师委托费的负担问题进行了调研座谈。

（31）12月15日，召开外资银行协调委员会主任例会，讨论主任委员会换届改选事宜。

（32）12月18日，与北京市西城区人民政府联合举办了"银行业开放政策座谈会暨答谢音乐会"，中国银监会、北京银监局有关领导现场解答了会员单位代表提出的有关问题。

（33）12月25日，协会秘书处新址正式投入使用。27日，北京银监局领导和各理事、监事在新址举办了简约的揭牌仪式，这标志着协会秘书处办公场所固定化问题得以基本解决。

（杨亚平）

北京证券业协会

组织机构与负责人

理事长：朱　利

秘书长：陈　勇

常务副秘书长：李民雯

副秘书长：丛小路

会员单位

协会的会员单位有14家在京注册的证券公司，8家基金公司，6家投资咨询公司及173家证券营业部。

联系方式

地址：西城区金融大街35号国际企业大厦C座10层

邮编：100032

电话：66568614

传真：66568583　66568527

网址：Http：//www. sabbj. org

电子邮箱：bjzqyxh@ sohu. com

重要活动

（1）做好北京证监局交办的咨询调解工作。截至12月份，完成社会各界对北京市证券经营机构的查询、咨询情况820件；对证券市场各种问题的咨询解答172件；立案调查、调解客户投诉证券经营机构情况29例；调解营业部之间恶性竞争类纠纷9例，全部调解成功；立案查勘未批准证券经营网点2例；受北京证监局委托，检查、验收撤销证券经营网点（飞虎网）4例；对会员制咨询公司投诉的调查调解1例，结案1例，非立案调解本市及外埠股民投诉北京会员制咨询公司17例；协助本市股民处理对非证券咨询类公司的投诉3例。

（2）5月份证券市场交易量的骤增，按证监局机构处的要求，及时将证监局下发的《关于规范证券经营机构证券经纪业务有关行为的通知》、《关于加强维护信息系统平衡运行工作的紧急通知》、《关于上报北京辖区经营性分支机构信息表的通知》邮寄到各会员单位，并刊登到协会网站，以电话、短信的方式通知各会员单位，做好相关的准备工作。

（3）7月至9月份，按北京证监局机构处的要求，对辖区内所有证券营业部落实北京证监局［2006］60号通知的情况进行了检查。辖区内所有172家证券营业部全部向协会上报了风险控制预案。协会对所有上报预案，进行初步分析，并行文上报北京证监局。

（4）10～11月，协会组织在京各证券经营机构参加第2届北京国际金融博览会，发放了近15 000张本届金博会的参观券。

（5）12月，根据北京证监局2006年43号、60号通知和对首都地区证券经营中突发风险的防控要求，协会与银河证券北京总部一道，制定了一份该应急措施的应用（参考）样本，还召开了5次专题座谈会，以确保首都地区证券市场的稳定与安全。

（6）按照北京证监局的统一要求，在全行业内组织“两法知识竞答”及“反商业贿赂”有奖征文活动，并将工作的开展情况和成绩统计分析汇总上报证监局。

（7）为做好2006年的培训工作，协会在4月份召开了北京地区培训工作座谈会，32家会员单位的培训负责人参加了会议，提出了很多好的建议，使培训工作更科学有效。

（8）积极拓展培训范围，5月份，协

会配合内蒙古证监局组织了对内蒙古包头、呼和浩特地区从业人员的后续执业教育培训工作。7 月份，协会配合西藏证监局组织了对西藏地区的从业人员进行后续执业培训工作。8 月份和 9 月份，协会受东方基金公司的委托，分别为南京市商业银行 70 多名工作人员和黑龙江省邮政储蓄 150 多名工作人员进行了从业人员考前培训，取得了良好的培训效果。

（9）9 月份，协会与北京期货商会共同举办了股指期货培训班，辖区部分期货公司、证券公司和证券营业部的相关人员共 500 多人参加了培训。

（10）2006 年，协会销售教材 7 000 多册，居全国出售证券从业人员资格考试教材及辅导书第一名。协会配合中国证券业协会完成了全年考试的考务及巡考工作，全年北京共报考 27 000 多科次，并取得了全国证券从业人员资格考试报考率排名第一的好成绩（2005 年 8 000 多科次）。

（11）落实中国证券业协会征订《中国证券》的工作，截至 12 月份，共征订《中国证券》97 本，征订数量在全国地方证券行业协会中排名第三。截至 2006 年 12 月，共发放专业水平级别证书 1 566 张。

（12）2006 年，协会工作人员积极走访了 110 家会员单位，全面了解会员单位的需求和建议，并结合现状根据会员单位提出的会员资格变动要求及时做出答复。

（13）年初，协会与北京证监局、《上海证券报》在京联合举办了“证券之春——2006 北京证券业新年联谊会”。本次新年联谊会，现场演出人员达 150 人，到场观众有 1 200 多人，并邀请了北京电视台全程录像，新华财经、《京华时报》等新闻媒体的记者也应邀参加，在北京地区产生了较大的影响。

（14）协会于 5 月份组织召开了部分证券公司驻京（管理）总部负责人座谈会，向参会人员传递了监管信息。

（15）改版《会员之窗》。在证监局机构处的倡导下，协会于 5 月 11 日召开了《会刊》编委会成立大会，并邀请北京证监局张新文局长、机构处陆倩处长和协会朱利理事长作为《会刊》特邀顾问。会刊也正式由《会员之窗》更名为《首都证券之窗》，并由单月刊变更为双月刊。

（16）协会从 4 月底开始着手进行新网站的建设工作，于 6 月中旬建成，6 月底正式代替了旧网站，并发布了《北京证券业协会网站管理条例》。

（17）2006 年 10 月 13 日，北京证券业协会接待了台湾综合证券一行 6 人的考察团，并安排考察团访问了中国银河证券总部和第一创业证券月坛营业部，促进了两岸证券行业的相互了解。

（18）2006 年 12 月，北京证券业协会、大众证券报社与宝迪沃的工作人员多次召开会议，共同筹备“北京证券业协会第二届第二次会员大会暨 2007 年北京证券业新春联谊会”。

（19）为了让主管机关和广大会员单位能够及时了解协会的工作动态，截至 12 月份，协会在北京证监局机构处的指导下，共精心编写了 31 期工作信息。

（20）按照有关规定，协会 4 月份完成了社团法人的年检工作，5 月份完成了组织机构代码证的年审工作。

（王永刚）

北京保险行业协会

组织机构与负责人

会　长：黄俊光（中国人寿保险股份有限公司北京市分公司总经理）

副会长：王德地（中国人民财产保险股份有限公司北京市分公司总经理）

李宝利（中国太平洋财产保险股份有限公司北京分公司总经理）

罗春风（中国平安人寿保险股份有限公司北京分公司总经理）

徐水俊（美国友邦保险有限公司北京分公司总经理）

秘书长：方　萍（女，专职）

会员单位

协会拥有会员公司41家，其中，财产保险公司16家，人身保险公司25家。

联系方式

地址：朝阳区朝外大街22号泛利大厦512A室

邮编：100020

电话：65886092

传真：65886159

网址：www. bia. org. cn

电子邮箱：bia－office@ bia. org. cn

重要活动

(1) 1月1日，《北京保险行业寿险营销员警示信息管理规定（试行）》正式实施。

(2) 1月18日，北京市机动车第三者责任保险形势分析研讨会召开，会议就目前北京市机动车第三者责任保险诉讼案进行总结分析，研讨行业应对措施。

(3) 2月9日，规范寿险市场增员活动协调会召开，会议决定建立北京寿险公司纠纷协调机制。

(4) 2月17日，《北京保险行业意外伤害险、健康险规范》工作小组第一次会议召开，《北京保险行业意外伤害险、健康险规范》制定工作正式启动。

(5) 4月5日，落实《机动车交通事故责任强制保险条例》工作会议召开。

(6) 4月11日，北京地区车险服务调查活动正式启动。

(7) 4月17日，《2006年北京保险业诚信建设工作方案》印发在京各保险公司。

(8) 4月20日，第2期保险公益大讲堂活动举行，彭清一教授作了“诚信与爱”主题演讲。

(9) 6月24～25日，举办2006年度北京保险行业通讯员培训班，中国平安人寿保险股份有限公司北京分公司等5家公司荣获“2005年度保险信息工作优秀组织奖”。

(10) 7月1日，北京地区机动车交通事故责任强制保险信息库上线试运行。

(11) 7月9日，北京保险业高级管理人员组团赴台湾学习考察。

(12) 7月17日，成立中共北京保险行业协会和北京保险学会秘书处党支部的请示得到北京保监局党委批复。

(13) 7月28日，《北京保险行业寿险会员公司争议处理办法（试行）》印发各寿险会员公司。

(14) 8月18日，组织部分财险公司在京分公司参加“共建北京地区事故汽车修理规范经营、诚信合作机制”研讨会。

(15) 8月21日，北京地区交强险无责赔付简化处理机制研讨会召开。

(16) 8月28日，中国人民财产保险股份有限公司北京市分公司、中国太平洋财产保险股份有限公司北京分公司、中国平安财产保险股份有限公司北京分公司、中华联合财产保险公司北京分公司和中国大地财产保险股份有限公司北京分公司等5家公司共同发起建立北京地区交强险无责赔付简化处理机制，并就全面启动该机制的各项建设工作签署合作协议。

（17）9月1日，北京地区人寿保险公司总经理座谈会召开，研讨如何规范北京航意险市场的问题。

（18）9月6日，北京地区财产保险公司总经理座谈会召开，签署《北京保险行业机动车交通事故责任强制保险自律公约》和《北京财产保险行业合作机制》。

（19）9月14日，第3期保险公益大讲堂活动举行，中国经济研究院副院长卢存岳教授作了“领导者管理素养”的主题演讲，在京产寿险41家公司150余人参加。

（20）10月11日，成立共青团北京保险行业协会和北京保险学会团支部委员会的请示得到北京保监局团委批复。

（21）10月12日，规范保险事故车辆定损及修理需求研讨会召开。

（22）10月18日，北京地区保险公司航意险座谈会召开。

（23）10月21～23日，与山西省保险行业协会学习交流保险营销员管理及系统建设情况，同时召开寿险会员公司营销品质管理工作交流会。

（24）10月25日，交强险无责赔付简化处理机制在中国人保财险北分、太平洋财险北分、平安财险北分、中华联合财险北分、大地财险北分5家公司正式试运行。

（25）10月26日，北京保监局发出公告：北京保险行业协会为北京地区具备保险中介从业人员继续教育培训条件的培训机构。

（26）11月4日，协会组织的在京保险公司中高级管理人员赴法国交流考察团启程。

（27）11月11日，协会组织的在京保险公司高级管理人员赴日本交流考察团启程。

（28）11月22日，中国人保财险北分、太平洋财险北分、平安财险北分、中华财险北分、大地财险北分、华泰财险北分、永安财险北分7家公司联合打击骗赔百日行动启动。

（29）12月1日，《北京保险行业意外伤害保险健康保险服务规范（试行）》正式实施。

（30）12月5日，第4期保险公益大讲堂活动举行，首都经济贸易大学庹国柱教授作了“保险业务新增长点的培育与发展”的主题演讲，在京产寿险41家公司110人参加。

（31）12月6日，车险打击骗赔工作小组会议召开。

（32）12月8日，京、津、沪、渝四市保险行业协会秘书长联席会议在京召开。

（33）12月12日，北京保监局丁小燕局长、刘跃林局长助理、罗青主任、卢勇副处长等一行6人到访秘书处。

（34）12月18日，北京保险业迎新年联谊会召开。

（35）12月20日，在京外资保险代表处首席代表座谈会召开。

（胡顺甘）

北京市金融学会

组织机构与负责人

名誉会长：卢学勇（原中共北京市金融工委书记）

会　长：韩　平（中国人民银行营业管理部主任）

监事长：张汉桥（中国工商银行股份有限公司北京市分行总稽核）

秘书长：严宝玉（中国人民银行营业管理部金融研究处处长）

会员单位

2006年，学会共有团体会员54家，分别为北京银监局、北京证监局、北京保监局、银行18家、保险公司9家、证券公司4家、资产管理公司4家、北京邮政储汇局、中国银联北京分公司、市委研究室、市政府研究室、市发改委、在京高等院校9家以及市社科院经济研究所、管理研究所。

联系方式

办公地点：中国人民银行营业管理部

地址：西城区月坛南街79号

邮编：100045

电话：68559557

传真：68559564

重要活动

（1）2月17日，学会举办“金融改革”学术报告会，邀请中国人民银行金融研究局副局长焦瑾璞进行演讲。参加报告会的有人民银行营业管理部、北京银监局、证监局、保监局、北京市各家金融机构的主管领导及业务、研发部门人员，共计260余人。北京市金融学会副会长刘春明主持。

（2）4月25日，学会召开七届四次常务理事会。刘春明副会长做2005年工作总结和2006年工作计划的工作报告；丁小燕副会长做调整、增补常务理事、理事的说明；韩平会长主持会议并讲话。常务理事会审议通过了姜再勇、朱艺、左志、赵文杰、严宝玉为北京市金融学会理事、常务理事；同意赖小民、孔宪勇辞去北京市金融学会副会长职务，推选于丛林、左志为北京市金融学会副会长；同意卿尚莲辞去北京市金融学会秘书长职务，推选严宝玉为北京市金融学会秘书长。会后，韩平会长围绕全球经济失衡大背景下我国货币政策有效性问题，我国金融体系模式选择及银行、证券、保险协调发展问题，WTO过渡期结束后我国金融的竞争力和北京经济金融的发展等问题进行了学术演讲。

（3）6月14日，学会举办“人民币汇率改革与我国资本项目可兑换”学术报告会。邀请国家外汇管理局资本项目司邹林司长进行演讲。到会的有人民银行营业管理部、北京银监局、证监局、保监局、北京市各家金融机构的领导及业务部门人员200余人。

（4）9月7日，北京市金融学会与《金融时报》在钓鱼台国宾馆联合举办了“首都农村金融发展论坛”。论坛由北京市金融学会副会长刘春明主持，《金融时报》社社长汪洋致辞。论坛邀请了六位嘉宾进行演讲，他们是中国人民银行营业管理部副主任姜再勇博士，演讲的题目是《社会主义新农村建设与农村金融体系构建》；北京银监局副局长向世文，演讲的题目是《以推进金融创新支持首都社会主义新农村建设》；北京市农村工作委员会委员刘春广，演讲的题目是《北京市新农村建设》；北京市社科院经济研究所所长陈孟平研究员，演讲的题目是《金融生态环境与新农村建设》；北京市农村商业银行行长金维虹博士，演讲的题目是《对农村金融的几点政策性思考》；北京市市委研究室郊区处处长王新，演讲的题目是《北京新农村建设的思路和重点》。论坛开得非常成功，对大家进一步了解北京市新农村建设的思路，了解北京市农村经济发展特点很有帮助，同时对改善首都农村金融服务，完善农村金融体系框架，增强金融支农力度有积极的推进作用。

（5）2006 年 8 月，按照中国金融学会关于协助台北金融研究发展基金会研究组来京考察的要求，北京市金融学会联系了中国人民银行营业管理部、中国工商银行北京市分行、北京银行等单位进行了接待工作。两岸双方相互介绍了银行业的发展情况，并就感兴趣的问题进行了积极的交流和探讨，如大陆银行业在中小企业贷款的风险控制、引入境外投资者、银行业中的行业改革、银行卡服务、上市公司设立独立董事、台湾金融控股公司在综合经营方面的经验和台湾银行业的服务、竞争等，双方讨论诚恳而热烈。

（6）2006 年 7～9 月，北京市金融学会秘书处组织会员单位参加中国金融学会第八届优秀金融论文评选活动，推荐参评论文 59 篇，获奖 3 篇，其中，二等奖 1 篇、三等奖 2 篇。

（7）2006 年 10～12 月，北京市金融学会开展了首届优秀金融论文及调研报告评选活动，35 个会员单位推荐了 264 篇论文及调研报告，获奖 65 篇，其中，一等奖 10 篇，二等奖 20 篇，三等奖 35 篇。

（付桂玲）

北京市城市金融学会

组织机构与负责人

会　长：易会满（中国工商银行股份有限公司北京市分行行长）

监事长：于云丽（女，中国工商银行股份有限公司北京市分行内控合规部总经理）

秘书长：聂荣启

下设机构情况

北京市城市金融学会青年经济理论研究分会

联系方式

地址：西城区复兴门南大街 2 号（天银大厦 B 座 1408 室）

邮编：100031

电话：66410543

传真：66410543

重要活动

（1）1 月，进行了“2005 年度优秀调研课题”的表彰工作。此届调研课题评选活动共评选出一等奖 2 名、二等奖 4 名、优秀奖 8 名、鼓励奖 9 名，优秀组织奖 3 名。

（2）为进一步推动分行群众性金融应用理论研究活动的广泛开展，将宝贵的理论资源服务于行内各项业务实际，于 2006 年 3 月至 7 月完成了《北京市城市金融学会 2004 年度、2005 年度优秀论文集》的编辑、印刷和发放工作。该论文集收录了在学会 2004 年度、2005 年度优秀论文评选中获一等奖、二等奖、优秀奖的论文及在中国工商银行股份有限公司总行第七届全国城市金融优秀论文评选活动中获奖的论文共 34 篇，40 余万字。分行易会满行长特为此论文集作了序。

（3）2006年3月按时报送了工商银行总行中国城市金融学会第四届理事会理事推荐名单；并于7月下旬如期参加了工商银行总行中国城市金融学会换届改选大会。

（4）4月初至6月中旬，根据工商银行总行中国城市金融学会的要求，在分行系统内进行了“第八届全国城市金融优秀论文评选”参评论文的布置、采集、初评和推荐工作，如期向总行推荐参评论文9篇，其中公开发表的3篇，未公开发表的（含2004年、2005年总行重点课题）6篇。10月，此届优秀论文评选结果揭晓，学会推荐的9篇论文中有6篇获奖，其中二等奖1篇，优秀奖5篇，获奖率达66.67%，是近年来最高的一次。

（5）根据分行党委研究建议、决定，鉴于北京市城市金融学会时任秘书长已达离岗年龄，根据北京市城市金融学会章程，于2006年5月15日召开了常务理事会，对学会秘书长进行了调整：免去了张元海的北京市城市金融学会秘书长职务，由聂荣启担任北京市城市金融学会秘书长职务。

（6）5~7月，按照北京市社科联的要求完成了相关工作：完成了北京市社科联第五次代表大会代表候选人和北京市社科联第五届委员会委员候选人的推荐和报送工作；完成了《北京市社科联所属学会情况统计表》（2000~2005）的填制和报送工作；完成了学会2001~2005年大事记的编纂和报送工作等。

（7）7~8月，圆满完成了推荐参评“中国金融学会第八届全国优秀金融论文、调研报告评选”、“北京金融学会首届优秀金融论文、调研报告评选”活动。按人民银行北京金融学会相关通知要求，于7月初至8月中旬在分行系统内进行了参评论文的布置、采集、初评、修改版式以及推荐工作，如期向人民银行北京金融学会推荐参评论文各14篇，其中公开发表的6篇，未公开发表的（含2004年、2005年总行重点课题）8篇。

（8）7月下旬至9月，根据工商银行总行中国城市金融学会《关于开展〈国内信贷市场变化与贷款替代研究〉课题调研的通知》的精神，在综合分析了北京地区及北京市分行近年的信贷、非信贷实际情况以及融资环境的基础上，学会同参与此次调研活动的分行各牵头部室就调研内容进行了较为全面的调查、分析，撰写出了书面调研汇报资料并于9月底按时上报工商银行总行中国城市金融学会。

（9）7月初至12月中旬开展了学会2006年度调研课题的布置、推动、采集工作：在分行行领导的高度重视下，学会拟定了供选课题22个（含总行重点课题2个）。至8月中旬，上述课题均被各理事单位认领；至12月中旬，共收到各类调研课题107篇，涵盖了上述全部课题且其质量和数量较以前年度有较大的提高和增加。

（10）根据人民银行北京市金融学会《关于接待台北金融研究发展基金会研究组来访的函》，北京市城市金融学会于8月16日下午在分行办公大楼会议室与该研究组成员就相互关心的个人金融业务、国际业务、电子银行业务等学术问题进行了广泛的探讨。

（11）鉴于学会部分常务理事、理事由于工作变动等原因发生了变化以及学会拟向分行工会捐赠事宜等情况，根据北京市社会团体管理办法和学会章程的有关规定，学会于10月20日召开常务理事会，对学会常务理事、理事进行了增补和调整。

（12）12月中旬，为分行年度发展战略研讨会做准备，学会请评委对理事单位报送的近百篇调研论文进行反复斟酌、取舍，从中选出20篇调研论文编制了《中国工商银行股份有限公司北京市分行发展战略研讨会2006年度部分调研课题汇编》，提供研讨会进行交流。

（李　杰）

北京市投资学会

组织机构与负责人

会　长：张　民（中国建设银行股份有限公司北京市分行行长）

常务副会长：秦仁文（中国建设银行股份有限公司北京市分行副行长）

监事长：吴金锁（中国建设银行股份有限公司北京市分行会计部总经理）

秘书长：宋效军（中国建设银行股份有限公司北京市分行研究部总经理）

联系方式

地址：宣武区宣武门西大街28号楼4门建行北京市分行

邮编：100053

电话：63603696

电子邮箱：bjstzxh@ sina. com

重要活动

（1）2月28日，北京市投资学会参加北京市社科联四届六次全委会（扩大）会议。北京市社科联党组副书记石梅同志简单回顾了学会2005年的主要工作，特别对北京市投资学会在科研方面的突出成绩进行了表扬，并布置了近期相关工作。

（2）4月7日，北京市投资学会召开了科研课题中间成果交流会，邀请中国投资学会的专家和建设银行总行研究部的领导对在中国投资学会立项的17项课题和在北京市投资学会立项的课题进行指导和点评。

（3）4～5月，北京市投资学会组织17个课题组成员分赴桂林、宁波、宜昌等地参加了中国投资学会三个方向的2005～2006年度科研课题中间成果交流会。全年还多次组织建行北京市分行科研人员百余人次参加北京市金融学会举办的各类学术报告会。

（4）5月19日，北京市投资学会参加北京市社科联四届七次全委（扩大）会，讨论市社科联换届方案。

（5）5月24～28日，参加北京市金融学会举办的《北京金融》通联工作会议。

（6）8月底，为配合北京市社科联第五次代表大会的召开，完成了2000～2005年度《北京市社科联所属学会情况统计表》、《北京市社科联第五届先进学会申报表》等工作；完成了北京市社科联第五次代表大会代表及委员的推荐工作；完成科普展览资料上报工作；完成北京市投资学会2000～2005年大事记工作。

（7）9～11月中旬，北京市投资学会先后组织推荐优秀论文和调研报告50余篇，分别参加中国金融学会举办的第八届全国优秀金融论文和调研报告评选活动、北京市金融学会举办的北京市首届优秀金融论文和调研报告评选活动。

（8）10月9日，中国投资学会

2005～2006年度科研课题评选结果揭晓，共验收通过课题165篇，从中评出获奖课题36篇。北京投资学会提交课题17篇，全部通过验收，并有8篇课题获奖，居系统前列。其中一等奖1篇，二等奖3篇，三等奖4篇，获奖率达47.06%，取得历史最好成绩。

(9) 11～12月，学会编辑中国建设银行股份有限公司北京市分行优秀科研论文集《全新的探索》，该论文集共收录2004～2006年度优秀科研论文52篇，约50万字。

（王小梅）

北京市钱币学会

组织机构与负责人

会长：杨伟中（中国人民银行营业管理部副主任）

监事长：李　辉（中国人民银行营业管理部机关事务处调研员）

秘书长：焦春莲（中国人民银行营业管理部货币金银处处长）

会员单位

个人会员1 000人，团体会员13个

联系方式

办公地点：中国人民银行营业管理部办公楼2017室

地址：西城区月坛南街79号

邮编：100045

电话：68559317

传真：68559309

电子邮箱：zhidongli@ sina. com

网址：www. bjns. org

重要活动

(1) 4月，组织召开了学会第四届常务理事会第一次会议，总结了2005年学会工作，布置和安排了2006年学会工作，讨论了《北京市钱币学会团体会员管理办法》。13家商业银行的领导作为学会团体会员的代表出席了会议。

(2) 年内完成了3期《北京钱币》会刊的编辑工作。编辑出版会刊是学会的一项新的工作任务，也是新的课题。为做好刊物的编辑出版工作，学会秘书处加强了有关知识的学习，在刊物的内容和形式上都倾注了大量心血。由于该刊物有一定的学术水平和较高的可读性，因此得到了多方面的好评。

(3) 开展对外学术交流。6月，由学会组织接待了国际镶嵌币俱乐部发起人马丁先生（荷兰籍），召开了小型座谈会，观摩了学会外币小组成员、镶嵌币收藏家肖彤的收藏，并进行了交流。我国外币专家李铁生先生参加了本次活动。

(4) 组织钱币知识讲座。11月，与中国文物学会培训部合作组织举办了"青铜器鉴定技能培训班"，由学会副秘书长李志东和著名钱币学家戴志强先生负责讲授古钱币鉴定课程。钱币讲座共分六讲，为期3天。内容包括钱币学概论、中国古钱币的起源发展、古钱币珍品鉴赏、古钱币真伪鉴定等方面。

(5) 年内组织召开了多次学术研讨会和座谈会。①7月，协助人民银行总行参事室进行"钱币银行博物馆发展情况"的调研。学会秘书处与有关人员在全市进行调研和考察，先后走访了6家相关的博物馆，并与各馆负责人进行了座谈，写出了调研报告，提交参事室。最后，召开了座谈会，邀请中国钱币博物馆、中国印钞造币博物馆、中国国家博物馆、北京古钱币展览馆、北京印钞厂厂史陈列馆等有关单位负责人参加，分别介绍了各自办馆的情况。学会秘书处在会上作了专题发言。②2 月和 10 月组织了两次外币专题交流活动。北京市外币研究和收藏的水平一直处于全国前列，民间自发的外币交流活动非常活跃。2006 年，首次由学会组织外币交流活动，丰富了内容，扩大了规模，提高了水平。大家在进行钱币交流之余，对外币的宣传、展示以及开展对外交流提出了许多好的建议。

（6）组织考察学习。为筹备建立北京钱币银行博物馆，学会秘书处委派专人多次陪同有关领导外出考察，先后赴上海、南宁、石家庄、保定、宁波、杭州以及北京等地，参观考察了包括钱币银行类博物馆在内的 20 多家博物馆。为了拓宽办馆思路，学习更多的博物馆建设的知识，还专程访问了北京市文物局博物馆处，参观了多家有特色的博物馆，如中国警察博物馆、杭州中国大运河博物馆、上海博物馆等。在考察期间，还走访了各地的文物部门领导、专家、钱币界的收藏家以及老一辈银行工作者。

（7）配合中国人民银行营业管理部货币金银处做好人民币宣传和反假工作。①参加人民银行总行组织的《货币金银业务知识问答》一书的编写工作。学会承担了“综合基础知识·美元、欧元、日元、英镑等基础知识”一章的编写任务，内容涉及外币基础知识、几种主要外币的种类、特点和防伪要点，共 22 个问题，约 2 000 字。②学会派人参加了货币金银处主办的“北京市金融系统反假货币征文”和“迎奥运现金管理征文”两项活动的评选打分工作。③学会派人参加了 3 次普通纪念币发行的检查工作。

（李志东）

北京期货商会

组织机构与负责人

会长：王仲会（经易期货经纪有限公司董事长）

执行会长：王化栋（一德期货经纪有限公司总经理）

副会长：母润昌（北京中期期货公司董事、总经理）

杨　金（首创期货经纪有限公司总经理）

吴培琪（广发期货经纪有限公司副总经理）

赵广钰（格林期货经纪有限公司总经理）

黄　辉（中粮期货经纪有限公司副总经理）

秘书长：苏　英

监事长：吴永胜（中钢期货经纪有限公司董事长）

联系方式

地址：西城区地安门西大街旌勇里 8 号北京当代服务中心 501 室

邮编：100009

电话：66571672

传真：66571672

网址：www. bjqh. org

重要活动

（1）1 月 10 日，“北京期货商会新春电影招待会暨期货十年荣誉奖颁奖典礼”在中国木偶剧院隆重举办。北京证监局张新文局长、孙才仁副局长，中国证监会期货部综合处李晓燕处长，中国期货业协会常清副会长、彭刚副会长兼秘书长以及中国证监会期货部，北京证监局有关领导，在京期货机构高管人员、从业人员共 600

余人参加了本次会议。会议由北京期货商会苏英副秘书长主持，北京证监局孙才仁副局长致新春贺辞。苏英副秘书长代表北京期货商会宣读“期货十年荣誉奖”获奖人员名单。中国证监会期货部李晓燕处长、北京证监局期货处柳艺副处长及中国期货业协会彭刚秘书长上台为经易期货经纪有限公司副总经理曹胜等9名副职高管人员颁发奖杯，北京证监局张新文局长、孙才仁副局长及中国期货业协会常清副会长为一德期货经纪有限公司总经理王化栋等24名正职高管人员颁发奖杯。

（2）1月22日，北京期货商会召开二届一次会员代表大会。北京地区期货经纪公司、营业部以及特邀会员单位的49名会员代表参加会议。中国证监会期货部处长李晓燕、北京证监局局长张新文、副局长孙才仁、中国期货业协会秘书长彭刚出席会议。

（3）2月21日，由北京期货商会和大连商品交易所联合主办的第26期北京地区期货沙龙在中国国际科技会展中心举行。本期沙龙采取座谈的形式，北京中期研发部总经理隋东明、中粮信息部主任须丽华、中国植物油公司油脂分公司贸易部经理王方红参加了讨论，并对近期豆油市场的行情分别从期货和现货角度进行了分析。

（4）3月15日下午，由北京期货商会、大连商品交易所联合主办的第27期北京地区期货沙龙暨“2006年宏观经济报告会”在东方广场会议中心举行。北京地区期货机构分析师、投资者以及部分银行机构的工作人员共100多人参加了此次活动。北京中汇安高投资咨询有限公司总经理郭晖担任主讲。

（5）3月29日下午，由上海期货交易所和北京期货商会共同主办的“期货大讲堂高校巡讲”活动走进了河北师范大学。中国期货业协会副会长、中国农业大学MBA中心教授常清作了题目为《“世界工厂”的困境与出路》的精彩演讲。同时到场的还有北京期货商会执行会长王化栋、秘书长苏英、河北恒银期货经纪有限公司总经理李其强以及河北师范大学的校方领导等。

（6）4月1日，北京黄金投资报告会在北京青年报大厦财富课堂举办。世界黄金协会中国区总经理王立新、北京经易智业投资有限公司黄金事业部总监陈进华、北京中汇安高信息咨询有限公司高级黄金分析师柳宇宁就黄金市场的概况、投资操作及2006年黄金市场的展望等做了精彩发言。和讯网黄金频道做了现场直播。

（7）5月23日，北京期货商会召开了金融期货研讨会，北京地区22家理事单位会员代表参加了会议，会议集中讨论了金融期货的出台对期货机构的影响，探讨了期货机构未来的发展方向及应对措施。会后，商会形成了调研报告，上报北京证监局和中国证监会期货部，积极反映期货机构的意见与建议，为监管部门决策建言。

（8）5月26日下午，由北京期货商会和大连商品交易所联合主办的第28期北京期货沙龙在中国国际科技会展中心举行。本期沙龙活动以“近期玉米、豆油行情分析与展望”为题，邀请了中粮信息部研究员付晓棠和北京中期网上营业部经理隋东明、研发部研究员丁丁作为嘉宾出席，分别从玉米、豆油的基本面和技术面谈了自己深入研究后的看法与观点。大连商品交易所副总经理李军出席本次沙龙活动并致辞。

（9）6月2日，中国期货业协会召开会员代表大会，选举第二届会领导，北京期货商会会长王仲会当选为中国期货业协会副会长，一德期货总经理王化栋、中粮期货副总经理黄辉、北京中期总经理母润昌、格林期货董事长王栓红、金鹏期货执行董事长吴元贞等当选为理事。

（10）6月22日下午，由大连商品交易所、北京期货商会联合主办的第29期北京地区期货沙龙暨“股指期货、商品期货及其关系”在东方广场会议中心举行。分别来自北京地区证券、期货机构的金融专业人士、投资者以及部分银行机构的工作人员共80多人参加了此次沙龙活动。

（11）7月7日至8日，北京证监局与北京期货商会联合举办的北京辖区期货机构高管培训班在北京东城区委党校开班。北京地区51家期货机构的170多名高管人员和中层管理人员报名参加了此次培训。培训邀请了中国证监会期货部领导、北京证监局领导以及期货公司高管人员分别就期货市场发展创新及应对、期货公司制度建设、客户管理、创新与发展等内容进行了系统的讲授。

（12）7月18日，北京期货商会与大连商品交易所在科技会展中心联合举办第30期北京期货沙龙，北京期货机构的分析师和首都期货、证券10家媒体的记者共40多人欢聚一堂，畅所欲言，共同探讨下半年农产品期货投资机会，交流媒体对期货报道的相关问题。大商所有关部门负责人参加了沙龙论谈，并做了总结发言。

（13）8月2日，中国期货业协会联合北京期货商会召开了“期货行业治理商业贿赂专项工作座谈会”，来自北京地区的经易、一德、北京中期、广发、格林、中粮、首创、中钢八家期货公司的负责人参加了此次座谈。会议由中国期货业协会副秘书长赵建主持。中国期货业协会常务副会长邹建平在座谈会上就期货行业开展治理商业贿赂专项工作做了重要动员和要求，北京期货商会秘书长苏英对座谈会进行了总结。中国证监会治理商业贿赂领导小组办公室滕必焱同志和期货部程海波同志应邀出席了座谈会，并与参会人员进行了深入交流。

（14）8月23日下午，由北京期货商会和大连商品交易所合办的第31期北京期货沙龙在中国国际科技会展中心举行。经易期货经纪有限公司投资基金部的路易先生和中粮期货经纪公司信息部的须丽华女士分别就价格遗传基因分析法和大豆、豆粕、豆油行情预测及投资机会分析作了精彩报告，来自北京地区的期货机构分析师、投资者和现货商50多人参加了沙龙。

（15）9月8日，北京期货商会在北京证监局会议室召开了在京期货公司金融股指期货技术座谈会，邀请在京期货公司老总和技术负责人参加，听取金融股指期货推出之后对期货公司技术上的影响。共有15家期货公司的总经理和技术负责人参加了此次座谈会，对股指期货推出后，期货公司技术上眼前面临的和以后将会面临的问题和困难进行了广泛的讨论。①技术升级的投入是必然趋势，公司要发展，必须而为。②软件环境的不确定性导致硬件标准的不确定，影响公司投资方案的确定。③软件价格成为“瓶颈”。

（16）9月20日，大连商品交易所和北京期货商会共同举办的第32期北京期货沙龙，邀请国家粮油信息中心市场监测处处长王晓辉、大量良运期货经纪有限公司董事长冯吉龙，大连九融投资有限公司董事长李健，经易期货经纪有限公司副总经理曹胜等有关期货经纪公司和专业投资公司资深专家，就近期农产品期货市场投资机会畅所欲言，各抒己见，既进行了充分的沟通交流，也给广大投资者提供了有益参考。

(17) 10月26日，“2006中国（北京）期货信息系统升级技术研讨及展示会（FIST2006）”在北京新世纪饭店成功举办。IT行业30家国内、外机构参加了会议，与会代表总计200多人。证监会期货部、信息中心和中期协对会议举办给予了支持。

此次研讨会邀请到了21位国内外权威专家到会，围绕“金融期货软硬件需求及行业技术标准、IT企业期货信息系统升级解决方案、信息技术升级安全保障、国际金融软件的发展”等业界关注的重点问题，发表了精彩的主题演讲。涉及了对我国期货业信息化改造现状及问题的系统分析，以及解决问题的建设性意见，介绍了国内外金融期货软件技术开发现状和应用方案等。

(18) 11月28日，英中贸易协会、英国贸易投资总署在北京中国大饭店举办“风险管理”研讨会，北京期货商会组织部分期货机构参加了会议。会议由英中贸易协会主席鲍威尔勋爵主持，英国贸工大臣Alistair Darling先生，英国金融服务管理局金融策略与风险部主任Kari Hale先生，英国巴克莱银行资本部副主席David Wright爵士，英国期货期权协会首席执行官Anthony Belchambers先生，英国劳合社主席列文勋爵，英国殴华律师事务所主席Clement－Jones勋爵，英国BP石油公司芳香及乙酰部执行总监Reyad Fezzani先生，伦敦金属交易所前首席执行官Simon Heale先生等作了精彩演讲。

(19) 12月2日，北京期货商会在朝阳人才服务中心举办了北京地区期货行业人才储备活动。在此之前，北京期货商会已经在北京市人才网、和讯网、前程无忧网和报纸上作了大量的前期宣传准备工作，并与各大高校招生就业处与学生会建立起了良好的合作关系。

(20) 12月19日，由上海期货交易所和北京期货商会共同主办的“期货大讲堂高校巡讲”活动在首都经贸大学成功举行，此次是继2005年9月之后，期货大讲堂活动再次步入首都经贸大学的学术课堂。

(21) 12月24日，在北京东方广场C1座报告厅，成功举办了“铜、铝、橡胶、燃料油2006年行情回顾与2007年展望”。报告会以“上海交易品种行情历史回顾与2007年展望”为主题展开，为广大投资者提供了免费而优质的投资咨询机会。

（平中奇）

北京中关村海淀金融创新商会

组织机构与负责人

理事长：徐天岭（中国工商银行股份有限公司北京海淀西区支行行长）

副理事长：王　喆（女，北京银行股份有限公司中关村科技园区支行行长）

姜建国（嘉禾人寿保险股份有限公司副总经理）

监事长：吴泼伟（中国建设银行股份有限公司北京海淀支行行长）

会员单位

北京中关村海淀金融创新商会共有会员23家，其中理事会员6家，普通会员17家，会员以银行、保险、证券等金融机构为主，也包括部分企业。

职能和目标

商会职能是为金融机构服务，为高新技术企业和中小企业服务。加强合作与交流，为政府部门、金融机构、中关村企业和金融专家等提供沟通渠道，搭建交流与合作的平台。

商会成立的主要目标在于积极采取措施缓解中小企业、高新技术企业融资难问题，打造区域良好的金融业发展软环境。推动区域金融创新，繁荣区域经济。

联系方式

地址：海淀区中关村大街甲 59 号文化大厦 1805 室

邮编：100872

电话：82504182

传真：82504282

电子信箱：bjzfic@ 163. com

网站：http：//www. bjzfic. com

重要活动

（1）北京中关村海淀金融创新商会于 2006 年 9 月 21 日召开了商会会员大会暨成立大会，区政府杨志强常务副区长出席并发表讲话。会议通过了商会章程，选举产生了首届商会理事长、副理事长、监事长、秘书长。

（2）9 月 8 日，商会参与协办 2006 北京海淀（国际）创业投资论坛。商会在论坛上举行了揭牌仪式，市银监局副局长杨丽平和商会会长徐天岭共同为商会揭牌；商会还协助会员单位建设银行北京市分行举办了论坛活动 B：与中小企业共同成长。

（3）11 月 7 ~ 10 日，商会作为主办单位之一参加第二届北京国际金融博览会。商会与海淀区发改委等委办局共同组织了海淀区在金博会上的参展活动。海淀展区以“新跨越，新海淀；建设金融服务区”为主题，充分展示了海淀区金融业发展的成就和战略规划。展会期间商会还组织会员单位、驻区金融机构进行金融产品展示，并与部分金融机构进行了交流。

（4）10 月 12 日，商会邀请美国森塔纳瑞大学安东尼教授举办金融专题讲座，就财务计划、退休金计划、利用概率理论作投资决策等金融理论和方法进行培训。此外，商会还多次组织会员参加政府有关部门及机构举办的与投资融资、金融创新、企业管理等有关的活动，为会员提供了拓宽信息渠道、提高业务水平的机会。

（5）配合海淀区发改委组织召开金融机构联席会。海淀区建立了金融机构联席会制度，由商会组织每季度召开一次，以加强与驻区金融机构之间的联系。联席会议的召开促进了金融机构与政府之间的沟通与交流，从而有助于共同推动海淀区金融业发展。

（6）积极开展宣传工作，扩大商会影响。①编印商会会刊。商会会刊定名为《中关村金融》，为宣传政府政策，促进政府和金融机构及企业之间的交流与沟通提供了一个良好的平台。②架设商会网站。为政府有关部门、商会会员、金融机构、企业及其他相关单位之间的沟通提供了更加便利、快捷的平台，从而可以更好地宣传商会宗旨和业务，并为公众提供一个了解商会的窗口。

（刘钦锡）

北京保险中介行业协会

组织机构与负责人

会长：陈建国（国民保险代理有限公司董事长）

副会长：董研生（万和保险代理有限公司总经理）

吕　阳（长安保险经纪有限公司副总经理）

汤金才（竞胜保险公估有限公司总经理）

张志安（江泰保险经纪有限公司副总裁）

秘书处负责人：李剑鸣（专职）

会员单位

北京保险中介行业协会共有会员公司88家，其中，代理公司32家，经纪公司43家，公估公司13家。

联系方式

地址：海淀区苏州街33号207室

邮编：100080

电话：62576750

传真：82616921

重要活动

（1）4月18日，北京保险中介行业协会正式成立并召开第一届会员代表大会。

（2）9月22日，开展航意险市场秩序专项整治工作。

（3）11月，加入北京市工商联合会。

（4）11月20日，《北京市保险中介机构经营航意险及替代产品管理规定》正式实施，部分会员单位签署了《北京市保险中介机构经营航意险及替代产品自律公约》。

（李剑鸣）

北京典当行业协会

组织机构与负责人

会长：郭金山（北京昊融兴业典当行有限公司）

秘书长：郝凤琴

会员单位

2006年，协会共有会员单位43家。

联系方式

地址：朝阳区左家庄北里2号（北轻苑物业）200室

邮编：100028

电话：84544366

传真：84544368

网址：Http：//www. bjpawn. org

电子邮箱：beijingpawn@ sina. com

重要活动

（1）加大行业培训力度，为北京典当行业的发展积极发现和储备行业人才。3月，协会组织以加强典当财会人员交流为目的的“典当涉税风险与对策”培训班。

（2）4月，协会举办以提高会员单位高管人员宏观掌控能力为目的的“我国履行WTO金融开放承诺后的形势变化”的形势讲座。

（3）9月，协会组织以提高民品典当业务技能为目的的“关于名表、相机的鉴别与评估”培训班。

（4）10月，协会举办以提高民品典当业务风险防范能力为目的的“民品典当的法律风险及其控制研讨会”。

（5）12月上旬，举办以提高典当财会人员财务风险意识为目的的财务研讨会和以提高典当企业办公室、行政管理人员对外宣传水平和接受媒体采访技巧为目的的典当宣传工作会。

（6）12月下旬，协会组织了以提高新批企业规范管理意识和风险防范能力为目的的开业前的辅导班和以提高从业兴趣与基本技能为目的的典当入门班。

（7）为加强行业宣传的组织和管理，协会在年初建立了媒体采访、报道登记备案制，规定要对媒体的刊名、栏目、报道内容、报道时间进行认真登记，以备查询和统计。加强了与媒体的主动联系，并对一些有悖于行业性质的报道要求明确拒绝。

（8）在首都金融博览会召开期间，协会将组团参加首都金融博览会作为行业宣传的一种模式制度化、规范化。即应届参加、展前有部署、展中有内容、展后有总结。

（9）认真落实商务部李党会处长关于典当宣传的讲话精神，积极做好行业宣传报道的指导工作。从维护行业利益、妥善处理好行业宣传与企业宣传的关系、便于企业宣传典当功能的角度，协会提出了典当宣传要遵循“宣传主营业务、彰显典当真谛；突出企业特点、维护行业利益”基本原则和《北京典当行业协会宣传提纲》并予以培训。

（10）加强行业自律建设，不断提高典当行业的社会形象。根据《典当管理办法》的有关规定和北京典当市场的实际情况，以规范行业经营秩序、维护行业整体利益为目的起草制定了《北京典当行业自律公约》于1月19日在北京典当行业协会一届二次全体会员大会上通过。

（11）4月13日，以增强企业的法律意识和信用意识，促进企业诚信经营为目的，协会组织会员单位参加北京市工商行政管理局开展的创建“守信企业”公示活动启动仪式。

（12）积极做好与政府部门的沟通工作，代表行业提出立法建议。5月18日，协会派员与全国典委会其他代表前往全国人大法律委员会，针对《反洗钱法（草案）》中欲将典当业列入反洗钱义务机构的情况，向人大法工委详细介绍了典当行业的经营模式和经营特点，明确提出了“典当行业不适宜被列入反洗钱义务机构”的意见，在商务部的协调下最终予以采纳。

（13）针对行业最棘手的房屋抵押登记问题与市建委进行了接洽。协会就房地产典当他权证优先办理问题，向北京市建委提交了商请函并于7月专程走访北京市建委房屋权属处，介绍典当行业的基本功能和经营特点。该处负责人表示，房屋权属处会根据典当行业的特点，对特殊情况予以协调。

（14）认真完成主管部门临时交办的任务。在2006年的北京市人民代表大会上，市长王岐山在听取了海淀团介绍典当企业为中小企业提供融资服务的情况后，要求北京市商务局提供全市的情况。协会配合市商务局服务交易管理处，统计出服务中小企业典当贷款情况，并及时将汇总情况上报。

（15）主动配合公安机关做好贯彻执行《治安管理处罚法》的工作。年初，协会向市局治安总队负责人反映了协会会员单位普遍存在的社会信息采集系统反馈速度慢和身份证识别问题、报警系统与民警出现场不同步的问题，引起主管负责人的重视。10月份，为协助治安总队做好《治安管理处罚法》的宣传工作，协会专门召开了“民品典当的法律风险及其控制”的研讨会，30余家会员到场听取了治安总队同志的讲解。

（16）积极开展行业交流，不断扩大北京典当行业在业界的影响。继续组织好赴外埠考察活动，十余家会员单位的20余人于5月21日考察了2005年实现快速发展的浙江省典当业。同时，加强了外埠同仁来京考察的接待工作，先后接待了浙江省、江苏省、河北省、台湾典当行业协会的成员。

（17）以协会的名义适时加入了全国典当专业委员会成为理事会成员，于11月27日在全国典当专业委员会2006年年会上介绍了协会工作经验。并积极组织会员单位集体加入全国典当专业委员会，目前已有13家会员单位成为全国典当专业委员会会员。

（18）为扩大行业影响力，主动与友邻协会建立联系，与北京私营个体经济协会联合召开了融资工作会议，30多家会员单位、40余家私营个体协会成员的100余人参加了会议。

（张　丽）

北京上市公司协会

组织机构与负责人

名誉理事长：经叔平（民生银行董事长）

理事长：曹江林（中国玻纤董事长）

副理事长：陈　革（中国石化董秘、董秘局主任）

副理事长：张定明（长江电力副总经理）

秘书长：陈　革（兼）

监事会召集人：戎　蓓（中成股份董事、董事会秘书）

会员单位

北京上市公司协会现有会员单位98家，其中A股公司92家，H股2家，另外《中国证券报》、《上海证券报》、《证券时报》和《证券日报》作为特别会员单位加入协会。

联系方式

地址：西城区车公庄大街6号市委党校1号楼160室

邮编：100044

电话：68008951

传真：68008963

电子邮箱：lcab_628@sina.com

网址：www.lcab.com.cn

重要活动

（1）为帮助会员单位做好2005年年度报告披露工作，1月18日至1月20日举办了关于中国证监会最新颁布的《公开发行证券的公司信息披露内容与格式准则第2号〈年度报告的内容与格式〉》（2005年修订）和2005年度报告标准化报送系统等内容的培训，分别邀请了深圳证券交易所、上海证券交易所有关专家进行了讲解，会员单位230余人参加了培训。

（2）2月16日至17日、3月31日，先后两次协助北京证监局举办辖区上市公司股改工作座谈会。会上，有关部门领导、专家、媒体代表及辖区已完成股改工作的会员单位的代表分别讲解了股改的重要意义、实施方法、应注意问题、与媒体和中小投资者的沟通、介绍了股改经验并汇报了各自存在的问题，对辖区上市公司的股改工作起了极好的推动作用，约260人参加了座谈。

（3）5月11日，协助北京证监局召开了关于股改后公司的治理及发展创新的座谈会，交流了股改以来公司遇到的问题及股改中的感受和收获，同时就公司内部控制制度的建立和健全、独立董事制度与监事制度在公司治理中的作用等问题进行了讨论，200余人出席。

（4）5月26日，召开了2005年度会员大会，进行了协会理事会的换届选举，安泰科技、双鹤药业被选为新的理事单位，通过了2005年年度理事会工作报告、监事会工作报告、协会2005年财务决算、2006年财务预算报告和修改协会章程的议案，约120人出席。

（5）6月至7月，与《参考消息·北京参考》联合主办“畅响2006·争创北京优质上市公司宣传活动”，共走访会员单位近20家，采访了十多位辖区上市公司高管，文章同时在《参考消息·北京参考》和《公司之友》上刊登。

（6）6月23日，召开了通讯员创作交流会，为各会员单位的特约通讯员提供了交流经验的平台，30多家会员单位的特约通讯员出席。

（7）在大部分会员单位已完成股改或进入了股改程序的情况下，为了落实股改成果，提高上市公司质量，使辖区上市公司在新的机制下获得新的发展，7月17日至21日在成都召开了后股改时期中国证券市场发展研讨会。会上邀请了国泰君安的资深专家就有关专题与与会代表进行了交流，有近50人参加了此次研讨。

（8）8月17日，香港特许秘书工会副会长等一行4人来京，与北京证监局与协会领导进行了交流及座谈。

（9）新《企业会计准则》及新《企业会计准则指南》颁布后，为了让各会员单位及时准确掌握新规定及实施细则，8月29日至9月1日，针对会计人员和非会计人员分别举办了新企业会计准则的培训，各会员单位有关财务人员共770余人参加了培训。

（10）9月14日至15日，与香港特许秘书公会共同举办了北京公司管治研讨会。

（11）根据证监会对上市公司高管人员培训的要求，分别于8月1日至3日、9月20日至22日和10月25日至27日先后举办了两个阶段三期北京辖区上市公司董、监事培训。各会员单位董、监事及其他高管人员约600人参加培训，并进行了统一考试，证监局从近600份答卷中选出了几十篇优秀答卷刊登在会刊上。

（12）11月13日至16日举办了《新会计准则指南》的培训，上市公司财务总监及相关人员近200人参加了此次培训。

（13）为了更好地与国际接轨，了解掌握新形势下国际监管的原则和方式，了解资本市场并购，适应国际间资本运营需求，11月27日至31日组织上市公司理事单位约20人赴英国就伦敦证券市场公司上市融资、投资及高科技合作等方面进行了培训和实地考察。

（14）12月初，为配合北京证监局开展的“‘两法’实施一周年普法宣传教育活动”，在辖区上市公司内开展了“资本市场与诚心文化”征文活动。活动期间，共征文20余篇，评出一等奖四篇，二等奖六篇，三等奖十篇。获一、二等奖的作品在《公司之友》发表。

（15）12月14日至15日，与北京总会计师协会合作举办“中国管理会计发展论坛”。

（16）12月21日，举办了2007年北京上市公司迎新联谊会，会员单位及其他相关单位嘉宾共约400人出席。

（17）全年共发行北京上市公司协会会刊《公司之友》六期，专刊一期。年初对会刊进行了改版，固定了封面、封底样式，页数由原来的48页增加到68页，宣传页由原来的每期一家增加到每期四家，在版式、栏目及内容上做了部分调整，有4篇稿件被国内其他报刊转载。

（赵恩光、杜　娜）

北京市金融业文化建设协会

组织机构与负责人

会长：刘春明（中国人民银行营业管理部副主任）

副会长：张中奇（北京银监局纪委书记、副局长）

副会长：王佰川（北京证监局党委委员、副局长）

副会长：朱　艺（北京保监局党委委员、副局长）

副会长：单　强（中国人民银行营业管理部助理巡视员）

秘书长：欧阳芳（中国人民银行营业管理部党办主任）

监事长：张友芬（工行北京市分行纪委书记、工委主任）

会员单位

2006年，共有会员单位28家，其中包括人民银行营业管理部、北京银监局、北京证监局、北京保监局、17家银行、6家保险公司及北京市国际信托投资公司。协会共有常务理事、理事59人。

联系方式

办公地点：中国人民银行营业管理部

地址：西城区月坛南街79号

邮编：100045

电话：68559082

传真：68559084

重要活动

(1) 4月，协会积极推荐4家会员单位的11篇优秀研讨文章参加了由北京市企业文化建设协会、北京市思想政治工作研究会共同举办的2005年度“丹柯杯”优秀调研成果评选活动。上海浦东发展银行北京分行李鸿元的《树立科学的发展观念，培育健康的风险文化》获“丹柯杯”一等奖；建设银行北京市分行张健的《建设银行企业文化建设的现状、原因及对策分析》、工商银行北京市分行机关党委《发挥思想政治工作优势，为我行改革发展提供精神动力和思想保证》两篇文章，获“丹柯杯”三等奖。

(2) 4月，协会邀请中国社会科学院博士生导师、企业文化和企业形象研究专家刘光明教授作了“金融机构如何打造自己的企业文化”专题讲座。各会员单位近100多人参加了此次讲座培训，会后，大家反映刘教授的演讲深入浅出，生动具体，举的很多实例就发生在我们身边，对做好金融文化建设工作具有较强的指导意义。

根据劳动和社会保障部《关于在北京地区开展企业文化师职业试验性鉴定试点工作的通知》，中国企业文化研究会与北京市新华职业技能培训学校，于2006年5月与8月举办了“全国企业文化师国家职业资格认证培训班”。根据协会2006年工作计划，为培育金融企业文化建设专业人才队伍，更新从事金融文化建设工作人员的专业知识，协会办公室先后两次下发通知，组织6家会员单位的12位同志分别参加了“企业文化师”职业资格证书考试和论文答辩的培训。学员顺利通过了鉴定考试，并取得了良好的成绩。

(3) 8月，协会组织了对东北两家金融机构的文化建设考察学习活动。学习了中国工商银行哈尔滨大直支行和中国人民银行齐齐哈尔市中心支行两家金融机构在企业文化建设方面的先进经验，并就工作实践中遇到的问题和共同关心的话题与同业进行了广泛深入的探讨和交流。此次活动沿途还组织参观了大庆科学博物馆，重温了大庆“铁人”精神。完成了《对两家金融机构文化建设的考察》报告，刊载在《北京金融》2006年第十一期上。

（4）为深入了解社会公众对各金融机构推出的金融投资理财产品的认知度及相关服务的满意度，更好地发现、引导居民的投资需求，协会于11月至12月在“北京市第二届金融博览会”及8个金融机构银行网点上开展了“关于北京地区居民金融投资理财产品认知度和满意度”的调查，发出问卷2 226份，收回2 006份，有效回收率达99.6%。完成《关于北京地区居民金融投资理财产品认知度和满意度的调查报告》专项报告，得到广泛好评，并在《金融时报》全文发表。

（王京璞）

北京市总工会金融工作委员会

组织机构与负责人

副主任：张兆群

联系方式

地址：东城区台基厂大街3条3号6号楼110房间

邮编：100005

电话：65231081

重要活动

（1）1月14日，北京市总工会金融工作委员会和北京市银行业协会在北京戏曲艺术职业学院联合举办了“首都金融系统2006年迎新春文艺演出”。演出聚集了中央在京企业、市属企业及外资企业共14家单位，200多名企业员工代表金融行业10万职工参加了演出，涵盖了银行、证券、保险、信托等行业。演出形式丰富多彩，其中有鼓乐合奏、大合唱、舞蹈、独唱、相声、京剧等共17个节目。中国人民银行营业管理部、市银监局、市国资委、市总工会等有关领导应邀参加了这次活动。市国资委副主任霍学文同志代表以上4家领导机关致辞，并向金融企业及职工拜年。

（2）4月28日，“首都金融系统庆‘五一’暨劳模先进人物（集体）表彰会”隆重召开。来自北京市、中央在京金融企业的劳动模范，先进人物以及工会工作者约40余人参加了会议。北京市总工会党组副书记、工会副主席孙学才同志，北京市国资委副主任霍学文同志，市总工会经济技术部部长高升同志，市金融工会副主任张兆群同志以及中国建设银行北京市分行工会副主任张建中等领导应邀出席了会议。在表彰大会上，市金融工会副主任张兆群同志宣读了获得2006年首都劳动奖章（奖状）先进个人和集体名单。领导同志为荣获2006年度首都劳动奖章（奖状）称号的个人和集体及2005年度的经济技术创新工作的代表颁发了奖牌、奖状和证书。劳动模范代表和经济技术创新个人、班组代表在会上发了言。

（3）10月27日至28日，由北京市总工会金融工作委员会和北京市银行业协会联合举办的“2006年首都金融系统‘迎奥运’职工英语大赛”在北京戏曲艺术职业学院排演场举行，并在10月28日下午举行了汇报演出和颁奖仪式。大赛设英语歌曲、英语演讲和英文小品三个比赛项目。通过两天激烈的角逐，决出了三个项目各金奖1名、银奖2名、铜奖3名，决出了团体总分一、二、三等奖，优秀组织奖和最佳创作奖、最佳表演奖。

参加大赛的有来自北京市属、中央在京和外资金融企业的17支代表队约120名参赛队员。大赛受到了各金融企业领导的高度重视和大力支持。在28日的汇报演出和颁奖仪式上，荣获此次英语大赛歌曲、演讲和小品比赛金奖的代表队为到会的领导和观众做了精彩的汇报演出。市国资委、人民银行营业管理部、市精神文明办公室、市银监局、市总工会等有关方面的领导同志和参赛单位的领导应邀出席了颁奖大会。并向荣获大赛团体奖、单项奖和个人奖的单位和选手颁发了奖牌、奖杯、奖状。

（张兆群）

北京 CBD 金融商会

组织机构与负责人

名誉会长：龙永图（博鳌亚洲论坛秘书长）

会　长：程　红（朝阳区人民政府副区长、北京商务中心区管理委员会主任）

副会长：幸公杰（加拿大蒙特利尔银行北京分行行长）

丁国良（汇丰银行（中国）有限公司北京分行行长）

赖祥麟（美国友邦保险有限公司北京分公司总经理）

许宁跃（北京银行股份有限公司副行长）

秘书长：常树奇（北京 CBD 管理委员会副主任、朝阳区人民政府金融服务办公室主任）

副秘书长：李　蘅（北京恒言投资有限公司总经理）

会员单位

北京 CBD 金融商会现共有会员单位44家，其中包括理事单位26家，其他会员单位18家。

联系方式

地址：朝阳区京广中心商务楼10层1009室

邮编：100020

电话：65978236、65978750

传真：65978750

重要活动

（1）为搭建交流平台，促进经济合作，提升北京 CBD 国际金融地位，2005年6月9日，北京商务中心区管理委员会联合驻京内外资银行、保险、证券及分支机构共同发起成立北京商务中心区（CBD）金融商会。当日，北京 CBD 金融商会召开第一次理事会、会员代表大会。原中国证监会主席周道炯、北京银监局局长赖小民、北京证监局局长张新文、北京保监局副局长丁小燕、中国人民银行管理部副主任李文辉、北京市国资委副主任霍学文、北京市贸促会会长周茂非、北京市投促局局长邱水平、北京市商务局副局长周河、北京市新闻办主任王慧以及朝阳区区长陈刚、副区长束为等市区领导出席了随后的招待会。

（2）2005年9月1日至4日，北京 CBD 金融商会参与协办“首都金融文化节暨北京国际金融投资理财博览会”（简称首都金博会）。北京 CBD 金融商会在首都金博会展会现场搭建了36平米的展示平台，向企业和公众详细介绍了 CBD 金融商会的宗旨、主要任务、组织机构、发起单位等情况，受到了参观展览的多家金融机构的积极关注。9月1日上午，朝阳区领导陪同中央政治局委员、北京市委书记刘淇，中国人民银行行长周小川等一行三会领导及有关市领导参观了金融文化展。

（3）为了加强北京 CBD 金融商会成员单位的联谊与沟通，增进金融家之间的交流与合作，搭建多样性沟通平台，2005年11月24日北京 CBD 金融商会在朝阳区郡王府网球中心举办“北京银行—CBD金融杯网球友谊赛”和北京CBD金融商会自助酒会。共有来自中国银监会、北京银监局、朝阳区政府及会员单位代表13支队伍参加了比赛，并在会后共同参加了自助酒会，酒会上还举行了安邦财产保险股份有限公司、泰国盘谷银行（大众有限公司）北京代表处和台湾中国信托投资银行三家金融机构加入北京CBD金融商会的仪式。网球赛和自助酒会为CBD金融商会的会员和关注商会活动的非会员、政府官员以及新闻媒体的朋友提供了一个良好的互动平台。

（4）自2005年7月以来，北京CBD金融商会秘书处按月编印《北京CBD金融商会》，主要栏目包括产业分析、CBD金融动态、会员之家、政策采撷等。用以及时反映CBD建设以及金融产业发展现状和其他业界普遍关注的最新问题。《北京CBD金融商会》为会员单位、金融监管部门、政府主管部门以及其他部分金融相关企业免费寄送，成为会员了解商会动态和相互交流的固定渠道。

（5）落实产业政策，推动产业发展。北京CBD金融商会承担由北京市发展和改革委员会2005年2月1日颁布的《关于促进首都金融产业发展的意见》（京发改［2005］197号）在CBD区域内的落实工作。北京CBD金融商会负责CBD区域内的金融企业申请享受有关政策的申报材料的受理、初审工作，代为申报有关部门。并负责《关于促进首都金融产业发展的意见》中有关购租房补贴等条款的落实和实施。

（6）2月，商会组织召开了第二次理事会，会议表决并通过了商会会长、副会长等人事调整的决议，讨论通过了《北京CBD金融商会财务管理制度》，并对会员单位缴纳会费等工作进行了规范，深化了商会的制度建设。

（7）3月底，20余家会员单位随朝阳区代表团共赴香港，参加“北京CBD金融产业总裁研讨会”。此次研讨会由朝阳区人民政府主办，北京CBD金融商会承办，在朝阳区政府的指导和商会所有会员单位的大力支持下，研讨会共邀请京、港、澳三地100余家金融企业高层120余人出席，香港财经事务及库务局局长马时亨先生出席并致辞，朝阳区人民政府区长陈刚作了重要演讲。此次活动层次高、规模小、时间紧凑、内容丰富，得到了与会代表的肯定和赞誉。

（8）9月，北京CBD金融商会在第七届北京CBD国际商务节上承办了以“推动保险业发展，加快和谐社会构建”为主题的高层论坛，受到金融界的广泛关注。翟鸿祥副市长出席并致辞，保监会主席吴定富、博鳌亚洲论坛秘书长龙永图、中意人寿保险有限公司总经理易思乐等嘉宾做了精彩的演讲。

（9）12月，北京CBD金融商会和北京CBD国际论坛联合举办了“北京CBD金融企业家联谊会”，中国保监会前主席周道炯、博鳌亚洲论坛秘书长龙永图、中国人民银行营业管理部副主任蔡洪波、北京市银监局副局长杨丽平、北京市证监局局长张新文、北京市保监局局长丁小燕、北京市国资委副主任霍学文等金融监管单位领导出席活动；商会会员单位及首都其他金融机构等80多家共百余位嘉宾出席。联谊会上，朝阳区政府向11家金融企业兑现购租房补贴，对新加入商会的11家企业进行授牌。

（陈　群）

（九）2006年度北京市金融系统先进单位、先进个人名录

全国金融五一劳动奖状

中国工商银行股份有限公司北京市分行长安支行

交通银行股份有限公司北京分行和平里支行

中国华融资产管理公司北京办事处

全国金融五一劳动奖章

何亚非　中国人民银行总行营业管理部外汇综合业务处副处长

李玉华（女）国家开发银行总行营业部经营管理处处长

张　展（女）中国工商银行股份有限公司北京市分行资产负债管理部副总经理

李爱华（女）中国农业银行北京市开发区支行行长

刘颖之（女）中国银行股份有限公司北京市安定门外支行行长

王汝成（满族）中国建设银行股份有限公司北京分行个人金融部财富管理中心六级客户经理

杜　鹏　中国民生银行股份有限公司总行营业部主任

部伟滨　中国人民财产保险股份有限公司北京分公司营业部经理

左惠强　中国再保险（集团）公司中国财产再保险股份有限公司营业部总经理

全国五一劳动奖章

赵　龙（女）中国农业银行北京市分行国际业务部单证中心副经理兼贸易融资产品经理

邱　华（女）中国人保控股公司人保财险北京分公司金融街营销服务部经理

臧新军　中国银行股份有限公司北京市分行公司业务部总经理

全国青年文明号（金融系统）

一、新命名的是：

中国人寿保险股份有限公司北京市分公司北区客户服务部

中国工商银行牡丹卡中心客户服务部柜面业务科

中国农业银行北京市万寿路支行营业室

中国银行股份有限公司总行营业部汇入汇款团队

中国银行股份有限公司总行风险管理部统一授信管理团队

中国银行股份有限公司北京市望京支行

中国银行股份有限公司北京市宣武支行营业部

中国建设银行股份有限公司北京市分行长安支行营业部储蓄专柜

中国光大集团光大证券股份有限公司运营管理部

二、更名且被继续认定的是：

原中国工商银行股份有限公司北京市海淀区公主坟第三储蓄所更名为中国工商银行股份有限公司北京市公主坟网点支行营业室

原中国工商银行股份有限公司北京市翠微路支行玉泉路储蓄所更名为中国工商银行股份有限公司北京市翠微路支行玉东分理处

全国优秀共青团员

宋　娜（女）中国光大银行股份有限公司北京西单支行储蓄柜员

全国文明单位名单

金融系统

中国人寿保险股份有限公司北京市分公司北区客户服务部

中国工商银行牡丹卡中心客户服务部柜面业务科

中国农业银行北京市万寿路支行营业室

中国银行股份有限公司总行营业部汇入汇款团队

中国银行股份有限公司北京市望京支行

中国银行股份有限公司北京市宣武支行营业部

中国建设银行股份有限公司北京市分行长安支行营业部储蓄专柜

中国光大集团光大证券股份有限公司运营管理部

全国女职工建功立业标兵

罗　静　中国光大银行股份有限公司北京世纪城支行行长

全国“三八”红旗手

任兆敏　北京翔达投资管理有限公司党委书记、董事长

全国巾帼文明岗名单

中国工商银行股份有限公司北京市王府井支行新东安分理处

中国银行股份有限公司北京市分行营业部出纳兑换团队

中国建设银行股份有限公司北京分行安华支行营业部

中国建设银行股份有限公司北京大兴支行营业部

全国巾帼建功标兵

李喀萨　中国银行股份有限公司北京市分行营业部理财中心客户经理

首都劳动奖状（班组）

中国工商银行股份有限公司北京市分

行信息科技部

北京农村商业银行股份有限公司个人金融部

中信建投证券有限责任公司海淀南路营业部

首都劳动奖章

叶　宁　交通银行股份有限公司北京分行天坛支行　行长

祖　梅　中国银行股份有限公司北京市分行　部门总经理

赵　亮　中国建设银行股份有限公司北京清华园支行　行长

岳玉娣　华夏银行股份有限公司总行营业部石景山支行　副行长

许长智　北京农村商业银行股份有限公司（网上银行部）　副总经理

北京市优秀团干部

袁　晨　北京国际信托投资有限公司团委书记

刘红生　北京翔达投资管理有限公司团总支书记

北京市青年文明号

北京银行股份有限公司建国管辖行

北京银行股份有限公司万寿路管辖行

北京银行股份有限公司新源管辖行

北京银行股份有限公司资金交易部

华夏银行股份有限公司北京车公庄支行

华夏银行股份有限公司北京东单支行

深圳发展银行北京安华支行营业部

深圳发展银行北京朝阳门支行营业部

深圳发展银行北京官园支行营业部

深圳发展银行北京神华支行营业部

深圳发展银行北京中关村支行营业部

首都文明单位标兵

国资委系统

北京银行股份有限公司营业部

上海浦东发展银行股份有限公司北京安外支行

银行系统

中国民生银行股份有限公司总行营业部

国家开发银行营业部

中国建设银行股份有限公司北京东四支行

证券系统

国泰君安证券股份有限公司北京分公司

申银万国证券股份有限公司北京安定路证券营业部

保险系统

太平人寿保险有限公司北京分公司

中国人寿保险股份有限公司北京市分公司

首都文明单位

国资委系统

华泰财产保险股份有限公司北京分公司

银行系统

中国银行业监督管理委员会北京监管局机关

中国工商银行股份有限公司北京公主坟支行

中国农业银行北京市通州区支行

中国农业银行北京市丰台区支行

中国农业银行北京市亚运村支行

中国银行股份有限公司北京市分行宣武支行营业部

中国建设银行股份有限公司北京铁道支行

中国建设银行股份有限公司北京海淀支行

中国建设银行股份有限公司北京密云支行

交通银行股份有限公司北京天坛支行

中国进出口银行总行营业部

中国民生银行股份有限公司北京阜成门支行

中国光大银行股份有限公司北京西城支行

上海浦东发展银行股份有限公司北京海淀园支行

深圳发展银行北京分行营业部

兴业银行股份有限公司北京朝外支行

招商银行股份有限公司北京西三环支行

中信银行北京中粮广场支行

广东发展银行股份有限公司北京国展支行

北京银行股份有限公司顺义支行

北京农村商业银行股份有限公司丰台支行

北京农村商业银行股份有限公司昌平支行

证券系统

长江证券有限责任公司北京展览路证券营业部

光大证券股份有限公司北京东中街证券营业部

国海证券有限责任公司北京和平街证券营业部

广发证券股份有限公司北京建外大街证券营业部

民生证券有限责任公司北京西三环北路证券营业部

中国银河证券有限责任公司北京月坛证券营业部

招商证券股份有限公司北京西直门北大街证券营业部

中信建投证券有限责任公司北京市东直门南大街证券营业部

保险系统

中国人民财产保险股份有限公司北京市分公司

太平保险有限公司北京分公司

中国大地财产保险股份有限公司北京分公司

中华联合财产保险公司北京分公司

华安财产保险股份有限公司北京分公司

泰康人寿保险股份有限公司北京分公司

美国友邦保险有限公司北京分公司

中英人寿保险有限公司北京分公司

中意人寿保险有限公司北京分公司

中国人民健康保险股份有限公司北京分公司

中国出口信用保险公司营业部

首都创建文明行业活动
规范化服务行业

保险行业

中华联合财产保险公司北京分公司

天安保险股份有限公司北京分公司

大地财产保险股份有限公司北京分公司

华安财产保险股份有限公司北京分公司

阳光财产保险股份有限公司北京分公司

永诚财产保险股份有限公司北京分公司

都邦财产保险股份有限公司北京分公司

信诚人寿保险公司北京分公司

中意人寿保险有限公司北京分公司

生命人寿保险股份有限公司北京分公司

光大永明人寿保险有限公司北京分公司

中宏人寿保险有限公司北京分公司

中英人寿保险有限公司北京分公司

首创安泰人寿保险有限公司北京分公司

招商信诺人寿保险有限公司北京分公司

海康人寿保险有限公司北京分公司

华泰人寿保险股份有限公司北京分公司

合众人寿保险有限公司北京分公司

中国人民健康保险股份有限公司北京分公司

德国慕尼黑再保险公司北京分公司

瑞士再保险公司北京分公司

证券行业

广发北方证券东三环北路证券营业部

国盛证券北京知春路营业部

中富证券北京东四十条证券营业部

华林证券北京北三环东路证券营业部

中国新技术创业投资公司证券北京东单证券营业部

财富证券北京阜外大街营业部

第一创业证券月坛南街证券营业部

天一证券有限责任公司北京东四北大街证券营业部

国元证券北京西坝河南路营业部

中原证券股份有限公司北京酒仙桥路证券营业部

金元证券新外大街证券营业部

大通证券阜城门外大街证券营业部

红塔证券板井路证券营业部

兴安证券北京知春路证券营业部

财富证券知春路证券营业部

广东民安证券慧忠路证券营业部

第一证券中关村东路证券营业部

河北财达证券北京花园路证券营业部

新时代证券成府路证券营业部

长财证券北京东三环中路营业部

德邦证券宣武门西大街营业部

东海证券慧忠路营业部

富成证券崇外大街营业部

金通证券紫竹院路营业部

巨田证券东三环北路营业部

昆仑证券长春桥路营业部

日信证券北四环西路营业部

上海远东证券南礼士路营业部

太平洋证券海淀大街营业部

厦门证券远大路营业部

民族证券知春路营业部

中国国际金融有限公司建外大街营业部

北京高华证券建外大街营业部